Peter Hawel

DAS MÖNCHTUM IM ABENDLAND

Geschichte · Kultur · Lebensform

Herder
Freiburg · Basel · Wien

Für Tina

Allen, die durch Bereitstellung von Bildmaterial
und freundlich erteilte Abdruckerlaubnisse
das Erscheinen des Werkes mit ermöglicht haben,
gilt der Dank von Verfasser und Verlag.

Herstellung: Freiburger Graphische Betriebe 1993
ISBN 3-451-23082-8

Vorwort

Wir freuen uns an einem geeinten Europa und lassen seine Grenzen vom Mittelmeer bis nach Skandinavien, vom Atlantik bis zum Ural reichen. Unter dem Begriff Abendland fassen wir die Geschichte der verschiedenen Völker zu einem gemeinsamen Nenner zusammen und verstehen sie als eine Kultur. Die Grundlage, auf der die unterschiedlichsten Vorstellungen und völkischen Eigenarten zu einer umfassenden, gemeinsamen Geschichte und Form fanden, war das Christentum. Es war eine epochestiftende Großtat des irischen und angelsächsischen Mönchtums, vor allem aber das unüberschätzbare Verdienst der Karolinger, den Norden in die südliche Kultur der Antike einzubinden und aus deren heidnischen und christlichen Wurzeln ein Neues, Gemeinsames, das Abendland zu bilden. Völker, die nicht lesen konnten und keine Schrift besaßen, schickten sich an, das ihnen völlig fremde Latein und Griechisch, ja sogar Hebräisch zu erlernen, um das Wort Gottes zu verstehen. Diese Aufgabe, über die Religion eine einheitliche Kultur zu schaffen, übernahmen weitgehend die Mönche das Abendlandes, obwohl Studium, Seelsorge und Kulturarbeit dem Mönchtum von seinem Ursprung her gerade entgegengesetzt waren.

Die Mönche des spätantiken Christentums zogen sich in die Wüste zurück und wollten von Schule, Bildung oder Dienst am Reich nichts wissen. Das abendländische Mönchtum dagegen errichtete Scriptorien, missionierte die Völker und gewährte den Armen Schutz und Hilfe in ihren Hospizen. Eifrig erhoben Mönche und Nonnen ihre Hände zum Gebet, wenn ihre weltlichen Mitbrüder in den Kampf zogen, und nicht wenige Äbte und Bischöfe begleiteten selbst die streitende Schar mit dem eigenen Schwert. Überall im Land entstanden riesige Klosteranlagen, in denen Scharen von Mönchen für das Heil der anderen lebten und wirkten. Vor allem die Sorge um die Toten führte zu umfangreichen Stiftungen des Adels und ließ aus der einst tätigen Schar der Laienmönche eine geistige Elite von Priestermönchen werden, deren Hauptaufgabe im Vollzug einer feierlichen Liturgie, eines rituellen Kultes bestand. Das Mönchtum, in Ägypten einst geboren als ein besonderer Weg für den einzelnen, sein persönliches Heil zu finden, stand im Abendland ganz im Dienst der Gemeinschaft, des Reiches und der Christenheit.

Und doch lag auch im abendländischen Mönchtum der Keim zum Individuellen und Personalen, ja vielleicht gilt dies für den Norden sogar noch stärker als für den Süden. Nicht zuletzt förderte die Offenbarung eines menschgewordenen Gottes, wie ihn die Evangelien bezeugen, eine religiöse Entwicklung, die schließlich zum Individualismus der Neuzeit führte. Der Weg dazu war schwierig und dornenreich. Um ihn verständlich zu machen, mußten wir des öfteren weiter ausholen und scheinbar fernliegende Sachverhalte besprechen.

Damit ist die Intention des Buches bereits umschrieben. Es geht nicht um eine alle Einzelheiten verzeichnende Darstellung der Geschichte der Mönche und Klöster, sondern um den Versuch, die abendländische Geschichte aus ihren religiösen Wurzeln zu begreifen. Das Christentum war Ursache, Form und Ziel umfassender Lebensgestaltung, deren ausdrucksvollstes Beispiel das Mönchtum verkörpert. Männer, Frauen, ja selbst Kinder und Sklaven fanden durch die Religion zu einer sinnerfüllten Lebensweise, deren Spiegelbild die abendländische Kultur darstellt. Unter diesem Aspekt der religiösen Sinnerfahrung werden die verschiedenen Entwicklungen des Mönchtums betrachtet und interpretiert. Bei unserer Darstellung stützen wir uns vor allem auf die geschichtlichen Quellen der einzelnen Ordensgründungen, die Biographien der Ordensstifter, die jeweilige Ordensregel, aber auch auf kulturelle und künstlerische Zeugnisse wie zum Beispiel Klosterpläne und -bauten, in denen Geist und Geschichte des Mönchtums bis heute begegnen können.

Danken möchte ich Herrn Ulrich Schütz, Lektor im Verlag Herder, der durch sein Wissen und Können sowie seine menschliche Bereitschaft zum Gelingen des Werkes wesentlich beitrug.

Inhalt

B

Gebet – Kultur – Herrschaft

Die irdische Form des Volkes Gottes

C
Das Kloster nur den Mönchen
Zurück zum Ideal der Wüste und des Urchristentums

D
Die vollkommene Nachfolge in der Welt
Armut, Ketzer, Dogma und Bettelorden

A

Sucht zuerst das Reich Gottes

Der Weg in die Wüste und die Anfänge des Mönchtums

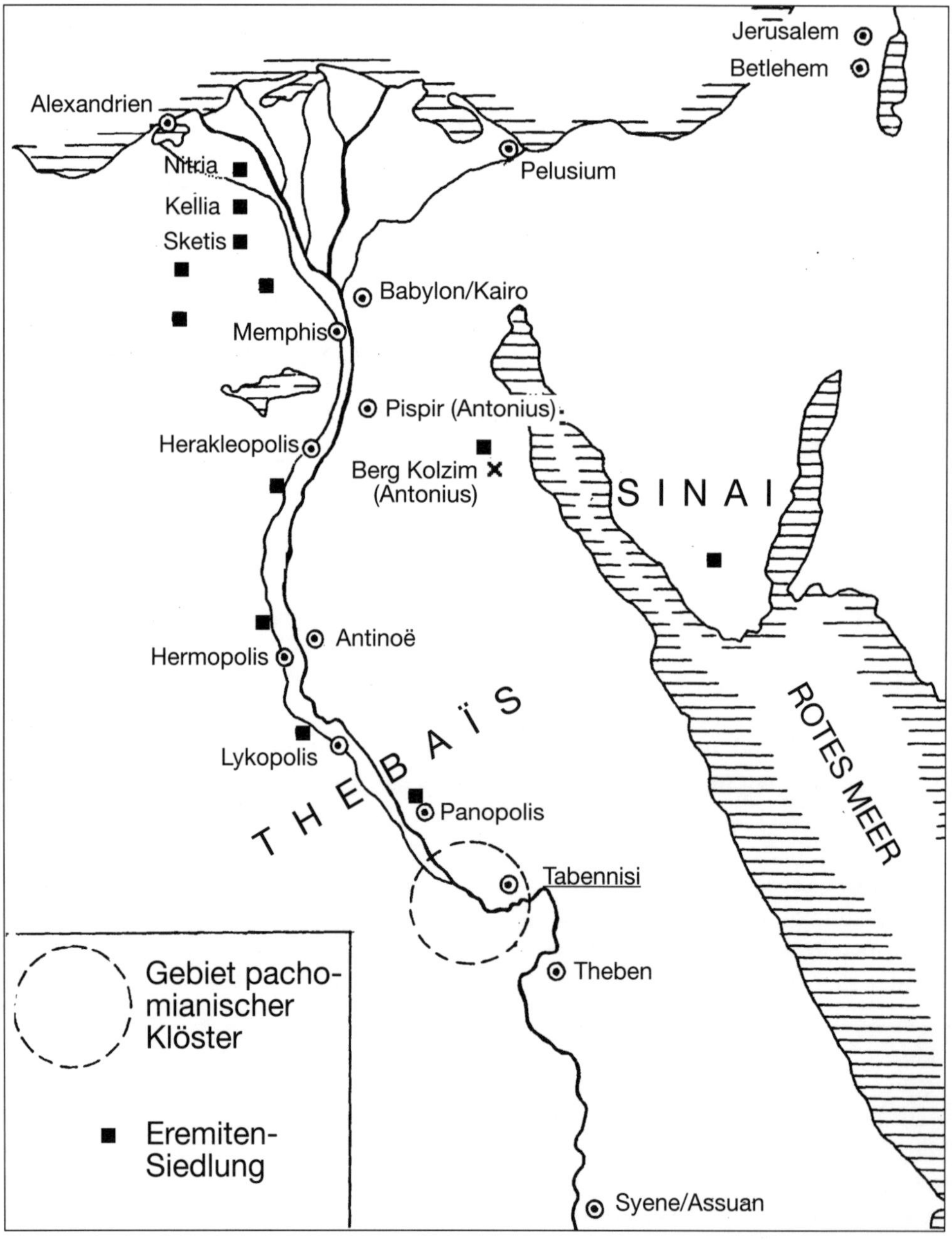

1 *Karte: Frühes Mönchtum in Ägypten, zu Beginn des 4. Jahrhunderts, mit den wichtigsten Siedlungsgebieten in der ägyptischen Wüste sowie den pachomianischen Klöstern.*

I. Askese und Mönchtum

1. Waren die Wurzeln des Mönchtums wirklich christlich?

Das Mönchtum ist erst etwa 300 Jahre nach dem Tod Christi entstanden. In Ägypten, Nordafrika, Palästina, Syrien und Kleinasien kam es zu den ersten Versuchen, die später zum Mönchtum im herkömmlichen Sinne führten. Einzelne Christen verließen ohne ersichtlichen äußeren Grund ihre Familien, schenkten ihren Besitz den Armen und legten sich freiwillig verschiedene Beschränkungen auf. Sie verzichteten auf die Ehe, aßen höchstens einmal am Tage, schwiegen fast immer und erwarben durch armselige Handarbeit ihren bescheidenen Lebensunterhalt. Andere gingen einen Schritt weiter und verließen sogar die menschliche Gemeinschaft, indem sie in der nahen Wüste eine bescheidene Klause errichteten. Dort wiederum brachten es einige Eremiten durch besondere Bußübungen wie das Tragen von Eisenketten, das Stehen in Hitze und Kälte oder ewiges Schweigen zu seltsamem Ruhm. Tausenderlei Marter fügten sie ihrem Körper zu und schwächten ihn, wo immer sie konnten. Unablässig führten die Einsiedler ein Psalmwort auf ihren Lippen und monatelang konnten sie über einen Satz der Bibel meditieren. Trotz oder gerade wegen ihrer Buße kämpften diese geistigen Heroen mit Dämonen, heilten Kranke und sagten manchem sein zukünftiges Schicksal voraus. Es waren einfache Christen, die freiwillig, ohne Aufforderung oder Anleitung der Bischöfe sich zu einem solchen Leben entschlossen hatten.

Dies alles begann etwa um die Mitte des 3. Jahrhunderts, doch erst im 4. Jahrhundert entstand aus den zaghaften Versuchen einzelner eine umfassende Bewegung. Fast in allen christlichen Ländern treffen wir in dieser Zeit auf Eremiten und Eremitinnen. Vor allem Syrien und die Wüsten Ägyptens – Nitria, Sketis und Kellia an der linken Nilmündung (Abb. 1) – waren gesuchte Rückzugsorte. Als Vater dieser Bewegung wird der hl. Antonius (um 250–356) verehrt (Abb. 10). Er zog sich weit in die Wüste zurück (Abb. 1) und setzte mit seinem Leben Maßstäbe eremitischen Seins. Tausende von Eremiten folgten seinem Beispiel und besiedelten die wortlose Wüste. Jeder lebte für sich in einem kleinen Häuschen, das ein bescheidener Gemüsegarten umgab. Andere wiederum umschlossen ihre Zellen mit einer gemeinsamen Mauer und bildeten damit eine sogenannte Laura. Doch ein richtiges Kloster schufen sie noch nicht. Diesen Schritt wagte als erster der Ägypter Pachomius (um 287–347), der in der Wüste Theben ein Kloster für mehrere hundert Mönche errichtet hatte. Hier lebten zum erstenmal „richtige“ Mönche in unserem herkömmlichen Verständnis. Eine hohe Mauer umgab ihre Siedlung, und eine gemeinsame Regel ordnete ihr Leben; über allen stand ein Abt. Als Pachomius starb, hinterließ er zwölf Männerklöster und zwei Frauenkonvente, in denen ungefähr 12000 Christen lebten.

Aber nicht nur in Ägypten, sondern in allen – damals christlichen – Ländern des Mittelmeeres kam es zu Einsiedeleien und festgefügten Klöstern. Basilius der Große (um 330–379) gab dem erblühenden Mönchtum in den östlichen Ländern des Römischen Reiches eine Regel, in der ausschließlich das Kloster vorgesehen war, denn er glaubte, daß ein gemeinsames Leben mehr der menschlichen Natur und der christlichen Lehre entspräche

2 *Der hl. Onuphrius. Ölgemälde (Ende 15. Jh.) Freising, Diözesanmuseum. Onuphrius, einer der großen Asketen, lebte im 4. und Anfang des 5. Jahrhunderts in der hebräischen Wüste. Obwohl königlichen Geblüts, wählte er die Einsamkeit um Christi willen. Die Rückkehr zum Stande der Unschuld zeigt sich unter anderem darin, daß Onuphrius nur noch vegetarisch lebte und sogar der Kleider, Folgen der Scham und Sünde, entbehren konnte. Seine legendarische Vita wirkte stark auf das Mönchtum. Selbst Ignatius von Loyola wollte ursprünglich den Heiligen nachahmen.*

als der einsame Rückzug der Eremiten. Schon im 5. Jahrhundert war das Eremiten- und Mönchtum allgemein üblich und als eigener kirchlicher Stand hoch gepriesen. Zahlreiche Konzilien, Synoden und kaiserliche Edikte beschäftigten sich mit dieser Entwicklung. Aber nicht nur dies, das Mönchtum galt unter den Christen als die vornehmste Weise, wie man dem Ruf Gottes folgen konnte.

Wie kam es zu einer solchen Wertschätzung? Warum wollten Christen ihre Familien verlassen, auf die Ehe verzichten und sich in unzugänglichen Einöden verstecken, um dort, von der Welt vergessen, Gott zu dienen? War dies die Umsetzung der Worte Christi: „Wer Vater und Mutter nicht verläßt, ist meiner nicht wert“? Doch bedenken wir, die Apostel waren sicherlich die ersten, die Jesus nachfolgten, und doch zog sich keiner von ihnen in die Wüste zurück oder fastete bis zum Umfallen. Mit Jesus führten sie ein Leben in der Welt und scheuten sich nicht, auf Hochzeiten zu gehen. Sie und ihr Meister lebten nicht asketisch im Sinne von endlosem Fasten und quälenden Kasteiungen, noch pflegten sie sich in armselige Lumpen zu hüllen; ebensowenig oblagen sie stundenlang dem Gebet. Doch schon Paulus ermahnte seine Gemeinde (1 Thess. 5, 17), ohne Unterlaß zu beten. Wie dies auch zu verstehen sein mag, die Eremiten und Mönche zogen sich aus der menschlichen Gemeinschaft zurück, um ungestört, beständig beten und büßen zu können.

Ohne den geringsten Zweifel sahen die Eremiten und Mönche, aber auch alle Christen der Spätantike in der monastischen Lebensweise die beste Verwirklichung der Lehre Christi. Dem steht das unmonastische und scheinbar unasketische Leben Jesu und seiner Apostel entgegen. Zudem, warum entstand das Mönchtum erst so spät, wenn es die vollkommenste Art der Nachfolge war? Waren es vielleicht doch fremde Einflüsse, die das Christentum verändert haben?

Nicht wenige Autoren sprechen heute von einer „Hellenisierung" des Evangeliums, das heißt einer Interpretation der Lehre Christi durch die geistige Brille der griechischen Welt. Andere sehen im christlichen Mönchtum nur eine Nachahmung und Fortsetzung der jüdischen Essener und Therapeuten, einer asketischen Sekte des 2. Jahrhunderts v. Chr. Auch die große geistige Bewegung der Antike, die Gnosis mit ihrer Verachtung des Leibes, wird zur Begründung angeführt. Die vergleichende Religionswissenschaft wiederum sieht im christlichen Mönchtum nichts Besonderes, sondern nur eine allgemeine religiöse Lebensform, die es auch in zahlreichen anderen Kulturen gibt. Aber wo bleibt hier das typisch Christliche? War es wirklich die hellenistische Philosophie, die dem Christentum wesensfremde Elemente zufügte, was zur totalen Weltverachtung und Weltflucht führte?

Die Mönche und alle Christen der Spätantike waren von solchen Zweifeln frei. Fest glaubten sie, auf diese Weise die Lehre Christi am besten zu erfüllen und seinen Geboten zu gehorchen. Damit stehen wir vor der wichtigsten Frage überhaupt: Ist das Mönchtum typisch christlich, oder war es eine unbemerkte Folge der Auseinandersetzung mit der antiken Geisteswelt und ihrer dekadenten Weltverdrossenheit? Um diese zentrale Frage zu erörtern, müssen wir das geistige Umfeld, in dem das Mönchtum entstanden ist, näher betrachten. Dabei versuchen wir, all jene Richtungen zu berücksichtigen, die eine bedingte Askese, d. h. einen freiwilligen Verzicht auf an sich erlaubte Güter, von ihren Schülern oder Gläubigen gefordert haben, um dann im Vergleich dazu die christliche Intention zu ermessen.

2. Mit der Philosophie begann die Askese

Erstaunlicherweise finden wir zuerst bei den antiken Philosophen die Forderung nach einem enthaltsamen, asketischen Leben. Sie forderten um der Geistigkeit, der Erkenntnis und letztlich um des Menschseins willen von ihren Schülern den freiwilligen und beständigen Verzicht. Philosophieren bedeutete asketisch leben.

Bereits einer der frühesten Philosophen Griechenlands, Pythagoras aus Samos (6. Jh.), lebte ausgesprochen asketisch. Seine Schüler, die Pythagoräer, ahmten den Meister nach und verzichteten freiwillig auf bestimmte Speisen und verschiedene Annehmlichkeiten des Lebens. Sie pflegten keine erotischen Beziehungen, und an ihrer Tafel fehlten Bohnen, Fleisch und berauschende Getränke. Zum Teil zogen sie sich ganz aus dem öffentlichen Leben zurück und lebten in einer Art klösterlicher Abgeschiedenheit. Ihr Ziel bestand darin, mit dem Kosmos in Einklang zu kommen. Dies aber war nur möglich, wenn sie die geistigen „Gesetze", nach denen er gestaltet war, erkennen konnten. Ihr großer Lehrer, Pythagoras, stellte dazu einen fundamentalen Lehrsatz auf, der jahrhundertelang die Art und Weise bestimmte, wie solches Erkennen möglich sei. Denn er sagte, daß Gleiches nur durch Gleiches, Geistiges somit nur durch Geistiges erkannt werde. Will ein Mensch also die kosmischen Gesetze erkennen und die göttliche Harmonie erfahren, so muß er selbst zuvor ein geistiges, religiöses Leben führen. Dies aber setzte nach Meinung aller Philosophen einen freiwilligen Verzicht auf all das voraus, was den Menschen mit der Welt und dem Irdischen verstrickt. Die Ursache dieser Weltverstrickung aber sahen sie in den menschlichen Leidenschaften, Sehnsüchten und unstillbaren Begierden.

Auch Sokrates, Platon und seine Schüler pflegten deshalb die Askese, ohne die weder die Tugend erreichbar, noch eine geistige Erkenntnis möglich sei. Ähnlich dachte auch Aristoteles. Ja, er ging noch einen Schritt weiter und glaubte, daß nur ein solches „theoretisches", das heißt geistig schauendes und asketisches Leben den Menschen überhaupt zum Menschen mache. Man ist hier an Goethes schöne Formulierung erinnert, wenn er vom Menschen sagt, er sei zum Sehen geboren, zum Schauen bestellt.

Auch die Stoiker legten sich einen freiwilligen Verzicht auf und übten (griechisch: „askein") sich in den Tugenden, um hinter den scheinbar wirren und sinnlosen Wechselfällen des Lebens das gute und harmonische Weltgesetz zu erkennen. Die Apatheia, die Freiheit von den bedrängenden Affekten, schien ihnen dazu die notwendige Voraussetzung zu sein.

Selbst die radikalsten und auffälligsten Philosophen der Antike, die Kyniker, lebten asketisch. Zwar verachteten sie ostentativ alles Herkömmliche und machten sich einen Spaß daraus, die bürgerlichen Normen öffentlich zu übertreten, aber dennoch lag diesem scheinbar unasketischen Gebaren eine asketische Freiheit zugrunde. Durch die Übertretung der Normen dokumentieren sie ihre Freiheit und wollten dadurch bedürfnislos und wunschfrei wie die Götter werden.

Bei aller Verschiedenheit der antiken philosophischen Askese läßt sich doch eine Gemeinsamkeit erkennen. Alle glaubten, daß nur ein asketisch lebender Mensch das Geistig-Göttliche zu erkennen vermag. Die Askese diente dazu, dem Menschen eine andere, nichtmaterielle Dimension aufzuzeigen, um ihn damit zu seiner eigentlichen Bestimmung zu führen.

Vergleichen wir dazu die Askese christlicher Mönche, so unterscheidet sie sich, was Form und Ziel betrifft, kaum von der philosophischen Art. Und dennoch trennen sie Welten. Die Askese der Philosophen richtete sich an den gebildeten und somit reichen Einzelmenschen, denn nur er besaß die finanziellen und geistigen Voraussetzungen für ein philosophisches Leben. Als Reicher mußte er nicht mehr für seinen Lebensunterhalt sorgen und besaß genügend Freiheit für Bildung und Muße. Er konnte sich die teuren Bücher leisten und die noch teureren Lehrer bezahlen. Bildung und geistige Erkenntnis waren in der Antike weitgehend sozial gebunden. Zum anderen bildete die Askese die notwendige Voraussetzung zur Erfahrung des Ganzen und Göttlichen. Dies alles war weitgehend ein selbständiges Werk des Menschen.

3 *Hans Burgkmair d. Ä., Johannes auf Patmos. Mitteltafel eines Johannesaltares (1518); München, Alte Pinakothek. Die Legende versetzt den Evangelisten auf die Insel Patmos, um dort der Inspiration zum Evangelium teilhaftig zu werden. Die Einsamkeit, die Asketen und Mönche aufsuchen, erscheint als Voraussetzung für die Begegnung mit dem Göttlichen.*

Die christlichen Mönche dagegen verzichteten grundsätzlich auf jede philosophische Tätigkeit und verachteten geradezu jede höhere Bildung, denn die höchste menschliche Erkenntnis, die offenbarende Begegnung Gottes, war ihnen Gnade, ein Geschenk des Glaubens und konnte weder über Spekulation noch durch Bildung erreicht werden. Ihre Askese war Buße, das besagt nach biblischem Verständnis eine radikale Umkehr von den Werten dieser Welt, eine Abwendung von der Sünde, dem Hochmut, dem Machtstreben, der Besitzgier, der Wollust. Indem sie Gott in seiner Größe erkannten und anerkannten, sahen sie zugleich ihre eigene Hinfälligkeit und Sündhaftigkeit. Zum anderen war das Mönchtum von Anfang an eine „Massenbewegung", die sich vorwiegend aus der einfachen, ungebildeten Schicht rekrutierte.

3. Antike Religionen

Die antiken Religionen, einschließlich des Judentums, waren grundsätzlich alle unasketisch. Ihre Gläubigen mußten sich nur zu ganz bestimmten Anlässen wie Tod, Geburt, Krieg oder anderen außergewöhnlichen Ereignissen eine kultische Reinheit auferlegen. Dies bedeutete, daß sie sich für einige Zeit bestimmter Speisen und Getränke, zum Teil auch der Sexualität enthalten mußten. Üblich war eine kurzfristige sexuelle Enthaltsamkeit der Priester. Auch die römischen Vestalinnen kannten das Ideal der Jungfräulichkeit. Ebenso jungfräulich lebten die Tempeljungfrauen der Artemis und zum Teil auch die Priester des ägyptischen Isiskultes, die sich sogar zu einem gemeinschaftlichen, klösterlichen Leben verpflichten mußten. Häufiger als in den offiziellen Staatskulten war die Askese in den mehr persönlichen Mysterienreligionen üblich. Bestimmte Speisen durften beispielsweise im Demeter- bzw. Cereskult nicht gegessen werden, und von Zeit zu Zeit fastete die ganze Gemeinde. Oder, wer sich in den ägyptischen Attis-Isiskult einweihen lassen wollte, der mußte bis zur Vollmitgliedschaft, etwa ein Jahr, fasten und enthaltsam leben; auch hier galten einige Speisen als unrein.

4. Die Askese der jüdischen Essener und Therapeuten

a) Die Essener

Die Essener waren eine strenggläubige jüdische Sekte, die etwa zwischen 150 v. Chr. bis 70 n. Chr. in Palästina und der Gegend von Alexandria existierte. Sie lebte in der festen Überzeugung, allein noch das mosaische Gesetz zu befolgen und den Bund Jahwes zu bewahren. Alle übrigen Juden hätten die Lehre der Väter verlassen und den Bund Gottes gelöst, weshalb sie zur Masse der Ungläubigen und somit zu den Verdammten zu zählen seien. Die Verheißung Jahwes aber verstanden sie so, daß er sein erwähltes Volk wieder aufrichten und daß seine göttliche Herrschaft in Gerechtigkeit und Frieden vom Zion ausgehen wird. In jenen Tagen schließlich würden das Böse und die Bösen endgültig vernichtet werden und der Sieg Gottes ewig währen. Auf diesen Kampf und Sieg bereiteten sie sich vor, indem sie ein frommes, asketisches und streng gesetzestreues Leben führten, getrennt von allen Ungläubigen, zu denen, wie gesagt, auch die übrigen Juden gehörten. Ihre gesonderten

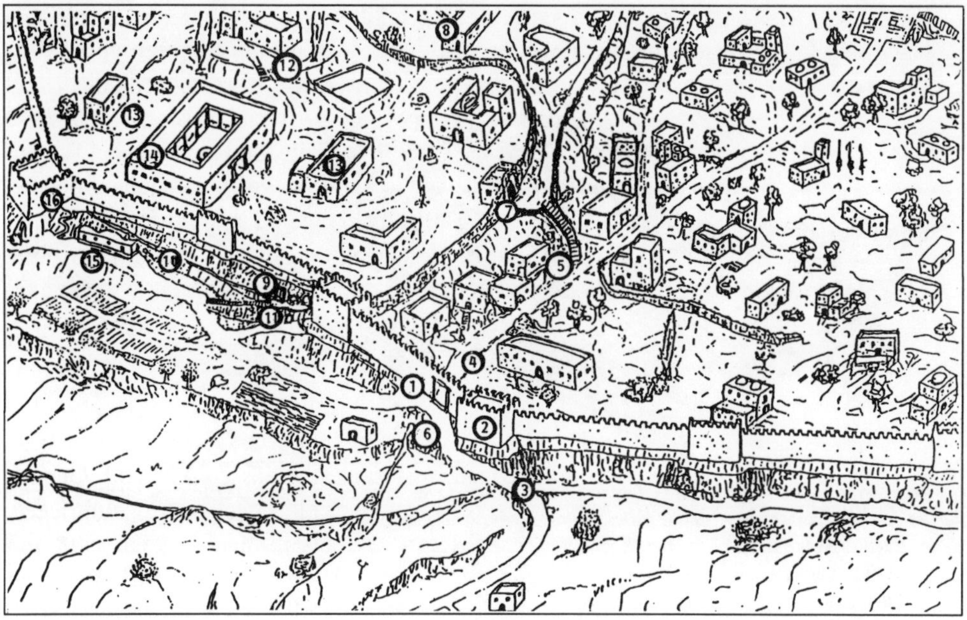

4 *Rekonstruktion des Essenerviertels in Jerusalem nach P. Pixner, ein in sich geschlossener Stadtteil, denn die Essener wollten mit den ungläubigen Juden nicht in Berührung kommen. 1: Essener Tor; 4: Straße zum Stadtzentrum; 7: Tor zum essenischen Klosterbereich; 9: Ritualbäder außerhalb der Stadtmauer; 13: Ritualbäder innerhalb der Stadtmauer; 14: Säulenumgangshalle mit großer Zisterne.*

5 *Luftaufnahme der ausgegrabenen Ruinen von Qumran, der 68 n. Chr. von den Römern zerstörten klosterartigen ehemaligen Siedlung der Essener. Hier lebten, ehelos und streng asketisch, die Vollmitglieder dieser jüdischen Glaubensgemeinschaft.*

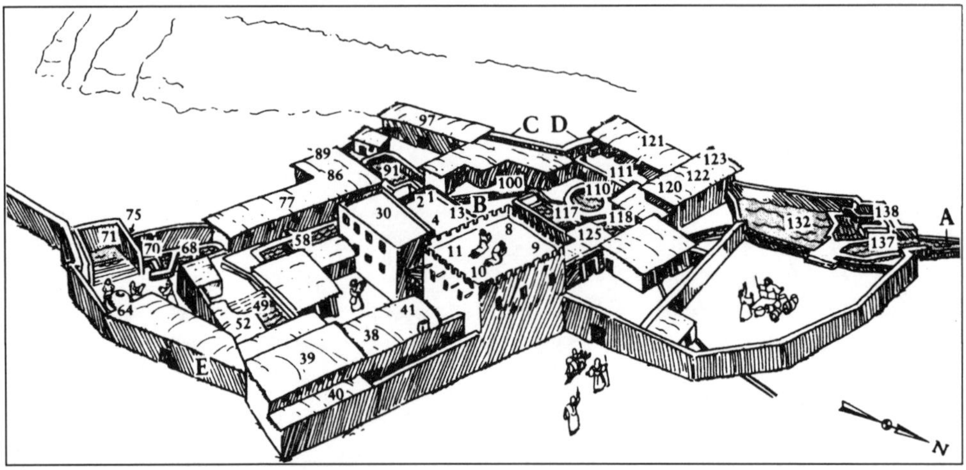

6 *Rekonstruktion der Siedlung Qumran (nach Dr. Lind und F. Blissard). Das Essenerkloster enthielt mehrere Bäder für rituelle Waschungen, die im Glauben und Kult der Gemeinde eine besondere Rolle spielten. Rechts der Einlauf des Aquädukts (A) zu Ritualbad (138, auch 68) und Überlaufbassins (132, 137); Zisternen (58 91, 110, 117, 118); Wohnräume (1, 2, 4), Schreibraum (30); Küche (38–41); Versammlungsraum (77), Mühle (110); Lagerräume (120–123).*

Siedlungen lagen vorwiegend in Palästina und in der Gegend von Alexandrien (Abb. 1). An entlegenen Orten ließen sie sich nieder, errichteten alle nötigen Bauten und umgaben sie mit einer trennenden Mauer, um ja nicht mit den Unreinen in Berührung zu kommen; selbst der Handel mit „Ungläubigen“ war verboten. Hier harrten sie, geborgen in ihren „Klöstern“, der Verheißung Gottes.

Ihr geistiges Zentrum lag in Qumran, das später von den Römern zerstört wurde. Hier lebten in brüderlicher Gemeinschaft, aber hierarchisch geordnet, die drei bevorzugten Stände: die Priester, die Leviten und die Novizen. Ein älterer Bruder stand der Gemeinde vor, deren wesentliche Aufgabe in Lob Gottes, Gebet und Liturgie bestand. Ihr Kult kannte keine äußerlichen Opfer mehr, sondern nur die innere Erhebung der Herzen. Ständig oblagen sie der Betrachtung, und unablässig widmeten sie sich dem Studium heiliger Schriften. Den bescheidenen Lebensunterhalt, ihre vegetarische Kost, besorgten sie sich selbst, und die ungefärbte Leinenkleidung – alles Tierische war unrein – war ebenfalls das Werk ihrer Hände. Trat ein Jude der Gemeinschaft bei – nur gebürtige Juden konnten dies –, so trennte er sich von seiner Familie, übertrug das Vermögen der Gemeinschaft und lebte als Novize mehrere Jahre unter der strengen Aufsicht eines Älteren.

Den vierten Stand bildeten die verheirateten „Laien“, die in ganz Palästina lebten und gewöhnliche Berufe ausübten, die Seefahrt und die Herstellung von Waffen ausgenommen. Doch aus kultischen Gründen versuchten selbst sie, die Ehe nicht zu vollziehen und sicherten über Adoption die Familie. Alle vier Stände lebten streng vegetarisch, besuchten nur die eigenen Gottesdienste – der jüdische Tempelkult war radikal verworfen – und gehorchten demütig den Priestern und Ältesten.

b) Die Therapeuten

Lebten die Essener weitgehend in einer klösterlichen Gemeinschaft, so pflegten die Therapeuten, eine Sonderform der Essener, ausschließlich das Einsiedlerleben. Der jüdische Gelehrte Philo von Alexandrien († 50 n. Chr.) berichtet, daß Männer und Frauen entlegene Gegenden aufsuchten, um in völliger Einsamkeit ein Eremitenleben zu führen. Jeder erbaute sich, in gehörigem Abstand vom Nachbarn, ein eigenes Häuschen, legte ein kleines Gärtchen an und pflegte in ungestörter Ruhe ausschließlich die Betrachtung. Am Sabbat und an ihren eigenen Feiertagen versammelten sich alle zum gemeinsamen Gottesdienst, wobei eine Sichtmauer den Kultraum teilte, so daß die Geschlechter zwar räumlich, aber nicht akustisch getrennt waren. Ihr Gottesdienst war rein geistiger Natur; sie kannten kein Brandopfer. Weder pflegten sie die Opferspende von Öl und Wein an den Altären, noch suchten sie durch andere, äußerliche Zeremonien Gott zu preisen. Der Kult bestand in geistlichen Gesängen, Gebeten und zeremoniellen Waschungen. Nach dem Gottesdienst trafen sie sich zu einem gemeinsamen kultischen Mahl, bestehend aus Brot, Salz, Wasser und Hysop.

Wie bei den Essenern, so herrschte auch bei den Therapeuten am Sabbat absolute Ruhe, und zahllose rituelle Waschungen begleiteten ihr ganzes Tagewerk. Im Gegensatz zum jüdischen Mondjahr verehrten sie aber die Sonne und rechneten nach dem Sonnenjahr. Mit den Essenern erwarteten sie den letzten und siegreichen Kampf Jahwes gegen das Böse. Zweimal die Woche fasteten sie, an den übrigen Tagen aßen sie nur abends, und zwar Brot, Salz und Hysop. Lauteres Wasser stillte ihren Durst.

c) Waren die Essener die Vorläufer der christlichen Mönche?

Auf den ersten Blick liegt der Schluß nahe, die Essener seien die Ahnen des christlichen Mönchtums gewesen, so viele Ähnlichkeiten scheinen zu bestehen, was bereits schon frühchristliche Theologen, wie den großen Kirchenhistoriker Eusebius, dazu verführte, aus den Essenern christliche Mönche zu machen. Sieht man jedoch genauer hin, so ergeben sich tiefgreifende Unterschiede.

Die Essener waren, wie das Judentum insgesamt, eine Stammesreligion, d. h., nur Juden konnten Essener werden. Das christliche Mönchtum dagegen kannte keinerlei Einschränkungen nach Volks- oder Rassenzugehörigkeit; jeder war willkommen, sofern er sich bekehrte. Auch der exklusive essenische Glaube, daß nur sie allein das wahre Volk Gottes wären, stand dem Selbstverständnis der Mönche strikt entgegen. Wir sind nicht die besseren Christen, sondern höchstens die größeren Sünder, sagte ein Wüstenvater über die christlichen Einsiedler.

Willig fügten sich die Mönche unter die kirchliche Hierarchie, obgleich nicht selten ein unheiliger Bischof ihre Geduld über Gebühr beanspruchte. Vor allem die Trennung von der Gemeinde bildet einen wesentlichen Unterschied. Die Essener zogen hohe Mauern um ihre Siedlungen, damit sie nie mit den Unreinen in Berührung kamen. Die Mönche dagegen verließen die menschliche Gemeinschaft, um ungestört ein Büßerleben zu führen, ohne dabei die anderen Christen zu verachten oder gar zu meiden. Ganz allein die Weisung Jesu, ihm rückhaltlos zu folgen, ließ sie alles, selbst die Familie, verlassen. Kam Besuch in die Wüste, so brachen die Eremiten ihr Schweigen und Fasten, um den Gast zu hören, zu beraten und zu bewirten. Wenn immer es ihnen möglich war, etwas zu entbehren, so beschenkten sie den Besuch sogar noch. Allgemein üblich war die Unterstützung der Armen. Auch die Vorstellung eines heiligen Krieges gegen die Sünder und alle Ungläubigen war für das Mönchtum undenkbar.

5. Die Gnosis

Abgesehen von der jüdischen Sekte der Essener, tritt uns in der Gnosis die radikalste Form religiöser Askese der Antike entgegen. Ihre Anhänger verachteten alles Irdische, denn die Welt war ihnen nichts anderes als ein betörendes Trugbild, das ein böser Gott geschaffen hat, um die unsterblichen Seelen im Kerker des Leibes gefangen zu halten. Ihren eigenen Körper verachteten die Gnostiker, doch die Sexualität haßten sie geradezu. Nichts schien ihnen höher zu stehen als ein jungfräuliches Leben, und Verheirateten gewährten sie höchstens als minderer Klasse Zutritt zur Gemeinde. Die Ehelosigkeit wurde zur Bedingung ihres Glaubens.

Hier haben wir es mit einer religiös bedingten Ehelosigkeit zu tun, die sich durchaus mit dem jungfräulichen Leben der Eremiten und Mönche vergleichen läßt. Bei den christlichen Wüstenmönchen galt der Spruch: „Meide den Bischof und das Weib, dieser will dich zum Priester machen, jene aber will dich verführen." Und es kam nicht von ungefähr, daß sich die Kirche gegen die gnostische Religiosität am meisten zur Wehr zu setzen hatte, zumal viele Gläubigen gnostische Anschauungen samt Askese und Lob auf die Ehelosigkeit übernommen hatten, was bald zu Spaltungen innerhalb des Christentums führen sollte.

Die Gnosis war eine religiöse, philosophisch gefärbte Glaubensrichtung ohne eigentlichen Gründer. Etwa zur Zeit des Christentums, aber völlig unabhängig von ihm, entstanden in Syrien, Ägypten und Kleinasien zahllose gnostische Schulen und Gemeinden. Ihre Lehre war kein festes, verbindliches Glaubenssystem, sondern kannte mannigfaltige Änderungen. Das jeweilige Haupt der Schule bestimmte weitgehend über die Form. Dennoch waren sich die Gnostiker im Grundsätzlichen, im Mythos über die Entstehung der Welt, einig. Aus ihrem Verständnis der Schöpfung ergab sich von selbst ihre rigide Askese.

Das Grundschema des Weltschöpfungsmythos kann man grob etwa so charakterisieren: Vor undenklichen Zeiten begann das Sein durch einen Zeugungsakt zwischen der göttlichen Weisheit (weiblich) und dem ewig seienden Gott (männlich). Andere Mythen sprechen von einem Zeugungsakt der Weisheit mit der dunklen Materie. Auch der heimtückische Fall der Weisheit in die böse Materie wird als Uranfang genannt. Überall aber liegt eine Zeugung zugrunde. Nach diesem einmaligen Akt göttlicher Urvereinigung war der Stein ins Rollen gebracht; es folgten weitere geschlechtliche Zeugungen zwischen jeweils niedrigeren Geistwesen, bis schließlich am Ende der schier unüberschaubaren Kette ein Engel oder der Sohn der Weisheit die Welt, den Kosmos und den Menschen schuf. Obgleich der Mensch als letztes Glied in der Reihe göttlicher Zeugungen steht, hat er seinen geistigen Anteil nicht verloren.

7 *Kultische Szene einer gnostischen Sekte (Alabasterschale 3./5. Jh. n. Chr., aus Syrien oder Kleinasien). Sechzehn nackte Mysten verehren eine geflügelte Sonne. Die Nacktheit als Zeichen der wiedergewonnenen Unschuld spielte in der Gnosis eine bedeutende Rolle. In einer christlich-gnostischen Schrift fragen die Apostel Christus, wann das Reich Gottes anbreche; wenn die Scham aufgehoben ist, antwortete er. Auch im Mithraskult wurde die höchste Stufe der Einweihung am nackten Mysten vollzogen. Verschiedene christliche Gemmen des 3. Jahrhunderts zeigen Christus nackt am Kreuz. Die Darstellung nackter römischer Kaiser steht ebenfalls in dieser Tradition.*

Der Abwärtsbewegung entsprach aber keine Aufwärtsbewegung mehr, denn der böse Demiurg, so nannte man den Schöpfergott, hatte die Erde von allen übrigen Weltensphären radikal abgeriegelt. So schlummerte nun der göttliche Samen, gebunden im menschlichen Körper, den Schlaf der Unwissenheit, seine eigentliche Heimat vergessend. Schließlich kam, unbemerkt vom Demiurgen, ein himmlischer Bote – für die christliche Gnosis war es Jesus –, um die unsterblichen Seelen aus ihrem Schlaf zu erwecken, indem er ihnen die Geschichte ihrer Entstehung und Verbannung erzählte und das Bild der Heimat enthüllte. Die Erleuchteten wußten nun, wie alles gekommen war und wie sie den Weg zur himmlischen Heimat wieder beschreiten könnten. Wissen, Erkenntnis heißt aber auf griechisch Gnosis, woher sich die Selbstbezeichnung der Gnostiker ableitet.

Ein solches Weltbild erklärt zwar die Heimatlosigkeit des Menschen, das Unrecht und das Böse, doch führt es zwangsläufig zur Verachtung der Materie und des Körpers, waren sie doch beide das üble Machwerk eines bösen Gottes. Die eigentliche Ursache allen Übels aber war die Sexualität, denn sie hatte die Urzeugung veranlaßt und so die göttliche Einheit gespalten und das Dasein ins Leben gerufen. Die Eins, der Ursprung aller Zahlen, so sagen die Gnostiker, hat sich entäußert und brachte die Zwei, die Zahl des Gegensatzes, der Materie und somit der Sünde hervor. Diesen unendlichen Kreislauf permanenter Zeugung zu unterbrechen, war Ziel gnostischer Askese. Indem der Gnostiker jungfräulich lebt, wird gewissermaßen die Ursünde im „Sakrament" der Ehelosigkeit wieder aufgehoben.

Einige wenige gnostische Sekten gingen den umgekehrten Weg und machten aus der Sexualität ein „Sakrament". Durch wahl- und zahllose Zeugungen der Gnostiker untereinander glaubten sie, das Sperma, den göttlichen Ursamen, vermehren zu können; in einem kultischen Akt brachten sie ihn der Gottheit dar, um so die folgenschwere Streuung der Urzeugung aufzuheben und die ursprüngliche göttliche Fülle, das Pleroma, wiederherzustellen.

II. Anfänge der christlichen Askese

Die Christen lebten in der antiken Kultur und waren von deren Geisteshaltung, einer resignativen Einstellung, nicht völlig frei. Die Gnosis durchzog alle Schichten, und deren Ansätze waren den Christen nicht fremd. Denn auch ihnen schien die Erde ein Exil zu sein, das man bald mit der himmlischen Heimat zu tauschen hoffte. Die Überzeugung von der Unsterblichkeit der Seele war Christentum und Gnosis ebenso gemeinsam wie der Glaube, daß die Gottesbegegnung sich in einer jungfräulichen Seele, d. h. einer Seele, die nichts anderes als Gott selbst sucht, vollzieht. Beide zogen daraus den Schluß, daß der inneren Haltung die äußere, die reale Jungfräulichkeit folgen könne oder müsse. Es gab also durchaus Gemeinsamkeiten, und nicht wenige Gemeinden übersahen den trennenden Unterschied. Es bedurfte von seiten der Christen großer Anstrengungen, um den unüberbrückbaren Gegensatz klar herauszustellen. Doch ganz ohne Spuren ging der Kampf nicht vorüber. Gnostisches Gedankengut findet sich auch in zahlreichen christlichen Schriften.

1. Gnostische Leibfeindlichkeit in christlichen Schriften

Das Neue Testament spricht kaum von Askese, aber in der Apokalypse zeigt sich Gnostisches. Denn dort steht der aufschlußreiche Satz, daß nur 144000 Gerechte in den Himmel eingehen werden. Diese haben sich aber, so die Textstelle (Offb. 14, 3 f), nicht mit Weibern befleckt. Zwar ist Unzucht in der biblischen Tradition ein geläufiges Bild für Götzendienst, aber es konnte leicht so verstanden werden, daß wie bei den radikalsten Gnostikern nur keusche und jungfräulich lebende Gläubige in den Himmel kommen können.

Während aber die biblischen Schriften kaum von Askese sprechen, war diese Geisteshaltung doch in den ersten Jahrhunderten weit verbreitet. Damals entstanden zahllose religiöse christliche Schriften, Apokryphen genannt, die anschaulich das asketische Leben Jesu und seiner Apostel schilderten. Sie waren anfangs sehr beliebt und weit verbreitet, wurden später jedoch, nachdem sich der Kanon biblischer Schriften gebildet hatte, als legendär verworfen. Dennoch läßt ihre Beliebtheit unter den Christen auf gnostische Ansichten schließen.

Im allgemeinen betonen die Apokryphen eine strenge Körperaskese, loben überschwenglich die Jungfräulichkeit und stehen der Ehe sehr distanziert gegenüber. Nach dem Thomasevangelium, das etwa um 180 entstanden ist, kommen nur unverheiratete oder enthaltsam lebende Christen in den Himmel, und das Reich Gottes wird erst dann auf Erden verwirklicht werden, wenn die Menschen ganz auf ihre Sexualität verzichten und die Scham endgültig aufgehoben ist (Logion 37). Auch das Ägypterevangelium (2. Jh.) bindet die Ankunft Christi, den Beginn des Reiches Gottes, an die Aufhebung der Sexualität und Zeugung. Nach anderen Apokryphen predigen die Apostel so überzeugend die Enthaltsamkeit, daß zahlreiche Hörer sich sogleich dazu entschlossen (Akten des Paulus, Thomas und Andreas). Die Jungfräulichen werden geradezu selig gepriesen: „Selig sind die, die ihr Fleisch bewahrt haben; selig sind die Enthaltsamen; selig sind die, die Frauen haben, als hätten sie keine; selig sind die Leiber der Jungfrauen" (Paulusakten). Gerade diese apokryphe Schrift verstand das Evangelium als eine Botschaft und einen Aufruf zur Askese. Es beginnt mit den Worten: „Ich verkünde das Evangelium der Auferstehung und der Askese." Christus selbst ist der göttliche Bote, der den Menschen die befreiende Askese lehrte und das heilwirkende Ideal der Jungfräulichkeit verkündete.

2. *Christlich-gnostische Sekten*

Die religiöse und asketische Grundhaltung der Gnosis kam, wie gesagt, dem Christentum sehr entgegen, weshalb es anfangs auch innerhalb der Kirche zahlreiche gnostisch gefärbte Gemeinden, Lehrer und Theologen gab. Erst in der Auseinandersetzung mit dem gnostischen Weltschöpfungsmythos und der Inkarnation Christi kam es während des 3./4. Jahrhunderts zu Spaltungen und Abgrenzungen. Ursprünglich jedoch waren die späteren Sekten christliche Gemeinden, die erst während der theologischen Klärung ausgeschlossen wurden. Wie groß der Einfluß auf das offizielle Christentum war, ist schwer zu sagen, denn die Askese selbst war den Christen mehr als lieb, sofern sie nicht rein gnostisch, d. h. mit einem Dualismus, begründet wurde.

Die Markioniten. Die Kirche des Markion (85–169) war eine der frühesten christlich-gnostischen Sekten. Als Sohn eines Bischofs christlich erzogen, hochgebildet und sehr reich, wirkte und lebte Markion angesehen und geschätzt in der christlichen Gemeinde zu Rom. Großmütig unterstützte er die armen Christen. Um die rechte Lehre Christi aus der Fülle der Schriften herauszufinden – das Neue Testament in unserem Sinne gab es noch nicht –, beurteilte er alle christlichen Texte unter dem Aspekt der paulinischen und gnostischen Lehre. Von der Gnosis übernahm er den Dualismus und die Vorstellung eines bösen Weltenschöpfers, den er mit dem alttestamentlichen Gott gleichsetzte. Jesus selbst aber war der göttliche Bote des guten Gottes, der die Machenschaften des alttestamentlichen Jahwe entlarvte. Deshalb verwarf Markion das Alte Testament und forderte für die Christen eine rigide Askese gnostischer Herkunft: strenges Fasten, immerwährende Jungfräulichkeit, die Auflösung der Ehen sowie die Bereitschaft zum Martyrium. Schließlich kam es wegen seiner Theorien zum Bruch mit der Kirche. Er verließ Rom und wandte sich nach Syrien, wo er unter den dortigen Christen so viele Anhänger fand, daß die Markioniten zu einer gefährlichen Konkurrenz für die Großkirche wurden.

Valentinos. Ähnlich ging es mit dem christlichen Gnostiker Valentinos (Mitte 2. Jh.). Als eifriger Christ lebte er lange Zeit in Rom, bis es dort wegen seiner Lehren zum Zerwürfnis kam. Daraufhin zog es sich wieder nach Ägypten, seiner Heimat, zurück und errichtete dort ungestört eine theologische Schule. Seinem Lehrsystem legte er die gnostische Schöpfungslehre zugrunde, wonach aus unzähligen Zeugungen schließlich der böse Demiurg als Weltenschöpfer hervorgegangen ist, der den unglücklichen Menschen geschaffen hat. Die Erlösung vollzieht sich, indem die Gesetze des Demiurgen mißachtet werden und der „Tod aufgebraucht wird"; d. h., keine Kinder zeugen, nichts zum Erhalt des Lebens tun und sich willig dem Sterben hingeben. Auch hier war Jesus der Bote des unbekannten, guten Gottes.

Tatian und seine Gemeinde. Auch Tatian, anfangs ein durchaus orthodoxer christlicher Theologe, wurde wegen seiner eigenwilligen, gnostisch gefärbten Interpretation der Bibel um 172 von der christlichen Gemeinde in Rom ausgeschlossen. Denn er lehnte die Ehe völlig ab und diskreditierte die Verheirateten zu Christen zweiter Klasse. Nach seinem Zerwürfnis zog er sich in seine Heimat Mesopotamien zurück und erfreute sich bei den dortigen Christen ungetrübter Wertschätzung. In einer verlorengegangenen Abhandlung über die Vollkommenheit versuchte er sogar den Beweis zu führen, daß Jesus die Ehe direkt verboten habe. Deshalb müßten die wahren Christen dem Gebot und Beispiel Christi folgen und freiwillig auf die Ehe verzichten, zumal Gott nur die Gebete der Unbefleckten erhört. In seiner Gemeinde konnten nur jungfräulich lebende Christen Vollmitglied werden.

Die Enkratiten. Unter der Bezeichnung Enkratiten faßten die Kirchenlehrer all jene christlichen Sekten und Gemeinden zusammen, die sich weitgehend auf die biblische Botschaft stützten, aber doch so stark vom gnostischen Dualimus beeinflußt waren, daß sie die Ehe und den ehelichen Verkehr radikal ablehnten. Nach Clemens von Alexandrien glaubten die Enkratiten, bereits durch die Taufe, die übrigens nur jungfräulichen Christen gespendet wurde, den zukünftigen Zustand der Auferstandenen schon auf Erden erreicht zu haben. Deshalb mußten alle Gläubigen ein Leben paradiesischer Unschuld – ohne Sexualität und andere Begierden – führen. Buchstabengetreu interpretierten und befolgten sie die Bibel. Untereinander pflegten sie eine bewunderswerte Brüderlichkeit und teilten nach dem Vorbild der Urgemeinde großmütig ihre Habe mit den Armen.

Die Manichäer und andere Sekten. Zu erwähnen wären noch die Manichäer, eine gnostische Sekte, die in vielfältiger Gestalt durch die Geschichte des Christentums zieht. Ebenso die Mandäer, die wohl einzige christlich-gnostische Sekte, die bis heute noch besteht (Irak/Iran). Nicht zu vergessen ist der Montanismus, der vor allem in Nordafrika seine größte Verbreitung fand. Alles waren ursprünglich christliche Gemeinden, die während des 3./4. Jahrhunderts wegen ihrer gnostisch begründeten und meist radikalen Askese von der Großkirche ausgeschlossen wurden (lat. secare = abschneiden, davon abgeleitet „Sekte").

3. Sextus Empiricus und Origenes, zwei christliche Gnostiker

Nicht die strenge Askese, sondern der gnostische Hintergrund wurde für die Christen zum Problem. Solange die Askese nicht dualistisch-leibfeindlich begründet wurde, die Ehe verwarf oder die Gemeinde in Vollkommene und Unvollkommene trennte, war sie auch bei den Christen, wie zahlreiche Beispiele beweisen, hoch geschätzt.

Sextus Empiricus, der bekannteste christliche Enkratit und Philosoph des 2. Jahrhunderts, legte seine persönlichen Erfahrungen mit der Askese schriftlich nieder, begründete sie philosophisch und empfahl sie allen Christen zur Nachahmung. Die Ehe betrachtete er als eine Notwendigkeit, in die sich der Christ, wenn nicht zu umgehen, demütig fügen soll; ebenso demütig aber, d. h. ohne Lust und Leidenschaft, soll er sie auch vollziehen. Wer jedoch nicht heiraten möchte, aber von der Begierde gequält werde, der möge sich durch Kastration Ruhe verschaffen. Dem Leib gewähre man stets nur das Nötigste; immer gehe man ungesättigt vom Tisch, verzichte auf Fleisch und meide den Wein. Alle irdischen Freuden seien bei den Christen verpönt, denn die Gebete der Sinnlichen erhört Gott nicht. Seine Schriften fanden weite Verbreitung und waren bei jungen Christen besonders beliebt. Nur an der Kastration störte man sich, ansonsten billigte die Kirche seine asketischen Vorschläge.

Der größte Theologe Alexandriens, Origenes (184–252), lehrte und lebte beispielhaft eine philosophisch begründete christliche Askese, die ihn menschlich und geistig reifen ließ. Sein eigenes, umfangreiches Erbe schenkte er den Armen, um selbst zu den Pauperes Christi zu gehören. Jahrelang ging er sommers wie winters barfuß, lange Zeit schlief er auf dem blanken Fußboden, und seinen Schlaf verkürzter durch Gebet und biblische Studien. Obwohl er kirchlich angestellter Lehrer war, verzichtete er auf jeden Verdienst und lehrte umsonst, denn er wollte durch das Wort Gottes nichts verdienen. Selbst die Spenden reicher Christen lehnte er, ohne kränken zu wollen, radikal ab. Die harte Askese schwächte offensichtlich nie seine intensive Arbeit, noch verleitete sie ihn zur überheblichen Verachtung gegenüber anderen Menschen. Tief war seine Askese in der Bibel, in dem Wunsch, Christus gänzlich nachzufolgen, verankert. Aus Liebe zu Gott nahm er das Wort vom Verschnittensein um des Himmelreiches willen (Matth. 19,2) wörtlich und entmannte sich, was aber seiner geistigen und physischen Kraft keinerlei Abbruch tat, denn während einer späteren Christenverfolgung ertrug er heldenmütig die Folterungen. Voller Bewunderung und eifriger Nachahmung schauten die Christen Alexandriens zu ihm auf, wenngleich die Kirche seine Kastration mißbilligte. Später jedoch, während des 5./6. Jahrhunderts, diskreditierte man sein Leben und seine Werke, ja theologisches Intrigantentum und dogmatische Engstirnigkeit übergaben seine Werke dem Feuer.

4. *Lebte Christus asketisch?*

Betrachtet man das Leben Jesu, so findet man auf den ersten Blick keine asketischen Züge. Er lebte nicht wie Johannes der Täufer in der Wüste, noch nährte er sich von Heuschrecken und wildem Honig. Im Gegenteil, Jesu suchte die Menschen auf, nahm an Hochzeiten teil, ließ sich zu Gastmählern laden, von Frauen bewirten und mit kostbarem Öl salben. In seiner Gegenwart übertraten die Jünger sogar das jüdische Fastengebot. Er selber fastete nur eine Zeitlang vor seinem öffentlichen Wirken und zog sich zur inneren Sammlung in die Wüste zurück. Frauen und verheiratete Männer gehörten zu seinem engsten Vertrautenkreis, wenngleich er selbst unverheiratet war. Kurz, er lebte offensichtlich all das, was später die Mönche so rigoros aus ihrem Dasein verbannten.

Und doch kann sich rechtverstandene Askese auf Jesus berufen. Denn er lebte und verkündete das Reich Gottes, das alle bisherigen Werte relativiert. Indem Gott sich als das absolut Höchste offenbart, verlieren alle anderen Dinge ihre scheinbare Absolutheit. Die Askese Jesu bestand darin, Gott in allem zu sehen und nichts dem Willen des Vaters vorzuziehen. Hierin liegt seine Freiheit begründet, wie sie sich in seinem Leben zeigte. Gerade der Absolutheit des Geldes und des Reichtums gilt seine Kritik, und seine Kunde von Gott führt von selbst zur Distanz zu dieser Welt und ihren Werten: „Mein Reich ist nicht von dieser Welt“ (Joh. 18,36); „Wenn jemand zu mir kommt und nicht Vater und Mutter, Frau und Kinder, Brüder und Schwestern, ja sogar sein Leben gering achtet, dann kann er nicht mein Jünger sein“ (Luk. 14,26); das Himmelreich gleicht einer besonders wertvollen Perle, um deretwillen der Kaufmann all seine Habe veräußert (Matth. 13, 45); „Willst du vollkommen sein, so gehe hin, verkaufe alles, was du hast, und gib es den Armen“ (Matth. 19,21) usw. Die frühen Christen lebten die Botschaft Christi ohne Wenn und Aber. Sie trennten sich innerlich von den Werten dieser Welt und verschenkten teilweise ihr Vermögen, was umso verständlicher war, als sie auf baldige Wiederkunft des Messias hofften.

5. *Die Jungfräulichkeit als Bild der vollkommenen Gottesliebe*

a) Die Seele als Braut Christi

Gerade die Erwartung des Herrn bewog die Christen zu einer distanzierten Haltung gegenüber der Welt. Nach dem Gleichnis von den fünf klugen Jungfrauen lebten sie in beständiger Erwartung des Reiches Gottes, ohne allerdings die Ehe zu verlassen oder zu meiden. Paulus aber, ganz von der Gottesliebe ergriffen und von der Hoffnung auf das Anbrechen der Herrschaft Gottes beseelt, wünschte seiner ganzen Gemeinde die Ehelosigkeit, damit sie, frei wie er, ungeteilt für den Herrn da ist; doch sei die Ehelosigkeit kein Gebot (1 Kor. 7).

Obwohl die Ehelosigkeit in der Bibel nur als Rat gegeben war und anfangs auch keine besondere Rolle spielte, wandelte sich diese Einstellung bereits während des ausgehenden 2. Jahrhunderts. War die Virginität bislang eine Sache des einzelnen, die zwar gelobt, aber keineswegs als notwendige oder höchste Form christlichen Lebens betrachtet wurde, so rückte sie allmählich an die Spitze aller Tugenden. Das eschatologische Bewußtsein gab

8 *Christus und die klugen Jungfrauen. Südliches Westportal des Straßburger Münsters (Ende 13. Jh.). Das biblische Gleichnis von den fünf törichten und fünf klugen Jungfrauen galt früh schon als Hinweis auf eine besondere, ausschließliche Form der Christusliebe, wobei die innere Bereitschaft allmählich mit der realen Jungfräulichkeit gleichgesetzt wurde.*

dabei weniger den Ausschlag als der Wunsch, sich ganz Gott hinzugeben. Ähnlich wie bei der irdischen, menschlichen Liebe, so sollte nichts zwischen den Liebenden, Gott und dem Gläubigen stehen. Im Bild der Jungfrau, die allem anderen Werben zum Trotz an der Liebe des Erwählten festhält, fand dieses religiöse Verhältnis seinen sprechenden Ausdruck. Diese Form der Gottesliebe scheint eine, wenn nicht die tiefste Wurzel des Mönchtums zu sein.

Es erstaunt deshalb nicht, daß nun zahlreiche Theologen die Jungfräulichkeit preisen und in ihr die höchste Weise der Gottesliebe sehen. Voller Enthusiasmus, aber mit bescheidenem Stolz berichtet Justin der Märtyrer († um 165) über diese neue christliche Lebensform, die sehr rasch Nachahmung fand. Bereits im 3. Jahrhundert gab es verschiedentlich schon den kirchlich anerkannten Stand der Jungfrauen, denen man sogar im Gotteshaus einen Ehrenplatz einräumte. Nach Clemens von Alexandrien (2. Jh.) sollen selbst Kinder dieses hohe Ideal angestrebt haben.

Tertullian († 230). Dem großen Theologen Tertullian war diese Frage so wichtig, daß er zwei aufschlußreiche Abhandlungen zu diesem Thema verfaßte. In der ersten Schrift geht er davon aus, daß die Kirche als jungfräuliche Braut Christi in einem ungetrübten Liebesverhältnis zu Christus steht. Wenn nun die Kirche insgesamt jungfräulich ist, so muß es auch der einzelne Gläubige sein. Für die wirklichen Jungfrauen unter den Christen fordert er den Brautschleier, damit sie öffentlich ihr Brautsein für Christus bezeugen. In seiner zweiten Schrift lobt er überschwenglich die Ehelosigkeit und begründet sie wegweisend für die kommenden Mönche. Er greift das biblische Bild vom Paradies und dem Himmel auf, in dem es kein Heiraten mehr gibt, und die Spannung der Geschlechter, die Dualität, aufgehoben ist. Die Jungfräulichkeit wird damit zum Bild für den eigentlichen Zustand des Menschen und spiegelt den zukünftigen himmlischen, engelgleichen Zustand der Gläubigen wider. Gerade dieses Bild vom engelgleichen Leben sollte in der Mönchstheologie eine bedeutende Rolle spielen.

Origenes, der Vater der Christusmystik. Das Gottesverlangen im Bild der Jungfräulichkeit wurde bei Origenes (184–252) weiterentwickelt und christozentrisch ausgeformt. Seiner Ansicht nach ist jede getaufte Seele bereits eine Braut Christi, die naturgemäß immer schon zu ihrem Seelenbräutigam ein besonderes Verhältnis hat. Damit legte Origenes den Grundstein zu einer allgemeinen personalen Christusmystik, die vom tatsächlichen Lebensstand des einzelnen, ob verheiratet oder unverheiratet, unabhängig war. Damit war der Kreis erweitert und eine Gottesbeziehung gefunden, die als Mystik ihren schönsten Ausdruck fand. In dieser ganz persönlichen, individuell gedachten Liebesbeziehung zwischen Gott und der menschlichen Seele lag das Neuartige des Christentums, aber zugleich auch die tiefste Begründung jeder Askese als freiwilligen Verzichts um eines höheren Gutes willen.

Selbstverständlich befaßten sich auch andere Theologen mit dieser besonderen Form der Gottesliebe. Doch wesentlich neue Ansätze blieben aus, da der Grund bereits gelegt war. Wir nennen noch einige, um die Vielfalt der Begründung, aber auch die allgemein hohe Wertschätzung der Jungfräulichkeit besser zu sehen. *Cyprianus,* Bischof von Karthago, stellt die Jungfrauen, was Würde und Ehre betrifft, gleich hinter die Märtyrer: „Die erste Frucht mit hundertfältigem Ertrag ist die der Märtyrer, die zweite, sechzigfältige ist die eure“ (Über die Haltung der Jungfrauen, Kap. 21).

Mehr nach dem philosophischen Ideal der Antike begründete der christliche Theologe Gregor von Nyssa († 393) die innere Haltung des Gläubigen. Jeder Mensch ist zur Schau des Göttlichen berufen, die er jedoch nur dann erreichen kann, wenn er zuvor selbst geistig-göttlich geworden ist, denn Gleiches kann nur durch Gleiches erkannt werden. Die Gottesbegegnung ereignet sich in der Seele, die dazu rein, jungfräulich und geistig sein muß, damit sie dadurch dem Göttlichen gleichartig werden kann. Die nötige Disposition der Seele umschreibt Gregor mit folgenden Worten: „Nichts von all dem, was der Veränderung unterworfen ist, darf die Seele berühren, sondern die Seele muß sich, soweit es möglich ist, trennen von jeglichem Umgang mit dem Leben, das da fleischlich und von Leidenschaften erfüllt ist, mehr noch, sie muß sich lösen vom Mitfühlen mit ihrem eigenen Leib, damit der Mensch nicht nach dem Fleische lebe und dadurch dem Unglück, das dem Fleisch entspringt, unterworfen sei. Das bedeutet, einzig der Seele zu leben, soweit möglich die Lebensform der unkörperlichen Mächte nachzuahmen; in dieser heiratet niemand und wird niemand geheiratet, sondern ihre Arbeit, ihre Bemühung und ihr Erfolg liegen darin, daß sie den Vater der Unsterblichkeit anschauen und ihre eigene Gestalt durch die mögliche Nachahmung für die unsterbliche Schönheit schmücken" (Kap. 4). Sosehr Gregor das Ideal der Virginität auch schätzt und als düsteres Gegenbild dazu die Ehe mit ihrer notvollen Verstrickung in die Welt, ihre Begierden und materiellen Sorgen weitläufig ausmalt, eine Verwerfung der Ehe mißbilligt er schärfstens. Auch Eheleute können jungfräulich leben, denn dies ist eine geistige Haltung und keine biologische Voraussetzung.

Augustinus († 430) dagegen betonte mehr die reale Jungfräulichkeit, die eine notwendige Voraussetzung für die höchste Vollendung im Himmel darstellt. Er schreibt dazu: „So schreitet dann voran, ihr Heiligen Gottes, ihr Knaben und Mädchen, ihr Männer und Frauen, ihr Ehelosen … ihr allein werdet dem Lamme folgen, wohin es immer geht. Die Verheirateten können wir zu seiner Nachfolge in jeder anderen Form ermuntern, nicht aber in dem, was sie unwiderruflich verloren haben. Ihr folgt ihm! Tut, was in euren Kräften steht, damit euch das Kleinod der Jungfräulichkeit nicht verloren geht, denn einmal verloren, kehrt es nicht wieder. Die Schar der übrigen Gläubigen, welche dem Lamme dahin nicht folgen kann, wird auf euch schauen" (Über die Jungfrauen, Kap. 27/29).

b) Die Heilige Hochzeit

Mit dem Bild von der Seele als Braut Christi ist das Bild von der Heiligen Hochzeit mitgegeben, das sich in fast allen Religionen findet und zur Umschreibung der Begegnung Gottes mit den Menschen dient. Auch im Neuen Testament wird das liebende Verhältnis zwischen Christus und seiner Kirche mit dem Ehebund zwischen Mann und Frau verglichen (Eph. 5, 21–33). Alttestamentliche Propheten wie Hosea, Jeremia oder Ezechiel verstanden schon immer das Volk Israel als die erwählte Braut Jahwes. Besonders das biblische Buch des Hohenliedes deuteten jüdische Gelehrte gern auf das Verhältnis Gottes zu seinem Volk. Christliche Theologen sahen in diesen Liebesliedern die Liebe Christi zu seiner Kirche vorgeformt. Später jedoch, während des Hochmittelalters, bezog man es vorwiegend auf die Einzelseele (Rupert von Deutz). Personale Ansätze entwickelte der jüdische Theologe Philo von Alexandrien († 40 n. Chr.), der mit diesem Bild die Liebe des Logos (Gottheit) zur göttlichen Kraft einerseits sowie zur menschlichen Seele andererseits bezeichnet hat.

Auch in der Gnosis war die Vorstellung der Heiligen Hochzeit geläufig, man feierte dort sogar ein Sakrament der Heiligen Hochzeit, das in der Vermählung der gefallenen Weisheit mit ihrem himmlischen Erretter sein Vorbild hatte. Denn wie die in die Materie gefallene Weisheit durch ihren Bräutigam, den göttlichen Helden, erlöst worden war, so vollzog der Gnostiker in rituell-sakramentaler Analogie dazu mit einem Engel die Heilige Hochzeit, um auf diese Weise nach seinem Tod in die himmlische Heimat zurückzukehren. Ähnliches kannte auch der Mithraskult. Die Begegnung zwischen dem Sonnengott Sol und Mithras galt als kultstiftendes Vorbild, an dem die Eingeweihten durch einen rituellen Nachvollzug Anteil bekamen.

Alle antiken Mysterienreligionen kannten mehr oder weniger eine Art Sakrament der Heiligen Hochzeit, um den Gläubigen die Begegnung mit dem Göttlichen zu ermöglichen.

Wie dies begangen wurde, schildert in sehr verschlüsselter Weise Apulejus am Ende seiner Erzählung „Der goldene Esel“.

Das Bild der Heiligen Hochzeit läßt sich jedoch über die antiken Religionen hinaus bis zu den Hochkulturen Ägyptens und Mesopotamiens nachweisen. In Ägypten beispielsweise gelangte die Pharaonin zur Unsterblichkeit, indem sie sich an einem bestimmten Tage mit Gott Re vermählte, der ihr rituell im Pharao begegnete. Im sumerischen Kult feierte man am Neujahrsfest die Entstehung der Schöpfung, die dadurch rituell nachvollzogen wurde, daß sich die Göttin Ischtar, vertreten durch ihr Kultbild oder eine Tempeljungfrau, mit dem König vermählte. Auch in zahlreichen anderen Schöpfungsmythen ging die Welt aus einer heiligen Götterhochzeit hervor, wie es beispielsweise die Kosmogonien der Griechen, Ägypter oder Sumerer berichten.

Mit dem Bild der Heiligen Hochzeit wird letztlich die Begegnung und Vereinigung zweier Gegensätze (Männlich - Weiblich; Himmel - Erde; Licht - Materie) umschrieben, aus der etwas Neues, der Kosmos oder der vergöttlichte Mensch, hervorgeht.

Wir haben zahlreiche literarische Beispiele und Hinweise aus dem Christentum, der antiken Philosophie und Religionen zum Thema Askese und Jungfräulichkeit betrachtet. Durchgängig wurde beides als eine besondere, ja notwendige Voraussetzung für eine Begegnung mit Gott, dem absolut Geistigen, angesehen. Gleiches kann nur durch Gleiches erkannt werden, wie Pythagoras formulierte. Die andere Seite dieser asketischen Religiosität liegt in der Vorstellung, daß der Mensch den Zustand der Einheit verloren habe, den er durch die Religion wieder erreichen kann. Das engelgleiche Leben, wie das Ziel der Wüstenmönche auch umschrieben wurde, ist das anschauliche Beispiel für das zukünftige Sein des Menschen und weist auf seine eigentliche Bestimmung im voraus hin.

III. Die Eremiten als Vorläufer des Mönchtums

1. Von den Asketen zu den Eremiten

Die vollkommene Gottesliebe, die Hoffnung auf die baldige Wiederkunft Christi und die allgemein religiöse Vorstellung von der Heiligen Hochzeit bewogen früh einzelne Christen dazu, sich aus der Öffentlichkeit zurückzuziehen, um ungestört ein intensives religiöses Leben zu führen. Nicht wenige gelobten still oder vor dem Priester ein jungfräuliches Leben. Andere fasteten streng, verließen ihre Heimat und predigten als Wanderasketen die Frohe Botschaft. Nicht unüblich war das sogenannte Syneisaktentum. Unverheiratete Christen lebten wie Eheleute unter einem Dach, ohne die Ehe wirklich zu vollziehen. Die geistliche Freundschaft, das gemeinsame Streben nach Tugend sowie die Hilfe in wirtschaftlichen Dingen bewogen fromme Christen zu diesem Stand, der allerdings von der kirchlichen Autorität beargwöhnt und von vielen Synoden verurteilt wurde.

Etwa um 200 gingen die christlichen Asketen einen Schritt weiter, indem sie das Wort Jesu: „Wenn du vollkommen sein willst, geh, verkauf deinen Besitz und gib das Geld den Armen … dann komm und folge mir nach“ (Matth. 19,21) konkret verwirklichten. Sie ver-

9 *Hl. Johannes der Täufer. Russische Ikone (Ende 16. Jh.); Moskau. Johannes führte in der Wüste ein eremitisches Wanderleben. Er galt als Vorbild aller christlichen Einsiedler. Die Vollendung des Eremiten bestand darin, die verlorene Gottesnähe, den Stand der paradiesischen Unschuld zu erreichen, wie es der Maler für Johannes angenommen hat. Ein Löwe leckt Johannes die Füße, und auch die anderen Tieren haben die paradiesische Vertrautheit wiedergewonnen. Johannes ist Christus in der Himmelssphäre zugewandt (oben links im Bild).*

ließen ihre Familien, schenkten ihr Vermögen den Armen und zogen sich aus der Gemeinschaft so weit zurück, daß sie gerade noch am Rande des Dorfes, wo das Land in Wüste übergeht, leben konnten. Für ihre bescheidenen Bedürfnisse erbauten sie sich ein kleines Häuschen, monasterium genannt, legten dazu einen Gemüsegarten an und umschlossen alles mit einem kleinen Zaun. Durch Flechten von Matten und Körben verdienten sie sich noch ein kleines Zubrot, das sie gern Armen und Pilgern reichten.

Den Gottesdienst feierten sie weiterhin mit der Gemeinde. Dort hörten sie das Evangelium, das sie auswendig lernten, wohnten der Predigt bei und waren, wie alle übrigen Christen auch, dem Bischof untertan. Ihr ganzes Leben sonst verbrachten sie in der abgeschiedenen Stille ihrer Behausung. Ihr leuchtendes Vorbild veranlaßte auch andere, den gleichen Weg zu gehen. Doch einigen Asketen schien auch dies noch zu nah an der Welt zu sein, denn bereits in den ersten Jahrzehnten zogen sie sich wirklich in die trennende Wüste zurück: Das Eremitentum war geboren. Die Bezeichnung leitet sich vom griechischen Wort „eremos" für „Wüste" ab. Dieser Schritt vom Klausner am Dorfrand zum Eremiten der Wüste läßt sich am deutlichsten für Ägypten nachzeichnen, wenngleich es auch an anderen Orten zu Ähnlichem kam.

Nur zögernd vollzog sich der Schritt aus der menschlichen Gemeinschaft, denn keineswegs wollte man dadurch die Mitchristen verachten, sondern sich nur wie Christus zeitweise zur Sammlung in die Einsamkeit der Wüste zurückziehen. So lebte beispielsweise Bischof Paphnutius lange Zeit vor seiner Bischofserhebung, etwa um 300, als Eremit in der Thebäis; ebenso verbrachte der spätere Bischof von Jerusalem, Narzissus, mehrere Jahre in der Wüste. Der Ägypter Ammun leitete bereits zu Lebzeiten des hl. Antonius eine große Einsiedelei in der Sketis. Auch enkratitische Christen, die Gruppe des Hieraskus beispielsweise, zogen sich in die Wüste zurück. Genaueres wissen wir über den hl. Paulus von Theben (228–341), der gezwungenermaßen Eremit geworden war, nachdem er aus Furcht vor der Christenverfolgung dorthin geflohen war. So gut erschien ihm dann aber die aufgezwungene Wüste, daß er beschloß, sie nicht mehr zu verlassen. Allein, von niemandem beachtet, weilte er in der Einsamkeit, zwei Raben brachten ihm wöchentlich auf wunderbare Weise das nötige Brot; ein Wunder, das übrigens auch dem hl. Benedikt zuteil wurde. Antonius, der Vater der Eremiten, wohnte nichtsahnend in seiner Nähe und wurde erst durch ein Gesicht auf den Heiligen aufmerksam. Sofort besuchte er den Unbekannten, und sie verbrachten in schönster Eintracht mehrere Tage, denn ihr seelischer Gleichklang hob das äußere Fremdsein auf (Abb. 25). Später, nach dem Verscheiden des Heiligen, sah Antonius die Seele des Heiligen jubelnd in den Himmel aufsteigen, obwohl er kilometerweit von ihm entfernt lebte; so berichtet es Hieronymus, dem wir die Biographie verdanken.

2. Der hl. Antonius, Vater der Eremiten

Traditionell wird die Entstehung des Eremitentums mit dem hl. Antonius (um 250–356) in Verbindung gebracht, wenngleich es, historisch gesehen, längst vor ihm Einsiedler gegeben hat. Aber offensichtlich war sein Leben so bedeutend und beispielhaft, daß es alle anderen Versuche überstrahlte und er schon zu Lebzeiten als Vater der Eremiten verehrt wurde. Wir

10 · *Antonius Eremita, Reiberdruck (um 1450); München, Staatliche Graphische Sammlungen. Antonius wurde als Patron gegen das „Antoniusfeuer" angerufen. Bei dieser Krankheit (brandartige Mutterkornvergiftung) röteten sich die befallenen Gliedmaßen, die schließlich ganz abfielen.*

besitzen von ihm eine ausführliche Biographie, die uns genauen Einblick in das Leben und Selbstverständnis der Eremiten gewährt. Athanasius, Bischof von Alexandrien, verfaßte um 365 diese begeisternde Vita, und Evagrius († um 400) übersetzte sie ins Lateinische; damit wurde sie auch dem sich gerade entwickelnden westlichen Mönchtum bekannt. Ihr Einfluß auf das Mönchtum war gewaltig und weitreichend, selbst im hohen Mittelalter schulten sich einzelne Mönche noch an diesem Vor- und Urbild. Wir wollen sie ausführlich besprechen, zumal hier die Wesenszüge des Eremitentums sehr deutlich werden.

Das Leben des hl. Antonius. Sein Kindheit liegt, wie bei vielen Heroen, im Dunklen und Ungewissen. Athanasius nennt ihn schlicht Sohn eines wohlhabenden ägyptischen Christen und schildert seine Jugend nach dem Bilde eines Helden, der bereits in der Kindheit sein späteres Verhalten erkennen läßt. So verschmähte Antonius alle kindlichen Scherze, vollbrachte keine jugendlichen Streiche und war nie ungehorsam gegenüber Eltern und Lehrern. Ähnlich wie Benedikt lehnte auch Antonius Schule und höhere Bildung ab, um gewissermaßen zur wahren Weisheit, der Erkenntnis Gottes, zu gelangen. Während seines 18. oder 20. Lebensjahres starben seine Eltern und hinterließen ihm ein beträchtliches Vermögen, zugleich aber auch die Sorge für seine wesentlich jüngere Schwester. In diese Zeit fällt seine Conversio, die innere Umkehr. Getroffen von dem Jesuswort: „Wenn du vollkommen sein willst, so gib dein Vermögen den Armen", verließ er erschüttert den Gottesdienst und entschloß sich wenig später zum Handeln. Seinen etwa 80 ha großen Grundbesitz verschenkte er großmütig den Armen, übergab seine Schwester der Obhut christlicher Jungfrauen und bezog nahe beim Dorf ein kleines Häuschen. Denn, so schreibt Athanasius, jeder, der sich vervollkommnen wollte, übte sich nicht weit von seinem Hause.

Seine Lehrjahre. Antonius begab sich zu einem erfahrenen Einsiedler, der am Rande der Wüste oder Beginn des Dorfes wohnte, in die „geistliche Lehre". Hier lernte er das unablässige Gebet, das Schweigen und den Gehorsam, aber auch das Mattenflechten, die typische Arbeit der Einsiedler. Entsprechend dem Bibelwort „Wer nicht arbeitet, soll auch nicht essen" erwarben die Eremiten durch Mattenflechten oder Hilfe bei der Feldarbeit ihren Lebensunterhalt. Betteln war äußerst verpönt. Was sie erübrigen konnten, schenkten sie bereitwillig den Armen, denn jeder Spargroschen oder sichernde Besitz brach das Gebot der absoluten Nachfolge. Antonius besuchte noch weitere Asketen, blieb jeweils eine geraume Zeit und lernte dadurch die verschiedenen Lebensweisen kennen. Diese geistlichen Wanderjahre waren durchaus üblich in der Wüste, denn keiner besaß alle Tugenden gleichzeitig. Danach kehrte er wieder in seine heimatliche Klause zurück, wo seine eigene Entwicklung und Erprobung begann.

Die Versuchungen des Heiligen. Während er nun wieder in der Nähe seines alten Meisters wohnte, hatte er verschiedene Anfechtungen, teuflisches Gaukelspiel und erotische Phantasien durchzustehen. Durch verstärktes Gebet und Fasten versuchte er ihnen beizukommen. Nach einem langen, harten Kampf gelang es ihm schließlich, das sexuelle Laster für immer zu besiegen. Eines Tages erschien ihm nämlich ein kleiner schwarzer Knabe, die personifizierte Begierde, und erklärte unwillig, von der Askese des Heiligen überwunden zu sein. Mißmutig verschwand er für immer in der Wüste. Gewachsen am Kampfe, verstärkte er nun seine Askese: Vier Tage der Woche fastete er vollständig, ansonsten aß er nur einmal täglich, und zwar nach Sonnenuntergang, Brot, Salz und Wasser. Stets schlief er auf der bloßen Erde und verkürzte durch häufige Nachtwachen seinen Schlaf. Doch seine Bewährung stand noch aus, und seine Reife benötigte nicht weniger als zwanzig Jahre.

Der Kampf mit den Dämonen. Antonius verläßt seine Klause und schließt sich in ein Grabgehäuse außerhalb der Siedlung ein. Die Gräber in der Antike lagen alle entlang der Straßen, außerhalb der Stadt. Reichere Familien ließen sich großräumige Grabhäuser errichten, in denen zu Ehren der Verstorbenen Totenmähler abgehalten werden konnten. In einem solchen geräumigen Grabbau ließ sich Antonius nieder. Hier kommt es dann zu den berühmten Versuchungen des Heiligen, wie sie uns die mittelalterliche Malerei eindringlich schildert (Abb. 12). Dämonen in verschiedenen abscheulichen Tiergestalten fal-

11 *Antiker Grabturm, (Anfang 2. Jh.). In ein derartiges Gehäuse ließ sich Antonius einschließen, um gewissermaßen der Welt gestorben zu sein.*

len unter entsetzlichem Geheul über Antonius her, daß er anschließend wie tot am Boden liegenbleibt. Seine Bekannten tragen den vermeintlich Toten bereits zur Beerdigung in die Kirche. Doch dort findet Antonius sein Bewußtsein wieder und bittet, umgehend in das Grab zurückgetragen zu werden, um den Dämonen abermals zu trotzen. Diese lassen nicht lange auf sich warten. Unter entsetzlichem Höllenlärm stürzen sie erneut über ihn her, so daß der Grabbau zu wanken beginnt und die Umstehenden vor Schreck erzittern. Doch Antonius bleibt standhaft und fleht, der Erschöpfung und Verzweiflung nahe, um Gottes Hilfe, die ihm in letzter Minute rettend und tröstend als Licht und Stimme erscheint.

Der Dämonenkampf spielt nicht nur bei Antonius eine bedeutende Rolle, sondern ereignet sich bei fast allen heiligen Wüsteneremiten. Sie setzen gewissermaßen den Kampf fort, den Christus selbst begonnen hatte. Die Dämonen dachte man sich als reale Geisterwesen, die den Menschen an Leib und Seele zu schaden vermögen. Aus Bosheit und Neid über ihren eigenen Fall – die Dämonen waren ursprünglich Engel – versuchen sie nun, die Erlösung der Menschen zu verhindern. Ihre Besiegung ist somit ein Offenbarwerden Gottes.

Der Gang in die Wüste. Gestärkt durch den überstandenen Kampf, verläßt Antonius nun endgültig seine Heimat, um für immer in der Wüste zu bleiben. Sein Lehrer weigert sich hartnäckig mitzugehen, denn diese Lebensart sei unüblich unter den Eremiten. Er zieht nilaufwärts und läßt sich am Berg Pispir nieder, wo er sich in ein verlassenes Kastell einschließt (Abb. 1). Nur zweimal im Jahr werden ihm Brote gebracht, ansonsten bleibt Antonius ohne jede Beziehung zur Außenwelt. Zwanzig Jahre verbringt Antonius so in seinem freigewählten Verlies, das er schließlich aus Nächstenliebe wieder verläßt, denn zahlreiche Eremiten fanden sich ein und wünschten sich ihn zum Lehrer.

Zur allgemeinen Überraschung tritt Antonius frisch, frohgemut, in bester geistiger und körperlicher Verfassung aus seiner Höhle und vollbringt sogleich einige Wunder. Denn gestärkt durch diese lange geistige Inkubationszeit vermag er Dämonen auszutreiben, Kranke zu heilen, Betrübte zu trösten, Streitende zu versöhnen und zahlreiche Menschen zur vollkommenen Nachfolge Christi, zum Einsiedlerleben, zu ermuntern. Sogleich lassen sich mehrere Schüler um seine Behausung herum nieder, und es entsteht unter seiner Obhut eine große Eremitenkolonie. Ohne Widerspruch verzichtet Antonius auf seine einsiedlerische Ruhe und nimmt bereitwillig die Last eines Lehrers auf sich. Denn Antonius lebt selber, was er später seine Schüler lehrt: Suche zuerst das Heil des Nächsten und dann das eigene.

So führte Antonius lange Zeit die neu entstandene Gemeinschaft. Während jener Zeit wirkte er zahlreiche Heilungswunder, aber immer, wie er betonte, im Namen Jesu. Viele Menschen besuchten ihn, wünschten von ihm Trost und Rat, erbaten ein Wort der Weisung, erflehten sein fürbittendes Gebet oder sogar die Heilung eines Besessenen; allen wandte er sich geduldig zu.

Der Wunsch nach dem Martyrium. Sein Ende. Zwar erstrebten die Eremiten die Nachfolge Christi, als die vollkommene aber galt nach wie vor das Martyrium. Ähnlich wie später Franziskus wünschte Antonius seinem Meister auch im Leiden ähnlich zu werden. Er verließ die Wüste und ging nach Alexandria, wo gerade wieder eine Christenverfolgung (305/313) stattfand, um das Martyrium zu erleiden. Die Palme des Martyriums blieb ihm jedoch verwehrt. Nach seiner Rückkehr in die Eremitenkolonie verschärfte er abermals die Askese. Er fastete noch inständiger, wusch sich nicht einmal mehr die Füße und bekleidete sich nur mit einem groben, rauhen Fellmantel; selbst die kleine Gemeinschaft verließ er, um ganz der Betrachtung und Buße zu leben. Durch göttliche Fügung gewiesen, zog er auf den Berg Kolzim (Abb. 1), die letzte Stätte seines Wirkens. Hier bebaute er nahe einer Quelle ein kleines Stück Land, flocht Körbe und pflegte die beständige Betrachtung. Im hohen Alter standen ihm allerdings zwei Brüder bei und versorgten ihn mit der üblichen Nahrung der Eremiten: Oliven, Hülsenfrüchte, Öl und Brot.

Obwohl er die Einsamkeit suchte, vergaß er doch nie den Nächsten. Wenn immer es seine Brüder wünschten oder benötigten, besuchte er sie, erteilte heilsame Mahnungen oder sprach über Askese und Einsiedlertum. Selbst mit heidnischen Philosophen disputierte er, um sie von der Wissenschaft zur Weisheit zu führen. Die Sorge um die Rechtgläubigkeit ließ ihn sogar die lange und beschwerliche Reise nach Alexandrien unternehmen,

12 *Martin Schongauer, Peinigung des hl. Antonius, Kupferstich (um 1470). In völliger Gelassenheit erträgt Antonius die Bedrängnis der teuflischen Gestalten. Der Dämonenkampf findet sich auch bei Einsiedlern anderer Religionen und kann als Ausdruck für das Sichlösen von der Macht des Bösen wie der Triebverfallenheit und für das Aufgeben einer einseitig rationalen Weltsicht verstanden werden, wobei der Kampf ein Durchgangsstadium darstellt.*

wo er die orthodoxe Lehre verteidigte und sich zugleich vom Vorwurf der Häresie befreite. Auch dies war ein typischer Zug der Eremiten, den rechten, orthodoxen Glauben zu bewahren und nie Kontakt mit Häretikern zu unterhalten. Zahlreiche Visionen gaben ihm Aufschluß über Zukünftiges, den Tod und das Weiterleben der Seele; auch sein baldiges Ende erfuhr er auf diese Weise. Froh und gelassen traf er die nötigen Vorbereitungen: Er verteilte seine letzten Habseligkeiten und bat, an einem unbekannten Orte begraben zu werden.

Im Jahre 356 starb er und wurde gemäß seinem Wunsch an einem unbekannten Ort begraben. Erst im Jahre 561 fand man auf wunderbare Weise sein Grab, und sogleich wurden seine Gebeine feierlich gehoben und nach Alexandria überführt. Von dort aus gelangten sie im Jahre 635 nach Konstantinopel. Um 1000 erwarb die Krone von Frankreich den Reliquienschatz und verehrte ihn der Prioratskirche St. Didier de la Mothe. Von hier aus nahm die mittelalterliche Verehrung des Heiligen ihren Ausgang, nicht zuletzt durch zahlreiche Heilungswunder. Eines dieser Wunder führte schließlich zur Gründung des größten Krankenordens des Abendlandes, der Antoniter. Sein Fest begeht die Kirche am 17. Januar; seine Attribute sind die Eremitenglocke, der Eremitenstab und das Antoniusschwein. Bisweilen sind noch Flammen dargestellt, was auf das Antoniusfeuer, eine epidemieartige Krankheit, hinweist, gegen die er als Schutzpatron angerufen wurde (Abb. 10).

3. Die Eremitenbewegung

Das Beispiel einzelner Eremiten führte zu einer so großen Begeisterung, daß man für die Zeit ab 300 berechtigterweise von einer Massenbewegung sprechen kann. Zuerst strömten die Einsiedler in die Wüstengebiete südlich von Alexandrien: in die Nitria, Kellia und Sketis (Abb. 1). Kurze Zeit darauf finden wir sie schon in der Thebais Unterägyptens. Aber auch in anderen christlichen Ländern entstanden während des 4. und 5. Jahrhunderts zahlreiche Einsiedeleien; so in Palästina, Kleinasien, Italien, Spanien und Gallien. Wenngleich die überlieferten Zahlen der Wüsteneremiten idealisiert sind, spiegeln sie doch die allgemeine Bewunderung und sicherlich auch die Größe der Bewegung eindrucksvoll wider. Palladius beschreibt in seiner Historia Lausiaca, etwa um 420 verfaßt, ausführlich das Leben der Wüstenheiligen, wobei er, im Gegensatz zu anderen Schriftstellern, konkrete Zahlen nennt. Seiner Schätzung nach lebten allein in der nitrischen Wüste 2000 Eremiten; bei einem Berg, der allerdings schon an der Grenze zur äthiopischen Wüste liegt, verbrachten 5000 Männer ihr Leben in Einsiedeleien. Ein anderer Berg in der Sketis beherbergte 500 Eremiten. Für die Thebais nennt er auffälligerweise nur Klöster, aber keine Eremitagen. So lebten in einem Nonnenkloster der Stadt Atripe 300 Jungfrauen; in Antinoe gab es allein 12 Nonnenklöster. Für die Stadt Ankyra bezeugt er etwa 2000 Nonnen, und in der Gegend von Antinoe kannte er ein Kloster mit der schier unglaublichen Zahl von 1200 Mönchen.

Um vierhundert war die Sketis anscheinend schon so überlaufen, daß Abbas Sisoes keinen ruhigen Platz mehr finden konnte und auf dem Berg Pispir, dem einstigen Ort des hl. Antonius, siedelte. Enthusiastisch schreibt Hieronymus über die ägyptische Wüste, daß in ihr das Lob Gottes widerhalle wie bei den Chören des Himmels. Eine indirekte Angabe über die Anzahl der ägyptischen Eremiten läßt sich aus einem kaiserlichen Bericht entnehmen, wonach dort 2000 Mönche zum Soldatendienst ausgehoben worden waren. Jede Eremitensiedlung besaß ihre besondere Eigenart und jede Wüstengegend ihre Geschichte. Die Kellia beispielsweise hatte ihre Blütezeit während des 6.–8. Jahrhunderts, während der islamischen Eroberung jedoch wurde das christliche Leben zerstört. Die Sketis dagegen konnte das Christentum bis heute bewahren und besitzt noch verschiedene Klöster. Das Christentum Ägyptens ist seit der Kirchenspaltung des 5. Jahrhunderts weitgehend koptisch und konnte seine monastische Tradition bis in unsere Zeit erhalten.

Seinen geistigen Höhepunkt scheint das Eremitentum während des 4. Jahrhunderts erreicht zu haben. Schon zu Beginn des 5. Jahrhunderts zeigten sich Ermüdungs- und Zerfallserscheinungen. Nicht wenige Einsiedler verführte ihr besonderer Status zur Selbstgefälligkeit im Glanze des religiös Extravaganten. Sie milderten die Fastenpraxis, empfingen häufig Besuch, nahmen sogar Geschenke und kleideten sich in „üppiger Pracht". Von Abbas Issak stammt das fast resignative Wort: „Unsere Väter und der Altvater Pambo trugen alte, vielfach geflickte Kleider und solche aus Palmblättern, jetzt tragt ihr kostbare. Geht fort von hier, denn ihr habt den Ort hier verwüstet ... Ich gebe euch keine Vorschriften mehr, denn ihr haltet sie ja doch nicht" (Apophthegmata 378, ähnlich 401ff.).

4. Vom Wesen der Eremiten

Die Einsiedler der Wüste werden in den Quellen des 4. und 5. Jahrhunderts unterschiedlich bezeichnet. Nach ihrem Aufenthaltsort, der Wüste (griech.: eremos) nannte man sie Eremiten. Ihr Alleinleben führte zur Bezeichnung Anachoreten (vom griech.: anachorein = sich zurückziehen). Häufig werden sie auch als Mönche (griech.: monazein = einzeln leben) bezeichnet, obwohl wir heute darunter nur Angehörige einer Klostergemeinschaft verstehen. Eremiten waren zwar vorwiegend Männer, doch gab es auch Frauen, die nicht nur das harte Los der Wüste ertrugen, sondern wegen ihrer Tugend und Geistfülle als geistige Mutter, Amma genannt, verehrt wurden.

Wer Anachoret werden wollte, schenkte seinen Besitz den Verwandten oder Armen, ging in die Wüste und errichtete in der Nähe einer Wasserstelle sein Häuschen. Ebenso konnte er aber auch ein leerstehendes Kellion, so nannte man die Hütten der Einsiedler, sich zur Bleibe erwählen. So individuell und frei die Entscheidung auch war, niemand begab sich allein in die Wüste. Üblicherweise suchten die werdenden Eremiten einen bekannten Einsiedler auf und gingen, nach einer kurzen Prüfung, bei ihm in die Schule der Tugend. Besonderen Wert legte der geistige Vater auf den Gehorsam. Oft beachtete er den Bittenden überhaupt nicht oder forderte außergewöhnliche Proben seiner Ergebenheit. So verlangte beispielsweise der Altvater des später so berühmten Eremiten Johannes Kolobos, daß jener ein dürres Holz in den Sand stecke und es bis zu seiner Blüte täglich mit einem Eimer Wasser begieße. Der Weg zur Quelle betrug fast eine Tagesreise. Ohne Widerspruch erfüllte Johannes drei Jahre den Auftrag, bis schließlich jener Stab auf wunderbare Weise blühte und Früchte trug (Apophthegmata 316).

Ihre Lebensweise. Grundsätzlich wurde vegetarisch gegessen, und zwar nur einmal am Tag nach Sonnenuntergang. Anfangs nährte man sich nur von Brot, Wasser und Salz; später jedoch waren Hülsenfrüchte, Öl, Datteln und sogar etwas gekochte Hirse erlaubt. Doch konnte auch hier jeder selber entscheiden. Überhaupt waren Freiwilligkeit und persönliche Angemessenheit der Gebote ein typisches Merkmal eremitischer Askese. An den gemeinsamen sonntäglichen Gottesdienst schloß sich üblicherweise ein Mahl an.

Jeder Eremit verdiente sich seinen bescheidenen Lebensunterhalt durch Flechten von Körben, Matten und Seilen. Die Arbeit selbst besaß keinen Eigenwert, denn sie sollte den Einsiedler vor der gefürchteten „Mönchskrankeit", der Melancholie, bewahren. Erst in zweiter Linie diente sie zum Lebensunterhalt und zur Almosenspende. Streng verpönt waren Bereicherung oder Besitz von Geld. Einem verstorbenen Bruder, der zum Entsetzen aller Geld hinterlassen hatte, wurde es mit ins Grab gelegt, damit er sich seines Schatzes auch in der Hölle erfreue. Wie unabhängig die Eremiten von Besitz waren, belegt die schöne Erzählung von einem Raubüberfall. Der Eremit öffnete nicht nur bereitwillig seine Klause, sondern half noch den Räubern, das Wenige von seinen Habseligkeiten aufzuladen und wegzubringen.

Die richtige Sicht eremitischer Arbeit gibt am besten die Erzählung des Antonius wieder, der anfangs nur der Betrachtung lebte. Doch allmählich befiehlen ihn Mißmut und Melancholie. Wie er nun so stumpfsinng vor sich hinbrütete, gewährte ihm Gott eine richtungsweisende Vision: Er sah, wie ganz in seiner Nähe ein unbekannter Eremit abwechselnd betete und arbeitete. Antonius beherzigte den Hinweis und lebte fortan im Rhythmus von Ora et Labora, von Gebet und Arbeit. Die Arbeit der Eremiten diente vorwiegend zur seelischen Entspannung. Deshalb konnte auch ein Abbas sagen, die Arbeit des Mönches ist wie Stroh, zum Verbrennen geeignet.

Gebet, Schweigen, Einsamkeit. Das Leben des Eremiten bestand letztlich nur im Gebet, d. h. einem ständigen Vertiefen in das Wort Gottes und einem unablässigen Wandel in Gottes Gegenwart. Dazu gab es verschiedene Möglichkeiten. Entweder man richtete sich feste Gebetszeiten ein, oder man betete bei jeder nur möglichen Gelegenheit. Beide Formen waren beliebt. Zu bestimmten Zeiten pflegten die Eremiten stehend, mit erhobenen Armen Psalmen und andere offzielle Gebete zu verrichten. Auch die Prostration, das Sich-Hinstrecken auf die Erde, war üblich. Ansonsten meditierten sie ohne Unterlaß. Dazu murmelten sie Texte aus der Bibel, Psalmen oder andere Weisungen halblaut vor sich her, um sich so in die göttlichen Geheimnisse zu versenken. Dem unablässigen Gebet entsprach die Forderung nach beständigem Schweigen und dem steten Verweilen in der Zelle. Jeder Eremit sollte und wollte für sich bleiben und keine Vertraulichkeiten mit dem benachbarten Bruder unterhalten. Immer wieder warnten die Väter vor dieser Sünde und ihren bitteren Folgen. Deshalb weigerten sich die Wüstenväter, Knaben aufzunehmen, die ihnen von den Eltern zur geistlichen Erziehung übergeben werden sollten. „Bleibe in deinem Kellion sitzen, iß, wenn du Hunger hast, trink, wenn du Durst hast, aber sprich nicht abfällig von anderen, und du wirst dein Heil finden", so antwortete Abbas Hierakas auf die Frage eines Schülers, wie er gerettet werden könne (Apophthegmata 399). Sehr anschaulich schildert

13 *Urs Graf, Einsiedler vom Teufel verfolgt. Federzeichnung (1512). Auch abgesehen von der künstlerischen Gestaltungsidee, enthält die Zeichnung beachtliche inhaltliche Aussagen. Graf läßt den Eremiten ganz richtig barfuß laufen. Die verdeckende Kapuze ist wohl als Hinweis auf die Weltabgewandtheit des Eremiten zu deuten; seine Stütze ist das Kreuz. Auch in diesem Bild findet sich das seltsam ruhige Ertragen der von rückwärts auffallenden Versuchung. Nicht zurückschauen, Vergangenes nicht mehr betrachten war ein wichtiger Grundsatz der Wüste.*

Antonius die Bedeutung der Zelle für den Mönch: Wie der Fisch nicht ohne Wasser leben kann, so vermag der Eremit nicht ohne Abgeschiedenheit der Zelle zu existieren (Apophthegmata 10; 49).

Brüderlichkeit und Milde. Die Eremiten lebten zwar in der Regel in der Abgeschlossenheit ihres Kellions, dennoch besuchten sie sich häufig zur gegenseitigen Erbauung oder zum Beistand in Krankheit und Not. Berühmte Väter wurden oft um Erklärung dunkler Bibelstellen angegangen, die sie dann im Kreise ihrer Schüler zu erläutern versuchten. Nicht selten erbat sich der Vater mehrere Tage Zeit, um sich in das Wort einzubeten und einzuhören. Zudem strömten sorgenbeladene Christen zu den Eremiten, um sich von ihnen tröstenden Rat oder sogar das wunderbewirkende, fürbittende Gebet zu erbitten. Kam ein Besuch, so brach der Eremit selbstverständlich sein Schweigen und Fasten, um jenen behilflich zu sein. Ja, er konnte sogar um des Nächsten willen die streng gewahrte Einsamkeit der Zelle für lange Zeit verlassen. So ging einst Abbas Agathon in die Stadt, um seine Erzeugnisse zu verkaufen. Da fand er auf der Straße einen kranken Fremdling, den er sogleich in ein Mietshaus brachte und für seine Genesung den Lohn seiner Arbeit aufbrauchte. Er blieb solange bei dem Fremden, bis er vollständig wieder gesund war (27).

Mit der gleichen Sorgfalt pflegten die Eremiten geistliche Gebrechen zu behandeln. In bewundernswerter Geduld ertrugen sie die Sünden des Bruders, ohne zu urteilen oder gar zu verurteilen. Abbas Lot beispielsweise gab einem gefallenen Bruder den Rat: Faste zwei Tage, ich selbst werde die Buße mittragen (448). Ein anderer Vater wurde eingeladen, um über die offenkundigen Sünden eines Bruders zu beraten. Er kam herbei und trug einen großen Sandsack auf seinen Rücken. Einen kleinen Korb mit Sand hielt er vor sich und betrachtete ihn aufmerksam. Als die Brüder ihn fragten, was das solle, antwortete er: Meinen Sack voll Sünden sehe ich nicht, aber die wenigen meines Bruders betrachte ich genau. Beschämt unterzogen sich alle der Buße.

Auch im Maß der Buße waren sie äußerst milde. So bekannte ein gefallener Bruder dem Abbas seine Sünden und bat um eine dreijährige Buße, doch der Altvater rief: Zuviel! Doch wenigstens drei Monate wollte jener leisten, wiederum: Zuviel, rief der Abbas, denn schon drei Tage reichen, wenn wir unser Herz reinigen.

Die Lauren. Wirkliche Einsiedeleien, weit getrennt von allen Menschen, waren in der ägyptischen Wüste eine Ausnahme. Meist bildeten sich um die Zelle eines berühmten Asketen Eremitenkolonien, die sie später mit einer gemeinsamen Mauer umgaben: eine sogenannte Laura. Ein gemeinsamer Brunnen, eine Kirche, eine Bäckerei und eine Vertriebsstelle der hergestellten Erzeugnisse lagen innerhalb der Laura. Dennoch lebte jeder Eremit für sich und war keinem Abt und keiner Ordensregel unterworfen. Die Behausung war sein Eigentum, über das er allein verfügen konnte. Die Eremiten selber waren keine Priester. Zur Liturgie gingen sie sonntags entweder in die Gemeindekirche, oder aber ein befreundeter Priester kam in die Kirche der Laura. Sie scheuten sich geradezu vor der Priesterweihe. Meide den Bischof und das Weib, war ein Spruch der Wüste, denn jener will dich zum Priester machen, und diese dich verführen. Während des 6. und 7. Jahrhunderts wuchsen die Kellien zu stattlichen Eremitagen, die zum Teil mehrere ausgemalte Räume besaßen (vgl. Abb. 24).

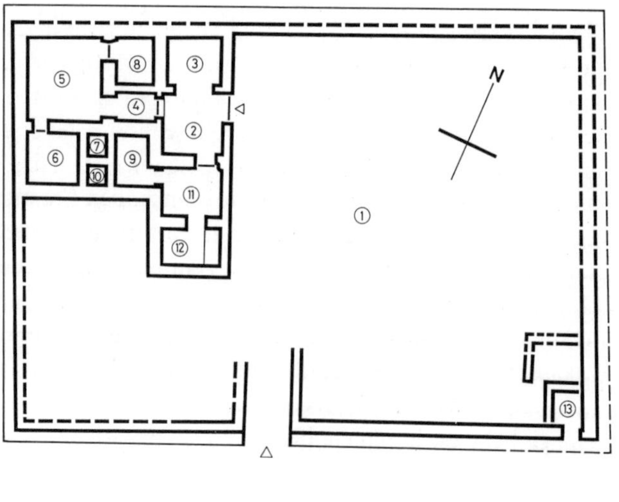

14 *Grundriß einer 1981 ausgegrabenen Einsiedelei des 7. Jahrhunderts in der Kellia/Unterägypten. (Aus: Les Kellia. Ermitages coptes en Basse-Egypte, Genf 1989.)*
1 Innenhof; 2 und 3 Vorraum;
4 Flur zum Gebetsraum;
5 Gebetsraum;
6 Schlafraum;
7 Abstellraum;
8 Arbeitsraum;
9 Schlafzimmer des Schülers;
10 Abstellraum für den Schüler;
11 Arbeitsraum;
12 Küche;
13 Toilette.

Das Ende einer großen Bewegung. Wie jede menschliche Sache und Idee, so war auch das Eremitentum dem Wandel der Zeit unterworfen. Bereits zu Beginn des 5. Jahrhunderts begannen politische und religiöse Auseinandersetzungen das Einsiedlerleben in der Wüste schwer zu gefährden und machten es schließlich sogar unmöglich. Die Goten überfielen Italien, und die Vandalen eroberten Nordafrika, was zu einer Schwächung der byzantinisch-kaiserlichen „Schutzmacht“ führte. Dadurch ermuntert, erlaubten sich Berber und Sarazenen schwere Übergriffe gegen die ungeschützten Eremiten, die, wenn die Flucht nicht gelang, verschleppt oder getötet wurden. Der theologische Streit über Origenes und das Dogma von Chalcedon (451), Jesus wahrer Mensch und Gott, führte zum erbitterten Streit untereinander und endete schließlich mit der Abkehr von der Großkirche. Das Eremiten- und Mönchtum wurde durch fanatische Bischöfe in schwierige theologische und kirchenpolitische Streitigkeiten verwickelt, die weit über dem geistigen Vermögen der Eremiten lagen. Unruhen, Verfolgungen, Verfall der monastischen Disziplin sowie Spaltungen waren die Folgen. Die Unduldsamkeit der byzantinischen Kirche und die verständnislose, brutale Herrschaft der Byzantiner trieben das ägyptische Mönchtum in die Isolation und schließlich zur Gründung einer eigenen, der koptischen Kirche. Es ist aufschlußreich, daß die christlichen Mönche die islamischen Eroberer freudig als Befreier begrüßten.

Nicht weniger bedeutsam war, daß fast gleichzeitig mit dem Eremitentum auch das Cönobitentum, das eigentliche Kloster, entstanden war. Der Ägypter Pachomius schuf in der Thebais um 320 mehrere Klöster, die zum Vorbild für die ganze Christenheit wurden. Doch trotz allem blieb das Eremitentum, wenn auch in bescheidener Weise, bestehen. Wie ein kleiner, kaum beachteter, aber meist ungetrübter Fluß läuft es neben der großen Geschichte und Wirkung des abend- und morgenländischen Mönchtums einher bis in unsere Tage. Seine Anziehungskraft schien trotz abendländischer Kultur ungebrochen zu sein, denn noch während der Barockzeit errichteten zahlreiche Herrscher neben ihren Palästen kleine Einsiedeleien, Eremitagen genannt, um sich für kurze Zeit der Buße, Stille und Askese hinzugeben, ganz zu schweigen von der Hirtenidylle der Rokokozeit. Als literarischer Topos spielt der Einsiedler in der romantischen Literatur eine bedeutende Rolle. Selbstverständlich gab und gibt es bis in unsere Zeit religiöse Einsiedler, wenngleich auch hier die Aufklärung und Säkularisation einen gravierenden Einschnitt mit sich brachten.

IV. Die Entstehung des Mönchtums in Ägypten

Noch während das Eremitentum seinem Höhepunkt im 4. Jahrhundert zustrebte, kam es in der asketischen Bewegung zu einer epochemachenden Neuerung. Es entstand das Kloster, dem die Zukunft gehören sollte. Vier wesentliche Änderungen unterscheidet es vom Eremitenleben: Alle Mönche leben unter einer verbindlichen Regel und bleiben grundsätzlich in ein und demselben Kloster (stabilitas loci). Sie gehorchen einem Abt, der in allem die Verfügungsgewalt besitzt. Er wird nicht von den Mönchen gewählt, sondern vom Klosterstifter eingesetzt bzw. vom Vorgänger bestimmt. Nur die Gemeinschaft, das Kloster, darf

Vermögen besitzen, der einzelne bleibt nach wie vor besitzlos. Eine unüberwindliche Mauer trennt das Kloster von der Welt und ersetzt dadurch gewissermaßen die trennende Wüste.

Wann das erste Kloster gegründet worden ist, läßt sich schwer sagen, da die Quellen hierüber schweigen. Eine frühe Tradition jedoch bringt diese epochemachende Tat mit dem Ägypter Pachomius (um 287–347) in Verbindung, der in der Thebais mehrere Klöster gegründet hatte. Sicherlich gab es unabhängig von Pachomius Klöster und Klöstergründungen, so in Syrien, Persien oder auch in der Sketis. Exemplarisch für das abendländische Mönchtum wurden jedoch seine Gründungen.

1. Pachomius, der Begründer des Mönchtums

Pachomius entstammte einer heidnischen Kleinbauernfamilie, die etwa 20 km südlich von Theben ansässig war. Mit dem Christentum kam er anscheinend erst während seiner Zwangsrekrutierung im Jahre 312 in Berührung. Er war davon so beeindruckt, daß er sich später bekehrte, denn die unbekannten Christen standen den armen, hungernden und geschundenen heidnischen Rekruten selbstlos bei. Glücklicherweise war der Krieg aus, bevor die Rekruten die römischen Legionen erreicht hatten; bereits in Antinoe wurden sie wieder entlassen. Pachomius aber kehrte nicht mehr in seine Heimat zurück, sondern erfüllte sein Versprechen, Christ zu werden. Er ließ sich in der Nähe von Antinoe als Eremit nieder und ging eifrig zur Glaubensunterweisung. Bereits als Taufanwärter unterstützte er tatkräftig Arme und Kranke. Sein frommes Leben blieb nicht lange unbemerkt, denn schon nach kurzer Zeit fanden sich Schüler ein. Doch Pachomius konnte und wollte kein Vorbild sein, stand er doch selbst erst am Anfang des Glaubens. Deshalb ging er in die Wüste zu dem berühmten Eremiten Palomon, um sich sieben Jahre lang in den Weg der konsequenten Nachfolge einweisen zu lassen. Hier lernte er das unablässige Gebet und den absoluten Gehorsam, die tägliche Arbeit und das beständige Schweigen.

Doch Pachomius war nicht zum Einsiedler berufen. Immer wieder offenbarten ihm Visionen seine zukünftige Aufgabe, Menschen mit Gott zu versöhnen. Demütig harrte er bei Palomon aus, bis schließlich auch dieser den besonderen Weg seines Schülers anerkannte. Gemeinsam erbauten sie das erste Kloster, obgleich Palomon wie auch der leibliche Bruder des Pachomius dem Ideal des Eremiten treu blieben. Der Versuch scheiterte jedoch kläglich, denn die ersten Mönche wollten weder auf ihre Freiheit noch auf ihren Besitz restlos verzichten. Wahrscheinlich waren die Forderungen des Pachomius zu hoch gegriffen, um gleich akzeptiert werden zu können. Erst seine zweite Gründung war von Bestand und fand so großen Zuspruch, daß es bald danach zu weiteren Niederlassungen kam. Bis zu seinem Lebensende, im Jahre 347, entstanden insgesamt neun Männer- und zwei Frauenklöster, alle mehr oder weniger direkt in der Thebais gelegen (Abb. 1). Seine Idee muß sehr ansprechend gewesen sein, denn ganze Eremitenkolonien baten geschlossen um Aufnahme; alte, kranke Einsiedler ließen sich ins Kloster bringen, und selbst Kindern war die Aufnahme nicht verwehrt. Nach vorsichtigen Schätzungen dürften zwischen 10000 und 13000 Personen in dem pachomianischen Klosterverband gelebt haben. Er selbst starb im Rufe

15 *St.-Katharinen-Kloster am Fuß des Sinai. Das älteste erhaltene und bis in die Gegenwart ununterbrochen besiedelte Kloster; Umfassungsmauer und Kirche stammen aus der Gründungszeit (Mitte 6. Jh.). Die ersten Wüstenklöster schuf Pachomius in der Thebais zu Anfang des 4. Jahrhunderts. Während des 9./10. Jahrhunderts waren die Kontakte ägyptischer Klöster zu den Mönchen des Abendlandes sehr groß; zahlreiche Klöster des Westens unterstützten die armen und bedrängten Mönche der Wüste.*

der Heiligkeit, nicht ohne seine Brüder eindringlich zur Regeltreue zu ermahnen, denn eine Vision ließ ihn die zukünftigen Erschütterungen der Klöster schmerzlich erahnen.

2. Anlage und Aufbau der pachomianischen Klöster

Die christlichen Klöster der Thebais existieren schon lange nicht mehr, erhalten blieben jedoch ihre Regel und das geistliche Testament des dritten Generalabtes von Tabennisi, der Liber Orsiesii. Anhand dieser beiden Dokumente, die Hieronymus ins Lateinische übersetzte, damit die westlichen Mönche dem Beispiel von Tabennisi folgen konnten, lassen sich sowohl der äußere Klosterbau als auch die innere Form der Gemeinschaft leicht nachzeichnen.

a) Der innere Aufbau

Pachomius gründete alle elf Klöster, die er zu einem Klosterverband zusammengeschlossen hatte; die gemeinsame Regel hatte Pachomius selbst entworfen.

Die oberste Leitung über alle Klöster besaß der Vaterabt, der in Tabennisi residierte und jeweils von seinem Vorgänger bestimmt wurde. Er wiederum ernannte die Äbte der übrigen Klöster, die ihm zweimal im Jahr Rechenschaft ablegen mußten. Dabei wurde genau die

Wirtschaftsführung und Buchhaltung geprüft, der geistliche Stand der Mönche besprochen, Strafen erlassen und Versöhnung geschlossen. War der Vaterabt mit der Leitung unzufrieden, setzte er unverzüglich neue Äbte ein. Er selbst war keinem anderen als Gott, seinem Gewissen und der Regel verpflichtet. Für die wirtschaftliche Verwaltung stand ihm ein Gehilfe zur Seite, damit er sich ausschließlich der geistlichen Leitung widmen konnte, denn es gab keine Priester oder Kleriker in den pachomianischen Klöstern.

Die eingesetzten Äbte waren allein für ihr Kloster zuständig. Sie besetzten nach eigenem Ermessen die verschiedenen Ämter und vergaben die notwendigen Dienste. Ihre eigentliche Aufgabe bestand darin, die Menschen mit Gott zu versöhnen, wie es in der Biographie des Pachomius heißt. Sie leiteten den Klostergottesdienst, erklärten die Bibel, predigten, straften und versöhnten die Brüder untereinander und mit Gott. Der Abt war zugleich Beichtvater, wenn man diesen fremden Begriff verwenden will. Er muß, wie Pachomius immer wieder betont, vor Gott für das Seelenheil der Brüder bürgen. Deshalb sorgte er sich weit mehr um die geistliche Entwicklung des einzelnen als um die wirtschaftlichen Belange, für die er Helfer und Vertraute einsetzte. In allem war er die letzte Entscheidungsinstanz. Er gewährte den Reisenden Zutritt ins Klosterhospiz, erlaubte oder verbot Besuche, nahm die Neuankömmlinge auf oder wies die unverbesserlichen Brüder aus dem Kloster.

Ihm zur Seite standen die Oberen der einzelnen Häuser, denn das riesige Einzelkloster mit etwa 1300 Brüdern konnte nicht zentralistisch von einem einzigen geleitet werden. Deshalb gliederte Pachomius das Kloster nach berufsspezifischen Häusern, in denen jeweils etwa 30–40 Brüder lebten. Aber selbst diese Gruppe war ihm zu groß, denn er verfügte als letzte Einheit eine Zehnergruppe, der wiederum ein eigener Leiter, der Dekan, vorstand. Alle Dekane waren dem Hausoberen verpflichtet, dem die gesamte Leitung des Hauses oblag.

Ein besonders vertrauenswürdiges Amt war das des Pförtners, der den einzigen Zugang zum Kloster betreuen mußte. Verschwiegenheit, Diskretion, Anstand und Langmut waren von ihm gefordert, um seinen vielfältigen Aufgaben gerecht zu werden. Denn er allein unterhielt den Kontakt zur Außenwelt. Zu ihm kamen die Gäste des Klosters, ihn baten die Armen um ein Almosen, und von ihm verlangten die Besucher die Sprecherlaubnis mit diesem und jenem Bruder. Er prüfte als erster die Novizen und stellte sie entweder dem Abt vor oder verwies sie gleich des Klosters. Auch das umfangreiche Hospiz des Klosters, in dem die Pilger und Besucher untergebracht wurden, unterstand seiner Sorge.

Für die Kranken und Alten gab es ein Hospiz mit eigener Küche, das von heilkundigen Brüdern geleitet wurde. Die Kleiderkammer, die Geräte, die Bücher, die Küche, die Speicherkammern wurden jeweils von verantwortlichen Brüdern versorgt. Erfahrene Mönche betreuten die Kinder und lehrten sie Lesen und Schreiben. Übrigens mußten alle Mönche diese Kunst beherrschen. Wer es nicht konnte, kam in die Klosterschule. Die Lehrer übten wahrscheinlich auch die Gebete und Psalmen ein, die üblicherweise auswendig gebetet wurden. Vor allem die Zuteilung der Arbeit, die Beschaffung des Rohmaterials sowie der Arbeitsablauf erforderte umsichtige Personen; üblicherweise regelten dies alles die Äbte und Hausoberen, die immer selber mitarbeiteten. Über die Arbeit und das Erwirtschaftete wurde streng Buch geführt.

Betrachtet man die Regel, vor allem aber das geistliche Testament des Orsiesius, das übrigens voll von Bibelzitaten ist, so wird die Intention des Ganzen leicht erkennbar. Man wollte schlicht und einfach das Leben der Apostel und der Urgemeinde nachahmen, um so die Lehre Christi vollständig zu erfüllen. Deshalb verzichteten sie auf Besitz, ihren eigenen Willen und eine eigene Familie, wie es Jesus selbst vorgelebt und im Evangelium empfohlen hatte.

b) Das Leben im Kloster

Aufnahme fanden grundsätzlich alle Menschen. Sie mußten sich zuerst einer kurzen Prüfung durch den Pförtner unterziehen und anschließend all ihren Besitz verschenken, keinesfalls aber dem Kloster übereignen. Ohne weitere Formalitäten, Gelöbnisse oder schriftliche Verfügungen trat man schließlich ein, der Wille zur Umkehr genügte. Dem Neuling wies der Hausobere die Zelle zu, teilte ihm eine Beschäftigung zu und bestimmte seinen Platz im Speisesaal und Oratorium. Die weltlichen Kleider gab er zur Aufbewahrung und empfing dafür das einfache Mönchsgewand, das im wesentlichen der bäuerlichen Kleidung entsprach. Zwei linnene Leibröcke mit kurzen Ärmeln, Lebitarien genannt, ein Gürtel, eine linnene Kopfbedeckung sowie ein wollener Umhang bildeten nunmehr seine Garderobe. Für die Reise oder den langen Weg zum Feld gab es noch Sandalen. Wöchentlich mußte jeder seine Kleidung gewaschen und getrocknet in der Kleiderkammer abgeben; dort bekam er neue, nie aber die gleiche, um jedes Anspruchsdenken zu verhindern.

Gegessen wurde zweimal täglich, und zwar mittags und abends. Die vegetarische Kost bestand in Brot, Gemüse, Obst, Hirsebrei, Oliven, Linsen, Feigen und Datteln. Gästen, Kranken und Armen reichte man großzügig Fleisch, Öl und sogar Wein. Zweimal in der Woche gab es nach dem Essen etwas Naschwerk, das jeder mit auf seine Zelle nehmen konnte, jedoch nicht verschenken oder gar gegen etwas anderes tauschen durfte. Wer es nicht essen mochte, brachte es der Küche wieder zurück. Im Kloster gab es keine besonderen Fasttage, man fastete, wie alle übrigen Christen auch, mittwochs und freitags. Mit Erlaubnis des Oberen durften einzelne auch noch an weiteren Tagen fasten.

In verschiedenen Etappen gingen die Brüder meditierend, in geschlossenen Reihen zum Mahl. Hatten sie Platz genommen, verhüllten sie ihr Haupt und nahmen schweigend, ohne auch nur einen Blick zum Nachbarn zu werfen, das spartanische Essen zu sich. Eine Tischlesung gab es nicht.

Der Tagesablauf wurde durch akustische Zeichen geregelt; üblicherweise war es ein Holzbrett, auf das geschlagen wurde, Simandron genannt; auch von einer Tuba ist die Rede. Zweimal täglich versammelte sich die gesamte Gemeinde zum gemeinsamen Gebet im Oratorium, alle übrigen Gebetsstunden fanden im jeweiligen Haus statt. Hier hörten sie die wöchentlichen Predigten, Bibelexegesen und täglichen Ermahnungen. Grundsätzlich wurde immer und überall meditiert, d. h., halblaut murmelnd betete man die entsprechenden Bibeltexte, Psalmen und Gebete; so während der Arbeit, auf dem Weg zur Arbeit, zum Gottesdienst, den ganzen Tag hindurch.

Wie die Mönche in geschlossenen Reihen, meditierend zum Gottesdienst zogen, so gingen sie auch zur Arbeit, geordnet nach Häusern, gegliedert in Zehnergruppen, stets das

16 *Sonnenuhr von der zerstörten christlichen Wüstensiedlung Mampsis, heute Wüste Negev. Das Kreuz und die beiden Schräglinien geben die Zeit für die damals erst drei üblichen Gebetsstunden morgens, mittags und abends an.*

Wort Gottes auf den Lippen. Täglich wurde die Arbeit für alle, auch für die Oberen, neu zugeteilt. Doch das geistliche Ziel setzte hier ein menschliches Maß.

Ohne große Komplikationen konnte ein Bruder das Kloster wieder verlassen und in sein vorheriges Leben zurückkehren. Aus dem Kloster gewiesen wurde man nur in besonders krassen Fällen; Strafen dagegen waren sehr häufig. Schlechtes Benehmen bei Tisch, unpassendes Lachen, Ungehorsam, Habgier, schlechte Reden, unachtsamer Umgang mit der Kleidung usw. zogen Strafen nach sich, wobei die Prügelstrafe nicht fehlte. Doch muß man gerechterweise sagen, daß in den pachomianischen Klöstern sehr selten geschlagen wurde. Die Benedikt- und Magisterregel sind hier rigososer.

c) Die Klosteranlage

Alle pachomianischen Männerklöster lagen außerhalb der Stadt bzw. einer Siedlung, jedoch noch im fruchtbaren Land, denn die Klöster waren grundsätzlich Selbstversorger und benötigten deshalb riesige landwirtschaftliche Flächen, die allerdings außerhalb der Klostermauern lagen. Der eigentliche Klosterbezirk, die Wohn- und Arbeitsstätten der Mönche, war von einer Mauer umgeben, die grundsätzlich nur einen einzigen Durchlaß besaß.

Das wichtige Amt des Pförtners haben wir bereits kennengelernt. Zur Pforte gehörten verschiedene Räumlichkeiten, denn hier wurden die Gäste empfangen, die Pilger und Armen gespeist und die Novizen zur Probe beherbergt. Da grundsätzlich nur Mönche des eigenen Klosters die Klausur betreten durften – selbst Mönchen aus anderen pachomianischen Klöstern war dies verwehrt –, so mußte für sie bei der Pforte noch ein entsprechender Gastraum zur Verfügung stehen, denn mit Nichtmönchen sollten sie nicht verkehren. Frauen wurden immer getrennt untergebracht, was zusätzliche Räume erforderte. Die Pforte machte einen ansehnlichen Gebäudekomplex aus: Gästezimmer, Sprechzimmer, Speiseraum für Pilger und Arme, Wartezimmer, ein eigenes Gebäude für die Frauen; nicht zu vergessen sind die Stallungen für die Reit- und Lasttiere der Besucher.

Innerhalb der Mauer lagen die einzelnen Häuser, in denen 30–40 Brüder unter dem Hausoberen lebten. Die Häuser waren nach Tätigkeitsbereichen gegliedert; z. B. das Haus der Schneider, der Weber, der Schmiede, der Bäcker, der Walker, der Schuster usw., wobei Häuser einer Berufssparte wiederum zu einem Stamm zusammengefaßt waren. Die jeweiligen Mönche des Stammes trugen an ihrer Kleidung das entsprechende Stammzeichen. Innerhalb des Hauses lagen die Einzelzellen der Brüder sowie die heizbaren Arbeits- und Aufenthaltsräume, die zugleich auch als Orte des Gebetes dienten. Wahrscheinlich besaß auch jedes Haus eine kleine Bibliothek für die liturgischen Bücher.

Zum Essen gingen alle Brüder, einschließlich der Hausoberen und Äbte, in den gemeinsamen Speisesaal, wobei, wie schon gesagt, in verschiedenen Etappen gegessen wurde. Auch zum Gottesdienst trafen sich anfangs alle im Speisesaal, später jedoch gab es dafür ein eigenes Oratorium. Zur Eucharistiefeier kam ein Priester aus der Umgebung, denn alle Mönche, selbst der Abt, waren Laien. In unmittelbarer Nähe des Speisesaales befand sich die zentrale Großküche, zu der umfangreiche Obst- und Gemüsegärten gehörten. Den Küchendienst versahen im wöchentlichen Wechsel die Brüder selbst, da grundsätzlich jede Arbeit, auch die umfangreiche Feldarbeit, ohne fremde Hilfe geleistet wurde.

Das Krankenhospiz mit seiner eigenen Küche wurde bereits erwähnt; aller Wahrscheinlichkeit nach besaß es noch eine medizinische Badeeinrichtung. Für die dem Kloster übergebenen Kinder waren eigene Räumlichkeiten notwendig, da sie bis zu ihrem 12. Lebensjahr weitgehend von der Regel befreit waren und keinen Zutritt zur Klausur hatten. Nicht zu vergessen sind die Vorratsspeicher für die Landwirtschaft und für die Werkstätten.

Keine besonderen Räume gab es allerdings für die Hausoberen, die Äbte oder den Vaterabt; ebenso fremd war den pachomianischen Klöstern eine separate Abtsküche, wie sie die Benediktregel kennt. Als letzter Raum, im wörtlichen Sinne, ist der Klosterkarzer zu nennen, in den äußerst widerspenstige und uneinsichtige Brüder gesperrt wurden. Ein pachomianisches Kloster war eine vollkommen autonome Siedlung, weshalb es in verschiedenen Regeln auch Dorf genannt wird.

d) Das pachomianische Kloster als Urform

Betrachten wir abschließend noch einmal den Aufbau der pachomianischen Klöster, so sehen wir, daß sie bereits alle wesentlichen Merkmale eines Klosters verwirklichten und die späteren Ordensgründungen nur zeitbedingte Modifikationen darstellen. Die pachomianische Ordnung kannte die trennende Klostermauer, den hierarchischen Aufbau, den rhythmischen Wechsel zwischen Gebet und Arbeit, die Trennung von Familie und Besitz, die Gleichheit aller Brüder, die persönliche Armut, die Gleichheit im Tagesablauf und in der Kleidung, sowie das Institut der Oblaten, d. h. die Aufnahme unmündiger Kinder.

Es fehlten: ein Kirchengebäude im eigentlichen Sinne, die Tischlesung, die feierlichen, ewigen Gelübde, die Priester und die freie Abtswahl durch die Brüder. Pachomianische Klöster waren Laienklöster, ohne jeden Priester. Erst gegen Ende des 6. Jahrhunderts begann sich auch bei ihnen eine Klerikalisierung des Mönchtums durchzusetzen, die dann im Priestermönchkloster des Mittelalters ihren Abschluß findet.

3. Das Vorbild Ägypten

Wir sind deshalb so ausführlich auf das ägyptische Eremiten- und Mönchtum eingegangen, weil sich fast alle späteren Klostergründer und Klostergründungen auf das Vorbild Ägypten beriefen, was aber keineswegs eine direkte Abhängigkeit bedeutet. Bereits während des 4. Jahrhunderts war der Ruhm Ägyptens so allgemein, daß sich nicht wenige aufmachten, um die wahre Verwirklichung christlichen Lebens mit eigenen Augen zu sehen; denn so haben die Mönche ihr Leben verstanden. Fromme Männer, Kirchenhistoriker, Theologen und Priester zogen in das gelobte Land und erlebten voll Staunen das Wunder der Wüste. In Reisebeschreibungen und Erzählungen machten sie das Vorbild in ihrer Heimat bekannt. Man übersetzte die griechisch verfaßten Regeln ins Lateinische und übertrug die „Sprüche der Väter" in die heimische Sprache. Vor allem die Biographien der großen Wüstenheiligen verbreiteten den Ruhm Ägyptens.

Den ersten und zugleich unüberhörbaren Leitton setzte der große, weitgereiste Bischof Athanasius (275–373) mit seiner Biographie des hl. Antonius, die beständig, über Jahrhunderte hinweg, von Mönchen gelesen wurde. Die umfangreichste Geschichte des beispielhaften ägyptischen Mönchtums verfaßte Cassian (360–435), der selbst mehrere Jahre unter ägyptischen Mönchen gelebt hatte. Auch sie gehört zur Standardliteratur des abendländischen Mönchtums. Vor allem der westliche Kirchenvater Hieronymus sang das Loblied auf die ägyptischen Mönche. Er verfaßte eine Biographie über den heiligen Einsiedler Paulus von Theben, beschrieb das Werk und Leben des hl. Pachomius und übersetzte dessen Regel ins Lateinische. Zahlreiche Christen verließen auf sein Werben hin ihre Heimat, um in Palästina und Jerusalem das vollkommene Leben zu führen. Auch den Abendländer Rufinus (345–410) zog es nach Ägypten, um dort dem vorbildlichen Leben der Mönche in seiner Geschichte des ägyptischen Mönchtums ein bleibendes Denkmal zu setzen. Ganz treffend erkannte der große griechische Theologe Theodoret (390–458) das Wesen der monastischen Bewegung, denn seiner Geschichte des Mönchtums fügte er den aufschlußreichen Untertitel „Von der Gottesliebe" bei. Bis an den kaiserlichen Hof in Konstantinopel drang der Ruhm Ägyptens, so daß sich der Hofkämmerer Lausiacus einen genauen Bericht darüber wünschte. Auf eigene Kosten sandte er dazu seinen Sekretär Palladius aus, der ihm genau über die Heiligen der Wüste berichten sollte; die Historia Lausiaca entstand. Auch Nonnen wagten die mühselige Reise nach Ägypten, wie die aus Aquitanien stammende Etheria (um 400). Sie hinterließ einen ausführlichen Bericht über die Stätten des Heiligen Landes und das gelobte Mönchtum Ägyptens, das sie übrigens zweimal besuchte. Nicht zu vergessen sind die Aussprüche der Wüstenväter, die bereits zu ihren Lebzeiten gesammelt und aufgeschrieben worden waren, die sogenannten Apophthegmata. Schon während des 5. Jahrhunderts lagen sie in einer lateinischer Übersetzung vor und waren somit dem westlichen Mönchtum bekannt. So groß war jenes Vorbild, daß germanische Einsiedler des 8. und 9. Jahrhunderts ägyptische Kost importierten, um dem Ideal möglichst nahezukommen.

V. Die Anfänge des Mönchtums im Abendland

1. Vielfältige monastische Ansätze

Lange Zeit herrschte die Meinung vor, das abendländische Mönchtum wäre mehr oder weniger ein direkter Abkömmling des ägyptischen Vorbildes. Wenn man jedoch das Mönchtum als eine konsequente Verwirklichung der Nachfolge Christi versteht, so erklärt es sich von selbst, daß sich überall in der christlichen Welt Ansätze zu monastischen Lebensformen und Einrichtungen entwickelt haben. Ägypten kommt zwar das Verdienst zu, aus den verschiedenen asketischen Richtungen das früheste Mönchtum geformt zu haben, aber keineswegs war es die Wiege des gesamten Mönchtums. In Italien, Nordafrika, Spanien, Südgallien oder in Aquileia gab es zeitgleich zu Ägypten ähnliche asketische Kreise, aus denen sich allmählich klösterliche Gemeinschaften bildeten.

Bischof Eusebius von Vercelli gründete um 355 in seiner Bischofsstadt ein Kloster für seinen Klerus, um arm wie die Apostel das biblische Ideal der Brüderlichkeit zu verwirklichen. Auch für Rom, Mailand oder Aquileia sind gegen Ende des 4. Jahrhunderts solche bischöflichen Klöster bezeugt.

Im allgemeinen jedoch entwickelten sich aus der persönlich gelebten Nachfolge einzelner Christen klösterliche Gemeinschaften. Die römische Witwe Marcella beispielsweise führte mit ihrem ganzen Haus ein ausgesprochen religiöses Leben. Alle wünschten sich die Ruhe zur Kontemplation, weshalb Marcella (um 385) ihr einsam gelegenes Landgut samt dessen Einkünften zur Verfügung stellte und dort ein kleines Klösterchen (oder Tusculum, wie man solche Oasen der Stille in der Antike nannte) schuf. Ebenso handelte die Schwester des hl. Ambrosius, die sich mit gleichgesinnten, jungfräulich lebenden Frauen auf ihr Landgut zurückgezogen hatte. Auch Paulinus von Nola und seine Frau verwandelten ihr Landgut in ein Kloster, in dem sogar die ehemaligen Sklaven und Arbeiter als Mönche lebten. Zahlreiche römische Aristokratinnen verließen um Christi willen sogar ihre Heimat, zogen ins Heilige Land und erbauten mit ihrem Vermögen Klöster oder unterstützten sie großzügig.

Beeindruckend ist das Beispiel des römischen Aristokraten und Staatsmannes Cassiodorus (490–583). Er schuf mit seinem Vermögen eine klösterliche Siedlung, in der sich die Mönche, unbesorgt von weltlichen Nöten, der göttlichen Wissenschaft und dem Dienst am Buch widmen konnten. Er bezahlte das teure Pergament, besorgte die Schriften der Alten und ließ ein bequemes Skriptorium errichten, in dem mehrere Dutzend Mönche tagaus, tagein Bücher kopierten oder verbrauchte Texte erneuerten. Die geistig fortgeschrittenen Mönche aber durften als Einsiedler gut versorgt in den nahen Bergen leben. Hier, in dem heute nicht mehr genau lokalisierbaren Kloster Vivarium, wurde das Mönchtum zum erstenmal in seiner Geschichte in den Dienst des Buches und der Wissenschaft gestellt, eine Aufgabe, die ihm von seinem Ursprung und Ziel geradezu wesensfremd war. Es mußten noch Jahrhunderte ins Land gehen, und mächtiger politischer Druck war nötig, bis sich die abendländischen Mönche der Wissenschaft widmeten. Die Iren und Angelsachsen bildeten hierin allerdings eine Ausnahme, denn bei ihnen gehörte der Dienst am Buch zur monastischen Tätigkeit. Wie lange Vivarium existierte, ist unbekannt; doch seine Regeln und Anweisungen, die Institutiones des Cassiodorus, wirkten nachhaltig auf das Mönchtum.

All die genannten Stiftungen gingen von privater Seite aus und waren individuelle Gründungen. Jedes Kloster besaß eine spezielle Regel, die, vom Stifter entworfen, ganz auf die persönlichen Bedürfnisse und zeitbedingten Umstände ausgerichtet war. Man denke nur an die Klöster des hl. Severin in Pannonien oder die der Brüder Isidor und Leander von Sevilla in Spanien, die sich in ihrer Struktur und Zielsetzung völlig unterschieden. Im allgemeinen waren diese „Privatklöster" nur von lokaler Bedeutung. Einige jedoch besaßen Regeln von weithin ausstrahlender Anziehungskraft. Augustinus, Martin von Tours, Cassian, Cäsarius von Arles, Romanus von Agaunum, der anonyme „Magister" sowie Benedikt haben solche Werke geschaffen. Sie wurden für das kommende abendländische Mönchtum zum sicheren Fundament, auf dem sich allen späteren Orden frei entfalten konnten.

2. Augustinus legte den Grundstein für zahlreiche Orden

Die sichtbare abendländische Klosterkultur, ihre großen Kirchen, Bauten und Anlagen auf dem flachem Lande, wurden weitgehend vom Benediktinerorden und seinen Reformzweigen geschaffen, was leicht zur der Annahme führt, daß vorwiegend diese Orden die monastische Kultur getragen und geprägt hätten. Untersucht man jedoch die zahlreichen Ordensgründungen des Mittelalters und der Neuzeit auf ihre geistigen Ursprünge hin, so müßte man eher Augustinus den Ehrentitel „Vater des abendländischen Mönchtums" geben als Benedikt von Nursia. Über hundert Orden und Gemeinschaften gehen auf die Augustinusregel zurück, wobei dieser Zusammenhang selten im jeweiligen Ordensnamen sichtbar wird. Allein die Augustiner-Chorherren bzw. -Chorfrauen sowie die Augustiner-Eremiten bilden hierin eine Ausnahme. Doch wer ahnt schon, daß die mittelalterlichen Ritterorden wie Johanniter, Malteser und Deutschherren auf Augustinus fußten oder daß der mächtigste mittelalterliche Krankenorden, die Antoniter, nach seiner Regel lebte? Ebenso zählen die Prämonstratenser, Dominikaner, Serviten, Jesuaten, Celliten und Piaristen zum augustinischen Stamm.

Eine stattliche Anzahl weiblicher Orden und Gemeinschaften beruft sich ebenfalls auf seine Regel. Vorab waren es die adeligen Damenstifte, die sich der Freiheit wegen Augustinus erwählten. Aber auch die Birgittinnen, Ursulinen, Salesianerinnen oder die Schwestern vom Guten Hirten fanden bei Augustinus das geistige Rüstzeug zum gemeinsamen Leben. Vor allem die sozial-caritativen Gemeinschaften des 19. Jahrhunderts wie die Töchter vom heiligen Kreuz zu Lüttich (1833), die Kleinen Armen Schwestern von St. Malo (1840), die Schwestern vom Armen Kinde Jesus (1848) oder die Schwestern vom hl. Johannes von Gott (1871) verpflichteten sich auf augustinische Grundsätze.

Nicht zu vergessen sind die Kanoniker an den städtischen Stiftskirchen und bischöflichen Domen, die seit dem 9. Jahrhundert ein gemeinsames Leben nach der augustinischen Regel führten. Sein Gedankengut finden wir auch in den Regeln des Fulgentius von Ruspe († 583), Cäsarius von Arles († 542), Leander von Sevilla († 600), ferner in der anonymen, aber kaum zu überschätzenden Magisterregel (5. Jh.) sowie bei St. Benedikt.

17 *Benozzo Gozzoli (1420–97), Augustinus als Lehrer. Fresko in der Kirche der Augustiner-Eremiten zu San Gimignano. Da Augustinus priesterliches und monastisches, apostolisches und kontemplatives Leben zu verbinden wußte, wurde seine Regel für Orden ähnlicher Zielsetzung maßgebend.*

b) Sein Leben

Augustinus wurde 354 in Thagaste, einer kleinen, damals römischen Provinzstadt, dem heute algerischen Souk-Aras, geboren und starb 430 im benachbarten Hippo Regius als Bischof. Seine Eltern waren beide Christen, obgleich nur seine Mutter es mit der Bekehrung ernst genommen hatte und ein beispielhaft christliches Leben führte. Augustinus erhielt eine gediegene Ausbildung, durch die seine ungewöhnliche Begabung noch gefördert wurde. Zu Beginn seiner Studienzeit in Karthago lebte er ziemlich ausschweifend und glänzte in den Eitelkeiten der Wissenden. Erst die Lektüre des Hortensius, einer philosophischen Schrift von Cicero über die Beziehungen zwischen Erkenntnis, Sittlichkeit, Wahrheit und Gemeinschaft, bewirkte eine tiefgreifende Änderung. Er wandte sich nun dem Manichäismus zu, einer radikalen, asketischen christlich-gnostischen Sekte und blieb ihr über mehrere Jahre verbunden. Um einer besseren öffentlichen Karriere willen begab er sich nach Rom und Mailand, wo er durch die Predigten des hl. Ambrosius wieder zum Christentum zurückfand. Nun entschloß er sich, das Erkannte in die Tat umzusetzen und eine philosophisch lebende Gemeinschaft nach den Zielen Ciceros zu gründen. Er verließ das öffentliche Leben und zog sich mit Gleichgesinnten auf das Gut eines Freundes in der Nähe von Mailand zurück.

Auf Cassiciacum, so hieß das heute nicht mehr lokalisierbare Landgut, suchte Augustinus sein neues, philosophisch-christlich geprägtes Ideal zu verwirklichen. Alle strebten zur Wahrheit und fanden damit zur Gemeinschaft, denn nur die Wahrheit, so sein Lieblingsphilosoph Plotin, stiftet wirkliche Brüderlichkeit. Ihr Ziel, die glückselige Schau des Göttlichen, gab ihnen die Weisung, und die Selbsterkenntnis band den einzelnen in die Gemeinschaft. Im Wechsel von gemeinsamem Gebet, Studium, Gespräch, Handarbeit und Ruhe fand ihr Tag seine menschenwürdige Form. Jeder trug durch sein Vermögen und Bemühen zum Unterhalt im weitesten Sinne bei. Selbstverständlich verzichteten sie als christlich lebende Philosophen auf die erlaubten Güter dieser Welt. Eine einfache Kost, bereitet von Monika, der Mutter Augustins, ergänzte die asketische Lebensweise. Monikas Tod verhinderte die Abreise in die Heimat, wo Augustinus sein Ideal fortzusetzen gedachte.

Notgedrungen blieb er noch einige Zeit in Rom und Mailand und lernte dadurch die dortigen Klöster kennen. Vor allem das Kloster bei Mailand, gegründet von Ambrosius, geleitet von einem hochgebildeten Priester, weckte seine Bewunderung. Freunde machten ihn mit der Vita des hl. Antonius und anderen Schriften über das ägyptische Mönchtum bekannt. So verstärkte sich sein Wunsch, es jenen gleich zu tun.

c) Die Klöster für Laien

Vom Vorbild des ägyptischen Mönchtums angeregt, gründete Augustinus in seinem väterlichen Haus zu Thagaste mit Freunden und Verwandten einen philosophischen Kreis mit klösterlichen Zügen. Sein einziger Sohn, Adeodatus, gehörte dazu, der allerdings bald darauf starb.

Wie in Cassiciacum, so kennen wir auch hier keine detaillierte Regel, die es in schriftlicher Form wahrscheinlich auch gar nicht gegeben hat. Aus den eigenen Werken Augustins und der Biographie, verfaßt von seinem Schüler Possidius, lassen sich jedoch einige Hinweise auf ihre Lebensweise entnehmen. Possidius schreibt lapidar von der ersten Gründung: Sie lebten nach der Regel der Apostel, d. h. nach dem Beispiel der Jerusalemer Urgemeinde. Sie besaßen alles nur noch gemeinsam. Jeder einzelne lebte persönlich arm, wie es das biblische Wort der Nachfolge verlangt: „Wenn du vollkommen sein willst, geh, verkaufe deinen Besitz, schenke ihm den Armen ... und folge mir“ (Matth. 19, 21). An dieser Weisung hatte sich auch die Bekehrung der hll. Antonius und Pachomius entzündet. Im allgemeinen dürfte die Ordnung in Thagaste der von Cassiciacum entsprochen haben, zumal, wie Briefe und andere Texte beweisen, damals noch neuplatonisches Gedankengut eine bedeutende Rolle spielte. Augustinus versuchte in Thagaste nach christlichen und philosophischen Maximen zu leben, wobei Philosophie und weltliche Wissenschaften das Fundament zur sittlichen Vollkommenheit und zum geistigen Aufstieg bilden sollten. Letztes Ziel war die Vergöttlichung (deificatio) des Menschen. Gerade an dieser Vorstellung wird der philosophische Einschlag deutlich, denn von Erlösung und Gnade ist kaum die

Rede. Später dagegen betonte Augustinus die Gnade so sehr, daß der freie Wille bedenklich geschmälert wurde.

Diese schöne Zeit, wie Augustinus sie später nannte, wurde bald unterbrochen, denn während eines Besuches der Bischofsstadt, Hippo Regius, drängte ihn die dortige Gemeinde zum Priestertum. Er mußte seine Gemeinschaft in Thagaste verlassen, denn die Entfernung war zu groß, und die Unruhe der Seelsorge ließ sich nicht mit der philosophischen Zurückgezogenheit vereinbaren. Sein Ideal wollte er aber nicht aufgeben. Er bat seinen Bischof um die Erlaubnis, auch in Hippo ein Kloster errichten und ein gemeinsames Leben führen zu dürfen. Valerius, so hieß der Bischof, willigte ein und schenkte ihm dazu ein Gartengrundstück bei der Kirche. Auch dieses Kloster war wie Thagaste eine Gemeinschaft von Laien mit dem Ziel, sich persönlich zu vervollkommnen. Deshalb trennten sie sich von der Welt, schlossen sich in ihr Kloster ein und übernahmen keine Aufgaben außerhalb der Klausur. Der Tagesablauf entsprach völlig dem von Thagaste und bestand im Wechsel von Gebet, Studium, Ruhe und Handarbeit. Das Gebot der Handarbeit schärfte Augustinus seinen Mönchen besonders ein, zumal in der nordafrikanischen Kirche der Brauch eingerissen war, daß Klöster und Mönche von den Spenden der Gläubigen lebten. Diese Art zu leben, so führt Augustinus in seiner Schrift „Über die Handarbeit der Mönche" aus, stünde nur den Klerikern zu, die zum Dienst am Evangelium bestellt seien.

d) Das Kloster der Priester

Um 395 wurde Augustinus zum Mitbischof von Hippo ernannt, was neue Aufgaben und Pflichten mit sich brachte. Er war nun Leiter des Stadtklerus von Hippo, der damals noch privat in eigenen Häusern lebte und nur zu den zahlreichen liturgischen Feiern - die nordafrikanische Kirche kannte bereits fünf kanonische Gebetszeiten - zusammenkam. Doch Augustinus wollte nicht nur als Apostel tätig sein, sondern auch so leben, was damals soviel bedeutete wie in klösterlicher Gemeinschaft leben. Er gründete deshalb bei seiner Kirche ein Kloster für den Stadtklerus, damit auch hier das vollkommene Christentum gelebt werden könne. In der Zielsetzung und Lebensordnung unterschied es sich nicht von den beiden anderen. Doch mußten die Mönche hier nicht manuell arbeiten, da sie in der Seelsorge tätig waren.

Das Modell des Klerikerklosters machte in Nordafrika rasch Schule, denn zahlreiche Schüler des Heiligen wurden auf Bischofsstühle berufen und gründeten dort wiederum Domklöster. Nicht zu vergessen ist sein Frauenkloster, für das er die einzig erhaltene Augustinusregel (Praeceptum) schrieb. Da ihre Anweisungen allgemein biblisch begründet sind, konnten Frauen wie Männer nach ihr leben.

e) Regel

Unter dem Namen des hl. Augustinus werden drei Regeln überliefert, doch nur die sogenannte Praeceptum-Regel ist authentisch. Sie dürfte gegen 397 verfaßt worden sein. Sie ist relativ kurz und zählt insgesamt nur acht Kapitel.

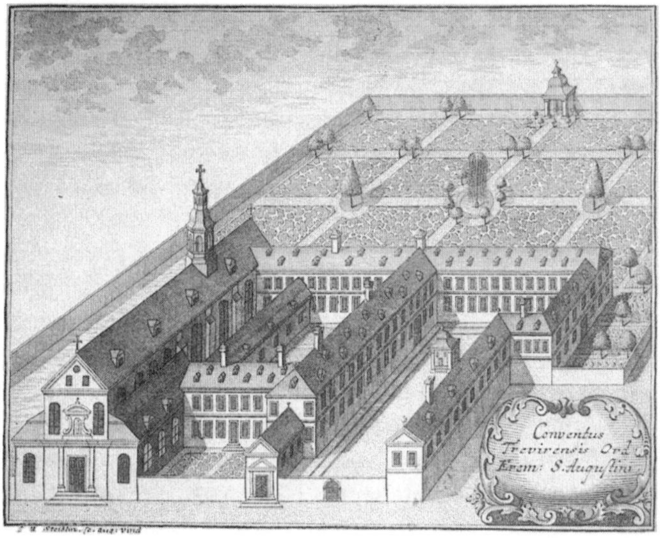

18 *Ansicht des ehemaligen Klosters der Augustiner-Eremiten in Trier. Stich von Steidlin, (17. Jh.); Trier, Stadtarchiv. Augustinus stiftete auch ein Kloster für Priester; zahlreiche Klerikerorden, u. a. die Augustiner-Eremiten lebten nach seiner Regel.*

Ihre Eigenart besteht darin, daß einzelne konkrete Bestimmungen fehlen. Auch von einem Abt oder einer hierarchischen Klosterordnung ist keine Rede. Dagegen findet man biblische Grundsätze, aus denen sich die konkreten Verhaltensweisen von selbst ergeben. Augustinus geht von der menschlichen sündhaften Natur aus, die zu Hochmut, Besitz und Herrschaft tendiert und somit eine wahre menschliche Gemeinschaft erschwert oder ganz verhindert. Christus dagegen verzichtete auf seine Macht und hob dadurch die Ursünde des Menschen, seinen Hochmut und Ungehorsam, wieder auf. Damit stellte er die zerbrochene Gemeinschaft zwischen Gott und den Menschen wieder her und zeigte beispielhaft, was Gemeinschaft möglich macht, nämlich Demut und Liebe. Die Liebe, so formulierte er weiter, läßt Demut und Gehorsam erwachsen, wodurch die auf sich selbst bezogene Natur des Menschen „entkrümmt" wird und sich zur Offenheit weitet. Die Gottesliebe kann die Schwäche des Menschen beheben und ihn zum personalen Du befähigen. Deshalb ist sie das Fundament jeglicher Gemeinschaft, was Augustinus auch dadurch zum Ausdruck bringt, daß seine Regel mit einem Aufruf zur Gottesliebe beginnt und schließt. Übrigens liegt in der Tat Jesu, der durch seinen Gehorsam den verderblichen Ungehorsam der Stammeltern aufhob, die Wurzel für den oft bestaunten Gehorsam der Wüstenväter bzw. der Mönche.

f) Aufbau und Leben der Gemeinschaft

An der Spitze der Laiengemeinschaft stand der Praepositus, ein aus den eigenen Reihen gewählter Mönch. Er überwachte die Klosterdisziplin, verwaltete das Vermögen und regelte die wirtschaftlichen Erfordernisse. Für die geistliche Betreuung und schwierige Entscheidungen wie Aufnahme, Entlassung, schwere Bestrafung, Buße u. ä. war allerdings ein Priester zuständig; wahrscheinlich lebte er nicht ständig im Kloster.

Der Tagesablauf war in Gebet, Studium, Arbeit, Ruhe und Erholung eingeteilt. Fünfmal am Tag versammelten sich die Mönche zum gemeinsamen Gebet in einem eigens dafür bestimmten Gebäude, dem Oratorium. Es war allerdings keine Kirche in unserem Sinne, zum Gottesdienst gingen Mönche wie Nonnen in die nächstgelegene Pfarrkirche. Im Oratorium wurde auch das Privatgebet verrichtet. Während der Handarbeit pflegten sie, entsprechend dem ägyptischen Vorbild, zu beten bzw. zu meditieren. Gegessen wurde vegetarisch, und zwar, wie in der Antike üblich, zweimal am Tage; gegen neun das Frühstück, zwischen drei und fünf Uhr zu Mittag. Die Kost war zwar bescheiden, aber nicht kärglich, denn ein Glas Wein war nicht verboten. Während des Mahles hörten die Mönche eine Tischlesung, über die anschließend gesprochen wurde; Augustinus liebte das geistvolle Tischgespräch.

Die persönliche Armut war strengste Pflicht. Jeder mußte deshalb sein Vermögen der Gemeinschaft übereignen. Alles wurde gemeinsam genutzt: Kleiderkammer, Küche, Wäscherei, Speisesaal und Bibliothek. Jeder besaß jedoch eine eigene Zelle. Erst Benedikt und die Klöster von Lérins kennen den obligatorischen Schlafsaal. Eine eigene Mönchskleidung forderte Augustinus nicht, ebensowenig kannte er, wie alle damaligen Klöster, formelle Gelübde. Aufgenommen wurden Menschen aller Schichten, doch kamen in die augustinischen Klöster relativ viele Gläubige aus der christlichen Oberschicht, wenngleich auch andere Christen, selbst Sklaven und Kinder, Aufnahme fanden. Im Gegensatz dazu rekrutierten sich die Mönche der pachomianischen Klöster weitgehend aus der unteren Schicht. Dies mag wohl auch darin begründet sein, daß in den augustinischen Klöstern eine gewisse Bildung angestrebt wurde.

In allen damaligen Klöstern lebten grundsätzlich nur Laien, die sich aus der Welt zurückgezogen hatten. Deshalb wollten sich die Mönche nicht zum Priester weihen lassen, weil sie dadurch ihr monastisches Leben hätten aufgeben müssen. Augustinus stimmte im Grunde dieser Haltung zu, allerdings forderte er für den Bischof das Recht, geeignete Mönche zum Priestertum zu bestimmen, denn niemand darf sich dem Dienst am Wort Gottes und am Nächsten entziehen. Das Problem, inwiefern Mönche in der Seelsorge tätig sein dürfen, wurde später, während der Entstehung mittelalterlicher Stadtorden, erneut akut, denn der städtische Klerus versuchte die Seelsorge der Mönche zu unterbinden und als unvereinbar mit dem Mönchsstand zu beweisen. Diese Auffassung wurde schließlich durch keinen Geringeren als Thomas von Aquin widerlegt.

Obwohl von den augustinischen Klöstern nichts mehr erhalten ist – die Vandaleneinfälle (5. Jh.) sowie der nachfolgende Islam (7. Jh.) machten dieser späten Blüte antiker Kultur ein bitteres Ende –, wirkte die Regel über Jahrhunderte und bildete die Grundlage zahlreicher Orden. Die Möglichkeit dazu liegt in der Regel selbst, die mehr ein theologisches Ziel formuliert, als eine praktikable Hausregel darstellt. Augustinus verbietet sehr wenig, nennt keine besonderen asketischen Vorschriften und verzichtet auf ins einzelne gehende Anweisungen. Zudem nimmt er auf die individuellen Bedürfnisse große Rücksicht und meidet durch Offenheit unmenschliche Härten, die sich leicht aus einer festen Regel ergeben können. Die Bekleidung, das Essen und Fasten, ja sogar die Pflicht zur Handarbeit werden nach Herkunft und Fähigkeit des einzelnen bemessen. Reiche Mönche beispielsweise sollen auch im Kloster bestimmte Bequemlichkeiten erhalten, denn ihr Verzicht war weitaus größer als der eines eingetretenen Sklaven, der neben der Freiheit auch noch andere Annehmlichkeiten erfährt. Die brüderliche Liebe erträgt solche Unterschiede, ja sie gibt beiden, den „Bevorzugten" wie den „Benachteiligten", eine Chance zum geistigen Wachstum. Erwähnenswert ist noch die milde Strafordnung, die sich ganz nach dem biblischen Vorbild richtet, den gefallenen Bruder zuerst in aller Stille zurechtzuweisen, dann unter mehreren Augen, schließlich vor allen Brüdern. Auch die Freiheit, aus medizinischen Gründen öffentliche Bäder besuchen zu dürfen, zeugt von der Menschlichkeit der Regel. Letztlich war es eben diese Freizügigkeit, fußend auf der biblischen Botschaft und dem philosophischen Menschenbild der Antike, die zur Beliebtheit des augustinischen Entwurfs führte.

3. Die Eremitenkolonie des hl. Martin von Tours (317–397)

In Südgallien fiel das Christentum auf sehr fruchtbaren Boden und erreichte noch während der Spätantike einen ersten Höhepunkt. Sogar die besondere Nachfolge der Eremiten und Mönche ist schon für diese Zeit bezeugt. Einige dieser Klöster wie Lérins, Arles, Marseille, die Juraklöster oder Tours schufen die geistigen Grundlagen und äußere Formen für das kommende, abendländische Mönchtum.

Im merowingischen Tours legte Martin durch sein asketisches Leben den Grundstein zu zwei klösterlichen Niederlassungen. Diese hatten zwar kaum über seinen Tod hinaus Bestand, dennoch wurden sein Werk und seine Gestalt für das Mönchtum in Gallien prägend (Abb. 19). Zahlreiche Schriften und theologische Traktate verbreiteten den Ruhm des ersten merowingischen Heiligen. Sein Biograph, Sulpicius Severus (um 360 - um 425), zeichnete ihn als einen zweiten Antonius, der für das Mönchtum in Gallien nicht weniger vorbildhaft war wie jener für die ägyptische Wüste. Paulinus von Nola machte die Werke und Wunder Martins in Italien bekannt. Papst Gregor widmete dem gallischen Heiligen ebenfalls ein Kapitel in seiner großen Heiligenbiographie, und Benedikt von Nursia weihte ihm zu Ehren in seinem Kloster sogar ein Oratorium.

a) Das Leben des Heiligen

Martin entstammte einer heidnischen Familie, die er später selbst zum Christentum bekehrte. Geboren in Ungarn, erlebte Martin wechselvolle Jahre, denn sein Vater, römischer Tribun (Offizier), diente bald hier, bald dort. Wie Martin mit dem Christentum in Berührung kam, ist unbekannt. Jedenfalls war er bereits mit zehn Jahren Katechumene, d. h. Anwärter auf die Taufe. Er mußte jedoch die militärische Laufbahn einschlagen, die er allerdings als überzeugter Christ bereits mit zwanzig Jahren wieder verließ, um dem Ruf Gottes ganz zu folgen, d. h. ein monastisches Leben zu führen. In jene Zeit fallen auch die berühmte Mantelteilung sowie seine Taufe. Martin ging zu Hilarius, dem Bischof von Poitiers, der ihm ein treuer geistlicher Freund wurde. Infolge der arianischen Wirren mußte der orthodoxe Hilarius ins Exil, aber auch Martin konnte nicht bleiben, denn die Arianer bedrängten ihn sehr. Er flüchtete nach Norditalien, besuchte Mailand und fand endlich, wie viele andere geflüchteten orthodoxen Eremiten, auf der Insel Gallinaria - heute Isola di Albenga - bei Genua eine Zuflucht.

Nach der Rückkehr des Hilarius ging Martin wieder nach Poitiers und errichtete nahe der Stadt für sich eine kleine Einsiedelei. Doch lange blieb sein vollkommenes religiöses Leben nicht verborgen. Zahlreiche Schüler fanden sich ein, und das Volk von Tours forderte ihn später zu seinem Bischof. Um jedoch sein monastisches Leben nicht unterbrechen zu müssen, gründete er nahe bei Tours eine zweite Einsiedelei, das spätere Benediktinerkloster Marmoutier.

b) Regel und Gemeinschaft

Seine Regel - sofern er überhaupt eine geschrieben hat - kennen wir nicht, doch läßt sich aufgrund der Biographie ein Bild der Gemeinschaft zeichnen. Die beiden von Martin gegründeten Klöster waren eine Mischform aus Einsiedelei und Kloster. Jeder Bruder besaß ein kleines Häuschen oder lebte eremitisch in einer Felsenhöhle. Niemand kannte privates Eigentum, für den Lebensunterhalt sorgte die Kirche zu Tours. Die jüngeren Brüder pflegten Bücher abzuschreiben, die älteren widmeten sich ausschließlich dem persönlichen Gebet und der Meditation. Die üblichen kirchlichen Gebetszeiten hielten alle gemeinsam, ebenso die Mahlzeiten; ansonsten lebte jeder für sich. An den allgemeinen Fasttagen, Mittwoch und Samstag, verzichteten sie auf jede Nahrung. Nach dem Vorbild des hl. Johannes des Täufers lebten sie streng asketisch und bekleideten sich sogar mit einem kamelhaarigen Gewand.

Das Besondere am martinischen Mönchtum war die Mischform zwischen Einsiedlertum und gemeinsamem Leben. Neu war zudem das unablässige Gebet der älteren Mönche, das von keiner Arbeit oder Beschäftigung unterbrochen werden sollte. Erinnern wir uns nur, wie wichtig den Wüstenvätern und dem hl. Augustinus die Arbeit gewesen war, so rückt die scheinbar unwesentliche Änderung gleich in ein anderes Licht. Es handelt sich keineswegs nur um eine persönliche Frömmigkeitsform, die Martin seinen Mönchen noch zusätzlich auferlegte. Dahinter steht, so werden wir später deutlicher sehen, die theologische Ansicht, daß die Mönche wie die Engel das beständige Lob Gottes singen bzw. in den himmlischen Lobgesang einstimmen sollten und somit hier auf Erden das stellvertretend vollbringen, wozu eigentlich alle Menschen bestimmt sind: zum Lob ihres Schöpfers. Wahrscheinlich begann hier die monastische Tradition des unablässigen und zugleich fürbittenden Gebetes, das später die Mönche für sich und stellvertretend für Stifter, Wohltäter und die Kirche zu leisten hatten. Dieser Gebetsdienst wurde zu einer der wichtigsten Aufgaben des Mönchtums, der erst durch die Gründung der mittelalterlichen Bettelorden eine Relativierung erfuhr.

Die Vita zeigt uns noch zwei weitere wichtige Neuerungen oder Eigentümlichkeiten des hl. Martin. Er war zwar Mönch und lebte in der Einsamkeit, dennoch missionierte er eifrig. Im Gegensatz zu den seßhaften Wüstenvätern zog er umher, vernichtete heidnische Tempel, fällte heilige Bäume und bekehrte durch göttlich gewirkte Wunder zahlreiche Menschen. Auch kämpfte er mit Dämonen und heilte Besessene, was ihn wiederum mit den

Großen der Wüste verbindet. Dennoch trennte ihn manches. Jene zogen hinaus, um ungestört der Betrachtung und Buße leben zu können, Martin ging in die „gallische Wüste", um die Heimatlosigkeit Christi nachzuahmen, was er durch sein Wanderasketentum deutlich zu erkennen gab.

Im wesentlichen sind es drei neue monastische Akzente, die Martin dem Mönchtum gab: die aktive Mission, verbunden mit dem Dämonenkampf; die Heimatlosigkeit um Christi willen sowie das unablässige, stellvertretende Gebet. Alle drei Aspekte werden später für das abendländische Mönchtum zum typischen und unterscheidenden Merkmal gegenüber der Ostkirche.

4. Die Inselklöster von Lérins

a) Lérins baut das erste abendländische Kloster

Die bisher genannten monastischen Bewegungen waren direkt aus der biblischen Botschaft erwachsen und entwickelten mehr oder weniger unbeeinflußt voneinander ihre Eigenart. Dies änderte sich aber bei den Mönchen auf der römisch-gallischen Insel Lérins, die sich bewußt an pachomianischen Klöstern der Wüste orientierten. Die Insel liegt etwa 20 km vor Cannes und war damals, während der beginnenden Völkerwanderung, eine Art Zufluchtsstätte. Honoratus, der spätere Bischof von Arles († 430), begann etwa um 400 mit Gleichgesinnten ein asketisches Eremitenleben auf der Insel zu führen, nachdem er zuvor durch Reisen das blühende Mönchtum Ägyptens kennengelernt hatte. Doch bald darauf entschlossen sich die Einsiedler gemeinschaftlich zu leben und errichteten Klöster nach dem Vorbild des Pachomius. Bislang waren Ägypten, Palästina, Syrien und Kleinasien die Länder der Mönche. Zum erstenmal wurde nun – sieht man von den Klerikerklöstern Italiens einmal ab – auf abendländischem Boden ein Kloster, ja man kann sagen, gleich das typische Kloster errichtet. Denn Lérins änderte ein wesentliches Element im Plan des Pachomius und führte anstelle der Einzelzelle den allgemeinen Schlafsaal ein, der fortan zur Grundausstattung aller abendländischen Klöster gehörte.

Auch in bezug auf die Regel war Lérins wegweisend, denn es entwickelte in kurzer Zeit alle Elemente, die wir später wohlgeordnet bei Benedikt von Nursia wiederfinden werden. Der Prozeß zu dieser Lebensnorm läßt sich an der sogenannten Regel der vier Väter, einer Sammlung von Vorschriften, die zwischen dem 5. und 6. Jahrhundert auf Lérins geschaffen worden sind, deutlich ablesen. Die einzelnen Regeln entstanden zeitlich nacheinander. Man ließ die erste Regel bestehen, fügte die zweite neu hinzu, ebenso die dritte und vierte. Alle vier wurden weitgehend von den gleichen Äbten, Mönchen oder Bischöfen verfaßt. Durch diese Arbeit an der Regel wuchs das lerinische Mönchtum langsam aus der ägyptischen Tradition heraus und entwickelte Eigenes, das schließlich zum Baustein der Benediktregel und somit des abendländischen Mönchtums wurde.

Lérins übernahm die Vorstellung vom Abt als Stellvertreter Christi, neu schuf es den Dienst des Priors. Gegenüber der hohen Stellung des Abtes pachomianischer Klöster wurde die Gemeinschaft und Verantwortung aller Brüder betont. Alle scheinbar selbstver-

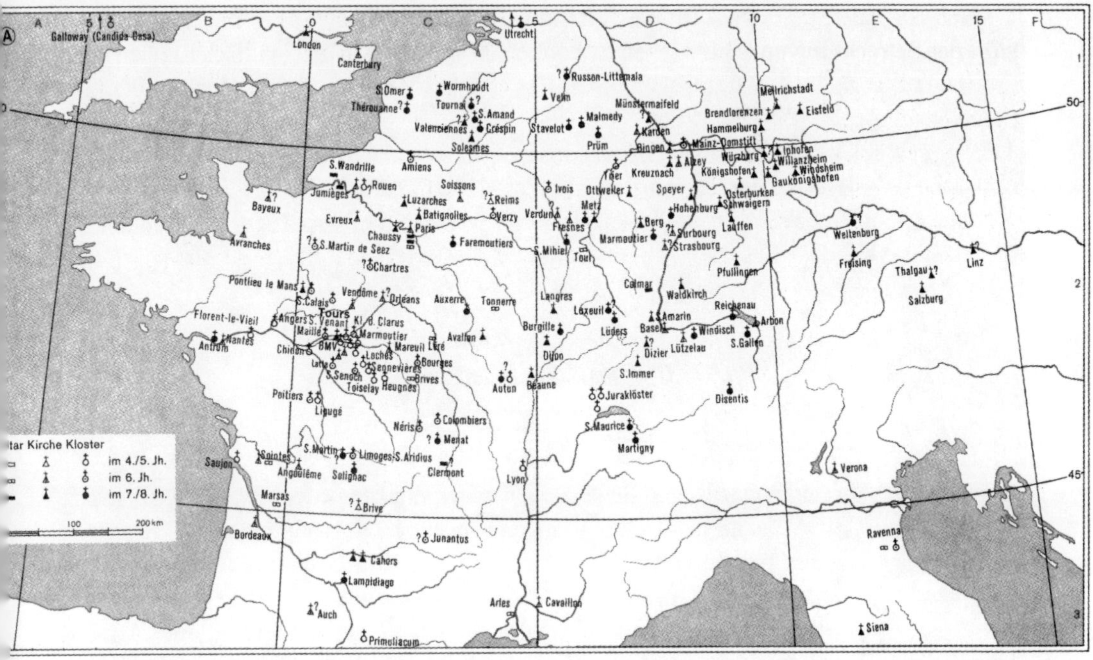

Karte zur Verbreitung der Martinsverehrung
spätantiken Gallien und frühen Frankenreich.
artin von Tours († 397) war der erste Kloster-
ünder Galliens. Die Merowinger und in ihrem
folge die Karolinger erhoben Martin zu ihrem
ausheiligen. Sein Mantel, lat. Cappa, wurde als
ichsheiligtum verehrt. Den Ort seiner Aufbe-
hrung in Aachen nannte man Capella (daher:
pelle), die diensttuenden Geistlichen Capellani
her: Kaplan).

Lérins, die kleine Insel vor dem heutigen
nnes, wurde Verbindungsglied zum Mönchtum
Wüste und Ausgangspunkt einer eigenen mo-
stischen Tradition. Vorbild, Regel und zahlrei-
e Mönche von Lérins wirkten prägend auf das
he fränkische Mönchtum.

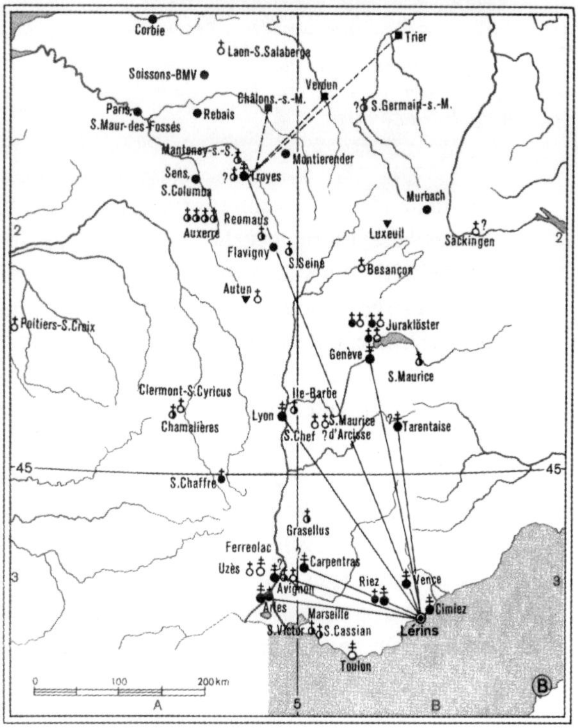

Zeichenerklärung zur Karte Ⓑ

Bischofssitze mit Lérins-Schülern 5./6. Jh.	● Lérins als Muster in Privilegien des 7./8. Jh. genannt
von Lérins aus gegründete Klöster	■ Schüler (Bischöfe) von Lérins-Zöglingen
von Lérins beeinflußte Klöster	Bischofssitze mit Schülern des Caesarius
Mönche von Lérins in anderen Klöstern	Klöster mit Caesariusregeln

21 *Schlafsaal des ehemaligen Zisterzienserklosters Fontenay. Lérins führte wahrscheinlich den gemeinsamen Schlafsaal ein. Jedem Fenster war ein Bett zugeordnet, damit dort die Mönche mittags lesen konnten.*

ständlichen monastischen Einrichtungen und Bräuche, vom Schlafsaal bis zur Einzelzelle, von der Aussperrung bis zur Prügelstrafe sowie der verzeihenden Liebe, finden wir in dem Sammelwerk der vier Väter. Auch die benediktinische Betonung des Gottesdienstes – dem opus Dei ist nichts vorzuziehen – steht in jenen Regeln. Selbst die im Mittelalter so beliebte Umschreibung der Mönchszelle als Paradies prägte ein Mitarbeiter der lerinischen Regeln.

Die Klostermauer umgab die Welt der lerinischen Mönche. Innerhalb der Mauer vollzog sich das monastische Leben im geregelten Wechsel zwischen Gebet und Arbeit. Später übernahm Lérins die „laus perennis", das ewige Lob Gottes, und verzichtete um des Lobes Gottes willen auf die übliche Handarbeit. Auch dieser Neuerung war eine große Zukunft beschieden. Schließlich war die „glückselige Insel" auch darin epochemachend, daß sich erstmals ihre Klöster der bischöflichen Aufsicht entziehen konnten und exemt wurden (von lat. eximere = herausnehmen, nämlich aus dem Verwaltungsbereich des Bischofs).

Der Ruhm Lérins strahlte weit aus; nicht wenige Klostergründer wollten nur lerinisches Mönchtum in ihren Stiftungen sehen. So verweilte beispielsweise der begüterte Einsiedler des Schweizer Juragebirges, Romanus, für einige Jahre im Lyoner Kloster lerinischer Observanz, um das religiöse Leben genau kennenzulernen. Nachdem er wieder in seine Heimat zurückgekehrt war, gründete er umgehend auf seinen Besitzungen ein Kloster und verfaßte eine Regel, die wiederum auf Lérins und anderen monastischen Traditionen fußte.

Nicht minder bedeutsam für das gallisch-merowingische Mönchtum war die Nonnenregel des Caesarius von Arles (470–542), die er als Abt von Lérins und Bischof in Arles für das Frauenkloster seiner Schwester verfaßte. Die Regel entspricht im wesentlichen der Norm von Lérins: Stabilitas loci, Gehorsam unter der Äbtissin, strenge Armut, gemeinsamer Schlafsaal sowie festgesetzte Gebetszeiten. Übrigens war es Caesarius, der in allen gallischen Klöstern die gleichen Gebetszeiten einführte. Fast alle späteren Frauenkonvente haben die Caesariusregel mehr oder weniger wörtlich übernommen. Nahezu zweihundert Jahre lebten die frommen Frauen Galliens nach dieser Regel, die dann unter den Karolingern einer einheitlichen Reichsregel, der kolumbanisch-benediktinischen Mischregel bzw. der augustinischen Kanonissenregel weichen mußte.

b) Neue Aufgaben für die Mönche

Unmittelbar mit Lérins hängt die Einführung einer neuen, zukunftsweisenden Aufgabe für das Mönchtum zusammen: die Pflicht, unablässig wie die Engel das Lob Gottes zu singen. Zum erstenmal geschah die Neuerung in Agaunum, dem Saint-Maurice (Kt. Wallis). Jenes Kloster aber stand durch lerinische Bischöfe mit dem Ursprungskloster in engster Verbindung. Das beständige Gebet im Sinne einer meditierenden Betrachtung des Wortes Gottes pflegten, wie wir sahen, bereits die Eremiten und die Mönche pachomianischer Klöster. Daneben hielten sie noch zwei oder drei gemeinsame Gebetszeiten, alles übrige war privates Gebet des einzelnen Mönches.

Eine ganz andere Sichtweise des monastischen Gebetes hegten gewisse Mönche in Konstantinopel, die sogenannten „Schlaflosen" (griech. Akoimeten). Denn in ihren Klöstern wurde Tag und Nacht das Lob Gottes im Wechsel von Gruppen ohne Unterbrechung gebetet bzw. gesungen. Hierin sahen sie ihre vornehmliche und vornehmste Aufgabe, hierdurch vereinigten sie sich mit dem unablässigen Lobpreis der himmlischen Heerscharen und brachten die Einheit zwischen der irdisch wandernden und himmlisch jubelnden Kirche anschaulich zum Ausdruck. Die alte Überzeugung, daß die Schöpfung, einschließlich der Menschen, zum Lob und Ruhme Gottes da ist, wurde so von den Mönchen bekräftigt. Auch die Vorstellung, daß die Menschen einst die Stelle der gefallenen Engel im Himmel einnehmen werden, führte zu einer solchen scheinbar untätigen Haltung, der letztlich wiederum eine biblische Verheißung zugrunde liegt. Da nämlich im Himmel weder geheiratet noch verheiratet wird, sondern alle jungfräulich, d. h. ganz von der alleinigen Liebe zu Gott erfüllt, leben werden, führten diese Mönche bereits ein engelgleiches Leben (griech.: bios angelikos). Das Lob Gottes bestimmte das Leben der Akoimeten, die Arbeit stand hintan, selbst das persönliche Gebet war im allgemeinen aufgehoben. Mönchtum und Gebet schien ihnen geradezu identisch zu sein. Diese – übrigens auch im Osten – von der Kirche nicht gern gesehene Entwicklung des monastischen Lebens fand über das Kloster des hl. Mauritius Eingang in das abendländische Mönchtum.

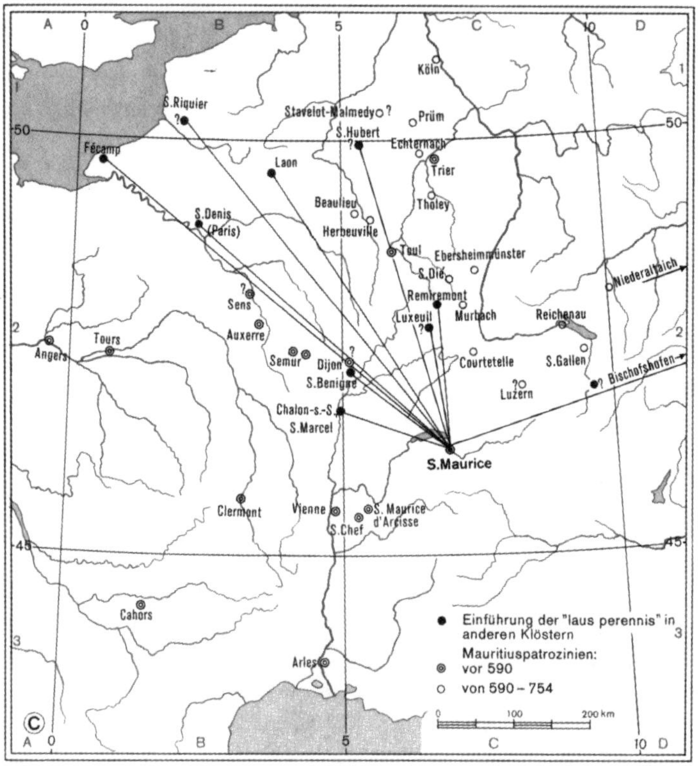

22 *Karte zur Verbreitung der „laus perennis", des beständigen Gotteslobes, wie es in Saint-Maurice (Wallis), dem antiken Agaunum, gepflegt wurde. Das Kloster, führte im 6. Jahrhundert diese Gebetsform ein, bei der mehrere Chöre Tag und Nacht, ohne Unterlaß Psalmen sangen.*

Das Kloster wurde durch Sigismund, den heiligen König der Burgunder, im Jahre 515 in Agaunum, dem Ort des legendären Martyriums der thebäischen Legion, gegründet. Seine persönlichen Beziehungen zum Kaiserhaus in Konstantinopel brachten ihn mit der Lebensweise der Akoimeten in Berührung. Er war von dieser Art des monastischen Lebens derart angetan, daß er sich in seiner Heimat ein ähnliches Kloster wünschte. Er stiftete das Kloster Agaunum (Saint-Maurice) mit der Auflage, daß die Mönche ständig dem Lob Gottes obliegen. Von hier nahm eine neue monastische Gebetsform ihren Ausgang, die dann seit dem 6. und 7. Jahrhundert in zahlreichen gallischen und burgundischen Klöstern gepflegt wurde.

Agaunum war mit Lérins und seiner Tradition durch verschiedene Bischöfe direkt verbunden. Wahrscheinlich lebte man dort sogar nach lerinischer Regel. Das Kloster besteht heute noch, allerdings als Augustiner-Chorherrenstift.

5. Cassian, der Vermittler zwischen dem östlichen und dem abendländischen Mönchtum

Das Ideal des ägyptischen Wüstenmönchtums fand, so sahen wir, in Lérins große Anerkennung und Nachahmung. Sein Ruhm und sein Beispiel galten damals schon als unübertroffen. Wer immer die konsequente Nachfolge erstrebte, schaute auf das ägyptische Vorbild.

Johannes Cassianus (360–435) machte es bei seinem Kloster in Marseille nicht anders. Er lebte sogar ein gutes Jahrzehnt bei den Wüstenmönchen, nachdem er, wahrscheinlich Skythe von Geburt, etwa zwanzigjährig um 380 in ein nicht näher bekanntes Kloster zu Betlehem eingetreten war. Nach einer kurzen Rückkehr in sein Heimatkloster verbrachte er abermals drei weitere Jahre in Ägypten.

Bevor er sich in der römisch-gallischen Provinzstadt Marsilia, dem späteren Marseille, niedergelassen hatte, reiste er nach Konstantinopel und verweilte für längere Zeit bei dem berühmten Bischof und Theologen Johannes Chrysostomos. Gemeinsam zogen sie nach Rom; dort empfing Cassian die Priesterweihe. Warum er sich dann ausgerechnet in Marsilia niedergelassen hat, ist unklar. Wahrscheinlich bewogen ihn dazu persönliche Unstimmigkeiten und theologische Meinungsverschiedenheiten. Jedenfalls traf er gegen 415 dort ein, gründete je ein Frauen- und Männerkloster, gab beiden eine Regel und stand ihnen als Abt vor. Doch nicht darin, sondern in seinen beiden Schriften lagen die Bedeutung des Skythen. Regel und Kloster, das heutige St. Viktor, überdauerten die Stürme der Zeit nicht. Erst während des 11. Jahrhunderts gelang es dem bescheidenen Kloster St. Viktor, sich zu einem bedeutenden Reformzentrum des Mönchtums zu entwickeln.

Cassian kannte die Gebräuche und Lebensweisen der Wüstenväter sehr gut und legte sein Wissen in zwei umfangreichen Schriften, „Über die Einrichtung der Klöster" und „Die Gespräche mit den Vätern", nieder. Über das ganze Mittelalter hinweg galten sie als Standardlektüre des Mönchtums; ihr Einfluß kann nicht überschätzt werden. Ihnen verdanken wir weitgehend die Kenntnis über das frühe Mönchtum, das Cassianus wie kein zweiter verehrte und deshalb ausführlich schilderte. Die Schriften sind um 420 verfaßt worden. Detailliert berichtet Cassian über das ägyptische Mönchtum. Er erzählt alle Bräuche, nennt die verschiedenen Gebetszeiten und berichtet voller Staunen über das Leben und Wirken heiliger Äbte und Eremiten; nie verschweigt er die asketische Größe einzelner Mönche. Wir geben den Inhalt der Bücher zusammengefaßt wieder.

a) Über die Einrichtung der Klöster

Die Schrift umfaßt insgesamt zwölf Bücher (Kapitel), wobei die Bücher 1 bis 4 über die Einrichtung ägyptischer Klöster berichten, während die restlichen Kapitel sich mit den acht Hauptsünden befassen. Für uns sind vor allem die vier ersten Kapitel interessant, da sie einen Einblick in das freilich idealisierte frühe Mönchtum geben.

I. Von der Kleidung der Mönche. Die ägyptischen Mönche besaßen ein linnenes Untergewand, ein Obergewand, einen Überwurf aus Ziegenfell, ein kurzes Schultergewand sowie eine Kapuze. Ein Gürtel, ein Stab sowie Armschnüre zum Festhalten des Gewandes ergänzten die Bekleidung. Sandalen trug man nur auf Reisen oder in unwirtlichem Gelände. Einzelne Bekleidungsstücke interpretiert Cassian auch im geistigen Sinne. So nennt er beispielsweise die Kapuze (Cucullus) einen nützlichen Kopfschutz, der zugleich aber den Träger an seine Kindschaft Gottes erinnern soll, denn die Kapuze entstammt der antiken Kindertracht.

II. und III. Von den Gebetszeiten und den Psalmen. In Ägypten beteten die Mönche die damals üblichen drei kirchlichen Gebetszeiten zur dritten, zur sechsten sowie zur neunten Stunde – jeweils von Sonnenaufgang an berechnet –, wovon sich ihre Bezeichnung Terz, Sext und Non ableitet. Die Stundenzählung besorgte ein sternkundiger Mönch, der seine Mitbrüder durch Klopfzeichen aufrief.

Zusätzlich feierte man noch einen Abend- und einen Nachtgottesdienst mit je 12 Psalmen, einem Gebet sowie einer Lesung aus dem Alten oder Neuen Testament. Ein oder mehrere Vorsänger trugen die Psalmen vor, die übrigen Brüder hörten zu und „beteten mit dem Herzen mit". Die sakrale Zwölfzahl der Psalmen beruhte, wie Cassianus ausdrücklich vermerkt, auf einer Offenbarung und war somit unveränderlich. Nach dem Nachtgottesdienst, der in einem Gemeinschaftsraum stattfand, gingen die Mönche schweigend in ihre Zelle, um dort die private Meditation zu pflegen, die allerdings von Handarbeit (Matten- oder Seilflechten) begleitet wurde. Wer zum Gottesdienst zu spät kam, blieb vor der Tür stehen und entschuldigte sich danach bei den heraustretenden Brüdern. Sonntags zogen sie, angetan mit weißen, linnenen Gewändern prozessionsweise zur Eucharistiefeier in die nächste Pfarrkirche, denn es gab anfangs weder einen Priester noch eine Kirche im Kloster.

IV. Von den Novizen. Wollte jemand Mönch werden, so mußte er sich zuerst seines ganzen Besitzes entledigen; entweder er verschenkte ihn den Armen, oder er überließ ihn seinen Verwandten. Keinesfalls aber durfte er dem Kloster vermacht werden, denn das könnte den Spender leicht zu besonderen Ansprüchen verführen. Zehn Tage verharrte der Bittende vor der Klosterpforte und bat die vorbeiziehenden Mönche um Aufnahme; jene aber beachteten ihn nicht. Um seine Demut zu erproben, schmähten sie ihn sogar. Wurde seiner Bitte stattgegeben, so fand er beim Pförtner eine Bleibe und diente selbstlos ein Jahr lang Fremden und Armen. Nach dieser Prüfungszeit bekam er das übliche Mönchsgewand; sein bisheriges aber wurde sorgfältig verwahrt, um es ihm bei einem eventuellen Austritt jederzeit aushändigen zu können. Ein festes Gelübde kannte man damals noch nicht.

Vor allem der Gehorsam des Novizen wurde während der Probezeit aufs härteste geprüft. Nie durfte er ohne Erlaubnis die Zelle verlassen oder eine Arbeit beginnen; selbst die Notdurft war an eine Erlaubnis gebunden. Nichts war in sein Belieben gestellt. Aufmerksam beobachtete man ihn während der Handarbeit, wie er arbeitete und ob er sorgsam mit dem Besitz Gottes, so verstanden die Mönche ihre Habe, umgehe. Nachlässigkeiten zogen harte Strafen nach sich. Jedes Vergehen, auch das kleinste, wurde durch geistliche Strafen oder harte körperliche Züchtigung geahndet. Cassian nennt folgende Strafwürdigkeiten: Unbedachtsamkeit bei der Arbeit, Zuspätkommen, Stottern beim Gebet, freche Antworten, langsamer Gehorsam, Verweigern einer Tätigkeit, unerlaubtes Sprechen oder Briefeschreiben. Der Übeltäter mußte öffentlich sein Vergehen bekennen, indem er sich allen Mitbrüdern vor die Füße warf und laut um Verzeihung bat. Bei schweren Übertretungen folgten strengstes Fasten, zeitweiser Ausschluß aus der Gemeinschaft, Einkerkerung oder sogar harte Prügel. Essen und Trinken außerhalb der gemeinsamen Mahlzeiten waren nicht erlaubt. Alle notwendigen Gemeinschaftsdienste wurden wöchentlich gewechselt.

Mit bewegten Worten empfiehlt Cassian diese mustergültige Ordnung den gallischen Mönchen, denen er vor allem Habgier, Ungehorsam und Unstetigkeit vorwarf. Wie bedeutend und einflußreich die Schrift Cassians war, zeigt ein Vergleich mit der Magister- und der Benediktregel, die bestimmte Teile fast wörtlich übernommen haben.

b) Die Gespräche mit den Vätern

Cassian läßt hier in Form von Reden und Erzählungen die berühmtesten Väter des frühen Mönchtums selbst zu Wort kommen. Ihr Leben, ihre Frömmigkeit und Weisheit sind ein Musterbeispiel für gelebte Nachfolge. Alle berühmten Mönche und großen Heiligen formten sich nach diesem Vorbild. Benedikt z. B. schrieb sie seinen Söhnen zur täglichen Lektüre vor, und Cassiodor empfahl sie eindringlich seinen Mönchen. Die mittelalterlichen Bettelorden waren von ihr ebenso begeistert. Der hl. Dominikus las sie zur persönlichen Erbauung, und Thomas von Aquin zitierte sie häufig in seinen Werken. Selbst der Gründer des Jesuitenordens, Ignatius von Loyola, fand über die Lektüre zu seiner eigenen Berufung.

Nur summarisch soll die Thematik der einzelnen Kapitel angesprochen werden, um ihre Fülle aufzuweisen. Der Sinn monastischen Lebens, seine Gefährdung durch die einzelnen Laster, aber auch die hilfreichen Tugenden werden abgehandelt. Die Macht des Gebetes, Gottes Gnade und Hilfe sowie die verschiedenen Geistesgaben sind weitere wichtige Punkte. Nicht vergessen werden die Dämonen, ihre jeweilige Eigenart und ihre Bekämpfung. Sehr schön spricht Cassian über die geistige Freundschaft unter den Vätern. Zum Schluß vergleicht er Eremiten und Cönobiten, wobei selbstverständlich seine ganze Sympathie dem Kloster gilt. Keine Anerkennung, sondern harte Worte und Anklagen treffen die unsteten Wanderasketen, die sogenannten Sarabiten, wie Cassian sie nannte. Ferner werden noch Fastenpraxis, Bußübungen sowie das übrige monastische Brauchtum Ägyptens dargelegt. Die letzte Rede handelt von der Armut und der Hände Arbeit, die Cassian nicht genug loben kann, ist sie doch eine unschätzbare Hilfe gegen die verschiedensten Laster.

Besonders auffällig in den geschilderten Reden der streng asketisch lebenden Wüstenväter ist die kaum glaubliche Milde und Barmherzigkeit, die selbst den Übelsten nicht verurteilt oder über ihn den Stab bricht. Jeden moralischen oder asketischen Rigorismus lehnen sie ab, und die Welt mit ihren Schönheiten wird nicht verworfen. Denn wie würde sich dies mit ihrem Glauben an Gottes gutes Wirken als Schöpfer vereinbaren lassen? Obwohl die Väter so viel „leisteten“, um Christus nachzufolgen, von einer Werkgerechtigkeit waren sie weit entfernt. In allem Guten ist Gottes Gnade am Werke, alles haben sie ihr zu verdanken, hier die Rettung vor dem Bösen und einst die himmlische Herrlichkeit – so faßte Cassian die religiöse Haltung der frühen Mönche zusammen.

VI. Die abendländische Norm: Die Benediktregel und ihr Vorläufer

Während des 5. und 6. Jahrhunderts hatte das Mönchtum mit Kloster und Abt die Eremiten weitgehend abgelöst, und fortan galt es als die exemplarische Verwirklichung der Nachfolge Christi. Es ist sicher aufschlußreich für das abendländische Christentum, daß es die gemeinschaftliche Form, das Kloster, und nicht die eremitische wählte. Obgleich bis zu den Karolingern eine Vielfalt an monastischen Lebensweisen möglich war, wurde aufs Ganze gesehen, doch nur zwei Regeln prägend: die des hl. Augustinus und die des hl. Benedikt von Nursia. Seit Jahrhunderten betrachtete man Benedikt als den Vater des abendländischen Mönchtums, doch dieser fromme Ruhm mußte der wissenschaftlichen Redlichkeit weichen. In den dreißiger Jahren unseres Jahrhunderts entdeckten Ordenshistoriker, daß die vielgepriesene Benediktregel weder als das eigenhändige Werk des Heiligen noch als eine schöpferisch unabhängige Leistung gelten könne, sondern daß sie in weitem Maße von einer anderen, anonymen Regel, der sogenannten Magisterregel, abhängig sei; erst ein später einsetzender, historisch langwieriger Prozeß habe die Benediktregel zu dem gemacht, für was sie gehalten wurde.

Die Magisterregel kannte man zwar schon längst, doch wegen ihrer umständlichen Langatmigkeit schätzte man sie nicht, sondern hielt sie für ein späteres Werk aus dem 8. Jahrhundert. Doch allem ästhetischen Genuß zum Trotz, erwies die wissenschaftliche Akribie, daß nicht die „abstruse“ Magisterregel ein späteres Konglomerat der wohlgeordneten Benediktregel sei, sondern daß es sich geradezu umgekehrt verhalte: Die Benediktregel stütze sich in weiten Passagen auf die verachtete Regel. Nach hitzigen Diskussionen hat sich heute allgemein die Erkenntnis durchgesetzt, daß der Magisterregel unbedingt der zeitliche und sachliche Vorrang gebührt. Regelforscher nehmen an, daß etwa zwei Drittel der benediktinischen Regel direkt oder indirekt auf die Magisterregel zurückgehen und daß diese im frühen 6. Jahrhundert, also mehrere Jahrzehnte vor der Benediktregel, entstanden sei. Wir werden sie ausführlich besprechen, da sich in ihr die Vorform des abendländischen Mönchtums zeigt, die dann unter den Karolingern ihre endgültige und typische Ausprägung erreichte.

1. Die Magisterregel

Die Regel ist anonym erschienen, doch seit dem 9. Jahrhundert nennt man sie entsprechend ihrer Form „Magisterregel“. Denn als Frage- und Antwortspiel zwischen Schüler und Lehrer (lat. magister) werden alle Kapitel abgehandelt. Der karolingische Reformabt Benedikt von Aniane (9. Jh.) fügte sie in seine abendländischen Regelkonkordanz, einer Sammlung aller monastischen Regeln, ein, die er geschaffen hatte, um die allein gültige Benediktregel genauer zu erklären. Von ihm stammt der Name Magisterregel.

Die ältesten Handschriften der Magisterregel sind in Italien entstanden und werden ins 6. Jahrhundert datiert. Die Überlieferung der Benediktregel ist vergleichsweise deutlich später. Ihr ältester Codex wurde in Südengland zu Beginn des 8. Jahrhunderts gefertigt. Die Herkunft der Magisterregel aus Italien konnte noch näher eingegrenzt und auf die Umgebung von Rom beschränkt werden, denn ihre Liturgie gleicht im wesentlichen der stadtrömischen Feier; ebenso verehren beide die gleichen Heiligen. Allgemein wird heute die These einer romnahen Herkunft akzeptiert und eine Entstehungszeit im 6. Jahrhundert, etwa um 530, angenommen. Allerdings konnte bis jetzt noch kein konkretes Kloster in der Umgebung Roms dafür ausgemacht werden.

a) Ihre Aussagen

Die Regel konkretisiert das Evangelium. Der Verfasser bzw. die Redakteure wählten für den Aufbau die außergewöhnliche Form eines Frage- und Antwortspiel zwischen Schüler (Mönch) und Lehrer (Abt bzw. Magister). Damit charakterisierten sie bereits die Grundstruktur der Regel, denn wenn von Schüler und Lehrer die Rede ist, muß auch eine Schule mitgedacht werden. Genau so aber verstanden die Autoren Regel und Kloster. Immer wieder sprechen sie vom Kloster als der „heiligen Schule", in der Christen ihr Taufversprechen in die Tat umsetzen und wirkliche Kinder Gottes werden. Aber um vom Kind Gottes zum Bürger des Himmels zu werden, bedarf es ihrer Meinung nach der heiligen Schule des Klosters. Noch ein weiteres besagt das Lehrer-Schülerverhältnis: Der Mönch und Christ ist Hörender und Gehorchender. Er hört auf das Wort Gottes und gehorcht in der Klosterregel dessen konkreter Auslegung. Alle Regelväter haben ihr Werk in diesem Sinne als eine Umsetzung des Evangeliums, als eine Nachahmung des apostolischen Lebens verstanden. An die theologische Bedeutung des Gehorsams als Aufhebung der Ursünde sei in diesem Zusammenhang nochmals erinnert.

Die Aufnahme von Brüdern. Grundsätzlich konnten alle freien Menschen, unabhängig von ihrer Herkunft, ihrem Vermögen oder ihrer sozialen Stellung, aufgenommen werden. Selbst Sklaven, sofern sie offiziell von ihrem Herrn freigelassen worden waren, durften der Gemeinschaft beitreten. Beachtet man jedoch den Aufbau der Regel, so steht eindeutig die Aufnahme begüterter Menschen im Vordergrund. Vor ihrer endgültigen Aufnahme mußten sich die Anwärter, wie in allen übrigen Klöstern auch, von ihrem Besitz und dem zu erwartenden Erbe trennen. Entweder ließen sie ihr Vermögen durch die Hand des Abtes den Armen zukommen, oder aber sie verteilten es selbst unter ihren Verwandten, den Armen und dem Kloster. Unbekannte Brüder mußten einen Bürgen stellen, der ihre Armut bzw. die vollzogene Schenkung beglaubigte. Gänzlich Fremde versicherten durch einen Eid ihre Besitzlosigkeit. Die vollständige Armut war notwendig, damit, so formuliert die Regel ganz pragmatisch, der Mönch nicht mehr in die Welt, das Reich der Verlorenen, zurückkehren könne. Diese konkrete Art der Begründung ist übrigens typisch für die ganze Regel.

Die Probezeit. Um seinen Entschluß endgültig zu verwirklichen, ließ die Regel dem Novizen noch zwei Monate Zeit. Danach verbrachte er ein ganzes Jahr als Gast im Klosterhospiz unter Aufsicht des Gästebruders. Die Regel galt zwar auch für ihn, doch Mitglied des Konvents war er noch nicht. Erst nach dieser, für die damalige Zeit langen Bewährung, erhielt er das Mönchsgewand und die Tonsur, wodurch er in den Klerikerstand aufgenommen war. Wir erinnern uns: Die Mönche des Pachomius waren keine Kleriker. Sie trugen weder die Tonsur noch mußten sie ein längeres Noviziat durchlaufen. In der Magisterregel dagegen sind die Mönche bereits in den kirchlichen Stand der Kleriker getreten, was aber keineswegs die Priesterweihe bedeutet.

Die Aufnahme von Priestern und Kindern. Das Kloster war eine Schule, in der einfache Christen ihr Taufversprechen verwirklichten. Priester oder Kleriker wollte man nicht, denn sie gehörten einem anderen Stand an. Trat ein Priester jedoch der Gemeinschaft bei, so bekam er zwar einen Ehrennamen, aber keinerlei besondere Rechte. Im Gegenteil, zeitlebens verharrte er als Gast im klösterlichen Hospiz, mußte der Regel gehorchen und war dem Abt unterworfen. Die Aufnahme von unmündigen Kindern entsprach der monastischen Tradition, wie sie schon bei Pachomius bezeugt ist. Mönch wird man laut dem Konzil von Toledo (5. Jh.) entweder durch eigene Bekehrung oder durch den Willen der Eltern. In der Antike war es unbestrittenes Recht der Eltern, über das Leben und die Zukunft der Kinder frei zu verfügen. Ungesunde setzte man aus, überzählige wurden verkauft, andere im Kleinkindalter bereits ehelich versprochen oder einer Gottheit dargebracht (lat. oblatus, danach hießen sie „oblati").

Den Brauch, Kinder einer Gottheit zu weihen, gab es in fast allen antiken Religionen; selbst das Judentum und der spätere Buddhismus kannten und pflegten ihn. Im Christentum bestand diese Möglichkeit bis ins hohe Mittelalter. Erst die Klöster Clunys und die der Hirsauer Reform (10./11. Jh.) lehnten diese Art des Nachwuchses ab.

Beim Magister wohnten die Oblati getrennt von den übrigen Mönchen unter Anleitung und Aufsicht eines besonnenen, älteren Bruders. Erst mit fünfzehn Jahren mußten sie alle Pflichten erfüllen, zuvor gewährte man ihnen in Arbeit und Verpflegung sowie beim Tagesablauf besondere Vergünstigungen. Es versteht sich, daß Oblati das Kloster nie mehr verlassen durften, denn sie waren durch ihre Eltern für immer Gott geschenkt worden.

Die Verweisung aus dem Kloster. Aus dem Kloster verwiesen wurde man nur bei besonders schweren, nicht bereuten Vergehen; dreimal durfte sogar der Bruder mit einer Wiederaufnahme rechnen, nachdem er freiwillig aus dem Kloster entflohen war. Doch ausgestoßene Brüder jagte man mit Schimpf und Schande, arm und möglichst schlecht gekleidet aus dem Kloster. Nichts außer ihren einstigen weltlichen Kleidern gab man ihnen mit auf den Weg. In dieser Hinsicht ist der Magister radikaler als die monastische Tradition, die im allgemeinen sehr milde mit gefallenen Brüdern verfuhr.

Die Arbeit der Brüder. Die tägliche Arbeit war bei den Eremiten und Mönchen selbstverständlichste Pflicht. Doch beim Magister arbeiteten die Brüder nur im Garten und in den klösterlichen Werkstätten. Den umfangreichen Grundbesitz bewirtschafteten Pächter oder Hörige, keinesfalls aber die Mönche. Ganz lapidar stellt die Regel dazu fest, diese Tätigkeit außerhalb der Klausur beeinträchtige das geistige Leben der Brüder, und der weltliche Charakter eines großen Gutsbetriebes wirke äußerst störend.

Insgesamt hatte die Antike ein sehr reserviertes Verhältnis zur Handarbeit, die weitgehend Sklaven und Dienern überlassen wurde. Ein freier Mann sein bedeutete, soviel Einnahmen zu besitzen, daß man sich dem öffentlichen Leben, dem Staat oder der Philosophie widmen konnte. Eine gewisse Aufwertung erfuhr die antike Arbeitsauffassung durch das christliche Mönchtum. Grundsätzlich sollte jeder, auch der Abt, arbeiten. Doch begründeten die Väter diese menschlichste aller Pflichten nicht mit dem scheinbar angeborenen Erwerbstrieb des Menschen, sondern stellten die Arbeit in den Dienst seelischer Gesundheit. Die Arbeit soll, wie die Vita des hl. Antonius zeigte, den Mönch vor Melancholie und Trübsinn bewahren. Dies besagt nicht, daß die Mönche dadurch nicht ihren Lebensunterhalt bestreiten sollten; doch die Begründung war eine andere. Die Benediktregel folgt ganz dem dargelegten Verständnis, denn auch bei ihr besitzt die Arbeit, die grundsätzlich auf das Kloster beschränkt sei, vorwiegend diesen therapeutischen Sinn. Nur in den pachomianischen Klöstern arbeiteten die Brüder auf den Feldern, und ihre Klöster waren wirtschaftliche Großbetriebe. Von einem neuen Arbeitsethos der Mönche kann insofern die Rede sein, daß die Arbeit dem geistigen Streben des Menschen untergeordnet wurde und keinen Selbstwert oder Erwerbssinn besaß.

Der Tagesverlauf. Der Wechsel zwischen Gebet, Arbeit und Erholung bestimmte jeden Klostertag. Der Magister hatte das kirchliche Stundengebet übernommen, wie es die Kleriker an den Bischofskirchen abhielten. Angeregt vom Wort des Psalmisten, siebenmal am Tage preise ich den Herrn (Ps. 118), entwickelten sich die sieben christlichen Gebetszeiten, die sogenannten Horen. Die Juraklöster, vor allem St. Moritz, legten den Grund für diese Art des monastischen Gebetes.

Während der Sommerzeit, von Ostern bis zum 24. September, pflegten die Mönche täglich 36 Psalmen zu beten. Dazu kamen noch pro Psalm das Ehre sei dem Vater sowie zusätzlich zu jeder Gebetszeit ein eigenes Gebet, eine Lesung aus dem Evangelium und eine aus den Apostelbriefen. Die Psalmen wurden fortlaufend gebetet, wie sie in der Bibel stehen. Im einzelnen sah ihr Gebetsdienst folgendermaßen aus: Zu den nächtlichen Stunden beteten sie je neun Psalmen, zu Matutin und Vesper (z. T. auch Luzernar genannt: Gebet zum Lichteranzünden) je sechs; zu den übrigen Horen – Prim, Terz, Sext, Non, Komplet – je drei. Für die Winterzeit erhöhte sich die Anzahl nur um drei Psalmen. Diese Ordnung übernahm auch Benedikt von Nursia.

Die einzelnen Gebetsstunden bekamen ihre Bezeichnung von der antiken Stundenzählung; im Unterschied zu unserer genormten Stunde mit sechzig Minuten waren sie verschieden lang. Denn man zählte vom Sonnenaufgang bis zum Sonnenuntergang und teilte den gesamten Zwischenraum einfach durch zwölf, wodurch sich während des Sommers und des Winters unterschiedlich lange Stunden ergaben. Die erste Stunde nach dem Sonnenaufgang nannte man einfach die erste Stunde, lat. prima hora, woraus sich die Bezeichnung Prim ergab. Die Terz war die dritte, die Sext die sechste und die Non die neunte Stunde nach Sonnenaufgang. Mit der Komplet, lat. Vollendung, beschlossen die Mönche ihren Tag. Nun herrschte absolute Ruhe, bis schließlich vor Mitternacht das Zeichen zum Nachtoffizium ertönte.

Die Stundenansage und das Wecken besorgten zwei sternenkundige Brüder, die durch eine Art Gong oder auch eine Tuba das Zeichen gaben. Eine Glocke kannte man noch nicht.

Nach dem Nachtgottesdient begaben sich die Brüder wieder zu Ruhe, um beim ersten Hahnenschrei bereits angezogen – die Mönche schliefen alle in ihrer Tageskleidung – ins Oratorium zu eilen und Nokturn und Matutin zu beten. Danach begaben sie sich nochmals zur Ruhe, um schließlich nach der Prim ihr Tageswerk zu beginnen, das alle drei Stunden von Terz, Sext und Non unterbrochen wurde. Rechtzeitig zu jeder Hore erklang das Zeichen, damit die Brüder gesammelt und ruhig ins Oratorium ziehen konnten, denn jedes Eilen, Hetzen, Rennen oder gar ein Zuspätkommen, weil man eine Arbeit vollenden wollte, wurde sofort hart bestraft. Auch hier wird die Unterordnung der Arbeit unter das Gebet sehr deutlich.

Nach der Non wurde gegessen und ein kleiner Mittagsschlaf gehalten. Neu gestärkt oblagen nun die Brüder bis zur Vesper dem Lesen, Schreiben sowie dem Auswendiglernen von Psalmen, Gebeten und Bibeltexten. Grundsätzlich nämlich sollten alle Mönche lesen und schreiben können. Mit einem feierlichen Nachtgebet, der Komplet, endete der Tag.

Vom Essen und Trinken. Gegessen und getrunken wurde, wie in allen Klöstern, gemeinsam zu festgesetzten Zeiten. Ein privates Essen oder Trinken war bei Strafe verboten. Üblicherweise aßen die Mönche zweimal am Tage. Die Hauptmahlzeit, entweder zur sechsten oder neunten Stunde gereicht, bestand aus mehreren Gängen. Es gab zwei gekochte Gerichte, dazu Rohkost und Obst sowie ein Pfund Brot. Ein Becher Wein und bis zu drei Becher warmen Getränkes ergänzten das ausgewogene Mahl. Die ganz Durstigen durften sich noch an gesüßtem Essigwasser laben. Die zweite Mahlzeit fiel bescheidener aus: Rohkost, etwas Obst sowie das restliche Brot vom Mittag; Wein gab es allerdings nur zum Hauptgericht. An Festtagen oder bei Besuch durfte der Abt die Tafel durch Süßspeisen oder Geflügel bzw. Fisch verbessern. Ansonsten aß man vegetarisch. Zweimal die Woche, mittwochs und samstags, den allgemeinen kirchlichen Fasttagen, gab es nur eine Mahlzeit.

Das rituelle Mahl. Die Magisterregel strebte danach, alles Tun zu ritualisieren, d. h. Äußeres, Formales war anschaulicher Ausdruck einer unsichtbaren, geistigen Wirklichkeit. Durch die Riten sollte das Irdische dem Göttlichen angeglichen und eine Entsprechung zwischen beiden erreicht werden. Sehr anschaulich kommt diese Intention beispielsweise beim gemeinsamen Mahl zum Ausdruck, das in Analogie zur geistigen Speisung gesehen wurde. Es begann mit verschiedenen Handwaschungen, Gebeten und Segnungen, um den Mönch äußerlich und innerlich zu reinigen, gewissermaßen die Gedanken des Tages „abzuwaschen". Schweigend nahmen die Brüder ihr Mahl ein und lauschten dabei andächtig dem nährenden Wort der Tischlesung. Ganz konnte man sich dem Tun hingeben, denn jede Geste und Handlung war vorgeschrieben und längst eingeübt, so daß kein Gedanke auf den Vollzug gerichtet werden mußte. Über dem Tisch das Abtes hing ein Brotkorb, der zu Beginn des Mahles heruntergelassen wurde. Der Abt segnete die „vom Himmel kommende Gabe“ und teilte sie den Brüdern aus, die wiederum dankbar die Hand des Gebers küssten. Noch beeindruckender war der Speiseritus am Wochenende: Der Abt fütterte mit eigener Hand die Brüder an seinem Tische mit je einen Löffel von einem Pfannkuchen, der aus den täglich anfallenden, aber sorgfältig gesammelten Brotkrumen bestand. Die Dekane wiederum fütterten die übrigen Brüder. Sicherlich war das sorgende Verhältnis des Vaters zu seinen Kindern die Grundlage des Ritus, wobei die Brüder als Kinder Gottes mit kindgemäßer Kost vom Stellvertreter ihres himmlischen Vaters, dem Abt, gespeist wurden.

b) Ämter und Dienste im Kloster

Die Regel spricht von einer ideellen Größe des Klosters und nennt zwanzig Brüder, vier Dekane, einen Cellerar, zwei Pförtner sowie den Abt, der übrigens alle Ämter vergibt.

Der Abt. Immer wieder betont die Regel, daß der Abt real Christus vertrete und an Gottes Stelle die klösterliche Herde führe. Damit ist bereits Wesentliches über den Abt, seine Aufgabe und Würde gesagt, denn alles beruht letztlich auf Christus. Für den Abt ergab sich daraus die schwere Pflicht, dem Willen Gottes zu entsprechen und seine Herde geistlich zu führen. Wie ein Apostel mußte er das Wort Gottes in die Herzen seiner Brüder pflanzen, es hegen und pflegen, damit es die verheißene „hundertfältige“ Frucht bringt. Er allein ist für das Seelenheil der anvertrauten Herde verantwortlich, und am Tage des Gerichtes muß er für seine „Kinder“ Rechenschaft ablegen und als Vater für seine unmündigen Kinder haften.

Wenn der Abt anstelle von Christus die Brüder führt, so schulden sie ihm christusgleichen Gehorsam. Der Gehorsam ist tief theologisch in Christus und dessen ständiger Willensgleichheit mit Gottvater begründet. Durch den Gehorsam wird der Mönch Christus ähnlich und überwindet zugleich seine eigene, gefallene Natur, die egozentrisch nur auf sich bezogen bliebe. Weil die Ursünde gerade im Ungehorsam bestand, war der Gehorsam gleichsam die erlösende Tat. Nur im Verständnis dieser theologischen Anthropologie vom gefallenen, in sich gekrümmten Menschen, der durch die Ausrichtung auf Gott wieder seine Offenheit und Freiheit gewinnt, wird die monastische Forderung eines absoluten Gehorsams einsichtig.

Ein guter Hirte ist ständig bei seiner Herde, so zeichnet die Magisterregel das Leben des Abtes. Keine Sonderrechte soll er besitzen, sondern in allem ein leuchtendes Vorbild sein. Er geht mit zur Arbeit, teilt das Brot und ruht inmitten seiner Brüder. Aber nicht die Brüder wählen den Abt, sondern er wird entsprechend seiner Würde erwählt. Der Vorgänger bestimmte nach einem langen Verfahren beständigen Prüfens einen Bruder zu seinem Nachfolger, wobei nicht wirtschaftliche Tüchtigkeit noch persönliches Durchsetzungsvermögen oder andere „weltliche“ Vorzüge ausschlaggebend waren, sondern nur die Demut und Heiligkeit des Bruders. Sollte ein plötzlicher Tod des Abtes die Nachfolge offen lassen, dann kam es dem Bischof zu, einen geeigneten Bruder zu ernennen. Üblicherweise „regierte“ der Abt bis zu seinem Tod; ein Absetzungsverfahren kennt die Regel nicht. Genauso war übrigens auch bei Pachomius die Nachfolge geregelt.

Die Dekane. Die Brüder waren grundsätzlich, wie in den pachomianischen Klöstern, in Zehnergruppen, einer Dekanie (von griech. deka = zehn) zusammengefaßt und wurden von zwei bewährten Brüdern, den Dekanen, geleitet. Nie waren die Brüder ohne Leitung und Aufsicht der Dekane. Gemeinsam mit ihrer Gruppe gingen die Dekane zur Arbeit, besuchten den Gottesdienst und verweilten mit ihr im Speise- und Schlafsaal. Sie befahlen die Arbeit, bestimmten die Zeiten und beobachteten ständig die ihnen Anvertrauten. Jedes Gespräch sollten sie hören, kein Lachen erlauben, unnützes Gerede unterbinden und jedes Versäumnis unverzüglich dem Abt melden. Am Zehnertisch aßen sie mit ihrer Gruppe, und im Schlafsaal standen ihre Betten jeweils am Anfang und Ende einer Bettenreihe.

Der Cellerar oder Verwalter. Die eigentlichen Klostergüter, der landwirtschaftliche Grundbesitz, waren zwar verpachtet, dennoch mußte sich auch im Kloster jemand um die lebensnotwendigen, ökonomischen Belange kümmern. Dazu sieht die Regel einen erfahrenen und asketischen Bruder vor. Er besorgte die Lebensmittel, kaufte das Handwerksmaterial ein und verkaufte die fertigen Produkte; übrigens immer etwas unter dem allgemeinen Tagespreis. Alle Vorräte, auch die der Speisekammer, mußte er verwalten; die Werkzeuge waren seiner Sorge anvertraut, und die Pilger und Armen erhielten von ihm das Nötigste.

Der Pförtner. Eines der wichtigsten Ämter im Kloster hatte der Pförtner inne, denn er stand an der Schwelle zwischen der sündigen Welt und der heiligen Schule des Klosters. Deshalb erfordert das Amt einen bewährten Bruder, der mit der Welt verkehren konnte, ohne daß sein geistlicher Stand dabei Schaden erlitt. Die Aufgabe des Pförtners – die Regel sieht zwei Brüder vor – bestand darin, die Klausur des Klosters zu bewahren, d. h. niemanden herein- noch herauszulassen. Die anklopfenden Reisenden, Arme, Wallfahrer, Mönche oder Gäste, wurden von ihm empfangen, versorgt und eventuell beherbergt, ohne daß dadurch die klösterliche Ordnung und Ruhe im geringsten gestört wurden. Niemand, auch nicht Mönche anderer Klöster, durfte die Klausur betreten; sie mußten mit der getrennten Gastwohnung vorliebnehmen. Außerdem fanden die Anwärter für das Kloster zuerst bei ihm Aufnahme. Auch die Pflege der Wachhunde, die Versorgung der Tiere von Reisenden sowie der klostereigenen Lasttiere lag in den Händen der Pförtner. Tag und Nacht bewachten sie die Tür, obgleich sie immer verschlossen war und nur auf Verlangen geöffnet wurde.

Kleinere Dienste. Die immer wiederkehrenden Arbeiten wie Küchendienst, Tischdienst usw. wurden im wöchentlichen Wechsel von den Brüdern einer Dekanie versehen. Täglich empfingen sie vom Abt den Speiseplan, der gewöhnlich zwei Mahlzeiten enthielt. Zudem mußten sie den heimkehrenden Brüdern die Schuhe ausziehen, sie säubern, aufbewahren und morgens wieder aushändigen. Sie reinigten das Haus, schmückten das Oratorium, legten dort die Matten aus, wuschen die Wäsche und besorgten das Wasser zur Hand- und Gesichtswäsche. Auch die Öllampen waren ihnen anvertraut.

Kein eigentliches Amt, aber eine beständige Einrichtung war das des Beschließers. Er wartete die Arbeitsgeräte, verwahrte sie und teilte sie morgens den Brüdern wieder aus. Sei-

23 *Der hl. Benedikt übergibt die Regel einer Nonne. Miniatur in Regelhandschrift aus Regensburg (um 1030); Berlin, Staatsbibliothek. Die Regel ist die Norm der rechten Lebensführung, wie der lateinische Beitext besagt. Seine Regel ist ausgewogen und grundsätzlich christlich, daß ohne Änderungen Frauen und Männer nach ihr leben können.*

ner Fürsorge waren die Tierhäute, die Handtücher, die Wäsche sowie die Schwämme für die Schuhe anvertraut. In verschiedenen Truhen verwahrte er die Sachen des Abtes, in anderen die der Brüder. Ebenso standen die Bücher, das Schreibmaterial, die Urkunden und Schriftstücke unter seiner Obhut. Auch die Vorhänge, den Kirchenschmuck, die weltlichen Kleider der eingetretenen Brüder sowie die Geschenke an das Kloster sollte er gewissenhaft verwalten. Im Auftrag des Abtes bezahlte er sogar die Rechnungen.

Sonderbarerweise nennt die Regel keinen Bruder für die Kranken, obwohl diese Einrichtung in den pachomianischen Klöstern längst üblich gewesen war und die liebende Fürsorge für den leidenden Bruder zur ersten Christenpflicht gehörte. Den Kranken zuliebe pflegte man in Ägypten das Fasten aufzuheben, die karge Kost durch ein reichliches Mahl zu ersetzen und sogar das geliebte Schweigen zu unterbrechen, denn die Nächstenliebe stand über der Regel. Warme Decken, pflegliche Bäder, ja sogar die Hilfe eines Arztes wurden empfohlen, um dem Kranken sein hartes Los zu erleichtern.

Von all dem ist beim Magister wenig zu spüren. Bevor die Regel kurz auf die Kranken zu sprechen kommt, läßt sie sich weitläufig über die eingebildeten Kranken aus. Allerdings werden auch hier dem Kranken Vergünstigungen gewährt, doch von einer wohlwollenden Haltung kann nicht gesprochen werden. Unerwähnt bleiben auch Krankenbruder und Krankenzimmer. Ebensowenig kennt die Regel einen Vertreter des Abtes, wie es längst in den pachomianischen Klöstern üblich war und seit Benedikt auch bleiben wird.

2. Die Klosteranlage

Grundsätzlich sollen alle Tätigkeiten und das ganze Leben der Brüder innerhalb des Klosters stattfinden, was zwangsläufig eine gewisse Anzahl von notwendigen Räumen erforderte. Zwar spricht die Regel von einer Idealbesetzung mit nur 26 Personen - der Abt, vier Dekane, ein Pförtner sowie die zwei Zehnergruppen -, doch in Wirklichkeit waren es offensichtlich mehr Personen. Rechnet man die beiden Pförtner, die Novizen und Oblati hinzu, so ergeben sich schon annähernd 35 Insassen. Berücksichtigt man noch die Dauergäste (Priester), den Besuch, die Pilger und reisende Mönche - allen gewährte das Gastrecht für zwei Tage kostenlose Unterkunft und Verpflegung, danach mußten sie, falls sie länger bleiben wollten, mit den Brüdern arbeiten und sich der Regel unterwerfen -, so konnte zeitweise die Anzahl der Personen leicht auf 70 ansteigen.

Die Pforte. Den ganzen Komplex umschloß eine hohe Mauer, die nur von einem einzigen Einlaß, der Pforte, unterbrochen war. Sie muß sehr umfänglich gewesen sein und bestand aus mehreren selbständigen Gebäuden, denn reges Leben spielte sich hier ab. Eine überdachte Eingangshalle bot den Anreisenden Schutz und Raum, bis der herbeigerufene Pförtner sie begrüßen und empfangen konnte. Im Pfortengebäude selber wohnten die beiden Pförtner, die Gäste sowie die Novizen während ihrer Probezeit. Die Stallungen für die Reisetiere der Gäste und die klostereigenen Lasttiere sowie die Hütten der Wachhunde gehörten auch zum Pfortenbereich, der baulich so angeordnet gewesen sein mußte, daß die Brüder mit jenem Getriebe nie in Berührung kamen, noch die Gäste die Klausur betreten konnten.

Das Oratorium. Zentrum der Anlage könnte das Oratorium, der Gebetssaal der Mönche, gewesen sein, denn in manchen angrenzenden Räumen konnten die unabkömmlichen Brüder dem Gesang der Mönche lauschen und teilweise den Gebeten antworten. Die Regel schreibt vor, daß alle Brüder, die bis zu 50 Schritte vom Oratorium entfernt sind, sich sofort beim Zeichen zum Gebet ins Oratorium begeben sollen, was seine zentrale Lage nahelegt; es bot etwa 40 Personen Platz. Allerdings gab es kein Chorgestühl, denn gebetet wurde im allgemeinen stehend, doch zu bestimmten Gebeten warfen sich die in zwei Reihen hintereinander stehenden Brüder auf den Boden, was ein geräumiges Oratorium voraussetzt. Innerhalb des Gebetssaales stand an einem besonderen Platz der Altar, nach damaliger Sitte durch Schranken und Vorhänge abgetrennt. Zwei Türen erschlossen das Oratorium, eine für die Mönche, die andere für die Gäste. An den Festtagen schmückte man offensichtlich das Gotteshaus, denn die Regel erwähnt Kirchenschmuck und wertvolle Vorhänge.

Der Speisesaal. Außer an den Fasttagen aßen die Brüder zweimal am Tage im allgemeinen Speisesaal. Die Zehnergruppen mit ihren beiden Dekanen saßen je an einem Tisch, der Abt mit einigen Brüdern oder eventuellen Gästen an einem anderen. Die Tische standen im Halbkreis angeordnet wie die halbrunde Sitzbank der Priester im Chor der Kirche, was sicherlich beabsichtigt war, um so das irdische Essen mit der himmlischen Speisung in Beziehung zu setzen. Inmitten der Tische stand der Stuhl des Vorlesers, denn während des Essens mußte aus der Regel gelesen werden, außer es waren unverständige Laien anwesend. Dann wählte der Abt einen entsprechenden Text aus. Auf den Brotkorb über dem Tisch des Abtes wurde bereits verwiesen. Als Tischzubehör werden Messer, Löffel, Krüge und Becher erwähnt; auch von einem Mundtuch ist die Rede. Wo die Oblati gegessen haben ist ungewiß; wahrscheinlich nicht im Speisesaal, da sie eine bessere Kost erhielten und bis zu ihrem zwölften Lebensjahr nicht fasten mußten.

Der Schlafsaal. Die ägyptischen Mönche des Pachomius schliefen wie die Eremiten in geräumigen Einzelzellen. Erst die abendländischen Klöster führten während des 5./6. Jahrhunderts den gemeinsamen Schlafsaal ein, der erst im späten Mittelalter wieder in Einzelzellen umgewandelt wurde. Ein sehr frühes Zeugnis für diese abendländische Eigenart geben die Juraklöster, die unter Abt Eugendus († 517) einen Schlafsaal bekamen. In der Magisterregel scheint der Schlafsaal allerdings schon selbstverständlich gewesen zu sein.

Die Betten der Brüder standen, wie die Tische des Speisesaales, im Halbkreis, wobei an den jeweiligen Enden die Dekane schliefen. Der Abt ruhte im wörtlichen Sinne im Kreise seiner Herde, denn seine Lagerstatt sollte in der Mitte stehen. Geschlafen wurde – im Gegensatz zur nackten Sitte der Antike – bekleidet. Je nach Jahreszeit gab es noch besondere Decken. Vor jedem Bett lag noch ein kleines Fellchen, damit die Brüder sich nicht auf den kalten Boden stellen mußten. Üblicherweise brannte während der ganzen Nacht eine Öllampe. Den sommerlichen Mittagsschlaf oder das private Lesen in der Gemeinschaft pflegten die Brüder ebenfalls hier abzuhalten.

Weitere, nicht näher beschriebene Einrichtungen. Die Regel spricht von einer Küche, ohne sie allerdings näher zu beschreiben. Wenn unsere geschätzten Belegzahlen von etwa 30–50 Personen stimmen, so können Küche und Vorratsräume – Weinkeller und Speisekammer – nicht klein gewesen sein, zumal es zweimal am Tag Gekochtes gab. Eine eigene Bäckerei ist sicherlich anzunehmen, eine Mühle dagegen scheint fraglich zu sein. Lagerräume gab es für die Werkzeuge, das Rohmaterial sowie für die gefertigten Produkte. Eigens erwähnt ist der Raum mit Truhen, in denen sich Bücher, Urkunden, Kleider und andere Utensilien der Gemeinschaft befanden.

Die Brüder lernten Lesen und Schreiben, übten den Gesang der Psalmen und repetierten die Gebete, um sie aus dem Gedächnis beten zu können. Die Lesekundigen durften dagegen selber lesen, wobei dies nach antiker Gewohnheit halblaut geschah. All diese Tätigkeiten erforderten mehrere, zum Teil getrennte Räume.

Die Oblati waren offensichtlich nicht bei den Brüdern untergebracht und benötigten eigene Räume. Dasselbe gilt für die Gäste und Novizen. Selbstverständlich gab es Latrinen; wahrscheinlich auch ein Bad, denn in der Regel ist von der Badeerlaubnis die Rede. Allerdings fand diese in der Antike so berühmte und luxuriöse Einrichtung des Bades bei den Christen und Mönchen wenig Gegenliebe, galten Bäder doch als schimpfliche Orte des Lasters und der Sünde.

3. Die Benediktregel

Betrachtet man Regel und „Klosterplan" des Magisters, so finden wir bei ihm schon zahlreiche benediktinische Vorschriften und Einrichtungen, deren Besprechung sich deshalb erübrigt. Nur das Neue und typisch Benediktinische soll dargelegt werden. Worin bestand und besteht das Besondere der benediktinischen Regel? Was befähigte sie, zur Norm des abendländischen Mönchtums zu werden? Bereits im Formalen unterscheiden sich beide gravierend. Die Benediktregel ist wesentlich kürzer als die Magisterregel. Sie formuliert knapp und präzise die einzelnen Kapitel und verzichtet weitgehend auf theologische Begründungen. Sie nennt einfach das Sollen, ohne es weiter zu begründen. In diesem Sinne ist sie eine wirkliche Regel. Die Magisterregel dagegen beschreibt ausführlich den konkreten Einzelfall, ohne zur prinzipiellen Weisung aufzusteigen, fügt dafür aber jeweils umfangreiche theologische Kommentare bei, um so den Sinn des Ganzen verständlich zu machen. Den äußeren Unterschieden entsprechen auch inhaltliche Besonderheiten.

a) Das typisch Bendiktinische

Die discretio des Abtes. Einer der wichtigsten Unterschiede gegenüber der Magisterregel und anderen monastischen Traditionen besteht in ihrer Offenheit, das heißt, sie beschreibt nicht jeden möglichen Einzelfall, sondern nennt nur die Grundintention und überläßt die konkrete Anpassung und Auslegung dem Abt. Einige Beispiele mögen den Sachverhalt erläutern.

Im Kapitel 40 setzt Benedikt fest, daß aus menschlichen Rücksichten den Mönchen täglich ein Becher Wein gereicht werden soll, aber, so fährt er fort, der Abt möge das Maß ändern, wenn es die Ortsverhältnisse, die Arbeit oder die Hitze des Sommers erfordern. Dieselbe Modifikation findet sich im Kapitel 55 über die Bekleidung der Mönche. Benedikt zählt dort die typische Bekleidung der Mönche auf, fügt jedoch ergänzend hinzu, daß man stets dabei die Lage und das Klima des entsprechenden Ortes berücksichtigen soll. Die Kleidung habe nur einfach und billig zu sein. Ähnlich formuliert er im Kapitel über die Bestrafung der Mönche (24). Jedes Vergehen soll mit einer entsprechende Strafe geahndet

24 *Ausgrabungen von koptischen Einsiedeleien in Unterägypten. Jedes Rechteck war ein Kellion mit verschiedenen Räumen. Während des 7. Jahrhunderts entstanden, lagen diese Siedlungen nicht weit voneinander entfernt (Foto aus: Les Kellia. Ermitages coptes en Basse -Egypte, Genf 1989.)*

25 *Begegnung der Eremiten Paulus und Antonius. Ölgemälde, niederländisch (15. Jh.); München, Alte Pinakothek. Der schwarz gekleidete Eremit ist Antonius. Das Bild bezieht sich auf zahlreiche Begebenheiten der Antoniusvita: Links seine brennende Klause, was ihn ebenso wenig aus der Ruhe bringt wie die Versuchung des Teufels in Gestalt schöner Frauen; zur Bildmitte hin die Grablegung des Heiligen, das Grab wird von zwei Löwen im Wüstensand aufgescharrt; rechts kommt der Rabe geflogen, der auf wunderbare Weise den Eremiten Nahrung brachte. Die Landschaft malte der Künstler als Symbol für die gesamte Welt, denn wir sehen Burgen, Meere, Flüße, Schlösser, Städte, kurz die ganze Welt. Die Begegnung findet gewissermaßen im Zentrum des Kosmos statt, das wird durch die sakrale Ruhe des Ganzen noch betont.*

26 *Augustinus; Fresko in der Kirche St. Sernin, Toulouse (12. Jh.). Augustinus schuf mit seiner Regel die Grun*
lage für zahlreiche Orden und Gemeinschaften des Abendlandes.

27 *Überführung des hl. Martin, Bischof von Tours. Miniatur, Sacramentaire de St-Martin, Tours (12. Jh.). Mar-in starb in Candes, die Gläubigen dort wollten den Heiligen behalten. Nachts aber holten die Einwohner von Tours ıeimlich seinen Leichnam, ließen ihn durchs Fenster herab und schifften ihn eilends über die Loire nach Tours. Martin war für das gallische Mönchtum prägend. Er zählt übrigens zu den ersten Heiligen, die nicht das Martyrium ·rlitten hatten.*

28 *Benedikts Tod. Miniatur (11. Jh.); Rom, Vatikanische Bibliothek. Laut Legende starb Benedikt stehend in de Kirche. Diese Vorstellung entstand sicherlich in Anlehnung an Mose, dessen betend erhobene Arme von Levite gestützt wurden. Der malende Mönch verstand Benedikt als einen zweiten Mose, einen neuen Gesetzesgeber.*

9 *Montecassino. Um 530 von Benedikt von Nursia gegründet, Mutterkloster des Benediktinerordens. Die öfter erstörte Abtei wurde immer wieder aufgebaut. Die heutige Anlage ist ein stilgetreuer Wiederaufbau nach der völli-en Zerstörung im Zweiten Weltkrieg. Die Berglage wurde beispielhaft für viele Benediktinerklöster.*

30 *Codex Aureus aus dem Kloster Sankt Emmeram in Regensburg (870); München, Bayerische Staatsbibliothe Die wertvoll ausgestattete Handschrift zeigt Kaiser Karl den Kahlen, einen Enkel Karls des Großen, unter eine Baldachin sitzend. Links und rechts neben seinem Thron je ein Wächter oder Krieger, dahinter Frauen mit Füllhö nern, eine Allegorie auf die fruchtbringende Herrschaft des Kaisers. Sein Thron überragt die Sphären des Irdische und reicht bis in den Himmel, der durch zwei Engel und die Hand Gottes angezeigt ist. Der Baldachin, innen pu purn mit goldenen Sternen, ist ein Abbild des Kosmos. Man dachte sich die Erde rechteckig und den Himmel a vier Säulen ruhend. Somit thront Karl im Zentrum der Welt; seine sakrale Würde wird durch die Hand Gottes leg mitiert. Der Vorhang ist ebenfalls ein altes Symbol der Heiligkeit.*

1 *Matthäus, das Evangelium schreibend. Evangeliar aus dem Kloster Lindisfarne, (um 700); Britisch Library, ondon. Auch hier ist der Vorhang ein sakrales Würdemotiv; im Gegensatz zur verhüllenden Aufgabe des Vorangs im Tempel des Alten Bundes ist er hier geöffnet, das heißt, die alttestamentlichen Verheißungen haben sich n Evangelium erfüllt. Die irische Buchmalerei gehört zu den schönsten Zeugnissen abendländischer Kunst, wobei ie Mönche das Schreiben selbst als einen sakralen Dienst verstanden haben.*

32 *Der Mönch Hrabanus Maurus aus dem Kloster Fulda übergibt Papst Gregor IV. sein Buch „De laudibu Sanctae Crucis – Über das Lob des heiligen Kreuzes“. Miniatur, Fulda (um 835); Wien, Nationalbibliothek. D Darstellung ist deshalb so interessant, weil Hrabanus das typische Mönchsgewand der Karolingerzeit, wie es Ben dikt von Aniane durchgesetzt hatte, trägt: eine nur knielange Kukulle mit Kapuze und relativ enggeschnittenen Ä meln, darunter eine nicht bis zu den Knöcheln reichende Tunika. Cluny setzte später eine faltenreiche, fußlang Kukulle mit weitgeschnittenen Ärmeln durch, wie sie die Mönche in der Miniatur vom Tod Benedikts (Abb. 27) tr gen.*

werden, wie schwer jedoch das Vergehen und damit die Strafe sei, liegt allein in der Verantwortung des Abtes. Er muß sorgfältig und menschlich das Vergehen untersuchen, damit er nicht, vom Schein der Tatsachen geblendet, vorschnell und falsch urteilt. Diese Fähigkeit des Abtes nennt Benedikt discretio, d.i. die Gabe, die Intention der Regel zu kennen und sie im jeweils konkreten Fall richtig anzuwenden. Der Abt muß die Gegebenheiten zu unterscheiden wissen (lat. discernere, davon discretio = Unterscheidungsgabe) und darf nie stur oder buchstabengetreu handeln. Der discretio des Abtes überläßt Benedikt sehr vieles in seiner Regel und ermöglichte ihr damit, sich den jeweiligen Umständen und Menschen anzupassen. Diese Fähigkeit der Regel bildete schließlich die Voraussetzung dafür, daß sie zu der Regel des Abendlandes werden konnte.

Die Abtswahl (Kap. 64). Auch bei Benedikt ist der Abt der sichtbare Stellvertreter Christi, ohne daß dies besonders ausführlich begründet würde. Im Gegensatz zum Magister läßt er die Brüder den Abt wählen, allerdings nicht nach dem demokratischen Prinzip der Stimmenmehrheit, sondern nach der theologischen Prämisse von Einmütigkeit und Einsichtigkeit, wobei im Zweifelsfalle das Votum der Besseren entscheidet. Die Abtswahl ist eine klosterinterne Angelegenheit. Nur im Falle des Mißbrauches und Mißgriffes sind die Bischöfe, Gemeinden und Priester aufgefordert, einzugreifen und einen würdigen Abt zu bestellen. Übrigens bildet das benediktinische Wahlprinzip das einzige demokratische Element in der ständisch gegliederten Welt der Spätantike, des Mittelalters und der Barockzeit.

Die Abtei (Kap. 56). Bei allen bisherigen Klosterregeln besaß der Abt eine außergewöhnlich hohe Stellung, aber er erfreute sich deswegen keinerlei Privilegien. Wie die Brüder, so wohnte auch er in einer einfachen Zelle oder teilte mit ihnen den allgemeinen Schlafsaal. Soweit es sein Amt erlaubte, arbeitete er mit den Brüdern; arbeiten mußte er auf jeden Fall. Die übliche Kost hatte ihm zu genügen, und ohne jeden Vorzug nahm er gemeinsam mit den Brüdern im Speisesaal sein Mahl zu sich. Die Magisterregel gestattet ihm allerdings einen eigenen Tisch.

Eine wichtige Änderung führte Benedikt ein, indem er dem Abt und dessen Gästen nicht nur einen eigenen Tisch, sondern auch eine eigene Küche zubilligte, damit der Besuch den Tagesablauf der Brüder nicht störe. Nun konnte sich der Abt wenigstens zeitweise aus der Klausur entfernen, wann immer er Gäste hatte. Diese Freiheit führte dann später zu einem völlig getrennten Gebäudekomplex für den Abt, der sogenannten Abtei oder Prälatur, wie ihn der Plan von St. Gallen (9. Jh.) bereits anschaulich zeigt (Abb. 60).

Der Prior (Kap. 65). Die Magisterregel kennt dieses Amt überhaupt nicht, andere Regeln wiederum nur bedingt. Benedikt dagegen gewährte seinen Söhnen einen ständigen Vertreter des Abtes, sofern sie einen wünschen oder die Umstände es erfordern; obligatorisch ist er nicht. Üblicherweise jedoch sollen die Dekane den Abt vertreten und dessen Willen bei den Brüdern repräsentieren. Nur bei großen Klöstern gestattet Benedikt das Priorenamt. Der Prior (lat. der erstere) soll auf Bitten der Brüder vom Abt bestellt werden, nachdem er

33 *Klöster Mittelitaliens zur Zeit des hl. Benedikt. Schon vor Benedikt gab es ein lebendiges, weitverbreitetes Mönchtum in Italien. In einem der Klöster dürfte die Magisterregel verfaßt worden sein.*

den Rat und Vorschlag der Ältesten gehört hat. Er vertritt den Abt und leitet im eigentlichen Sinne die klösterliche Gemeinde, jedoch stets nach dem Willen und der Intention des Abtes. Keineswegs darf er sich Eigenmächtigkeiten anmaßen oder gar als eine Art Nebenabt regieren. Er ist und bleibt an den Willen des Abtes gebunden, der ihn jederzeit wieder absetzen kann. Auch diese benediktinische Eigenart wird später die Trennung zwischen Abt und Konvent begünstigen, wie das Institut des Eigenkirchenwesens zeigt.

Der Rat der Brüder (Kap. 3). Bei der Abtswahl hatten wir bereits ein „demokratisches" Element kennengelernt; etwas Ähnliches liegt auch dem Rat der Brüder zugrunde. Die Regel schreibt vor, daß der Abt in allen wichtigen Angelegenheiten den Rat der Brüder suche. Er rufe dazu eine Versammlung ein, lege das Problem dar, höre sich die bescheiden vorgetragenen Meinungen an, aber entscheide anschließend in eigener Autorität und Verantwortung. Der Rat kann ihm weder sein Handeln vorschreiben, noch darf er bindende Empfehlung abgeben. Die Anhörung dient allein dazu, den Willen Gottes zu erfahren, der sich in jedem Bruder, auch dem geringsten, offenbaren kann. Der Rat ist somit kein demokratisches, sondern ein theologisches Prinzip.

Neue Einrichtungen. Im Gegensatz zum Magister kennt Benedikt den separaten Krankentrakt und bestellt dazu zwei heilkundige Brüder. Sehr schön sehen wir diesen eigenen Klosterteil im Plan von St. Gallen verwirklicht, der sogar einen Garten für Heilkräuter aufweist. Wahrscheinlich geht Benedikt in diesem Punkt auf Pachomius zurück.

Auch der „typische Kreuzgang" des Klosters scheint in der benediktinischen Regel bzw. ihrer römischen Liturgie begründet zu sein. Gregor der Große (540–604) berichtet über Benedikt, daß er nach dem Mordanschlag durch die widerspenstigen Mönche Subiaco verließ, um auf dem Monte Cassino ein neues Kloster zu erbauen. Dort errichtete er aber zwei Oratorien, die er den hll. St. Martin und Johannes dem Täufer weihte. Diese Besonderheit, zwei Oratorien in einem verhältnismäßig kleinen Kloster, läßt sich wohl nur dadurch erklären, daß die Mönche bestimmte Gebete jeweils in einem der beiden Oratorien verrichten mußten und dazu vielleicht prozessionsweise, entsprechend dem Vorbild der römischen Stationsliturgie, mit vorangetragenem Kreuz hinzogen, was auch den Namen Kreuzgang erklären würde. Im Stich vom Kloster St. Richarius in Centula (9. Jh.) haben wir eine solche Klosteranlage mit verschiedenen Kapellen vor uns, die aber bereits durch einen überdachten Gang miteinander verbunden sind (Abb. 51).

4. Der hl. Benedikt

a) Sein Leben

Traditionellerweise datiert man die Lebenszeit Benedikts zwischen 480 und 587. Doch dürfte diese Datierung, wie neuere Forschungen es nahelegen, eindeutig zu früh sein. Allgemein verlegt man heute seine Geburt ins frühe 6. Jahrhundert. Die Unsicherheit liegt in einer fehlenden Biographie. Keiner seiner Schüler oder Nachfolger fand es für wert, das Leben Benedikts aufzuzeichnen. Erst der spätere Papst und Kirchenlehrer Gregor der Große († 604) berichtet in seinem Buch der Dialoge über den Heiligen. Er selber kannte ihn allerdings nicht, wohl aber einige seiner Nachfolger und Schüler.

Die Dialoge umfassen vier Bücher, in denen das wundertätige Leben frommer Männer Italiens aufgezeichnet ist. Gregor wollte mit dieser Schrift beweisen, daß es auch in Italien Heilige gibt, die es mit den Großen der Wüste durchaus aufnehmen können. Die Absicht der Dialoge macht es verständlich, daß wir wenig über den konkreten Lebensweg Benedikts erfahren, denn dieser kümmerte weder den Schreiber noch den Leser; ging es doch um den Erweis der Heiligkeit eines Menschen und nicht um den historischen Ablauf seines Lebens.

Zu Beginn des 6. Jahrhunderts wurde Benedikt im kargen Hochtal von Nursia (Umbrien) geboren (Abb. 33). Seine Eltern waren anscheinend nicht arm, denn sie ermöglichten ihm eine Schulbildung, die er in Rom fortsetzen sollte. Doch nur kurze Zeit verweilte er dort, denn die Gefahr, dem Lasterleben der Studenten und dem hölzernen Wissen der Akademie zu verfallen, trieb ihn in die rasche Flucht. Er ging in die Sabiner Berge und schloß sich einigen dort lebenden Eremiten an. Das lebendige Wort, Christus, war ihm mehr wert als das geschriebene der Schule. Mehrere Jahre lebte er nun als Eremit in der Nähe eines nicht mehr sicher auszumachenden Klosters namens Vicovaro. Als dessen Abt gestorben war, erbaten sich die Mönche Benedikt zum Vater. Doch lange währte die Eintracht nicht, denn die Mönche wollten sich nicht fügen und versuchten Benedikt zu vergiften. Als Benedikt das ihm gereichte Weinglas segnete, zersprang es: Benedikt war gewarnt und gerettet. Daraufhin verließ er ohne Groll die ungastliche Stätte und zog in die Gegend von Subiaco, etwa 40 km südwestlich von Rom, um dort ein eigenes Kloster zu gründen. Laut Gregor soll Benedikt insgesamt zwölf Klöster mit je zwölf Mönchen gegründet haben. Die einzelnen Klöster waren offensichtlich autonom, denn jedes besaß einen Abt, der sich keinem Groß- oder Vaterabt zu fügen hatte, wie es bei Pachomius üblich war.

Aber auch in Subiaco fand er keine ständige Bleibe. Mit einigen wenigen Getreuen, darunter auch zwei Knaben, verließ er schließlich Subiaco, um auf dem Monte Cassino (Abb. 29), etwa 140 km südlich von Rom, das spätere Mutterkloster des Benediktinerordens zu gründen. Wann er genau gestorben ist, bleibt unsicher. Sein Grab und das seiner Schwester werden heute auf dem Monte Cassino verehrt. Die Kirche feiert den berühmten Heiligen am 18. März.

b) Sein Werk

Von den bei Gregor genannten zwölf Klöstern lassen sich jedoch nur vier – Subiaco, Terracina, Plombariola sowie das Mutterkloster Monte Cassino (vgl. Abb. 33) – nachweisen. Aber selbst diese bewahrten nicht beständig das monastische Leben in ihren Mauern. Bereits um 577 wurde Monte Cassino von den einfallenden Langobarden zerstört und blieb etwa 150 Jahre verwaist, denn die Mönche waren mit ihrer Habe nach Rom geflüchtet, wo sie in einem Kloster nahe dem Lateran Unterschlupf fanden. Erst Abt Petronax von Brescia erbarmte sich der verlassenen Stätte und sandte gegen 717 einige Mönche zur Neubesiedlung aus. Streng benediktinisches Leben kehrte mit dem angelsächsischen Benediktiner Willibald wieder, der zwischen 719 und 729 dort lebte.

Das Original der Benediktregel existiert nicht mehr, wir kennen sie nur in verschiedenen Abschriften. Wie die Tradition behauptet, soll Benedikt von Aniane eine Abschrift von Monte Cassino besessen haben, die Abt Petronax im Auftrage Karls des Großen anfertigen und jenem überbringen ließ. Petronax wiederum sei von den Mönchen des Klosters beim Lateran mit dem Original beehrt worden, das die geflüchteten Mönche vom Monte Cassino mitgenommen hatten. Seltsamerweise findet diese Tradition in sicheren, historischen Beweisen keinen Rückhalt, denn in und um Rom gibt es keine Spuren frühen benediktinischen Lebens, wohl aber in Südgallien und in Südengland, wo auch die älteste erhaltene Regelhandschrift, etwa um 700, entstand. Dort aber faßte das benediktinische Mönchtum unter Abt Augustinus von Canterbury Fuß, der im Auftrag des Papstes mit einigen wenigen Mönchen im Jahre 596 von Rom nach England zur Mission auszog. Die Angelsachsen wiederum erneuerten später bei den Germanen und Franken das Christentum, gründeten zahlreiche Klöster und schufen die kirchliche Organisation der heute noch bestehenden Diözesen. Vor allem der angelsächsische Benediktinermönch Bonifatius ordnete das kirchliche Leben und reformierte es nach dem römischen Vorbild, das seiner Meinung nach auch ein Leben nach der Regel des hl. Benedikt in sich schloß. All seine Klöster lebten deshalb streng nach der benediktinischen Regel. Sein Landsmann Willibald zog sogar nach Italien, um auf dem Monte Cassino benediktinisches Leben neu zu erwecken. Somit schließt sich der Kreis wieder, der von dort aus seinen Anfang genommen hatte.

5. Rückschau: Das monastische Leben bis Benedikt

Bevor wir die Eigenart des germanisch-fränkischen Mönchtums besprechen, wollen wir noch einmal kurz innehalten, um uns die bisherige Entwicklung zu vergegenwärtigen. Das Mönchtum entwickelte sich seit dem 3. Jahrhundert aus der asketischen Tendenz des Christentums, die zwar als allgemeine Form sich auch bei den antiken Philosophen und Religionen fand, aber bei den Mönchen in der vollkommenen Gottesliebe eine christliche Begründung bekam. Bald gab es Asketen, Eremiten und schließlich auch das Kloster. Bereits zur Zeit Benedikts gab es fast an allen christlichen Orten – von Irland bis nach Äypten, von Spanien bis nach Konstantinopel – Klöster, Mönche oder Einsiedler.

Die monastische Bewegung war ursprünglich eine reine „Laienbewegung". Christen wollten die Räte Jesu vollständig befolgen und zogen sich deshalb ganz aus der Welt zurück. Das eigene Seelenheil stand ganz im Vordergrund, denn die Mönche wollten gewissermaßen ihr Taufversprechen ratifizieren. Deshalb mieden sie anfangs jede weltliche oder kirchliche Aufgabe; Kulturarbeit, Missionierung oder Pflege der Wissenschaft waren ihnen mehr als fremd. Diese Laienbewegung wurde nach und nach in die kirchliche Organisation eingebunden. Die Kanones des Konzils von Chalcedon (451) stellten alle Klöster unter die Aufsicht der Bischöfe. Der byzantinische Kaiser Justinian ging noch weiter, indem er durch Reichsgesetze die Freiheit der Mönche wesentlich eingrenzte. So durften sie beispielsweise ihr Kloster nie mehr verlassen oder ohne Erlaubnis die Reichshauptstadt Konstantinopel betreten. In ihrer wirtschaftlichen Autonomie waren sie so eingeengt, daß sie über ihren Besitz nicht mehr frei verfügen konnten. Das östliche Mönchtum blieb dadurch weitgehend in der Abhängigkeit der Krone.

Das Abendland gab dem gemeinsamen Leben den Vorzug. Lérins schuf Kloster und Schlafsaal. In dieser Betonung der Gemeinschaft liegt ebenfalls ein christliches Element, denn die Bibel preist den Himmel in einem der schönsten Bilder für Gemeinschaft, im Bild vom hochzeitlichen Mahl. Obwohl alle bisher gegründeten abendländischen Klöster „Privatsache" waren, billigte und förderte die Kirche diese Hochform der Nachfolge Christi.

34 *Beuron, Benediktiner-Erzabtei im oberen Donautal, um 1077 als Augustiner-Chorherren-Stift gegründet, 1802 säkularisiert, 1868 als Benediktinerabtei von den Brüdern Maurus und Placidus Wolter, den späteren Erzäbten, neu gegründet. Mönche des hl. Benedikt haben das Abendland geprägt, Benediktiner gehörten nach der Säkularisation zu den ersten und stärksten monastischen Wurzeln. Von Beuron aus wurden zahlreiche Tochterklöster gegründet (Beuroner Kongregation).*

Spätestens seit dem Magister gehörten die Mönche zum Klerus. Eine weitere, grundlegende Änderung erlebte das Mönchtum, als es schließlich mit der angelsächsischen und germanischen Kultur in Berührung kam und durch deren eigenartige Religionsauffassung neue, völlig unantike Aufgaben übernehmen mußte. Aus der individuellen Einzelschöpfung Kloster wurde unter den Karolingern eine stattliche Reichsabtei, die durch Gebet, Mission, Schreibstube und Wissenschaft Gott und dem Reich zu dienen hatte. Aber auch als Staatsgefängnis, Versorgungsanstalt illegitimer Nachkommen, Aufenthaltsort königlicher Gäste, Grablege und Familienheiligtum und schließlich als Staatsschatz, der in der Not veräußert werden konnte, stand es dem Reich, seinen Herrschern und Klosterstiftern immer wieder zur Verfügung. Von dieser Entwicklung soll im kommenden Kapitel die Rede sein.

B

Gebet – Kultur – Herrschaft

Die irdische Form des Volkes Gottes

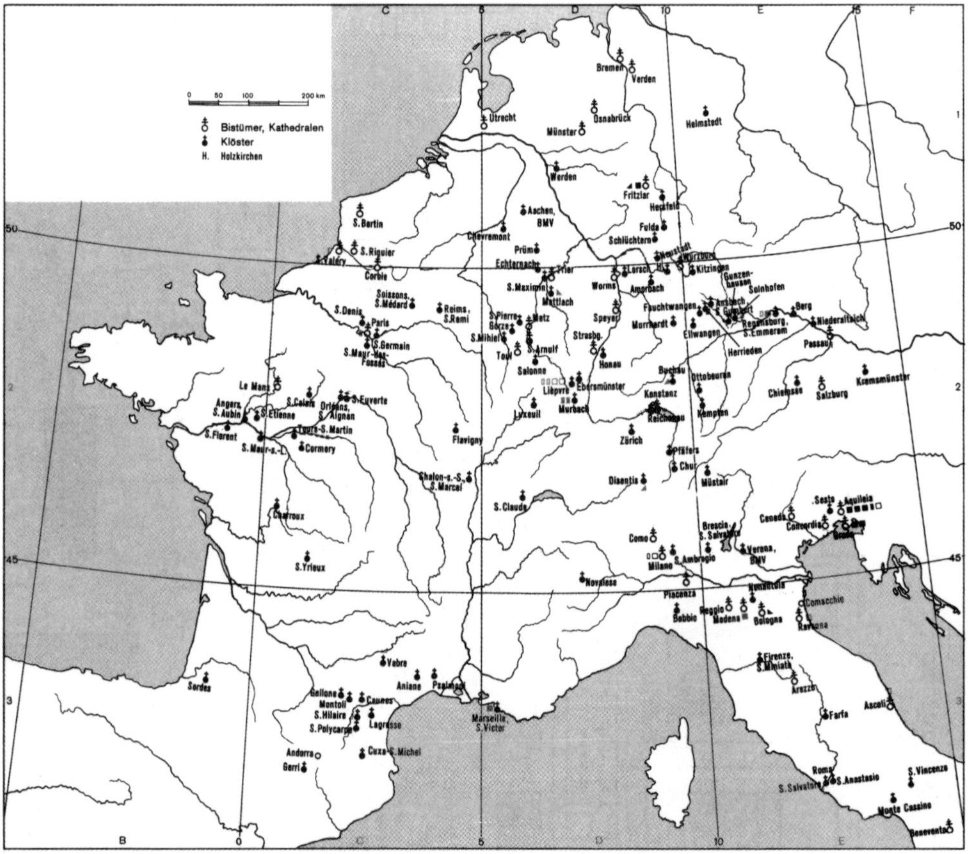

35 *Karte: Geistliche Zentren im Karolingerreich.*

Das Mönchtum war gegen 300 entstanden und entwickelte sich aus der Entscheidung einzelner Christen, ganz dem Ruf Gottes zu folgen und um des Himmelreiches willen alles hinter sich zu lassen. Es war eine ganz persönliche Entscheidung, die zur Einsiedelei oder ins Wüstenkloster führte. Völlig getrennt von der Kultur und allen staatlichen oder kirchlichen Aufgaben stand die eigene Umkehr im Vordergrund. Man wollte nicht missionieren, predigen oder Messe lesen, sondern selbst Ernst machen mit den Forderungen Christi. Das Mönchtum der Spätantike war eine reife Frucht konsequent gelebten Christentums einzelner.

Vergleichen wir das abendländische Mönchtum um 800, so finden wir riesige Klöster mit großen Ländereien, Lehensleuten, Hörigen und Klostersklaven. Im Gotteshaus, das bei den ersten Mönchen noch fehlte, stehen eine stattliche Anzahl herrlicher Altäre, an denen zahlreiche Priestermönche die Messen lesen. Das Lob Gottes singen die Mönche in verschiedenen Chören und an verschiedenen Orten; feierlich ziehen sie dazu von Kirche zu Kirche, denn nicht wenige Abteien besitzen mindestens drei. Zwei Schulen befinden sich innerhalb der Klostermauer, und eifrige Mönche schreiben im heizbaren Scriptorium auf teuerstem Pergament geistliche Texte. In der Bibliothek stehen die Schriften der Kirchenväter und sogar einige antike Klassiker. Kaiser und Fürsten besuchen mit großem Gefolge die Klöster, in denen sich nur adelige Standesgenossen befinden. Der Abt wiederum reist zu den Reichstagen und bestimmt mit Karl dem Großen, daß christliche Forderungen als „Staatsgesetze" umgesetzt werden. Man kann sich den Unterschied zwischen dem spätantiken und mittelalterlichen Mönchtum nicht groß genug vorstellen. Dort der einfache Christ, der durch harte Handarbeit seine geringe Kost erwirbt, hier der hochadelige Priestermönch, der über Hörige, Sklaven herrscht und über Vasallen gebietet. Der Wandel vollzog sich im merowingisch-fränkischen Reich während der Mission durch die Iren und Angelsachsen, in Ländern, die keine antike Stadtkultur kannten. Hier wurde der Grund zum abendländischen Mönchtum gelegt, denn das neu entstehende Reichsmönchtum läßt sich mit dem der Spätantike nicht vergleichen. Neben dem Ruf des Evangeliums waren es andere, eigene Quellen, die germanische Mentalität, das Sippenbewußtsein und allgemeine religiöse Vorstellungen, die das abendländische Mönchtum hervorgebracht haben. Die Gründe dieser Änderung werden im folgenden näher dargestellt.

I. Die irischen Missionare flechten das Band zwischen Kloster und König

1. Keine Stadtkultur, sondern Sippenbewußtsein

Die Missionare, die das abendländische Mönchtum schufen und prägten, kamen nicht aus dem Süden und seiner langen Stadtkultur, sonderen es waren Leute aus dem flachen Lande, deren Weltbild die Herde, der Landbesitz, die Sippe und die Ahnen waren. Sie

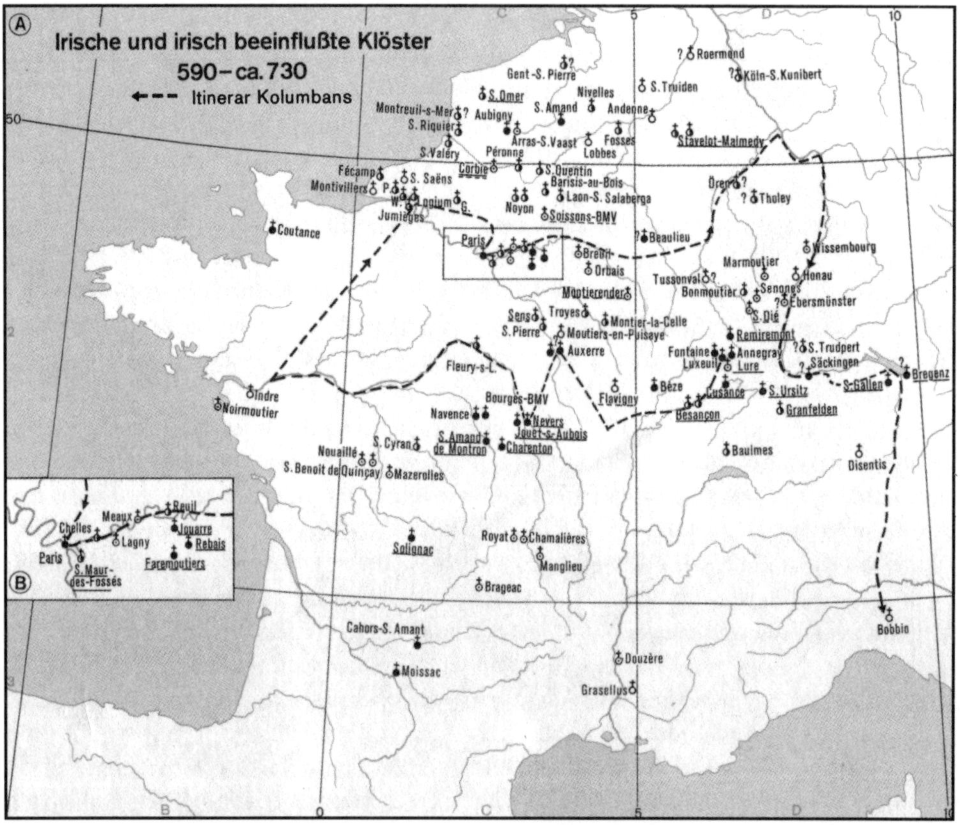

36 *Karte: Irische und irisch beeinflußte Klöster im 7. und 8. Jahrhundert*

kannten keine Wissenschaft, aber wußten um Mythen und gefährliche Kämpfe der Urzeit. Einer dieser Missionare war Kolumban, der – in Irland geboren, aufgewachsen und ausgebildet – um Christi willen ins fremde Merowingerreich gezogen war. Sein Heimatland hatte nie unter römischer Herrschaft gestanden und besaß ungetrübt seine eigene Kultur. Nicht die Stadt oder ein anonymer Beamter römischer Prägung bestimmten dort das öffentliche Leben, sondern eine mächtige Familie, gebunden an den Grund, verbunden mit dem Stamm, regierte über die Sippe und herrschte über den gesamten Besitz.

Das Christentum kam im 5. Jahrhundert durch den hl. Patrick (385–461) nach Irland und verbreitete sich in einem Zug über die ganze Insel. Offensichtlich entsprachen sich keltischer Glaube und christliche Verkündigung, denn die Missionare predigten und lebten das Christentum ohne Schwierigkeiten nach den örtlichen Bräuchen.

Üblicherweise gründeten die Stammesherren auf ihrem Grund ein Kloster und versorgten es mit umfangreichen Gütern, zu denen auch die Bewohner, Hörige, Arbeiter und Sklaven, gehörten. Denn es war unvorstellbar, daß gottgeweihte Personen ihren heiligen Dienst durch knechtische Arbeit befleckten. Ihrer Meinung nach erforderte die Würde der Religion, daß nur Freie und vornehme Stammesmitglieder zu dieser sakralen Aufgabe fähig sind. Selbstverständlich stellten die fürstlichen Gründer den Abt, reservierten dieses hohe Amt für ihre durch Adel ausgezeichnete Familie. Der Abt wiederum regierte im religiösen Leben ebenso frei wie der Stammesfürst im weltlichen, waren doch beide Bereiche nur die zwei Seiten einer gemeinsamen „Sache“, die unabhängig voneinander nicht existieren konnten. Er bestimmte die Lehrer der klösterlichen Schule, verwaltete den gesamten Besitz und feierte nicht selten wie ein Bischof die klösterliche Liturgie. Denn viele Äbte waren gleichzeitig auch Bischöfe oder nahmen zumindest deren äußere Rechte wahr. Ein Bischof durfte im Bereich des Abtes nur auf dessen Weisung hin tätig werden, denn die frühe irische Kirche war eine reine Mönchskirche, die sämtliche Bereiche der Seelsorge, auch die des Bischofs, übernommen hatte. Eine Abtei mit ihrem Seelsorgebezirk war eine Diözese im Kleinen.

Eine ähnliche Struktur fand der hl. Kolumban auch in jenen Teilen des Frankenreiches vor, die nicht vom römischen Kulturkreis geprägt worden waren. Die Merowingerkönige und vor allem die Karolinger erstrebten eine Verwaltung ihres Reiches, die weitgehend den gemeinsamen kulturellen Wurzeln entsprach. Wie in Irland, so herrschten auch hier die Grundbesitzer, Barone, Grafen, Herzöge und König über Land und Leute. Sie sprachen Recht, schützten das Land und waren zugleich für die Religion verantwortlich. Die Macht und die Verwaltung ruhten auf dem Landbesitz und waren an den Eigentümer, letztlich an den König, gebunden. Von ihm empfingen die hohen Adeligen ihr Land als Lehen, das jeder Stammesfürst relativ autonom regierte. Deshalb gab es im Frankenreich auch keine eigentliche Hauptstadt, denn wo der Fürst gerade lebte, dort war auch der Regierungssitz. Im Gegensatz dazu lag die Macht im Römischen Imperium in den Händen eines politischen Gremiums, das stets in der Hauptstadt residierte und mit Hilfe von Präfekten, Beamten und Soldaten das Land regierte. Durch die Bindung der Herrschaft an den Grundbesitz pflegten die Merowinger und Karolinger ein Regierungssystem, das zum antiken Stadt- und Beamtenstaat im strikten Gegensatz stand.

Da im Frankenreich grundsätzlich das gleiche Weltbild wie in Irland herrschte, entsprachen sich auch hier die religiösen Vorstellungen: Der Grundherr stiftete ein Kloster und sorgte für dessen Unterhalt, indem er hinreichend Land und Leute zur Verfügung stellte. Hier ließ er seine Söhne und Verwandten erziehen oder eintreten, erlaubte sich, den Abt zu stellen, und benutzte die dort Ausgebildeten für seine Verwaltung. Die Stifterfamilie betrachtete das Kloster als ihr Eigentum und wünschte in ihrem Familienheiligtum auch begraben zu sein, zumal die Mönche zum ewig fürbittenden Gebet verpflichtet waren.

Den Grundstein zu der typisch keltisch-germanischen Entwicklung des kontinentalen Mönchtums legte der hl. Kolumban, indem er die klösterlichen Eigenheiten seiner Heimat aufs Festland übertrug. Ihm ist es zu verdanken, daß die Franken zu einer eigenständigen monastischen Kultur fanden, die ganz ihrem Wesen und Wollen entsprach. Ohne diese fränkisch-irische Symbiose wäre wohl kaum ein Mönchtum entstanden, das so prägend für die Kultur und das Selbstverständnis des abendländischen Menschen wurde.

2. Kolumban stiftet das Bündnis zwischen Kloster und König

a) Das Leben des Heiligen

Über den Lebensweg Kolumbans sind wir gut unterrichtet, denn Jonas von Bobbio, der spätere Abt der letzten Gründung Kolumbans, verfaßte etwa dreißig Jahre nach dem Tod des Heiligen eine ausführliche und relativ genaue Biographie, da er Kolumbans Mitbrüder noch kannte und die Stätten seines Meisters selber besuchte.

Kolumban (um 543–615) wurde in Südirland als Sohn freier Eltern geboren. Bereits vor der Geburt hatte seine Mutter eine zukunftsweisende Vision, denn sie sah sich eine Sonne gebären. Entgegen dem Willen seiner Mutter – sie legte sich im wörtlichen Sinne quer, denn er mußte über sie hinwegsteigen, um aus dem Haus zu kommen – entschloß er sich zu einem asketischen Leben. Mit etwa zwanzig Jahren trat er in das berühmte Kloster Bangor ein und wurde bald darauf ein begehrter Lehrer. Er glänzte in allen damals üblichen Disziplinen; selbst die Poesie war ihm nicht fremd, wie zahlreiche anmutige Gedichte beweisen.

Ohne Scheu lasen die irischen Mönche die heidnischen Autoren, denn sie mußten sich nicht wie die Christen des Römischen Reiches um des eigenen Selbstverständnisses willen von der antiken Kultur distanzieren. In Irland träumte kein Gelehrter wie Hieronymus, daß er sich für sein klassisches Latein am Jüngsten Tage rechtfertigen müsse, und niemandem kam es in den Sinn, die heidnischen Autoren zu vernichten. Deshalb konnte sich in Irland eine Buchkultur entwickeln, durch die dem Abendland die antiken Schätze wenigstens teilweise bewahrt wurden.

Im Kloster Bangor lernte er die strenge Askese und Buße kennen, die später, wie die Freude am Buch, auch seine eigenen kontinentalen Klostergründungen prägten. Im Alter von fünzig Jahren verließ er um Christi willen die geliebte Heimat. Er ging, und dies ist ein typischer Zug Kolumbans, nicht einfach irgendwohin und baute für sich und seine zwölf Begleiter eine Zelle, sondern zielbewußt steuerte er den merowingischen Hof an, um dort für seine Gründung Hilfe, Schutz und Grundbesitz zu erlangen. Man vergleiche dazu die Gründungen des Pachomius, die gewissermaßen im Niemandsland entstanden waren. Ebenso waren alle spätantiken Klöster eine persönliche Angelegenheit des Stifters, ohne jede Beteiligung des Landesherren. Der König erlaubte ihm, auf königlichem Grund in den Vogesen zu siedeln, gewährte ihm sogar persönliche Hilfe und königlichen Schutz. Kolumban nahm das Angebot an. Er zog mit seinen zwölf irischen Gefährten in die Vogesen und errichtete in Annegretes, dem heutigen Annegray, sein erstes Kloster. Doch lange blieben die Iren nicht unter sich, denn so viele Einheimische begehrten Aufnahme, daß Kolumban – abermals unterstützt vom König – etwa 15 km entfernt, auf den Ruinen des römischen Bades Luxovium, dem späteren Luxeuil, ein weiteres Kloster errichtete. Aber auch von dieser Gründung sagt sein Biograph: „Von allen Seiten strömten Vornehme, Freie herbei, die den eitlen Tand der Welt für nichts hielten, den herrlichen Besitz in dieser Zeit verachteten und den ewigen Lohn anstrebten“, so daß Kolumban in Fontaine ein drittes Kloster auf königlichem Grund und mit herrscherlicher Bewilligung erbaute. Insgesamt 200 Mönche lebten in den drei Klöstern unter seiner Regel und seiner Leitung (vgl. Abb. 36).

Nach irischem Brauch unterstellte Kolumban seine Klöster nicht den einheimischen Bischöfen, sondern übte selber quasibischöfliche Rechte aus. Dieses Amtsverständnis sowie die abweichende Feier des Osterfestes – die irische Kirche feierte das Osterfest noch nach der alten christlichen Osterberechnung jüdischen Musters – brachten ihn schließlich in Konflikt mit den Bischöfen und dem Herrscherhaus. Die Bischöfe verlangten, daß Kolumban sich der allgemeinen Osterberechnung anschlösse oder von einem kirchlichen Gericht verurteilt würde. Alles blieb jedoch zunächst erfolglos, da der merowingische König ihn schützte und der Papst ihm beistand. Der Streit wurde friedlich beigelegt: Jeder solle nach eigenem Brauch das Fest feiern.

Die Bischöfe mußten die juristische Freiheit kolumbanischer Klöster notgedrungen hinnehmen. Doch wurde der Bruch unvermeidlich, nachdem sich Kolumban mit dem Herrscherhaus anlegt hatte. König Theuderich lebte nämlich mit einer Konkubine zusammen, die ihm sogar zwei Söhne schenkte. Kolumban tadelte den König deswegen und drohte mit der kirchlichen Exkommunikation. Gerade an der Exkommunikation sehen wir das Amtsverständnis Kolumbans, denn er handelte wie ein Bischof, dem jene Strafe auszusprechen vorbehalten war. Nachdem sich Kolumban auch noch weigerte, die beiden illegitimen Söhne zu segnen, war sein Schicksal besiegelt. Er und seine irischen Gefährten wurden des Landes verwiesen und in ihre Heimat zurückgeschickt (um 609). Doch seine Gründungen blieben bestehen, denn die bereits zahlreichen fränkischen Mönche übernahmen die Leitung und führten das blühende Klosterleben ungehindert weiter. Wie schwer jedoch Kolumban die Ausweisung traf, gibt ein Abschiedsbrief wieder, den er an seine verlassene Herde von Nantes aus vor seiner Einschiffung schrieb.

Weil ungünstige Winde die Seereise verhinderten, zog Kolumban unbehelligt in den burgundisch-aquitanischen Reichsteil. Auch dort suchte er bei Hof Hilfe für seine neue Mission, die ihm großmütig gewährt wurde. Mit königlichem Freibrief ausgestattet, predigte er in der Gegend von Tugges, nahe dem Zürichsee. Offensichtlich mit geringen Erfolg, denn bereits nach einem Jahr wanderten er und seine Gefährten nach Bregenz weiter, um die dortige, teilweise wieder heidnisch gewordene Christengemeinde erneut zum Evangelium zurückzuführen. Zwei Jahre später überquerte er die Alpen und ging an den Hof des arianischen Langobardenfürsten Agilulf, um sich eine neue Gründung gewähren zu lassen. Jener wies ihm großzügig die halbverfallene Peterskirche in Bobbio zu, versah die Stiftung mit hinreichenden Ländereien und gewährte ihr seinen königlichen Schutz. Um 613 begann in Bobbio klösterliches Leben unter Kolumbans Leitung und Regel, doch schon nach zwei Jahren starb Kolumban. Die Gebeine ruhen heute noch in seiner Klosterkirche.

Bevor Kolumban verstarb, löste er seinen ungehorsamen Schüler Gallus von der Buße, keine Messe lesen zu dürfen, und übersandte ihm zum Zeichen der Versöhnung seinen eigenen Stab. Gallus war nämlich wegen eines Fieberleidens in Bregenz zurückgeblieben und hatte sich geweigert, nach Bobbio mitzuziehen. Kolumban belegte daraufhin den Ungehorsamen mit der genannten Buße, die sein Schüler auch treu eingehalten hatte. Gallus selbst gründete eine Einsiedelei an der Steinach, nicht weit von seinem späteren Sterbeort entfernt, an dem seine alemannischen Schüler das später so bedeutende Kloster St. Gallen errichtet haben.

b) Kolumbans Kloster

Das Kloster dürfen wir uns ähnlich vorstellen wie das des Magisters oder Benedikts. Die Gebäude, ihre Anordnungen und Einrichtungen entsprachen weitgehend dem beschriebenen Schema, dennoch gab es einige irisch bedingte Eigenheiten und Abweichungen.

Die Klöster Kolumbans waren ebenso wie die irischen von Anfang an auf andere Größenordnungen hin entworfen als die Gründungen Benedikts oder des Magisters. Seine drei Vogesenklöster zählten bereits bei seiner Ausweisung 200 Mönche; Großklöster bis 3000 Personen waren in Irland keine Seltenheit. In dieser Hinsicht entsprachen sie mehr dem entfernten ägyptischen Vorbild als der unmittelbaren abendländischen Tradition. Alle bisherigen Klöster – die des hl. Augustinus ausgenommen – waren durchweg Laienkonvente, die keine Priester aufnahmen, sondern sie höchstens als Gäste duldeten. Dagegen pflegten die Iren von Anfang an einen Teil der Mönche zu Priestern und Bischöfen weihen zu lassen, ohne ihnen auch nur das kleinste Privileg einzuräumen. Häufig war der Abt selbst Priester oder gar Bischof. Deshalb besaßen irische Klöster nicht nur einen klosterinternen Gebetssaal wie bei Benedikt, sondern auch eine Kirche für die umliegende Bevölkerung, weil die Mönche auch die allgemeine Seelsorge übernommen hatten. Erinnern wir uns an das Wort der Wüstenväter in bezug auf den Mönch und die Priesterweihe, um den Neuansatz des irischen Mönchtums zu sehen: „Meide den Bischof und das Weib: Dieser will dich weihen, jene dich verführen."

Eine weitere Eigenart irischer Klöster bildeten die kleinen Mönchshäuschen mit ihren zwei oder drei Einzelzellen, in denen die Brüder lebten, denn der irische Individualismus wollte sich anscheinend nicht mit einem allgemeinen Schlafsaal anfreunden. Völlig neu in der monastischen Tradition war die Bücherliebe der irischen Mönche, die hinter den schützenden Mauern ihres Klosters lichte Schreibstuben erbauten und große Bibliotheken einrichteten. Bücherschreiben und -malen, Lesen und Studieren galt ihnen geradezu als eine asketische Übung, der wir nicht nur hervorragende Beispiele mittelalterlicher Buchmalerei, sondern auch die Überlieferung antiker Schriften verdanken. Noch im späten 12. Jahrhundert wurden auf dem Festland schreibkundige irische Mönche aus ihrer Heimat angefordert und dazu neue irische Klöster erbaut (Abb. 40).

Zu den üblichen Wirtschaftsgebäuden des Klosters gesellte sich bei ihnen noch eine Brauerei, denn im Gegensatz zu den südländischen „Benediktinern" tranken die Iren Bier statt Wein und legten damit den Grundstein zu den späteren so berühmten Klosterbrauereien. Auch verwalteten sie ihren Grundbesitz selber und scheuten sich nicht, mit den Sklaven und Knechten die Felder zu bestellten. Die antiken Klöster betrieben ein Lehens- und Pachtsystem. In ihren Klöstern fanden sich deshalb umfangreiche landwirtschaftliche Gebäude. Auch ein Hospiz für Gäste und Arme gehörte zum kolumbanischen Monasterium, denn seine Klöster hielten eine strenge Klausur, die selbst für den König verschlossen blieb.

Von Kolumbans Bauten und der irischen Baukunst blieb wenig erhalten. Luxeuil wurde bereits 732 von den Sarazenen völlig zerstört, aber anschließend unter den Karolingern im entsprechenden Zeitstil wieder aufgebaut. Zudem lebten in seinen Gründungen überwie-

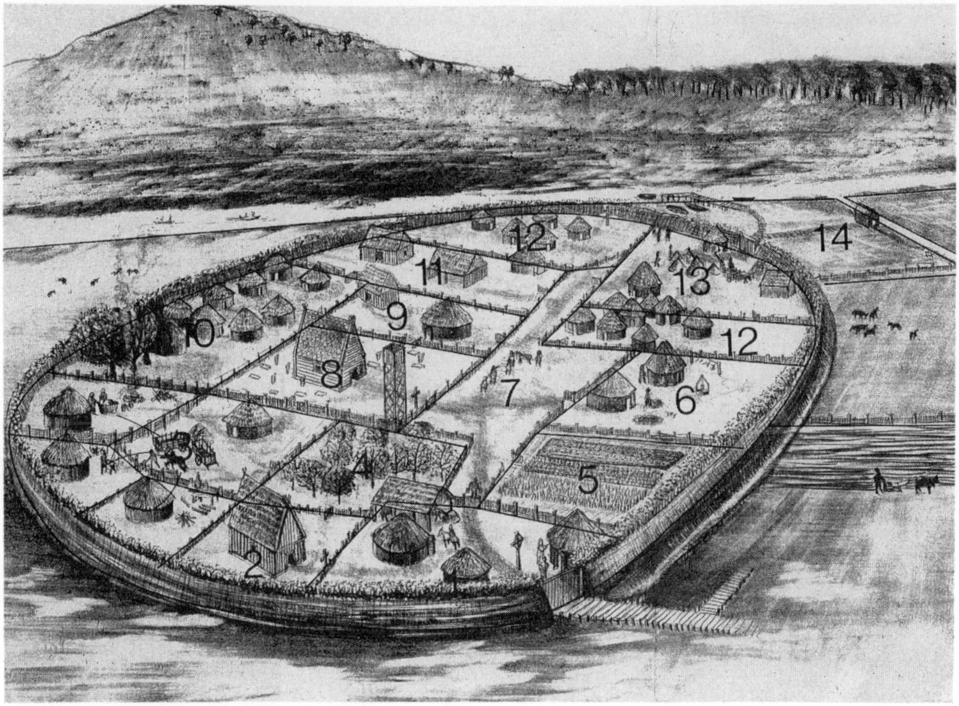

37 *Rekonstruktion eines irischen Klosters nach Robin Carson, aus: Virgil von Salzburg, Missionar und Gelehrter, hrsg. von H. Dopsch und R. Juffinger, Salzburg 1985. Auffällig die einzelnen Häuschen der Mönche, wo immer einige miteinander wohnten. Die ganze Siedlung erinnert eher an eine lockere Zeltsiedlung als an ein streng systematisiertes Kloster. Die individuelle Freiheit wurde trotz des strengen Sippenbewußtseins beibehalten. Der Eingangsbereich mit Pförtner- und Gästehaus (1), Gästekirche (2), Werkstätten (3) und Obstgarten (4) war vom eigentlichen Klosterbereich mit Kirche (8), Abtshaus (9), Gemeinschaftsräumen (11), Küche (6) getrennt.*

38 *Rekonstruktion einer frühen irischen Steinkirche mit Anten, Firstläden und Schindeldach (nach Philipp Armstrong)*

gend einheimische Mönche, die in ihrem Stile bauten und sich dabei an der später (9. Jh.) übernommenen Benediktregel orientierten. Die Vogesenklöster wurden in der französischen Revolution aufgehoben und außer Luxeuil dem Erdboden gleichgemacht. Bobbio, die wohl reichste Abtei Oberitaliens, hielt sich als Benediktinerkloster bis zur Säkularisation im Jahre 1803. Heute lassen Kreuzgang, Kirche und das bescheidene Museum kaum mehr etwas von seiner einzigartigen Größe erahnen. Allein die Krypta mit ihren herrlichen Fresken und Mosaiken erinnert an die einstige Pracht.

c) Die „Regel" Kolumbans

Unter dem Namen Kolumbans sind zwei Schriften zum Mönchtum überliefert: „Regula monachorum" und „Regula coenobalis", die Regel der Mönche und die Regel vom gemeinsamen Leben. Bei genauer Betrachtung jedoch darf man nicht von einer Regel im herkömmlichen Sinne sprechen, sondern mehr von Anleitungen zu einem bestimmten monastischen Ideal.

Die beste Charakterisierung der kolumbanischen monastischen Intention gibt sein Biograph, Jonas von Bobbio, wieder, wenn er als krasses Gegenteil das gallische Mönchtum schildert: „Das Heilmittel der Buße und die Liebe zur Abtötung waren fast überall geschwunden." Buße und Abtötung sind also das Ziel, zu dem seine Regeln hinleiten wollen. Offensichtlich ist die Regel in Anlehnung an die Zehn Gebote entworfen und soll eine Art Grundgesetz monastischen Lebens sein. Sie beginnt mit dem ersten Gebot des Dekalogs: „Du sollst deinen Herrn und Gott lieben, aus ganzem Herzen ..." und entfaltet in weiteren neun Kapiteln das Grundanliegen. Hören wir seine Überschriften: 1. Vom Gehorsam; 2. Vom Schweigen; 3. Von Speise und Trank; 4. Von der Überwindung der Begierde; 5. Von der Überwindung der Eitelkeit; 6. Von der Keuschheit; 7. Vom Gebetsdienst; 8. Von der Unterscheidung; 9. Von der Abtötung; 10. Von der Vollendung des Mönches.

Auch die „Regel vom gemeinsamen Leben" entspricht nicht ganz dem Begriff, denn sie zählt nur die häufigsten Versäumnisse der Mönche und die entsprechenden Bußübungen auf. Dazu einige Beispiele: „Wer bei Tisch nicht die Segnung abwartet und Amen antwortet, werde mit sechs Schlägen bestraft" (Kap. 1); „Wenn einer der Brüder, der mit dem Kochen und Auftragen der Speisen betraut ist, nur ein wenig verschüttet hat, soll er nach dem Chorgebet in der Kirche dafür Genüge tun, indem die Brüder für ihn beten" (Kap. 2); „Wer nicht um Verzeihung bittet, wenn er getadelt wird, soll mit besonderem Fasten büßen" (Kap. 8); „Wer unütz redet, soll zum Schweigen zwischen zwei aufeinanderfolgenden Gebetszeiten verurteilt werden oder zu zwölf Stockschlägen" (Kap. 9). „Büßende Brüder dürfen, auch wenn sie harte und schmutzige Arbeit tun, ihr Haupt nicht waschen außer am Sonntag oder jedenfalls alle vierzehn Tage ... Es sollen nicht mehr als 25 Streiche verabreicht werden" (Kap. 9).

Jedem Vergehen fügte Kolumban die entsprechende Strafe bei: Fasten, Stockhiebe, aber auch das fürbittende Gebet. Schläge waren in der monastischen Tradition allgemein üblich, doch eine verbindliche Zuordung von Vergehen und Strafe waren unbekannt. Benedikt und die übrige Tradition überlassen das Strafmaß dem klugen Ermessen des Abtes;

Kolumban jedoch bindet ihn an eine Vorgabe, die für jedes Vergehen ein unabänderliches, aber austauschbares Maß festlegt. Solche Listen oder Bußbücher waren eine Eigenheit der irischen Kirche und dienten dazu, dem Abt, Priester oder Bischof einen Leitfaden für die Beichte zu geben. Kolumban und seine Mönche vermittelten dem kontinentalen Christentum diese Form des Bußverfahrens, das eine unerhörte Wirkung zeitigte. Denn gerade die Möglichkeit, die Bußform zu tauschen, sollte für die Entwicklung des karolingischen Mönch- und Christentums von größter Bedeutung werden.

Zur Veranschaulichung zitieren wir aus einem Bußbuch des 9. Jahrhunderts: „Wenn jemand einen falschen Eid geschworen hat, so ist das ein großes Verbrechen. Es kann kaum je gesühnt werden, aber Buße ist besser als Verzweiflung; denn groß ist die Barmherzigkeit des Herrn. Dies ist seine Buße: Zunächst darf er nie wieder im Leben einen Eid leisten ... Dann aber soll er in der Zeit des gegenwärtigen Lebens durch die rasche Arznei der Buße der ewigen Strafe des künftigen Lebens zuvorkommen; er soll sieben Jahre Buße tun, für den Rest seines Lebens wohltätig sein und eine Sklavin oder einen Sklaven freilassen oder dessen Gegenwert den Armen und Bedürftigen geben."

Eine weitere Eigenart irisch-angelsächsischer Buße bestand in der „Heimatlosigkeit um Christi willen". Denn wie Christus hier auf Erden keine Heimat hatte, so wollten es die Iren ihrem Meister gleichtun, indem sie ihre inniggeliebte Heimat verließen, um als Fremdlinge der himmlischen Heimat entgegenzupilgern. Diese hohe Form der Christusliebe trieb jahrhundertelang Generationen von irischen Mönchen und Nonnen in die Fremde und verbreitete dadurch die insulare Kultur und Frömmigkeit. Von Irland bis Jerusalem, von Spanien bis nach Kiew reichten die Wege dieser frommen Wanderer, die entweder bis zu ihrem Tod pilgerten oder, was häufiger vorkam, sich als Mönch, Einsiedler oder Klosterstifter in der Einsamkeit niederließen. Nicht selten stellten sie sich in den Dienst der Pilger und erbauten an markanten Stationen, bei Kirchen, Heiligengräbern oder an gefährlichen Bergpässen ihre Zellen und Hospize.

3. Das kolumbanische Klosterleben

Der klösterliche Tagesablauf vollzog sich auch bei Kolumban in den traditionellen Bahnen, nur das Gebetspensum wurde erhöht. Benedikt ließ seine Mönche im Winter täglich 39 Psalmen beten, Kolumban dagegen 64, wobei er die Anzahl am Wochenende bis über 100 steigerte. Außerdem verpflichtete er seine Mönche, beständig für die lebenden und verstorbenen Stifter zu beten. Dieses Pensum war nur zu bewältigen, wenn entweder die einzelnen Gebetszeiten verlängert wurden oder neue hinzukamen. Kolumban entschied sich für das letztere und fügte zwei weitere hinzu.

Die Gebetsordnung umfaßte, in gleiche Abschnitte geteilt, den Tag und die Nacht: Um neun Uhr abends sangen sie die erste Nachtwache, um Mitternacht die zweite und um drei am Morgen die dritte. Es folgten Prim, Terz, Sext und Non; mit der Komplet endete der Tag. Wir haben den komplizierten, nach Jahreszeiten und Festen variierenden Tagesablauf der Übersichtlichkeit wegen schematisiert. Wie in allen Klöstern wechselte das Leben zwischen Arbeit und Gebet. Neben dem bereits erwähnten Bücherschreiben arbeiteten die Mönche auf dem Felde, wobei ihnen Klostersklaven und Knechte zur Hand gingen. Bei der rauhen Arbeit durften aber Handschuhe benützt werden. Handwerksbetriebe scheint es in den kolumbanischen Klöstern nicht gegeben zu haben. Abends nahmen die Mönche ihr kärgliches Mahl zu sich, auf das nicht selten freiwillig verzichtet wurde, um sich geistig zu stärken oder von Schuld und Sünde zu reinigen. Immer wieder griffen die Iren auf das beliebte Fasten zurück: vor wichtigen Entscheidungen, in Not und Bedrängnis oder um ihr Gebet zu bekräftigen. Fleisch gab es nie, doch der Fisch war erlaubt und geschätzt.

4. Unterschiede und Neuerungen

Irische Mönche und Einsiedler konnte man auf den ersten Blick erkennen, denn ihre äußere Erscheinung, ihre Haartracht, das rauhe Gewand, die künstliche Farbe ihrer Augenbrauen ließen keinen Zweifel an ihrer Herkunft aufkommen. Üblicherweise schoren sich die Mönche rund um den Kopf, wobei nur ein kleiner Haarkranz stehen gelassen wurde; dies war die sogenannte Tonsur des hl. Petrus (Abb. 42). Die Iren dagegen pflegten die Tonsur des hl. Jakobus oder Johannes und schoren sich dazu nur die vordere Kopfhälfte von Ohr zu Ohr, die Haare des Hinterkopfes blieben in voller Länge und Pracht erhalten. Ein mächtiger Vollbart und eventuell bemalte Augenränder ergänzten das ungewöhnliche Aussehen. Auf ihrer Wanderschaft trugen sie eine Kapsel mit Reliquien um den Hals, in einer weiteren Büchse bargen sie geweihte Hostien. Ihre selbstgeschriebene Bibel und andere geistliche Werke, bis zu fünf Bücher, waren in einem eigenen ledernen Bücherbeutel untergebracht. Ein kleiner Proviantsack, eine Wasserflasche sowie der obligatorische Pilgerstab ergänzten ihre Ausrüstung. Ob sie auch eine Glocke mit sich führten, ist ungewiß, in ihren Niederlassungen jedenfalls riefen sie damit die Brüder zum Gebet. Dies waren die ersten Glocken im Frankenreich. Das Museum in St. Gallen besitzt in der sogenannten Gallusglocke wohl die älteste dieser Art. Unser Wort Glocke ist übrigens irischen Ursprungs.

Typisch und neu war die Unabhängigkeit kolumbanischer Klöster gegenüber dem Diözesanbischof, der im Kloster keinerlei Rechte besaß, obgleich das Konzil von Chalcedon (451) alle Klöster der bischöflichen Jurisdiktion unterstellt hatte. Die Klöster fielen gewissermaßen aus dem Machtbereich des Bischofs heraus, sie waren exemt (lat. = herausgenommen). Für seine Gründung Bobbio ließ sich Kolumban diese Freiheit eigens vom Papst bestätigen. Eine mindestens so weitreichende Neuerung wie die Exemtion bestand darin, daß Kolumban seine Klöster auf dem Gebiet der Krone gründete und sie direkt dem Schutz des Königs unterstellte. In Briefen und Urkunden ließ er sich die Freiheit der Abtswahl und vollständiger Selbstverwaltung gewähren, so daß kein Graf oder anderer Potentat, außer dem König, über das Kloster und dessen Güter verfügen konnte. Mit dieser Befreiung von politischen Eingriffen und weltlichen Abgaben, Diensten und Pflichten, der sogenannten Immunität, legte Kolumban den Grundstein zu den späteren fränkischen Reichsabteien.

5. Doppelklöster, Inklusen, Hospize: die irische Vielfalt

Unter Doppelklöstern versteht man eine Einheit eines männlichen und weiblichen Konventes, deren Mitglieder unter der gleichen Regel, unter einer Leitung, meist der einer Äbtissin, und an ein und demselben Ort leben. Die ursprünglich mehr im Osten verbreitete

Einrichtung geht auf Basilius den Großen (330–379) zurück. Im Abendland pflegten vor allem die keltischen Christen diese monastische Lebenform und übermittelten sie schließlich den Franken. Spanien besaß hierin eine eigene Tradition.

Sehr wahrscheinlich gehen die ersten Doppelklöster des Frankenreiches auf die Mission und den Einfluß des hl. Kolumban zurück. Karolingische Doppelklöster wurden meist von hochadeligen Frauen gegründet, die entsprechend ihrem Stand selbstverständlich über den gesamten Besitz, auch den der Männer, die Herrschaft behielten. Meist stammte er ja aus der eigenen Familie. Damit bot ein Doppelkloster den adeligen Nonnen eine standesgemäße Lebensform. Die Äbtissin stellte die Priester und Kirchendiener an, die sie als Eigenkirchenherrin jederzeit wieder entlassen konnte. Bedeutende Doppelklöster waren die königliche Stiftung St. Gertrud in Nivelles (gegr. um 640), die ebenfalls königliche Doppelabtei Stablo-Malmédy (gegr. um 650) oder das elsässische Kloster Remiremont (Rimelsberg), das, um 620 als direkte Tochter von Luxeuil gegründet, sich kurz darauf zu einem Doppelkloster erweiterte. Doch bereits gegen Ende des 9. Jahrhunderts scheinen die Doppelklöster seltener geworden zu sein bzw. wandelten sie sich in Nonnenstifte mit einigen wenigen Kanonikern.

Auch eine andere, heute völlig unbekannte Einrichtung, das Inklusentum, wird mit Kolumban und den irischen Missionaren in Verbindung gebracht. Unter In- oder Reklusen versteht man Christen, die sich bei einer Kirche für die Zeit ihres Lebens in eine Zelle einmauern lassen. Diese Art des Gefangenseins in Christo ist zwar seit dem frühen Mönchtum bezeugt, wurde aber doch immer nur für eine gewisse Zeit auf sich genommen. Nun aber wollte man sich für immer einschließen lassen, was durch den irischen Einfluß mitbedingt war. Seit dem 7. Jahrhundert beschäftigten sich kirchliche Synoden mit der verbreiteten Sitte und versuchten durch Gesetze und Vorschriften, diese sehr individuelle Frömmigkeit – sie war besonders bei Frauen beliebt – zu steuern.

Eine Inklusenregel aus dem 9. Jahrhundert gibt uns über die Lebensweise der Eingeschlossenen Aufschluß. Die Zelle soll immer direkt am Chor der Kirche angebaut und ebenso wie die Kirche aus Stein gemauert sein. Zwölf Fuß breit und zwölf Fuß lang sei der mit drei Fenstern versehene Raum. Das eine Fenster führe in den Chor, damit die Inkluse dem Gottesdienst beiwohnen und die Kommunion empfangen könne. Das zweite, gegenüberliegende, öffne sich zum Vorraum der Zelle und diene zur Nahrungsreiche sowie dem Gespräch mit Rat-und Hilfesuchenden. Das dritte schließlich bringe Licht und Luft in die Zelle.

Die Zellen waren ursprünglich unbeheizt und dienten der Verstorbenen zugleich als Grab, das üblicherweise sich die Inklusin selber grub. Während des Hoch- und Spätmittelalters jedoch wurden die Zellen weit behaglicher ausgestattet. Sie besaßen eine bescheidene Küche, eine Wasch- und Badegelegenheit und zum Teil sogar ein kleines, abgeschlossenes Gärtchen. Ähnlich wie die Klöster, so bedachte man auch die Zellen mit frommen Stiftungen, schenkte ihnen Weinberge, Ländereien usw., damit die Inklusin für den Stifter beständig bete. Das Inklusentum war sehr verbreitet; allein in Regensburg lebten beispielsweise 17 Inklusen.

Alle Klöster besaßen bei der Pforte ein Gäste- und Armenhaus. Die irischen Missionare kannten und pflegten zwar auch diesen Brauch, doch gingen sie noch einen Schritt weiter, indem sie entlang den bedeutenden Pilgerstraßen selbständige Hospize erbauten und betreuten. Anfangs waren sie nur für ihre pilgerfreudigen Landsleute gedacht, doch schon bald fand jeder darin Zuflucht. Viele mittelalterliche Urkunden und Schenkungsbriefe sprechen von irischen Hospizen, die sehr beliebt und weit verbreitet gewesen sein müssen. Man könnte geradezu anhand der ehemaligen Pilgerhospize die damaligen Wallfahrtsrouten nachzeichen.

6. Die Iren kamen immer wieder

Mit Kolumban begann von Irland aus eine Pilgerbewegung, die nahezu ein Jahrtausend anhielt. Immer wieder verließen zwischen 600 und 1600 irische Mönche und Nonnen, vereinzelt oder in Gruppen, ihre geliebte Heimat, um als Fremdlinge zu den Gräbern der Apostel, also nach Rom, zu ziehen, wobei es selbstverständliche Pflicht war, die Gräber irischer Heiliger auf dem Kontinent mitzubesuchen. So ergab sich im Laufe der Zeit eine festgelegte irische Pilgerstraße, die von Kloster zu Kloster führte, von einem Heiligengrab zum anderen ging, um schließlich in Rom oder Jerusalem zu endigen.

39 *Kloster St. Peter in Salzburg, Stich von C. Stengel, „Monasteriologia", Augsburg 1619. Um 700 vom hl. Rupert begründet, seit Abt Virgil († 784), einem insularem Mönch, irisch beeinflußt.*

Nicht jeder erreichte das gewünschte Ziel. Zum Teil traten die Pilger in bestehende irische Klöster ein, andere wiederum gründeten eigene Niederlassungen. Nicht wenige erlitten auf ihrer Wanderschaft das Martyrium, so die Heiligen Koloman, Kilian und Kolonat. Jedoch fast nie kehrten sie wieder in ihre Heimat zurück. Aus Buße zogen sie es vor, in der bitteren Fremde zu verweilen, um als Einsiedler oder Inkluse unter dem Schutz eines nahen Klosters zu leben. Doch auch die höchste Mauer konnte die Weiterreise nicht hindern, wenn widrige Umstände das stille Leben empfindlich störten. Wir wissen, wie oft Kolumban seine Bleibe verlassen mußte.

Den Iren muß die „Wanderlust" im Blut gelegen haben, denn St. Brendan soll bereits im 6. Jahrhundert die Insel verlassen haben, um zu den Grenzen der Erde zu segeln. Brendan (480–577) war Abt eines irischen Kloster und mußte auf Gottes Befehl die Schiffahrt ins Unbekannte unternehmen, da er in seinem Herzen an den Schöpfungswundern der Bibel zweifelte. Auf dieser Reise erlebte er nun selbst, was er nie für möglich gehalten hatte. Er kam an den Schlund der Hölle, sah den Eingang zum Fegefeuer und erreichte sogar das Ende der Welt. Zahlreiche Schrecknisse hatte er durchzustehen, bis seine ungläubigen Zweifel an Gottes wundermächtigem Walten in der Welt behoben waren. Er sah die Insel der hundsköpfigen Engel, kam zu den Pforten des Paradieses, die er kurz durchschreiten durfte. Die Legende von Bredans Seefahrt reichte bis ins 7. Jahrhundert und gehörte zu den meistgelesenen Büchern des Mittelalters; allein zwischen 1474 und 1521 erlebte sie dreizehn Neuauflagen.

Die erste irische Pilgerwelle begann mit dem hl. Kolumban, doch mit ihm und nach ihm kamen weitere Mönche, Gelehrte und Heilige. Sein Schüler Gallus gründete eine Einsiedelei, aus der später das Kloster St. Gallen hervorging Auch der hl. Fridolin von Säckingen ist nach der Überlieferung ein Mönch Irlands. Der hl. Kilian wirkte im Frankenland und erlitt dort mit seinem irischen Begleiter Kolonat das Martyrium; die Reliquien erhob 752 Bischof Burchard von Würzburg, ebenfalls irischer Herkunft. Auch der Gründer des berühmten Klosters St. Peter zu Salzburg, Virgil, war ein Ire, der als Abt über zwanzig Jahre das Bistum leitete. Ebenso verdanken namhafte Klöster wie Hornbach, Reichenau, Maursmünster oder Gengenbach dem hl. Pirmin ihre Existenz. Allerdings ist seine Herkunft aus Irland nicht ganz unbestritten.

In Frankreich gründeten die drei irischen Brüder Fursa, Ultan und Foillan die später so berühmten Abteien Lagny und Péronne. Péronne wurde zu einem der größten nordfranzösischen Wallfahrtsorte, denn dort ruhte der Leichnam des hl. Fursa. Sein Bruder Foillan gründete das Kloster Fosses, das wiederum Ultan leitete. Der hl. Fiacarius erbaute in der Nähe von Meaux das erste irische Hospiz; er selbst aber verbrachte sein Leben als Einsiedler. Die Fiaker Österreichs gehen wohl, ohne es zu wissen, auf ihn zurück, denn die ersten Lohndroschken in Paris waren bei der Kirche und dem Hospiz des hl. Fiacarius stationiert, woher sich die scheinbar so typisch österreichische Bezeichnung Fiaker ableitet.

Wie zahlreich die Klöster waren, die von Iren gegründet wurden bzw. zu denen sie Anstoß gaben, belegt die Abb. 36.

Eine zweite irische Welle, ausgelöst durch die Invasion der Normannen, erfaßte den Kontinent während des 9. Jahrhunderts. Vor allem Gelehrte und hochgebildete Kleriker

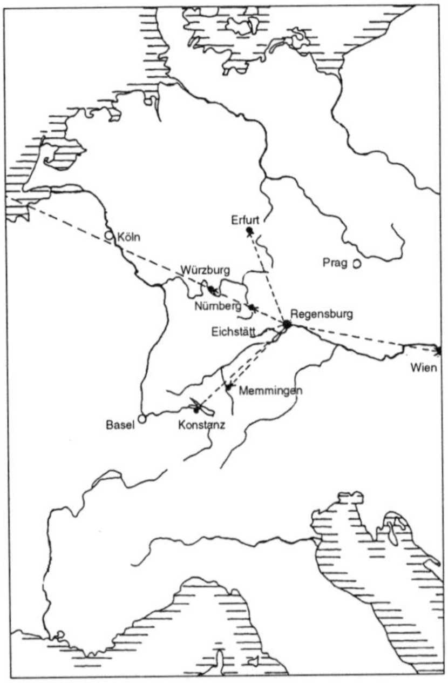

40 *Karte: Irische Klostergründungen in Deutschland im 12. Jahrhundert.*
● *Regensburg (mit zwei Prioraten in Irland)* ✱ *Filiationen* ○ *Orientierungshilfen*

41 *Auffahrt der hl. Maria Magdalena. Holzschnitt (um 1460). Wie Johannes der Täufer das Vorbild der Eremiten war, so sahen Eremitinnen und Büßerinnen in Maria Magdalena ihre Patronin. Ein mittelalterlicher Frauenorden, die Reuerinnen oder Magdalenerinnen, um 1230 gegründet, bezeichnet sich nach ihrer Patronin. Die langen Körperhaare verweisen auf den wiedererreichten Zustand paradiesischer Unschuld (vgl. Abb. 2 und 9). Das Motiv der „Auffahrt" bezieht sich auf die Legende, wonach die Heilige in der Wüste täglich zu den sieben Gebetsstunden in die Lüfte erhoben und durch den Gesang von Engeln erquickt wurde, so daß sie keiner irdischen Nahrung bedurfte.*

42 *Der Mensch als Symbol des Evangelisten Matthäus. Irische Buchmalerei aus dem Book of Durrow (um 680); Dublin, Trinity College. Der Mensch ist wie ein irischer Mönch mit seiner typischen Tonsur dargestellt. Die Inselmönche schoren sich das Haupthaar von Ohr zu Ohr, ließen aber die Haare des Hinterkopfes stehen. Zudem färbten sie ihre Augenbrauen mit rötlicher Farbe.*

flohen vor den rohen Horden und brachten ihr Leben und Wissen auf dem Festland in Sicherheit. Dadurch kam es erneut zu einem geistigen Impuls im Frankenreich. Am Hof Karls des Großen und an seiner Palastschule fanden die geschätzten „Weisheitsverkäufer", wie es in der Vita Karls des Großen heißt, freudige Aufnahme und großzügige Unterstützung. Gelehrte wie Dungal, Dicuil, Thomas Scotus, Clemens Scotus, Johannes Scotus Eriugena oder Sedulius Scotus bereicherten den Kaiserhof nicht nur mit neuen und wichtigen theologischen Kenntnissen, sondern dienten als Geographen, Astronomen und Übersetzer griechischer Werke, wodurch sie die geistige Welt der Franken entschieden prägten. Johannes Scotus Eriugena beispielsweise übersetzte und kommentierte die griechisch verfaßten Schriften des Pseudo-Dionysius Areopagita, dessen Einfluß auf die Theologie und Mystik des Mittelalters nicht zu überschätzen ist. Vor allem sein Werk über die Hierarchie wirkte auf das politische Selbstverständnis des Reiches, denn Dionysius konnte alle weltlichen Stände, ja letztlich das ganze „Sein" zu einer organischen Einheit gliedern, die sich durch die geistige Fähigkeit des einzelnen differenziert. Im Bilde gesprochen war es eine Pyramide, aufgebaut vom niedersten zum höchsten Sein. Auch weitere Schriften antiker Autoren wie Vergil, Cicero, Sallust, Horaz u. a. blieben durch die irischen Gelehrten dem Abendland erhalten. Neben ihnen verblassen die wenigen irischen Pilger jener Zeit, die trotz widriger Umstände als Einsiedler oder Inklusen noch nach Deutschland kamen. Der hl. Findan beispielsweise pilgerte nach Rom und ließ sich auf seiner Rückkehr als Einsied-

ler beim Kloster Rheinau nieder, und sein Landsmann Eusebius verbrachte sein restliches Leben in Alemannien, ohne weitere bedeutende Spuren zu hinterlassen.

Die dritte Welle ist in die Mitte des 10. Jahrhunderts zu datieren. Irland war von den Normannen wieder befreit, und unbesorgt konnten irische Pilger die heiligen Stätten in Europa besuchen. Colman dürfte zu den berühmtesten Pilgern jener Zeit gehören, denn nach seinem Martertod in der Nähe von Melk wurde er zum Patron Österreichs erkoren. Unzählige Iren ließen sich damals erneut als Inklusen nieder oder schlossen sich noch bestehenden irischen Gründungen an. Andere wiederum gründeten abermals Klöster oder beeinflußten Gründungen. So gehen die Klöster Waulsort bei Lüttich, St. Vincent zu Laon, St. Felix zu Metz, St. Vannes in Verdun, Groß St. Martin und St. Pantaleon zu Köln, alle Mitte des 10. Jahrhunderts, direkt auf irische Anregungen zurück.

Von Regensburg aus nahm eine letzte der bedeutenden Wellen irischer Klostergründungen ihren Ausgang. Um 1050 lebte beim dortigen Nonnenstift Obermünster ein irischer Inkluse. Etwa zwanzig Jahre später kam sein Landsmann Marianus auf einer Wallfahrt über Regensburg. Ein göttlicher Wink ermahnte ihn, hier zu bleiben. Er zog zu seinem Mitbruder und war als Schreiber von Codices sehr begehrt. Weitere Iren folgten ihm – die Mönche unterhielten engen Kontakt zur Heimat, und zudem wurde hier der scheinbar irische Heilige Ehrhard verehrt –, so daß die Nonnen von Obermünster ihnen Grund und Boden für eine eigene Niederlassung bei der kleinen Peterskirche außerhalb der Stadtmauer schenkten. In kurzer Zeit strömten in das neue Kloster so viele irische Mönche, daß es zu einer weiteren Gründung, dem Stift St. Jakob in Regensburg, kam. Entsprechend der irischen Tradition befreite sich St. Jakob von der Vormundschaft des Stifters und erreichte vom Bischof und Landesherrn schon um 1112 die Exemtion und Immunität, obwohl es erst um 1090 gegründet worden war.

Beeindruckt von der irischen Frömmigkeit und Gelehrsamkeit beriefen zahlreiche Landesherren Mönche von St. Jakob in ihr Land, was zu sieben Filiationen von Regensburg führte. Die Regensburger Mönche errichteten und besiedelten zwischen 1130 und 1170 folgende, rein irisch belegte Benediktinerklöster: St. Jakob in Würzburg; St. Jakob in Erfurt; St. Egid in Nürnberg; St. Jakob in Konstanz; St. Marien in Wien; Heiligkreuz in Eichstätt und St. Nikolaus in Memmingen (Abb. 40). Alle Klöster übernahmen seelsorgerische Aufgaben, betreuten Pfarreien, unterhielten Hospize und betrieben angesehene Schreib- und Unterrichtsschulen. Nur Memmingen und Eichstätt besaßen keine öffentlichen Schulen. Die Gründungen, und dies ist auffällig, liegen alle in aufstrebenden Städten und nicht, wie damals üblich, auf dem weitabliegenden Land; sie waren gleichsam die ersten Stadtorden. In der Hinwendung zur Stadt lag unter anderem ein Grund für ihre rasche Blüte. Adel und Bürgertum halfen ihnen deshalb so gern, weil die Klöster, wie oben schon gesagt, öffentliche Aufgaben übernahmen. Da in ihren Niederlassungen nur Mönche irischer Abstammung aufgenommen wurden, gründete das Regensburger Kloster in Irland zwei Priorate, um sich den heimischen Nachwuchs zu sichern.

Gegen Ende des 15. Jahrhunderts wurden allerdings verschiedene Klöster aufgelöst oder von deutschsprachigen Benediktinern übernommen, wie beispielsweise das heute noch bestehende Schottenstift in Wien. Der Name Schottenklöster oder Iroschotten ist irreführend

43 *Ansicht des ehemaligen irischen Klosters St. Jakob zu Regensburg. Stich (17. Jh.). Die irische Siedlung in Regensburg wurde zur „Mutter“ weiterer Klöster in Deutschland (vgl. Abb. 40).*

und beruht auf der mittelalterlichen Bezeichnung Scotti für die Iren. Schotten im eigentlichen Sinne missionierten nicht in Deutschland, außer im späten Mittelalter, wo schottische Mönche aufgelassene irische Klöster für sich reklamierten. So konnten die Schotten nach hartnäckigen Rechtsstreiten die drei irischen Gründungen Regensburg (1517), Würzburg (1594) und Erfurt (1518) übernehmen. Erst im Jahre 1862 verließen die letzten Schottenmönche Regensburg, um dem bischöflichen Priesterseminar Platz zu machen. Alle Klöster, bis auf das Schottenstift St. Maria zu Wien, sind seit langem aufgehoben. Von den einstigen umfangreichen Klosterbauten zeugen nur noch die Anlagen in Regensburg und Wien. Einen eigenen, typisch irischen Baustil pflegten die Klöster nicht. Im allgemeinen richteten sie sich nach dem Stil der jeweiligen Zeit und Gegend, wenngleich sie in manchen Details, wie der Ornamentik, irische Anklänge bewahrten.

II. Die fränkischen Klöster finden zur Einheit
Das Werk des hl. Bonifatius

1. Merkmale des germanischen Christentums

a) Das Eigenkirchenwesen

Die irischen Missionare flochten ein enges Band zwischen dem Landesherrn und ihren Klöstern, indem sie ihre Gründungen stets auf herrscherlichem Eigengrund errichteten und ihre Niederlassungen durch königliche Privilegien vor fremdem Zugriff sicherten. Zudem wollten sie nie irgendwelche unbekannten Einsiedler sein, die in unzugänglichen Wäldern ein bewundernswertes Leben führten, sondern ihre religiöse Absicht war es, durch ihr asketisches Leben sich und ihre Familie, den Stamm, das Land und das Reich zu heiligen. Die Vorstellung von der geistigen Einheit aller Christen im Volke Gottes kam ganz besonders dem keltisch-germanischen Empfinden von der Zusammengehörigkeit des Volksstammes, zu dem übrigens auch die Verstorbenen zählten, entgegen. Noch während der Mission Kolumbans (Anfang 7. Jh.) stiftete der hohe Adel sehr viele Klöster und Kirchen, die er reichlich ausstattete, da er sie als sein Familienheiligtum betrachtete. Dafür „besorgte“ er sich Mönche und Regel, ernannte einen Verwandten zum Abt bzw. zur Äbtissin und suchte durch Reliquien bekannter Heiliger seine Stiftung zu sichern. Teilweise über Generationen hinweg stellten einzelne Familien die Äbte, deren Amt häufig an das Stifterhaus gebunden war. Ihre Kirche oder Krypta diente der Gründerfamilie als Grablege, damit sie gleichsam inmitten ihres Heiligtums ruhten und der Gebete und Verdienste der Mönche teilhaftig wurden. Die Sorge um das Seelenheil der Lebenden und Verstorbenen war für die Entwicklung und Eigenart des fränkischen Mönchtums wegweisend.

Das Seltsame dieser großzügigen Familienstiftungen waren die Besitzrechte. Die Stifter schenkten zwar ihren Klöstern bzw. dem Klosterheiligen riesige Wälder, zahlreiche Mühlen, gute Weingärten, Pfarrkirchen und ganze Dörfer mitsamt den Einwohnern, doch die reale Verwaltung besorgten die Stifter und ihre Nachkommen. Geistlichen, Klerikern und

Mönchen waren Rechtsgeschäfte, Klagen, Gerichtsbesuche und Steuer- bzw. Pachteintreibung durch das Kirchengesetz schon immer verboten, weshalb sie sich dazu eines Laien, des „advocatus", bedienen mußten; von diesem lateinischen Begriff leitet sich das deutsche Wort „Vogt" ab. Dieser Rechtsbeistand bestritt nicht nur die juristischen Dinge, sondern sollte zugleich für den äußeren Schutz der Stiftung sorgen. Er kümmerte sich um die Abgaben, legte den Zins fest, verteidigte das Kloster bei Angriffen und übte im klösterlichen Herrschaftsbereich die Justiz aus. Gewöhnlich übernahmen die Stifter und ihre Familie das erbliche Amt der Vogtei. Der Einfluß des Vogtes war so groß, daß er letztlich die Herrschaft über den „Besitz des Klosterheiligen" ausübte. Durch solche Gründungen entzogen die Stifter ihren Besitz dem königlichen und bischöflichen Zugriff, denn Gottesgut war unbesteuerbar und aus dem königlichen Lehensverhältnis entlassen, weshalb bei diesen Schenkungen häufig die Herrscher mitsiegelten. Wäre aber das Kloster, wie es das Kirchengesetz seit dem Konzil von Chalcedon (451) vorgesehen hatte, dem Bischof unterstellt worden, so wäre er Herr der gesamten Stiftung geworden. Wie schlimm manche Bischöfe mit dem Kirchenbesitz umgingen, belegt der häufig geschilderte ungeheure Reichtum merowingisch-fränkischer Kirchenfürsten, deren Macht und Prunk oft den weltlichen Hochadel in den Schatten stellten.

Gerade in politisch unruhigen Zeiten bewahrten adelige Grundbesitzer durch solche Klosterstiftungen ihren Besitz vor einer eventuellen Konfiszierung durch den neuen Herrscher. Das Kloster samt seinen Einkünften, die der Vogt zu erheben hatte, konnte bei Bedarf verpfändet oder verkauft werden, denn es änderten sich nur die Vögte, prinzipieller Besitzer blieb der Heilige, dem das Kloster geweiht war. So konnten die Stifter, Abt oder Laienabt, die aus der Familie stammten, über die Vogtei ihr Vermögen faktisch behalten und den Nutzen daraus ziehen. Wenn die Stifter noch einen ihrer Söhne als Laienabt einsetzten, war real jeder Unterschied zwischen geistlichem und weltlichem Gut beseitigt. Ein Laienabt besaß keinerlei kirchliche Weihen. Er mußte nicht im Kloster leben, sich einer Regel fügen, noch in den geistlichen Stand treten. Als verheirateter Laie hatte er sich nur um Einkünfte und Verwaltung zu kümmern, die geistige Leitung versah der Propst. Einhard (770–840), der berühmte Gelehrte am Hofe Ludwigs des Frommen, beispielsweise bekam vom Kaiser achtzehn Abteien übertragen, denen er als Laienabt vorstand. Die Gemahlin Ludwigs war Laienäbtissin von drei königlichen Abteien, die sie nie in ihrem Leben gesehen hatte.

Was vom Kloster gesagt wurde, gilt im selben Maße für die Pfarr- und Stiftskirchen, die in der Frühzeit des germanischen Christentums weitgehend Eigenkirchen waren. Der Grundbesitzer ließ das Gotteshaus erbauen und stellte einen Geistlichen an, der anfangs sogar ein Unfreier seiner Herrschaft sein konnte. Erst unter den Karolingern wurde es verboten, Unfreie als Geistliche anzustellen; gegebenenfalls mußten sie vorher freigelassen werden. Wenn wir von Kirchen- und Klosterstiftern sprechen, so dürfen wir nicht nur an adelige Laien oder den Kaiser denken, ebenso häufig traten auch die Bischöfe als Stifter auf, die ja alle aus dem Hochadel stammten. Auch sie wollten für ihre Familie, ihr Land und ihren Stamm geistlich sorgen, indem sie Eigenklöster schufen, Grablegen errichteten und Eigenkirchen erbauten.

b) Die Vielfalt und Ungebundenheit der merowingisch-fränkischen Kirche

Man kann sich nach dem Gesagten leicht vorstellen, wie groß der Einfluß des Eigenkirchenherrn auf das geistliche Leben seines Klosters oder seiner Kirche gewesen sein mag. Er bestimmte ja die Regel, suchte sich den Geistlichen aus und bestellte den Abt. Die Bischöfe wiederum rekrutierten vorwiegend aus ihren Hörigen den Domklerus und besetzten ihre Eigenkirchen mit Unfreien. Tatsächlich führte die enge Verquickung von geistlichem Amt und irdischem Besitz auch zu untragbaren Verhältnissen. Gregor von Tours (538–594) berichtet in seiner Geschichte der Franken Unglaubliches über das frühe germanische Christentum. Das Leben der Bischöfe, ihre Gewalt und Herrschsucht, die selbst vor Raub und Mord nicht zurückschreckte, füllen seitenweise seine Geschichte. Und dennoch wird man sagen müssen, daß ohne diese typisch germanische Form des Eigenkirchenwesens die Bekehrung der Germanen gescheitert wäre. Wer wollte und konnte in einem Land das Christentum verbreiten, Kirchen errichten und Menschen zur Nachfolge Christi bewegen, das als Lehensstaat organisiert war? Es gab keine gebildete Schicht, keine freien Germanen, die in Gesprächen zum Christentum bekehrt werden konnten. Der Großteil des Stammes war unfrei und ganz der Herrschaft des Oberhauptes überantwortet. Nur der freie Adel konnte tätig werden, sich zum Christentum bekehren, Kirchen stiften und Klöster für seine Sippe erbauen. Nur ihm war es möglich, ins Kloster zu gehen, Bischof zu werden oder die Würde eines Abtes anzunehmen; alle anderen mußten zuerst von ihrem Herrn freigelassen werden, um überhaupt selbständig entscheiden zu können.

Aber eine weit größere Gefahr als die der Laienherrschaft über die Kirche lag in der engen Verflechtung von Sippe und Religion. Denn eine zu enge Bindung konnte das universale Christentum zu einer Stammesreligion degradieren. Dem Angelsachsen Winfried/Bonifatius gelang es, diese Gefahr zu beheben, indem er die germanische Kirche nach den Formen und Prinzipien der allgemeinen, römischen Kirche gestaltete. Dies war trotz aller Kritik an der scheinbaren Unterjochung der freien germanischen Kirche unter Rom eine epochemachende Leistung. Denn es gab nur zwei Möglichkeiten für das aufstrebende Frankenreich: Entweder es ging einen völlig eigenen Weg und beschränkte sich auf die eigene Kultur und ein germanisches Stammeschristentum – dann hätte es weder ein Abendland noch ein Europa gegeben –, oder aber es suchte den Kontakt zum spätantiken Christentum, übernahm in modifizierter Weise dessen Form und gliederte sich somit in die allgemeine Weltkirche ein. Die fränkischen Herrscher entschieden sich für den letzten Weg und suchten den Anschluß im Süden: Sie gingen nach Rom, ließen sich dort zum Kaiser krönen und legten gewissermaßen als Morgengabe ihre Reichskirche den Aposteln zu Füßen. Damit fügten sie ihre Völker in den bestehenden Kulturkreis der Welt ein und trugen dazu bei, daß er um den Norden erweitert wurde. Den entscheidenden Anstoß dazu gab der Angelsachse Bonifatius, der um der Mission willen ins Frankenreich gezogen war, aber letztlich die kirchliche Einheit zwischen der fränkischen Reichskirche und der lateinischen, abendländischen Kirche hergestellt hatte.

2. Das Leben des hl. Bonifatius

Über sein Leben sind wir gut unterrichtet, denn Willibald, sein Landsmann und Schüler, verfaßte bereits zehn Jahre nach dem Tod des Heiligen († 754) eine ausführliche Lebensbeschreibung. Zudem war Bonifatius ein eifriger Briefschreiber, dessen stattliches Werk von ungefähr 150 Briefen uns unmittelbar Aufschluß über ihn und sein Wirken gibt. Er schrieb an Päpste, Herrscher, Bischöfe, Mitstreiter, vor allem aber an seine Verwandten in der Heimat, und immer wieder findet sich die Bitte: Schickt mir doch Bücher, kommt rasch zu uns, betet inständig für mein Werk, und versagt meiner Seele nach dem Tod nicht euer Gebet.

Winfried, wie Bonifatius vor seiner Bischofsweihe hieß, wurde um 675 in Wessex, nahe dem Benediktinerkloster Exeter (England) geboren, dem er später als Oblate übergeben wurde. Dort erhielt das begabte Kind eine gründliche Ausbildung, die später in der benachbarten Abtei Nursling erweitert wurde. Bald war er Mönch und selbst Lehrer, dennoch scheute er sich nicht, täglich manuell zu arbeiten. Schließlich zog es ihn, wie die benachbarten Iren, in die Fremde, aber mit einem völlig anderen Ziel. Jene verließen ihre Heimat aus asketischen Gründen und erstrebten die persönliche Heiligung. Fremde Völker wollten sie, von Ausnahmen abgesehen, nicht bekehren, deshalb ließen sie sich nur in christianisierten Ländern nieder. Die Angelsachsen dagegen zogen zielbewußt zu den stammesverwandten Sachsen, um sie zu missionieren. Mönche, Priester, Bischöfe, ja sogar Nonnen verließen um der Mission willen die geliebte Heimat. Selten wurden sie unbekannte Einsiedler oder verborgene Inklusen; das paßte nicht zu ihrem Ziel. Sie mieden das bereits christianisierte Land und zogen an die Grenzen des karolingischen Reiches, um im heidnischen Vorland ihre Niederlassungen zu gründen (Abb. 44).

Sehr deutlich kommt dieser Unterschied zwischen den irischen und angelsächsischen Mönchen in den Biographien Kolumbans und Bonifatius zum Ausdruck. Kolumban erscheint als typischer Heiliger des Mönchtums. Er lebte asketisch, sammelte Schüler um sich und wirkte als geistbegabter Lehrer zahlreiche Wunder. Die innere Gesinnung seiner Brüder und Mönche konnte er ohne weiteres erkennen, und Zukünftiges war ihm nicht verborgen. Den Kampf mit dem teuflischen Widersacher führte er ebenso entschieden wie die Väter der Wüste. Wirkmächtig trieb er Dämonen aus, heilte Besessene und legitimierte seine Berufung durch göttlich gewirkte Wunder. In dieser Hinsicht standen er und seine Mönche ganz auf dem Boden des frühen Mönchtums und in der Tradition der Wüste.

Ganz anders verlief das Leben des hl. Bonifatius. Er wirkte während seines tätigen Missionsleben keine Wunder noch heilte er Besessene oder prophezeite Zukünftiges. Bonifatius war ein rastlos tätiger und dabei sehr menschlicher Missionar, den ständig Sorgen quälten. Er verschmähte es nicht, seine Freunde um Hilfe zu bitten oder sich unterzuordnen, indem er sich vom Papst Weisung erbat. Wunder und die ständige Hilfe Gottes sind bei ihm längst nicht mehr so handgreiflich anwesend wie bei Kolumban. Erst nach seinem Tode ereigneten sich zahlreiche Wunder und ließen sein Grab zu einer vielbesuchten Wallfahrtsstätte werden.

Im Jahre 716 verließ Bonifatius zum erstenmal seine Heimat, um die Friesen zu bekehren. Sein Abt erlaubte die Mission und gab ihm einige Begleiter mit. Sie reisten zu Redbod,

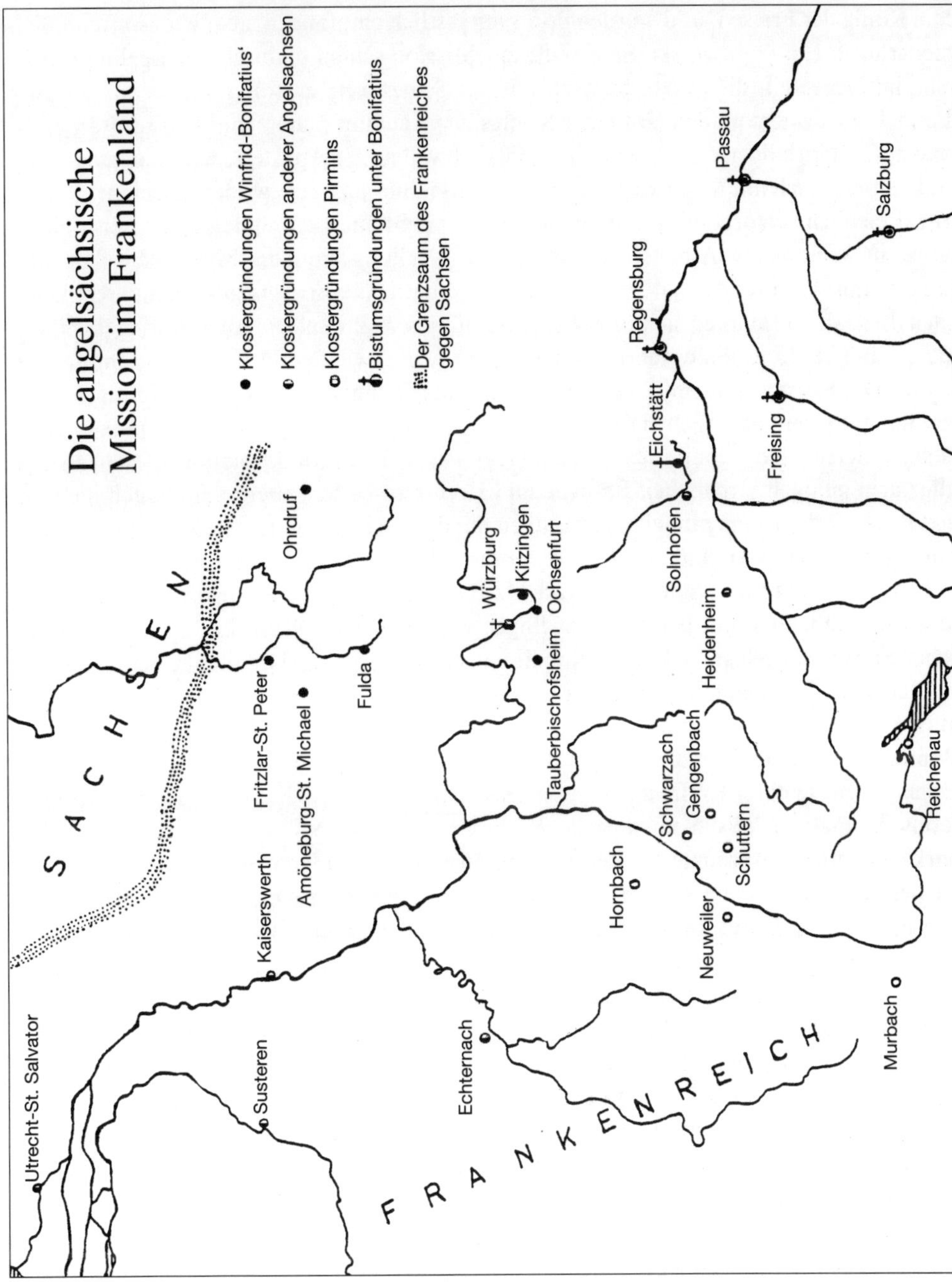

44 *Karte: Die angelsächsische Mission im Frankenland.*

dem König der Friesen, und wurden dort sehr gastlich empfangen, aber ebenso freundlich wieder nach Hause geschickt. Sein Wille zur Mission schien dadurch nicht gebrochen zu sein, im Gegenteil, die zweite Missionsreise (718) bereitete er völlig anders vor. Er ging diesmal nicht zuerst an den Hof eines Königs, um sich dort Schutz und Hilfe gewähren zu lassen, sondern pilgerte nach Rom, zu den „Schwellen der Apostel", wie es damals hieß, und besprach sich mit dem Papst, der ihm die Missionierung der „wilden Germanen" übertrug. Reichlich versorgt mit Reliquien und höchst legitimiert durch den Papst, reiste Bonifatius in sein neues Arbeitsfeld zurück. Er gesellte sich dem Missionsbischof und Landsmann Willibrord bei, der bereits begonnen hatte, die Friesen zu missionieren. Doch nach drei Jahren trennten sich ihre Wege. Bonifatius wollte selbständig Thüringen missionieren und reiste deshalb abermals nach Rom, wo er wiederum brüderlich empfangen wurde. Der Papst weihte ihn nun zum Bischof und gab ihm den Namen Bonifatius. Er stattete ihn mit einem päpstlichen Geleitbrief aus, damit ihn die Herrscher der Franken großzügig unterstützten. Bonifatius gelobte dem Papst Treue und versprach, sich an alle allgemein gültigen kirchlichen Bräuche und Rechte zu halten, ebenso aber auch die übrigen Bischöfe des Frankenreiches zur Einheit mit der lateinischen Kirche zu ermuntern. Gerade in dieser Hinwendung an Rom lagen die Größe und die Verdienste des Heiligen.

Bonifatius ging nun an den Hof Karl Martells, zeigte ihm den päpstlichen Schutzbrief und kam schließlich mit jenem eigenwilligen Kirchenherrn – Karl führte als erster Herrscher eine großangelegte Säkularisation durch, das heißt, er zog kirchliches Vermögen und klösterlichen Besitz ein, um verdiente Adelige damit zu belohnen – darin überein, daß er auch in seinem Auftrag und unter seinem Schutz die Hesssen und Sachsen missionierte. Bonifatius gründete dazu die Klöster Ohrdruf, Fritzlar und Amöneburg und belegte sie in Ermangelung anderer Kräfte mit angelsächsischen Mitbrüdern. Ein Jahr später reiste Bonifatius abermals nach Rom, um dort die Würde eines Erzbischofs zu empfangen. Zehn Jahre wirkte der eifrige Missionar im Reich der Franken und im angrenzenden Sachsen. Immer wieder besuchte er seine Klöster oder gründete für nachkommende angelsächsische Nonnen neue Frauenkonvente: Kitzingen, Tauberbischofsheim und Ochsenfurt. Nur bedingt gelang es ihm, die verschiedenen Mißstände in der kirchlichen Hierarchie zu beseitigen.

Schließlich pilgerte er zum letztenmal nach Rom, um dort abermals geehrt zu werden, denn er wurde zum päpstlichen Legaten für ganz Germanien erhoben. Jetzt besaß Bonifatius das Recht, Synoden einzuberufen, unwürdige Bischöfe abzusetzen und neue Diözesen zu errichten, was er in Bayern und Franken auch getan hat. Seine „Befreiung aus dem Gefängnis des Leibes", wie es in der Biographie heißt, schien er geahnt zu haben, denn ohne äußeren Anlaß zog er sich aus allen Amtsgeschäften zurück, um endlich seine Lebensaufgabe, die Mission der Friesen, zu vollenden. Dort erlitten er und seine Begleiter auf einer Firmreise das Martyrium. In der vergeblichen Hoffung auf reiche Beute überfielen räuberische Friesen die ahnungslosen Missionare und töteten sie. Den Leichnam überführten treue Schüler in seine Kloster Fulda, wo er zu ruhen sich gewünscht hatte.

3. Sein Werk

a) Bonifatius organisiert die Reichskirche nach dem römischen Vorbild

Bonifatius gelang es, das fränkische Christentum aus seiner Stammesbindung zu lösen und der Universalkirche anzugliedern. Für Bonifatius und die Angelsachsen war Rom die Mutter ihres Glaubens, Garant der Lehre und Haupt der Welt. Nie haben sie es vergessen, daß es ein römischer Papst war, dem sie ihr Christentum zu verdanken hatten. Denn Papst Gregor der Große (590–604) hatte ihnen die ersten Missionare gesandt. Schon allein deshalb pflegten sie eine gute Beziehung zu Rom. Doch weit mehr begründeten die Reliquien des hl. Petrus die beständige Freundschaft, denn kein anderes Land der Welt verehrte den hl. Petrus mehr als die Angelsachsen. Ihm zu Ehren erbauten sie ihre Kirchen, und unablässig pilgerten sie zu seinem Grabe. Hier erneuerten sie ihren Glauben und stärkten ihre Hoffnung. Bonifatius besaß eine Sammlung der Petrusbriefe, die mit goldenen Buchstaben geschrieben waren.

Das fränkische Reich war zwar nominell christlich, doch in jenen Landesteilen, die das spätantik geprägte Christentum nicht erreicht hatte, unterlag die kirchliche Ordnung weitgehend den religösen Vorstellungen germanischer Sippenfrömmigkeit. Wie bei allen Sippenkulturen war auch hier der Herrscher zugleich für die Religion zuständig. Deshalb war es äußerst schwierig, das urchristliche Modell des Stadtbischofs auf Germanien zu übertragen. Selbst verbindliche Konzilienbeschlüsse fanden im merowingisch-fränkischen Reich nur geringe Beachtung, waren doch die geistigen Voraussetzungen zu verschieden. Dazu kam noch, daß Erbstreitigkeiten und Machtkämpfe das Reich trennten oder einten, je nachdem, welche Partei die Oberhand gewann. Erst als die Karolinger ihre Dynastie mit Pippin II. (679–714) festigten, war an eine einheitliche Kirchenreform zu denken.

Für sein Reformwerk konnte Bonifatius die Söhne Karl Martells, Karlmann und Pippin, gewinnen. Mehrere Reichstage legten das Reformprogramm fest, die Beschlüsse wurden zum Reichsgesetz erhoben, die notfalls mit Gewalt durchgesetzt werden konnten. Im großen und ganzen waren es Rechtsnormen, die im übrigen Teil des Christentums längst Eingang gefunden hatten. Als Arbeitsgrundlage diente Bonifatius eine Sammlung kirchenrechtlicher Beschlüsse, die er in Rom erhalten hatte. Wir nennen einige, an denen sich die angestrebte Organisation deutlich ablesen läßt: Alle Bischöfe, die Erzbischöfe ausgenommen, werden Bonifatius unterstellt. Jedes Jahr soll eine kirchliche Synode abgehalten werden. Der König hat die nötigen Bischöfe einzusetzen, die unwürdigen aber zu entfernen. Alle Priester unterstehen dem jeweiligen Diözesanbischof, dem sie jährlich Rechenschaft ablegen müssen. Falschen Priestern und unwürdigen Diakonen werden die Einkünfte entzogen. Priester und Bischöfe benötigen für ihre Tätigkeit in einer anderen Diözese die Erlaubnis des Diözesanbischofs. Ehebrecherische Bischöfe sollen ebenso bestraft werden wie Kleriker, Nonnen und Mönche, die das Gelübde der Keuschheit verletzen; neben einer Prügelstrafe sollen sie ein bis zwei Jahre bei Wasser und Brot eingekerkert werden.

Schließlich gelang es Bonifatius auf einer Synode im Jahre 747 die Bischöfe auch davon zu überzeugen, daß eine Reform nur nach dem Vorbild und mit Hilfe Roms von Dauer sein würde. So verfaßten die Bischöfe eine Erklärung und bekundeten dem Papst und seinen

Nachfolgern ihre beständige Ergebenheit. Den Synoden gingen mehrere Bistumsgründungen voraus. Im Einvernehmen mit dem bayerischen Herzog legte Bonifatius die Bistumsgrenzen und Bischofssitze von Freising, Passau, Salzburg und Regensburg fest. In eigener Autorität gründete er die Missionsbistümer Eichstätt, Würzburg, Erfurt und Buraburg, die er alle mit angelsächsischen Bischöfen besetzte. Auch die altkirchliche Einrichtung von Kirchenprovinzen mit einem Metropoliten an der Spitze suchte Bonifatius neuzubeleben.

b) Mönche werden zu Missionaren

Ursprünglich zogen sich die Mönche radikal von der Welt zurück, um konsequent ihr Taufversprechen zu verwirklichen. Der Schritt in die Wüste diente ausschließlich der Selbstheiligung. Die hohe Klostermauer mit nur einer Pforte und dem wachsamen Pförtner unterstrich den trennenden und weltabweisenden Charakter ebenso wie die Pflicht zur Ortsbeständigkeit (stabilitas loci). Keine Regel erlaubte irgendwelche Tätigkeiten in der Welt. Priester waren nur geduldete Gäste, die ebenso wie die übrigen Mönche hinter den Mauern verblieben. Mission, Gottesdienst und Seelsorge waren Aufgabe des Klerus, zu dem die Mönche nicht zählten, denn sie waren einfache Laien.

45 *Corbie, Stich aus: Monasticon Gallicanum (17. Jh.). Corbie in Nordfrankreich gehörte zu den mächtigsten karolingischen Reichsabteien. Deutlich erkennbar die verschiedenen Kirchen; links oben das verbindlich vorgeschriebene Klosterhospiz.*

Diese Grundstruktur des Mönchtums wurde aber in der lateinischen Kirche schon bald abgewandelt, während die spätere Ostkirche dem ursprünglichen Ideal weitgehend treu blieb. Ansätze zur Seelsorge zeigten sich bereits in den Klöstern Martins von Tours, vor allem aber in Lérins, wo die Klöster geradezu Pflanzstätten für den höheren Klerus wurden. Waren die Mönche anfangs Laien oder einfache Christen, so wurden sie spätestens zur Zeit der Magisterregel dem Klerus zugerechnet und mit der üblichen Tonsur versehen. Doch weder die Magister- noch die Benediktregel erlaubten seelsorgliche Aufgaben oder forderten die Priesterweihe. Den Schritt zum Priestermönchtum vollzogen die irischen Mönche, die in ihrem Land weitgehend die Seelsorge übernommen hatten und als Abtbischöfe der Kirche vorstanden. Auch bei den Angelsachsen muß es zahlreiche Priestermönche gegeben haben, denn ihre Missionare waren häufig Mönch und Priester zugleich. Obwohl die angelsächsischen Missionare nach der Benediktregel lebten, sahen sie keinen Widerspruch, wenn sie außerhalb der Klausur tätig waren und als Priester und Bischöfe mitten in der Welt wirkten. Offensichtlich nahmen sie sich den Papst zum Vorbild, der ihnen ja Benediktiner als Missionare gesandt hatte. Bonifatius, selbst Benediktiner, betrachtete sein Werk ganz unter dem Ziel der Mission, die er vorwiegend an den Grenzen des Reiches übte. Keine seiner Gründungen lag im Kerngebiet der Franken, alle erwuchsen an der Grenze zu den heidnischen Sachsen. Fritzlar, Amöneburg, Fulda und das weit vorgeschobene Ohrdruf (Abb. 44) dienten ebenso als Missionsstützpunkte wie das eigens dafür gegründete Kloster und Bistum Eichstätt. Für Fulda läßt sich sogar ein Taufhaus nachweisen, was mehr für die Mission als für ein Kloster spricht.

c) Die Regel Benedikts wird Norm

Wir haben gesehen, welche Bedeutung Rom, die Petrustradition und der Papst für die Angelsachsen, ja letztlich für die gesamte lateinische Kirche damals besessen hat. In dieser Tradition steht auch die hohe Bewertung der Benediktregel, die, mit dem Schein des Römischen versehen, für die Angelsachsen das authentische Mönchtum verkörperte. Doch diese Aura umgab, wie wir heute wissen, Benedikt zu Unrecht, denn seine Regel ist zwar in der Umgebung Roms entstanden, doch keineswegs war sie die typische Regel des lateinischen Mönchtums.

Den Ruhm Benedikts, römisch und authentisch zu sein, begründete Papst Gregor der Große in seinen „Dialogen", einer Schrift über die großen Heiligen Mittelitaliens. Hierin sind Benedikt zwei Bücher gewidmet, in denen sein Leben, seine Wunder und Klostergründungen ruhmvoll geschildert werden. Die Autorität des Papstes verlieh Benedikt die Ehre, römisch zu sein. Dazu kam noch, daß es gerade dieser Papst gewesen war, der benediktinische Mönche zur Mission der Angelsachsen geschickt hatte. Die Mönche brachten offensichtlich die heimische Regel mit, denn die älteste benediktinische Regelhandschrift wurde im 7. Jahrhundert in Südengland geschrieben. So war für die Angelsachsen die Benediktregel in zweifacher Hinsicht legitimiert.

Doch es gab noch weitere Berührungspunkte zwischen Benedikt und den Angelsachsen. Das benediktinische Mutterkloster, Montecassino, war seit dem langobardischen Überfall

46 *Heidenheim, Diözese Eichstätt, um 750 vom Angelsachsen Wunibald als Doppelkloster gegründet. Hier lebte und starb seine Schwester Walburga, deren Konvent später nach Eichstätt, Abtei St. Walburga, verlegt wurde. Im 9. Jahrhundert in ein Kanonikerstift umgewandelt, aber im Zuge der hirsauischen Reform wieder benediktinisch. Aus dieser Zeit, Anfang des 12. Jahrhunderts, stammt auch die Kirche; Chor später angebaut. 1537 aufgehoben.*

(581) völlig zerstört und wurde nun zur Zeit des hl. Bonifatius, nach anderthalb Jahrhunderten Verödung, neu besiedelt. Abt Petronax aus Brescia erweckte die verlassene Stätte zu neuem Leben. In diese Gründung trat 729 auch ein Angelsachse, Willibald, vom Kloster Essex ein, der über ein Jahrzehnt unerkannt das wichtige Amt des Pförtners versah. Doch Papst Gregor wollte von der Bescheidenheit nichts wissen und sandte ihn zu Bonifatius, damit er ihm bei der Mission beistehe. Willibald gehorchte, wurde schließlich Bischof von Eichstätt und gründete bei seiner Kirche ebenfalls ein Benediktinerkloster. Doch auch diese Verbindung zu Rom und zur Wiege des Benediktinertums genügte Bonifatius noch nicht. Um dem geschätzten Vorbild genau zu folgen, sandte er Sturmi, den Abt von Fulda, nach Montecassino, damit er die dortigen Bräuche und Traditionen genau erfahre.

Für Bonifatius war die Benediktregel die authentische Form monastischen Lebens. Deshalb konnte er Karlmann und Pippin, die beiden Herrscher der Franken, für sein Vorhaben gewinnen, die Benediktregel in ihrem Reiche durchzusetzen. Beide erließen auf Synoden das königliche Gebot, daß Mönche und Nonnen fortan nur noch nach der Benediktregel zu leben hätten. Das Gebot war zwar erlassen, doch keineswegs sofort wirksam. Erst ihrem Nachfolger, Ludwig dem Frommen, gelang es, das Werk zu vollenden.

Doch den Grundstein zum karolingischen Reichsmönchtum legten Bonifatius und die königlichen Vorfahren Ludwigs. Sie entwickelten ein „Amtverständnis", das auf einer Entsprechung von göttlicher Weltordnung und königlichem Dienst beruhte. Damit schufen sie die Voraussetzungen für die Einheit von Kirche und Staat, wie sie im karolingischen Reich verwirklicht wurde. Dabei ging es nicht darum, die weltliche Macht für die Kirche zu gebrauchen noch die Kirche für billige politische Legitimation zu benützen. Vielmehr sollte ein christlicher Staat geschaffen werden, dessen Grundlage das ewige, göttliche Gesetz bildete. Damit steht die karolingische „Herrscherideologie" in langer Tradition, die bis zu den Ägyptern zurückreicht und grundsätzlich von dem Bemühen getragen war, das menschliche Leben, die Gesetze, die Ordnungen und das Recht mit dem Ganzen, dem Kosmos oder im christlichen Sinne mit dem ewigen Wort Gottes, in Einklang zu bringen. Denn in allen theokratischen Staaten bestand die feste Überzeugung, daß das subjektive, vergängliche menschliche Leben nur dann in „Ordnung" kommt, wenn es sich mit dem Ganzen im Einklang findet. Diese Harmonie herzustellen, war das Bemühen Karls des Großen und seines Sohnes Ludwig, die sich deshalb berufen und verpflichtet fühlten, tief in das kirchliche Leben und in das Mönchtum einzugreifen.

III. Die Grundlegung des abendländischen Mönchtums

1. Die Theokratie der Karolinger

a) Die Einheit von Religion und Volk

Die Eigenart der germanischen, keltischen und angelsächsischen Völker war nicht nur für die Entwicklung des Mönchtums, sondern auch für die gesamte Geschichte des Abendlandes von grundlegender Bedeutung, denn sie verknüpften Religion und Volk zu einer solchen Einheit, daß daraus später die theokratischen Monarchien des Abendlandes erwachsen konnten. Bereits bei den Iren und Angelsachsen sahen wir eigene monastische Bräuche und Formen, die sich nur bedingt aus der ursprünglichen monastischen Tradition der Wüste ableiten lassen. Ihre Besonderheit bestand darin, Mönchtum und Stamm, Familie und Religion, Königtum und Priestertum aufs engste und beständigste miteinander zu verbinden, so daß die Stammesfürsten und Familienoberhäupter die Religion als ihre höchste Pflicht betrachteten. Deshalb erbauten sie die Kirchen des Landes, versahen sie mit ausreichenden Einkünften und besorgten die nötigen Priester und Mönche. Die riesigen, gut dotierten Klöster Irlands wurden von den Stammesfürsten gegründet, damit ihre Söhne und Verwandten ungestört den heiligen Dienst für die Gemeinschaft verrichten konnten. Kamen die insularen Mönche aber auf das Festland, so war es ihnen das Selbstverständlichste der Welt, daß auch hier die Herrscher die religiösen Aufgaben zu übernehmen hatten. Deshalb eilten sie sogleich an die Höfe der Fürsten, um dort mit ihnen die religiösen Angelegenheiten zu besprechen und für ihre klösterlichen Stiftungen königlichen Grund und Schutz zu erwirken. Dies machte der Ire Kolumban ebenso wie der Angelsachse Bonifatius. Beide suchten zuerst den Herrscher auf, bevor sie ihre Klöster gründeten. Denn bei ihnen zu Hause war das Kloster keine isolierte Einrichtung, sondern das religöse Zentrum der Sippe.

Hier liegt wohl der größte Unterschied zwischen dem frühen, spätantiken und dem abendländischen Mönchtum des 8. und 9. Jahrhunderts. Die Asketen der Wüste schenkten ihre Habe den Armen, zerschnitten die Bande der Familie und verließen die Welt samt ihrer Pracht. Ihre Einsiedeleien und Klöster verlegten sie außerhalb der Kultur und benötigten zu ihrem Leben weder Stifter noch Zuwendungen. Ganz anders verstanden die irisch-angelsächsischen Christen die Aufgabe der Klöster und Mönche. Der Stamm und das Christentum, der Herrscher und das Priestertum bildeten von Anfang an eine selbstverständliche Einheit. Der Mönch entsagte zwar dem persönlichen Besitz, doch lebte er gesichert in einem reichen Kloster, dessen umfangreicher Grundbesitz von Hörigen und Sklaven bewirtschaftet wurde. Die Verbindung zu den Verwandten blieb zeitlebens, ja sogar über den Tod hinaus bestehen, denn die Angelsachsen pflegten ein beständiges Totengedächtnis für verstorbene Freunde, Angehörige und Klostergenossen. In der Wüste kannten die Mönche nur das persönliche immerwährende Gebet, hier dagegen entwickelte sich das Gebet zu einem objektiven Dienst am Volke Gottes.

b) Kaiser Karl, der neue David

Karl der Große (768–814) sowie dessen Sohn Ludwig (814–843) integrierten das Christentum in ihren „Staat", indem sie die biblische Vorstellung vom heiligen Volk Gottes zu verwirklichen gedachten. Wie einst die Propheten und alttestamentlichen Könige das auserwählte Volk der Juden anstelle Gottes geführt hatten, so wünschten Karl und Ludwig diese Pflicht für das Volk Gottes des Neuen Testaments zu übernehmen. Ganz in diesem Verständnis schrieb Karl der Große an den Papst: „Uns obliegt es, mit Gottes Hilfe die heilige Kirche Christi nach außen durch die Waffen überall gegen die Einfälle der Heiden und die Verwüstungen der Ungläubigen zu verteidigen, nach innen durch Erkenntnis des wahren Glaubens zu festigen. Eure Aufgabe, Heiliger Vater, ist es, wie Moses die Arme zum Gebet zu erheben und so unseren Heeren zu helfen, damit durch Eure Fürbitte unter Gottes Führung und Gewähr das christliche Volk allzeit Sieg habe über die Feinde seines heiligen Namens und der Name unseres Herrn Jesus Christus in der ganzen Welt verherrlicht werde."

Deutlich bringt der Brief das Amtsverständnis des Kaisers zum Ausdruck: Er verteidigt das Volk Gottes und festigt es durch die wahre Erkenntnis, das heißt durch den Glauben an Gott. Dem Priestertum aber kommt es zu, ihn, sein Heer und das Volk durch ihr Gebet zu unterstützen. Diesen Dienst hatte dann Karl auch allen Mönchen und Priestern durch seine Kirchenreform übertragen.

Seine theokratische Staatsauffassung läßt sich an unzähligen Begebenheiten seines Lebens nachweisen. So berichtet beispielsweise der Biograph Einhard, daß Karl unter dem Kopfkissen stets den Gottesstaat des hl. Augustinus, eine programmatische Verteidigungsschrift eines christlichen Staates, liegen hatte. Er selbst nannte sich unter anderem „Karl,

47 *Kaiser Karl der Große. Steinstatue (um 1170) an der Kirche von Müstair in Graubünden. Reichsapfel und Lilienzepter sind Zeichen universaler weltlicher und geistlicher Herrschaft in göttlichem Auftrag.*

von Gottes Gnade König, Lenker des Reiches der Franken, demütiger Verteidiger und Helfer der Kirche". Die Bischöfe gaben ihm sogar den ehrenden Titel „Bischof der Bischöfe" – so wurde übrigens auch Konstantin der Große tituliert –, und seine Freunde sprachen ihn vertraulich mit David an.

Als er starb, bedeckten seine Getreuen den Toten mit einem kostbaren byzantinischen Seidentuch, dessen Mitte ein gesticktes Medaillon zierte. In Goldfäden wird dort Christus in der Quadriga, dem Ursymbol der Weltherrschaft, dargestellt. Wahrscheinlich geht diese sinnhafte Totenbeigabe auf die Äbte Wala und Adalhard sowie den Grafen Bernhar, alles Vettern von Karl dem Großen, zurück. Denn in der Vita des Wala beschreibt Radpertus eben ein solches Viergespann, Karl, Wala, Adalhard und Bernhar mit Christus als Lenker.

Er ist der unmittelbare Lenker des Reiches, Karl und seine Getreuen nur die Zugpferde der siegreichen Quadriga.

Karl verstand sich als Schutzherr der Kirche, der nun, wie einst David, das auserwählte Volk in Gottes Auftrag führen sollte. Sein eigenes Reich und Volk waren Teil der umfassenden Christenheit, zu deren Leitung ihn Gott selbst berufen hatte. Das Frankenreich und das Volk Gottes wurden somit identisch. Hieraus ergibt sich, daß für Karl und seine Nachfolger die Religion und ihre äußeren Formen keine individuelle Sache einzelner Menschen oder bestimmter Gruppen wie Priester oder Mönche sein konnte, sondern die wichtigste und allgemeine Angelegenheit darstellte. Nicht die Wohlfahrt des einzelnen, sondern das Heil aller war Ziel und Grundlage des Staates. Damit schuf Karl der Große eine Staatsidee, die in den theokratischen Staaten der Babylonier, Ägypter oder Römer ihr bewußtes oder unbewußtes Vorbild hatte. Die Herrscher dieser Staaten begriffen sich als zum Heil der Menschen bestellte Lenker und vereinigten deshalb in ihrer Person Priesterwürde und Herrschertum. Wollte Karl aber das Ziel eines theokratischen Staates verwirklichen, so mußte er die Mönche, Klöster und Priester aus ihrem ursprünglich individuellen, persönlichen Bereich herausführen und sie in den Dienst des Volkes Gottes, des Reiches der Franken stellen.

c) Priester und Krieger

Das Reich Gottes brauchte, wie Karl sagte, sicheren Schutz vor seinen äußeren Feinden. Diese Aufgabe kam dem Herrscher und seinem Heere zu. Den Segen Gottes aber herabzurufen und den Glauben zu stärken war neue Pflicht der Mönche, Nonnen, Kleriker und Priester. Geistlicher Dienst war nur eine andere Form der Arbeit für das Volk Gottes, beide, das Imperium und Sacerdotium, trugen so auf je eigene Art zur Verwirklichung des Reiches Gottes bei und waren dadurch gleichrangig und gleichwertig. Deshalb finden wir in beiden Ständen auch den gleichen Personenkreis: den karolingischen Hochadel.

Hier, im Dienste Gottes, sah der Adel sein neues Ideal, für das es sich zu leben und zu sterben lohnte. Hochadelige Frauen und Männer, meist mit dem Herrscherhaus verwandt, gründeten und besiedelten Klöster oder wurden Bischöfe, um so Gott, der Christenheit und dem Reich zu dienen. Andere verteidigten das Reich oder waren als Richter, Herrscher und Kämpfer treue Helfer des Kaisers. Die hohe Würde des geistlichen Reichsdienstes aber erforderte eine freie, makellose Geburt, denn nur so blieb nach Gregor von Tours die Würde des königlichen Priestertums gewahrt.

Der Dienst am Reich Gottes formte die Klöster in einem kaum vorstellbaren Maße. Nun wurde ihr Gebet zum objektiven Gebetsdienst, den der Herrscher festlegte und überwachen ließ, denn das Heil aller stand auf dem Spiel. Damit das Göttliche im Irdischen geehrt und vergegenwärtigt werden konnte, bedurfte es Klöster mit großen, prächtigen Kirchen, um eine prozessuale Liturgie, d. h. eine Liturgie, die kultisch die Geheimnisse der Religion durch rituelle Formen nachvollzieht und damit vergegenwärtigt, zu feiern. Symbolisch gestaltete Kirchenbauten, verschiedene heilige Orte, Wandmalereien, kunstvolle Kultgeräte und sinnreiche Zeremonien ließen das göttliche Geschehen irdische Wirklichkeit werden.

Die Schulen, im Kloster einst nur geduldet, damit die Mönche und Nonnen die notwendige Kunst des Lesens lernen konnten, erweiterten sich nun zu beträchtlichen Skriptorien und Textwerkstätten, denn eine richtige Liturgie, ein gültiger Ritus konnte nur gefeiert werden, wenn die heiligen Texte unverdorben und authentisch waren. Solche reine Texte ohne stilistische, orthographische oder grammatikalische Verstöße herzustellen war oberste Aufgabe karolingischer Schreibschulen. Die gelehrten Mönche dienten aber auch direkt dem Reich. Wir finden sie an der königlichen Kanzlei, an fremden Höfen oder als königliche Diplomaten. Die Äbte wiederum mußten auf den Reichsversammlungen erscheinen und im Krieg gegen die Feinde der Christenheit ihr Kontingent an Soldaten stellen, das nicht wenige von ihnen sogar selbst anführten. Gemeinsam mit den Grafen bereisten sie den Gau, um dort im Namen des Königs Recht zu sprechen oder königliche Erlasse durchzusetzen.

Die Bischöfe wurden in einem kaum vorstellbaren Maße zur Leitung des Reiches herangezogen, da es letztlich mit dem Volk Gottes identisch war. Deshalb gab es keine Trennung zwischen kirchlichen und „staatlichen" Synoden, denn es ging um eine Sache: das Wohl des Volkes Gottes. Der Kaiser berief die Reichstage ein, auf denen die Bischöfe, Äbte und Grafen erscheinen mußten, um über die „weltlichen" und „kirchlichen" Fragen zu befinden. Als königliche Erlasse wurden die Beschlüsse dann verkündet und durchgesetzt. Kaiserliche Gesandte bereisten das Reich, um ihre Verwirklichung zu überprüfen. Säumige Äbte oder Bischöfe wurden mit hohen Geldstrafen belegt oder sogar aus dem Amt entfernt. Selbst das Papsttum, kam es seinem eigentlichen Auftrag nicht nach, war vor ihrem tätigen Eingriff nicht ausgenommen.

Um die richtige christliche Lehre zu verwirklichen, bediente sich der Kaiser nicht nur der Schule und der Mönche, sondern er griff mit harten Hand – Gerichtsurteile, Strafen und Kriege – durch, wenn es galt, die Irrlehrer, Ketzer und Ungläubigen zu bekehren. Alle diese Einmischungen werden verständlich, wenn wir die karolingische „Staatsauffassung" berücksichtigen. Denn durch die ideelle Gleichsetzung von Reich und Christenheit schufen die Karolinger einen theokratischen Staat, in dem jeder Stand seine festgelegte Aufgabe hatte, wobei Stand und Aufgabe nicht willkürlich bestimmt, sondern durch biblische Vorbilder, durch göttliche Offenbarung vorgegeben waren. Ohne Wissen um die karolingische „Staatsauffassung" bleibt die Tätigkeit der Mönche, die scheinbare Vermischung von weltlicher und geistlicher „Herrschaft", unerklärlich und mißverständlich.

2. Die Theokratie oder das Verhältnis des Menschen zum göttlichen Ganzen

a) Das Wesen der Theokratie

Die Theokratie – das griechische Wort heißt Herrschaft Gottes bzw. göttlich sanktionierte Herrschaft – zählt zu den ältesten und verbreitesten „Staatsformen". Der jeweilige Herrscher oder Stammesfürst repräsentiert oder verkörpert real das göttliche Wesen wie beispielsweise die ägyptischen Pharaonen und chinesischen Kaiser. Eine andere Möglichkeit verwirklichte das Judentum, dessen Führer, wie Mose, immer nur Beauftragte Gottes waren, die an seiner Statt das Volk leiteten. Nur die erste Form entwickelte alle typischen Merkmale eines theokratischen Staates: ein erbliches Königtum, einen Hofstaat, ein streng geregeltes höfisches Zeremoniell, ein kultisches Zentrum mit einem ausgeprägten liturgischen Ritus sowie eine hierarchisch gegliederte Gemeinschaft. Beidesmal jedoch verkörpert eine irdische Person die Gottheit oder ist Träger des göttlichen Willens. Deshalb herrscht der König über das Volk und zelebriert zugleich als oberster Priester Opfer und Kult.

In der christlichen Welt finden sich eingeschränkt ebenfalls beide Weisen. Das östliche Byzanz entwickelte einen Kaiserkult, der sehr nahe an das ägyptische Vorbild reichte; das Abendland dagegen nahm sich Salomo und David zum Vorbild, ohne daß es je zu einer völligen Identität von Priesterwürde und Königtum oder gar zu einer göttlichen Verehrung des Kaisers gekommen wäre.

Wesentlich für eine Theokratie ist, daß der priesterliche König zwischen Himmel und Erde vermittelt oder auf Erden das Göttliche in seiner Person real repräsentiert. Darin besteht die eigentlichste Aufgabe jedes theokratischen Herrschers.

Über ihn hatte das Volk Zugang zum Göttlichen bzw. war das Göttliche im Stamm und Volk anwesend, wodurch die Existenz des Volkes gesichert war. Die Verbindung zum Göttlichen ließ die Gemeinschaft, das Volk, ihre Welt an der kosmischen Ordnung, dem Ordnungsgeschehen der Weltschöpfung, teilhaben.

Die theokratischen Gelehrten gingen davon aus, daß vor allem konkreten Sein ein unvorstellbar bedrohliches Chaos herrschte, das jedes individuelle Leben zerstörte, da keine feste Ordnung gegeben war. Im mythologischen Bild der Urschlange, die sich selbst in den Schwanz beißt, oder in der Erzählung von Chronos, der ständig seine eigenen Kinder auffrißt, sind solche chaotischen Urzustände beschrieben. Das Chaos, häufig in Form eines Drachen oder Ungeheuers dargestellt, wurde, wie die Mythen einstimmig berichten, in der Urzeit von dem Stammeshelden, einem Heros oder einer Gottheit besiegt, wodurch eine beständige Ordnung geschaffen worden war. Der bestehende Kosmos ist somit das Produkt des Kampfes und der darauf folgenden göttlich gesetzten Ordnung.

Die Ordnung schuf einen begrenzten, vom Unendlichen abgesetzten Raum, orientierte ihn und gab ihm bestimmte Werte. Das Oben ist besser als das Unten, das Rechte besser als das Linke, die Mitte besser als der Rand usw. Ausgangspunkt der gesamten Orientierung aber ist ein Zentrum, eine Mittelachse, die als axis mundi (Weltachse) die drei verschiedenen Bereiche, Unterwelt, Erde und Himmel, miteinander verbindet und einen einheitlichen, orientierten Raum bildet. Zugleich aber führt die Einheit von Raum auch zur Einheit der Zeit: Die Vergangenheit entspricht der Unterwelt, die Gegenwart der Erde, die Zukunft dem Himmel. Indem der vorher unendliche chaotische Raum begrenzt, orientiert und gewertet wird, entsteht schließlich ein menschlicher, einheitlicher, bergender Raum im Gegensatz zum unendlichen, wertfreien, unorientierten und somit leeren Raum, in dem der Mensch, seine Welt und Geschichte verloren und nichtig sind.

Der menschliche Raum wurde immer als eine göttliche Tat und Setzung gegenüber dem alles verschlingenden Chaos empfunden. Die uranfängliche Tat Gottes ist zwar einmalig, aber nicht ohne weiteres beständig. Sie bedarf der immer wiederkehrenden Erneuerung, indem das Urgeschehen rituell nachvollzogen wird; gerade dies war das Ziel aller theokratischen Riten, Kulte und Herrschaftsformen. Indem die Menschen den Uranfang kultisch begingen, trugen sie selbst zum Bestehen der Welt bei. Deshalb spielen in den theokratischen Staaten kosmische Riten, astrale Symbole und Schöpfungsmythen eine so bedeutende Rolle.

Wenn sich beispielsweise der ägyptische Pharao unter einen Baldachin stellte, so stand er gewissermaßen im Zentrum des Kosmos und repräsentierte die axis mundi, was für die Ägypter dann soviel bedeutete, daß ihr Kosmos, ihre Welt geortet, geordnet und damit beständig war. Etwas Ähnliches dürfen wir beim Krönungsmantel des deutschen Kaisers Heinrich II. vermuten, der sich zur Krönung einen Mantel umlegen ließ, der übervoll mit Sternen und kosmischen Symbolen kunstvoll bestickt war. Beide Male wurde hier zeremoniell bekundet, daß der Herrscher mit der Schöpfungsordnung im Einklang steht. Purpur, Gold, Reichsapfel und Krone, das Szepter und der Adler sind weitere herrscherlich kosmischen Symbole.

c) Formen der Theokratie

Ritus. Wenn der Kosmos eine göttlich geschaffene Ordnung war, so mußte der Mikrokosmos, die menschliche Welt, sollte sie richtig geordnet sein, nach Vorbild und Maßgabe des Makrokosmos gestaltet werden. Die Übertragung makrokosmischer Formen geschieht unter anderem im immer wieder aufs neue begangenen Ritus. In ihm wird ein uranfängliches, kosmisch heiligendes Ereignis mikrokosmisch nachvollzogen, erneuert und für die Gegenwart aktualisiert.

Am Beispiel der heiligen Messe läßt sich dies sehr gut aufzeigen. Ursprünglich war sie der Form nach ein einfaches Gedächtnismahl, ohne Zeremonie und Ritus. Selbst ein besonderer Kultraum fehlte. Der Opfergedanke spielte zwar von Anfang an eine Rolle, doch fand er noch keine nähere rituelle Entfaltung. Die Ostkirche entwickelte dann während des 5./6. Jahrhunderts eine ausgeprägt rituelle Meßliturgie, um das Opfer Jesu nachzuvollziehen. Im Abendland schufen karolingische Theologen einen Meßritus bzw. unterlegten ihm eine Deutung, die sich auf die Vergegenwärtigung der gesamten Passion Jesu während der Meßfeier bezog. Amalar von Metz (um 775–850), später Erzbischof von Trier, verfaßte ein liturgisches Standardwerk (liber officialis), in dem die gesamte Meßliturgie, ihre Riten und Gewänder, die Kultgeräte und Zeremonien auf Christi Leben und Sterben gedeutet werden. Real spiegelt sich diese Auffassung in den symbolträchtigen Kultbauten, wie sie beispielsweise Abt Adalhard von Corbie (751–826) errichtet hat. Er ließ seine prächtige, neuerbaute Klosterkirche mit Fresken und Bildern der Passion Christi ausstatten, die in direkter Beziehung zur Liturgie der Mönche standen.

Wenn sich der Ritus als Nachvollzug einer göttlich gesetzten Ordnung versteht, so kann er nicht entwickelt, willkürlich festgesetzt oder frei erfunden werden, sondern er muß sich nach den göttlich geoffenbarten Formen gestalten. Genau dies versuchten die Karolinger, indem sie aus Rom authentische Texte kommen ließen und sich päpstlich approbierte liturgische Rituale erbaten. Um ganz sicher zu sein, schickte Karl der Große Mönche und Priester nach Rom, um dort den Gesang und die liturgischen Zeremonien genau zu studieren. Die Abtei und Domschule zu Metz pflegte später den römischen Ritus und Gesang so vortrefflich, daß sie zur Musterabtei für das ganze Reich aufstieg. Aus dem gleichen Grund verpflichteten die Karolinger alle Mönche des Frankenreiches auf die Regel des hl. Benedikt, denn sie hielten diese für authentisch biblisch, um so ein apostolisch beglaubigtes Mönchtum zu sichern. Eine ähnliche Sicht führte zu den berühmten karolingischen Schreibschulen. Weil für den gültigen Vollzug der Liturgie fehlerfreie Texte unabdingbar notwendig waren, drängten Karl und die Bischöfe auf Schulen und Skriptorien an Domen und Klöstern.

Beim Ritus handelt es sich um einen objektiven Vollzug eines ehemalig historischen Geschehens, das seinem Wesen nach immer wiederkehrend, zyklisch, zu festgelegten Zeiten und an bestimmten Orten gefeiert werden muß. Dazu bedarf es aber eines kundigen und festangestellten „Personals", denn nur ein solches vermag den umfangreichen Dienst pünktlich und dauernd zu erfüllen. Die Aufgabe des beständigen Kultdienstes (lat. officium = Pflicht, Dienst) übertrugen Karl der Große und Ludwig der Fromme dem gesamten bischöflichen Klerus und – dies war die epochemachende Neuerung – auch dem gesamten Mönchtum des Frankenreiches. Weil nun beide, der bischöfliche Domklerus und die Mönche, dasselbe Offizium verrichten mußten, schrieben die karolingischen Gesetze ihnen auch eine gemeinsame Lebensnorm vor. Die Kleriker mußten wie die Mönche leben, die Mönche wiederum sich zu Klerikern weihen lassen, um wie der bischöfliche Klerus die allgemeine Liturgie feiern zu können. Es gab fortan nur noch einen geistlichen Stand im Frankenreich, der allein zum heiligen Dienst Gottes bestellt und berechtigt war: die Kanoniker und die Mönche.

Die Hierarchie. Ein weiteres, bedeutendes Merkmal einer Theokratie ist die hierarchisch gegliederte Ständegesellschaft, wobei vor allem der höfische und sakrale Bereich strenger als die übrigen hierarchisiert sind. Wie der Ritus, so fußt auch die Hierarchie (das griechische Wort bedeutet heiliger Ursprung, heilige Herrschaft) auf einer göttlich gesetzten Seinsordnung, die durch Symbole, Analogien und Allegorien in der menschlichen Welt realisiert werden soll. Deshalb hat sie letztlich wie der Ritus den gleichen Sinn, die Grenze zwischen Himmel und Erde durchlässig zu machen und das irdische Sein nach dem himmlischen, kosmischen Vorbild zu formen.

Die hierarchische Ordnung beruht auf Staffelung und Partizipation. Man kann sich dies vereinfacht im Bilde der Pyramide vorstellen. An ihrer Spitze thront die Gottheit, unmittelbar unter ihr die ihr an Vollkommenheit nächsten Wesen, denn nur sie vermögen die Nähe und Fülle des Göttlichen zu ertragen und aufzunehmen. Die nächste Reihe ist etwas unvollkommener und deshalb auch ein wenig weiter vom göttlichen Ursprung entfernt, ebenso die nächste Reihe usw. bis hin zur letzten und untersten Stufe, der Materie. So formt sich schließlich alles Sein durch eine stufenförmige Gliederung, die vom höchsten Sein bis zur unbelebten Materie reicht, und zwar nach dem Schema: je unvollkommener, desto weiter von Gott, vom Ursprung entfernt.

Das System ist zwar in bezug auf die einzelnen Stände und Stufen feststehend, doch in bezug auf die Wirkung Gottes durchlässig, denn jeder Stand gibt das Göttliche auf verminderte Weise nach unten weiter, was zugleich aber eine durchgängige Verbindung nach oben ermöglicht. Die jeweils höhere Stufe trägt zudem für die unmittelbar darunterliegende Sorge und teilt ihr gewissermaßen die nötige Seinsqualität zu. Eine so gedachte Schöpfung gliedert sich mittels durchlässiger Grenzen und erreicht in der alles durchwirkenden göttlichen Kraft ihre organische Einheit.

Für die karolingische Epoche zeigt sich die Hierarchisierung besonders deutlich im kirchlich-sakralen Bereich, muß aber als Idee hinter dem gesamten Weltbild angenommen werden. Denn sowohl die politische Ständegesellschaft als auch die Kirche als mystischer Leib Christi, in dem jeweils der eine Stand stellvertretend für den anderen wirken kann, setzen dies voraus. Und es war gerade die karolingische Epoche, in der die größten und umfangreichsten Gebetsbruderschaften des Mittelalters für Verstorbene ins Leben gerufen wurden, damit die Lebenden für die Verstorbenen stellvertretend beten und opfern, was nur einen Sinn ergibt, wenn eine durchlässige mystische Einheit angenommen wird. Auch der Heiligen- und Reliquienkult beruht auf einem solchen Weltbild.

Im kirchlichen Bereich hatte zwar bereits Bonifatius nach dem bekannten Schema: Papst, Erzbischöfe, Bischöfe, Priester, Diakone usw. die Reichskirche zu gliedern versucht, aber erst Karl der Große vollendete das Begonnene. Durch umfangreiche Gesetzgebung schrieb er die kirchlich-hierarchische Ordnung vor und dehnte sie, entsprechend dem umfassenden und einheitsstiftenden Prinzip der Hierarchie, auf alle geistlichen Einrichtungen aus. Unter seiner und Ludwigs Herrschaft wurden so viele Klöster wie nie zuvor und auch später nicht mehr unter den Königsschutz gestellt und somit vom individuellen Stand des Eigenkirchenherrn in die Einheit des Reiches überführt (vgl. Abb. 35). Dies war vor allem in bezug auf die Abtswahl und die Klostergüter von größter Bedeutung, denn als Reichskloster stand beides, die Abtswahl und das klösterliche Vermögen, dem Kaiser zur freien Verfügung.

Kultorte. Typisch für eine Theokratie oder ein hierarchisches Weltverständnis ist der umfangreiche liturgische Ritus, der an bestimmten, durch Wunder ausgezeichneten Orten gefeiert wird. Denn nur an solcher Stätte ist die Vereinigung von Himmel und Erde möglich, nur hier kann der Mensch mit dem Göttlichen in Berührung kommen.

Im Christentum bildeten sich erst während des 4./5. Jahrhunderts bestimmte Kultorte heraus. Die Gedächtnisfeier an den Gräbern der Märtyrer ist zwar ein allgemeiner frühchristlicher Brauch, doch größere Kultbauten entstanden zuerst über den heiligen Stätten in Jerusalem. Seit dem 4. Jahrhundert ging man in Italien entgegen dem gesetzlichen Verbot dazu über, Reliquien aus den Gräbern in Stadtkirchen zu übertragen. Ambrosius zu Mailand ist hierfür der früheste Zeuge. Jenseits der Alpen erreichte die Reliquienverehrung erst unter den Karolingern eine bedeutende Ausweitung, nicht zuletzt dadurch, daß klösterliche Gemeinschaften den liturgischen Dienst am Grab des Heiligen, des Stifters und Abtes übernahmen. Es entstanden nun kirchliche Großbauten über den Gräbern der als Heilige verehrten Klosterstifter. So errichtete beispielsweise Abt Angilbert für den bereits im 7. Jahrhundert verstorbenen Klostergründer Richarius um 800 in Centula eine prächtige doppelchörige Grabeskirche, in deren Mitte der Heilige ruht (Abb. 51). Sie zählt zu den frühesten Beispielen karolingischer Kirchen mit dem typischen Westwerk, das sich, wie bereits erwähnt, aus der Sakralität der Herrscher ergab, die von dort aus dem Kult beiwohnten. Auch das Kloster Fulda errichtete über dem Grab des Stifters, des hl. Bonifatius, eine prächtige Kirche. Karl der Große und sein Vater bauten St. Denis zu Paris weiter aus und dotierten das Kloster mit umfangreichen Privilegien; hier wollten sie ihre letzte Ruhestätte finden. Zwar gab es immer schon den Dienst am Grab des Heiligen oder Stifters – in Tours, Saint-Maurice, St. Wandrille usw. –, doch umfangreiche Reliquienübertragungen aus Rom scheinen eine karolingische Neuerung zu sein. Einhard, der Biograph Karls des Großen, erachtete dieses Ereignis für so wichtig, daß er uns über die Translation zweier römischer Heiliger in seine neu erbaute Klosterkirche zu Seligenstadt einen genauen Bericht hinterlassen hat. Für den fehlenden karolingischen Bilderkult scheint der Reliquienkult ein entsprechender „Ersatz“ gewesen zu sein.

Doch noch ein Weiteres ist für den Nachweis von Kultorten während der Karolingerzeit aufschlußreich. Karl der Große erließ die Vorschrift, daß über allen Altären ein Ciborium oder Baldachin angebracht werden müsse. Der Baldachin aber symbolisiert den Himmel, wie nicht nur seine Form und sein mittelalterlicher Name besagen, sondern auch seine blaue, mit Sternen geschmückte Ausmalung deutlich belegen. Somit steht der Altar, für den übrigens seit dem 6. Jahrhundert Reliquien vorgeschrieben waren, in einer „Weltachse“, das heißt, hier ist eine Verbindung zwischen Himmel und Erde möglich, hier steht der Himmel offen, wie einst im Traum Jakobs.

Ein so auserwählter Ort durfte aber, wie das Beispiel des Mose am brennenden Dornbusch lehrt, nicht betreten werden, denn er war heilig. Aus diesem Grunde wurden die Altäre bereits im 5. Jahrhundert vereinzelt mit Gittern umgeben. Es ist wiederum Karl, der dies als bindende Pflicht für alle Kirchen des Reiches vorschrieb und jedem Laien das Betreten bei Strafe untersagte.

Die bedeutenden Änderungen, die Karl und sein Sohn Ludwig in der Liturgie, den Aufgaben der Mönche und der Architektur vorgenommen haben, werden nur unter der Annahme einer Theokratie verständlich. Es ging ihnen dabei nicht um die „Macht“ über die Kirche oder um eine wohlfeile Legitimation und Sanktionierung ihres Herrscherhauses, sondern um das Heil und den Dienst am Volke Gottes. Dies erklärt die typische Einheit des karolingischen Reichs- und Kirchengesetzes sowie die zahlreichen theokratischen Elemente.

3. Die Benediktregel als die authentisch christliche Norm

Wir werden nun im einzelnen die monastischen Neuerungen während der Karolingerzeit betrachten, wobei wir uns im wesentlichen auf Karl den Großen und seinen Sohn Ludwig beschränken. Zeitlich gesehen wurden die meisten Reformen zwischen 770 und 818 durchgeführt. Doch waren sie keineswegs nur das alleinige Verdienst und Wollen der beiden Herrscher, sondern auch das Werk von Bischöfen und Äbten. Längst vor der staatlichen

48 *Ciboriumaltärchen, getriebene Metallarbeit mit eingelegten Edelsteinen (Mitte 9. Jh.). Geschenk des Kaisers Arnulf von Kärnten an das Regensburger Kloster St. Emmeran, ein herausragendes Beispiel der sakralen Kunst in der Karolingerzeit. Selbst in dieser kleinen Form wurde die kosmologische Baldachinsymbolik beibehalten.*

Reform versuchten einzelne Bischöfe und Äbte in ihren Klöstern und Bistümern eine Reform nach dem christlichen Vorbild der Urgemeinde durchzuführen; Chrodegang von Metz oder Benedikt von Aniane wären hier zu nennen.

a) Die Verbreitung der Benediktregel

Die karolingische Epoche verstand sich als das Volk Gottes auf Erden und schuf einen theokratischen Staat, der, wie gesagt, immer auf geoffenbarten Formen und Mustern beruhte, die unverdorben den anfänglichen Urzustand widerspiegeln sollte. Deshalb bemühten sich Karl der Große und seine Ratgeber, daß auch die Mönche nach einem solch authentischen Muster lebten, das ihnen in der Benediktregel gegeben zu sein schien.

Bis zu diesem Zeitpunkt spielte die Benediktregel noch keine besonders herausragende Rolle, auch wenn etwa das gesamte irische und angelsächische Mönchtum sie befolgte. Doch im allgemeinen herrschte eine individuell aus den Autoritäten des Mönchtums zusammengestellte Regel. Je nach Belieben schöpften die Stifter für ihr Kloster Passendes aus Benedikt, Kolumban, Cäsarius von Arles, Cassian oder den Wüstenvätern; Augustinus wurde mehr bei den Frauenkonventen berücksichtigt.

Nachdem aber während des 7. und 8. Jahrhunderts die angelsächsischen Missionare das Festland erreicht hatten, gab es auch auf dem Kontinent reine Benediktinerklöster. Voller Lob konnte Bonifatius an den Papst schreiben, daß in seinen Klöstern die unverfälschte Benediktregel befolgt und selbst die Handarbeit nicht gescheut würde, wie es die Regel vorschreibt; das kontinentale Mönchtum nahm es offensichtlich mit dieser Pflicht nicht sehr genau. Bonifatius konnte die Herrscher davon überzeugten, daß nur eine Regel, und zwar die des hl. Benedikt, die Forderungen Christi authentisch erfülle. Auf den beiden Reichssynoden, dem Concilium Germanicum (743) und der Synode von Les Estinnes (744), wurde seinem Wunsch entsprochen und für das gesamte Reich die Beobachtung der Benediktregel vorgeschrieben. Doch es blieb bei dem Wunsch, denn die wenigsten Klöster und ihre Stifter wollten ihr Rechte beschneiden lassen. Ebensowenig konnte Bonifatius die Klöster unter die Jurisdiktion der Bischöfe stellen, wie es das Konzil von Chalcedon (451) verbindlich vorgeschrieben hatte.

Die Zeit war für ein solches Werk noch nicht reif, denn erst eine Theokratie vermochte das Unterschiedliche zur Einheit zu formen. Dies geschah während der Regierungszeit Karls des Großen. Auf der Synode von Aachen (802) forderte der Kaiser energisch die Einführung der Benediktregel, die für ihn zweifellos die einzig richtige war. Erstaunt fragte er die anwesenden Bischöfe, ob man Mönche, die nicht nach der Benediktregel lebten, überhaupt als Mönche bezeichnen könne. Der Kaiser ließ auf der Synode eine Liste all jener Klöster vorlesen, die noch nicht nach der Benediktregel lebten, obgleich dies mehrere Synoden bereits gefordert hatten. Die rasche Änderung wurde befohlen. Doch erst sein Sohn Ludwig sollte das begonnene Werk vollenden.

b) Benedikt von Aniane: Reformer und Reichsabt

Die Entwicklung des fränkischen Reiches zu einer christlichen Theokratie war ein schwieriger und langwieriger Prozeß, der sich über mehrere Jahrzehnte erstreckte. Innerhalb dieser Zeit, etwa von 770 bis 817, befaßten sich ständig kaiserliche Gesetze, synodale Erlasse und bischöfliche Anordnungen mit der Reform und Integration des Mönchtums. Die Aufzählung können wir uns ersparen, da auf der großen Reichssynode von Aachen (816/817) unter Kaiser Ludwig alle bisherigen Bestrebungen zusammengefaßt und als Reichsgesetz weitgehend auch verwirklicht wurden. Die treibende Kraft für das entscheidende und einschneidende Reformwerk waren die Kaiser Karl der Große, sein Sohn Ludwig, aber auch einzelne Bischöfe und Äbte; vor allem aber der Benediktinerabt von Aniane, der lange vor 817 ein Musterkloster errichtet und bereits einige andere Klöster für seine Ideale gewonnen hatte.

Benedikt von Aniane (750–821), mit dem ursprünglichen Namen Witiza, war Sohn eines Grafen westgotischer Abkunft, der über die Landschaft Maguelonne bei Marseille herrschte. Das Kind übergab der Vater dem Hof Pippins und Karls des Großen zur Erziehung. Dort erlangte Witiza die übliche standesgemäße kriegerische und höfische Ausbildung. Pippin übertrug ihm später sogar das königliche Amt eines Schenkes, das er allerdings unter Karl dem Großen wieder verlor. Durch den tragischen Tod seines Bruders auf einer Heerfahrt der Franken erschüttert, beschloß er, die Welt zu verlassen und trat in das Benediktinerkloster St. Seine bei Dijon ein (773). Hier übertraf er alle Mönche an Regeltreue, Demut und Askese. Heimlich putzte der Grafensohn die Schuhe seiner Mitbrüder, und freiwillig reinigte er die Kirche. Ständig trug er ein ärmliches Kleid, das er eigenhändig flickte und wusch. Dies ist um so bemerkenswerter, da zu dieser Zeit die Mönche im allgemeinen nicht mehr mit der Hand arbeiteten und die niederen Dienste durch Diener, Sklaven oder Hörige verrichten ließen. Trotz solcher Strenge übertrug ihm der Abt das beschwerliche Amt des Cellerars. Sechs Jahre blieb Benedikt in dem laxen Kloster, dann verließ er es um der vollkommenen Nachfolge Christi willen. Er zog in die Einsamkeit seiner Heimat, nahe dem Flüßchen Aniane, und führte dort ein strenges Einsiedlerle-

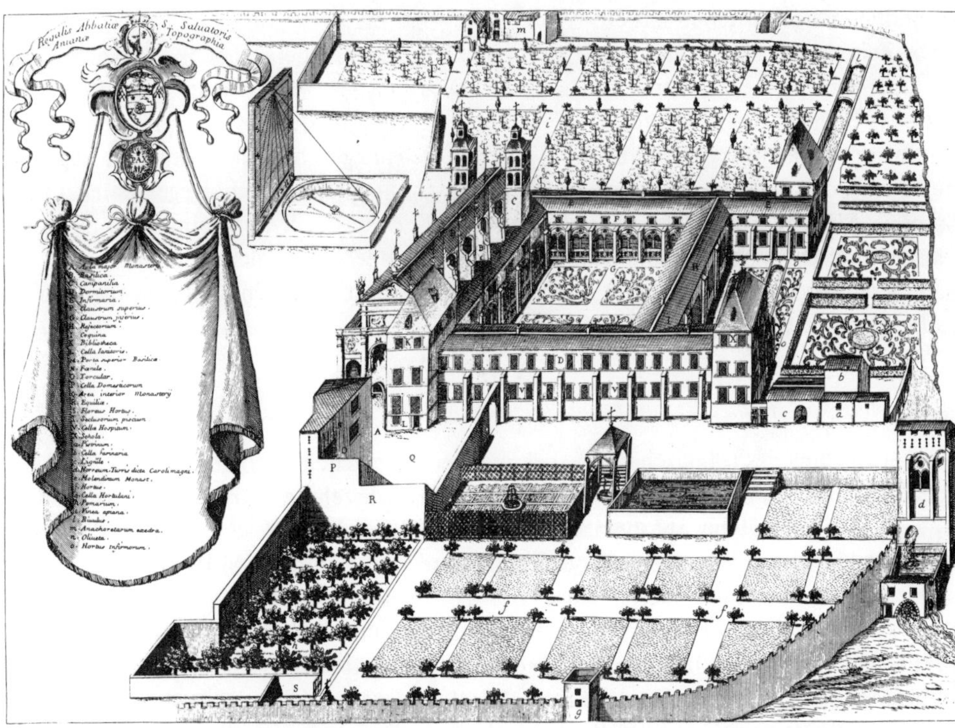

49 *Aniane, Stich aus: Monasticon Gallicanum (17. Jh.). Ursprünglich eine bescheidene Gründung und Eigenkirche des Benedikt von Aniane, wurde das Kloster in Südfrankreich unter Karl dem Großen zur Reichsabtei und unter dessen Sohn Musterkloster für benediktinisches Reichsmönchtum.*

50 *Reste der ehemaligen karolingischen Reichsabtei Murbach, einer Gründung Pirmins.*

ben. Einige Getreue begleiteten ihn und ahmten das harte Beispiel des Meisters nach. Mit eigenen Händen rodeten sie die Gegend und bebauten mühsam die noch unfruchtbare Erde. Das Ideal der Wüste stand ihnen vor Augen, und der Wunsch frei für Christus zu werden, machte Not und Mühe verdienstvoll. Wasser und Brot, ab und zu durch Milch und etwas Wein ergänzt, war ihre Hauptnahrung. Doch übten die Mönche bereitwillig den Brauch der Wüste, Pilger und Gäste großzügig zu bewirten und zu beherbergen.

Aber die Zeit der Wüste schien vorbei zu sein, denn bald darauf kam es in der kleinen Eremitenkolonie zu harten Spannungen, heftigem Streit und bitteren Trennungen. Benedikt machte damals eine ähnliche Erfahrung wie einst Pachomius und viele andere Reformer nach ihm, daß sich persönliche Erfahrungen und Ideale nicht ohne weiteres übertragen lassen. Benedikt entschloß sich zu einem gemeinsamen Klosterleben nach der Regel des hl. Benedikt und errichtete auf seinem eigenem Grund ein bescheidenes Kloster. Obwohl zahlreiche Schenkungen der neuen, beispielhaft christlichen Gemeinschaft zuflossen, widerstand Benedikt der Versuchung und verwendete das meiste für die Armen, denen er üblicherweise sogar den zehnten Teil aller klösterlichen Erträge und Einnahmen zukommen ließ. Ganz vom christlichen Ideal der Brüderlichkeit durchdrungen, schenkte er sogar den Klostersklaven und Hörigen die Freiheit, zumal die Mönche keine fremden Kräfte brauchten. Streng achtete er darauf, daß die persönliche und gemeinschaftliche Armut eingehalten wurde und keinerlei Luxus das Ideal zersetzte.

In seinem Kloster arbeiteten alle Mönche. Die einen zogen aufs Feld, die anderen blieben in den Werkstätten, doch überall begleitete das Gebet ihr Tun. Übertretungen ließ er zwar auch durch Schläge ahnden, jedoch nur auf die Hand, denn jede andere Art wäre den adeligen Mönchen unangemessen erschienen. Im großen und ganzen hielt sich das Leben der jungen Gemeinschaft an die Regel des hl. Benedikt von Nursia. Doch Benedikt und seine Mitbrüder wollten Christus möglichst vollständig nachfolgen und die geistige Fülle der Väter nicht brach liegen lassen. Deshalb verfaßte er eine Konkordanz aller Ordensregeln und stellte sie gewissermaßen zur Erläuterung der Benediktregel gegenüber. Die berühmtesten Predigten der heiligen Väter sammelte er und gab sie den Mönchen zur Lektüre. Benedikt von Aniane ging auf den Ursprung zurück und wollte das Ideal der Wüste neu verwirklichen. Seine Auslegung und seine Ergänzungen der Benediktregel sind uns in den sogenannten Murbacher Statuten erhalten.

Der Ruhm seiner Gründung verbreitete sich rasch. Mehrere Klöster vor allem in Aquitanien, dem Reichsteil Ludwigs, schlossen sich seiner Reform an, und fromme Stifter begehrten für ihre neuen Gründungen Mönche aus Aniane. Schließlich wurde Karl der Große auf das mustergültige Leben in Aniane aufmerksam und führte eine wichtige, aber zugleich typische Änderung herbei. Denn nachdem Karl das Kloster in seinen Schutz überführt und mit königlichen Privilegien und Gütern ausgestattet hatte, begann in Aniane plötzlich eine rührige Bautätigkeit: Das Kloster wurde von Grund auf neu und größer gebaut, so daß mehrere hundert Mönche bequem Platz fanden. Ebenso entstand eine prächtige Klosterkirche, die der Heiligsten Dreifaltigkeit geweiht war. Das Kloster stand unter dem Schutz des Salvators, des göttlichen Erlösers. Für das Atrium der Kirche wurden sogar römische Marmorsäulen aus Nîmes geholt, und innen sparte man nicht mit sinnreichem Schmuck und symbolreicher Zier. Es genügte nun nicht mehr ein einziger, bescheidener Altar; vier Altäre standen in der Salvatorkirche, wobei der Hauptaltar drei Mensen hatte und innen hohl war, um die Reliquien zu bergen, die sonn- und feiertags zur Verehrung ausgestellt wurden. Drei weitere Altäre standen in den Apsiden. Vor jedem Altar brannten sieben Lampen, und sieben Leuchter erhellten das Kirchenschiff. Auch die Anzahl der Kirchen wurde erhöht, denn zur Hauptkirche erbaute man innerhalb des großen Klostersbezirks eine Johannes- und Marienkirche, die zusammen nochmals drei Altäre besaßen. Diese äußeren Änderungen machten den inneren Wandel vom bescheidenen Einzelkloster zum Reichskloster mehr als deutlich.

Benedikt, nunmehr Reichsabt, nahm an verschiedenen Reichstagen teil und wirkte in

Wort und Schrift. So widerlegte er beispielsweise die neu auflebende Irrlehre des Adoptianismus, wonach Jesus nicht von Ewigkeit an Gottes Sohn sei, sondern Gott habe ihn an Sohnes statt angenommen, adoptiert. Ludwig der Fromme ernannte ihn nach seiner Thronbesteigung zum engsten Berater für das Mönchtum. Seit 814 bekleidete er zudem das Amt des obersten Abtes des gesamten Reiches und war für die Durchsetzung der Reformbeschlüsse zuständig. Damit er in dieser Eigenschaft näher bei Aachen lebte, verlieh ihm Ludwig die elsässische Abtei Murbach (Abb. 50). Doch auch dies schien Ludwig noch zu fern zu sein, denn bereits nach einem Jahr ernannte er ihn zum Abt des kurz vorher gegründeten Klosters Inden (Kornelimünster) in unmittelbarer Nähe von Aachen. Ludwig hatte die Stiftung vollzogen, damit er sich dort selbst ab und zu zurückziehen konnte. Nach langer, aufreibender Tätigkeit für das Reich oder Volk Gottes verstarb Benedikt 821. Vor seinem Tod verfaßte er einen Bittbrief an den befreundeten Bischof von Narbonne. Hierhin heißt es: „Auf nun, Mann Gottes, und zeige Deine Liebe, Deine Zuneigung und Dein Wohlwollen, wie immer so jetzt, so gut Du vermagst, und lasse nicht nach, sowohl in eigener Person, als auch durch Deine Bekannten und Freunde, sowie durch die Klöster, zu denen immer Du senden kannst, Gebete in Psalmen und in dem Opfer der heiligen Messe für mich zum Herrn darzubringen, da ich derer sehr bedarf." Benedikt wünschte sich also ein inständiges Gebet, das mehrere Klöster umfaßte und somit eine Gebetsbruderschaft darstellt. Dies ist ein weiteres typisches Merkmal des aufkommenden karolingischen Mönchtums.

Der Wandel, den wir am Kloster von Aniane aufzeigen konnten, läßt sich verallgemeinern. Fast alle damaligen Abteien unterstellten sich dem Königsschutz, bauten neue, prächtige Gotteshäuser und schufen riesige Klosteranlagen. Sie feierten eine aufwendige Liturgie, zu der sie Priester und zahlreiche Altäre benötigten. Nun zog das Priestertum in das Kloster ein und ging mit dem Mönchtum eine so enge Bindung ein, daß beide später geradezu identisch wurden. Doch bei den Karolingern war dies noch ein bescheidener Anfang, wenngleich es vereinzelt Konvente mit fast einem Drittel Mönchspriester gab. Die Messe, das Gebet und das Opfer für die Verstorbenen nahmen nun im Leben der Mönche einen bedeutenden Raum ein, der sich im Laufe der Zeit so ausdehnte, daß bereits ein gutes Jahrhundert später das Mönchtum diese Verpflichtung zeitlich und finanziell (Almosen) kaum noch leisten konnte.

IV. Klöster im Dienst von Kirche, Kultur und Reich

Seit Bonifatius bemühten sich Bischöfe, Äbte und Herrscher, die Maximen des Evangeliums in die Geschichte umzusetzen. Es entstand eine christliche Theokratie. Karl der Große legte dazu den Grundstein und führte Wesentliches aus, doch erst seinem Sohn Ludwig (814–843 Regierungszeit) gelang es, das Werk zu vollenden. Er schuf einen einzigen kirchlichen Stand, der sich zwar in Mönchtum und Weltklerus schied, aber durch die gleiche Aufgabe geeint war. Dem geistlichen Stand übertrug er nun ganz bestimmte Dienste und ordnete ihre Lebensform. Für dieses umfassende Werk gewann er den Abt von Aniane, der bereits durch seine mustergültigen Klöster bewiesen hatte, was Mönchtum sein kann.

1. Die Regelreform Benedikts von Aniane

Ludwig und Benedikt von Aniane setzten die Benediktregel durch und wollten kein anderes Mönchtum als ein benediktinisches. Sie waren davon überzeugt, den Buchstaben und den Sinn des Heiligen von Nursia zu erfüllen. Vergleichen wir beide Formen, so werden sich Wunsch und Wirklichkeit, Ziel und Selbstverständnis der karolingischen Epoche zeigen.

Benedikt von Aniane (750–821) war Abt eines Klosters von mehreren hundert Mönchen und übte autonom wie ein Graf die „weltliche" Herrschaft über Land und Leute seines nicht kleinen „Klosterstaates" aus. Damit wurde er Reichsabt und Mitglied der Reichsverwaltung. Synoden, Hoftage, Beratungen, Kriegsunternehmungen usw. bereicherten seine geistlichen Aufgaben. Er selber entstammte dem Hochadel und gehörte somit zur obersten Schicht.

Benedikt von Nursia († um 580) war ein Unbekannter. Nur durch sein Leben und Wirken trat er in das Licht der Geschichte. Er suchte mit seinen Jüngern, die übrigens alle Laien waren, im Kloster die Forderungen Christi ungestört zu erfüllen, wobei er sein Kloster wirklich von der Welt trennte. Es gab keine Beziehung mehr zur Familie, zu Besitz und Kultur. Die vollständige, persönliche Hinwendung zu Gott erlaubte keine Tätigkeit mehr in der Welt. Jeder missionarische Auftrag, jeder Beitrag zu Kultur, jede Form von Herrschaft war ihm ebenso fremd wie das Priestertum der Mönche oder die Dominanz seiner Regel über andere Klöster.

Und dennoch beriefen sich Bonifatius, Benedikt von Aniane und alle karolingischen Reformen auf sein Beispiel und seine Norm, in der sie nichts anderes sahen, als das vollendete Werk einer konkreten Nachfolge Christi. Wie wurde nun das benediktinische Ideal verwirklicht?

Das Offizium oder der Gebetsdienst. Der hl. Benedikt pflegte in seinem Kloster den ganzen Psalter, also 150 Psalmen, fortlaufend zu beten. Pro Tag waren es etwa 37 Psalmen, die sich auf sieben Gebetszeiten verteilten. Sonntags feierte man gemeinsam noch eine heilige Messe. Das war, vereinfacht gesagt, das ganze benediktinische Offizium. Die sieben Gebetszeiten und die Psalmen waren keine Eigenheit der Mönche, sondern entsprachen dem allgemeinen Gebet, das der gesamte Klerus in der Kirche, zum Teil mit der Gemeinde, verrichtete.

Doch schon seinen Nachfolgern schien diese Bescheidenheit unangemessen. Jedes Kloster war damals eine individuelle Schöpfung, und der Stifter legte die Form fest. Verbindlich war nur das siebenmalige Gebet, doch der Umfang konnte jederzeit erweitert werden. Wie die Mönche der Wüste ohne Unterlaß halblaut meditierten, so sangen in St. Mauritius zu Agaunum pausenlos die Chöre der Mönche, um in das unendliche Lob Gottes, wie es die himmlischen Heerscharen vollbrachten, einzustimmen (Abb. 22). Auch andere Klöster übernahmen diese himmlische Pflicht. In Lérins und seinen Klöstern (Abb. 20) betete man täglich 67 Psalmen, die während des Winters auf 85 erhöht wurden. In den kolumbanischen Klöstern ging der Gebetsdienst längst über das bescheidene Maß des hl. Benedikt hinaus, denn gewöhnlich sang man 67, an Samstag und Sonntag sogar 108 Psalmen. Weitere Klöster hatten das benediktinische Offizium ganz aufgegeben und pflegten wie der Weltklerus das Stundengebet des stadtrömischen päpstlichen Klerus zu halten. Es stand dem benediktinischen zwar sehr nahe, war jedoch umfangreicher und eigentlich für den bischöflichen Kathedralklerus konzipiert.

Mit all diesen Eigenheiten und Änderungen suchten Benedikt von Aniane und Ludwig der Fromme Schluß zu machen: Auf der Synode zu Aachen, im Jahre 816, verordneten sie für alle Klöster das benediktinische Offizium von nur 37 Psalmen. Für die Entwicklung des Mönchtums jedoch bedeutete dies einen gravierenden Einschnitt, denn nun koppelte sich das monastische von dem kirchlichen Gebet ab; es entstand ein eigenes monastische Offizium, wie es heute noch besteht.

Obwohl das maßvolle benediktinische Offizium vorgeschrieben war, ging der tatsächliche Chordienst der Mönche weit darüber hinaus. Denn längst hatten die Klöster zusätzliche Gebetspflichten übernommen, die aus ihrer neuen, man möchte fast sagen, unbenediktinischen, aber keineswegs unchristlichen Aufgabe des stellvertretenden Gebets erwachsen waren. Am Montag betete man Psalm 50 für die Verstorbenen, täglich feierte man ein Konventamt sowie eine Frühmesse. Großen Raum nahm das Gebet für Verstorbene ein, das aus mehreren Psaltern und mindestens 30 heiligen Messen bestand. Neu waren auch die Votivmessen, die in besonderen Anliegen gelesen wurden. Obwohl Benedikt als Norm galt, verpflichteten die beiden Reformen die Mönche sonntags zu hundert Psalmen.

Der Abt. Die Benediktregel läßt den Abt aus den Reihen der Brüder wählen; der Vorgang ist, außer im Falle eines Mißgriffes, eine klosterinterne Angelegenheit. Über den wichtigen Punkt der Abtswahl sprechen die Reformstatuten nicht. Offensichtlich billigten sie den germanischen Brauch, der dem Eigenkirchenherr hier völlig freie Hand ließ. Für die königlichen Reichsklöster – sie waren zur Zeit Ludwigs noch in der Überzahl – kam dieses Recht dem Kaiser zu, der im gegebenen Fall darauf verzichten konnte.

Benedikt von Nursia sah im Abt den Stellvertreter Christi, woraus sich alle Rechte und Pflichten seiner geistlichen und „weltlichen" Leitung ergaben. Als treuer Hirte hatte er beständig bei seiner Herde zu sein, mit ihr zu beten, zu arbeiten, zu essen und sogar zu ruhen. Inmitten des gemeinsamen Schlafsaales befand sich seine Lagerstatt. Klosterfremde Aufgaben lagen völlig außer Reichweite. Als einziges „Privileg", allerdings aus Rücksicht auf die Ruhe der Brüder, erlaubte Benedikt dem Abt einen getrennten Tisch und eine separate Küche, um mit den ankommenden Besuchern zu speisen, ohne den Tagesablauf der Brüder zu stören.

Die Synode von 816 erlaubt den Äbten eine eigene Wohnung, die sie allerdings mit mindestens sechs Brüdern teilen sollen (Abb. 60). Die allgemeine Klosterkost hatte jedoch auch ihnen zu genügen. Allerdings stand es dem Abt frei, aus besonderen Anlässen, z. B. bei hohen Gästen, den Tisch zu bereichern. Der gewöhnliche Besuch sollte an der Pforte oder im Hospiz versorgt werden, hochadelige Laien und Kleriker dagegen durften gemeinsam mit den Mönchen im Refektorium speisen. Doch die Forderung nach einheitlicher

Kost für Abt und Konvent scheint, wie beispielsweise der Plan von St. Gallen belegt (Abb. 60), kaum durchsetzbar gewesen zu sein, denn dort steht dem Abt auch eine eigene Küche zur Verfügung.

Von der selbstverständlichsten benediktinischen Pflicht des Abtes, beständig im Kloster zu verweilen, ist kaum die Rede. Zwar wird er ermahnt, sich nicht allzulange auf fernliegenden Klostergütern oder Villen aufzuhalten, doch gleichzeitig setzte man stillschweigend voraus, daß er Reichstage besuchte, öffentliche Gerichtstage hielt und als Gesandter weite Reisen unternahm. In der Not mußte er sogar dem Heerbann folgen. Wie ließen solche Aufgaben den Hirten bei der Herde?

Auch die Institution des Laienabtes, dem häufig genug mehrere Abteien zur Nutznießung und Herrschaft übergeben worden waren, besaß keine benediktinische Rechtfertigung. Das Kloster war eine Sache geworden. Wie hätte es beispielsweise Einhard, der Biograph Karls des Großen, einrichten sollen, um den 18 Klöstern vorstehen zu können, die ihm vom Kaiser auf Lebenszeit verliehen worden waren? Diese meist verheirateten Laienäbte ernannten einen Mönch zum Propst, der die geistliche Betreuung der Gemeinschaft besorgte. Laienäbte mußten immer dem Heerbann folgen und ihr Kriegerkontingent anführen. Ihre Berechtigung wurde nirgends angezweifelt.

Größe des Klosters, Gastrecht, Handarbeit. Die Benediktregel schreibt allen Mönchen ein tätiges Leben vor; allerdings war die Arbeit auf dem Felde eine Ausnahme. Mit der Arbeit wollte man keine Werte schaffen, sondern das gefährliche Laster der Melancholie und des Trübsinns vertreiben. Der notwendige Grundbesitz wurde im allgemeinen durch Pächter bewirtschaftet. In diesem Sinne verstanden auch die karolingischen Mönche ihre Arbeit. Doch der Grundbesitz ihrer Klöster unterschied sich gewaltig von der bescheidenen Anlage Benedikts. Ganze Landschaften mit ihren Bewohnern gehörten dem Kloster und waren ihm dienst- und zinspflichtig. In den Klöstern konnten mehrere hundert Mönche leben, was sich mit der benediktinischen Idealbelegung von zwölf Brüdern nicht vergleichen läßt. Aniane besaß in seiner Blüte über dreihundert Mönche, und der Abt des Großklosters Nonantola (bei Modena, Oberitalien) herrschte sogar über tausend.

Auch das benediktinische Gastrecht hatte in den Reichsabteien längst seinen bescheidenen Umfang verloren. In Corbie beispielsweise kamen an bestimmten Feiertagen über dreihundert Gäste, die alle versorgt, ernährt und untergebracht werden mußten. Ein kaiserlicher Besuch sprengte fast die Kapazitäten eines Klosters. So versuchte man häufig, durch Verhandlungen die Lasten im voraus zu verteilen. Benachbarte Klöster, Bischöfe oder weltliche Große wurden zu einzelnen Dienstleistungen verpflichtet. Selbst noch während der Barockzeit nahmen die österreichischen Kaiser die Abteien als Sommersitz, Erholungsort usw. häufig für sich in Anspruch. Für die Reise Marie Antoinettes nach Frankreich mußte beispielsweise das Kloster Obermarchtal umfangreiche Neubauten errichten, um den kaiserlichen Besuch standesgemäß unterzubringen.

Die Feldarbeit war, ganz im Sinne Benedikts, auch bei den karolingischen Mönchen eine Ausnahme. Doch selbst die innerklösterlichen Arbeiten überließen sie fremden Kräften. Die Aachener Kirchenversammlung von 816 verfügte wie viele andere zuvor, daß die Mönche wieder selbständig in der Küche, Bäckerei und anderen klosterinternen Einrichtungen arbeiten müßten. Arbeiten dagegen wie die Tätigkeit von Schuster, Gerber, Schneider, Schwertfeger, Walker usw. blieben auch nach der Reform Pflichten der Laien bzw. Klosterangehörigen.

An dieser Verordnung zeigt sich deutlich die Intention der Reform, das ursprüngliche Ideal eines vollkommenen christlichen Lebens zu verwirklichen, denn sonst hätten sich die adeligen Mönche kaum herabgelassen, beispielsweise die niederen Küchendienste wieder selbst zu verrichten. Wie streng dieser Beschluß der Synode gehandhabt werden konnte, mußten die Mönche von Fulda bitter erfahren. Denn ihr baufreudiger Abt Ratgar (802–817) kürzte unter Berufung auf die Synode den Mönchen den Gebetsdienst, die Erholungs- und Studierzeiten, um sie dafür am Kirchenbau zu beteiligen.

Speise und Trank. Von der ursprünglichen benediktinischen Bescheidenheit, an Fasttagen nur einmal, sonst aber nur zweimal täglich zu speisen, scheinen sich die Klöster längst entfernt zu haben. Gegen Ende des 8. Jahrhunderts aß man im Musterkloster zu Montecassino der Regel entsprechend täglich zweimal, allerdings mit mehreren Gängen. Werktags gab es drei gekochte Gerichte, dazu ein viertel Pfund Brot, zwei Maß Wein sowie vor dem Essen ein Gläschen Würzwein. Sonn- und feiertags reichte man sogar vier gekochte Gerichte, und in der Festoktav von Ostern und Weihnachten bereicherte acht Tage lang zusätzlich Geflügel das Mahl. Daß sogar Fleisch von vierbeinigen Tieren gegessen wurde, läßt sich aus den entsprechenden Verboten der Synoden von Freising und Salzburg (799) schließen. An den wöchentlichen Fasttagen, mittwochs und freitags, gab es zwar nur eine Mahlzeit, aber immerhin mit zwei Gerichten. Solche Gewohnheiten scheinen auch in Fulda und anderen Klöstern bestanden zu haben.

Hier griff die Synode korrigierend ein und stellte die benediktinische Norm wieder her. Alles Fleisch, selbst das von Geflügel, wird den Mönchen zu essen verboten; Kranke machen dabei eine Ausnahme. Sie untersagte ferner den Brauch, sich zwischen den Mahlzeiten durch Obst oder Salat zu stärken, und setzte das Gewicht für Brot und das Maß für Wein einheitlich fest. Doch an einer gewissen Fülle monastischer Kost wollte auch die Aachener Synode durchaus nichts ändern. Karl der Große befahl sogar den Äbten, keine geizigen Mönche zu Celleraren zu ernennen, damit die Mönche gut und genügend zu essen bekämen.

Die Bekleidung. Bei Benedikt bzw. beim Magister bekam jeder Mönch vom Cellerar folgende Kleidung: ein linnenes Untergewand, ein Obergewand, ein Überwurf aus Fell, ein Schultergewand und Kapuze, dazu noch einen Gürtel. Für eine Reise gab es neue Kleider sowie Sandalen. Jeder mußte seine Kleidung selber instand halten und nach einer gewissen Zeit gewaschen wieder zurückgeben. Kein einziges Stück gehörte ihm. Doch erlaubt die Regel eine Anpassung an die Besonderheiten, Bräuche und Witterungsverhältnisse der jeweiligen Gegend; die Kleidung sollte nur einfach und billig sein.

Die Synode setzte nun für die Mönche folgendes Höchstmaß fest: Jedem Mönch gebühren zwei Kukullen, zwei Tuniken, zwei Hemden, ein Gürtel, zwei oder drei Kappen, zwei

Paar Schuhe, ebenso viele Strümpfe und Hosen, zwei Paar Gamaschen sowie ein Pelzüberwurf. Für die Reise standen ihm sogar ein Paar Handschuhe zu, und im Winter erfreute er sich eines wärmenden Müffchens aus Schaffell. Pantoffeln durfte er nachts benützen, und während des Winters waren Überschuhe erlaubt. Jeder hatte Anspruch auf Seife und Schuhfett.

Weitere Änderungen. Um den Mißstand zu verhindern, daß nur reiche Novizen aufgenommen wurden, erließ die Synode das Gebot, daß die angehenden Mönche vor dem Eintritt ihr gesamtes Vermögen an die Eltern, Verwandten oder Armen, keinesfalls aber dem Kloster zu verschenken hätten. Bestimmte Klöster bzw. Äbte erlaubten sich nämlich, nur reiche Novizen aufzunehmen, und verlangten nicht selten noch eine zusätzliche Zahlung. Über das gesamte Klostergut konnte der Abt allein verfügen, es war gewissermaßen sein Privatgut. Damit die Klöster ihren sozialen Aufgaben nachkamen und nicht willkürlich mit ihrem Vermögen verfuhren, schärfte die Synode ihnen den alten christlichen Brauch ein, mindestens ein Zehntel von allen Einnahmen den Armen zukommen zu lassen. Für den beliebten Aderlaß – er war mit besserer Kost und längerer Ruhe verbunden – sollte es fortan keine bestimmten, allgemeingültigen Termine mehr geben, vielmehr durfte ihn der Abt nur aus gesundheitlichen Rücksichten gestatten. Auch das Baden schränkte man für die Mönche auf zweimal pro Jahr ein, was um so erstaunlicher ist, als am Hofe Karls des Großen gern, häufig und in großer Gesellschaft gebadet wurde. Vielleicht berief sich Benedikt von Aniane auf die harte Kritik der Kirchenväter am römischen Badeluxus und erlaubte den Mönchen deshalb diese Wohltat nicht.

Die körperliche Züchtigung für schwere Vergehen war in Klöstern üblich. Die Synode mußte hier jedoch einen üblen Mißstand beheben, denn manche Äbte ließen die Widerspenstigen nackt verprügeln oder sogar verkrüppeln, z. B. durch Blendung. Die Prügelstrafe durfte jetzt nicht mehr nackt verabreicht werden und hatte im Kreise der Brüder zu erfolgen; auch mußte der Klosterkarzer heizbar sein. In den Klöstern Benedikts von Aniane wurden die Mönche nur durch Schläge auf die Handinnenseite bestraft.

Ein weiterer Reformpunkt war die Bestellung des Priors. Laienäbte mußten zwar zur geistlichen Leitung einen Prior anstellen, doch bestimmten sie, wen sie wollten. Die Synode beschränkte die Wahl auf die Brüder des jeweiligen Klosters. Auch die Wahl eines Vogtes wurde zwingend vorgeschrieben. Der Wanderlust der Mönche setzte man enge Grenzen, denn ein Klosterwechsel, das freie Reisen oder gar das Verlassen des Mönchsstandes wurden bei harter Strafe untersagt. Immer wieder betonten karolingische Kapitulare die Endgültigkeit des Eintrittes und die Notwendigkeit der Beständigkeit.

Ins Kloster gehörten nur Mönche. Deshalb forderte die Synode innerhalb des Klosters zwei räumlich getrennte Schulen für die Oblati, den klösterlichen Nachwuchs, und die übrigen Knaben, die den Mönchen nur vorübergehend zur schulischen Ausbildung übergeben worden waren; deren Schule hatte außerhalb der Klausur zu liegen (vgl. den Plan von St. Gallen, Abb. 60).

Die karolingische Klosterreform wollte den geistlichen Stand in seiner Ursprünglichkeit wiederherstellen, damit das Volk Gottes auf Erden Wirklichkeit würde. Aus diesem Grund führte sie das Mönchtum aus der Initiative von einzelnen heraus und integrierte es dem allgemeinen Klerus. Beiden oblag es, die religiösen Pflichten für das Volk Gottes, das Reich der Franken, stellvertretend zu vollbringen. Deshalb bauten die Klöster domähnliche Kirchen, und der Domklerus ahmte das klösterliche Leben nach.

2. Klosterkirche und Klosterliturgie am Beispiel der Reichsabtei Centula

Eine der zukunftsweisenden Neuerungen, die das Mönchtum unter den Karolingern erfahren hatte, bestand in der Pflicht, eine aufwendige Klosterliturgie nach dem Vorbild des bischöflichen Stadtgottesdienstes zu feiern. Auch die tägliche Konventmesse sowie eine Frühmesse gehörten zu den neuen Pflichten. Das fürbittende Gebet für die Verstorbenen war zwar schon längst christlicher Brauch, doch während der karolingischen Epoche trat die Messe in den Vordergrund, sie wurde den Mönchen als besondere Aufgabe übertragen.

Die Klosterkirche. Der epochemachende Vorgang läßt sich sehr deutlich am ehemaligen Bau der karolingischen Benediktinerabtei St. Richarius (St. Riquier) zu Centula ablesen. Die Abtei ist heute zwar völlig zerstört und die Kirche nach dem jeweiligen Zeitgeschmack verändert, doch anhand von Ausgrabungen, literarischen Zeugnissen und historischen Darstellungen konnte man den karolingischen Bau gut rekonstruieren.

Richarius (570–645) gründete auf seinem Familienbesitz ein Eigenkloster und regierte als Abt eine bescheidene Herde. Als der Gründer später als Heiliger verehrt wurde, entwickelte sich die Stiftung zu einem bedeutendem Kloster, das Karl der Große schließlich seinem Schwiegersohn Angilbert zur Nutzung und Verwaltung übergab. Zu Ehren des Heiligen erbaute der Laienabt Angilbert in den Jahren 790–799 eine neue Kirche, an deren Rekonstruktion wir die monastische Neuerung erläutern wollen. Ein Stich aus dem 17. Jahrhundert, der wiederum auf eine Zeichnung des 11. Jahrhunderts zurückgeht und im großen und ganzen die einstige Anlage wirklichkeitstreu wiedergibt (Abb. 51), erleichtert die Interpretation.

Der Stich zeigt eine dreischiffige Basilika mit zwei turmartigen Abschlüssen im Westen und Osten, sogenannten Querhäusern, sowie einer ausgeprägten Apside, die ebenso wie der Westteil durch zwei Seitentürme geschmückt ist. Weitere Türme und aufwendige Kuppeln, die architektonisch nicht notwendig waren – Glocken kannte man damals noch kaum –, zeichnen den Bau aus und erheben ihn über die Sphäre irdischer Zweckmäßigkeit. Neben der Apside befindet sich noch eine Außenkrypta, ein niederer, langzogener seitlicher Anbau. Krypten dienten seit dem 6. Jahrhundert zur Aufbewahrung von Reliquien und waren anfangs als Rundkrypten gebaut, damit die Gläubigen die heilige Stätte in angemessener Distanz umschreiten konnten. Im ehemaligen Kloster St. Emmeram zu Regensburg können wir heute noch eine solche Rundkrypta begehen. Auch die gut erhaltene Krypta der Schweizer Abtei Disentis gehört zu den frühesten dieser Art.

Vergitterte Fensternischen ermöglichten eine Berührung mit dem Sarg oder Reliquiar. Zum Teil konnte man auch Wollbinden (Brandea) direkt auf die Reliquien niederlassen und diese Kontaktreliquien mit nach Hause nehmen. Krypten blieben seit der Karolinger-

51 *Abtei Centula (Saint-Riquier, Nordfrankreich), Beispiel einer karolingischen Reichsabtei (Stich von 1612 nach einer Zeichnung aus dem 11. Jh.). Die Hauptkirche ist durch überdachte Arkadengänge mit zwei weiteren Kirchen verbunden; diese architektonische Anlage ergab sich aus der Liturgie dieser Zeit mit ihren Prozessionen.*

zeit ein notwendiger Kirchenteil jeder größeren Kirche. Erst die gotischen Kathedralen verzichteten darauf. Der Stich zeigt uns noch zwei weitere, wenn auch kleinere Kirchen, die durch einen überdachten Arkadengang mit der Hauptkirche verbunden sind. Die eine Kirche war dem hl. Benedikt, die andere der Gottesmutter geweiht. Das Kloster besaß also insgesamt drei Kirchen, die durch den Laubengang zu einer kultischen Einheit verbunden

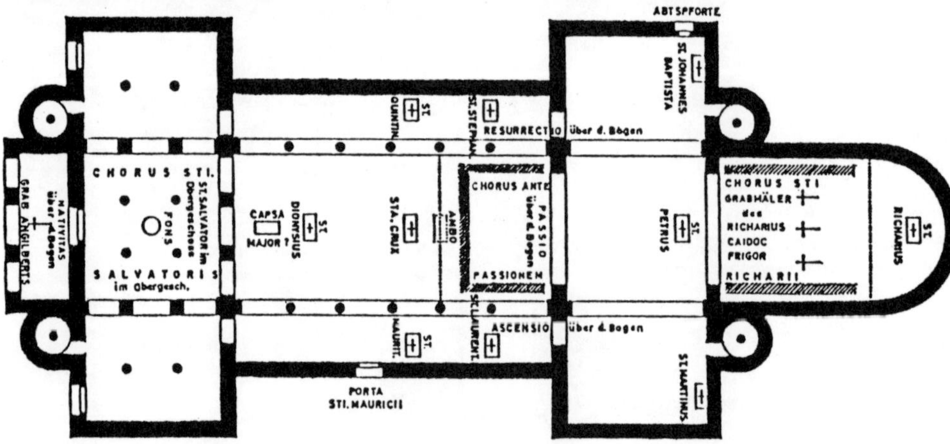

52 *Centula, Hauptkirche (Rekonstruktion von W. Effmann) mit Außenkrypta und Westwerk sowie zwei gleichwertigen Bauteilen, an denen sich die Zusammengehörigkeit von Kirche und Reich (Sacerdotium und Imperium) in der karolingischen theokratischen Staatsauffassung zeigt. Diese (sechstürmige) Anlage wirkte u. a. in den deutschen romanischen Kaiserdomen wie Speyer und Mainz nach.*

53 *Centula, Grundriß der Hauptkirche. Die infolge der karolingischen Reform vervielfachten Altäre bilden heilige Orte, die heilsgeschichtlichen Ereignissen wie Geburt, Tod, Auferstehung und Himmelfahrt Christi zugeordnet sind. Es entsteht eine „heilige Landschaft"; in ihr wird die Heilsgeschichte räumlich erfahrbar und in der liturgischen Feier rituell begangen.*

waren. Offensichtlich benötigten die Mönche für ihre Liturgie nun mehrere Kirchen, denn nur so erklärt sich der Arkadengang, der nicht die verschiedenen Klosterräume, sondern die drei Kirchen miteinander verbindet. Zwar gab es in den Klöstern Benedikts und Kolumbans neben dem allgemeinen Oratorium ebenfalls eine oder mehrere außerhalb der Klausur liegende Kapellen, in die sich einzelne Mönche zur privaten Meditation zurückziehen konnten, keineswegs aber dienten sie der allgemeinen monastischen Liturgie. Die Magisterregel kennt allerdings bereits eine umfangreiche Prozession der Mönche; ob sie aber zu verschiedenen Kultorten führte, ist fraglich.

Der Kreuzgang als Prozessionsweg. Der Kreuzgang, so dürfen wir diesen Laubengang mit Recht bezeichnen, verband verschiedene Kultstätten miteinander und diente zur täglichen feierlichen Prozession der Mönche von einem Kultort zum anderen, wie es Abt Angilbert seinen etwa dreihundert Mönchen vorgeschrieben hatte. Er verfaßte eine ausführliche Prozessionsordnung, in der er sämtliche Stationen, Wege, Gebete und andere liturgische Handlungen genau beschrieb und festlegte. Andachtsvoll zogen seine Mönche täglich von der Apside zu den verschiedenen Kirchen und Altären, um den Heiligen bzw. ihren Reliquien die Ehre zu erweisen. Für jede Hore war ein eigener Platz vorgesehen, so daß mehrmals am Tag ein feierlicher Umgang gehalten wurde. Jedes Fest beging man an bestimmten Altären, und jedes Gebet besaß seinen eigenen Ort in der Kirche. Zum täglichen Totengedächtnis versammelten sich die Mönche in die Kapelle des hl. Benedikt, und die Fürbitte für den Herrscher sprachen sie vor dem großen Reliquienschrein, der Capsa maior, inmitten der Kirche. An hohen Festen bildete die Gemeinde drei verschiedene Chöre, die psalmodierend zu ihrem Chororatorium zogen, um dort – getrennt, aber durch den Kult und Kultraum geeint – den liturgischen Dienst zu vollbringen. Täglich mußten alle Mönche die drei Kirchen besuchen, denn Angilbert verlangte morgens und abends eine feierliche Prozesssion zu den Gotteshäusern. Bei diesem kultischen Umgang trugen die Mönche ein Kreuz voran, was dem überdachten Prozessionsweg schließlich den Namen Kreuzgang einbrachte. Denn „Prozession halten" heißt im Text Angilberts schlichtweg „crucem sequi – dem Kreuz folgen". Von dieser Prozession also ist der Name Kreuzgang abzuleiten und nicht von dem scheinbar kreuzförmigen Grundriß des Klostergevierts. Auch die ihm nachträglich zugeordnete Funktion, alle monastischen Gebäude miteinander zu verbinden, entspricht keineswegs der geschichtlichen Herkunft und ursprünglichen Absicht eines Kreuzganges, wie auch die Pläne von Centula, Schaffhausen oder St. Gallen (Abb. 60) belegen.

In Fulda ist der Brauch einer Prozession mit dem Kreuz ebenfalls bezeugt. Denn in einem Beschwerdebrief der Mönche von 817 an Kaiser Ludwig forderten sie, daß man ihnen wieder die sonntägliche Prozession mit dem Kreuz zu Ehren der Auferstehung Jesu erlauben möge. Hiervon dürfte sich auch die spätere Bezeichnung „Galiläa", wie beispielsweise die Kartäuser den Kreuzgang nennen, ableiten.

Viele Altäre – Die Begehung der Heilsgeschichte. Die dreischiffige Säulenbasilika (Abb. 53) wird im Osten und Westen jeweils von einem Querschiff begrenzt, das zwei Seitentürmchen zieren. Auffällig sind die zahlreichen Altäre, die verschiedenen Grablegen sowie die drei Chöre: in der Apside, vor dem östlichen Querhaus und im ersten Stockwerk des westlichen Querhauses. Der Altar mit den Gebeinen des hl. Richarius sowie zweier weiterer Heiligen stand hervorgehoben im langgezogenen Apsidenchor. Im Zentrum des östlichen Querhauses befand sich der Altar des hl. Petrus, flankiert von zwei Seitenaltären, die dem hl. Johannes und dem hl. Martin geweiht waren. Eine bebilderte Bogenwand trennte einen weiteren Chor vom östlichen Querhaus; die Fresken auf dem Bogen stellten die Passion Christi dar, rechts davon sah man die Auferstehung (resurrectio) und links seine Himmelfahrt (ascensio). Im Seitenschiff gab es auf der Höhe des Chores noch vier weitere Altäre, die sich um das Zentrum der Kirche, den Kreuzaltar, gruppierten. Auf der gemeinsamen Mittelachse zum Apsidenaltar standen noch die Altäre zu Ehren des hl. Dionysius sowie der Salvatoraltar im Obergeschoß des Westwerkes. Es befanden sich also in der Kirche 11 Altäre; zählt man die der Kapellen noch dazu, so ergeben sich 13; insgesamt sind für Centula 30 Altäre bezeugt. Zu erwähnen bleiben noch der Taufbrunnen, die Capsa maior – ein tragbares und wertvolles Reliquar, das die Mönche an bestimmten Festtagen bei ihren Prozessionen mittrugen –, sowie das Grab Angilberts im westlichen Atrium.

Die einzelnen Altäre mit ihren Reliquien dürfen wir als selbständige Kultstätten, als heilige Orte verstehen, die zu den einzelnen Vorgängen der Heilsgeschichte in engster Beziehung standen. Sie bildeten gewissermaßen den Mikrokosmos einer „heiligen Landschaft“, in der man im wörtlichen Sinne die Feste und ihre Heilsgeschehnisse beging. Ostern, Pfingsten, Weihnachten, kurz jedes Fest wurde an ganz bestimmten Orten, Kirchen, Altären und Chören gefeiert. Indem die Mönche alle diese heiligen Orte im Laufe eines Jahres besuchten und rituell ausgestalteten, feierten und vergegenwärtigten sie die Heilsereignisse des Lebens Christi.

Das Beispiel Centula ist nicht einmalig. Auch andere Klöster erbauten innerhalb der Klausur mehrere Kirchen mit zahlreichen Altären, wie Grabungen nachwiesen. In Aniane gab es drei Kirchen: die Klosterkirche St. Salvator, die Johanneskirche sowie eine Marienkirche, mit insgesamt sieben Altären. Benedikt von Aniane verlangte von seinen Mönchen, täglich alle sieben Altäre zu besuchen. Den gleichen Brauch pflegten die Mönche in Kornelimünster sogar dreimal am Tag. Der Klosterbezirk St. Vaast bei Cambrai umfaßte allein fünf Kirchen mit insgesamt 36 Altären. Die Prozessionsordnung von Corbie spricht ebenfalls von mehreren Kirchen, wie sie uns wahrscheinlich ein Stich aus dem 17. Jahrhundert wiedergibt (Abb. 45). Als letztes Beispiel sei auf die Abtei Disentis verwiesen, die innerhalb der Klostermauern drei Gotteshäuser – die Kirchen St. Martin, St. Petrus und St. Maria – besaß. Ob sich hier die Vorschrift Karls des Großen auswirkte, alle Klöster müßten neben ihrer Grabes- und Wallfahrtskirche noch ein zusätzliches Gotteshaus erbauen, um ungestört ihr monastisches Leben führen zu können, ist schwer zu entscheiden. Jedenfalls waren Klöster mit Grabes- und Wallfahrtskirchen gehalten, zusätzlich eine eigene Mönchskirche zu errichten. Im Plan von St. Gallen (Abb. 60) sind seltsamerweise alle Kultorte in einer einzigen Kirche vereinigt. Inwiefern dieser Plan jedoch die Wirklichkeit karolingischer Klöster wiedergibt, muß offen bleiben, zumal sich auch in St. Gallen der Bau mehrerer Kirchen nachweisen läßt.

Die Bedeutung des Kirchengebäudes. Dem Kirchenbau lag offensichtlich ein theologisches Programm zugrunde, das sich auf das Leben Christi und sein Erlösungswerk bezog. Das zeitliche Geschehen war hier gewissermaßen ins Räumliche übertragen. Denn „lesen" wir das Bauwerk von West nach Ost, dann stellt sich vor unseren Augen die Heilsgeschichte von der Vergangenheit über die Gegenwart zur Zukunft dar. Das Programm begann mit der Darstellung der Geburt Christi im westlichen Atrium; es folgt das Taufbecken, das an den Beginn seines öffentlichen Wirkens erinnert; es ist zugleich der Ort, an dem der Mensch in das Heilswerk einbezogen wird. Im Zentrum der Kirche befindet sich der Kreuzaltar, die Quelle der Erlösung, umrahmt von den Bildern der Passion, Auferstehung und Himmelfahrt. Das Geheimnis der Glaubens ist anschaulicher Mittelpunkt der Kirche. Die östliche Apside schießlich verweist auf die heilsgeschichtliche Zukunft, auf die Wiederkunft Christi am Ende der Zeit. Nach allgemeiner religiöser Symbolik bedeutet der Westen die Vergangenheit, den Ort des Todes und der Auferstehung, weshalb auch hier Angilbert begraben liegt. Mit dem Osten dagegen wird die Zukunft, die Wiederkunft des Messias verbunden, was die Ostung aller Kirchen erklärt. Auch die Darstellung Christi in der Mandorla, die wir häufig in der Ostapside finden, dürfte sich hiervon ableiten.

Das Westwerk. Eine karolingische Neuerung war das Westwerk, ein Bauteil im Westen der Kirche, in dessen Obergeschoß der Thron des Herrschers stand. Hier war der Platz des Kaisers, von hier aus wohnten er und sein Gefolge der Liturgie bei. Architektonisch gesehen sind die Ost- und Westpartie der Kirche gleichartig und somit gleichwertig gestaltet, ein Hinweis auf die enge Zusammengehörigkeit von Imperium und Sacerdotium in einer theokratisch aufgefaßten Welt. Wahrscheinlich unterstreicht auch der Salvatoraltar im Obergeschoß des Westwerkes noch zusätzlich die Sakralität des Imperiums. Während des 9. und 10. Jahrhunderts übernahmen nicht nur die großen Reichsklöster, sondern auch weitabliegende Stifte und Klöster diese Form der Palastkirche, um damit ihren kaiserlichen Ursprung oder ihre enge Beziehung zum Herrscherhaus zu dokumentieren; so die Stifte Essen (Abb. 58), Gernrode, Möllenbeck oder Quedlinburg. Einen ähnlichen Vorgang werden wir später auch bei den reichsunmittelbaren Barockabteien beobachten können. Durch prachtvolle Kaisersäle bekundeten sie ihre besondere Verbundenheit mit dem Herrscherhaus, auch wenn solch ein aufwendiger Saal – ebensowenig wie manche Westwerke – vielleicht nie von einem Kaiser wirklich aufgesucht wurden.

Zusammenfassend läßt sich sagen: Im Bau von Centula haben wir eine neuartige Klosterkonzeption vor uns, für die es in der gesamten monastischen Tradition nichts Vergleichbares gab. Die Eremiten, die Wüstenklöster und selbst die des hl. Benedikt, sie alle kannten nur ein bescheidenes Oratorium, das mit einem einzigen Altar versehen war. Sonntags kamen sie zur Eucharistie zusammen, die anfangs sogar noch ein auswärtiger Priester hielt, denn Priester waren im Kloster fehl am Platz. Weder die Magister- noch die Benediktregel sprechen von Priestermönchen. Nur als Ausnahme stellte es Benedikt ins Belieben des Abtes, einen Mönch für den Altardienst weihen zu lassen. Er selbst wollte keine Priester in den Klöstern, weil dadurch das durchweg laikale Kloster gestört worden wäre. Denn nicht nur bei Benedikt, sondern in der gesamten Tradition war das Kloster ein Ort, an dem der

54 *Nordwestansicht der Kirche von Freckenhorst in Westfalen; ehemaliges Doppelstift für Kanonissen und Kanoniker unter Leitung einer Äbtissin (851 gegründet). Obwohl die Kirche 1116–1129 nach einem Brand neu aufgeführt werden mußte, baute man als Symbol der Verbundenheit mit dem Kaiserhaus noch ein aufwendiges Westwerk, das damals schon längst seine eigentliche Aufgabe verloren hatte.*

einzelne Christ dem Ruf Gottes folgte. Um allein Gott anzuhangen, gingen sie ins Kloster, nicht um als Mönche Seelsorge zu treiben.

In Centula und den karolingischen Reichsklöstern blieb die ursprüngliche monastische Intention der Selbstheiligung zwar erhalten, doch wurde sie direkt in den Dienst am Volk Gottes, an der Kirche als dem mystischen Leib Christi gestellt. Hier wie dort lebten die Mönche in der Abgeschlossenheit der Klausur und erstrebten die persönliche Heiligung, doch gerade dies schien sie zum heiligen Dienst der Mysterien zu befähigen. Deshalb ließ Angilbert eine prächtige und geräumige Klosterkirche mit zahlreichen Altären für seine annähernd dreihundert Mönche erbauen, damit sie die göttliche Liturgie richtig und würdig feiern konnten. Das Kirchengebäude bekam nun symbolische Qualitäten und bildete mit der Liturgie eine Einheit, die letztlich darauf zielte, das sühnende Erlösungswerk Christi, sein Leben und Wirken, seinen Tod und seine Auferstehung zu vergegenwärtigen.

3. Der Dienst am Wort Gottes

Die Schriftlosen schreiben Bücher. Die monastischen Reformen der Karolinger stellten das Mönchtum in den geistlichen Dienst am Volk Gottes. Was bislang ins Ermessen des einzelnen Klosters gestellt war, wurde nun genau festgeschrieben und gefordert. Liturgie, Klosterbau und Klosterregel waren vereinheitlicht und verbindlich festgesetzt. Ähnliches geschah auch mit den bescheidenen Klosterschulen, die nun zu wahren Bildungsstätten erhoben wurden. Auch hier kam der Impuls von „außen", von den weltlichen Herrschern.

Seit den Gründungen des Pachomius gab es Schulen in den Klöstern, damit die Mönche die Bibel, das Wort Gottes lesen und verstehen konnten; nichts anderes wollte der Unterricht. Zuerst lernte man die heiligen Texte auswendig. Die Psalmen, die Evangelien, aber auch andere geistliche Schriften sollten rein mechanisch erfaßt werden. Nun ging man einen Schritt weiter und versuchte im Unterricht, in der Predigt und der täglichen Ansprache, den Sinn der Worte aufzuschlüsseln und dem Bruder zur beständigen Meditation zu überlassen. Nur insoweit lernten die Brüder lesen und schreiben, wie es das geistliche Leben erforderte. Andere Aufgaben kannten die Klöster nicht. Allein unter diesem Aspekt, der göttlichen Offenbarung zu dienen, bekam in der „Schule Christi" die antike Kultur allmählich ein bescheidenes Heimatrecht. Denn alles, selbst die heidnische Kultur und Wissenschaft, konnte, wie schon Paulus sagte, im rechten Sinne betrachtet, dem glaubenden Erkennen hilfreich sein. So machten es im bescheidenen Maße die pachomianischen Mönche, so lebten die Schüler des hl. Augustinus, und so verlangte es die Regel des hl. Benedikt von Nursia.

Die Karolinger weiteten die Bildungspflicht der Mönche, indem sie die Studien verbindlich vorschrieben. Jedes Kloster mußte eine Schule für die eigenen Zöglinge und eine andere für die freien Schüler einrichten. Ebenso wurde dies an allen Domen verlangt. Unterricht und Bildung wurden nun zur gemeinsamen Pflicht der Klöster. Die Bedeutung dieser Tat wird erst dann in ihrer ganzen Tragweite einsichtig, wenn wir die Voraussetzungen betrachten.

Im Gegensatz zum antiken Mönchtum waren den Franken die alten Sprachen Latein und Griechisch, die den Zugang zur Bibel bildeten, fremd. Ja nicht nur dies, die Germanen, Kelten, Angelsachsen und Franken kannten überhaupt keine Schriftkultur. Ihre Priester pflegten die Geschichte zu erzählen und ihre Barden sie zu besingen; das geschriebene Wort, das Buch, war ihnen unbekannt.

Und nun schickten sich die schriftlosen, aber keineswegs kulturlosen Völker an, eine Kulturform zu übernehmen, die ihrer eigenen Traditon völlig fremd war. Nur weil Gott sich im Worte geoffenbart hatte, bemühten sich die nördlichen Völker um den Buchstaben, um das Wort und die Grammatik. Willig fügten sie ihren ungestümen Geist unter das fremde, aber nicht feindliche Joch der geschriebenen Sprache, und beharrlich strebten sie danach, das „fremde" Wort Gottes genau zu kennen, richtig zu verstehen und würdig zu fassen. Mit ehrfurchtsvollem Sinn, jedes Jota genau beachtend, schrieben sie das Wort Gottes auf wertvolles Pergament, zierten den Einband mit Edelsteinen und verehrten andächtig die heiligen Texte.

Das Programm der Klosterschule legte Karl der Große in seinem berühmten Brief „Über die Pflege der Schrift" an Abt Baugulf vom Kloster Fulda dar: „Euch, dem gottgefälligen, frommen Abt sei bekannt gegeben, daß wir zusammen mit unseren Getreuen es für nützlich erachtet haben, daß in den uns durch Christi Gnade zur Leitung anvertrauten Bistümern und Klöstern neben dem regelgemäßen Leben und Wandel in der heiligen Religion sich alle diejenigen, die durch die Gnade Gottes zu lernen imstande sind, nach Maßgabe ihrer Fähigkeit mit dem Studium der Sprache beschäftigen sollen. Gleichwie regelgemäßes Leben die guten Sitten, so soll auch die Beschäftigung mit Lernen und Lehren die Sprache heben und schmücken, damit diejenigen, die Gott durch einen guten Lebenswandel gefallen wollen, es nicht versäumen, ihm auch durch richtiges Sprechen zu gefallen. Denn es steht geschrieben: 'Aus deinen Worten wirst du gerechtfertigt, und aus deinen Worten wirst du verdammt werden'. Obgleich es nun besser ist, das Gute zu tun, als es zu kennen, so ist doch das Kennen früher als das Vollbringen. Es muß deshalb jeder lernen, was er zu vollenden begehrt, damit die Seele um so vollkommener einsieht, was sie tun muß, je weniger verletzende Unwahrheiten der Zunge beim Lob des allmächtigen Gottes unterlaufen. Denn wenn schon alle Menschen Unwahrheiten vermeiden müssen, um wieviel mehr müssen jene danach streben, sich nach Möglichkeit davor zu bewahren, die eigens dazu auserkoren sind, allein der Wahrheit zu dienen.

Da nämlich in den letzten Jahren von einigen Klöstern öfters Schreiben an uns gerichtet wurden, in denen man uns mitteilte, wie die dort weilenden Brüder in heiligen und frommen Gebeten um unser Wohl wetteiferten, so haben wir aus den meisten der erwähnten Zuschriften ersehen, daß der Sinn zwar richtig, die Ausdrucksweise aber unbeholfen war, weil das, was die fromme, innere Ergebenheit voll Treue richtig diktiert, äußerlich die ungeübte Zunge infolge der Vernachlässigung des Lernens ohne Fehler nicht auszudrücken vermochte. So kam es, daß wir fürchten, es möchte, wie die Fertigkeit im schriftlichen Ausdruck gering war, so auch und noch viel geringer, als es recht ist, das Verständnis der heiligen Schriften sein. Und wir alle wissen ja, daß, wenn schon Irrtümer bei sprachlicher Darstellung gefährlich sind, die Irrtümmer im Erfassen des Sinnes noch weit größere Gefahren in sich bergen. Darum ermahnen wir Euch, die Studien der Sprache und der Schrift nicht nur nicht zu vernachlässigen, sondern vielmehr in demütiger, gottgefälliger Intention gerade dazu eifrigst zu lernen, auf daß Ihr leichter und richtiger die Geheimnisse der heiligen Schriften zu durchdringen imstande seid. Denn da in den heiligen Schriften sich häufig Bilder, rednerische Figuren und dergleichen finden, so kann niemand bezweifeln, daß ein jeder Leser um so schneller ihren Sinn erfassen wird, je früher er in das Studium der Sprach- und Schriftkenntnis vollständig eingeweiht worden ist. Solche Männer aber mögen zu diesem Werke auserwählt werden, die Neigung und Fähigkeit zum Studium haben und den Wunsch hegen, andere zu unterweisen. Und all dies möge mit solchem Eifer betrieben werden, mit welchen es von uns vorgeschrieben wird. Denn wir wünschen, daß Ihr, wie es Streitern der Kirche geziemt, sowohl innerlich fromm als auch nach außen hin gelehrt, daß Ihr keusch und gut in Eurem Lebenswandel, aber auch geschult im guten Ausdruck seid, so daß, wer immer im Namen des Herrn und wegen der Trefflichkeit Eures heiligen Wandels kommt, um Euch zu schauen, sich ebenso, wie er durch Euren Anblick erfreut wurde, auch an Eurer Weisheit, die er im Lesen und Singen sieht, erbaue und freudig mit Dankgebeten zu Gott, dem Allmächtigen, heimkehrt." Das Schreiben schließt mit der Aufforderung, Abschriften herstellen zu lassen und allen Bischöfen und Klöstern zu senden.

Das Ziel der Klosterschule ist klar formuliert: Damit die Mönche nicht mechanisch und unverständlich das Wort singen, sollen sie den nötigen Unterricht bekommen, wobei Karl klar den Zusammenhang zwischen richtigem Sprechen und richtigem Verständnis des Gesprochenen erkannt hat. Im allgemeinen war der klösterliche Unterricht zweigeteilt. Die untere Stufe umfaßte Lesen, Schreiben, Rechnen und Gesang. Auf der höheren Stufe übte man sich in Grammatik, Rhetorik und Dialektik, Arithmetik, Geometrie, Astronomie und Musik. Erst wenn eine gewisse Fähigkeit in diesen sieben freien Künsten erreicht war, durfte man sich an die Auslegung der Heiligen Schrift wagen.

55 *Buchschreiber auf Totenbett. Miniatur, Kloster Prüfening (um 1160); München, Bayerische Staatsbibliothek. Das Verdienst des Buchschreibens der Mönche kommt hier anschaulich zum Ausdruck, denn auf der Seelenwaage gibt das geschriebene Buch den Ausschlag für die himmlische Herrlichkeit. Der Teufel entweicht, ein Engel oben nimmt die Seele des Schreibers auf.*

Die Palastschule. Karl der Große ging mit leuchtendem Beispiel voran und gründete in Aachen um 775 eine Hofschule, die als geistiger Mittelpunkt breit ins Reich wirken sollte. Berühmte Lehrer wie den Langobarden Paulus Diakonus, die Angelsachsen Alkuin und Lul von Mainz oder Bischof Theodulf berief er an seinen Hof, damit das Wort Gottes in Reinheit erstrahle. Der begabte irische Mönch Dungal lehrte in Aachen Astronomie, und Paulus Diakonus edierte die Predigten der Väter, die, von Hofkopisten abgeschrieben, allen Bischöfen des Reiches zugesandt wurden. Die lateinische Bibel, die sogenannte Vulgata, gaben Alkuin und Theodulf wortgetreu und fehlerfrei heraus, damit im Reich die richtige Botschaft verkündet werde; und dies alles im Auftrag und unter der unmittelbaren Obhut des Kaisers. Karl selbst beschäftigte sich mit den Evangelien.

Aus Rom ließ er sich authentische liturgische Texte kommen, damit sie, von der Hofschule ediert, allen Bischöfen und Äbten zur Verfügung stünden. So schuf seine Schule ein einheitliches Meßbuch, das sogenannte Gregorianische Sakramentar, das der Papst persönlich autorisierte. Für den liturgischen Gesang war das Musterkloster Metz zuständig, das in enger Zusammenarbeit mit der päpstlichen Kapelle die notwendigen Korrekturen anbrachte.

Alkuin verfaßte im Auftrag des Kaisers Lehrbücher der Grammatik, Rhetorik, Orthographie und Dialektik, um dem stillosen Latein des Klerus abzuhelfen. Alle Künste und jedes Wissen, selbst Arithmetik und Astrologie, waren Karl und seiner Hofschule willkommen, sofern sie nur dem Worte Gottes dienten. Deshalb las man an seinem Hofe Vergil und pflegte die Lektüre zahlreicher antiker Schriftsteller wie Sallust, Cicero, Juvenal, Horaz, Tibull, Lukian oder Martial, die z. T. kopiert und verbreitet wurden. Seine Hofschule entwikkelte auch die sogenannte karolingische Minuskel, eine Schreibart mit unterschiedlich hohen Buchstaben, die schließlich zur Mutter der bis heute in den europäischen Sprachen üblichen Schrift wurde. Zum heiligen Text fügten die gelehrten Mönche schließlich noch das sorgfältig gemalte Bild und legten damit den Grundstein zur kontinentalen abendländischen Buchmalerei. Berühmte Stätten karolingischer Buchmalerei waren neben der Palastschule beispielsweise die Klöster St. Denis zu Paris, St. Martin zu Tours, ferner die Abteien in Reims, auf der Reichenau und in Regensburg.

Das also war das karolingische „Schulprogramm“, und darin bestand die karolingische „Renaissance“, alles Wissen dem göttlichen Wort dienlich zu machen, um es richtig zu verstehen. Denn aus diesem Wissen ergab sich der Weg zum rechten Tun, das nichts anderes sein wollte, als dem Gebot des Schöpfers zu folgen. Deshalb, so schrieb Alkuin, habe Karl der Große ihn und andere Gelehrte an seinen Hof gezogen, weil Karl die Weisheit, die zum ewigen Leben führt, liebte.

Kloster- und Domschulen. In seiner berühmten Reformschrift, der Admonitio generalis, aus dem Jahre 789 verpflichtete Karl der Große alle Klöster und geistlichen Anstalten zur Einrichtung von Schulen, die allerdings auch den weltlichen Kindern offenzustehen hätten. Die Bischöfe mußten an ihren Domen höhere Schulen für ihren Klerus einrichten, damit die Geistlichen die Liturgie verstehen und die Sakramente würdig verwalten. Damit die nötigen Texte nicht fehlen, forderte der Kaiser an allen Domen und reichen Klöstern Skriptorien. Er selbst lernte noch im hohen Alter lesen und schreiben.

Angeregt vom Vorbild der Hofschule, getrieben von der Sorge um das authentische Wort Gottes, bemühten sich Bischöfe und Äbte, dem kaiserlichen Befehl nachzukommen. Zwischen 780 und 840 kam es zu einer außerordentlich reichen, aber kurzen Blüte karolingischer „Buchkultur“.

Bischof Leidrad von Lyon beispielsweise richtete an seiner Kathedrale eine Schule ganz nach dem Vorbild von Aachen ein. Ähnliches machte später Alkuin in Tours, nachdem er Abt vom Kloster St. Martin geworden war. Andere Äbte schickten die begabtesten ihrer Mönche nach Aachen, um direkt an der Quelle die Befähigung zum klösterlichen Lehrer zu erwerben; so die Klöster Fulda oder Reichenau. Fast in allen Klöstern kam es zu Einrichtungen von Schulen und Skriptorien ansehnlicher Größe. Das bereits erwähnte Centula soll Mitte des 9. Jahrhunderts über 100 Schüler unterrichtet haben; auf der Reichenau waren es zu dieser Zeit etwa 400, und im Stift Essen unterrichteten die Frauen nicht weniger Mädchen. In sehr hoher Blüte standen damals die Benedikinerinnen. Ihre Bildung, ihre Handschriften, ihre Dichtkunst fand allgemeine Bewunderung. Besonders die angelsächsischen Benediktinerinnen zu Tauberbischofsheim traten darin hervor. Selbst der kleine

Nonnenkonvent Kochel am See unterhielt ein bedeutendes Skriptorium, wenngleich von seinem fraulichem Können keine Handschriften mehr erhalten sind.

Natürlich gingen die großen Reichsabteien mit gutem Beispiel voran. Die Reichenau besaß um 820 ein bedeutendes Skriptorium, eine hervorragende Malschule sowie eine ansehnliche Bibliothek: 58 Sakramentare, 12 Lektionare, 10 Antiphonare, 50 Psalter sowie 7 Offizien; der Gesamtbestand belief sich auf etwa 400 Bände. Die Bibliothek der Abtei Corbie war um 770 ebenfalls sehr beträchtlich, doch ihr Ruhm lag in der Schreibschule, die sogar für fremde Auftraggeber tätig werden konnte. Hier verfertigten die Mönche die erste mittelalterliche Glosse zur Bibel, d. h. ein alphabetisches Verzeichnis schwer verständlicher biblischer Worte oder Sätze, die durch andere, bekannte und verständlichere ersetzt wurden. Davon inspiriert, schuf der Reichenauer Mönch Walafried Strabo († 849) die berühmteste Glosse des Zeitalters. Fulda besaß dank seiner angelsächsischen Herkunft von Anfang an ein Skriptorium und eine Bibliothek, die nicht nur alle biblischen Bücher enthielt, sondern sich mit 32 verschiedenen antiken Autoren schmückte. Berühmt waren die Schulen von Klöstern irischer Herkunft, die ja von Haus aus ein gutes Verhältnis zur Schrift und Buchmalerei pflegten. In den Klöstern zu Bobbio, Regensburg, Eichstätt oder Salzburg – hier auch die Benediktinerinnen auf dem Nonnberg – entstanden seit dem 8. Jahrhundert vorbildliche Werke der Buchmalerei. In den Skriptorien wurden selbstverständlich auch Urkunden verfaßt, Schenkungen bestätigt, Briefe geschrieben, kurz das Alltägliche einer Kanzlei besorgt.

4. Die Sorge um das Reich

Alle Klöster des Karolingerreiches, etwa 700 an der Zahl, standen im geistlichen Dienst am Volke Gottes. Doch den 80 königlichen Reichsabteien kamen noch besondere Aufgaben zu. Denn ihre umfangreichen Ländereien, ausgestattet mit dem königlichen Privileg der Immunität, galten als ein königliches Lehen. Ihre Äbte waren gewissermaßen Lehensträger des Kaisers und deshalb direkt zur Verwaltung des Reiches berufen und verpflichtet. Daraus ergaben sich die politischen Aufgaben der Äbte: Sie mußten an den Hof- und Reichstagen, der höchsten politischen und gesetzgebenden Versammlung, teilnehmen und sich direkt an der Verwaltung des Reiches beteiligen. Als königliche Gesandte (missi) bereisten sie mit den Grafen die Länder, um im Namen des Königs Gericht zu halten, Recht zu sprechen und die königlichen Anordnungen durchzusetzen bzw. zu überwachen. Andere wiederum standen in diplomatischen Diensten und besuchten ferne Länder. War das Reich bedroht, so mußten die Reichsabteien wie die Grafen und andere „Landesherren" ein bestimmtes Kontingent an ausgebildeten und ausgerüsteten Kriegern stellen, das nicht selten der Abt persönlich ins Feld führte, obgleich mehrere Synoden – das Konzil von Chalcedon (452), die Synode von St. Jean de Losne (673) oder das fränkische Concilium Germanicum (742) – den Dienst mit der Waffe verboten hatten. Üblicherweise ernannte der Abt einen Vasallen zum Hauptmann seiner Krieger. Um aber überhaupt ein Kontingent kriegstüchtiger Männer stellen zu können, mußten die Äbte genügend kriegsfähige Vasallen, d. h. Freie und Minderadelige, besitzen, die durch den Lehenseid und Lehensbesitz an den Abt gebunden waren. Dies war nur dadurch möglich, daß die Kaiser die Reichsabteien in den politischen Status einer Grafschaft erhoben hatten. Der Abt empfing sein Land als Lehen vom Kaiser, über das er autonom regierte. Zu seiner Verwaltung setzte er Minderadelige ein, die für ihren Dienst wiederum von ihm ein Lehen, d. h. Grundbesitz, bekamen, was zugleich auch Grundherrschaft bedeutete.

Weil nun die Reichsabteien gewissermaßen Grafschaften waren, verlieh ihnen der Kaiser das Privileg der Immunität. In ihrem Gebiet durfte kein königlicher Beamter tätig werden, weder als Steuereinnehmer noch als Gerichtsherr, denn die gesamte Herrschaft lag allein in den Händen des Abtes. Aus dieser Autonomie ergab sich wie selbstverständlich das Recht der freien Abtswahl.

Als königliches Lehen waren die Reichsklöster verpflichtet, dem König, seinem Gefolge und seinen Gesandten jederzeit Unterkunft und Unterhalt zu gewähren – eine Pflicht mit schwerwiegenden Folgen. Angemessene Räumlichkeiten, große Küchen und noch größere Vorratskeller waren notwendig; nicht zu vergessen der besondere Platz für den Kaiser in der Klosterkirche, was zum Bau der Westwerke führte.

Eine weit unangenehmere Aufgabe, als den König zu beherbergen, bestand in der Pflicht, Staatsgefangene in Gewahrsam zu haben. Seit der Merowingerzeit war es üblich, besiegte Herrscher, mißliche Thronanwärter, illegitime Söhne und Töchter oder herrschsüchtige Königswitwen ins Kloster zu stecken. Der letzte Merowingerkönig, Childerich III., von Pippin 751 abgesetzt, „verbrachte seinen Lebensabend" im Kloster St. Bertin. Den besiegten Langobardenkönig Desiderius übergab Karl den Klostermauern von Corbie, und Tassilo, der aufrührerische Herzog der Bayern, mußte in Kremsmünster den Thron mit dem Chorstuhl tauschen.

Die politischen Aufgaben der Reichsabtei, die besondere Stellung des Abtes und seine hochadelige Herkunft führten nicht selten zu Spannungen mit den religiösen Zielen des Klosters. Immer wieder versuchten Synoden und königliche Kapitulare, beispielsweise die Jagdlust der Äbte zu bremsen, die Falknerei zu verbieten und die riesige Hundemeute aus dem Kloster zu verbannen. Noch schlimmer war der Umstand, daß der Abt allein über sämtliche Güter frei verfügen konnte, ohne auf die Mönche Rücksicht nehmen zu müssen, was oft zu harten Bedrängnissen führte. Unter Ludwig kam es deshalb wieder zu einer Trennung von Abt- und Konventgut, die zuvor Karl der Große aufgehoben hatte. Nun besaß der Konvent zur eigenen Sicherheit und Versorgung ein unabhängiges Einkommen, um so ohne Not die geistlichen Pflichten erfüllen zu können.

Ludwig erleichterte nochmals das Los der Reichsabteien, indem er ihre Leistungen nach den tatsächlichen Möglichkeiten bemaß. Er teilte die Reichsabteien in drei verschiedene Kategorien. Die ersten mußten dem Heerbann folgen und ein festgelegtes Kontingent an Kriegern und Geld stellen; dieser Pflicht hatten beispielsweise die Abteien Stablo, St. Benedikt zu Fleury, Tegernsee oder Corbie zu folgen. Die zweiten dagegen mußten nur Kriegszeug, Pferde, Geld und sonstiges liefern; so die Klöster Fulda, Kempten, Benediktbeuern, Altaich, Kremsmünster u. a. Die dritte Kategorie, insgesamt 54 Abteien, unterstützte den Kriegszug durch Gebete, Fasten und Messelesen. Zu ihr gehörten Abteien wie Wessobrunn, Metten und Schönau.

5. Klösterliche Lebensweise im Weltklerus: die Kanoniker

a) Die Kanonikerregel 1

Ausführlich haben wir die Klöster und die folgenreichen Änderungen besprochen, die sich aus ihrer neuen Stellung als geistlicher Stand innerhalb des Volkes Gottes, des Reiches der Franken ergaben. Doch die Mönche waren nur ein Teil des Klerus. Die eigentliche Geistlichkeit waren der Bischof und seine zahlreichen Domkleriker, denn sie standen in der direkten Nachfolge der Apostel und waren für die Verkündigung, den Gottesdienst und die Seelsorge zuständig. Stellvertretend für das ganze Volk Gottes hatten sie das Lob Gottes übernommen, aus dem sich das kirchliche Stundengebet entwickelte. Der Gottesdienst des Bischofs war die ursprünglichste Form und höchste Feier des christlichen Kultes. Die Bischöfe spielten im Aufbau der abendländischen Theokratie eine besondere Rolle. Sie waren die Träger des Sacerdotiums. Deshalb erließen die Karolinger auch für diesen Stand besondere Vorschriften, damit Mönche und Domkleriker gemeinsam den geistlichen Dienst übernahmen. Die Mönche mußten die Liturgie der Domkleriker übernehmen, diese wiederum monastisch leben, denn das schien allen die maßgebende Urform christlichen Lebens zu sein.

Die Reformsynode von 817 verlangte, daß der gesamte Klerus ein wahrhaft christliches, d. h. ein asketisches Leben nach dem Vorbild der Apostel führte. Dazu wurden zahlreiche Kanones erlassen, die als Kanonikerregel oder Aacheneregel in die Geschichte eingingen. Wir zitieren die wichtigsten Kanones. Vor der eigentlichen Regel steht eine ausführliche Sammlung von Väterstellen, die das kanonische Leben und ihre Besonderheit, den persönlichen Besitz, rechtfertigen sollen.

§ 117 Jeder Bischof muß dafür sorgen, daß der Bereich, in dem sein Klerus lebt, mit einer festen Mauer umgeben ist, so daß niemand aus und ein gehen kann.

§ 142 Es ist erlaubt, daß die Kanoniker eigene Wohnungen (innerhalb des Klausurbezirkes) haben. Für die Alten und Kranken aber müssen besondere Räumlichkeiten innerhalb des Kanonikats bereitet werden, damit sie hier Zuflucht, Unterhalt und Hilfe durch die Brüder finden.

§ 115 Die Kanoniker dürfen Linnen tragen, Fleisch essen und Eigentum haben, was alles den Mönchen verboten ist.

§ 121 In jeder Kanonikergemeinschaft muß allen Klerikern gleich viel Speise und Trank gewährt werden, während bislang oft die Untätigsten am meisten bekamen.

§ 122 Jeder Kanoniker soll an reicheren Orten (begüterten Kirchen), die 3000 Mansi und darüber besitzen, täglich 5 Pfund Wein erhalten, oder, wenn dort wenig Wein wächst, 3 Pfund Wein und 3 Pfund Bier. Wächst überhaupt kein Wein, so doch 1 Pfund Wein und 5 Pfund Bier. An ärmeren Orten entsprechend weniger, jedoch nie unter 2 Pfund Wein oder 3 Pfund Bier. In solchen Gegenden sollen die Prälaten auswärtigen Wein besorgen. An Festtagen soll Kost und Wein aufgebessert werden. Ist Not vorhanden, dann soll man das Vorhandene ohne Murren der Kleriker gleichmäßig verteilen. Reiche Kleriker sollen in Zeiten der Not ihre Brüder unterstützen. Die Prälaten dürfen den Untergebenen nicht die nötige Nahrung vorenthalten, damit diese nicht auswärts gehen und andere Geschäfte treiben. Auch sollen die Prälaten eigene Gemüsegärten anlegen. Die Synode hat alles nach Pfunden berechnet, weil das Gewicht in allen Provinzen gleich ist, die Maße aber verschieden. Das Pfund soll 12 Unzen betragen. (Berechnet man die Unze mit 28 Gramm, so ergeben sich für das Pfund etwa 330 Gramm.)

§ 120 Diejenigen Kleriker, die eigenes Vermögen und kirchliche Einkünfte haben und der Kirche sehr nützen, sollen in der Gemeinschaft Speise und Trank samt Anteil am Almosen erhalten. Haben sie kein Privatvermögen und keine kirchlichen Einkünfte, so sollen die Prälaten für all ihre Bedürfnisse sorgen.

§ 141 Jeder Bischof soll ein Hospital für Arme und Fremdlinge errichten und die nötigen Mittel dazu beschaffen. Jeder Kanoniker soll hierzu den Zehnten von all seinen Einnahmen geben. Ein würdiger Kanoniker soll zum Vorsteher des Hospitals bestellt werden. In der Fastenzeit sollen die Kanoniker den Armen die Füße waschen.

§ 136 Nach der Komplet sollen alle Kanoniker in das Dormitorium (Schlafsaal) gehen; jeder soll sein eigenes Bett haben. Im Dormitorium soll nachts eine Laterne brennen. Keiner darf im Dormitorium etwas Unanständiges tun oder die anderen beunruhigen.

§ 144 Frauen dürfen die Wohnungen der Kanoniker oder die Klausur nicht betreten, mit Ausnahme der Kirche. Brauchen sie Almosen, so sollen sie es in einem Raum außerhalb erhalten. Auch darf kein Kanoniker ohne Zeugen mit ihnen reden.

§ 135 Knaben und Jünglinge, die im Kanonikat erzogen werden, sollen wohl behütet, gut unterrichtet, einem älteren, bewährten Kanoniker unterstellt werden und in einem Gebäude im Atrium gemeinsam wohnen.

§ 118 Kein kirchlicher Oberer soll zu viele Kleriker aufnehmen.

§ 123 Die Prälaten müssen ihre Untergebenen auf eine doppelte Weide führen, das heißt, ihnen nicht nur die nötigen Lebensmittel reichen, sondern auch für eine gute Lebensführung sorgen.

§ 124 Die Kanoniker sollen bescheiden gekleidet sein, weder zu vornehm aus Eitelkeit, noch zu schlecht aus Heuchelei.

§ 125 Sie sollen nicht, wie es vielfach geschieht, Kukullen wie die Mönche tragen, denn jeder Stand hat seine eigene Kleidung.

§ 126–133 regelt das Chorgebet der Kanoniker, das in etwa gleich umfangreich war wie das der Mönche. Weitere Kanones sprechen noch von den Ämtern des Pförtners, Propstes, Cellerars usw., Dienste, wie wir sie bereits bei den Mönchen kennengelernt haben.

b) Mönchtum am Domkloster

Das Leben der Kanoniker glich weitgehend dem der Mönche, denn beide lebten im Rhythmus des siebenmaligen Gebetes unter einer verbindlichen Regel in einem Claustrum, das, von einem Oberen geleitet, ihre beständige Bleibe sein sollte. Wie die Mönche, so standen auch die Kanoniker in der Nacht auf, um die Vigilien zu beten; bevor die Sonne aufging, priesen sie abermals ihren Schöpfer durch die Matutin, um nach dem Sonnenaufgang die Prim zu beten. Es folgten Terz, Sext, die Messe, Non und schließlich die Komplet, die ihren Tag beendete. Allerdings waren ihre Gebetszeiten und liturgischen Dienste länger und umfangreicher als die der Mönche, denn sie feierten nach dem römischen Vorbild mit dem Bischof die aufwendige Liturgie, begleiteten die Spendung der Sakramente und waren in der Seelsorge tätig.

Liturgie, Unterricht und Bücherschreiben war der Dreiklang kanonikalen Lebens. Gerade die Domschulen entwickelten sich zu Stätten der Gelehrsamkeit, aus denen die bedeutendsten Gelehrten der Zeit hervorgingen. Sie, und nicht die Klosterschulen, legten den Grundstein zu den mittelalterlichen Universitäten. Wir nennen nur einige berühmte Domschulen. Die Schule von Chartres (12. Jh.) machte sich einen Namen, indem es ihr gelang, die Naturphilosophie in platonisierenden Gedanken zu lehren. Etwas früher, bereits im

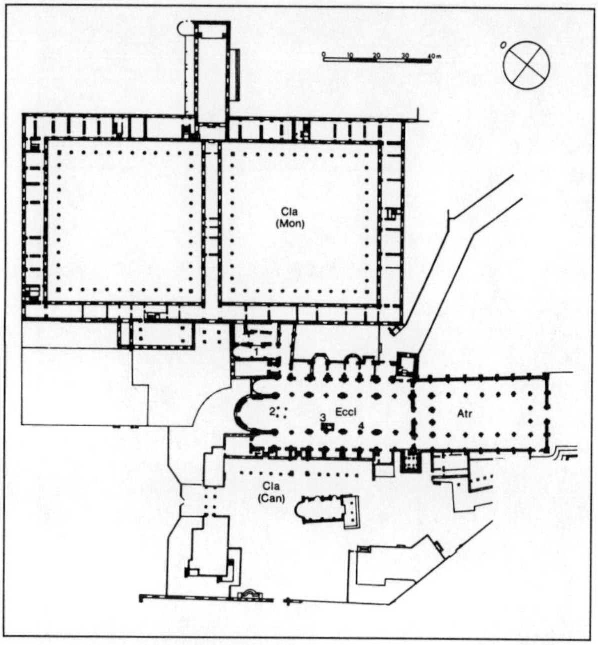

56 *Grundriß des Domklosters S. Ambrogio in Mailand. Die Anlage ist deshalb so interessant, weil sich Kloster der Mönche (oben) und Kloster der Kanoniker (unten) am Dom (Mitte) vereinigen. Nach der Vorschrift Kaiser Ludwigs mußte der Domklerus sich zu einem gemeinsamen Leben nach der Form der Mönche bequemen, was zu klosterartigen Bauten an Domen und Kathedralen führte. Allerdings sind die Klausurgebäude der Domkanoniker nur noch im bescheidenen Maße erhalten.*

11. Jahrhundert, erblühte unter Anselm von Laon die Wissenschaft an der Kathedralschule zu Laon. Ganz zu schweigen von den englischen Kathedralschulen, aus denen sich später weitgehend die Universitäten entwickelten. Anselm von Canterbury oder die Schule von Oxford mit ihren Leuchten Robert Grosseteste oder Roger Bacon legten dazu den Grundstein.

Das Domkloster. Das monastische Leben der Kanoniker führte von sich aus zu klösterlichen Bauten am Dom. Eine Mauer umschloß sorgsam den ganzen Bezirk, damit die Kanoniker getrennt von der Welt, aber mitten in der Stadt, ein monastisches Leben führen konnten. Der einzige Durchlaß, die Pforte, war einem bewährten Kanoniker anzuvertrauen, der auch das Amt des Almoseniers ausübte. Innerhalb der Klausur lagen alle notwendigen Räume: Schlafsaal, Speisesaal, Küche, Krankenstube, Bibliothek und ein kleiner Gemüsegarten. Im Unterschied zu den Mönchen durften die Kanoniker kleine eigene Wohnungen besitzen, in denen sie sich tagsüber aufhielten. Dagegen fehlten die klosterüblichen Handwerksbetriebe und umfangreiche Ökonomiegebäude.

Die Kanoniker versahen den öffentlichen Gottesdienst und die Seelsorge, weshalb sie wie bei Augustinus von der Handarbeit befreit waren. Unter Umständen sollten sie den Küchendienst und die Gartenarbeit selber übernehmen; doch erlaubte die Regel hierin großzügige Freiheiten. Dagegen gehörte das Bücherschreiben schon fast zu den kanonischen Pflichten, denn verschiedene Domklöster unterhielten seit langem Schreibschulen. Allerdings erwähnt die Regel das Skriptorium nicht, was auf eine allgemeine Verbreitung schließen läßt.

57 *Blick in den spätgotischen Domkreuzgang von Mainz. Kreuzgänge sind monastischen Ursprungs, doch dienten Kreuzgänge an Domkirchen seit Ende des 12. Jahrhunderts nur selten noch zu liturgischen Prozession, sondern fanden als Grablege der Domherren neue Verwendung.*

Frauen war jeder Zutritt ins Claustrum untersagt; für ein notwendiges Gespräch stand ein eigenes Sprechzimmer zur Verfügung. Obwohl es längst Vorschrift war, daß an allen Domkirchen ein Armenhaus und Fremdenhospiz bestehe, mußte die Synode den vergessenen Brauch drastisch wieder in Erinnerung rufen. Bischof und Kanoniker wurden verpflichtet, dafür je ein Zehntel ihrer Einnahmen zu verwenden. Getrennt vom Claustrum, aber noch im abgeschlossenen kirchlichen Bezirk, dem Atrium (Abb. 56), lag die Unterkunft der jüngeren Kleriker, die noch in der Ausbildung standen. Hier dürfte auch die Schule untergebracht gewesen sein, die für alle Dome gefordert war. In einem weiteren äußeren Raum wurden die Almosen gereicht und die notwendigen Gespräche mit Außenstehenden geführt.

Das Claustrum selbst lag direkt neben dem Dom, der bischöflichen Kirche, denn hier hatten die Kanoniker ihren liturgischen Dienst zu vollziehen und das kirchliche Stundengebet gemeinsam im Chor zu beten. Deshalb finden wir heute noch in Domkirchen ein Chorgestühl. Im Laufe der Zeit fügte sich das Claustrum zu einem Klostergeviert mit Kreuzgang an die Domkirche. In diesem bescheidenen Geviert fanden nun die reduzierten Prozessionen der bischöflichen Liturgie stand, die früher innerhalb der gesamten Stadt von

Kirche zu Kirche abgehalten wurden. Metz beispielsweise besaß während des 9. Jahrhunderts insgesamt 17 Kirchen, die alle im Laufe des Kirchenjahres mit einer Prozession beehrt wurden. Deshalb benötigte man den Kreuzgang als Prozessionsweg anfangs nicht. Erst während der Gotik baute man an fast allen Domen ein Kreuzganggeviert, das schon während der Bauzeit seinen eigentlichen Sinn verloren hatte, denn die Kanoniker lebten damals weitgehend außerhalb der Klausur und fanden sich nur noch zu bestimmten liturgischen Diensten, Besprechungen oder Vorbereitungen zum Kult in den Räumen des Domklosters ein. Der Kreuzgang diente ihnen zur Grablege, da nur dem Bischof ein Grab im Dom gestattet war. Gut erhaltene Domkreuzgänge finden sich in Regensburg, Augsburg oder Mainz (Abb. 57).

Die Eigenart und Entwicklung der Kanoniker. Die Reform der Kanoniker führte zu einem Domkloster mit allen üblichen monastischen Ämtern und Pflichten. Anstelle des Abtes waltete der Bischof, den allerdings meistens ein Propst vertrat. Wie schon gesagt, besaß das Domkloster keine eigene Ökonomie, da sämtliche Einkünfte in Pacht, Zinsen und Zehnten bestanden. Alle Domkanoniker waren als Kleriker in der allgemeinen Seelsorge tätig. Weil sie im Dienst des Evangeliums standen, durften sie auch vom Altare leben, wie es in der Bibel heißt. Die Regel gestattete ihnen deshalb auch umfangreiche Privilegien. Sie durften Fleisch essen, Wein oder andere alkoholische Getränke genießen sowie das bessere Leinengewand tragen. Ihre Nahrung war zudem noch reichlich bemessen (täglich stand ihnen etwa 1,5 Liter Wein zu). Innerhalb der Klausur besaßen sie eigene Wohnungen, wenngleich im Refektorium gegessen und im Dormitorium geschlafen wurde. Vor allem aber durften sie ihr Eigentum behalten und waren außerdem noch an bestimmten Einkünften der Kirche beteiligt.

Alle diese Privilegien, vor allem das Eigentum, wurden später (ab dem 11. Jh.) von den Päpsten und Synoden hart kritisiert und als unbiblisch verworfen; allerdings vergeblich. Die Domkanoniker entwickelten sich sogar vom abhängigen liturgischen Personal des Domes zum Helfer und Ratgeber des Bischofs. Während des 13. Jahrhunderts gelang es ihnen, das Recht zu erringen, allein den Bischof wählen zu dürfen.

Da die Chorpflicht später an Hilfspriester weitergegeben werden konnte, bestand die Möglichkeit, daß ein Kanoniker gleichzeitig mehrere Kanonikate bzw. deren Einkünfte besaß. Die Erleichterung ging noch weiter, nachdem Kanoniker nur noch die niederen Weihen empfangen mußten, was ihnen ein freizügiges Leben in der Welt auf ihren Besitzungen erlaubte. Aus diesem Grunde waren die Domkanonikate weitgehend dem höherem Adel vorbehalten.

6. Die Kanonissen

Die Integration der kirchlichen Stände umfaßte selbstverständlich auch die Frauenklöster. Die Reformsynode von 816 ließ ihnen nur die Wahl, sich für einen der beiden einzigen kirchlichen Stände, Mönchtum oder Kanonikat, zu entscheiden. Entweder sie lebten als strenge Benediktinerinnen, oder aber sie wählten die freiere Form der Kanonissen. Zahlreiche Frauenkonvente entschieden sich noch während des 9. Jahrhunderts für die kanonikale Form und wandelten ihr Kloster in ein Stift um; so beispielsweise die alten Gründungen St. Radegundis in Poitiers, St. Julian in Auxerre, St. Gertrud in Nivelles, St. Irmin zu Trier, St. Quirin in Neuss oder die späteren Gründungen in Säckingen, Waldkirch, Odilienberg, Salzburg, Buchau, Lindau, Essen u. a. Unter den Ottonen kam es abermals zu einem größeren Wechsel vom Benediktinerinnenkloster zum vornehmen, freieren Damenstift. Einige wurden sogar neu gegründet; so die Stifte Gandersheim, Nordhausen, Quedlinburg, Eschwege usw. Gerade unter den Ottonen konnten zahlreiche adelige Frauenkonvente das königliche Privileg der Immunität erwerben oder endgültig sichern. Sie stiegen damit in den Rang einer königlichen Reichsabtei auf und erfreuten sich einer umfassenden politischen und innerklösterlichen Freiheit. Später nannten sich solche hochprivilegierte Damenstifte „gefürstetes Stift" und erlaubten nur noch adeligen Fräulein mit entsprechender Ahnentafel den Eintritt.

Die Regel der Kanonissen. Wir zitieren einige typische Kapitel, um das kanonische Leben authentisch sprechen zu lassen. Die Regel besitzt, wie ihr männliches Pendant, eine umfangreiche Einleitung mit Texten der Väter zum gemeinsamen Leben und zur Rechtfertigung des eigenen Besitzes.

§ 11 Die Frauenklöster müssen mit festen Mauern umgeben sein, daß niemand aus und ein gehen kann, außer durch die Pforte. Innerhalb der Mauer aber sollen alle Refektorien, Dormitorien, Cellarien (Vorratsräume) sowie die übrigen notwendigen Räume liegen.

§ 28 Außerhalb des Klosters, bei der Wohnung und Kirche des Klostergeistlichen, soll ein Hospital errichtet werden; innerhalb des Klosters aber sollen Witwen und arme Frauen Aufnahme finden.

§ 27 Die Geistlichen für ein Frauenkloster müssen außerhalb der Klostermauern ein Wohnhaus und eine Kirche haben. Nur zu bestimmten Zeiten, um Messe zu lesen, darf der Priester mit einem Diakon und Subdiakon ins Kloster eintreten und muß es nach beendetem Gottesdienst sogleich verlassen. Die Klosterfrauen wohnen dem Gottesdienst hinter dem Vorhang bei. Will eine beichten, so muß sie es in der Kirche tun, damit sie von den anderen gesehen werde; ausgenommen die Kranken, wobei hier den Priester ein Diakon und Subdiakon begleiten.

§ 7 Handelt ausführlich von der Äbtissin; sie dürfe sich keinerlei Vorrechte anmaßen, habe beständig im Kloster zu verweilen und begnüge sich mit der gleichen Kleidung, Nahrung und Unterkunft wie ihre Mitschwestern. In allem sei sie ein leuchtendes Vorbild.

§ 8 Sie soll nicht zu viele Sanktimoniales (antiker Ausdruck für gottgeweihte Frauen) aufnehmen; vor allem nicht solche, die bis vor kurzem ein üppiges Wohlleben führten. Jeder Aufzunehmenden soll sie die Regel vorlesen.

§ 24/25 Die Äbtissin soll Gehilfinnen anstellen, namentlich eine Verwalterin der Nahrungsmittel und eine Pförtnerin.

§ 19 Die Äbtissin soll nie anders als in Gegenwart mehrerer erprobter Klosterfrauen und nur, wenn es nötig ist, mit einem Mann sprechen.

§ 20 Ferner soll die Äbtissin drei bis vier bewährte Klosterfrauen bezeichnen, die anwesend sein müssen, wenn eine andere mit einem Mann sprechen will, z. B. wegen ihrer Güter und deren Einkünfte. Ebenso müssen diese anwesend sein, wenn ein Mann in der kleinen Wohnung einer Klosterfrau etwas zu arbeiten hat.

§ 9 Die Sanktimoniales sollen vor ihrem Eintritt ins Kloster über ihr Vermögen verfügen, so daß sie durch dessen Verwaltung nicht mehr belästigt werden. Sie können es entweder der Kirche schenken oder sich die Nutznießung reservieren oder ganz behalten; dann müssen sie aber einen Verwalter dafür bestellen. Junge Mädchen oder solche, über deren lautere Absicht, ins Kloster zu gehen, Schwierigkeiten entstehen, sollen mit Vorsicht aufgenommen werden.

§ 10 Der Schleier und das schwarze Kleid machen nicht alles; das Herz muß rein sein. Alle sollen im Dormitorium schlafen, jede in einem gesonderten Bett. Sie sollen die kanonischen Tagzeiten genau halten, die Adeligen sich nicht über die Gemeinen erheben, nicht mit Männern reden oder sich auf irgendeinen persönlichen Vorzug etwas einbilden usw.

§ 15 Die Kanonissen müssen zur rechten Zeit, sobald das Zeichen gegeben ist, sich zu den kanonischen Tagzeiten in der Kirche einfinden und sich darin ehrerbietig, fromm und still verhalten.

§ 17 Nach der Komplet sollen sie sich ins Dormitorium begeben.

§ 16 Die Klosterfrauen sollen häufig und mit reinem Herzen beten.

§ 12 Alle Kanonissen sollen gleichviel an Speise und Trank erhalten, was bisher nicht der Fall war. (Vgl. die Ausnahme bei Augustinus.)

§ 13 Jede Kanonisse soll täglich 3 Pfund Brot (etwa 1 Kilo) und drei Pfund Wein erhalten oder 2 Pfund Wein und 2 Pfund Bier, oder, wenn kein Wein dort wächst, 3 Pfund Bier. Wenn immer irgend möglich, wenigstens ein Pfund Wein. In ärmeren Klöstern entsprechend weniger. An Festtagen soll die Verpflegung etwas besser sein. Auch soll den Klosterfrauen das Nötige an Fleisch, Fisch, Gemüse gereicht werden. Ebenso das nötige Holz, Wolle (zum Spinnen) sowie ausreichende Kleidung. Alle sollen gemeinsam speisen, außer wer krank ist oder Besuch hat.

§ 21 Die Kanonissen dürfen Mägde zur Bedienung haben. Da aber diese oft unanständig gekleidet sind und alles, was sie in der Welt draußen hören, im Kloster erzählen, wodurch die Gemüter ihrer Gebieterinnen in Unordnung gebracht werden, so muß auf sie besonders achtgegeben werden. Es dürfen nicht mehr als nötig angestellt werden und die, die Unordnung hervorrufen, müssen entfernt werden.

§ 22 Es ist erlaubt, daß die Kanonissen eigene Wohnungen innerhalb des Claustrums haben.

Leben und Geschichte der Kanonissen. Beide Regeln, sowohl für das männliche als auch für das weibliche Kanonikat, gleichen sich im wesentlichen. Sie gewähren großzügige Freiheiten, beharren aber auf ein streng monastisches Leben, mit all seinen äußeren und inneren Formen. Nur in ihrem Kirchenbau und dem Privileg, Mägde zu halten, unterscheiden sie sich von ihren männlichen Kollegen. Gegenüber den Benediktinerinnen aber durften sie ihren Besitz behalten und erfreuten sich eigener Wohnungen.

Sie lebten in strenger Klausur und durften, um diese nicht zu brechen, keinen Altar in ihrem Oratorium besitzen. Ihre Kirche besaß im Westen eine große Nonnenepore, die durch ein Sichtschutzgitter uneinsehbar war, doch die Frauen konnten dadurch der Messe und Liturgie beiwohnen, die in der Kirche gefeiert wurde. Zu diesem Dienst benötigte man damals mehrere Kleriker: Priester, Diakone, Subdiakone, Akolythen und Lektoren. Die Frauen behalfen sich, indem sie ein kleines Kanonikat für mehrere Kanoniker einrichteten, die bei ihnen gewissermaßen angestellt waren und den göttlichen Kultus vollbringen mußten. Die Äbtissin vergab die Kanonikerstellen, ernannte den „Pfarrer“ und verfügte über sämtliche Einnahmen, auch die der Kanoniker. Die Kanoniker gehörten zwar zum Stift und durften bei der Äbtissinnenwahl mitstimmen; auch zum Stiftskapitel, einer beratenden Versammlung der Kanonissen, waren sie zugelassen, doch ansonsten hatten sie keinerlei Rechte im Stift oder gar über das Stift. Äbtissin und Kanonissen regierten selbständig und delegierten die entsprechenden Aufgaben.

Die Anzahl der Kanoniker war durch den liturgischen Dienst bedingt und umfaßte (nach dem Vorbild der Apostel) selten weniger als zwölf. So lebten Anfang des 9. Jahrhun-

58 *Blick zur Nonnenempore der ehemaligen Damenstiftskirche Essen (11. Jh.). Ihre hochherrschaftliche Herkunft brachten die Kanonissen auch dadurch zum Ausdruck, daß sie in ihrer Kirche Formen der kaiserlichen Palastkirche nachahmten.*

derts am Damenstift St. Maria im Kapitol zu Köln vier Priester, vier Diakone und vier Subdiakone. Die gleiche Anzahl ist für die Stifte Gandersheim, Andlau, Quedlinburg oder Minden belegt. Essen gestattete sich sogar zwanzig Kanoniker: zwölf Priester, vier Diakone und vier Subdiakone. Die Kanoniker wählten sich, sofern sie die Zwölfzahl überschritten, die bereits erwähnten Dignitäten wie Dekan, Propst usw.

Die Anzahl der Stiftsdamen schwankte immer, doch sollten es nie unter zwölf sein. Auch hier liebte man die Symbolik und bevorzugte Zahlen, die, entsprechend dem Gleichnis von den fünf klugen Jungfrauen, durch 5 teilbar waren, also 10, 20 oder 30, wobei die Äbtissin und deren Stellvertreterin nicht mitgerechnet wurden. Das große Stift Essen hatte im 15. Jahrhundert insgesamt 72 Mitglieder einschließlich der 20 Kanoniker. Im allgemeinen jedoch tendierten die Stifte zu kleinen Kommunitäten, um die Pfründe nicht zu schmälern.

Die Frauen mußten wie Nonnen das kanonische Stundengebet in lateinischer Sprache verrichten. Von der Handarbeit waren sie weitgehend befreit, doch zum Teil unterhielten sie Schulen, Skriptorien und ansehnliche Bibliotheken. Frauen wie Herrad von Landsberg (Stift Odilienberg) oder Roswitha von Gandersheim bezeugen das teilweise hohe geistige Leben in den Damenstiften.

Neben der Äbtissin wirkte als ihre Stellvertreterin die Präposita, die zugleich die Tafelgüter unter sich hatte. Die Decana leitete den Chordienst und war für die Disziplin verantwortlich. Der Küche und dem Keller stand die Celleraria vor, und der Custodia waren Kirchenschmuck sowie alle liturgischen Gerätschaften anvertraut. Bereits mit sieben Jahren konnten adelige Töchter zur Erziehung übergeben werden, um schließlich im Alter von vierzehn Jahren den Rang einer Kanonissin zu erreichen.

Päpstliche Privilegen gestatteten es später auch den Stiftsdamen, zahlreiche Pfründen zu besitzen oder Äbtissin über mehrere Stifte zu sein. Damenstifte spielten wirtschaftlich und politisch, von Ausnahmen wie Essen oder Quedlinburg abgesehen, keine besondere Rolle. Ihr Grundbesitz blieb über Jahrhunderte relativ konstant, denn die großen Einnahmen der Meßstipendien und frommen Stiftungen fehlten ihnen. Ihren Grundbesitz überließen sie gegen Pacht und Zins lehensweise niederen Adeligen.

Obwohl die Damenstifte und ihre Freiheiten seit dem 11. Jahrhundert von Papst und Bischöfen kritisiert wurden (1056, römische Synode; 1148, Synode von Reims; 1311, Synode zu Vitry), blieben sie bis zur Säkularisation (Anfang 19. Jh.) erhalten. Im deutschprachigen Raum überstanden sogar einige Stifte den Klostersturm. Selbst die Reformation (16. Jh.) ließ diese Institution bestehen, um adeligen Damen ein religiöses und standesgemäßes Leben zu ermöglichen. Einige evangelische Stifte bestehen sogar heute noch. In Österreich kam es während der Barockzeit und dem 19. Jahrhundert zu Neugründungen: Brunn (1654), Prag (1701) und (1755), Innsbruck (1765), Wien (1769), Graz (1784), Innsbruck (1859). Diese Stifte dienten in erster Linie armen adeligen Frauen zur standesgemäßer Versorgung, wobei ihre religiösen Pflichten sehr bescheiden waren.

7. Idee und Ideal: der Klosterplan von St. Gallen

Im Klosterplan von St. Gallen ist uns ein Dokument aus der Zeit der karolingischen Reform überliefert, in dem sich die Ziele und Wünsche der Reformer über das monastische Leben auf ideale Weise verkörpert haben (Abb. 60). Der Plan entstand als Kopie um 820 im benachbarten Kloster Reichenau, wo ihn zwei Mönche, Reginbert sowie ein unbekannter Mitbruder, von einer nicht mehr erhaltenen Vorlage durchpausten. Das verlorene Orginal dürfte im Umkreis der Hoftheologen entstanden sein. Abt Heito von der Reichenau sandte das Werk zu Studienzwecken an Gozbert, den Abt von St. Gallen, der eine neue Klosterkirche plante. Die beigefügte Anschrift verweist deutlich auf den Ideal- und Stu-

59 *Modell nach dem Plan von St. Gallen (Rekonstruktion Walter Horn und Ernest Born)*

Rechts: 60 *Plan von St. Gallen (um 820); St. Gallen, Stiftsbibliothek. Als Muster und Anregung für den Abt von St. Gallen nach einer Vorlage geschaffen. 1: erhöhte Apsis, darunter Krypta, 2: Nebenaltäre St. Columba und Gallus, 3: gewölbte Ringkrypta, 4: Abgang zur Krypta, 5: Apsis mit Altar des hl. Paulus, mit umlaufenden Sitzbänken, 6: Sängerchor, Chorus psallendi, mit Schranken umgeben, nur für singende Mönche, 7: Chorbänke für nichtsingende Mönche, 8: je ein Seitenaltar, St. Andreas und St. Jacob, 9: Lesepulte für den Nachtgottesdienst, 10: rundes Ambo, eine Art Kanzel, 11: Raum für die jeweiligen Lesungen, 12: Kreuzaltar, 13: Altar zu Ehren der beiden Johannes, 14: Taufbrunnen, 15: Altar St. Stephan, 16: Altar St. Martin, 17: Altar zu den unschuldigen Kindern, 18: Altar St. Cäcilia und St. Lucia, 19: Altar St. Laurentius, 20: Altar St. Mauritius, 21: Altar St. Sebastian, 22: Altar St. Katharina und St. Agnes, 23: das sogenannte Paradies, 24: Eingang zur Kirche, 25: Rundtürme mit Altären zu den Erzengeln, 26: Pilgerstraße zur Kirche, 27: östliches Paradies, 28: Schreibstube mit darüberliegender Bibliothek, 29: heizbare Sakristei, 30: Hostienbäkkerei, 31: gewölbter Kreuzgang, 32: Kreuzgangteil mit Bänken als Sammlungs- und Versammlungsraum, 33: heizbarer Arbeitsraum mit darüberliegendem Schlafsaal, 34: Bad und Waschraum, 35: Abort, 36: Speisesaal mit darüberliegender Kleiderkammer, 37: Abtstisch, 38: Gästetisch, 39: Lesepult, 40: gewölbte Küche, 41: Keller mit darüberliegenden Vorratsräumen, 42: Raum zur Unterhaltung für Gäste und Pilger, 43: Pilgerhaus, 44: Bäckerei und Küche für das Pilgerhaus, 45: Aufenthaltsraum der Pilger, 46: Zugang zur Kirche für Pilger, 47: Pforte mit Pförtnerwohnung, 48: Wohnung des Schulvorsteher, 49: Wohnung für durchreisende Ordensbrüder, 50: Gästehaus für vornehme Gäste, mit eigener Stallung, 51: Küche und Versorgungsräume des Gästehauses, 52: Schule für nicht Klosterangehörige, 53: Wohnung des Abtes, 54: Küche usw. für die Arbeit, 55: Haus für Aderlaß, 56: Arzthaus mit Zimmer für Schwerkranke, 57: Kräutergarten mit 16 verschiedenen Heilkräuter, 58: Krankentrakt mit eigener Kirche und Küche, 59: Novizentrakt mit eigener Kirche und Küche, 60: Klosterfriedhof mit Bäumen (Äpfel, Birnen usw.), 61: Gemüsegarten, 62: Gärtnerwohnung, 63: Hühner- und Gänsestall, 64: Wärterwohnung, 65: Kornspeicher und Dreschtenne, 66: verschiedene Werkstätten wie Schmiede, Schuster, Schwertfeger, 67: Bäckerei und Brauerei, 68: Mühle, 69: Stampfe, 70: Darre, 71: Getreidespeicher, 72: Stallung für Kühe und Wohnung der Arbeiter, 73: Schafstall mit Wohnung für Wärter, 74: Ziegenstall mit Wohnung, 75: Rinderstall mit Wohnung, 76: Stuterei mit Wohnung, 77: Schweinestall mit Wohnung, 78: Gesindehaus, 79: kann nicht mehr ermittelt werden.*

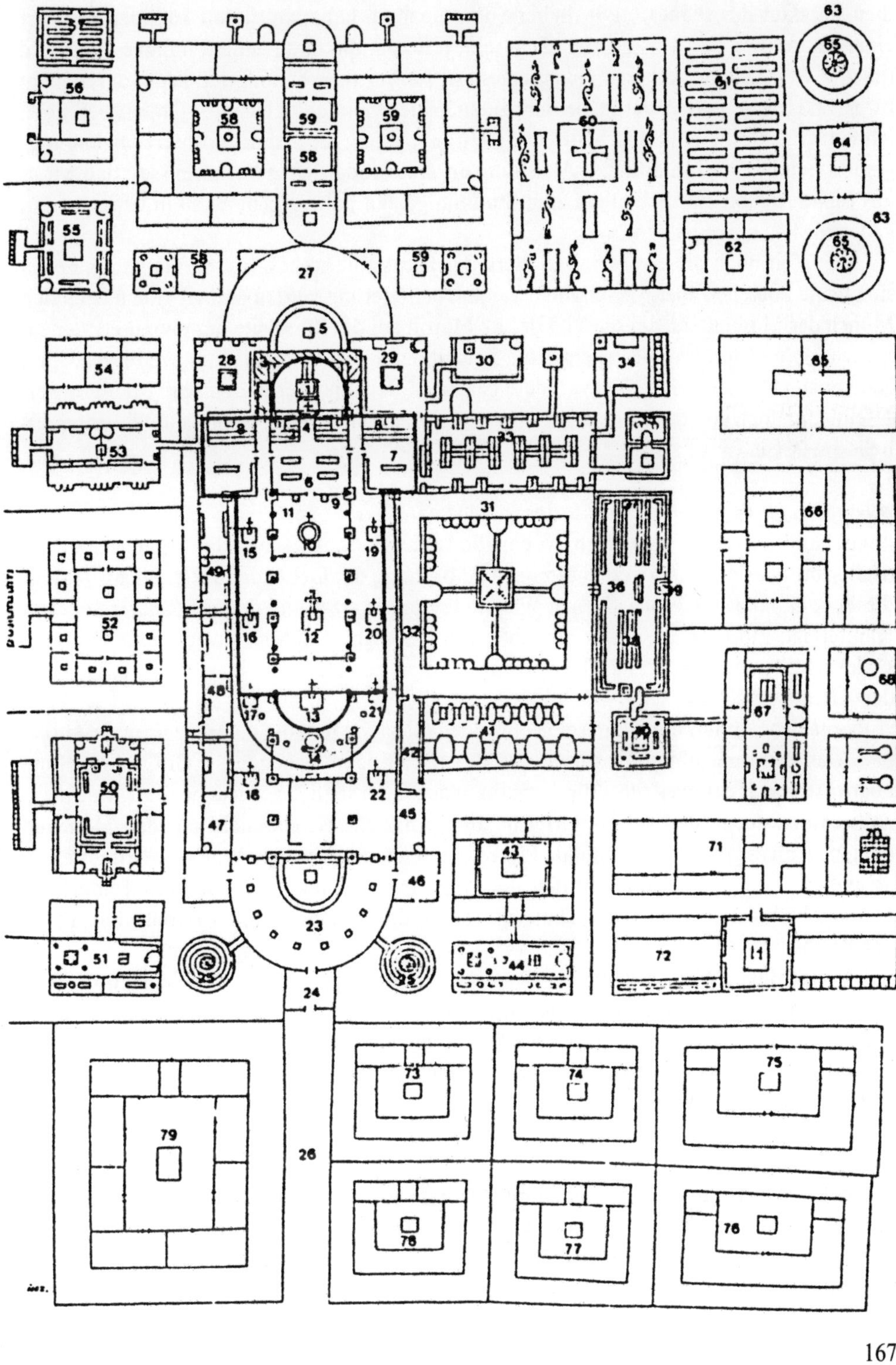
63
65
56
61
58
59
59
58
60
64
55
63
65
62
58
59
27
5
28
29
30
34
54
65
8
4
8
33
53
6
7
31
11
9
10
15
19
66
49
36
39
52
16
12
20
32
48
68
37
13
21
41
67
50
14
42
69
18
22
47
45
43
71
46
23
51
44
72
25
35
24
73
74
75
79
26
78
77
76

diencharakter des Planes: „Dir, lieber Sohn Gozbert, habe ich diesen knappen Entwurf einer Anordnung der Klostergebäude geschickt, damit du daran deine Findigkeit übst und in jeder Weise meine Anhänglichkeit erkennst. Ich vertraue darauf, daß ich dadurch nicht für nachlässig befunden werde, deinem guten Willen Genüge zu leisten. Glaube aber nicht, ich hätte das deshalb ausgearbeitet, weil wir annehmen, ihr bedürftet unserer Belehrung; glaube vielmehr, in freundlicher Ansehung unseres brüderlichen Verhältnisses, daß wir es aus Liebe zu Gott für dich allein zum Studium gemalt haben. Lebe wohl in Christus und gedenke stets unser. Amen."

Lange Zeit blieb dieses einmalige Werk der Klosterbibliothek von St. Gallen, in der es sich heute noch befindet, verschollen. Seine Überlieferung verdanken wir einem frommen Mönch des Mittelalters, der die Vita des hl. Martin auf die Rückseite des teuren Pergamentes schrieb und somit unbeabsichtig die Zeichnung auf der Vorderseite gerettet hat. Zum erstenmal wurde der Plan 1704 von dem gelehrten Benediktinermönch Jean Mabillon veröffentlicht, doch erst der Lithodruck von F. Keller im Jahre 1884 weckte das wissenschaftliche Interesse.

Aussagen und Bedeutung. Das Kloster ist ganz nach den Vorstellungen einer idealen karolingischen Reichsabtei entworfen, wobei alle Dienste und Aufgaben der Mönche systematisch geordnet sind, was zu einer strengen Anordnung der Gebäude führte. Nichts fehlt in dieser vollkommenen monastischen Welt außer dem Karzer und dem erst später üblichen Kapitelsaal. Ein ideales Kloster brauchte kein Gefängnis, und die Zwecke eines Kapitelsaales erfüllten die Kirche, das Refektorium oder, wie im St. Galler Plan, der Kreuzgang an der Kirchenseite.

Betrachten wir nun den Plan, seine einzelnen Gebäude und die damit gegebenen Aufgaben. Das Zentrum bildet die Kirche (1), die alle übrigen Gebäude an Größe und Höhe übertrifft. Der Hauptweg führt direkt zu ihr, wobei zwei seitliche, freistehende Türme diese Zielrichtung noch unterstützen. Offensichtlich sollte die Kirche nicht nur den Mönchen dienen, denn es gibt keine trennende Pforte, die den Gläubigen den Weg verwehrte; im Gegenteil, die Inschrift besagt, daß hier der Weg für die Scharen zum heiligen Tempel sei. Deshalb befinden sich auch ein Taufstein (14) und ein Gemeindealtar (Kreuzaltar, 12) in der Kirche.

Der eigentliche Mönchschor mit vier nach Osten ausgerichteten Chorbänken (6) liegt hinter dem kreisrund eingezeichneten Ambo (10). Die Gebetsrichtung der Mönche weist nach Osten, denn von dort wird der wiederkommende Christus erwartet. Die Brüder können den Chor direkt vom Kreuzgang aus betreten, der Abt erreicht ihn über eine Art Laubengang von seiner Wohnung (13) aus. Innerhalb der Kirche gibt es noch zwei weitere, durch Schranken ausgesonderte Bezirke, die wahrscheinlich drei Chöre, ähnlich wie in Centula und Corbie, erlaubten.

Die Kirche ist eine dreischiffige, doppelchörige Säulenbasilika. In der Ostapside befindet sich der Mönchsaltar, der dem hl. Gallus und der hl. Maria geweiht ist. Das eigentliche Presbyterium (5) birgt den Altar des hl. Paulus, dem im Westen der Altar des hl. Petrus entspricht. Dazwischen, gewissermaßen im Zentrum einer sakralen Achse, liegt der Kreuzaltar

(12), etwas davor noch ein Altar (13), der zum nahen Taufbrunnen in Beziehung steht und den beiden Johannes, dem Täufer und dem Evangelisten, geweiht ist. Die Nebenaltäre sind nach einem theologischen System angeordnet, das auf das Kloster und seine Geschichte Bezug nimmt. Die insgesamt 17 Altäre bilden einen liturgisch begehbaren Heilsweg, obwohl er sich nicht wie in Centula auf verschiedene Kirchen erstreckt.

Die Symmetrie der Kirche mit dem Zentrum des Kreuzaltares und seinen beiden gleichwertigen Apsiden im Osten und Westen ist ein sinnfälliger Ausdruck für die Einheit des Volkes Gottes, in dessen Mitte das Kreuz, das Sinnbild der Erlösung steht. Um die Mitte Christus scharen sich seine Heiligen, deren Reliquien in den Nebenaltären (15–22) ruhen. Die Polarität der Kirche zu Centula, geprägt durch Imperium und Sacerdotium, ist hier zugunsten einer zentrierenden Einheit, die vom Kreuz Christi ausgeht, aufgehoben.

Unterhalb des Ostchores befindet sich eine Krypta (1), die von beiden Seiten zugänglich ist. Links davon schließt sich das ebenerdige, heizbare Skriptorium (28) an, über dem die Bibliothek ihren Platz hat. Rechts davon korrespondiert die ebenfalls doppelgeschossige Sakristei (29), in der die Eucharistie sowie die heiligen Bücher aufbewahrt wurden, wovon sich ihr Name (von lat. „sacer“ = heilig) ableitet. Von der Sakristei führt ein kleiner Weg zur Hostienbäckerei (30), wo die Oblaten zur Eucharistie hergestellt und das liturgische Öl sowie auch das für die Ampeln der Kirche aufbewahrt wurden. Die Herstellung der Oblaten war ein kultischer Vorgang, den die Mönche, angetan mit liturgischen Gewändern, unter Beten und Singen vollzogen.

Der westliche Kirchenteil ist durch zwei frei stehende Rundtürme ausgezeichnet, in deren Obergeschoß sich zwei Altäre zu den heiligen Erzengeln befinden. Wie die Kerubim bewachen sie den Eingang zum „Paradies“, wie man den westliche Vorbau (23) nennt.

Auf der linken Seite, direkt mit der Kirche verbunden, befinden sich Klosterpforte (47), das Hospiz für durchreisende Mönche (49) sowie die Wohnung des Lehrers für die weltliche Schule (48). Der ganze Bereich gehört noch zur Klausur und ist deshalb mit einer Mauer von den weiteren, seitlich liegenden, aber ihm zugeordneten Gebäuden abgetrennt. Dem Pförtner obliegt es, das Haus für vornehme Gäste (50) zu betreuen, der Schulmeister waltet in der gegenüberliegenden äußeren Schule (52) für weltliche Knaben, die entsprechend den Beschlüssen von 816 außerhalb der Klausur wohnen und leben sollten. Als drittes Gebäude folgt die separate Wohnung des Abtes (53). Es besitzt einen Schlafraum für mehrere Personen sowie einen Wohn- und Aufenthaltsraum. Entgegen den Beschlüssen von Aachen, aber in Einklang mit der Benediktregel ist hier eine eigene Abtsküche (54) eingetragen.

Rechts von der Kirche liegt der eigentliche Klausurbereich, die abgeschlossene Welt der Mönche. Am Anfang des Kreuzganges befindet sich die Wohnung des Armenpflegers (45), dem die Verwaltung des klösterlichen Hospizes (43) mit seinen umfangreichen Armenspeisungen obliegt. Er besitzt dafür eine eigene Küche und Brauerei (44). An seine Wohnung schließt sich das Sprechzimmer (42) der Mönche für Besucher an.

Nun beginnt das Kreuzganggeviert. Die Seite (32) direkt neben der Kirche diente den Mönchen, wie bereits erwähnt, auch als Kapitelsaal und Ort des Lesens. Schreiten wir weiter, so kommen wir zum heizbaren Aufenthaltsraum (33) der Mönche; darüber liegt ihr unbeheizter Schlafsaal. Das Bad, der Waschraum (34) sowie die Aborte (35) sind von den übrigen Räumen abgesetzt. Parallel zum geistlichen „Speisehaus“, der Kirche, liegt das Refektorium (36), darüber die Kleiderkammer. Vom Refektorium gelangt man zur Küche für die Mönche (40), die mit Brauerei und Bäckerei (67) verbunden ist. Das Geviert schließt mit einem langen Keller (41), über dem sich noch weitere Vorratsräume befinden.

Ganz im Osten, oberhalb der Kirche, liegt der Bereich für die Kranken, Novizen und Oblaten, der spiegelbildlich zur großen Abtei gestaltet wurde. Ihre Kirche (58/59) ist ebenso wie die große Klosterkirche doppelchörig und liegt auf deren Hauptachse. Links davon befindet sich das Geviert der Kranken (58) mit den entsprechenden separat gelegenen Gebäuden: Küche und Bad (58), Aderlaßhaus (55), Wohnung des Arztes mit Apotheke (56) sowie dem kleinen Garten für die Heilpflanzen (57). Auf der rechten Seite der Kirche liegt, ebenfalls in Geviertweise, das Noviziat (59) sowie Wohnung und Schule der Oblaten. Sie besitzen ebenfalls eine eigene Küche und ein eigenes Bad (59).

Auf gleicher Höhe wie das Noviziat liegt der Friedhof (60), der ideell das Paradies verkörperte, denn inmitten der vierzehn verschiedenen Baumarten steht das Kreuz, gewissermaßen der Baum des Lebens. Die beigefügte Inschrift lautet: „Unter diesen Hölzern des Bodens ist das heiligste immer das Kreuz, von ihm duften die Früchte des ewigen Heils.“ Die Vorstellung vom Ort der Seligen als einem Obstgarten findet sich bei den Kelten (Insel von Avalon), den Griechen (Gärten der Hesperiden) sowie zahlreichen anderen Völkern. Der Apfel selbst ist ein altes Symbol der Unsterblichkeit, wie er im Mythos von den Paradiesäpfeln oder dem der germanischen Göttin Iduna erscheint. Der königliche Reichsapfel steht in dieser Traditionskette.

Neben dem geistlichen Garten des Paradieses liegt der reale Gemüsegarten (61) mit der Wohnung des Gärtners (62). Seitlich davon befinden sich der Gänsestall (63), die Wohnung des Wärters (64) sowie der Hühnerhof (63), dem ein Getreidespeicher (65) zugehört.

Zur Rechten des Claustrums liegen die ökonomischen Gebäude sowie die entsprechenden Werkstätten: Kornspeicher mit Dreschtenne (65); Schneiderei, Schumacherei, Schwertfegerei usw. (66) mit der Wohnung des Wirtschaftsverwalters. Es folgen noch Mühle (68), Stampfe (69) und Darre (70). Neben der bereits erwähnten Brauerei liegen Küferei, Drechslerei sowie noch eine Getreidescheune. Im Westteil des Planes bilden die verschiedenen Ställe mit den dazugehörenden Wohnungen der Wärter einen eigenen Bezirk: Stier- und Pferdestall (75); Schafstall (73); Ziegenstall (74); Kuhstall (72); Stuterei (76); Schweinestall (77) Wohnung für die Wärter (78). Der Schweinestall in einem vegetarisch lebenden Kloster erklärt sich zum einen für die Speisung der Gäste und Armen; zum andern erbrachte er den Mönchen das zum Kochen nötige Fett, das die Synode von 817 ausdrücklich erlaubte. Der linke Block (79) ist, wie erwähnt, ausradiert und nicht mehr zu bestimmen.

Die Anlage spiegelt eine ideale monastische Welt wieder, in der das geistliche Element, umgeben von allem notwendigen Irdischen, wohlbehütet ruht, bzw. alles Irdische vom geistigen Zentrum aus seine Ordnung und Aufgabe empfängt. In der Mitte liegen Kirche und Claustrum, wobei die Kirche keine Mönchskirche, sondern das Gotteshaus aller Gläubigen ist. Hier sollen die Mönche, getrennt von der Welt, befreit von den irdischen Sorgen, enthoben von der harten, körperlichen Arbeit, den göttlichen Kult vollbringen und stellvertretend für das Volk Gottes bitten und beten. Die Kirche besitzt in ihren Altären eine „heilige Landschaft", die ein festliches Begehen des Heilsgeschichte erlaubt.

Völlig abgesondert von den Mönchen liegt links neben der Kirche der „öffentliche Bereich": Gästehaus, Hospiz, Schule, Abtei und Arzthaus. Ebenso unverbunden mit dem Claustrum ist der „ökonomische Bereich". Ganz im Osten, dem Bereich der „Fürsorge", wurden die Kinder, die Kranken und die Toten angesiedelt. Gerade die Verstorbenen wurden, wie wir im nächsten Kapitel sehen werden, mit einer besonderen, unglaublich großen Fürsorge bedacht. Insgesamt ist die Anlage so geschaffen, daß die religiöse Pflicht der Mönche im Volk und für das Volk Gottes zum bestimmenden Mittelpunkt erhoben wurde, wobei als Mitte der Kirche das Kreuz Christi gesetzt ist.

V. Zum Volk Gottes gehören auch die Verstorbenen. Das Totengedächtnis der Klöster

Während der karolingischen Epoche übernahm das Mönchtum verschiedene Aufgaben für Kirche und Staat, die sich aus dem gemeinsamen Wollen aller ergaben, die Lehren Christi zu verwirklichen, um das Reich Gottes zu erbauen. Zu diesem Reich gehören die lebenden Gläubigen, die Heiligen des Himmels und die Verstorbenen, deren Zustand noch ungewiß und außerdem hilflos ist, denn sie selber können zu ihrer Erlösung nichts mehr tun. Man hätte sie getrost der Barmherzigkeit Gottes überlassen können, wenn nicht auch die germanischen Völker der allgemeinen religiösen Vorstellung gehuldigt hätten, daß der Bestand des Kosmos auf einem Gleichgewicht von Gut und Böse beruhe. Verübt ein Mensch etwas Böses, so muß die entsprechende Buße, ein Gegenmaß an Gutem, geleistet werden, wer immer es auch vollbringen mag. Damit war gewissermaßen das Böse und das Gute eine objektive Tat und Sache, die unabhängig von der Person und ihrer inneren Haltung zu bewerten ist. Für die Christen der damaligen Zeit besagte dies, daß trotz der Barmherzigkeit Gottes die Schuld zu begleichen sei, wie und wann, das spielte keine Rolle. Da die Verstorbenen aber nichts mehr zur Begleichung ihrer Schuld tun konnten, war es vornehmste Verwandten- und Freundespflicht, dies durch Gebet und gute Werke zu vollbringen. Gerade den Klöstern und Mönchen übertrug man diese Aufgabe. Es entstanden nicht nur Stiftungen mit dieser eindeutigen Zielsetzung, sondern die Klöster untereinander verbrüderten sich, um durch Psalmengebet, Messelesen und gute Werke gemeinsam den Verstorbenen beizustehen. Solche Bünde der Liebe oder der Brüderlichkeit, wie diese Vereinigungen sich nannten, entstanden zum erstenmal während der karolingischen Epoche. Weil vor allem dem Mönchtum diese große Pflicht übertragen wurde, wuchs ihm eine Aufgabe zu, die es über Jahrhunderte prägte. Erst ein anderes Verständnis von Schuld und Religiosität, getragen von personaler Verantwortung, wie es die Reformorden des hohen Mittelalters erstrebten, führte zu einer anderen Auffassung.

1. Der Liebesbund, die Hilfe für die Verstorbenen

Der Gebetsbund von Attigny. Im Jahre 760 trafen sich 22 fränkische Bischöfe, 5 Abtbischöfe sowie 17 Äbte zu einer Synode in Attigny (Abb. 61), um sich über kirchliche Angelegenheiten zu beraten. Gleichzeitig, gewissermaßen am Rande der Synode, beschlossen sie, einen Gebetsbund zu errichten, wonach sich alle Mitglieder verpflichteten, sofort nach dem Ableben eines Bundesbruders für dessen Seele eine festgesetzte Anzahl an Messen singen und Psalmen beten zu lassen. Der Vertrag wurde schriftlich aufgesetzt und durch die einzelnen Unterschriften beglaubigt. Die Liste begann mit Bischof Chrodegang von Metz, es folgten Lul von Mainz, Tello von Chur, Baldebert von Basel usw. (vgl. die eingetragenen Bischofssitze auf Abb. 61); selbst Äbte weitabliegender Abteien wie Pfäfers, Altaich oder Novalese traten dem Bund bei. Jeder Unterzeichner gelobte für den Verstorbenen hundert Messen lesen und hundert Psalter – ein Psalter umfaßt alle 150 biblischen Psalmen – beten zu lassen. Die Bischöfe und Abtbischöfe lasen selber dreißig Messen; die übrigen Äbte genügten der Pflicht, indem sie diese Anzahl durch einen befreundeten Bischof lesen ließen. Der Vertrag beschränkte sich auf die Bischöfe und Äbte, die ihn unterzeichnet hatten; ihr Klerus, Priester, Diakone, Mönche oder gar Laien waren nicht davon betroffen. Räumlich gesehen umfaßte er im wesentlichen das karolingische Kerngebiet (Abb. 61).

Der Gebetsbund von Dingolfing. Einen ähnlichen, aber um Priester und Mönche erweiterten Vertrag beschlossen die bayerischen geistlichen Würdenträger auf der Synode von Dingolfing im Jahre 772. Sechs Bischöfe und dreizehn Äbte verpflichteten sich, füreinander das gleiche Soll wie in Attigny, also hundert Messen und hundert Psalter, zu leisten. Nur für die verstorbenen Priester und Mönche waren die Pflichten geringer: je dreißig Messen und dreißig Psalter. Die treibende Kraft für den Gebetsbund war der aus Irland stammende Bischof Virgil von Salzburg, der bereits mit seinem Klerus einen ähnlichen Vertrag geschlossen hatte. Wie in Attigny, so beschränkte sich der Bund von Dingolfing auf ein bestimmtes Herrschaftsgebiet, in diesem Falle das des bayerischen Herzogs. Die Bindung an die Sippe und ihre Beschränkung auf das eigene Territorium waren anfangs typisch für solche Bruderschaften.

Der innerklösterliche Bund von Weißenburg. Bezogen sich die bisherigen Beispiele an Verbrüderungen auf verschiedene Bischöfe, Äbte und Klöster, so beschränkte sich der Gebetsbund der elsässischen Abtei Weißenburg (8. Jh.) auf die eigene monastische Gemeinschaft. Jedes Jahr am 28. November opferte der ganze Konvent alle Gebete, Messen und Almosen für die verstorbenen Brüder auf; ansonsten bestanden keine weiteren Pflichten.

Die Reichenau und ihr Totengedächtnis. Eine der größten zwischenklösterlichen Gebetsvereinigungen, der später auch Laien, Klosterhörige sowie Weltpriester und Kanonikerstifte geschlossen beitreten konnten, errichteten die Mönche der Reichenau. Erwachsen aus der Gebetsverbrüderung zum nahen Kloster St. Gallen, weitete sich der Bund, so daß aus dem ganzen Frankenreich Abteien und Personen sich anschließen konnten. Im Jahre

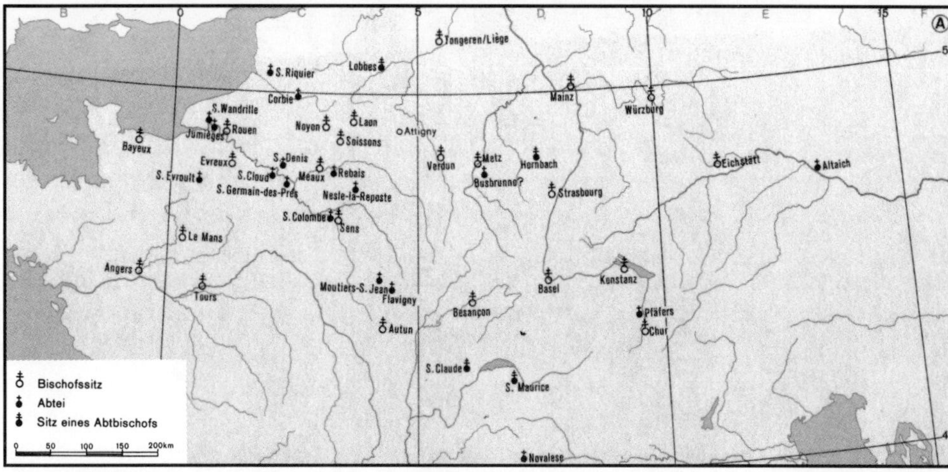

61 *Gebetsbund von Attigny*

62 *Reichenauer Gebetsverbrüderung mit geistlichen Gemeinschaften.*

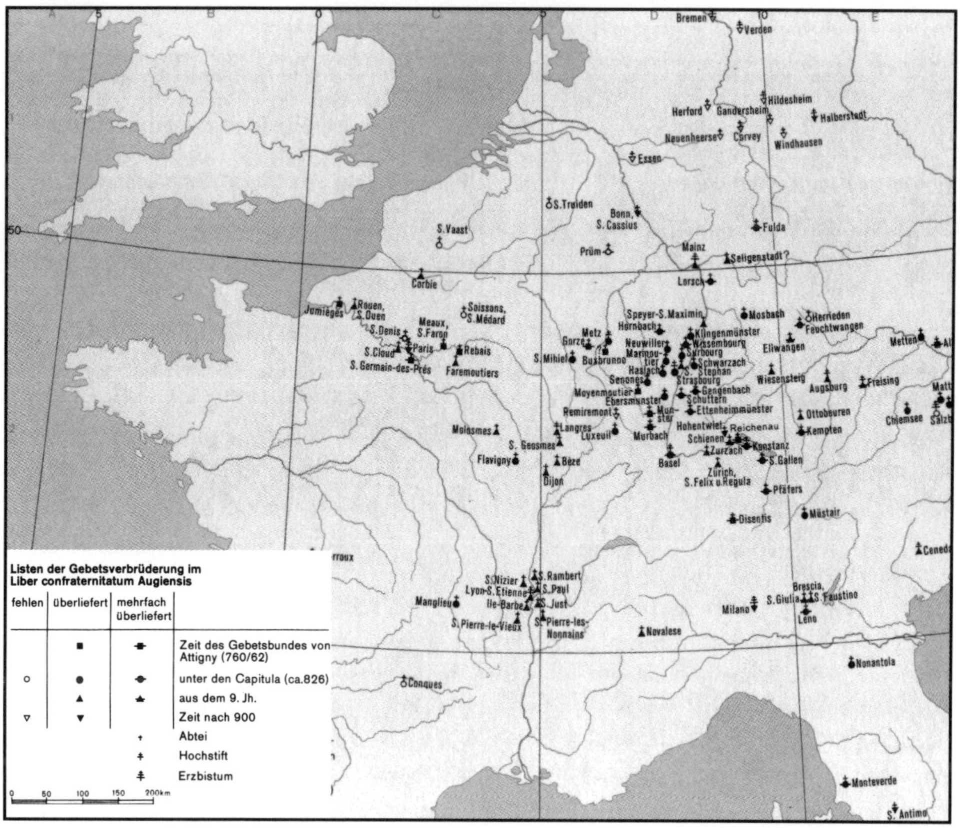

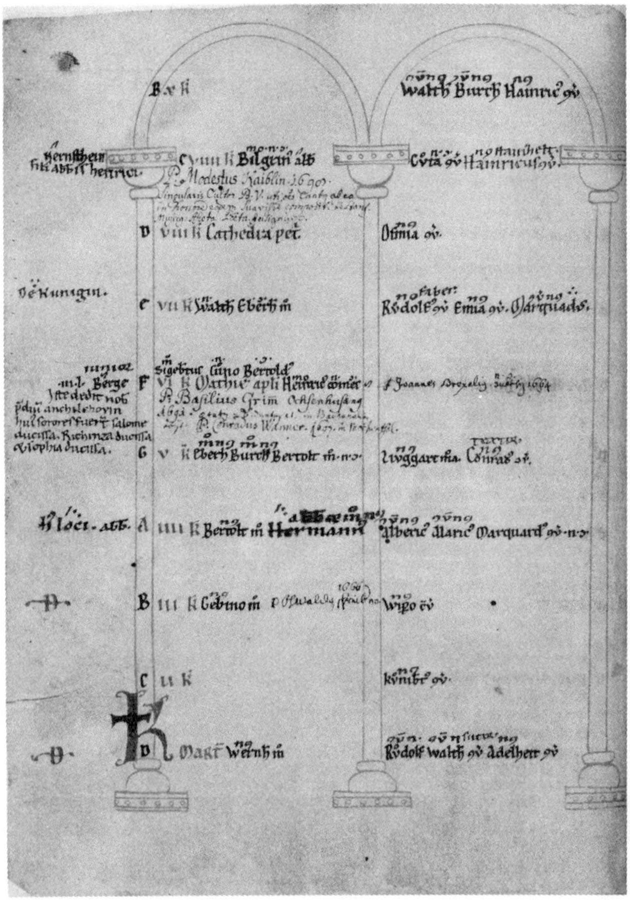

63 *Nekrolog, Handschrift des Klosters Zwiefalten (um 1664); Stuttgart, Württembergische Landesbibliothek. In dieses Buch wurden Name, Rang und Stellung des Verstorbenen eingetragen, für den man zu beten hatte.*

825 umfaßte die Bruderschaft bereits über fünfzig Klöster sowie zwei Kanonikerstifte (Abb. 62); gegen Ende des 10. Jahrhunderts erreichte er seinen Höchststand von über hundert Gemeinschaften. Jedes Mitglied, sein Stand, seine Spende und sein Todestag wurden säuberlich aufgeschrieben, was zu einem Buch mit über 40 000 Namen führte. Jedes Kloster verpflichtete sich, für jedes verstorbene Mitglied des Gesamtverbandes zu folgenden Freundschaftsdiensten:

1) Jährlich, am 14. November, für alle Verstorbenen der Gemeinschaft drei Messen zu lesen und einen Psalter zu singen. Ebenso wollte man die Vigil und die beiden Konventmessen für die Toten aufopfern. 2) Zu Beginn eines Monats wird nochmals das gleiche Pensum geleisten, wobei aber nur allgemein, nicht namentlich, der Toten gedacht wird, ausgenommen der erst jüngst Verstorbene, der mit einer Votivmesse und 50 Psaltern bedacht wird. 3) Beim Eintreffen der Todesnachricht verpflichtet man sich, sofort drei Messen zu lesen, einen Psalter zu beten sowie die folgende Vigil und das Konventamt für den Toten darzubringen. Jeweils am siebten Tag nach dem Verscheiden würden abermals 30

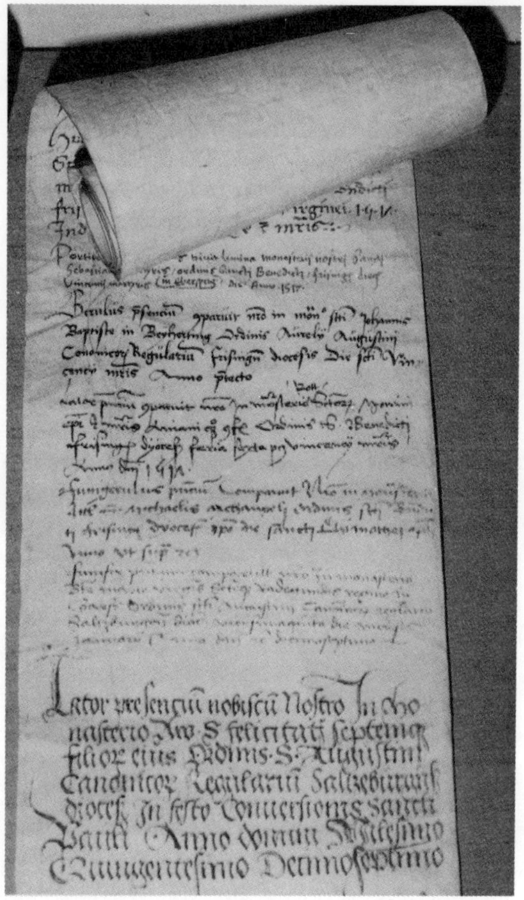

64 *Totenrotel der Augustiner-Chorherren zu Neustift in Südtirol (15. Jh.); Stiftsarchiv. Die Totenrotel war ein langer, aufrollbarer Pergamentstreifen, auf dem die Nachricht vom Tod eines Mönches aufgezeichnet war. Ein Bote brachte die Rotel zu den verbrüderten Klöstern, die jeweils auf dem Pergament die Todesnachricht bestätigten und häufig auch die Anzahl der Messen und andere Seelgeräte eintrugen. Der Bote von Neustift hatte 60 Klöster in Bayern und Österreich zu besuchen und war ungefähr vier Monate unterwegs.*

Psalmen gebetet werden; am 30. Tag dagegen wollte man des Verstorbenen mit einer Messe und weiteren 50 Psalmen gedenken.

Fulda. Eine Erweiterung des Bundes auf die Verwandten der eigenen Mönche vollzog die Abtei Fulda, die damit ihr angelsächsisches Familienbewußtsein nicht verleugnen konnte. Die Mönche von Fulda beschlossen 863 einen innerklösterlichen Bund und verpflichteten sich zu folgendem: Einmal im Jahr soll jeder Mönch für seine noch lebenden Mitbrüder zehn Psalter beten oder zehn Messen lesen (Nichtpriester beteten den Psalter). Für die Kranken, die nicht am Stundengebet teilnehmen konnten, beteten die übrigen täglich fünf Psalmen. Starb ein Mitbruder, so wollte man innerhalb von dreißig Tagen drei Psalter, drei Messen, zwölf Vigilien und zwölf Vespern ihm zur Hilfe aufopfern. Für die verstorbenen Eltern und Geschwister eines Mönches mußte jeder 50 Psalmen, eine Vigil und eine Vesper ableisten. Weitläufigere Verwandte bedachte man allerdings mit nur 30 Psalmen. Zusätzlich zum bestimmten Einzelfall war jeder Mönch gehalten, im Laufe des Jahres allgemein für die Verstorbenen entweder zwölf Messen zu lesen oder zwölf Psalter zu beten. Außerdem opferte man immer am Mittwoch vor dem Palmsonntag alle Stundengebete und Messen für die Verstorbenen auf und spendete zu deren Seelenheil reichlich Almosen. Seit Abt Sigihart (869–910) gedachte der Konvent täglich nach dem Kapiteloffizium der an diesem Tag verstorbenen Mitbrüder mit drei Psalmen.

Außerdem feierte Fulda jährlich für seinen ersten Abt Sturmi am Festtag des hl. Ignatius von Antochia ein feierliches Jahresgedächtnis mit Messe, Psalter, Gebet und Almosen sowie einem üppigen Festmahl, bei dem aus der Vita des hl. Sturmi vorgelesen wurde.

Das Anniversarium. Das immer wiederkehrende Jahresgedächtnis für die verstorbenen Äbte, Anniversarium genannt, machte die Reformsynode von 816 allen Reichsklöstern zur bindenden Pflicht; zuvor war es dem Belieben des Konvents oder Abtes überlassen gewesen. Waren die Äbte zugleich Stifter des Klosters, so setzten sie, wie alle anderen Gründer auch, umfangreiche Gebetsdienste und Almosen für ihr Seelenheil fest. In vielen Gründungsurkunden der späten Merowingerzeit heißt es lapidar, das Kloster sei „pro redemptione animae – zur Erlösung der Seele“ gestiftet.

2. Das Seelgerät

Unter Seelgerät versteht man eine beständige Stiftung, deren Erträge den Armen zufließen, wobei die Empfänger zum Teil verpflichtet waren, dafür ein oder mehrere Vaterunser zu sprechen. Mit dem Seelgerät konnte der Verstorbene auch nach seinem Tode noch gute Werke tun und den Lohn erhoffen, den Christus den Barmherzigen verheißen hat.

Freigelassene beten für ihren Herrn. Ein aufschlußreiches Beispiel für ein Seelgerät stellt das Testament (616) des Bischofs Bertram von Le Mans dar. Er errichtete an seiner Bischofskirche ein Kanonikerstift, das allein über das Seelgerät zu wachen hatte. Die eigentlichen Träger seines Gedenkens aber waren die ehemaligen Sklaven seiner Güter, die nach seinem Tode die Freiheit erhielten und Hörige der Kirche von Le Mans wurden. Damit waren sie zwar nicht vollständig frei, aber sie besaßen ihr eigenes Landgut, konnten es frei bewirtschaften und mußten nur bestimmte Zinsen und Fronde leisten. Einigen dieser Freigelassenen legte Bertram die ewige Pflicht auf, für sein Grab zu sorgen und den Lichterdienst zu übernehmen. Die übrigen waren gehalten, jährlich an seinem Todestag die Oblationen, die Spenden für die Messe, in seinem Namen zu reichen, wodurch er als eigentlicher Spender namentlich im Fürbittgebet der Kirche genannt bzw. in das Diptychon eingetragen wurde. Außerdem mußten sie den Vorstehern der Kirche am Jahrestag ein Mahl ausrichten.

In dieser Hinsicht noch detaillierter ist das Testament und Vermächtnis des Passauer Domherrn Chonus aus dem Jahre 1130. Er überließ seine ausgedehnten Ländereien der Kirche zu Passau und schenkte ihr noch 37 namentlich genannte Hörige dazu, die aus den Erträgen der Güter seine Memoria bestreiten sollten. Am Jahrestag mußten sie allen Kanonikern ein Mahl gewähren und von Aschermittwoch bis Ostern täglich zwölf Arme speisen. Aus den Zinserträgen sollten sie an Ostern noch jedem Armen drei Denare schenken, das Übrige aber zu einer Fleischspende für die Armen verwenden. Käme aber ein Höriger trotz dreimaligen Mahnens seinen Pflichten nicht nach, so soll er seine Freiheit wieder verlieren und in den Sklavenstand zurückgestoßen werden.

Gerade in der Merowinger- und frühen Karolingerzeit war es üblich, Sklaven freizulassen und sie als „Censualhörige", als Zinsleute, einer Kirche zu übertragen, damit sie aus den Erträgen der überlassenen Höfe und Güter das umfangreiche und teure Gedächtnis ihres einstigen Herrn pflegten. Ihre Freiheit war immer an eine Leistung gebunden. Blieb sie aus, verloren sie diese wieder, da auch die Seele ihres Herrn durch ihr Versäumnis in der Sündenschuld gebunden blieb. Später wurde die Pflicht der Memorialhörigen durch Geld und Wachsstiftungen ersetzt, zumal die Klöster diesen Dienst beständiger und genauer verrichten konnten.

Das Testament der Äbtissin Theophanu († 1054). Eine der umfangreichsten und aufschlußreichsten Stiftungen des Mittelalters schuf die Essener Äbtissin Theophanu. Nach ihrem Ableben sollten aus den testamentarisch bereitgestellten Gütern folgende Leistungen im Turnus von jeweils dreißig Tagen bestritten werden:

– Von ihrem Todestag an sollen 12 Priester dreißig Tage lang je eine Messe lesen, wofür sie 30 Solidi erhalten. An die Armen sind 5 Solidi zu verteilen, am nächsten Tag nochmals 2, am Tage ihrer Beerdigung schließlich 5. An weiteren vier Tagen kommen je 2 Solidi zur Verteilung, am achten Tag jedoch erhalten die Pauperes Christi abermals die schöne Summe von 30 Denaren, die dann wöchentlich zu zahlen ist. Bis zum 30. Tag nach dem Hinscheiden der Äbtissin erhalten die Armen täglich 3 Denare; am 30. Tage werden sie mit einer zusätzlichen Spende von 5 Denaren bedacht, ebensoviel ist an Fremde und Notleidende zu verteilen. 30 Priester sind verpflichtet, während dieser Zeit täglich eine Messe zu lesen, wofür sie 5 Denare erhalten.

– Die ganze Anordnung hat sich über ein ganzes Jahr im dreißigtägigen Turnus zu wiederholen, wobei für die Armen jeweils am dreißigsten Tag die Almosen fällig werden, deren jährliche Gesamtsumme 18 Denare beträgt.

– Innerhalb dieser Zeitspanne sollen täglich drei Messen gelesen und abermals Almosen gereicht werden, wozu Theophanu je drei Denare bereitstellte.

– Beim alljährlichen Jahresgedächtnis aber müssen ihre Kanoniker nochmals 30 Messen lesen, wofür sie als Entschädigung 30 Denare erhalten. 100 Arme werden an diesem Tag mit insgesamt 5 Denaren bedacht.

– Die drei Kanonissen, die jeweils am 30. Tag über ihrem Grab den Psalter beten, erhalten 3 Solidi.

Die herzogliche Stiftung von Ingolstadt. Das größte Seelgerät des Abendlandes wollte der bayerische Herzog Ludwig der Gebartete († 1447) in Ingolstadt verwirklichen. In seiner Residenzstadt ließ er dazu das heutige Münster Unserer Lieben Frau als Familiengrablege erbauen. Ludwig legte folgendes fest: Im Priesterchor sollten 16 Stühle errichtet werden, in denen Tag und Nacht Kleriker zu je vier Gruppen sechs Stunden lang bei ewig brennenden Kerzen den Psalter zu beten oder zu singen hätten. Diese Stiftung wurde im Jahre 1429 gemacht und durch ein Pfründnerhaus für 15 arme Priester, die ebenfalls für ihn zu beten hatten, erweitert. Etwa im gleichen Jahr setzte er einen beständigen Unterhalt für 35 Arme fest, die an bestimmten Gebetszeiten der Kleriker teilnehmen mußten. Das eigentliche Seelgerät, das allerdings nie verwirklicht wurde, bestand in einer Stiftung für 1000 Arme. Diese tausend Armen sollten einen eigenen Chor im Westteil der Kirche bekommen, um dort im Wechsel mit dem Klerus des Ostchores das ewige Gedächtnis des Herzogs zu unterhalten; ihr Dienst wäre ein beständiges, ewiges Psalmengebet gewesen. Für den Unterhalt der tausend Pauperes Christi hätten mehrere Dörfer und Städte in die Stiftung eingebracht werden müssen. Aber ein tragisches Schicksal und der Tod des Herzogs verhinderten die Ausführung der wohl größten spirituell begründeten Armenfürsorge des Abendlandes. Die bereits vollzogenen Stiftungen blieben aber bestehen und wurden später zur finanziellen Ausstattung der bayerischen Landesuniversität verwendet bzw. den Professoren als Einkünfte übertragen.

3. Die Armen als Pförtner des Himmels

Christus band die Gottesliebe an die Liebe zum Nächsten und sah in den Armen seine Brüder. Alles was ihnen getan wurde, wurde direkt auch ihm getan. Die Barmherzigen pries er selig, und ihre guten Werke wollte er nicht vergessen. Diese Bindung Gottes an die Armut und die Vorstellung von objektivem Ausgleich zwischen dem Guten und dem Bösen führten zu umfassenden Vermächtnissen zugunsten der Armen, zu beständigen Seelgeräten und Armenfürsorge bis in unser Jahrhundert. Bei Seelgeräten dürfen wir nicht nur an Speisungen von Armen denken. Es gab Stiftungen für Kleidung, für Bäder usw. Kein Vermächtnis und Liebesbund vergaß die Armen, denn jeder Glaube ohne Werke ist leer; die Armen galten gewissermaßen als Pförtner des Himmels. Allgemein war es üblich, die Tagesration des verstorbenen Mönches oder Bundesbruders den Armen zu geben.

Wie umfangreich dieser Dienst werden konnte, belegt das Beispiel Cluny, das um die Mitte des 12. Jahrhunderts etwa dreihundert Mönche besaß, aber jährlich ungefähr für 10000 Tote zu beten hatte, was gleich viele Armenspeisungen bedingte. Diese ungeheure soziale Verpflichtung brachte Cluny an den Rand des wirtschaftlichen Ruins, zumal die üblichen Armenspeisungen noch zu leisten waren. Die Armen bekamen nicht den Rest oder Minderwertiges, denn in den Stiftungen waren Umfang und Qualität der Spende genau festgelegt. An den Feiertagen reichte Cluny den Armen immer Fleisch und Wein, worauf die Mönche selbst verzichten mußten. Cluny konnte dies alles kaum mehr leisten und setzte die Anzahl der täglichen Armenspeisungen auf 50 fest, was immerhin noch 18000 Mahlzeiten in einem Jahr bedeutete.

Im Kloster Reichenau gab man die Präbende, das Einkommen und die Nahrung eines verstorbenen Bruders, 30 Tage lang den Armen. Die Abtei Fruttuaria pflegte zum Jahresgedächtnis des Abtes jeweils 100 Arme zu speisen. Einige Klöster legten sich zusätzliches Fasten auf, schenkten das Ersparte den Armen, um so ihren Verstorbenen durch gute Werke nachträglich beizustehen. Bischöfliche Synoden setzten genau fest, welche Geldsumme beim Ableben eines Bischofs oder Abtes den Armen zu spenden war. So verlangte die bayerische Synode aus dem Jahr 805, daß jeder Bischof und Abt für einen verstorbenen Mitbruder 20 Solidi spendete, die Priester aber nur einen einzigen. Starb ein Priester, blieb das Soll der hohen geistlichen Würdenträger gleich, aber die geistlichen Mitbrüder brauchten den Armen nur einen Drittel-Solidus reichen.

Dies waren nur die sozialen Verpflichtungen, die sich direkt aus dem Totengedächtnis ergaben. Armenspeisungen oder der Unterhalt einer bestimmten Anzahl von Armen gehörte zur Pflicht jedes Klosters und jeder Kirche. Verschiedene Synoden und Kapitularien versuchten die Armenfürsorge verbindlich zu regeln. Karl der Große setzte fest, daß zehn Prozent aller kirchlichen Einnahmen den Armen zukommen müsse. Verschiedene Synoden verlangten sogar ein Viertel aller Einkünfte. Der Status des Armen war verbindlich festgesetzt und galt teilweise sogar als eigener kirchlicher Stand. Die Kritik Christi am Reichtum ist in der Kirche nie vergessen worden; Ambrosius nannte den Reichtum einen Raub an den Armen, und im reichen Cluny pflegte man den Brauch, einmal im Jahr Arme ins Kapitel zu laden. Dann erschienen Abt und Konvent, warfen sich vor ihnen nieder und baten kniefällig um Entschuldigung. Nach einem reichlichen Mahl wurden die Armen wieder entlassen. Auf die traditionelle Fußwaschung Armer in den Klöstern wurde schon öfters verwiesen.

4. Die Mönche werden Priester

Ursprünglich war das Mönchtum eine freiwillige Angelegenheit einzelner Christen, die gemeinsam den Verheißungen Christi folgten. Priestertum, Mission, stellvertretendes Gebet oder andere Dienste in der Kirche waren ihnen fremd. Benedikt wollte keine Priester in seinem Kloster, sie waren nur geduldete Gäste. Anfangs besaßen die Klöster nicht einmal eine eigene Kirche, unter den Karolingern aber besaßen sie mehrere, und eine große Anzahl von Altären ließ die Kirche zur „heiligen Landschaft" werden. Centula, so sahen wir, besaß insgesamt dreißig Altäre; das schon erwähnte Kloster St. Vaast brachte es auf sechsunddreißig. Dagegen nahm sich die Reformabtei Aniane mit ihren sieben Altären geradezu bescheiden aus und war in dieser Hinsicht keine Norm für das Mönchtum, denn die übrigen Reichsklöster übertrafen sie darin bei weitem. So befanden sich in der Klosterkirche St. Salvator zu Le Mans 14 Altäre, und selbst im schematisierten Plan von St. Gallen sind noch 19 Altäre eingezeichnet.

Mit den Altären wuchs auch die Anzahl der Priestermönche, zumal die Reform von 816 unter Kaiser Ludwig Weltpriestern den Dienst im Kloster untersagt hatte. Die Klöster mußten somit eigene Mönche zu Priestern weihen lassen, um ihren liturgischen Auftrag erfüllen zu können. Dazu einige aufschlußreiche Beispiele. Im Kloster Reichenau gab es um 838 etwa 110 Mönche, von denen 33 Priester, 17 Diakone und 24 Subdiakone waren, d. h., etwa 75 Mönche waren zum aktiven liturgischen Dienst bestellt. In St. Gallen lebten damals etwa 41 Priester, 24 Diakone und 15 Subdiakone, und in der Abtei Altaich besaßen von den 67 Mönchen 15 die Priesterweihe. Ähnlich waren die Verhältnisse im Kloster

St.Germain-des-Prés: Die 77 Mitglieder teilten sich auf in ein Drittel Priestermönche, ein Drittel Diakone und Subdiakone sowie ein Drittel „illitteri", d. h. gewöhnliche Mönche. In St. Denis zu Paris waren um 830 ebenfalls fast zwei Drittel der Mönche zum liturgischen Dienst bestellt. Ähnlich lagen die Verhältnisse in der Abtei Disentis: 24 Priestermönche, 10 Diakone, 4 Subdiakone sowie 25 weitere Mönche. Die vielen Altäre karolingischer Klosterkirchen können nicht allein von den zwei Konventmessen oder der feierlichen Prozession von Altar zu Altar, von Reliquienort zu Reliquienort abgeleitet werden, obgleich die Prozession, wie wir später sehen werden, durchaus zur Errichtung von Altären führte. Ausschlaggebend sind dafür vielmehr andere Gründe, und zwar die Sorge um die Verstorbenen, wobei der heiligen Messe als Sühneopfer eine besondere Bedeutung zugemessen wurde.

5. Gemeinschaft – Messe – Sühne

a) Das Gedächtnis schafft Gemeinschaft – Die Feier des Ursprungs

Es wäre zu kurz gegriffen, wollte man die umfangreiche Sorge für die Verstorbenen nur als treue Pflicht der Verwandten sehen, oder gar auf ein quantitatives Leistungsverhältnis zwischen Schuld und Sühne reduzieren. All dies spielte natürlich eine Rolle, aber wie weit das eine oder andere im einzelnen überwog, läßt sich nicht beantworten. Weit wesentlicher als individuelle Mißverständnisse und Mißbräuche war die Feier des Gedächtnisses für die Gemeinschaft, denn erst dadurch schafft sie sich Geschichte, Kontinuität und entwickelt ihr Selbstverständnis. Indem eine Gruppe, eine Sippe, ein Stamm, eine Gemeinschaft oder ein Volk sich im kultischen Gedächnis auf das Leben und die Taten längst verstorbener Helden bezieht, feiert sie deren ordnungsstiftende und normsetzende Tat, aus der die Gemeinschaft, ihre Art und ihr Wesen hervorgegangen waren.

Das gilt nicht nur für die Stammesgenealogien der Sumerer oder Ägypter, deren Urahnen einst weltschöpfende Taten vollbracht hatten, oder für die bis in die mythische Zeit reichenden Traditionen römischer Herrscherfamilien, die sich dabei auf einen göttlichen Urahnen berufen konnten. Ähnliches finden wir auch in den Stammesmythen der Indianer, deren Heros das Chaos besiegte und ein für allemal die Ordnung der Welt begründet und festgesetzt hatte. Indem der Stamm des Lebens und Sterbens des Helden gedachte, beging sie ihren eigenen Ursprung, feierte sie den Beginn der Zeit.

Die Feier des Ursprungs war somit unbedingt notwendig, denn damit besaß die Gemeinschaft einen Anfang in der an sich „zeitlosen Zeit". Die Ahnenverehrung schuf erst die Geschichte.

An solche menschheitlichen Vorstellungen konnten das Judentum wie das Christentum anknüpfen, wenn sie in ganz neuer Weise Gott als den Schöpfer von Himmel und Erde, das heißt von ausnahmlos allem, bekannten und die Heilsgeschichte sehr eng mit der Geschichte der Welt verbanden. Schon die christlichen Theologen der Spätantike lehrten ausdrücklich, daß die Erlösung von Anbeginn der Welt geplant gewesen sei und Gott letztlich die Welt nur erschaffen habe, um seine Liebe an die Menschen verschwenden zu können

(Augustinus). Geschichte wird mit der Heilsgeschichte identisch. Aus diesem Grunde sind alle frühen Geschichten der Menschheit Kosmogonien und Heilsgeschichten zugleich.

Wesentlich für das Christentum ist ein stetiges Gedenken, das sein Stifter selbst anordnete: „Tut dies zu meinen Gedächtnis", sprach Jesus, als er am Abend vor seinem Tod den Jüngern das Brot brach und den Kelch reichte. Die wichtigsten Ereignisse seines Lebens begehen die Christen als Feste: Ostern, Himmelfahrt, Pfingsten, Weihnachten. Doch wann werden diese Feste gefeiert? Ostern begeht man am ersten Sonntag nach dem ersten Frühlingsvollmond, Himmelfahrt feiert man vierzig Tage danach und Pfingsten zehn Tage später. Weihnachten steht mit der Wintersonnenwende in Beziehung.

Nach den Herrenfesten entwickelten sich bald weitere, abgeleitete Formen christlichen Gedenkens. Vor allem wurden Märtyrer, Heilige, Bischöfe, Ordensstifter oder Klostergründer verehrt, deren Leben, Wirken und Sterben eine besondere Bedeutung für eine Gemeinschaft besaß. Man denke nur an den Kult des hl. Martin (Patron der Merowinger), an die Verehrung des hl. Mauritius (Kloster in der Schweiz), Dionysius (Kloster und Königsgrablege in Paris) oder an die heiligen Stifter irischer Klöster wie beispielsweise Gallus, Pirmin, Fiacarius, Fridolin, oder an die angelsächsischen Gründer wie Willibrord, Willibald, Kilian, Bonifatius und Thekla: Alle schufen durch ihr exemplarisches Leben Gemeinschaften, die das Vorbild nachahmten und verehrten. Über ihren Gräbern errichtete man gerade während der Karolingerzeit neue, größere und schönere Kirchen. Gab es keine Heiligen am Ort, so bemühte man sich um den Leichnam eines der zahllosen römischen Märtyrer oder wenigstens um einige Reliquien von ihnen. Die Verehrung der Heiligen, der Besuch ihrer Gräber und das Bewahren ihrer Reliquien sind letztlich aus dem menschlichen Streben zu verstehen, Zeugnisse des Ursprungs, des Eigentlichen und Anfänglichen zu besitzen.

b) Die Messe als Vergegenwärtigung von Tod und Auferstehung Jesu

Die Messe spielte im Totengedächtnis karolingischer Klöster eine bedeutende Rolle, was eine längere Entwicklung voraussetzt. Zwar pflegten die Christen bereits seit dem 2. Jahrhundert das Totengedächtnis in Verbindung mit einer Eucharistifeier zu begehen, doch blieb dieser Brauch ohne weitreichende Folgen. Spezielle Messen für die Verstorbenen kannte man nicht. Erst mit Papst Gregor dem Großen (540–604) begann sich hier eine Änderung abzuzeichnen. Von ihm wird berichtet, daß er mehrere Messen an einem Tage las oder für die Verstorbenen lesen ließ. In seinen „Dialogen" berichtet er, wie durch die fürbittende Messe ein Ertrinkender gerettet wurde und wie von einem Gefangenen dadurch die Fesseln abgefallen waren. Die Erzählung deutete man allegorisch auf die im Fegefeuer „gefesselte Seele", die ebenso durch Messen befreit werden könnte.

Mit seinem Namen verbindet man außerdem die Gregorianische Messe und Gregoriusmesse. Die Gregorianische Messe war, wie Amalarius von Metz (um 775–850) bezeugt, ein Brauch, für Verstorbene dreißig Tage lang eine Messe zu lesen, wozu eine Erzählung Gregors (Dial. IV,55) den Anlaß gegeben hatte. Dort berichtet der große Papst, wie er einen geldgierigen Mönch seines Klosters zur Strafe und Abschreckung mitsamt seinem Geld neben einem Misthaufen beerdigen ließ. Einige Zeit danach erfaßte Gregor das Mitleid, und er ließ dreißig Tage lang täglich eine Messe für den verstorbenen Sünder feiern. Nach dieser Zeit erschien der Verstorbene seinem Bruder im Traum und berichtete von seiner wunderbaren Erlösung dank der dreißig Messen.

Die Gregoriusmesse (Abb. 65) geht auf eine Vision des Papstes zurück, der im Glauben an die Transsubstantiation wankend, während der Messe einen blutenden Finger – andere Legenden berichten, den Schmerzensmann selbst – gesehen habe. Mit diesen Erzählungen über die Messe und ihre Wirkung wurde der berühmte Papst jedenfalls zum „Kronzeugen" der Votivmesse für Verstorbene. Seine Visionen verweisen zudem auf den engen Zusammenhang zwischen Messe und dem Tod Jesu auf Golgota.

Die Beziehung zwischen dem Abendmahl und dem sühnenden Kreuzesopfer Christi ist in der Bibel grundgelegt und wurde von den großen Theologen der Väterzeit vertieft. Doch erst während der karolingischen Epoche begann man in den einzelnen Gebeten und Zeremonien der Messe eine Darstellung und Vergegenwärtigung des gesamten Lebens und Sterbens Christi zu sehen. Diese sogenannte allegorische Meßdeutung begründete der karolingische Hoftheologe und spätere Erzbischof von Trier und Lyon, Amalarius von Metz. Er war Schüler Alkuins und vertonte als Mönch der berühmten Gesangsschule von Trier zahlreiche liturgische Texte. Auf einer Gesandtschaft an den kaiserlichen Hof nach Konstantinopel kam er mit der byzantinischen Liturgie in Berührung, die den kultischen Nachvollzug des Kreuzesopfers betonte. Hiervon beeindruckt, verfaßte er zu Hause eine Schrift (Liber officialis), in der er die ganze Messe, ihre Zeremonien und Riten allegorisch auf das Leben und Sterben Christi interpretierte. Obwohl das Werk anfangs kritisiert und angefeindet wurde, konnte niemand seinen Weg zum theologischen Standardwerk mittelalterlicher Liturgik aufhalten.

Amalarius teilte die Messe in drei große Abschnitte ein und stellte ihnen jeweils drei Epochen aus dem Leben Christi gegenüber. Der Einzug des Bischofs bis zum Beginn des Opfergottesdienstes mit dem Offertorium entspricht dem Leben und der Predigt Jesu bis zu seinem Einzug in Jerusalem. Im Opfergottesdienst bis zum Schluß des Paternoster werden Leiden, Tod und Begräbnis Jesu nachvollzogen, während der restliche Teil der Messe seine herrliche Auferstehung und glorreiche Himmelfahrt vergegenwärtigt. Amalarius interpretiert nicht nur die Messe allegorisch, sondern zieht auch alle Zeremonien, liturgischen Gewänder und Gerätschaften in diese Deutung mit ein. Somit bekommt jeder Ritus, jede Kulthandlung und jeder Gegenstand eine Bedeutung, die sich auf ein heilsgeschichtliches Ereignis bezieht, wobei zwischen beiden jeweils eine formale, inhaltliche oder allegorische Entsprechung bestehen muß.

Ein ähnliches Schema sahen wir bereits im theologischen Programm der Klosterkirche von Centula, das mit der Geburt Christi begann, sein Leiden, seine Auferstehung und Himmelfahrt umfaßte. Auch der Klosterkirche von Corbie lag ein christologisches Bildprogramm zugrunde, auf das sich die Prozession der Mönche bezog. Ein Mönch von Corbie, Paschasius Radbertus, ging noch einen Schritt weiter und sah in der Klosterkirche das himmlische Jerusalem, in dem das Kreuzesopfer sich vergegenwärtigt (Grabrede auf den verstorbenen Abt und Erbauer des Kirche, Wala von Corbie).

65 *Gregoriusmesse. Westfälischer Meister (Soest, um 1470). Die Beziehung zwischen Messe, Kreuzesopfer und Hilfe für die Armen Seelen wird hier sehr deutlich. Christus erscheint dem Papst während der heiligen Messe, sein Blut fließt in den Kelch und von dort nach links zu den Armen Seelen.*

Der Liturgiker Amalarius war kein Einzelfall. Während der karolingischen Epoche entstanden nicht zuletzt auf Anregung Karls des Großen zahlreiche liturgische Werke, um die Messe, das Stundengebet, das Glaubensbekenntnis und die Riten der Sakramentenspendung zu deuten und zu erklären. Die Tendenz, ja fast der Zwang zur allegorischen Deutung des religiösen Kultes liegt wiederum in der karolingischen Theokratie begründet, die sich selbst als eine reale Analogie zur göttlichen Seinsordnung verstanden hat.

Es kam sicherlich nicht von ungefähr, daß gerade unter Kaiser Ludwig das Abendland mit den Schriften des morgenländischen Theologen Dionysius Areopagita (6. Jh.) bekannt wurde, der die kirchliche und kaiserliche Hierarchie vom göttlichen Urbild ableitete. Die Titel seiner Bücher sprechen für sich: „Über die himmlische Hierarchie", „Über die kirchliche Hierarchie", „Über die göttlichen Namen" sowie „Über die mystische Theologie". Seine Schriften besaßen fast die kanonische Würde der Bibel, denn man hielt ihn für einen Schüler des Apostels Paulus.

c) Messe, Almosen, Gebet, Fasten: objektive Werke der Sühne

Die Sorge um das Heil der Seele war ein allgemeines Phänomen der Karolingerzeit, zugleich aber auch ein typisches Merkmal des gesamten Mittelalters. Wir verstehen diese Art religiösen Lebens vielleicht besser, wenn wir die zeitgenössischen und zeittypischen Visionen sterbender Mönche über den Zustand beim Verscheiden sowie nach dem Tode betrachten, die seit dem 7. Jahrhundert in vermehrtem Maße entstanden und weite Verbreitung fanden. Aus der Fülle der Beispiele wählen wir die Vision des Abtes Wetti von der Reichenau.

Die Visio Wettini. Wetti kam mit siebzehn Jahren auf die Reichenau und wirkte dort später als Lehrer und Abt. Seine profunde Ausbildung vermittelte ihm ein irischer Mönchsgelehrter, wie sie damals in verschiedenen Klöstern anzutreffen waren. Im hohen Alter legte er freiwillig alle Ämter und Würden nieder, um sich völlig ungestört dem kontemplativen Leben zu widmen. Kurz vor seinem Tod befiel ihn eine leichte Krankheit, und eine Vision

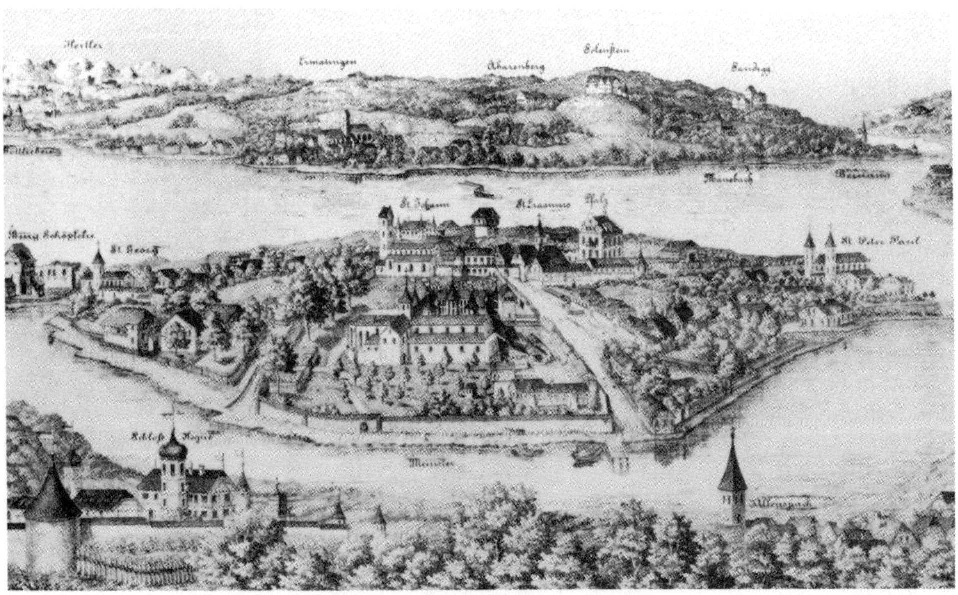

66 *Ansicht der Reichenau, von Norden gesehen. Stich (Anfang 17. Jh.). Hier lebte der Mönch und Abt Wetti, dessen Vision für das Verständnis der Meßstipendien sehr aufschlußreich ist.*

mahnte ihn an das baldige Ende. Zwei Nächte vor seinem Tod am 4. November 824 hatte er mehrere schreckliche Visionen, die ihm über sein eigenes zukünftiges Schicksal und das Los bereits verstorbener Personen Auskunft gaben.

Wetti sieht den Teufel als Kleriker verkleidet, der ihn heftig anklagt, Christus verleugnet zu haben, wofür er nun die gerechte Strafe erhalte. Furchtbare Folterinstrumente hält der Teufel in den Händen, und der ganze Raum füllt sich mit teuflischen Helfershelfern, die wie eine rohe Kriegshorde über den wehrlosen und völlig verängstigten Wetti herfallen wollen. Doch in letzter Minute öffnet sich der Himmel, und heilige Mönche verscheuchen die schreckliche Schar, die zu früh erschienen war, denn Wetti darf noch zwei Tage leben. Nun tritt ein purpurgekleideter Engel auf Wetti zu, um die unsterbliche Seele erwartungsfroh zu begrüßen. Wetti grüßt zurück und überläßt sich ganz dem Willen und der Gnade Gottes. Doch bevor der Engel antwortet, bricht die Vision ab.

Wetti erwacht und ist bis ins Mark erschüttert. In seiner Not ruft er zwei Brüder herbei und schildert ihnen sein entsetzliches Erlebnis. Er unterbricht die Erzählung, wirft sich immer wieder auf den Boden, breitet die Hände aus und betet verzweifelt zu Gott. Inständig fleht er seine Mitbrüder an, ihm doch beizustehen und die sieben Psalmen zu singen, die man üblicherweise in Todesgefahr zu beten pflegt. Ihm zum Troste fügen sie noch weitere hinzu und lesen ihm schließlich aus dem letzten Kapitel des 4. Buches der „Dialoge" Gregors des Großen vor, in dem von Tod, Gericht und der Hilfe des Gebetes die Rede ist. Durch das gemeinsame Gebet getröstet, begibt sich Wetti abermals auf sein Lager, ohne allerdings die gewünschte Ruhe zu erlangen, denn kurz darauf bricht abermals eine Vision über ihn herein.

Ein Engel erscheint und bittet Wetti, ihn zu den Stätten der Läuterung zu begleiten. Freundlich redet er Wetti an und preist dessen Glauben an die Macht des Gebetes und die Wirkung frommer Lesung. Vor allem Psalm 117, den Psalm vom göttlichen Erbarmen, soll Wetti häufig beten und inständig betrachten, denn daran hat Gott sein besonderes Wohlgefallen.

Die erste Station führt Wetti und seinen göttlichen Begleiter zu himmelhohen Bergen, die von flüssiger Glut umgeben sind. Hier leiden, wie der Engel erklärt, die unkeuschen Priester gemeinsam mit ihren Buhlerinnen unermeßliches Leid und können auf keinerlei Trost oder Erlösung hoffen, denn die Fürbitte vermag sie nicht mehr zu erreichen. Erschüttert von dieser harten Strafe, die auch einen ihm bekannten, erst jüngst verstorbenen Geistlichen getroffen hat, bricht Wetti in eine bittere Klage über die gottlosen Seelenhirten seiner Zeit aus.

Am nächsten Ort der Reinigung findet Wetti sogar Mönche der Reichenau, denn hier werden die habgierigen Mönche, die gegen das Gebot der Armut verstießen, gewissermaßen in ihre eigenen engen Schatztruhen gesperrt, wobei Dampf und Gestank dieses enge Verlies unerträglich machen. Auch diese Pein läßt Wetti betroffen an die Mönche denken, die den seligen Pfaden der Väter nicht mehr folgen und statt dessen begierig und selbstsüchtig nach irdischer Ehre, schnödem Gewinn und verderblichem Reichtum streben, aber Gott, sein Erbarmen und selbst ihr eigenes Heil dabei völlig vergessen. Mit bewegtem Herzen spricht Wetti seine Mahnung an die Mitbrüder aus.

Der nächste Peinigungsort ist für unsere Fragestellung besonders aufschlußreich, denn hier muß ein Abt leiden, weil ein anderer es an der Fürbitte fehlen ließ. Wetti sieht einen sehr hohen Berg, auf dessen oberster Spitze die Seele eines verstorbenen Abtes schon seit über zehn Jahren allen Unbilden der Witterung ausgesetzt ist. Doch bald ist ihre Schuld abgetragen, und sie darf, wie der Gottesbote sagt, ins himmlische Reich eingehen. Auf der anderen Seite des Berges aber sehen sie die Seele eines Bischofs ähnliche Qualen leiden, der, seine brüderliche Pflicht vergessend, für den befreundeten Abt weder betete noch in seinem Namen Werke der Barmherzigkeit vollbrachte, obgleich ihn die bedrängte Seele durch ein Traumgesicht an seine christliche Pflicht erinnert hatte. Wegen der Nachlässigkeit eines anderen muß also der Abt das ganze Maß seiner Schuld selbst abtragen, das durch Fürbitten, Psalmen, Messen und gute Werke verringert worden wäre. Den Bischof aber traf die seiner Sorglosigkeit entsprechende Strafe; keine Fürbitte vermag ihn je zu erreichen, um sein Leiden zu verkürzen.

Dieses Schicksal veranlaßt Wetti, grundsätzlich über die Bedeutung von Traumgesichten und das fürbittende Gebet nachzudenken. Wir lassen ihn selbst sprechen: „Dieser Bericht bestätigt die Wirkung frommen Gebetes; doch verlasse dich nicht darauf, daß am Ende des Lebens eines anderen Gebet dir löscht den Brand, den du selber dir durch die Sünden entfachst! Mag auch die Fürbitte sühnen mancher Vergehen, so kann doch keiner sicher und sorglos leben, denn niemand weiß, mit welchem Gewicht seine Taten einst gewogen werden. Drum ist es, so mein' ich, heilsam, vorher die Sünden zu büßen, es folgt seine Schuld einem jeden" (Vers 439–444).

Deutlich kommt hier die zeitgenössische Grundanschauung und das Erlösungsverständnis zum Ausdruck: Die Sündenschuld muß ganz bezahlt werden, dabei ist es gleichgültig, ob dies bereits im Diesseits durch ein frommes Büßerleben geschieht oder erst nach dem Tod im Jenseits durch eigenes Leiden sowie das fürbittende Gebet und das stellvertretende wohltätige Werk anderer. Ungewiß bleibt immer der Umfang der Strafe, weshalb es keine Beschränkung im fürbittenden Gebet und stellvertretenden guten Werk geben darf, was schließlich zu den „ewig währenden Gedächtnisstiftungen" führte.

An diesem Ort der Läuterung erblickt Wetti auch den berühmten Kaiser Karl den Großen, der, wie der Engel lobend spricht, zwar viel Gutes getan hat und deshalb auch die Krone der ewigen Seligkeit erringen wird. Wegen seiner Wollust jedoch muß er noch eine gewisse Zeit hier büßen. Die harte Strafe veranlaßt Wetti zu einer mahnenden Rede an alle Unkeuschen und Wollüstigen, die schon allein durch diese einzige Sünde all ihre übrigen Tugenden und Verdienste verderben und zunichte machen.

Nun darf Wetti einen Blick in die Hölle werfen; er sieht die Teufel, wie sie mit Geld und anderen irdischen Schätzen spielen, um sie für jene aufzubewahren, die nach dem biblischen Wort „Wo dein Schatz ist, dort ist auch dein Herz" hierhin kommen. Hier werden, so der Engel, alle bestechlichen Grafen erwartet, die ungerecht Recht sprachen, Arme erpreßten und um des Geldes willen unschuldige Menschen verurteilten – im Karolingerreich lag nämlich die Rechtsprechung in den Händen der Grafen, Bischöfe und Äbte. So groß ist deren Schuld, daß der himmlische Bote selbst zur Mahnrede greift, um den lebenden Grafen die bitteren Folgen ihres abscheulichen Tuns vor Augen zu halten. Diese Höllenvision schließt mit allgemeinen Hinweisen auf die Verdammten und Glückseligen sowie einem Blick auf die überirdische Schönheit des himmlischen Jerusalem.

Doch diese Stadt bleibt Wetti vorerst noch unerreichbar, denn erst morgen wird er sterben und auf die Waage der Gerechtigkeit gelegt. Um für gut befunden zu werden, gehen Engel und Wetti nun die verschiedenen Heiligen des Himmels um Fürbitte an.

Zuerst kommen sie zu der Schar heiliger Priester, die gern Gott für ihn bitten wollen. Die Heiligen erheben sich und werfen sich demütig vor dem Throne Gottes nieder, doch von dort erschallt eine ehrfurchtgebietende Stimme und verweist auf das schlechte Beispiel Wettis sowie seine verderblichen Lehren; von Verzeihung oder Gnade aber ist keine Rede. Beide, Wetti und sein göttlicher Begleiter, gehen nun zum nächsten Kreis der Seligen und gelangen zu den heiligen Märtyrern, die ebenfalls gern Fürbitte leisten wollen, doch vergeblich flehen sie am Throne Gottes. Denn abermals beschwört die göttliche Stimme das schlechte Beispiel Wettis, aber verheißt die Hoffnung, daß er sein Vergehen wiedergutmachen könne. Ohne Verzeihung erlangt zu haben, schreiten beide weiter zum Chor der heiligen Jungfrauen, die ebenfalls für Wetti bitten. Wider Erwarten erhebt sich Christus von seinem Thron, um den Flehenden die Ehre zu geben, indem er ihr Bitten erfüllt. Denn seiner Mutter, dem Vorbild aller Jungfrauen, vermag er nichts zu versagen. Wetti muß zuvor aber sein schlechtes Beispiel korrigieren, seine Lehren widerrufen und das Geschaute offen bekennen und freimütig verkünden.

Abermals beklagt der Engel das Laster der Sodomie, wohl der sexuelle Umgang von Männern untereinander, und verflucht es fünfmal. Die sexuellen Verfehlungen werden auffällig häufig genannt und immer mit besonders schweren Strafen geahndet.

Wie die alttestamentlichen Propheten, so zittert auch Wetti vor dem göttlichen Auftrag, diese bittere Wahrheit seinen Mitbrüdern mitteilen zu müssen; aber daran ist seine Erlösung gebunden. Verängstigt schiebt er verschiedene Gründe vor, ohne jedoch den Engel zu überzeugen. Im Gegenteil, dieser herrscht ihn an, nicht kleinmütig zu sein, sondern seinem Beistand zu vertrauen, der auch Simson in seiner Not hilfreich war. Bevor die Vision endet, belehrt ihn der allwissende Führer über die Schutzengel, die am Throne Gottes stehen, um für ihre Schützlinge Fürsprache einzulegen; abermals merkt er die herben Verfehlungen der Mönche an. Denn anstatt dem Beispiel der Väter zu folgen, suchen sie die irdische Ehre, vergessen die Armut, vertauschen das nüchterne Wasser mit dem berauschenden Becher der Traube, ergehen sich in prunkvollen Gewändern und meiden die Demut.

Von dieser harschen, göttlichen Kritik am Mönchtum werden auch die Nonnenklöster nicht ausgenommen, in denen anscheinend alles andere als ein geistliches Leben geführt wird. Schuld daran sei der verderbliche Brauch, hochadelige Witwen in den Klöstern ihrer Verwandten zu Äbtissinnen einzusetzen, obgleich sie keinerlei Befähigung dazu haben. Statt ihr Leben nun zu ändern, setzen sie im Kloster ungestört das gewohnte weltliche Treiben fort und verderben durch ihr schlechtes Beispiel schließlich den ganzen Konvent. Direkt wendet sich nun der Engel an die Adresse des Kaisers, damit er durch sein Machtwort diesen Mißstand behebe.

Abermals mahnt der Engel vor der unheimlichen Sünde der Sodomie, die letztlich alles zerstöre; zugleich ermuntert er die Menschen, gerne das Lob Gottes zu vollbringen sowie alle kirchlichen Feste und Bräuche zu halten. Denn, so fährt er sinnreich fort, Gott bedarf dessen nicht, allein die schwache Natur des Menschen kommt ohne äußere Formen nicht zu Rande.

Wetti erwacht schließlich und bittet die Brüder, sich trotz des nächtlichen Ruhegebotes seiner zu erbarmen und alles schnell in Wachstafeln zu schreiben. Später kommen der Abt und weitere vier vertrauenswerte Mönche hinzu, denen er bewegt sein Widerfahrnis schildert. Er selbst schwört Besserung, beschließt augenblicklich ein richtiges monastisches Leben zu führen, den berauschenden Becher zu meiden und das Geoffenbarte freimütig zu verkünden. Ein Auftrag, der ihn in ärgste Verlegenheit bringt, da er seines morgigen Todes sicher ist. Immer wieder unterbricht Wetti seinen Bericht und bittet inständig die Mitbrüder um das fürbittende Gebet und den geistlichen Beistand. Selbst an entfernte, befreundete Geistliche wendet er sich in seiner Not, damit sie seiner ja nicht im Gebet vergessen. Fünfzehn Briefe diktiert er dem jungen Walafried: „Dem ehrwürdigen Vater in Christo … wünscht Wetti, einst Euer ergebener Freund, ewiges Heil im Herrn. Ich schreibe Euch in Todesgefahr, wo ich doch bis jetzt in der Blüte der Jugend gestanden habe. Was das jenseitige Leben betrifft, so erweist mir die Gunst, meiner Schwachheit zu Hilfe zu kommen, damit ich, wenn ich die Last unserer Vergänglichkeit abgelegt habe, auch dort durch die Schwere meiner Sündenstrafen nicht bedrängt werde. Wenn Euer Gebet die Zahl von hundert Messen und hundert Psalmengesängen erreicht hat, wird mir die Gnade gewiß sein. Lebe Du wohl, den ich nicht mehr zu sehen verdiene" (919f.).
Wetti kann noch kraftvoll den Abendgottesdienst mitsingen, den er wie ein Vorsänger sogar laut anführt, doch in der Nacht darauf stirbt er, wie er es vorausgesagt hatte.

Der geistige Hintergund der Visio Wettini. Als erstes fällt die Bedeutung der Fürbitte auf. Wir finden sie durchgängig im ganzen Text. Wetti bittet darum seine Mitbrüder, schreibt im gleichen Sinne an befreundete Geistliche und bewegt dazu die Heiligen des Himmels. Gemeinsam mit seinem göttlichen Begleiter schreitet er von Heiligenchor zu Heiligenchor, um endlich durch die Fürbitte Mariens und aller Jungfrauen den Nachlaß seiner Schuld zu erreichen. Die Heiligen sind offensichtlich die Fürbitter und wichtige Mittler zwischen Gott und den Menschen. Denn weder der Engel noch Wetti selbst wenden sich an Christus oder Gottvater, um die Gnade der Erlösung zu erreichen. Die Gottheit bleibt seltsamerweise dem Menschen, seinem Gebet und seiner Not unerreichbar fern, und dies, obgleich Christus Mensch geworden ist.

Man könnte in dieser geschilderten Unnahbarkeit Gottes eine Haltung sehen, die sich nicht mit der biblisch geoffenbarten Menschenfreundlichkeit Christi verträgt. Doch bedenkt man die karolingische Vorstellung einer hierarchischen Stufung allen Seins, so erklärt sich diese ehrfurchtgebietende Distanz Gottes, die nur über die Vermittlung der hierarchisch geordneten Chöre der Heiligen überwunden werden kann.

Am Beispiel der Fürbitte bzw. ihrer Unterlassung zeigt sich noch eine andere Voraussetzung karolingischer bzw. mittelalterlicher Frömmigkeit. Wir erinnern uns an das bittere Schicksal des Abtes, der wegen der Nachlässigkeit des Bischofs die gesamte Schuld abtra-

67 *Christus, in der Mandorla thronend und umgeben von Evangelistensymbolen. Relief (Ende 11. Jh.); Toulouse, St. Sernin. Unnahbar in göttlicher Autorität, erscheint hier der herrscherliche Christus, wie ihn Wetti in seinen Visionen erlebte. Erst die Spätgotik betonte die Menschlichkeit Christi, die besonders in seinem Leiden und Sterben aufgezeigt wurde.*

gen mußte. Offensichtlich bestand damals die Meinung, daß die Schuld der Sünde nur durch eine gleichwertige Bußleistung aufgehoben werden könne; die zudeckende Gnade, wie Luther später diesen theologischen Engpaß formuliert, vermag dies nicht.

Die persönliche Strafe des einzelnen kann, wie das Beispiel lehrt, auf verschiedene Weise, zu verschiedenen Zeiten und von verschiedenen Personen abgeleistet werden: Entweder führt der einzelne selbst ein frommes Büßerleben, gepaart mit Fasten, Almosen, Gebeten und Messelesen, oder aber er läßt die gleichen „Leistungen" nach seinem Tod durch andere erbringen, wobei er deren Unterhalt und „Verdienstausfall" begleichen muß. In jedem Fall ist die Buße vollständig zu bezahlen.

Die Theorie der objektiven Buße setzt die objektive Sünde voraus. Sie beruht auf der Annahme, daß durch die Sünde das Gute geschädigt und vermindert wird. Dieser Schaden ist in gleicher Weise wiedergutzumachen. Denn der Kosmos, die gesamte Schöpfung, befindet sich gewissermaßen in einem Gleichgewicht zwischen Gut und Böse, das durch die Sünde gestört, aber in der Buße wieder behoben wird. Der ganze Prozeß von Schuld und Sünde wird zwar von individuellen Personen ausgelöst und trägt durchaus subjektive Momente. Das sündhafte Geschehen selbst jedoch bewirkt eine objektive Störung des kosmischen oder moralischen Gleichgewichtes und fordert eine gleichwertige Wiedergutmachung. Dieser Gedanke ist übrigens nicht typisch germanisch, obgleich das germanische Recht der Sippenhaftung, des Wergeldes usw. darauf beruht. Auch andere Völker sahen in einem individuellen Vergehen ebenfalls eine Störung des Kosmos, zu dessen Wiedergutmachung selbst vor Menschenopfern nicht zurückgeschreckt wurde. Auch die jüdische Religion, und nicht nur sie, betrachtete die Krankheit als eine Folge der Sünde, die durch eine Störung der objektiven Ordnung bewirkt worden ist.

Wenn Sünde und Verfehlung zwar individuell ausgelöste, aber objektive Störungen der sozialen und kosmischen Ordnung darstellen, dann ist es letztlich auch gleich, wer die Strafe bezahlt und wie sie bezahlt werden wird: Die sogenannten Bußkommutationen werden möglich. Bußstrafen können „umgewandelt" (kommutiert), das heißt durch andere Bußwerke ersetzt werden. Wir erinnern uns an die Bußtabellen der Iren, die dem Büßer verschiedene Möglichkeiten ließen, seine Buße zu verrichten. Zur Illustration sei eine irische Bußkommutation geschildert.

Das Poenitentiale (Bußbuch) von Remense (2. Viertel des 8. Jh.) enthält folgende Kommutationen: Wer für sein Vergehen 70 Psalmen zu beten hatte, kann die Zahl auf 50 verkürzen, indem er zu jedem Psalm eine Kniebeuge hinzufügt. Durch zusätzliches Fasten verringert sich die Anzahl abermals. Wer aber weder lesen noch fasten könne, gebe für 50 Psalmen einen Denar den Armen, wobei er wenigstens einmal selbst fasten muß. Die Buße kann zwar von anderen verrichtet werden, aber eine gänzliche Befreiung gibt es nicht.

Gefangenenfreikäufe, Armenspeisungen oder Messestiftungen waren weitere Möglichkeiten der Bußkommutation. Das Sakramentar von Rheinau, um 795, enthält eine Umrechnungstabelle für die Bußkommutation. Anstelle von 100 Psalmen kann man den Armen 1 Solidus spenden oder aber 2 Messen lesen lassen; 150 Psalmen entsprechen einer Unze oder drei Messen; 900 Psalmen sind gleich 6 Unzen oder drei Messen; 12 Messen dagegen wiegen 1800 Psalmen oder 1 Pfund auf.

Diese Kommutationen konnten vielfältig variiert werden, bis hin zum stellvertretenden Wallfahrtsbesuch durch „Berufswallfahrer". Offensichtlich haben die Iren und Angelsachsen, auf die ja die Bußbücher und Gebetsbruderschaften zurückgehen, wesentlich zu dieser Entwicklung beigetragen. Es erstaunt deshalb nicht, daß die schärfste theologische Aussage über die Gerechtigkeit Gottes von dem Angelsachsen Anselm von Canterbury († 1109) stammt: Gott wolle seiner Natur nach mit dem Sünder barmherzig verfahren; seine Gerechtigkeit jedoch verlange eine vollständige Wiedergutmachung.

Daß durch die Bußkommutation die Gefahr einer mechanischen Auffassung mit all den bekannten Auswüchsen gegeben war, ändert nichts an ihrer ursprünglich religiös-kosmisch begründeten Annahme einer hierarchischen Seinsordnung, die auf einem Gleichgewicht des Guten beruht, das durch jede böse Tat gestört wird.

Ein wesentlicher und für uns eher befremdlicher Zug der Bußkommutation war die Stellvertretung. Doch so abwegig, wie es auf den ersten Blick erscheint, war dies nicht, waren doch Jesu Leiden und Tod selbst ein Sterben für andere. Er hat die Schuld der Welt auf sich genommen, um sie zu tilgen. Dazu kommt, was leicht übersehen werden kann, die Überzeugung von der Unsterblichkeit der individuellen Seele und die christliche Hoffnung auf ein ewiges Leben.

C

Das Kloster nur den Mönchen

Zurück zum Ideal der Wüste und des Urchristentums

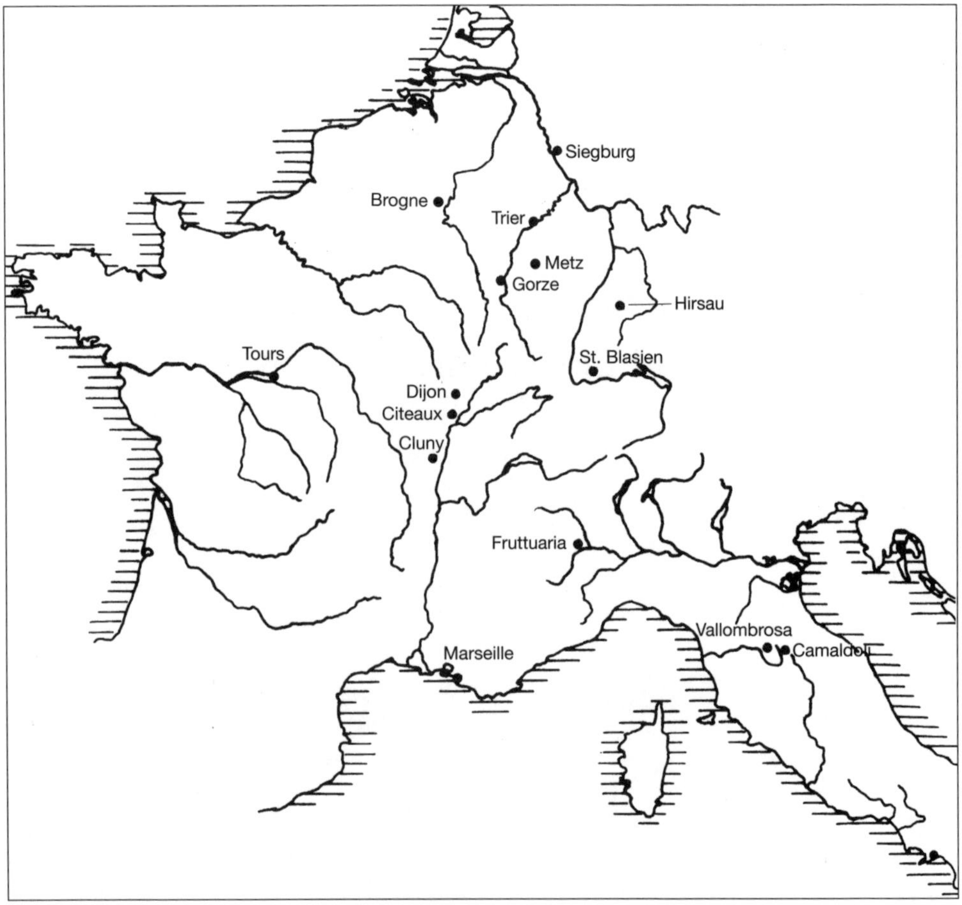

68 *Die wichtigsten Reformzentren des Mönchtums im 10./11. Jahrhundert.*

Unter den Karolingern wurde das Mönchtum in einen vielfältigen und umfassenden Dienst am Volke Gottes gestellt. In der Liturgie, im Gebet und Kult feierten und vergegenwärtigten die Mönche das Heilsgeschehen, und als Orte der Kultur, Herrschaft und Macht wirkten die Klöster real im irdischen Reiche. Der objektiv zu leistende Vollzug religiösen Tuns stand ganz im Vordergrund; das Individuelle, der einzelne hatte dem Ganzen zu dienen.

Dieser gelungene und durchaus bewundernswerte Entwurf der karolingischen Epoche konnte offensichtlich für das Abendland nicht von beständiger Dauer sein. Denn im Gegensatz zu den antiken Theokratien, den östlichen Kulturen sowie dem byzantinischen Kaiserreich tendierte das Abendland zu einer Ausprägung des Individuellen und Subjektiven. Die Anfänge dazu liegen in der christlichen Religion selbst, die sich auf ein personales Gottesverhältnis gründet. Von einer veränderten Gottesvorstellung waren viele Christen des 10. und 11. Jahrhunderts bewegt, die sich nicht mehr mit der karolingischen Theokratie und Hierarchie zufriedengeben wollten, sondern nach einer individuellen Lösung, einer direkten, existentiellen Nachfolge Jesu suchten oder eine personal mystische Gottesbegegnung erstrebten. So sehen wir während des 10., 11. und 12. Jahrhunderts eine Fülle sehr verschiedener religiöser Bestrebungen, die alle auf ihre Art das Grundproblem angehen und zu seiner Lösung beitragen.

Den Anfang machten die Eremiten, die nun plötzlich in großer Zahl in die Wälder Oberitaliens, Frankreichs und Deutschlands zogen, um frei von allen persönlichen, klösterlichen, kirchlichen oder „staatlichen" Verpflichtungen die individuelle Nachfolge zu leben. Es entstanden in dieser Zeit (11. Jh.) die Eremitengemeinschaften von Camaldoli, Vallombrosa oder Fonte Avellana, aber auch die Grammontenser, die Augustiner-Eremiten, die Wilhelmiten sowie der Kartäuserorden.

Einen anderen Weg zur Freiheit beschritten Cluny und seine Klöster, indem sie das enge Band zwischen Stifter und Stiftung lösten und als selbständige und autonome geistliche Gemeinschaften über sich und ihren Besitz verfügen konnten. Aber auch diese scheinbar nur äußere Freiheit war in einem religiösen Bewußtsein – der Mönch als persönlicher Büßer – begründet. Die Rede von der errungenen Freiheit Clunys ist mißverständlich, denn es waren nicht die Mönche, sondern die Eigenkirchenherren, die freiwillig auf ihre Rechte verzichtet und das Kloster ganz aus ihrer Herrschaft entlassen haben; häufig traten sie nachher sogar selbst ein. Denn offensichtlich wollte der Stifter die Conversio vollziehen und Christus persönlich nachfolgen; das stellvertretende Gebet schien nicht mehr zu genügen.

Aber nicht nur adelige Stifter hegten diesen Wunsch, auch zahlreiche andere Gläubige, selbstverständlich auch Frauen, gingen diesen Weg. Bedeutende Eremitinnen finden sich in dieser Zeit des Aufbruchs. Ohne Priester leiten sie ihre kleine Gemeinschaft, ohne Hilfe errichten sie ihre dürftigen Hütten, und schutzlos begeben sie sich in die tiefe Einöde. Und dennoch wirken sie als Prophetinnen und geistbegabte Seherinnen weit über ihre Klause. Ihr Leben schien beeindruckend genug gewesen zu sein, um in einer Biographie festgehalten zu werden. Andere Frauen ließen sich bei Klöstern nieder und dienten den Mönchen durch ihrer Hände Arbeit. Schließlich kam es so weit, daß Frauen und Männer, Mönche und Nonnen geschwisterlich in einem Kloster, wenngleich räumlich getrennt, unter einem Abt und unter einer Regel, gemeinsam das Lob Gottes sangen und die Nachfolge verwirklichten. Hirsau förderte das Doppelkloster, wie man solche Abteien zu nennen pflegt. Zeitgenossen sahen das Ideal der Urgemeinde neu erstehen.

Obwohl nun erwachsene Christen die Nachfolge Christi erstrebten, galt nach wie vor das Mönchtum als dessen königlicher Weg. Wer damals jedoch Mönch werden wollte, mußte lesen und schreiben können, Bildung besitzen und theologisch bewandert sein, denn die Liturgie, das Psalmengebet und der Kult waren ohne dies nicht zu vollbringen. Was machten aber Christen, die im reifen Alter, aber ohne Bildung sich zur Conversio, zu einem monastischen Leben entschlossen hatten? Den neuen Weg verkörperten die Brüdermönche, wie sie jetzt von fast allen Reformen und Ordensgründungen eingeführt wurden, um den „Laien“ den Weg zur Nachfolge zu ermöglichen. Gleich zu Anfang öffneten die Eremitenorden den Konversen, wie man die Laienbrüder auch nannte, ihre Pforten. Ebenso machten es Hirsau und seine Reformklöster, aber auch die Kanoniker und Zisterzienser.

Damit sind die wesentlichen Mönchsgruppierungen genannt, die wir in diesem Kapitel besprechen werden. Alle bemühten sich auf jeweils eigene Art um eine wirkliche Nachfolge Christi, die sich anfangs jedoch als ein Streben nach einer vollständigen Regelbefolgung, ein Leben nach der reinen Benediktregel zeigte. Niemand bezweifelte, daß die beste Form der Nachfolge ein Leben nach der authentischen Regel des hl. Benedikt darstellt. Deshalb finden wir überall Reformversuche, die ursprüngliche, benediktinische Intention zu verwirklichen. Auch darin waren sich die „Reformer“ mit Benedikt von Nursia einig, daß sich eine vollständige Nachfolge nur in einem abgeschlossenen Kloster, in einer radikalen Trennung von der Welt und in einem Leben harter Askese verwirklichen lasse. Formuliert man diese Ablehnung der Welt jedoch positiv, so müßte man sagen: Die Mönche wollten der geistigen Seite des Menschen zum Durchbruch verhelfen, diesen unsterblichen Teil „befreien“, bewahren und ausgestalten. Kurz, es ging um die Erfahrung und das Erleben einer anderen und höheren Dimension menschlichen Seins. Dazu war die Askese der Weg, aber nicht das Ziel.

Ein weiteres Problem ergab sich mit dem Rückgriff auf Benedikt von Nursia. Bei ihm waren alle Mönche Laien, und jeder konnte ohne Schwierigkeiten ins Kloster gehen. Nun aber, im 10. und 11. Jahrhundert, bestand ein Konvent vorwiegend aus Priestern und Klerikern. Wie konnte man unter solchen Umständen den Laien monastisch integrieren? Dieses geistige Ringen in seinen vielfältigen Formen und die monastischen Reformen sichtbar zu machen ist Ziel dieses Kapitels.

I. Die benediktinischen Reformen: Das wahre Mönchtum

1. Der geschichtliche Hintergrund

Die Einheit des Reiches begann bereits unter Ludwig auseinanderzubrechen, was für die Klöster schlimmste Folgen hatte. Denn der kaiserliche Schirmherr und Besitzer war zu schwach, um das geistliche Reichsgut zu halten und zu erhalten. Bischöfe, Fürsten und beginnende Dynastien bemächtigten sich in dieser Situation der ungeschützten Reichsabteien, um ihr Territorium zu vergrößern, Einfluß zu gewinnen, Familienmitglieder mit Einkünften zu versorgen oder Kriegslasten zu begleichen. Herzog Arnulf von Bayern (907–937) beispielsweise hob bedenkenlos die ihm „zugefallenen“ Klöster auf oder beraubte sie ihrer Güter, um den Krieg bezahlen bzw. die Kriegsleute entschädigen zu können. Arnulf soll Güter von insgesamt 52 Abteien vergeben haben.

Die weltlichen Fürsten versuchten die Bistümer und Klöster in ihre Hand zu bekommen, die geistlichen Herren dagegen wollten ihre Bischofsstühle wiederum als erbliches Lehen der eigenen Familie übertragen. Daß man dabei nicht vor Gewalt und Bestechung zurückschreckte, zeigt das Beispiel Reims. Dort zwangen der Graf von Vermandois und der Gegenkönig Rudolf 925 das Domkapitel, den fünfjährigen Grafensohn zum Erzbischof zu wählen und die weltliche Verwaltung dem Grafen zu übertragen. Zweimal kam es zwischen den Parteien zu bewaffneten Kämpfen, bis schließlich der rechtmäßige Besitzer, Erzbischof Artold, sein Bistum behalten konnte.

Zu der Gefahr von innen kam noch die Bedrängnis von außen, denn seit Anfang des 9. Jahrhunderts bedrohten Normannen, Sarazenen und Ungarn das auseinanderfallende Reich.

England und das westliche Frankreich wurden von den Normannen bitterlich heimgesucht. Fast die ganze Kultur fiel ihnen zum Opfer: Städte, Klöster, Kathedralen brannten lichterloh oder wurden dem Erdboden gleichgemacht. In Frankreich wurden die Städte Nîmes, Arles und Valence erobert; Paris sogar dreimal geplündert. Selbst das italienische Pisa mußte sich dem normannischen Sturm ergeben. Erst ihre vernichtende Niederlage im Jahre 891 ließ sie vom Reich Abstand nehmen, um England, Sizilien und Süditalien zur beständigen Bleibe zu erwählen.

Im Süden, dem Mittelmeerraum, fielen immer wieder die Sarazenen ein, ohne auf bedeutende Gegenwehr zu stoßen. Kreta wurde 825 von ihnen erobert, 831 landeten sie auf Sizilien, und Mitte dieses Jahrhunderts stürmten sie bis nach Rom. Das Kloster Monte Cassino wurde vollständig zerstört, und für lange Zeit verstummte dort das Lob Gottes. Über die Camargue drangen sie sogar in Südfrankreich ein, überfielen Genua und besetzten auch die Alpenpässe. Erst der militärische Sieg im Jahre 915 am Garigliano befreite Italien endgültig von den Sarazenen.

Die Ungarn wiederum suchten die östlichen Reichsgebiete heim und konnten ungehindert in die bislang verschonten Gebiete, Oberitalien, den östlichen Reichsteil sowie das südliche Lothringen, vordringen und diese berauben. Erst die Niederlage am Lechfeld, 955, ließ sie wieder weichen und machte den Osten für die Christianisierung frei.

Wie schlimm der Einfall war, mag an Bayern veranschaulicht werden. Zuerst fielen ihnen die Klöster St. Pölten und Kremsmünster, die völlig ausgeplündert wurden, in die Hände. Um 909 erbeuteten sie Weihenstephan und St. Veit in Freising; nur wenig später mußte Benediktbeuern das gleiche Los erleiden. Hier wüteten sie so radikal, daß sämtliches Inventar und Vermögen fortgeschleppt sowie alle Baulichkeiten vernichtet wurden. Danach gab es nur noch zwei Mönche in Benediktbeuern, von denen einer nach Italien zog, um für sich und seinen Mitbruder Almosen zu sammeln. Die bayerischen Klöster Berg, Tegernbach, Sandau, Kochel, Otting hörten nach dem Überfall ganz auf zu existieren und verschwanden aus den Annalen der Geschichte; andere wie Thierhaupten oder Raitenhaslach erloschen, wurden aber später wieder neu gegründet.

Äußere Einwirkungen brachten das monastische Leben fast zum Erliegen. Aber selbst in den unverwüsteten Abteien wollte damals kein rechtes Mönchtum mehr aufkommen. Seit Mitte des 9. Jahrhunderts beklagten sich unaufhörlich kirchliche Synoden (Rom 826; Paris 829; Aachen 836) über die Zustände der Klöster. Auf der Versammlung in Trosly (909) entsetzten sich die Teilnehmer über Äbte, die weder lesen noch schreiben konnten, geschweige denn die Regel einhielten. Die schlimmsten Vorwürfe hören wir auf einer Äbteversammlung aus dem Jahre 972, wie sie uns Richer, ein Mönch von St. Remi, im vierten Buch seiner Geschichte (etwa um 955 verfaßt) schildert.

Der vorsitzende Abt hält folgende Rede an seine Amtsbrüder: „Welche Gewalt sollte den Mönch, der sich doch innerhalb seiner Klostermauern ganz dem Dienst des Herrn hingeben muß, gezwungen haben, daß er einen Gevatter habe und daß der Gevatter genannt wird? ... Wenn es der Synode gefällt, soll es verboten werden. Die Synode bestimmte: ‚Es werde verboten.'

Noch andere Schädlinge unseres Ordens muß ich nennen. Mancherorts schlich sich die Gewohnheit ein, daß einzelne allein das Kloster verlassen, allein ohne Zeugen ihres Tuns draußen verweilen, und noch schlimmer, ohne den Segen der Brüder gehen sie aus und kehren ohne ihn zurück ... Soll dieser Zustand verboten werden? Die Synode sprach: ‚Es soll verboten werden.'

Nachdem ich nun einmal begonnen habe, von den Fehlern in unserem Orden zu sprechen, glaube ich, daß ich es nicht übergehen darf ... Es gibt nämlich Mönche, die offen goldgeschmückte Hüte tragen, die ausländisches Pelzwerk der mönchischen Bedeckung vorziehen, die sich statt in einem bescheidenen Habit in Luxuskleider stecken. Denn gar sehr sehnen sie sich nach teuren Tuniken. Während sie die Ärmel in weiten Falten wallen lassen, ziehen sie die Tunika an beiden Seiten so zusammen, daß sie mit ihren eingezwängten Hüften und vorgestrecktem Steiß von hinten eher wie Freudenmädchen als wie Mönche aussehen ... Was soll ich von der Farbe der Kleider sagen? Darin sind sie so vermessen, daß sie Verdienst und Würde nach den Farben bemessen ... Und was ist nun zu ihren prunkvollen Schuhen zu bemerken? Darin sind sie so toll, daß sie sich selbst damit quälen. Sie ziehen nur so schmale Schuhe an, daß sie also eingepfählt kaum gehen können ... Schließlich müssen ihre gleichgesinnten Diener für Spiegelglanz sorgen ... Was soll ich aber von ihren unanständigen Hosen sagen? Sechs Fuß breit klafft jede der beiden Röhren, und das feine Gewebe schützt nicht einmal die Schamteile vor dem Anblick ... Nachdem

69 *Karikatur auf das Mönchsleben. Holzschnitt eines unbekannten Meisters (1515). „Bruder Rausch“, eine Art Kobold und Teufel in Mönchskutte, wirft den Koch in den Kessel und stiftet Streit unter den Mönchen.*

ich all dies vorgelegt habe, gebt zu erkennen, ob ihr es verbieten wollt. Sonstige Übelstände wollen wir in eigenen Sitzungen privatim abschaffen. Die Synode sprach: ‚Wir verbieten dies.‘“

Zahlreiche Klöster nutzten die Stunde des Umbruchs und gaben das strenge benediktinische Leben freiwillig auf. Selbstmächtig wandelten sie ihre Abtei in ein Kanonikerstift um. Jetzt konnten sie freizügiger leben und sogar Vermögen besitzen. All diese Änderungen im politischen und monastischen Bereich sind als Hintergrund, nicht jedoch als Ursache, für die Reformen des 10./11. Jahrhunderts zu betrachten.

2. Cluny: Eine freie Abtei entsteht

a) Die Vorgeschichte

Bescheiden waren die Anfänge des später so bekannten und einflußreichen Klosters Cluny. Denn es war nur eine der sechs Gründungen, die Abt Berno von Baume († 927) ins Leben gerufen hatte. Berno, ein burgundischer Adeliger, wollte ein vollkommenes monastisches Leben, d. h. ein Leben nach der Benediktregel, führen, doch nicht in der freizügigen Art wie die meisten Benediktinerklöster, sondern genau nach der Regel und Intention, wie sie Benedikt von Aniane dargelegt hatte. Dazu gründete er auf seinem Eigengrund das Kloster St. Peter in Gigny, in das auch sein Bruder eintrat. Doch seine Abtei sollte keine Gemeinschaft werden, die in erster Linie für die Familie, den Stamm oder das Reich betet, opfert und bittet, sondern ein Ort der persönlichen Buße des einzelnen. Als Odo, der spätere Abt von Cluny, in Baume eintreten wollte, warnten ihn die dortigen Mönche, ob er denn nicht wisse, was ihn erwarte: Fesselung, Schläge, Karzer und hartes Fasten.

Um sein Wollen rechtlich abzusichern und ihm Beständigkeit zu verleihen, ging Berno einen völlig neuen Weg, denn er setzte weder einen mächtigen Schirmvogt, den Kaiser oder König ein, noch verpflichtete er seine Nachfahren zum Schutz der Stiftung, sondern er machte es gerade umgekehrt. Berno verzichtete für sich und seine Nachfahren auf alle besonderen Rechte, die ihm als Gründer und Eigenkirchenherr zustanden: die Abtwahl, die Einkünfte, die Vogtei sowie die Verfügbarkeit über den gesamten Besitz. Alles übergab er zur freien und ewigen Verfügung des Klosters. Als Schutz genügte ihm das Wort des Papstes, der seine Stiftung in Obhut nahm. Daß er ein völlig freies Kloster schuf, ohne die üblichen Bindungen an Stifter und Sippe, an Stamm oder Reich, darin lag das entscheidend Neue.

Ganz nach dem gleichen Muster verfuhr er bei Baume, seinem zweiten Kloster. Das ideale Leben der Mönche blieb nicht lange unbekannt, denn bald darauf verlangten auch andere Adelige, daß er ihr Kloster reformiere oder die Neugründung nach seinem Modell, der strengen Benediktregel, gestalte. Es folgten noch vier weitere Gründungen, von denen allerdings Cluny die geschichtsmächtigste werden sollte. Alle Abteien unterstanden dem Abt von Baume, wo sich Berno niedergelassen hatte, und alle lebten nach der strengen, einheitlichen Norm des Mutterklosters.

b) Die Gründung

Herzog Wilhelm von Aquitanien wollte, wie so viele adelige Dynastien, auch ein Kloster gründen. Er stellte den Besitz zur Verfügung und beauftragte im Jahre 930 Abt Berno mit der Neugründung. Doch seltsamerweise machte es Wilhelm ebenso wie einst Berno mit seiner Gründung: Er verzichtete freiwillig auf all seine Rechte, gewährte die freie Abtswahl, verbot jeden fremden Herrschaftsanspruch, unterstellte das Kloster dem Schutz des Papstes und garantierte in jeder Hinsicht die völlige, rechtliche und wirtschaftliche Autonomie. Ebenso wie beim ersten Kloster erwählte man die heiligen Petrus und Paulus zu den Beschützern. Die Tat Wilhelms wird erst in seiner ganzen Tragweite deutlich, wenn wir uns

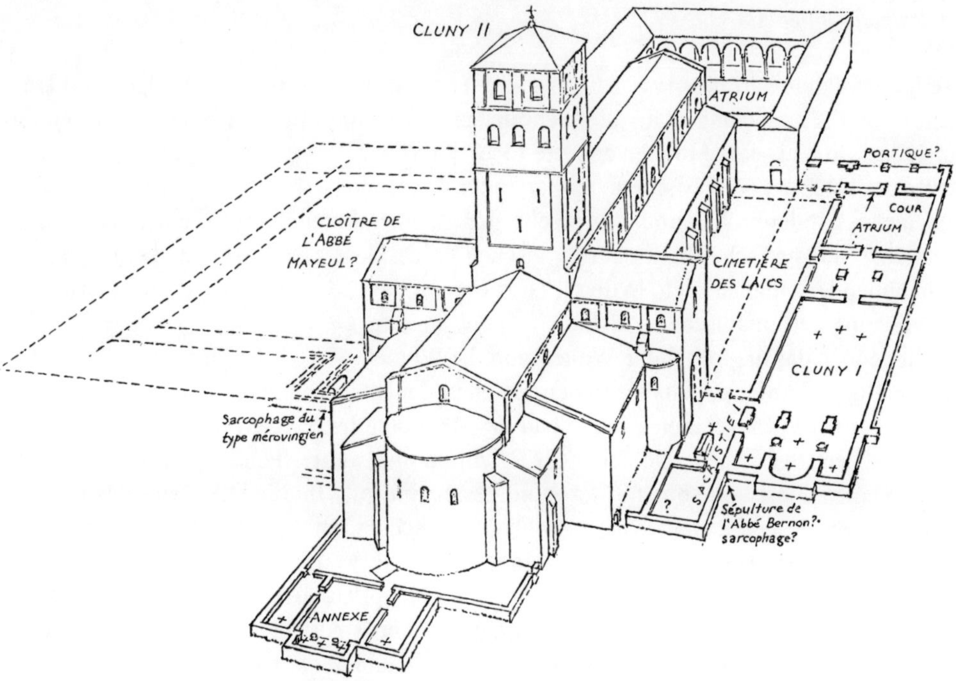

70 *Cluny. Rekonstruktion des ersten und zweiten Baues (nach K. J. Conant).*

der Zustände, Rechte und Eingriffe der Eigenkirchenherren erinnern (vgl. B, X, 1). Sie konnten über alles, nämlich das Kloster, den Abt und die Mönche, die Regel und den Besitz, völlig frei schalten und walten.

Weshalb nun verzichtete Herzog Wilhelm freiwillig auf seine unbestrittenen Rechte? Weshalb nahm er für sich und seine Nachfolger solch gewaltige finanzielle Nachteile in Kauf, die allein durch ein Erbbegräbnis, das ihm ja ohnehin zustand, nie und nimmer ausgeglichen werden konnten? Warum übertrug er seine Stiftung dem Schutz und nicht der Herrschaft des Papstes, der zu jener Zeit alles andere als frei und mächtig war? Was aber der Herzog von Aquitanien freiwillig gewährte, das ahmten „unverständlicherweise" zahllose andere Eigenkirchenherren nach, indem sie Cluny um Reform ihrer Stiftung baten oder ihm Neugründungen übergaben. Damit ist ein wichtiger, korrigierender Aspekt in der irreführenden Bezeichnung „cluniazensische Reform" angesprochen. Denn nicht Cluny reformierte von sich aus andere Klöster – dies wäre im Eigenkirchenwesen auch gar nicht möglich gewesen –, sondern die Eigenkirchenherren gingen Cluny an, erbaten sich von dort Mönche und übertrugen, von einzelnen Modifikationen abgesehen, ihre Klöster ganz nach dem Formular Wilhelms von Aquitanien. Der Impuls ging also nicht von den Mönchen, sondern von den sogenannten „Laien" aus. Laie ist ebenfalls ein verwirrender Begriff, denn richtiger müßte man von Christen sprechen, die dem Anspruch des Evangeliums neues Gehör schenkten, indem sie bedingungslos ihr Vermögen den „Armen Christi" gaben und lieber selbst ins Kloster eintraten, als für sich beten ließen.

c) Prägung unter Abt Odo (927–942)

Berno von Baume gründete zwar Cluny, aber erst sein gewünschter Nachfolger, Abt Odo, schuf die Voraussetzungen für die weitreichende Wirkung. Bewußt oder unbewußt versuchten Odo und seine Mönche das alte Ideal der Wüste – Armut, Buße, Demut sowie die Hilfe des Nächsten – zu erneuern. Später, unter Abt Hugo (1049–1109), ging Cluny freilich einen etwas anderen Weg und entwickelte sich zu einer Abtei, die mehr einem mächtigen, herrscher- und herrschaftlichen karolingischen Reichskloster als einem bescheidenen Konvent büßender Mönche glich. In dieser Hinsicht war das späte Cluny sogar die höchste Verwirklichung der anianischen Reform.

Um jedoch das ursprüngliche Wollen und die Wurzeln seines „Erfolges" zu sehen, ist es notwendig, die Anfänge genauer zu betrachten und nicht, wie üblich, nur das Vollendete zu sehen, gespiegelt im größten Kirchenbau des Abendlandes, gefeiert in einer aufwendigen Liturgie, gefestigt in unvergleichlichem Reichtum und weitreichender Macht.

Odo entstammte vornehmen Eltern und besaß eine gute Bildung. Am Hof des Herzogs von Aquitanien diente er als Knappe, doch lange schien ihn das höfische Leben nicht befriedigt zu haben. Denn Odo wurde Kanoniker an St. Martin in Tours, nachdem er am Grab des Heiligen eine wunderbare Heilung seines Kopfleidens erfahren hatte. Bereits hier soll er, wie sein Schüler und späterer Biograph Johannes berichtet, streng asketisch gelebt haben. Er übernahm das Lehramt an der Domschule und übersetzte seinen Mitbrüdern die „Moralia" des Papstes Gregor bzw. verfertigte ihnen zum Gebrauch einen Auszug. In dieser Zeit lernte er auch die Benediktregel kennen. Sein Wunsch nach dem vollkommenen christlichen Leben ließ sich in der Gemeinschaft seiner Mitbrüder nicht verwirklichen, da jene eher reich als geistlich waren. Deshalb errichtete er nahe der Kirche eine Zelle, allerdings ohne Bett, denn er schlief stets angezogen auf dem Boden. So lebte er gewissermaßen inmitten der Stadt wie ein Einsiedler und konnte sich ungestört der Betrachtung und Askese widmen. Seinem Beispiel folgte Adegrin, ebenfalls ein Adeliger aus Tours, der zu ihm in die Zelle zog, um gemeinsam das gleiche Ziel zu erreichen. Beide entschlossen sich, Mönch zu werden, doch war weit und breit kein Kloster zu finden, das ihren Vorstellungen entsprochen hätte. Daraufhin machte sich Adegrin auf die Suche und zog in dieser Absicht nach Rom. Sein Weg führte über Baume, wo er das lang Gesuchte fand. Odo folgte rasch nach, und beide traten um 908/9 ein. Adegrin bekam später von Berno die Erlaubnis, sich in der Nähe als Einsiedler niederzulassen. Odo dagegen wurde Nachfolger Bernos und Abt von Cluny, Déols und Massay sowie den beiden anderen Abteien. Bei seinem Antritt war Cluny noch eine kleine und unbedeutende Abtei, die noch nicht einmal den Kirchenbau vollendet hatte (Abb. 70).

Äußerlich wandelte er wie Berno in den Bahnen, die Benedikt von Aniane vorgezeichnet hatte. Er übernahm das Gebetspensum von etwa täglich 130 Psalmen, die Konventmessen, das Totengedächtnis, die Pflicht zur Handarbeit in Küche, Backstube und Scriptorium, aber auch die Klosterfamilie, Hörige, Diener, Leibeigene und die Grundherrschaft. Innerlich jedoch wollten er und seine Mönche die persönliche Conversio wirklich vollziehen und ein Leben in beständiger Buße führen. Winters wie sommers hielten sie täglich barfuß

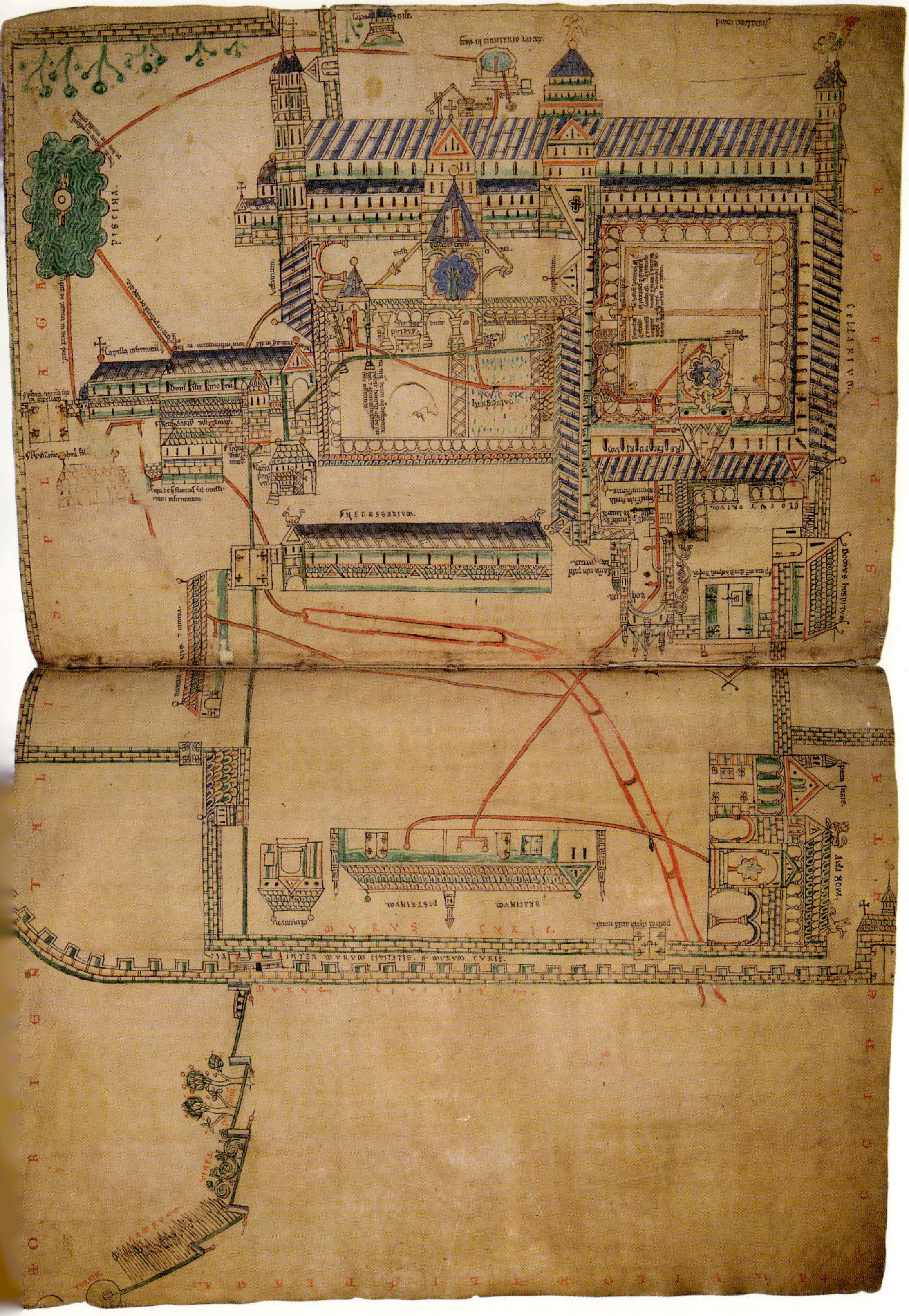

PISCINA
Capella infirmorum
HERBARIUM
CELLARIUM
NECESSARIUM
Aula nova
BRACINUM
PISTRINUM
MURUS CURIE
MURUS CIVITATIS

Oben: 72 *Prozession. Miniatur, Corvinus-Graduale, flämisch (Ende 15. Jh.); Budapest, Nationalbibliothek. Ei Reliquienprozession mit Bischof, Klerus und Gemeinde führt durch den Domkreuzgang. Jahrhundertelang dien der Kreuzgang seinem ursprünglichen Zweck, überdachter Prozessionsweg zu sein. Die karolingische Refor schrieb auch an den Bischofskirchen ein gemeinsames Leben des Klerus vor, was zu ähnlichen Einrichtungen wie den Klöstern führte: Klausur, Schlafsaal, Chorgestühl usw. Rechts der Chor des Domes. Der Kreuzgang u schließt einen Friedhof, der durch seine Lage im Osten und den einzeln stehenden Baum an Vorstellungen vom P radies anknüpft.*

Rechts: 73 *Hirsau, Ruine des 1082–1091 erbauten Klosters. Hirsau war im 11. Jahrhundert ein bedeutend Zentrum der monastischen Reform auf der Grundlage der Benediktregel. Hirsauische Mönche wurden in zahlr che andere Klöster als Äbte berufen. Das Kloster wurde 1558 säkularisiert und 1692 von den Franzosen zerstört.*

Vorherige Seite: 71 *Plan des ehemaligen Benediktinerklosters Canterbury (um 1160), Cambridge, Trinity C lege. Die Zeichnung auf Pergament stellt einen der ältesten Baupläne des Abendlands dar. Er wurde verfertigt z Anlage einer Wasserleitung (rote Linien). Klöster an Bischofskirchen gehörten zu den Besonderheiten der irisch und angelsächsischen Kirche, die weitgehend Mönchskirche war. Die Mönche versahen den Dienst der Domka niker. Um die einzelnen Gebäude richtig lesen zu können, muß der Plan jeweils so gedreht werden, daß das G bäude im Bild oben erscheint.*

74 *Ansicht des Augustiner-Chorherrenstifts Neustift, 1142 durch den Bischof von Brixen gegründet. Die Grü dung steht im Zusammenhang mit der Klerusreform und der Kanonikerbewegung des 11./12. Jahrhunderts.*

Rechts oben: 75 *Zwiefalten, Ansicht des Klosters von 1628; Zeichnung von Gabriel Buzelin; Stuttgart, Wür Landesbibliothek. Als Doppelkloster 1089 von Hirsau aus besiedelt, wurde die Anlage im 17. und 18. Jahrhund weitgehend niedergelegt und durch barocke Neubauten ersetzt.*

Rechts unten: 76 *Das Kloster Reichenau. Ölgemälde (17. Jh.) in der heutigen Pfarrkirche St. Maria. Das Klos wurde 724 (durch Pirmin im Auftrag Karl Martells) gegründet. Es handelt sich um die erste Reichsabtei außerh der karolingischen Stammlande. Sie wurde schon im 9. und dann vor allem im 11. Jahrhundert, besonders du Schule, Skriptorium und Bibliothek, zu einem Mittelpunkt des religiösen, monastischen und kulturellen Lebens. Reichenau erhielt Anfang des 10. Jahrhunderts eine Blutreliquie, für die eine Kapelle an das Münster angeb wurde und die seitdem hohe Verehrung erfuhr. Das Bild zeigt eine feierliche Prozession zu Ehren des hl. Blutes.*

1. Templum
2. Chorus Templi
3. Campanile
5. Abbatia.
6. Oeconomia
8. Conventus
9. Schola Infirmaria

77 *Grande Chartreuse, Stammkloster des Kartäuserordens, gegründet 1084 durch den hl. Bruno. Heutige Anlag aus dem 17. Jahrhundert. Hinter dem großen Komplex liegt der große Kreuzgang mit seinen einzelnen Häuschen Die Größe der Anlage war unter anderem durch die jährlichen Generalkapitel in Chartreuse bedingt, an dem di Prioren aller Kartausen teilnehmen mußten.*

78 *Ansicht der ehemaligen Kartause Ittingen; Ölgemälde (18. Jh.) auf einer Tür des Klosters. 1128 als August ner-Chorherrenstift gegründet, 1416 von den Kartäusern erworben, 1848 säkularisiert. Heute Kartäusermuseum Tagungsort und internationale Bibliothek zur Erforschung des Kartäuserordens. Die Anlage entspricht dem übl chen Schema des Ordens. Rechts oben die Kirche für die Bevölkerung.*

'9 *Kartause von Pavia (Certosa di Pavia); 1396 als Grablege und Sühnekloster der Visconti gegründet und reich ıusgestattet. 1782–1843 durch Säkularisation aufgehoben, danach zeitweise, zuletzt 1932–1947, von Kartäusern)esiedelt.*

:0 *Blick von Westen in die Kartäuserkirche Ittingen im Kanton Thurgau (Schweiz). Sehr schön blieb hier die ur- 'prüngliche Dreiteilung erhalten. Der erste Teil (helle Bänke) war Kirchenraum für die weltlichen Knechte. Danach 'olgt, getrennt durch ein hölzernes Chorgitter, der Brüderchor, der wiederum durch einen gemauerten Lettner vom 'hor der Mönche abgeteilt ist.*

81 *Kirche der ehemaligen Zisterzienserabtei Pontigny, 1114 als Primarabtei von Cîteaux aus gegründet. Während das Kloster in den Hugenottenkriegen schwer verwüstet und dann nach der Aufhebung 1792 infolge der Französischen Revolution ganz abgetragen wurde, blieb die Kirche erhalten. Dem schmucklos strengen Bau wurde 1185–1212 ein durchlaufender Kapellenkranz am Chor beigefügt. Die ursprünglich sehr strengen Vorschriften für den Kirchenbau der Zisterzienser konnten nicht lange eingehalten werden; bereits der zweite Bau von Clairvaux verstieß gegen die Regel. Die lebendige Entwicklung trug auch hier den Sieg über die starr gesetzte Norm davon.*

82 *Bebenhausen, Blick in das Kreuzganggeviert des ehemaligen Zisterzienserklosters (1185–1560). Die Vorschrift zum bescheidenen Dachreiter wurde hier kunstvoll umgangen, wie der herrliche Vierungsturm, 1407–1409 von einem Bruder der Zisterze Salem errichtet, anschaulich zeigt.*

83 *Cluny III (Rekonstruktionszeichnung), bis zur Neuzeit der größte Kirchenbau des Abendlandes, um 1088 begonnen. Die Größe der Anlage spiegelt eindrucksvoll das religiöse Selbstverständnis der Mönche und der Zeit wider: durch Ritus, Kult und Liturgie das Göttliche im Irdischen zu vergegenwärtigen. Die Anlage ist nicht auf den Menschen, sondern auf die Größe Gottes hin entworfen.*

eine Bußprozession, und den Psalm Miserere durften sie freiwillig unter Selbstgeißelung beten. Das aufrichtige Klosterleben wäscht nämlich wie die Armut die Sünden ab; Odo schätzte beides sehr. Großzügig teilte er das Wenige an die Armen aus, und häufig beweinte er seine eigenen Sünden. Während seines Abbatiats gab es keine prunkvollen Meßgewänder oder wertvolle liturgische Geräte, denn sie waren in seiner Meinung nur „törichte Frömmigkeit".

Eine Anekdote aus seinem Leben mag die Haltung zum Eigentum und zur Disziplin der Mönche beleuchten. Er und einige seiner Mitbrüder waren auf einer Reise. Unablässig murmelten sie Psalmen, um das Wort Gottes ständig auf den Lippen und im Herzen zu haben. Keine Ablenkung erlaubten sie sich, selbst das nötigste Wort sollte im Schweigen aufgehoben sein. Als nun die Brüder sahen, wie Diebe ihre Pferde stahlen, ließen sie jene ruhig gewähren, denn sie wollten das Schweigen nicht durch Hilferufen unterbrechen.

Das beständige Gebet und das Schweigen, hohe Ideale der Wüste, waren zwei weitere Eigenarten von Cluny. Zwar pflegte Benedikt von Aniane bereits in seinen Klöstern das monastische Schweigen, doch erst in Cluny fand es eine tiefere theologische Begründung und rechtfertigende Beständigkeit. Odo sah im Schweigen die höchste Form des innerlichen Gebetes und die angemessene Haltung des Menschen in Anbetracht des Allerhöchsten, wie es Johannes in seiner Apokalypse (8, 1) beschreibt. Indem der Mensch innerlich schweigt, nimmt er wie die Engel am Silentium aeternum, an der Ewigkeit selbst, teil bzw. fügt sich bereits hier auf Erden in den zukünftigen, engelgleichen Zustand ein. Deshalb beschränkte Cluny das Reden auf das Unumgänglichste und entwickelte für alle nötigen Dinge eine ausgefeilte Zeichensprache. Nur morgens nach der Prim bekamen die Brüder etwa eine halbe Stunde Zeit, um das Notwendige zu besprechen.

Berühmt war die Güte Odos. Sein Biograph berichtet, daß sie einst auf einer Reise einen armen schwachen Reisenden getroffen hatten. Odo sei sofort abgestiegen und habe den Armen aufsteigen geheißen, obwohl, wie Johannes bemerkt, der Gestank des Armen unerträglich gewesen sei. Doch in jeder Hinsicht wollte Odo seinen Meister, den demütigen Christus, nachahmen, deshalb ritt er wie jener stets auf einem Maultier oder Esel. Einmal im Jahr luden die Brüder Arme ins Kloster, wuschen ihnen die Füße, verköstigten sie, warfen sich vor ihnen nieder und baten kniefällig um Entschuldigung wegen ihres Besitzes. Reich beschenkt wurden die Armen schließlich wieder entlassen. Die aufwendige und beständige Sorge um die Armen war zwar kein typisches, aber doch ein wesentliches und bleibendes Merkmal von Cluny.

d) Die Entstehung des Klosterverbandes

Berno von Baume hatte mehrere Klöster unter seiner Obhut vereinigt und den Ansatz zum Klosterverband geschaffen, denn all „seine" Klöster waren von ihren Eigenkirchenherren in die Freiheit entlassen und ihm übergeben worden. Unter Odo setzte sich die Tendenz fort. Während seines Abbatiats „übernahmen" beispielsweise die Klöster Romainmôtier, Aurillac, Tulle, Sarlat, St. Sorus in Genouillac, Fleury, St. Julien in Tours die Gewohnheiten von Cluny und fügten sich in den Klosterverband ein. Diese Klöster, die mehr oder weniger heruntergekommen waren, verdankten ihr Weiterbestehen nicht den Mönchen, sondern den „Laien", den Eigenkirchenherren. Denn aus religiöser Sorge beriefen jene die Mönche von Cluny und entließen die Stiftung aus ihrer Macht und Gewalt. Die Mönche dagegen waren nicht immer willens, die Reform anzunehmen, wie beispielsweise die Abtei Fleury, später eines der blühendsten Klöster cluniazensischer Reform mit zahlreichen „Töchtern", belegt. Als sich der Eigenkirchenherr, Graf Elisernus, gemeinsam mit Herzog Hugo zur Reform der Reichsabtei entschloß, kam es zu gewalttätigen Auseinandersetzungen. Die Mönche verbarrikadierten sich und empfingen ihren Vogt und Eigenkirchenherren mit einem tüchtigen Stein- und Speerhagel. Demutsvoll ritt Odo auf einem Esel zu den aufgebrachten Mönchen und versuchte sie durch milde Worte zu besänftigen. Vier Tage lang zogen sich die Verhandlungen hin, bis schließlich der äußere Widerstand aufgegeben, der innere jedoch beibehalten wurde. Erst nach längerer Zeit bequemten sich alle Mönche, auf persönliches Eigentum zu verzichten und das Abstinenzgebot wieder zu halten.

Nach Italien berief Alberich II., der selbsternannte Herzog von Rom, Odo zur Reform der darniederliegenden Klöster. In Rom übertrug er ihm die Abteien St. Paul und St. An-

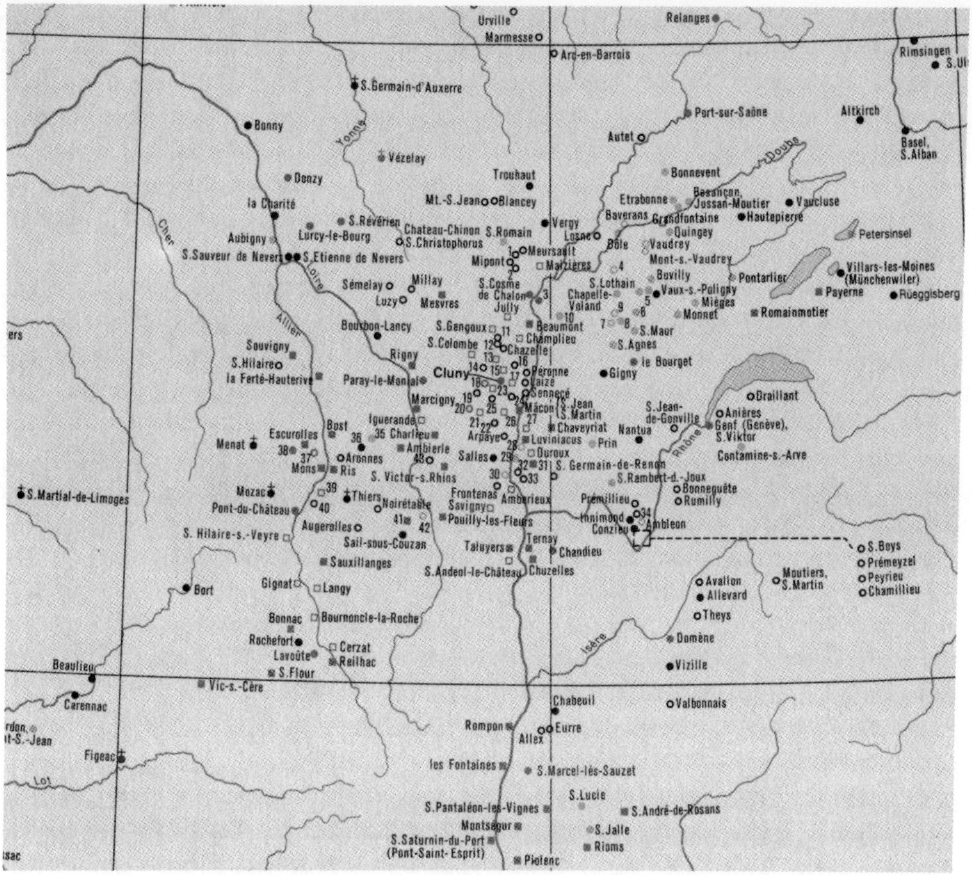

84 *Verbreitung der Gewohnheiten von Cluny.*

dreas; Subiaco mußte von beiden nochmals gegründet werden. Alberich II. gewährte das Nötige, und Odo beseelte es. Selbst auf Monte Cassino lebten nur noch einige Brüder „unter dem restlichen Hauch einer Regel", was Odo nun mit tatkräftiger Hilfe Alberichs II. zu ändern hatte.

Die Päpste unterstützten die Arbeit Clunys und gewährten dazu bedeutende Privilegien. 931 erhielt Odo von Papst Johannes XI. das Recht, jeden fremden Mönch aufnehmen zu dürfen, der um der Reform willen sein Kloster verließ oder verlassen mußte, bis sein Heimatkloster sich selbst zur Reform bequemte. Zudem darf Cluny jedes Kloster zur Reform übernehmen, das ihm Eigenkirchenherr oder Konvent antragen. Damit setzte der Papst ein altes Kirchen- und Klosterrecht außer Kraft, wonach alle entlaufenen Mönche stets wieder in ihr Heimatkloster, wenn nicht freiwillig, sodann mit Gewalt, zurückgebracht werden mußten.

Papst und Cluny wandten sich bei ihren Mühen um eine Reform nicht an die Mönche, sondern an die Eigenkirchenherren. Somit waren die eigentlichen Initiatoren des strengen

Klosterlebens nach dem Beispiel Clunys wiederum der Adel bzw. die Laien. Allein an ihnen lag es, ob ein Kloster bei seinen Gewohnheiten blieb oder einer Änderung unterworfen wurde, wobei nicht oft genug betont werden kann, daß dies für den Eigenkirchenherrn ein direkter materieller Verlust bedeutete. Nicht überall kam es jedoch zu einer völligen Übergabe an Cluny. Anfangs des 12. Jahrhunderts fanden unzählige Abteien den Weg nach Cluny, und zahlreiche Töchter von Cluny, wie Fleury, St. Bénigne in Dijon, Fruttuaria, Marseille oder die Abteien Hirsau und St. Blasien, trugen die Erneuerung auf eigene Weise weiter.

Aus diesen freiwilligen Übergaben an Cluny entwickelte sich ein umfangreicher Klosterverband, zu dem schließlich 600 Priorate zählten (Abb. 84). Priorate nannte Cluny die ihm übertragenen Klöster, weil ihr Abt als eigentliches Oberhaupt aller Klöster betrachtet wurde. Ihm kam es zu, die Prioren einzusetzen, ihr Wirken zu überprüfen und die wirtschaftlichen Belange zu regeln. Üblicherweise legten alle Mönche ihr Versprechen in die Hände des Vater-Abtes, nur Novizen von sehr weit abliegenden Klöstern durften ihren Prior darum bitten. Dadurch wurde der gewaltige Klosterverband gewissermaßen zu einer einzigen Klosterfamilie. Durch die brüderliche Pflicht des gegenseitigen Totengedächtnisses wurde diese geistige Einheit noch verstärkt.

e) Der Bauplan von Cluny

Wir besprechen dazu den zweiten Bau, das sogenannte Cluny II, da er im Gegensatz zu Cluny III, die ursprüngliche Intention noch genau erkennen läßt. Der Gründungsbau ist leider nicht mehr rekonstruierbar. Cluny II eignet sich auch deshalb, weil noch Abt Odo den Grundstein dazu legte. Sein Nachfolger Majolus (954–994) vollendete die Kirche und erbaute auch die übrigen Klostergebäude neu, die allerdings unter Odilo (994–1049) abermals durch Neubauten ersetzt worden sind. Unser Plan, von Conant anhand von Ausgrabungen und literarischen Quellen erstellt, umfaßt die Zeit zwischen 950 und 1043. Um das Neue und Unterscheidende besser zu erfassen, vergleichen wir den Plan mit dem Entwurf von St. Gallen (Abb. 60). Dies ist insofern berechtigt, als beide Klöster auf eine ähnliche Konventstärke von 70–80 Vollmönchen ausgelegt waren.

Vergleich mit St. Gallen: Im wesentlichen wird in Cluny, wie in St. Gallen, das Gesamte in bestimmte funktionale Bereiche eingeteilt. Im Westen liegt der laute Bereich I (Ökonomie, Gäste, Haupteingang). Ihm korrespondiert der öffentlich zugängliche Sakralbereich II (Kirche). Rechts von der Kirche liegt die eigentliche Klausur (III), an die sich – anders als in St. Gallen – das Noviziat (IV) anschließt. Ein schmaler Zwischenhof trennt dies wiederum von den Werkstätten (V). Zwar liegt der Mönchsfriedhof (VI) auch im Osten, jedoch im Gegensatz zu St. Gallen links von der Kirche; in der Anordnung des Krankenbereiches (VII) sowie des Gästetraktes entsprechen sich wieder beide.

Betrachtet man beide Pläne ohne Rücksicht auf die wirklichen Maßverhältnisse und Anordnungen ihrer Gebäude, so fällt bei Cluny sofort die Größe des monastischen Raumes ins Auge. Indem nämlich der Novizenbereich seitenparallel in gleicher Länge wie das

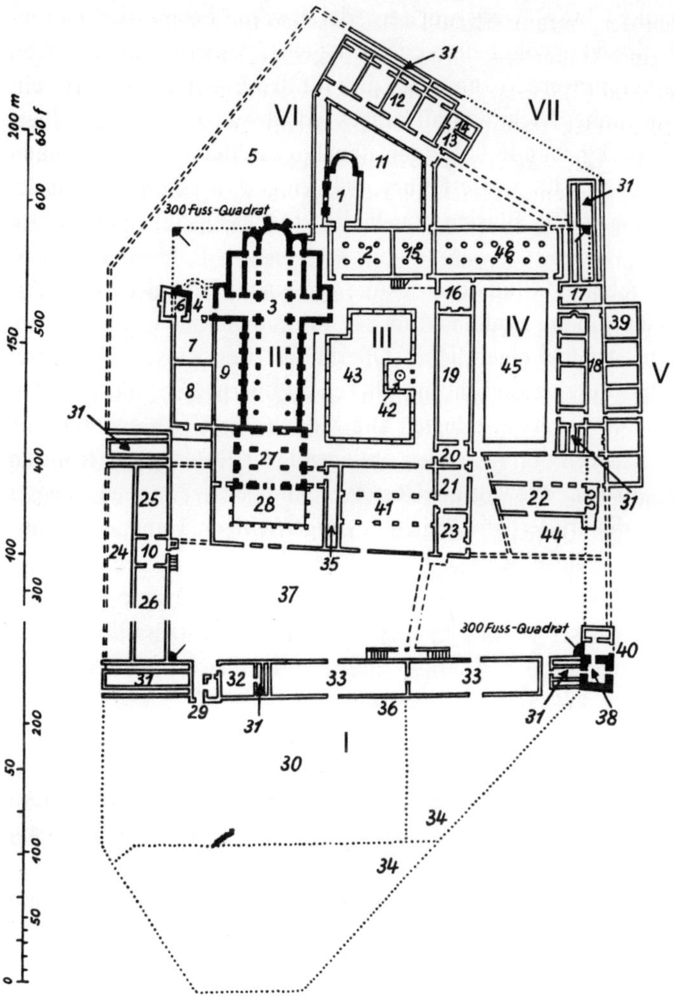

1 Marienkapelle, Krankenkapelle
2 Kapitelsaal
3 Klosterkirche Cluny II
4 Reste von Cluny I
5 Friedhof
6 Turm
7 Sakristei
8 Werkstatt für Schneider und Schuster
9 Laienfriedhof
10 Speisesaal (für Laien)
11 Kloster der Kranken
12 Krankenhaus
13 Ärzteraum
14 Waschraum für Tote
15 Palatorium und Karzer
16 Wärmeraum
17 Bäder
18 Noviziat
19 Refektorium
20 Anrichte
21 Küche der Mönche
22 Bäckerei
23 Küche der Laien
24 Gäste-Haus
25 Frauen
26 Männer
27 Galilaea
28 Atrium
29 Haupttor
30 Vorhof
31 Latrine
32 Armenherberge
33 Ställe, oben Refektorium und Dormitorium der Laienbrüder
34 Außenhöfe
35 Armenpflege
36 Westgebäude
37 Westhof
38 Tour des Fromages
39 Werkstätten
40 Südtor
41 Vorratshaus
42 Brunnen-Kapelle
43 Kreuzgang
44 Hof
45 Kloster der Novizen
46 Camera (Mönchssaal), oben Dormitorium

85 *Plan des Klosters Cluny (Cluny II um 1043, nach K. J. Conant).*

Kreuzganggeviert angeordnet ist, verdoppelt sich gewissermaßen das Claustrum. Der Kreuzgang besitzt zudem fast die Länge der Kirche und integriert noch das Galiläa (27) im Westen. In St. Gallen dagegen liegt der südliche Kreuzgang etwas unterhalb der Kirchenmitte. Unterschiede zeigen sich auch in der Größe nichtmonastischer Gebäude (Ökonomie, Werkstätten, Gästehäuser, Hospiz). St. Gallen plante großzügig und gewährte ihnen mehr Platz als dem sakral-monastischen Raum, Cluny dagegen ordnete sie dem Sakralen unter. In beiden Plänen erstaunt die große Kirche.

Wie sind nun die Unterschiede zu lesen und zu deuten? Betrachten wir dazu das einzelne genauer. Im Vergleich zu St. Gallen fehlen hier die äußere Schule, die eigene Wohnung des Abtes, das Scriptorium, der Taufstein und die Krypta; ferner die Kirchtürme im Osten und

Westen. Cluny besaß nur über der Vierung einen Turm, versehen mit mehreren Glocken. Wir finden in Cluny auch keine Brauerei, keine Mühle, Stampfe, Dörre, usw. Dagegen gab es in Cluny einen Kapitelsaal (2), einen Sprechsaal (15) – Auditorium genannt, weil hier die Mönche ihren Arbeitsauftrag empfingen –, eine Marienkapelle (1), einen Laienfriedhof (9), eine Brunnenstube (42) sowie einen zweigeteilten, Atrium (28) und Galiläa (27) umfassenden Kirchenvorbau. Besonders auffällig ist der große westliche Vorplatz (37), dem noch ein zweiter (30) vorgelagert ist. Das Ganze umschloß eine durchgehende, offensichtlich wehrhafte Mauer, die in St. Gallen nicht nur auf dem Plan fehlt. Denn St. Gallen war, wie viele Klöster damals, noch nicht mit einer schützenden Mauer umgeben. Ansonsten gleichen sich die übrigen Einrichtungen.

Fehlende Einrichtungen. Die fehlende, separate Wohnung des Abtes bezeugt ihn als Hirte seiner Herde, der in nichts, wie die Regel sagt, bevorzugt sei. Er ist kein weltlicher Würdenträger und königlicher Lehensherr, dessen Amt so viel Unruhe mit sich brächte, daß er weit getrennt von der Klausur leben müßte. Hier verschärfte Cluny zugunsten der monastischen Gemeinschaft sogar die Regel, denn Benedikt erlaubte um der Ruhe der Brüder willen dem Abt einen eigenen Tisch und eine eigene Küche. Eine äußere Schule vermissen wir ebenfalls, doch dürfte sie ebensowenig wie eine eigene Abtswohnung zum streng monastischen Leben der Cluniazenser passen. Dasselbe läßt sich über die nicht vermerkte Bibliothek und das weggelassene Scriptorium sagen; beides besaß Cluny. In der Kirche fehlt der Taufstein, was Cluny als reine Mönchskirche ohne Seelsorgerecht und -pflicht ausweist; das heißt aber nicht, daß Laien keinen Zutritt bekamen. Die Kirche war zu den Nachtgottesdiensten, den beiden Messen sowie zur Vesper allgemein zugänglich, und an dem Kreuzaltar, inmitten der Kirche, wurde, wie in St. Gallen, die öffentliche Messe gelesen. Auffälligerweise ist hier das Noviziat vom Krankenbereich getrennt und dem eigentlichen Claustrum angegliedert, was darauf schließen läßt, daß die Novizen den Vollmönchen nicht ungleich waren. Wie wir aus Verordnungen und Briefen wissen, war Cluny dem alten Institut der Oblati nicht gewogen; es hatte die Anzahl auf sechs beschränkt. Deshalb konnte es das Noviziat dem Claustrum zufügen, weil sich hier vorwiegend erwachsene Männer fürs Klosterleben vorbereiteten, die keine besondere Küche oder andere Vergünstigungen wie Kinder benötigten.

Neuerungen. Neu ist der Kapitelsaal, der fortan zum Bestandteil jedes Klosters werden sollte und immer direkt neben der Kirche liegen wird. Seinen Namen erhielt er von der dort täglich stattfindenden Lesung eines oder mehrerer Kapitel aus der Ordensregel. Hier bekannten die Mönche freiwillig eine Übertretung der Regel, wozu ihnen das entsprechende Kapitel aus der Regel vorgelesen wurde; ebenso fand die persönliche Beichte hier statt. Später diente er auch als Beratungssaal und Beerdigungsplatz für vornehme Stifter und Gönner. Unmittelbar an den Kapitelsaal schloß sich – ebenfalls eine Neuerung – die Marienkapelle an. Hier trafen sich täglich die Mönche zweimal zum Gebet, außerdem diente sie als Krankenkapelle. Sie ist gewissermaßen der Rest von der Kirchenfülle karolingischer Abteien, obgleich in Cluny nicht weniger Prozessionen wie beispielsweise in St. Riquier

86 *J. Fouquet, der hl. Bernhard predigt im Kapitelsaal. Miniatur im Stundenbuch des E. Chevalier (15. Jh.), Cluny führte unter anderem den Kapitelsaal im Kloster ein.*

oder Corbie stattfanden. Doch Cluny beschränkte die Prozession weitgehend auf das Klostergeviert und mied die Öffentlichkeit. Denn die Prozessionen endeten im Galiläa, das, vom öffentlichen Atrium getrennt, noch zur Klausur zählte. Der Name Galiläa leitet sich von den sonntäglichen Prozessionen ab, die sich rituell auf das Leben Jesu bezogen. Nach dem Matthäusevangelium (28, 16 f.) beendete Jesus sein irdisches Dasein auf einem Berg in Galiläa, wohin er seine Jünger beschieden hatte, um ihnen den Heiligen Geist zu verheißen und den Missionsbefehl zu erteilen. Analog dazu beschloß man die Prozession im Galiläa, das durch einige Stufen symbolisch zum Berg erhöht war. In der gleichen Absicht, die Trennung von der Welt zu erreichen, dürfte auch der große westliche Vorhof (30) zu verstehen sein.

Neu und besonders aufschlußreich für den Unterschied zwischen einer karolingischen Reichsabtei und Cluny ist der Laienfriedhof, den St. Gallen nicht kannte; dagegen gab es hier eine Krypta, die wir andererseits in Cluny vermissen. Das allgemeine Begräbnisrecht stand üblicherweise den Pfarr- und Domkirchen zu, in den Klöstern durften nur Mönche und Stifter bzw. ihre Familien beerdigt werden. Cluny aber öffnete die Pforten seines

Friedhofes verstorbenen Gönnern, Freunden und Wohltätern, damit sie des Gebetes und Gedenkens der Mönche teilhaftig wurden.

Damit kommen wir zu einem zentralen Punkt von Cluny bzw. allen Reformbewegungen jener Zeit. Denn sosehr sie sich von der Welt abgrenzten, so sehr lag ihnen daran, vielen Christen den Weg zum vollkommenen Leben zu ebnen. Cluny öffnete nur beschränkt erwachsenen „Laien"-Christen die Aufnahme ins Kloster, aber Verstorbene nahm es willig in ihr Gebet und Opfer auf und bildete mit ihnen über den mystischen Leib Christi eine unverbrüchliche Einheit. Cluny erlaubte die professio in extremis, d. h., Christen konnten auf dem Sterbebett die Gelübde ablegen, um so gewissermaßen im Stande des Mönches zu sterben. Damit gehörten sie zur Mönchsgemeinschaft und wurden in Cluny beerdigt, mit dem Totengedächtnis bedacht und der guten Werke der ganzen Gemeinschaft teilhaftig. Andere Christen wiederum gaben Cluny ein Vermächtnis, um nach ihrem Ableben auf dem Friedhof beerdigt zu werden, was ihnen ebenfalls Opfer, Gebet und Gedenken einbrachte.

Zudem bot Cluny noch die Möglichkeit der Präbende. Freie Christen übergaben sich und ihr Vermögen dem Kloster, von dem sie wiederum das Lebensnotwendige in geistlicher und materieller Hinsicht bekamen. Dadurch war einer weiteren Schicht der Zugang zum Mönchsstand und Totengedächtnis möglich. Doch je größer Cluny wurde, desto exklusiver wurden seine Ansprüche. Konnten anfangs noch freie Bauern ins Kloster eintreten und weniger Wohlhabende sich ein Begräbnis in Cluny „leisten", so änderte sich dies zwar langsam, aber radikal; spätestens unter Abt Hugo war Cluny ein homogener, in sich abgeschlossener Adelskonvent.

f) Die Lebensordnung in Cluny

Selbstverständlich suchte Cluny all seine eigenen Gewohnheiten, Rechte und Freiheiten auch bei den übrigen Klöstern zu erreichen. Cluny selbst war rechtlich völlig autonom. Deshalb tätigte der Abt und nicht der Vogt alle Rechtsgeschäfte und regelte das Finanzielle. Schien es ihm nötig, so ernannte er für bestimmte Aufgaben einen weltlichen Herrn zu seinem Advocatus, zu seinem Vogt, der ihn rechtlich zu vertreten hatte; der Auftrag war jedoch immer zeitlich beschränkt, denn eine erbmäßige Vogtei gab es nicht mehr. Die meisten Eigenkirchenherren gewährten bei der Übergabe ihrer Kirche oder ihres Klosters diese Freiheiten. Irreführend wäre es zu sagen, Cluny habe die Freiheiten an seine Priorate weitergegeben. Die Päpste unterstützten tatkräftig die rechtliche Selbständigkeit Clunys. Gregor V. verlieh im Jahre 998 Cluny die Exemtion, d. h., Cluny unterstand nicht mehr der Jurisdiktion des Diözesanbischofs und konnte zu den notwendigen bischöflichen Handlungen befreundete Bischöfe bitten. 1024 dehnte Papst Johannes XIX. diese Freiheit auf alle Priorate aus und gewährte zudem noch die Gunst, nie unter eine allgemeine Exkommunikation, den allgemeinen Kirchenbann, zu fallen. Auf das Recht, andere Klöster zu reformieren, haben wir bereits hingewiesen. Vor allem die Äbte Odilo (994–1049) und Hugo (1049–1109) legten das Privileg weitherzig aus und benutzten es, um die rechtliche Oberhoheit von Cluny auszubauen und abzusichern.

Immer wieder liest man abwertende Urteile über die „liturgische Großanstalt" Cluny, seine unendliche Pracht und seine ebenso unendlichen Gottesdienste. Niemand kann abstreiten, daß unter Odilo eine allmähliche Steigerung des liturgischen Lebens stattgefunden hat und Cluny sich zu einer repräsentativen, herrscherlichen Abtei zu entwickeln begann. Odo ritt auf einem Maultier, begleitet von meditierenden Mönchen; Odilo dagegen benutzte Pferde und umgab sich mit einem stattlichen Gefolge, das Staunen und spöttische Kritik hervorrief. In seiner Blütezeit unter Abt Hugo bestimmte ausschließlich das Opus Dei, der Gottesdienst, das Leben der Mönche. Neben den beiden Konventmessen und den sieben kanonischen Stunden wurde noch täglich für den König, die lebenden und verstorbenen Mitglieder und Verbrüderte gebetet, wobei im Winter die Anzahl der täglich zu betenden Psalmen bis auf 215 anstieg. Daneben waren noch die Gebets- und Meßpflichten zu erbringen, die der Gedächtnisbund erforderte. Zudem beging man die ganze Liturgie nach einem streng geregelten Zeremoniell in feierlichster Form. Zu den Festtagen wurden, je nach Bedeutung des Festes, die Kirche, der Kreuzgang und das Refektorium mit Teppichen, Tüchern und Blumen ausgeziert; ebenso war die Funktion der großen Leuchter in der Kirche an die Art des Festes gebunden. An den Hochfesten erstrahlte der Kronleuchter mit 180 Kerzen, und die Mönche nahmen auf Kissen, an linnengedeckten Tischen ihr reichliches Mahl ein. Eine Vielzahl an Prozessionen bereicherte das liturgische Leben, wobei prachtvolle Gewänder und wertvolle sakrale Geräte die Würde ebenso unterstrichen wie die bischöflichen Gewänder des Abtes. Längst war die harte Pflicht, die Bußprozession barfuß zu gehen, abgeschafft, und die neue Gewandart, eine weitreichende, üppig bemessene Kukulle, getragen über der Tunika, unterstrich die Würde monastischen Tuns. All dies vollzog sich zudem in einem Kloster, dessen Kirche, Cluny III, selbst den Petersdom zu Rom um einiges übertraf. Jener maß nur 112 m, Cluny aber 187 m.

Die Rekonstruktion von Cluny III, dessen Kirche dreimal größer war als Cluny II, mag die Auffassung vom cluniazensischen Opus Dei veranschaulichen (Abb. 83). Aufschlußreich für die Gottesvorstellung ist das heute zerstörte Tympanon über dem Hauptportal an der Kirche, denn es zeigte den wiederkommenden, herrscherlichen Christus in der Mandorla, also den Pantokrator, den Weltenherrscher und Gottkönig.

Verständlich wird diese Art der Liturgie vor dem Hintergrund einer theokratischen Weltsicht. Sie erklärt die feierliche Liturgie, die Strenge der Zeremonien, die Pracht des Gebäudes, die Vielzahl an Gebeten und die schier endlose Liturgie. Denn durch die Liturgie wird das Erlösungsgeheimnis gegenwärtig, und die Objektivität des Kultes erlaubte es, ihn stellvertretend zu vollbringen.

Das theokratische Element in Cluny wird besonders in seiner Stellung zum Kaisertum deutlich. Denn überraschenderweise griff Cluny nicht in die sich anbahnende Auseinandersetzung zwischen Papst und Kaiser ein, ja es übernahm nicht einmal die Position des Papstes, obgleich es von ihm hoch privilegiert worden war. Als der deutsche Kaiser Heinrich VI. dem Bann verfallen war, unterließ es der Abt von Cluny nicht, das übliche Gebet für Kaiser und Reich von seinen Mönchen verrichten zu lassen, obgleich ihn Mitbrüder an dieses kirchenrechtliche Vergehen mahnten. In eine ähnliche Richtung weist auch die Vita des Gerald von Aurillac, die Odo verfaßte. Graf Gerald wird hier als treuer miles Christi, Kämpfer für Christus, gezeichnet, der im Auftrag Gottes in der Welt das Christentum ver-

87 *Abt Hugo von Cluny spricht mit Patensohn Kaiser Heinrich IV. Miniatur aus der Vita der Markgräfin Mathilde (12. Jh.); Rom, Vatikanische Bibliothek. Dem mächtigen Cluny lag es daran, die Einheit von Imperium und Sacerdotium zu bewahren. Hugo ließ trotz der Bannung für den Kaiser beten.*

wirklicht. In Gerechtigkeit führt er sein Amt, treu steht er Witwen und Armen zur Seite, und in berechtigtem Zorn bekämpft er mit Waffengewalt die Hochmütigen. Odo entwirft hier geradezu ein Idealbild eines christlichen Herrschers, der in die Welt und nicht ins Kloster gehört. Ein ähnliches Programm zeichnete Odilo in seiner Biographie der Kaiserin Adelheid.

Die gleiche Zurückhaltung wie beim Investiturstreit finden wir auch bei den beginnenden Kreuzzügen. Cluny bereitete weder den Kreuzzug geistig vor, noch predigte es ihn, wenngleich es später das Unternehmen materiell unterstützt hat. Odo sprach zwar vom gerechten Krieg und Kainsstaat, doch verstand er darunter „christliche" Herrscher, die im Grunde alles andere als Christen waren und deshalb, um der Christen willen, notfalls mit Gewalt ihres Kainsstaates beraubt werden müßten. Berücksichtigen wir all diese Punkte, und erinnern wir uns der Aspekte zur Theokratie, so werden uns die Liturgie, die Reichstreue und das Zögern Clunys gegenüber dem Investiturstreit verständlich.

Und dennoch blieb in Cluny nicht die persönliche Frömmigkeit vergessen. Odilo führte die Meditation über die Inkarnation ein, ließ das Allerseelenfest feiern und empfahl seinen Brüdern die persönliche Verehrung Mariens. Er selbst ritt mit großem Gefolge, verschmähte es aber nicht, zur Buße Ketten zu tragen. Immer wieder mahnte er seine Brüder, Demut, Schweigen und Gehorsam durch die Tugenden von Glaube, Hoffnung und Liebe zu ersetzen. Sein Vorgänger Majolus verfaßte mehrere meditative Schriften, z. B. über das Hohelied, und Abt Hugo sah im Kloster das Asyl der reuigen Sünder, die durch das monastische Leben ihre „verkrümmten Seelen", die Sünde der Selbstbezogenheit, wieder aufheben wollten.

Bei all den Vorwürfen an Cluny darf nicht vergessen werden, daß es wohl kein Kloster im Abendland gegeben hat, das über drei Jahrhunderte seine Hochform weitgehend erhalten hat. Dazu trugen unter anderem die von den Zisterziensern und anderen Radikalreformern so viel geschmähten Erleichterungen und Dispensen bei. Alle fünf Äbte besaßen im höchsten Maße die von der Regel geforderte Tugend der discretio, die Gabe zur Unterscheidung, die Fähigkeit das menschlich Mögliche mit der Regel zu verbinden. Jede radikale und somit unmenschliche Sturheit war diesen wahrhaft großen Äbten fremd. Ganz in diesem Sinne schrieb Petrus Venerabilis (1122–1156) an seinen Widersacher Bernhard von Clairvaux, es gehe nicht um den Buchstaben, sondern um den Sinn der Regel. Zugleich mahnte er den Eifernden, bei allem Streit nicht die Milde und Liebe zu vergessen. Gerade die Milde und Güte waren, wie übereinstimmend bezeugt wird, ein Zeichen dieser großen Äbte, die dadurch nicht selten zum politischen Schiedsrichter erwählt wurden. Obwohl sie

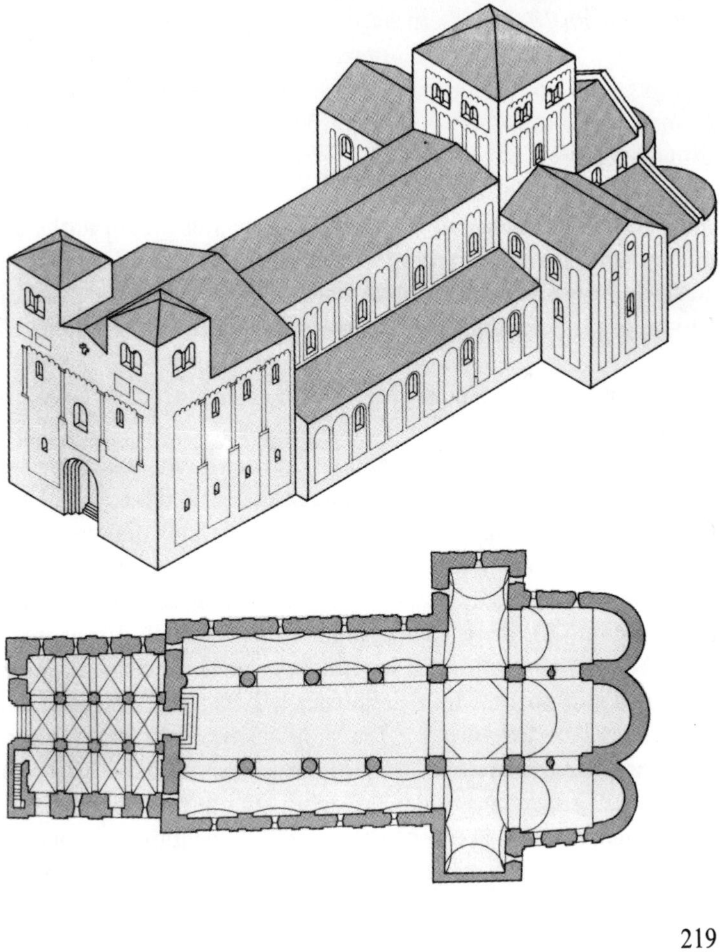

88 *Romainmôtier, Rekonstruktion der ehemaligen Klosterkirche (1000–1030). Erste Gründung des Klosters bereits im 5. Jahrhundert, neu dotiert durch Herzogin Adelheid von Burgund und Cluny übergeben (966). Die Kirche entspricht ganz dem Vorbild von Cluny II; das Westwerk wurde erst später hinzugefügt.*

mit den Großen der Welt befreundet waren, blieb jeder seiner monastischen Berufung treu, keiner erlag der Versuchung, ein angetragenes bischöfliches Amt zu übernehmen oder den Thron des Papstes zu besteigen.

Sosehr Cluny auch Ansätze zur individuellen Frömmigkeit besaß, weiterführen vermochte es sie nicht. Denn die anbrechenden religiösen Bewegungen fanden in seinen Mauern nur noch bedingt Heimatrecht. Beispielhaft dafür ist sein Verhältnis zu den weiblichen Religiosen und den Frauen. Erst gute hundert Jahre nach seiner Gründung stiftete Abt Hugo im Jahre 1055 ein Nonnenkloster, das vorwiegend Ehefrauen und Mütter von Männern aufnehmen sollte, die in Cluny eingetreten waren; es war wie Cluny selbst ein reines Standeskloster. Zwar kamen während des 12. Jahrhunderts durch Übertragung an Cluny noch weitere zehn dazu, doch bahnbrechend war diese Nachhut keinesfalls. Ebenso zurückhaltend blieb die Musterabtei auch in der Frage der Laienbrüder.

Abschließend sei noch ein kurzer Blick auf die weitere Geschichte Clunys geworfen. Petrus Venerabilis versuchte Cluny noch zu reformieren, doch aufbauen ist leichter als erhalten, wie er an Bernhard schrieb. Bereits 1231 setzte der Papst einige Zisterzienseräbte zu Adjutoren, zu Helfern des Abtes ein, und Jahre danach, 1259, mußte Cluny sogar die äußere Form des Zisterzienserordens, das Generalkapitel, übernehmen. Ein Jahr zuvor hatte es sich bereits dem Schutz der französischen Krone empfohlen und damit seine Autonomie preisgegeben. Im Verein mit dem Papsttum in Avignon gelang es dem König, Cluny als Kommende zu erwerben, d. h., der König besaß das Recht, die Abtei zu vergeben und die Einnahmen des Klosters an beliebige Personen, Kleriker, Bischöfe, Prinzen oder Günstlinge, zu übertragen. In dieser Eigenart ging Cluny durch die Geschichte, bis schließlich die Französische Revolution das Kloster im Jahre 1790 aufhob. Die Bürger von Cluny machten daraufhin dem größten sakralen Bauwerk des Abendlandes ein bitteres Ende und zerstörten es bis auf einen unscheinbaren Rest. Für den Kunstfreund gibt es nicht mehr viel zu sehen, doch der religiöse Pilger wird im nahen Taizé neues religiöses Leben finden.

3. Monastische Reform oder Erneuerung des Christentums?

Cluny war aus dem Streben einzelner Christen nach vollkommener Nachfolge Christi erwachsen. Aber nicht nur in Burgund „verließen" damals zahlreiche Menschen die Welt und gründeten Klöster oder versuchten bestehende auf die Regel des hl. Benedikt zurückzuführen. Im ganzen Reich kam es zu solchem Ringen um eine neue religiöse und geistige Existenz; hier liegt die Wurzel zu den großen Um- und Aufbrüchen des Hochmittelalters.

Allgemein wird diese „Bewegung" mit dem Begriff monastische Reform umschrieben, was aber aus zwei Gründen irreführend ist. Denn zum einen waren zahlreiche „reformierte" Klöster in einem solch heruntergekommenen Zustand, daß man besser von Neugründung als von Reform spricht. Zum anderen wurde die Reform nur bedingt von den Mönchen getragen, wie wir an Cluny und seinem Verhältnis zum Eigenkirchenherren gesehen hatten. Zudem waren das Entstehen und die Erneuerung von Klöstern nicht die Ursache, sondern die Folge einer geänderten religiösen Einstellung, die fast die ganze abendländische Christenheit ergriffen hatte und bewegte. Dazu weitere Beispiele.

a) Brogne

Das Kloster Brogne hatte ähnliche Ursprünge wie Cluny. Sein Gründer, der belgische Adelige Gérard († 956), entschloß sich zum vollkommenen Leben, restituierte dazu die verfallene Familienstiftung Brogne – heute St. Gérard in Belgien, Prov. Namur –, die zu seinem Besitz gehörte, und besetzte sie mit Kanonikern (913/14). Im Einvernehmen mit seinen Verwandten dotierte er abermals die Stiftung aus Familiengut und ging anschließend nach St. Denis, um dort Mönch zu werden. Sein Kloster, das er später wieder von St. Denis lösen konnte, brachte er mit ein. Neun Jahre blieb Gérard in St. Denis, lernte das monastische Leben und wurde ein vorbildlicher Mönch. Doch offensichtlich schien ihm das benediktinische Leben leichter Observanz nicht zu gefallen, denn im Einverständnis des Abtes kehrte er in seine Gründung zurück, wandelte das Stift in ein Kloster um (923) und besiedelte es mit einigen Mitbrüdern aus St. Denis. Als Abt und Priester stand er seiner eigenen Gründung vor.

In seinem Kloster lebte man strikt nach der Benediktregel anianischer Interpretation, was bald allgemeine Bewunderung fand. Die Herzöge von Flandern und Lothringen, beide vom Eifer für das Christentum beseelt, baten schließlich Gérard, ihre eigenen Klöster wiederherzustellen. Mit tatkräftiger Unterstützung der fürstlichen Eigenkirchenherren führte Gérard in etwa 15 Abteien, nach der Vita sollen es sogar 20 gewesen sein, das regeltreue Benediktinertum wieder ein.

Er forderte strenges Fasten und die Rückkehr zum einfachen benediktinischen Mahl. Das verbreitetste Laster, den Privatbesitz der Mönche, hat er radikal unterbunden, gleichzeitig aber förderte er den wirtschaftlichen Aufbau des Klosters, denn seiner Meinung nach war ohne eine solide finanzielle Sicherheit kein regeltreues Leben möglich. In der wirtschaftlichen Not sah er die Wurzel für den unwürdigen und nachlässigen Vollzug des Opus Dei.

Die Erneuerung ging nicht problemlos vor sich. Zum Teil mußten zuerst die Kanoniker entfernt werden, damit die Stiftung ihrer ursprünglichen Intention wieder gerecht werden konnte, was oft nur mit dem unbeugsamen Willen der Eigenkirchenherren gelang; so die Stifte Mont-Blandain oder Ghislain. Andere Mönchskonvente wiederum wollten von ihrem bisherigen lockeren Wandel nicht lassen und weigerten sich, ihrem Eigenkirchenherrn zu gehorchen. Schließlich wurden sie, wie in St. Bertin, gewaltsam entfernt und durch neue ersetzt. Wären die beiden Fürsten, Arnulf von Flandern und Gislebert von Lothringen, nicht von so religiöser Geistigkeit erfüllt gewesen, Gérard allein hätte nichts bewirken können. Sie besorgten auf eigene Kosten neue Reliquien, ordneten die Finanzen der Stiftungen, indem sie ausgegebene Lehen wieder einbrachten oder entfremdeten Besitz dem Kloster zuführten; ja selbst durch eigene Mittel halfen sie manchen Klöstern wieder auf.

Obgleich die Eigenkirchenherren tatkräftig mitwirkten, kam es hier dennoch nicht zu einer neuen rechtlichen Grundlage wie in Cluny. Die wiederbelebten Klöster blieben nach wie vor im Besitz der Eigenkirchenherren und grundsätzlich dem Diözesanbischof untertan. Im wesentlichen lag die Reform in den Händen Gérards, der entweder nur für kurze Zeit in der Abtei lebte oder aber nach altem Recht mehrere Klöster gleichzeitig unter sei-

89 *Die hl. Odilia (Ottilie) als Fürbitterin für ihren verstorbenen Vater. Holzschnitt, schwäbisch (um 1450). Das Bild zeigt die Äbtissin von Hohenburg, dem später nach ihr benannten Odilienberg im Elsaß, die für ihren schuldig gewordenen Vater, den elsässischenHerzog Attich, betet. Ein Engel zieht den Sünder aus dem Rachen eines höllischen Ungeheuers. Kraft des auf dem Altar gefeierten Kreuzesopfers und auf die Fürsprache der Tochter (vgl. das Brevier zu ihren Füßen) wird der Vater aus dem Fegefeuer erlöst.*

nem Abbatiat vereinigte. Dennoch formte er keinen Klosterverband wie Cluny, sondern versuchte, die innere Haltung der Mönche zu ändern, ohne dabei die äußere rechtliche Form anzutasten. Deshalb blieben alle „seine" Klöster von ihm und Brogne unabhängig im Besitz des Eigenkirchenherrn und fügten sich unter die Jurisdiktion des Diözesanbischofs. Typischerweise übergab er Brogne kurz vor seinem Tod dem Bischof von Lüttich. Nach seinem Tod im Jahre 956 lag es an den einzelnen Abteien, den Weg fortzusetzen. Nur St. Vanne scheint für längere Zeit das Erbe bewahrt zu haben, in allen anderen Klöstern wirkten bereits eine Generation später die Mönche von Gorze.

b) Gorze: Neuer Wein in alten Schläuchen

Eremitische Anklänge. Gorze, von Bischof Chrodegang von Metz im Jahre 756 gegründet, hatten wir bereits als bedeutendes Kloster kennengelernt. Doch von alldem war nur noch der irdische Besitz übriggeblieben, den Bischof Adalbero von Metz längst seinen Lehensleuten übertragen hatte. Und dennoch zog unter seiner Ägide 933 abermals neues Leben in die Ruinen ein, das fast alle Abteien des Reiches berühren sollte. Wenngleich sich die Erneuerung weitgehend in den Bahnen Benedikts von Aniane oder Gérards von Brogne bewegte, so zeigen seine Anfänge doch neue Akzente, die unbemerkt auf die kommende Änderung verweisen. Wir werden deshalb genauer auf diese bescheidenen Ansätze eingehen.

Das Datum der Wiederbelebung ist uns genau überliefert. Im Jahre 933 überließ Bischof Adalbero von Metz einigen Klerikern die verfallene Abtei, damit sie dort ein reguläres Leben führen konnten. Es waren dies: Einold, der frühere Archidiakon und Dekan des Domkapitels von Metz, der Eremit Johannes von Vanderiers, der Metzer Diakon Bernacre, die Kleriker Salecho von St. Martin, Randicus von St. Symphorien sowie zwei weitere Kleriker. Später gesellten sich noch die Kleriker Friedrich von St. Hubert, Odilo von Verdun, Angelram von Metz und die Mönche Andreas und Isaak zu ihnen. Ferner gehörten zum Kreis, aus dem Gorze erwachsen sollte, der Eremit Humbert und im weiteren auch sein auffälliger Mitbruder Lantbert sowie die beiden Büßerinnen Geisa und Rothilde.

Die Aufzählung scheint müßig zu sein und wenig auszusagen. Eines jedoch kann sie nicht verschweigen: Die Gründer von Gorze waren hochgestellte Domkanoniker, Kleriker, Priester, aber auch Eremiten und Frauen, die ihre hohe kirchliche Stellung oder ihr bisheriges Leben um der wahren Nachfolge Christi willen aufgegeben hatten. Betrachten wir das Schicksal der einzelnen genauer, so ergeben sich abermals überraschende Einsichten.

Einold, der erste Abt von Gorze († 968). Eginold oder Einold war ein reicher Kanoniker am Dom zu Toul und bekleidete dort sogar das Amt des Dekans. Wie lange er in diesen Würden lebte, ist unbekannt, jedenfalls verzichtete er eines Tages darauf, verschenkte all seinen Reichtum und lebte drei Jahre als Rekluse im Domkreuzgang, betreut von einem frommen Diener. Auch dies schien ihm nicht zu genügen, denn er versuchte das strenge Leben des Einsiedlers Humbert nachzuahmen, mit dem er bekannt geworden war.

Johannes, der spätere Cellerar. Ein Schüler und Zellengenosse Humberts war Johannes von Vanderiers, Sohn eines freien und reichen Bauern. Durch Vermittlung eines befreundeten Grafen erhielt er seine Ausbildung vom Diakon der gräflichen Eigenkirche. Hier begegnete ihm die erst zwölf Jahre alte Geisa, die bereits ein strenges Büßerleben führte und selbst das harte, eiserne Kettenhemd nicht scheute. Durch Wort und Beispiel bewegte sie Johannes zur Conversio. Er verließ seine Stellung, wurde Klausner und später sogar Inkluse. Dabei kam er mit Humbert, dem Einsiedler, in Kontakt. Alle drei, Johannes, Einold und Humbert, wollten gemeinsam die Vollkommenheit erstreben, sahen aber dazu in den nächsten Klöstern keine Möglichkeit. Sie beschlossen deshalb, ihre Heimat zu verlassen, um in Oberitalien, der „europäischen Nitria", ein strenges Einsiedlerleben zu führen, und zwar nach der Sitte der Alten bei Wasser und Brot und der Hände Arbeit. Man vergleiche dazu den Weg Odos von Cluny, der ebenfalls mit einem Gesinnungsfreund nach Italien wollte, aber um in ein reguläres Kloster einzutreten.

Dieser Wunsch gelangte jedoch nicht zur Ausführung, denn Bischof Adalbero von Metz konnte alle drei überreden, das verlassene Kloster Gorze zu übernehmen, das er wiederherzustellen versprach. Einold wurde einstimmig zum Abt erkoren, Johannes aber zum Cellerar ernannt, der tatkräftig den Aufbau ins Werk setzte. Er erneuerte die ruinösen Gebäude, erwarb verschleuderte Güter und nutzte ebenso praktisch wie erfolgreich die einst aufgelassenen Weinberge. Selbst alte Salinen ließ er instand setzen und gewinnbringend ausbeuten. Eine große Mauer führte er um das Kloster, und die Kirche erhielt unter ihm neuen Schmuck. Wiewohl er rastlos tätig war und selbst den Streit mit Bischof Adalbero, der nur zögernd seine Versprechungen einhalten wollte, nicht scheute, so führte er dennoch unbemerkt ein hartes Asketenleben, bis hin zur Schwächung seiner Gesundheit.

Freiwillig unterbrach er den nötigen Schlaf, besuchte des Nachts die Altäre der Kirche, reinigte heimlich die Schuhe seiner Mitbrüder, las eifrig asketische Schriften und beweinte häufig seine Sünden. Kaiser Otto erwählte ihn als Bote zum Kalifen, dabei hoffte Johannes das ersehnte Martyrium zu erleiden. Bevor er sein heiligmäßiges Leben beschloß, traten noch seine Mutter und einige andere Frauen in Gorze ein. Diese Neuerung, daß zahlreiche Frauen in einem Mönchskloster lebten, stieß unter den Mönchen auf Ablehnung. Gehässig warfen sie Johannes vor, aus dem Kloster ein Frauenhaus gemacht zu haben.

Sein langer Todeskampf ließ die Mitbrüder an der Heiligkeit des Sterbenden zweifeln, doch Johannes soll sie, so die Vita, sterbend belehrt haben, daß weder Wunder noch ein glückseliger Tod den Heiligen ausmachen, sondern allein sein Lebenswandel.

Ein Leben nach der Benediktregel. In Gorze wollte man ebenso wie in Brogne oder Cluny die Regel des hl. Benedikt, wie sie Benedikt von Aniane interpretiert hatte, verwirklichen, denn es gab damals noch kein anderes monastisches Modell. Sämtliche liturgischen Gebräuche, Tageszeiten, Ordnungen sollten ohne erleichternde Ausnahmen befolgt werden. Im allgemeinen pflegte man täglich etwa 140 Psalmen zu beten, die beiden vorgeschriebenen Konventmessen zu feiern und das Totengedächtnis zu halten. Auch die Gebete für Herrscher und Reich vergaß man nicht, und die Reliquien der Heiligen ehrte man täglich durch einen Besuch. Selbst die Bußprozession beging man barfuß.

Vor allem was das Eigentum betraf, mußte Gorze der Regel wieder Achtung verschaffen, denn die meisten Klöster hatten eine Aufteilung des Gesamtvermögens in einzelne Dienstbereiche vorgenommen. So besaß jeder Abt, Cellerar, Refektoriar, Almosenier, Prior usw. seine eigenen Einkünfte. Selbst die Mönche erlaubten sich in krassem Widerspruch zu jeder Klosterregel ansehnlichen Besitz, und nicht selten gewährte ihnen das Kloster eine satte Pfründe. Die Klage über den verwerflichen Reichtum einzelner Äbte und Mönche findet sich nicht nur bei dem Chronisten Lambert von Hersfeld (1028–1088), sondern kehrt fast in allen zeitgenössischen Quellen wieder. Ebenso waren Erleichterungen in der Klausur, im Fasten und im Fleischgenuß gang und gäbe, ganz zu schweigen von den allgemeinen Mißständen, wie sie am Anfang des Kapitels geschildert wurden. Auch das Schweigen wurde wieder gepflegt; nur zweimal täglich durfte es unterbrochen werden, und dies nur in Anwesenheit des Priors oder Dekans.

Treu bewahrte Gorze die mönchische Tracht, wie sie Benedikt von Aniane vorgeschrieben hatte, selbst das Oblateninstitut wurde widerspruchslos hingenommen. Auch die externe Klosterschule pflegten wieder manche Klöster Gorzer Prägung, im allgemeinen jedoch mieden sie kulturelle und politische Aufgaben.

Gorze blieb aber nach wie vor bischöfliches Eigenkloster mit all seinen Bindungen an den Kirchenherrn. Adalbero besaß ein Mitspracherecht bei der Abtswahl, er bestellte den Vogt und war in eigener Person oberster Schirmherr. Erst später erreichte Gorze durch ein päpstliches Privileg die freie Abtswahl. In rechtlicher Hinsicht wandelte Gorze gänzlich in den gewohnten Bahnen des fränkischen Eigenkirchenwesens. Dasselbe gilt grundsätzlich auch für alle Klöster, die nach den Gewohnheiten von Gorze lebten. Ihre rechtliche Struktur blieb unangetastet. Hierin unterscheidet sich Gorze gravierend vom freien Cluny, das außerdem noch in der Liturgie eigene Wege gegangen war. Sicherlich hing die gorzische Eigenart mit seiner Herkunft und Lage zusammen, denn es lag wie die Reformklöster Toul, Verdun oder Trier im Deutschen Reich, dem Nachfahren des karolingischen.

Während seiner Blütezeit übernahmen annähernd 160 Abteien die Gewohnheiten von Gorze. So ideal betrachtete man das monastische Leben in Gorze, daß Zeitgenossen es schlechthin mit dem Mönchtum gleichsetzten. Vergleicht man die Karte, so zeigt sich, daß sich die von Gorze ausgehende Erneuerung weitgehend auf das Reichsgebiet beschränkte, wobei einzelne Abteien wieder von sich aus die Gewohnheiten weitergaben und sich so ein Stammbaum gorzischer Filiationen bildete. Dies nachzuzeichnen ist für unser Problem unbedeutend, denn im großen und ganzen blieb es bei dem anianischen Reichsmodell. Weit aufschlußreicher ist, daß die Erneuerung fast alle Klöster erfaßte, d. h., das Streben nach dem Ideal der vollkommenen Nachfolge, nach einem wahren christlichen Leben war allgemein und nicht nur die Forderung einzelner.

Neben Gorze sind noch die Klöster St. Evre in Toul, St. Maximin in Trier oder St. Felix in Metz zu nennen, die ähnlich wie Gorze, aber völlig unabhängig voneinander wirkten.

Der neue Wein – Buße, Eremiten, Doppelkloster. Obwohl nach außen scheinbar alles beim alten blieb, zeigten sich unbemerkt neue Akzente, die in der anianischen Tradition nicht gegeben waren. Denn das Moment der Buße, in seinen vielfältigen Formen bis hin zur Selbstgeißelung, war keine ungetrübte Fortsetzung des karolingischen Reichsmönchtums. Wir erinnern uns, wie milde Benedikt von Aniane die Strafe bestimmte: Nur auf die Handflächen durfte geschlagen werden, und der Klosterkarzer mußte heizbar sein. Auch findet sich in der Benediktregel kein Wort über barfüßige Bußprozessionen oder Selbstgeißelung der Mönche, wie sie für den Anfang von Cluny und anderen Reformklöstern bezeugt sind. In Gorze belegen der eremitische Anfang, die Bußprozessionen und die Vita des zweiten Abtes, Johannes', zweifelsfrei den Bußcharakter des erneuerten Mönchtums.

Prägend für Gorze war sicherlich, daß die Gründungsväter sich für das Eremitenleben entschieden hatten. Sie traten in kein Kloster ein, sondern wollten als Fremdlinge um Christi willen nach der Sitte der Mönche in Oberitalien leben. Ihr Wunsch, die Arbeit der Hände und das Gottverlangen schienen ihnen dafür eine ausreichende „Regel" zu sein.

Einsiedler zu sein ist nicht nur die direkteste, sondern zugleich auch die persönlichste Form der Nachfolge Jesu. Keine Regel, kein Abt, keine erprobte Gewohnheit stehen dem

Eremiten zur Seite, allein die Suche nach Gott, das liebende Verlangen nach ihm bestimmen den Rhythmus seines Lebens. Ähnlich wie die Mystiker erstreben die Eremiten eine unmittelbare Beziehung zu Gott und können dabei unter Umständen auf eine äußere Vermittlung durch Kirche und Priester verzichten. Das Einsiedlertum tendiert immer zur individuellsten Frömmigkeit, birgt aber auch das Problem subjektivster Religiosität in sich.

Diese Merkmale des eremitischen Lebens scheinen auch für Gorze zuzutreffen. Denn wie anders könnte man die Conversio der hochgestellten Domkleriker verstehen, die ihre „Kirche", ihre kirchliche Stellung und Anstellung, aufgegeben haben, um arm und unbekannt ihr Heil zu finden? Aber noch ein weiterer Aspekt war mit den Anfängen von Gorze gegeben: Büßerinnen, Nonnen oder Inklusinnen. Die Büßerin und spätere Äbtissin Rothilde von Bouxiers sowie ihre befreundeten Inklusinnen gehörten dem spirituellen Kreis um den Einsiedler Humbert an. Beeindruckt vom Beispiel ihrer geistigen Freunde, entschlossen auch sie sich zum gemeinsamen, klösterlichen Leben. Auf die Bedeutung der büßenden Geisa wurde schon verwiesen. Bemerkenswert ist auch, daß die Mutter von Johannes sowie weitere Frauen in Gorze eintraten, wohl räumlich getrennt, aber geistig geeint. Wir haben es hier mit einem bescheidenen Aufleben des frühchristlichen Ideals zu tun, bei dem Männer und Frauen gemeinsam und gleichrangig die Nachfolge lebten und das Opus Dei verrichteten.

Wilhelm von Dijon (962–1031). Ähnlich wie in Gorze, doch auf der Grundlage cluniazensischer Gewohnheiten, verlief die Erneuerung der Klöster, die mit dem Namen Wilhelm von Dijon (St. Bénigne) bzw. Wilhelm von Volpiano verbunden sind.

Wilhelm, aus vornehmem Hause – sein Taufpate war Kaiser Otto –, wurde mit sieben Jahren dem Kloster Lucedio, Diözese Vercelli, als Oblate übergeben. Zwanzigjährig bekleidete er bereits die zwei wichtigen Ämter des Cellerars und Dekans, was sein besonderes Geschick in wirtschaftlichen Dingen beweist, ein Zug, dem wir später immer wieder begegnen werden. Sein Kloster mußte er allerdings verlassen, nachdem er sich geweigert hatte, bei seiner Diakonatsweihe dem Bischof den üblichen Gehorsamseid zu leisten. Eine solche Verpflichtung schien ihm mit dem zurückgezogenen, monastischen Leben unvereinbar zu sein. Durch Vermittlung kam er nach Cluny. Hier lernte er dessen Gewohnheiten und monastische Lebensweise kennen, die er zeit seines Lebens beibehielt, die er aber, besonders die Bußpraxis, um einiges verschärfen sollte.

989 schickte ihn Abt Majolus nach St. Bénigne in Dijon, um dort auf Wunsch des Bischofs das monastische Leben zu erneuern. Wilhelm konnte hier eigenmächtig, unterstützt vom Bischof, tätig werden. Er führte die Observanz von Cluny ein und trachtete danach, das Kloster wieder auf eine gesicherte wirtschaftliche Grundlage zu stellen, was ihm offensichtlich auch gelang, denn bereits um 1002 legte er den Grundstein zum neuen Kirchenbau über dem Grab des hl. Benignus. Das Leben in seinem Kloster war so vorbildlich, daß Vornehme, Reiche und sogar fromme Einsiedler diese geistige Schule besuchten. So lebten die Bischöfe Benignus aus Rom, Wilhelm von Albenga für längere Zeit in St. Bénigne, und selbst ein griechischer Bischof verschmähte es nicht, das Joch der Regel auf sich zu nehmen. Ebenso kamen verschiedene Äbte aus Oberitalien zu ihm, und sicherlich hatte er

90 *Dijon, Fassade von St. Bénigne. Wilhelm von Volpiano / Dijon übernahm die Abtei, nachdem sie in den Klosterverband von Cluny einverleibt worden war. Wilhelm wirkte so vorbildlich, daß sein Kloster zu einem eigenen Reformzentrum aufstieg.*

Kontakt zu den Eremitagen Camaldoli und Pomposa, vielleicht sogar zu Romuald selbst. Jedenfalls traten zwei Eremiten, Paulus und Johannes, ein; der letztere wurde sogar Abt von Fruttuaria.

Die Beziehung zu den Eremiten kam nicht von ungefähr, denn ganz im Sinne der Buße verstand Wilhelm das monastische Leben, das er gegenüber Cluny deutlich verschärfte, was im einzelnen aber nicht mehr ausgemacht werden kann. Die asketischen Härten müssen allerdings sehr gravierend gewesen sein, denn während einer Krankheit überfiel Wilhelm eine Vision: Wegen seiner Rigorosität sollte er in die Hölle verdammt werden, allein durch die Fürbitte Gregors des Großen konnte er davor bewahrt werden. Der Chronist des erneuerten Klosters Flavigny bezeichnete Wilhelm als „Supraregula", d. h. als Rigorist in Sachen der Regel. Offensichtlich ging er nicht den Weg Clunys, die Regel menschlich zu modifizieren, sondern buchstabengetreu zu erfüllen.

Er kam zwar von Cluny, doch bereits als Abt von St. Bénigne war er völlig selbständig. Seine monastische Strenge, verbunden mit der Fähigkeit, die wirtschaftlichen Dinge wieder ins Lot zu bringen und die Freiheit der einzelnen Klöster zu respektieren, bildete die Voraussetzung für seine Tätigkeit, die zum Teil innerlich und äußerlich ruinierten Klöster erneuern zu können. Selbst der normannische Herzog berief den Widerstrebenden in sein Land, um die Klöster wieder aufzubauen. Von der Normandie bis ins südliche Italien, Kloster Farfa, reichte sein Wirken. Selbst Gorze übernahm um 1015 die strengeren Gewohnheiten. Obwohl Wilhelm etwa vierzig benediktinische Klöster und Zellen nach den verschärften Gewohnheiten von Cluny erneuert hatte, wollte er keinen Klosterverband wie Cluny schaffen.

Fruttuaria. Seine Eigengründung Fruttuaria wurde selbst Reformkloster mit zahlreichen Töchtern. Gemeinsam mit seinen Brüdern und Eltern gründete er um 1000 auf heimatlichem Besitz das Kloster Fruttuaria, das sich rasch größter Beliebtheit erfreute. König Arduin von Italien und der deutsche Kaiser, auf dessen Reichsgebiet die Gründung noch lag, unterstützten es großzügig und gewährten umfangreiche Privilegien. Fruttuaria besaß die freie Abtswahl, die Immunität und Exemtion und stand unter dem Schutz des Kaisers, wodurch es zu einer Reichsabtei mit all ihren Freiheiten aufstieg. Über hundert Mönche lebten zur Zeit Wilhelms in Fruttuaria, und dreißig abhängige Zellen unterstanden Abt Johannes, dem ehemaligen Eremiten.

Später trat König Arduin in Fruttuaria ein und führte, wie es in den Quellen heißt, ein Büßerleben. Auch der Vater Wilhelms sowie seine beiden Brüder beschlossen ihr Leben im Kloster. Immer öfter sehen wir jetzt diesen individuellen Zug, daß reiche Klosterstifter selbst eintreten und die Nachfolge leben.

La Cava und St. Victor in Marseille. Es mag fast ermüden, abermals von neuen Klöstern zu hören, die sich um ein regeltreues Leben bemühten. Und doch ist es nicht ganz umsonst, denn dadurch bekommen wir von der Größe der „Reformbewegung“ einen annähernden Eindruck. Es handelte sich hier um einen religiösen Impuls, der das ganze Abendland erfaßt hatte und keineswegs auf einige Klöster noch auf das 10. Jahrhundert beschränkt blieb.

Ohne näher auf die jeweilige Eigenart einzugehen, wollen wir das Bild der monastischen Erneuerung abrunden, indem wir noch auf zwei wichtige Reformklöster verweisen: La Cava in Italien und St. Victor in Marseille. La Cava, um 1010 nach cluniazensischen Gewohnheiten gegründet, besaß zur Mitte des Jahrhunderts 77 Abteien und 130 Priorate, die es nach dem Vorbild von Cluny erneuert und zu einem Verband zusammengeschlossen hatte. Ebenso kam die uns schon bekannte Klostergründung des hl. Cassian in Marseille, St. Victor, Mitte des 11. Jahrhunderts abermals zur Blüte. Sie übernahm die Gewohnheiten von Cluny, verschärfte sie wie Wilhelm und organisierte die erneuerten Klöster genau nach dem Verbandsystem von Cluny, und zwar in solchem Maße, daß dadurch ein regelrechter Klosterstaat entstanden war, nicht zuletzt dank päpstlicher Privilegien, die denen von Cluny in nichts nachstanden. Nicht weniger als 20 Klöster und 140 Zellen und Kirchen zählten zum Marseiller „Kirchenstaat“.

II. Der individuelle Weg: Büßer, Eremit, Märtyrer

1. Die Welt hat sich gewandelt, das benediktinische Ideal ebenfalls

a) Kein Platz im Kloster für erwachsene Christen?

Bei den besprochenen monastischen Erneuerungen konnten wir immer Tendenzen einer individuellen Frömmigkeit nachweisen: das wiederentstehende Eremitentum, der erneuerte Bußcharakter des Mönchtums, das Begräbnis von Laien auf dem Klosterfriedhof sowie der häufige Eintritt des Klosterstifters z. T. mitsamt seiner Familie in die eigene Gründung. Dies alles besagt, daß die Form des stellvertretenden Gebetes nicht mehr ausreichte und immer mehr Christen selbst den religiösen Weg gehen wollten. So kam es während des 10. Jahrhunderts nicht nur zu einer Reform der Klöster, sondern auch zu einer „Laienbewegung". Die monastische Reformbewegung war, so sahen wir, eine Erneuerung der abendländischen Christenheit. Die Conversio, wie man diesen entscheidenden Schritt auf dem Lebensweg nannte, vollzogen nun wie in frühchristlichen Zeiten erwachsene Christen, für die es aber seltsamerweise im Kloster, dem bislang üblichen Ort des vollkommenen christlichen Lebens, keinen Platz mehr gab. Denn weil sie nicht lesen und schreiben konnten, waren sie für das eigentliche Mönchtum untauglich.

Im allgemeinen beherrschten damals nur diejenigen Menschen das Lesen und Schreiben, die zum geistlichen Dienst bestimmt bzw. darin tätig waren. An den Dom- und Kirchenschulen bekam der Weltklerus seine Bildung, und im Kloster erzog man sich in den Oblaten den eigenen Nachwuchs. Wollte nun aber ein erwachsener Christ die Conversio vollziehen, was damals soviel besagte wie ins Kloster einzutreten, so waren dem äußerst enge Grenzen gesetzt. Denn was sollte man im Kloster mit einem machen, der zur eigentlichen monastischen Aufgabe, dem Vollzug des Opus Dei, unfähig war? Die Einrichtung von Laienbrüdern gab es noch nicht, man brauchte sie auch nicht, denn Klosterhörige, Sklaven, Lehensleute, die Familiares, besorgten die wirtschaftlichen Dinge. Deshalb blieb es meist nur einzelnen, den Klosterstiftern oder Gönnern, vorbehalten, als dauernde Gäste im Kloster zu verweilen, ohne allerdings vollständig am Leben der Mönche teilzunehmen. Cluny besaß ungefähr achtzehn solcher Präbendare, die ihr Vermögen dem Kloster vermacht hatten, im und vom Kloster lebten und schließlich nach ihrem Tod in den Nekrolog, das Gedächtnisbuch, eingetragen wurden. Allen anderen jedoch war der Weg ins Kloster, zum Mönchsein und damit zu einer solchen vollkommenen Nachfolge Christi völlig versperrt. Mönch konnte nur werden, wer entweder bereits Weltkleriker war oder schon als Kind dem Kloster übergeben worden war, um es dort auf seinen zukünftigen Beruf, das Mönchsein, vorzubereiten. Diese gottgeweihten Kinder (lat. oblatus = dargebracht) bildeten in der fränkischen Zeit das Fundament jedes Klosters. Fast alle Klöster rekrutierten über das Oblateninstitut ihre Mönche. Nur ein relativ geringer Teil bestand aus Mönchen, die als gebildete Kleriker ins Kloster eingetreten waren. Der elterliche Wunsch der Oblation besaß übrigens eine bleibende, rechtsbindende Wirkung, die später von dem dann erwachsenen Kind nicht mehr geändert werden konnte.

b) Ein „Lösungsversuch"

Ein Beispiel, wenngleich zu Beginn des 11. Jahrhunderts, soll die Schwierigkeit jener Epoche, wie erwachsenen Christen die Nachfolge Jesu ermöglicht werden könne, verdeutlichen.

Um die Jahrhundertwende wurden sechs gewalttätige Ritter durch die Bußpredigt eines frommen, wandernden Priesters erschüttert und zur Conversio veranlaßt. Sie gaben alles unrecht Erworbene wieder zurück, verließen Familie und Heimat, um ihrem Meister treu nachzufolgen. Doch was sollte dieser mit büßenden Rittern tun, die nicht einmal einen Psalm auswendig kannten, geschweige denn lesen und schreiben konnten? Er verwies sie an den Erzbischof, doch auch dieser fand für sie kein Kloster oder einen sonst passenden Platz. Schließlich schickte der Priester sie wieder an den Ort ihrer früheren Untaten zurück, damit sie dort ein Leben in Buße führten; was die sechs entschlossen befolgten.

Auf dem Gebiet des Grafen von Löwen, nahe einer waldigen Straße, dem beliebten Ziel von Raubrittern, ließen sie sich nieder, erbauten ein Bethaus, ein Pilgerhaus, ein Hospiz sowie ihre bescheidenen Zellen. Ihrem Beispiel folgten noch weitere Ritter, die ebenso wie sie von ihrem gewalttätigen und räuberischen Leben ließen, um Buße zu tun und ein neues, religiöses, gottverbundenes Leben zu führen. Hier lebten sie nun, die wahren pauperes Christi, die Armen um Christi willen, ohne Priester, ohne Regel und kirchliche Anerkennung, gewissermaßen ein Vorspiel zur kommenden Armutsbewegung. Später kamen noch zwei aus Verdun vertriebene Mönche hinzu, die jene im monastischen Tun unterwiesen, nachdem die Lehrmönche aus England wieder weichen mußten. Sie führten schließlich das vollständige benediktinische Leben ein und gründeten damit das Kloster Afflighem (1075), das weitgehend aus „Laien" bestand. Nicht zuletzt deshalb erfreute sich die Stiftung großer Schenkungen und regen Zulaufes, so daß bereits um 1120 über 130 Mönche, Nonnen und Brüder in ihr lebten; offensichtlich in einer Art Doppelkloster.

Das Beispiel zeigt, wie schwer es war, mit den neuen Ansätzen einer individuellen, personalen Frömmigkeit, einer bewußten, im reifen Alter vollzogenen Conversio zu Rande zu kommen. Einzelnen war es zwar über Präbende, Inklusen- oder Einsiedlertum möglich, aber 130 oder gar mehr?

Was machten aber all jene erwachsenen Christen, die wegen ihrer fehlenden Bildung keinen Platz im Kloster fanden? Waren sie deshalb von der vollkommenen Nachfolge Christi, einer personalen Existenz, ausgeschlossen, oder gab es andere, neue Möglichkeiten? Die Suche nach einer Antwort, wie erwachsene, aber ungebildete Christen den vollkommenen Weg gehen können, war die treibende Kraft zu den zahlreichen kirchlichen Reformen und Ordensgründungen und auch zu den Häresien des beginnenden Hochmittelalters. Je nachdem, wie es einem Orden gelang, diese Frage zu beantworten, war ihm eine weitreichende Wirkung oder plötzliche Stagnation beschieden.

2. Eremiten und Inklusen

a) Die freieste Form der Nachfolge: Der Einsiedler

Zuerst wählte man die zwei traditionellen Möglichkeiten, das Inklusen- und Eremitentum, wobei vor allem das letztere die individuellste und freieste Nachfolge Christi erlaubte. Diesen Weg konnte jeder gehen, sofern er frei und kein Höriger war. Man baute sich auf Eigengrund oder im Einverständnis mit dem Besitzer an unzugänglichem Ort eine Zelle, oder aber man bezog eine natürliche Höhle. Ohne Regel und kirchlichen Segen - obgleich Synoden das Einsiedlertum an einen vorausgehenden Aufenthalt im Kloster geknüpft hatten - konnte sich der Einsiedler der Askese und Betrachtung hingeben. Oft standen die Eremiten mit dem nächsten Kloster in Verbindung, notwendig war es allerdings nicht.

Seit dem frühen 6. Jahrhundert lebten, wie Gregor von Tours in seiner Geschichte der Franken lobend erwähnt, in Gallien Eremiten. Von den späteren irischen Inklusen und Eremiten war bereits ausführlich die Rede (vgl. B, I, 6). Aus der nachfolgenden Zeit sind uns nur vereinzelt die Namen von Eremiten überliefert, was bei diesen individuellen, weltverachtenden Gottessuchern nicht überrascht und keineswegs etwas über ihre tatsächliche Verbreitung aussagt. Zweifellos wirkten die Eremiten auf die Lebenseinstellung der Menschen ihrer Umgebung, denn ihre persönliche Radikalität, dem Evangelium zu folgen, das Göttliche, Geistige zu suchen, ließ für jeden die Sinnfrage menschlichen Lebens anschaulich werden.

Ihre ehemaligen Wirkungsstätten, vor allem aber ihr Grab ehrte man durch Besuche und schmückte sie durch eine Kirche oder Klosterbauten. Man denke nur an den hl. Meinrad († 861), der seine Zelle im „finsteren Walde" baute, wo sich heute das bekannte Kloster Einsiedeln erhebt, das von seinem Nachfolger, dem Eremiten und späteren Abt Eberhard, gegründet wurde. Auch die Klöster St. Gallen, Beuerberg, Rottenbuch, Berchtesgaden, Zell am See oder Dietramszell, um nur einige zu nennen, gehen auf eine Einsiedlerzelle zurück, worauf heute noch die Silbe „zell" in manchen Ortsnamen hinweist. Nicht zu vergessen sind die heiligen Eremiten Gunter († 1045), Sebaldus († 11. Jh.) oder Heimerad († 11. Jh.). Heimerads Grab und Zelle wurden zum Anlaß für das spätere Kloster Hasungen. Ein weiterer Zeitgenosse Gunters war der Einsiedler Wonlef, der um 1013 in Sachsen starb, ohne, wie so viele, sichtbare Spuren seines geistigen Ringens und Wirkens zurückgelassen zu haben.

Der hl. Eremit Gunter. Sein Leben ist sehr aufschlußreich für die neu anbrechende Eremitenbewegung. Erst im reifen Alter von fünfzig Jahren vollzog der sächsische Grafensohn und „Laie" die Conversio. Er ging ins Kloster Niederaltaich, bildete sich dort zum Einsiedler und ließ sich schließlich im Bayerischen Wald nieder. Wiederum folgten Schüler, aber unerwünschter Besuch störte die Ruhe, weshalb Gunter die Einsiedelei nach Rinchnach nahe Zwiesel verlegte. Als Laie hatte er die Einsiedelei gegründet, als Laie leitete er sie. Daß sein Ideal monastisch geprägt war, macht seinem persönlichen Entwurf keinen Abbruch. Die kleine Gemeinschaft lebte nach der Benediktregel, rodete den Wald und missio-

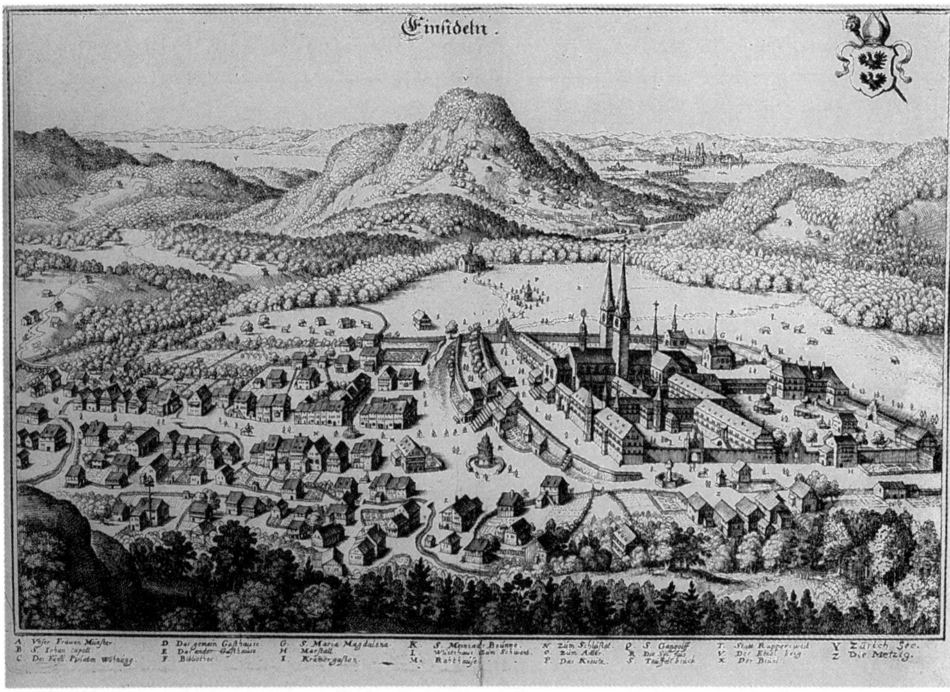

91 *Kloster Einsiedeln, Stich von Merian (1642); Einsiedeln, Klosterbibliothek. Zahlreiche Klöster sind an Orten von ehemaligen Einsiedlerklausen entstanden. Die Endung „Zell" verweist auf eremitischen Ursprung. Einsiedeln geht auf die Zelle des hl. Meinrad zurück.*

nierte die nähere Umgebung. Obwohl er mit Kaiser Heinrich III. befreundet war und seine Siedlung privilegiert wurde, harrte er 37 Jahre in strenger Askese, Armut und Einsamkeit aus und beendete, schließlich neunzigjährig, im Jahre 1045 sein Leben. Rinchnach wurde später Priorat von Niederaltaich.

Adalbert von Prag – Bischof, Eremit, Missionar, Märtyrer. Als weiteres, ebenso typisches Beispiel sei das Leben Adalberts von Prag (um 956–997) angeführt. Obwohl Adalbert zum Bischof von Prag erwählt wurde, liebte er die Einsamkeit mehr als das Amt. Er verließ deshalb Prag, zog nach Rom und trat in ein Kloster ein, das er allerdings wegen seines Amtes wieder verlassen mußte. Doch beim zweitenmal gelang ihm der endgültige Abschied von Prag, denn mit päpstlichem Segen zog er zu den heidnischen Ungarn, Polen und Pruzzen, um ihnen als wandernder Eremit das Evangelium zu verkünden. Schließlich erlitt er bei den Pruzzen das ersehnte Martyrium.

Gerade seine letzte Tätigkeit, die Predigt unter den Heiden, verbunden mit der Hoffnung auf das Martyrium, bildeten zwei wesentliche Merkmale der Eremitenbewegung des 10. Jahrhunderts, die sich nicht allein vom Ideal der Wüste ableiten lassen, sondern seine Eigenart ausmachen. Der hl. Romuald beispielsweise wünschte sich – ebenso wie Brun von

Querfurt, der Biograph des hl. Adalbert – das Martyrium. Brun verfaßte nicht nur die Vita des hl. Adalbert und die der „Fünf Brüder" – ebenfalls Eremiten und Missionare, die das Martyrium erlitten hatten –, sondern er selbst ging diesen Weg. Vom Tod Adalberts tief betroffen und durch die Worte Romualds bekehrt, legte er seine weltlichen Würden nieder, wurde Missionsbischof und erlitt mit achtzehn Mitbrüdern bei den Jadwigern das Martyrium (1009). Die vollkommenste Nachfolge Jesu, das Martyrium, war deshalb so begehrt, weil es, wie Brun von Querfurt schreibt, alle Sünden und Sündenstrafen auf einmal tilgt und der Mensch somit dem strafenden Gericht Gottes entgeht.

In den üblichen Geschichtsquellen finden wir direkte Hinweise über die Einsiedler nur dann, wenn sie im Ruf der Heiligkeit starben. Ansonsten werden sie nur beiläufig erwähnt. So berichtet Adam von Bremen in seiner Geschichte der Bischöfe von Bremen (1076) von mehreren Einsiedlern auf Helgoland. Ein anderes Beispiel ist jener Mainzer Bischof (Mitte des 10. Jh.), der sich während der Fastenzeit zu den nahen Einsiedlern zurückzuziehen pflegte, und Bischof Bruno von Köln († 965) verehrte und versorgte großmütig die Einsiedler seiner Diözese, denen er allerdings das Inklusenleben empfahl.

b) Inklusen

Neben dem Einsiedlertum bot das ihm so nah verwandte Inclusorium erwachsenen Christen eine weitere Möglichkeit zur Nachfolge (vgl. B, I, 6), die vorwiegend von Frauen in Anspruch genommen wurde, aber ebenso schwach wie das Eremitentum bezeugt ist. Wir nennen einige Beispiele.

Die heilige Wiborada († 926) ließ sich in St. Gallen einschließen und pflegte als Frau eine überaus harte Askese, die im auffälligen Gegensatz zum Leben der dortigen Mönche stand. Vielbesucht und mit verschiedenen Geistesgaben begnadet, erlitt die Inklusin während der Ungarneinfälle das Martyrium, denn im Gegensatz zu den geflohenen Mönchen verharrte sie in ihrer Klause. Die freie Zelle belegte nun ihre heiligmäßige Schülerin Rachhildis, der später Kerchillt und Perherata folgten, ebenfalls Schülerinnen der Heiligen. Etwas früher lebte die Klausnerin Luitberga von Michelstein, die um 870 starb. Die Inklusin Sisu, 10. Jahrhundert, verbrachte ein äußerst hartes asketisches Leben in einer kleinen, ungeheizten Zelle, und nur durch erwärmte, zugereichte Steine konnte sie sich vor dem Erfrieren schützen. Im 11. Jahrhundert sind Diemut und Herluka näher bezeugt: Die erste, eine überaus fleißige Buch- und Schönschreiberin, lebte als Inklusin bei Wessobrunn; Herluka dagegen, geisterfüllt und mit der Gabe der Weissagung beehrt, wirkte beispielhaft auf den Klerus im nahen Bernried. In Regensburg gab es, wie bereits erwähnt, achtzehn Inklusorien, und Köln besaß etwa fünfzehn. Diese Zahlen dürfen wir auch bei anderen, ähnlich großen Städten voraussetzen. Es erstaunt nicht, daß gerade aus dem 9. Jahrhundert die erste überlieferte Inklusenregel, die Grimlaicusregel, stammt; zeigt es doch nur, wie verbreitet diese Einrichtung damals gewesen war.

92 *Die heiligen Eremitinnen Cometa und Nicosa, Kupferstich von A. Collert nach Zeichnung von Marten de Vos (1606). Zahlreiche Frauen beschritten während des 10./11. Jahrhunderts den Weg zur Einsiedelei. Es war für sie teilweise der einzige Weg, die vollkommene Nachfolge Christi zu leben, da Klöster nur hochadeligen Frauen offenstanden.*

3. Das Jahrhundert der Eremiten – Mönche und Laienbrüder

Im 10. Jahrhundert wählten nur einzelne den individuellen Weg des Eremiten. Im darauffolgenden dagegen erlebte das Eremitentum im Abendland seine höchste Blüte. Zahllose Eremitendörfer entstanden in den Wäldern und Sümpfen, aus denen später teilweise die großen Eremitenorden mit ihren zönobitischen Elementen hervorgingen. Man kann geradezu von einem eremitischen Jahrhundert sprechen. Auf den hl. Romuald (um 952–1027) geht der Eremitenorden von Camaldoli zurück. Sein Schüler, der hl. Petrus Damiani (1007–1072), baute das Eremitorium Fonte Avellana zu einer Kongregation aus und begründete in zahlreichen theologischen Schriften die neue Lebensweise. Ein Zeitgenosse Romualds war Johannes Gualbertus († 1073), der das Eremitenkloster Vallombrosa errichtet hatte, das trotz seiner Strenge zahlreiche Niederlassungen gründen konnte. Trotz ihrer strengen, abgeschiedenen Klausur wirkten seine Mönche in ganz Oberitalien nachhaltig für das Ideal einer reinen Kirche.

Lagen die genannten Gründungen alle in Oberitalien, der zweiten Nitria, wie Zeitgenossen voller Verwunderung das Erblühen des alten ägyptischen Wüstenmönchtums in Europa benannten, so schuf der hl. Stephan von Muret († 1124) in der Einöde bei Limoges eine französische Einsiedelei, die schließlich zur „Mutter" von sechzig Tochtergründungen wurde. Hier, in Frankreich, stand auch die Wiege der Kartäuser, des größten europäischen Eremitenordens. 1084 legte der hl. Bruno in der Einöde der Grenobler Alpen dazu den Grundstein. Auch die Eremitenkongregation von Artige, nahe bei Limousin, gehört noch in dieses Jahrhundert, denn kurz vor 1100 errichteten die beiden venezianischen Pilger Marcus und Sebastian dort ihre Klausen, die zur Mutter von über dreißig Eremiteien werden sollten.

Mit dem Orden von Pulsano (Italien), gegründet vom hl. Eremiten Johannes von Matera († 1139), kommen wir zwar wieder in die „europäische Nitria", haben aber dafür bereits das 12. Jahrhundert erreicht, dessen erste Jahrzehnte jedoch noch von der Eremitenbewegung berührt wurden. Unabhängig voneinander entstanden in Oberitalien die „Orden" der Johannboniten, Brittiner, Wilhelmiten, Augustiner-Eremiten sowie die Eremitenvereinigung von Faboli. Doch nicht sehr lange bestanden diese individuellen Gründungen, denn

93 *Raum einer barocken Einsiedelei. Wohnraum innerhalb der Eremitage des Erzherzogs Maximilians III., des Deutschmeisters, an der Kapuzinerkirche in Innsbruck. Bis herauf ins Barock reicht die religiöse Tradition der Einsiedler. Herrscher und Bischöfe erbauten nahe ihren Residenzen solche Einsiedeleien in einer Art künstlicher Grotte, um sich dort mehrere Tage im Jahr der Einsamkeit und dem Memento mori zu widmen.*

auf päpstlichen Druck mußten sie sich 1256 zu dem großen Orden der Augustiner-Eremiten zusammenschließen, weshalb sie in der Geschichte keine nennenswerten Spuren hinterlassen haben. Nur den Wilhelmiten gelang es, sich aus dieser Verbrüderung wieder zu lösen und als selbständiger Orden bis zur Säkularisation bescheiden weiterzuleben. Bei diesem Zusammenschluß verloren die „Orden" nicht nur ihre Selbständigkeit, sondern auch weitgehend ihre eremitische Lebensweise. Denn nun wurden sie zum offiziellen Dienst am Evangelium bestellt und mußten in der Stadt leben, Seelsorge und Wissenschaft betreiben. Ähnlich ging es den Eremiten vom Berge Karmel (Karmelitenorden). Die Anfänge liegen im dunkeln. Nach der Befreiung des Heiligen Landes hatten sich auf dem Berg Karmel einzelne Eremiten niedergelassen, um in der Nähe der Wüste die ursprüngliche Lebensweise der alten Eremiten zu pflegen. Ende des 12. Jahrhunderts war der Verband bereits so groß, daß der Patriarch von Jerusalem ihnen eine Regel gab bzw. bestätigte. Doch auch diese Eremitenvereinigung zwang 1247 ein päpstliches Dekret, Seelsorge, Predigt, Beichte und das gemeinsame Leben zu übernehmen, so daß seine eremitischen Anfänge weitgehend aufgehoben waren. Im Zeitalter des Barock werden wir auf den Orden abermals zu sprechen kommen. Denn in jener Epoche erblühte noch einmal das Institut der Eremiten, das aber nicht nur fromme Einsiedler erfaßte, sondern auch hochadelige Landesherren, die sich neben ihrem prächtigen Schloß häufig eine Eremitage errichteten, in die sie sich zeitweise zu Kontemplation und Buße zurückzogen.

a) Der hl. Romuald: Büßer, Prediger, Einsiedler

An den beiden Eremiten, dem hl. Romuald (um 952–1027), und seinem Schüler, Petrus Damiani (1007–1072), läßt sich die besondere Intention des damaligen Eremitentums gut nachzeichnen. Die erste Begegnung mit Kloster und Buße „verdankte" Romuald einer Bluttat seines Vaters, des Herzogs Sergius von Ravenna. Für ihn ging er vierzig Tage ins Kloster zu Ravenna, um stellvertretend die kirchlich verhängte Buße abzuleisten. Obwohl erst zwanzigjährig, büßte er mit einer solchen Strenge, daß die Mönche das wahre Entsetzen ergriff. Ihr Unwille wurde noch größer, als sie sahen, daß er bei ihnen dieses Büßerleben fortzusetzen gedachte. Romuald blieb drei Jahre im Kloster, wechselte aber dann vom milden Zönobitentum zum harten Einsiedlerleben, das er bei Marinus, einem nahe bei Ravenna lebenden Eremiten, erlernen wollte. Später urteilte er nachsichtig über die bizarre Askese seines Meisters und übersah großzügig dessen Unbeständigkeit und ewiges Suchen nach neuen, ausgesuchten Martern. Bei ihm lernte er lesen und schreiben, kam aber zugleich auch mit der ständigen Gefährdung aller Eremiten, Disziplinlosigkeit und willkürliche Freiheit, in Berührung. Um dieser Gefahr zu entgehen, gab er später seinen Schülern die Benediktregel als Richtschnur zur Hand, zugeschnitten auf die eremitisch büßende Lebensweise. Deshalb nannte ihn Brun von Querfurt „Vater der vernünftigen Eremiten, die nach einem Gesetz leben". Aus dieser Tat entwickelte sich später, um 1100, der Orden von Camaldoli, obwohl Romuald weder einen Orden geschaffen noch eine Regel verfaßt hatte. Wie üblich, so hatte er auch bei Camaldoli, im Hochtal der Abruzzen gelegen, nur eine lose Eremitenkolonie gegründet, ohne den Anspruch oder das Ziel eines Ordens.

94 *Blick in die Einsiedelei von Camaldoli. Jedes Haus bildet eine abgeschlossene Einsiedelei. Im Gegensatz zu den Kartäusern führt kein überdachter Gang zur Kirche.*

Doch zurück zu seiner Biographie. Der Doge Orseolo von Venedig, der schon längst sein weltliches Amt mit dem Weg der Vollkommenheit tauschen wollte, besuchte immer wieder die beiden Einsiedler. Eines Tages kam der Abt von St. Michele de Cuxá zu ihnen, der sie überreden konnte, ihr Büßerleben in seinem Pyrenäenkloster zu führen, was sie mit zwei weiteren Gesinnungsgenossen in heimlicher Flucht auch wagten.

Hier nun, in dieser aufblühenden, geistig hochstehenden und streng benediktinisch lebenden Abtei, nach dem Muster von Cluny, lernte Romuald Wesentliches für seinen späteren „Orden". Romuald und Marinus durften eine Einsiedelei nahe dem Kloster beziehen, Orseolo und die beiden anderen traten ins Kloster ein. Doch die Einsiedler waren in allem dem Abt unterstellt und lebten nach der gemeinsamen Benediktregel. Mit den Mönchen aßen sie im Refektorium, mit ihnen feierten sie den Gottesdienst und hielten die kirchlichen Horen.

Romuald konnte hier seine Bildung vervollständigen und lernte dabei die Schriften der Väter, vor allem die Cassians (vgl. A, V, 5), kennen. Denn alle Mönche mußten über die Fastenzeit ein asketisches Werk der Väter lesen. Nach den „Lehr- und Studienjahren" in Cuxá zog es Romuald wieder in die Heimat zurück. Seine erste Zelle errichtete er in den Sümpfen bei Ravenna. Täglich zog er zur Predigt aus, ermahnte in flammender Rede die Zuhörer zur Buße, deren Merkmale er selbst am Körper trug. Zahlreiche Schüler fanden sich ein, und nicht wenige Zweifelnde suchten seinen Rat oder die Hilfe der Beichte. Romuald mahnte später immer wieder seine Eremiten, oft zur persönlichen Beichte zu gehen.

Auf der unwegsamen und sumpfigen Insel Pereum, dem Kloster S. Apollinare (Ravenna) gehörend, gründete er eine große Einsiedlerkolonie, in der man nach dem Muster der Wüste lebte. Denn jeder Eremit besaß ein eigenes Häuschen, lebte, „kochte", arbeitete und betete für sich; nur sonntags versammelten sie sich zum gemeinsamen Gottesdienst.

Doch das ungesunde Klima der Sümpfe bescherte vielen Asketen einen frühen Tod. Romuald, den ein ungestümes Gemüt plagte, blieb nicht allzulang bei seinen Schülern. Spätestens nach zwei Jahren zog er weiter und beteiligte sich an den Gründungen Fonte Avellana, S. Croce di Verghereto sowie dem späteren „Kloster" Camaldoli. Viele Äbte und Klöster, zum Beispiel S. Maria di Pomposa, konnte er bewegen, neben dem Kloster eine Einsiedelei für die zum Büßerleben bekehrten Mönche zu errichten.

Obwohl Romuald den Einsiedlern Beständigkeit auferlegte, zog er selbst Buße predigend von Ort zu Ort. Kein Geringerer als Kaiser Otto III. hörte seine Worte, und bis nach Istrien führte ihn sein Wollen. Dort gründete er das Eremitenkloster Parenzo. Die Missionspredigt bei den heidnischen Ungarn scheiterte schließlich an seiner zerrütteten Gesundheit. 1026 zog er sich schließlich in die Klause nahe der Abtei Val di Castro zurück, doch bereits ein Jahr darauf (1027) starb er.

b) Kloster und Plan von Camaldoli

Die Intention des Eremitentums wollen wir am Plan der Einsiedelei von Camaldoli aufweisen. Daß wir, wie bisher auch, dabei idealtypisch vorgehen, sollte nicht vergessen werden. Deshalb können im konkreten Einzelfall mannigfaltige Variationen sich zeigen, doch nur die Reduktion auf das Typische läßt die gemeinsame innere Zielsetzung sichtbar werden.

Die Gründung erfolgte in den Jahren 1023/26 unter maßgeblicher Beteiligung des Bischofs von Arezzo, in dessen Diözese das Eremitorium liegt. Von den ursprünglichen Bauten ist heute freilich nichts mehr zu sehen, aber die Konzeption blieb erhalten (Abb. 95). Zur Anlage gehört auch das etwa drei Kilometer tiefer im Tal gelegene Kloster Fontebuono, das der dritte Prior (1074–1082) errichtet hat. Hier lebten und leben die Laienbrüder, hier wurden die Gäste empfangen und beherbergt, die Novizen aufgenommen und kranke Eremiten versorgt. Auch der Verwalter der umfangreichen Klostergüter, die in Pachtwirtschaft oder Lehensweise vergeben worden waren, hatte hier seine Bleibe.

Betrachten wir nun den Grundriß der Einsiedelei. Der ganze Bezirk wird von einer umlaufenden Mauer gefaßt und gliedert sich abermals in zwei Teile. In Teil I liegen alle einzelnen Häuschen der Eremiten, in Teil II dagegen die gemeinsam benützten Gebäude; beide Teile sind wiederum durch eine Mauer getrennt.

Teil I – Die Einsiedler. Konsequent bewahrt dieser Teil die ursprüngliche eremitische, d. h. die vereinzelte Lebensweise. Kein einziges gemeinsames Gebäude liegt in diesem Bezirk. Nur die einzelnen Häuschen, unregelmäßig, ohne System und Ordnung verstreut, werden von ihm umfaßt. Selbst die Kirche liegt außerhalb. Teil II erscheint dazu wie ein nachträgliches Anhängsel, ein Zugeständnis an die Gemeinschaftlichkeit der menschlichen Natur, denn architektonisch gesehen, bilden beide Teile keine Einheit.

Innerhalb der Eremitei liegen insgesamt neunzehn Häuschen, die alle in etwa den gleichen Grundriß und die gleiche Größe besitzen. Zu jedem Häuschen (26) gehört ein abgeschlossener Garten (26a), gefaßt von einer umlaufenden Mauer (26b), in die eine kleine bescheidene Pforte (26c) zur „Straße" eingefügt ist. Das Haus ist in mehrere Räume unter-

1: Haupteingang
2: Umfassungsmauer
3: Kirche
4: Sakristei
5: Anbetungskapelle
6: Kapitelsaal
7: Erstes Refektorium
8: Keller
9: Zentrale Küche
10: Zweites Refektorium
11: Eingang und Treppenhaus
12: Pforte
13: Holzplatz
14: Hühnerstall
15: Stallungen und Schuppen
16: Gästehaus mit Klosterladen
17: Kapelle St. Antonius
18: Sprechzimmer
19: Gästehaus
20: Wäscherei
21: Heizungsraum
22: Gästehaus
23: Einsiedelei des hl. Romuald, darüber Bibliothek
24: Garten des Heiligen
25: Eingang zur strengen Klausur, dem Bezirk der einzelnen Häuschen
26: Haus eines Eremiten
26a: Garten
26b: Umfassungsmauer
26c: Eingang
27: Friedhofskapelle
28: Friedhof
29: Kapelle der Vision (des hl. Bruno)

95 *Plan der Einsiedelei Camaldoli*

teilt und darf nur vom Bewohner selbst betreten werden. Kranke Mönche werden ins Kloster gebracht. Eine Hausseite, allerdings ohne Fenster, grenzt jeweils an den Garten des Nachbarn. In diesem Gehäuse verbrachte und verbringt der Einsiedler sein ganzes Leben. Ursprünglich kochte sogar jeder für sich und gestaltete die Askese nach eigenem Gutdünken, wobei der Steigerung keine Grenzen gesetzt waren. Üblicherweise sollte jeder täglich zweimal den Psalter beten, das sind 300 Psalmen. Sein Bußwerk, so wurde das Gebet verstanden, konnte er durch begleitendes Geißeln verstärken. Petrus Damiani verfaßte eine eigene Abhandlung über die Selbstgeißelung, der, wie er in einem Brief schreibt, nie genug getan werden kann: „Wenn es erlaubt ist, sich 50 Geißelhiebe zu geben, so kann man sich auch 60 geben oder 100, ja sogar 1000, denn was gut ist, kann niemals übertrieben werden" (Eo. I, VI. ep. 27). Das Stundengebet betete, wie schon erwähnt, jeder für sich. Später jedoch pflegte man bestimmte Horen gemeinsam in der Kirche zu absolvieren. Jeden Sonntag nach der Messe fand das Kapitel statt, in dem die Mönche offen ihre Verfehlungen bekannten.

Die tägliche Nahrung bestand aus Wasser und Brot; nur donnerstags und sonntags gab es eine kleine Zukost an Gemüse, Obst und Kräutern. Anfangs bereitete jeder sein Essen selbst, nur für das sonntägliche Mahl wurde gemeinsam gekocht. Später jedoch kochten die Brüdermönche für alle, und Petrus Damiani erlaubte seinen Brüdern sogar täglich etwas Wein. Immer, auch im härtesten Winter, gingen sie barfuß, und selbst auf Reisen erlaubten sie sich kein neues Gewand. Während der Fastenzeit trugen sie zusätzlich das Cilicium, ein rauhes Büßergewand. Strengstes Schweigen herrschte überall und beständig, nur donnerstags und sonntags gewährte man den Novizen die Möglichkeit zu einem kurzen Gespräch. Alle Anweisungen zur Buße und Kasteiung galten nur als allgemeinste Regel, als ein Mindestmaß, das jeder nach Belieben überschreiten konnte und sollte. Manche Eremiten beispielsweise aßen während der ganzen Fastenzeit überhaupt nichts, andere wiederum schwiegen beständig, und dritte wälzten sich in Dornen oder peinigten sich anderweitig.

Innerhalb der Einsiedelei liegen noch Friedhof (27) mit Kapelle (29) sowie ein kleines Oratorium zur Erinnerung an die dortige Vision des hl. Romuald. Er sah hier – wie einst Jakob – den Himmel offen und eine Leiter, die von der Erde bis zum Himmel reichte.

Teil II – Das Gemeinsame. In ihm liegt die Kirche (3) mit dem deutlich erkennbaren, bis weit über die Mitte greifenden Chorgestühl der Mönche. Der Rest des Kirchenraumes diente den Brüdern und den wenigen Gästen. Ursprünglich betraten die Eremiten nur sonntags zur gemeinsamen Feier der heiligen Messe die Kirche. Links davon befindet sich die Sakristei (4). Der Kapitelsaal (6) liegt wie üblich rechts von der Kirche, ihm schließt sich das Refektorium (7) der Mönche an. Das zweite Refektorium sowie die übrigen Gebäude dienen bis heute den Brüdern und wirtschaftlichen Zwecken. Das Sprechzimmer (18) für Besucher und untereinander ist sehr weit nach vorne verlegt, um die Ruhe nicht zu stören. In Nr. 21 wurde später die Wäscherei untergebracht, anfangs wusch jeder Eremit seine Kleidung selbst.

Betrachten wir abschließend das Gesamte. Die Anlage ist ganz dem eremitischen Ideal untergeordnet. Jedes Häuschen ist gewissermaßen eine kleine Einsiedelei. Die wenigen Gemeinschaftsräume liegen sogar außerhalb des Eremitoriums. Es gibt keine besondere Wohnung des Abtes, keine Schule, keine Bibliothek (Nr. 23 wurde später eingerichtet), keine gemeinsamen Werkstätten. Die ganze Anlage ist so konzipiert, daß der einzelne völlig ungestört sein Büßerleben führen konnte.

c) Die Laienbrüder

Wir versuchten, das Eremitentum im Zusammenhang mit der Entwicklung einer individuellen und personalen Religiosität zu sehen, die sich im Wunsch der „Laien", die Nachfolge Christi selbst zu leben, zeigte. Es erstaunt deshalb nicht, daß gerade die individuell lebenden Eremiten dafür ein offenes Ohr hatten und als erste den Laien die Möglichkeit dazu boten.

Romualds „Orden" bestand, wie übrigens alle weiteren Eremitenorden auch, nur aus erwachsenen Christen, wobei Herkunft und Bildung nebensächlich waren. Je nach Eignung wurden die einen Eremiten, Priester, Mönche, die anderen aber Konversen oder Brudermönche. Beide zusammen aber bildeten die Einsiedelei. Die Brüder besorgten im Kloster die wirtschaftlichen Angelegenheiten, ohne jedoch umfangreiche Feldarbeiten zu verrichten, denn die Eremitorien besaßen, mit Ausnahme der Kartäuser, nach damaliger Sitte hinreichenden Grundbesitz, den sie auf Lehens- und Zehntwirtschaft betrieben. Dennoch waren die Konversen keine Familiares wie in Cluny oder Klosterhörige fränkischer Reichsabteien, die in sklavischer Abhängigkeit die Felder bestellten, sondern freie Christen, die aus eigenem Entschluß sich in den Dienst des Klosters begaben, um auf ihre Weise die Nachfolge Christi leben zu können. Nachdem sie ihren Besitz verschenkt hatten, legten sie wie die Mönche die Gelübde ab, gelobten dem Abt Gehorsam und versprachen die Beständigkeit. Auch ihr Ziel war die Selbstheiligung, die sie allerdings im Dienen und in einer freieren Lebensform erreichten. Wie beliebt diese Einrichtung war, beweisen beispielhaft die Belegzahlen der Einsiedelei Fonte Avellana. Dort lebten zwanzig Mönche, aber auch fünfzehn Brüder.

d) Conversae – Laienschwestern

Was über die Probleme einer vollkommenen Nachfolge Christi ungebildeter Christen gesagt wurde, gilt in noch größerem Maße für die Frauen. Für sie war es außerordentlich schwierig, einen angemessenen Weg zu finden, denn alle abendländischen Orden waren in erster Linie als Männerorden gegründet worden, und erst in zweiter Linie wurde auch Frauen der Zugang zur klösterlichen Lebensform geöffnet. Dies gilt auch für die Eremiten, und doch kommt ihnen das Verdienst zu, als erste auch Frauen aufgenommen und als Laienschwestern in ihre Gemeinschaft integriert zu haben. Der bereits erwähnte Eremitenorden des hl. Johannes Gualbertus († 1073) in Vallombrosa war hier der Wegbereiter. Johannes war zeitweise Eremit in Camaldoli, doch zog er ein strengeres Leben vor, wobei er allerdings dem Kloster den Vorzug gab. Seine Eremiten lebten gemeinschaftlich im Kloster, frei von jeder Handarbeit, nur der Betrachtung, Askese und Buße ergeben. Nach seinem Tode aber kam es zu einer bedeutsamen Änderung, denn die Mönche erlaubten nun Frauen, als Konversen bei ihnen einzutreten und am geistlichen Leben teilzuhaben. Die Conversae wohnten unter Anleitung eines betagten Konversen in einem Haus nahe beim Kloster und besorgten das Häusliche. Rasch machte das Vorbild Schule. Schon um 1090 gab es vierzehn Abteien mit einem weiblichen Konversenhaus. Selbst in der Stadt entstanden nach dieser Idee Frauenkonvente, so beispielsweise in Florenz. Die Gemeinsamkeit dauerte jedoch keine hundert Jahre. Die Häuser wurden wieder aufgehoben, und ein eigener weiblicher Zweig durch die hl. Humilitas (1226–1310) gegründet. Die etwa zehn weiblichen Niederlassungen Vallombrosas führten wie das männliche Pendant ein ausgesprochen kontemplatives Büßer- und Einsiedlerleben, das sich allerdings innerhalb eines Klosters vollzog und entsprechende gemeinschaftliche Räumlichkeiten besaß. Nach dem Vorbild von Vallombrosa führte Mitte des 12. Jahrhunderts auch Camaldoli die Schwesternhäuser ein. Einen Schritt weiter ging der kleine Eremitenorden von Pulsano. Ihr Gründer, der hl. Johannes von Matera († 1139), schuf gleich von Anfang an eine Art Doppelkloster, wo Frauen und Mönche räumlich getrennt, aber unter einer gemeinsamen Regel lebten. Allerdings war dem Orden nur eine kurze Lebensdauer beschieden.

Camaldoli war ursprünglich nur eine unter den vielen Siedlungen, die auf Romuald zurückgehen. Doch schon um 1125 hatte es sich zum Sitz eines Klosterverbandes entwickelt, der schließlich insgesamt 44 Klöster bzw. Einsiedeleien umfaßte. Sein erster Prior, von Romuald selbst eingesetzt, gab der Gründung die spirituelle Prägung, der dritte (1074–1087) jedoch fixierte die Konstitutionen und milderte die ursprüngliche Strenge. Camaldoli konnte im Gegensatz zu der Kongregation von Fonte Avellana seinen Einsiedlercharakter bewahren. Heute noch leben in der abgelegenen Stille des Abruzzentales Menschen nach dem Ideal Romualds.

Betrachten wir abschließend noch einmal die Eremitenbewegung auf ihre wesentlichen Aspekte und versuchen eine allgemeine Aussage. Das Eremitentum entwickelte sich zögernd im 9./10. Jahrhundert und erreichte in seinen Orden während des 11. Jahrhunderts den Höhepunkt. Es ist unter anderem aus dem Streben einzelner erwachsen, die aufgrund fehlender Bildung keine Möglichkeit zur Nachfolge im Kloster finden konnten. Geistig gesehen, führte die Vorstellung des kommenden Gerichtes Gottes zur radikalen Askese und rigorosen Buße.

Trotz der individuellen Züge des Eremitentums wirkten noch die alten Ideale des Mönchtums, indem die Benediktregel in modifizierter Form übernommen wurde. Andererseits verstanden sie das Gebet als eine Form der Buße, was sich mit dem benediktinischen Ideal keineswegs deckt. Auch ihre harte, uns heute unmenschlich erscheinende Askese wurzelte in ihrem Gottesbild. Wie groß die Furcht vor dem Gericht Gottes war, zeigt die Sehnsucht nach dem Martyrium, das alle Sündenschuld tilgt und jede Strafe aufhebt. In diesem Sinne verstand sich Romuald als Prediger der Buße, und nicht umsonst empfahl er seinen Schülern die wöchentliche Beichte. Erhellend für die Bußgesinnung mag die Vision eines Mönches aus dem Kloster Petershausen sein. Als er sich vor dem Richterthron Gottes stehen sah, bat er flehentlich, noch einmal auf die Erde zurückkehren zu dürfen, „damit ich mich selbst mit Ruten züchtige und mich dadurch einigermaßen reinigen möge; denn diese Art der Buße ist am schnellsten wirksam" (Chronik von Petershausen).

Der Aspekt der Individualisierung, wie wir ihn bei den Eremiten sahen, ist verbunden mit Schuld und Buße. Betrachtet man die Mythen, Religionen und Legenden der Menschheit, so zeigt es sich, daß immer dann von Schuld und Vergehen die Rede ist, wenn Menschen einen individuellen Weg gingen oder gegangen sind. Anscheinend ist ohne diese Erfahrung, wie sie schon in Heraklits Wort „Alles Dasein ist Schuld" zum Ausdruck kommt, der Weg zum Selbst nicht möglich.

III. Das Ideal der Urgemeinde überwindet die Klostermauer

Die Anfänge von Cluny, Brogne, Gorze und anderen Klöstern verstanden wir als bescheidenen Beginn einer geistig-religiösen Bewegung, die allmählich den begrenzten Kreis des regulären Mönchtums zu sprengen versuchte und andere Formen religiösen Lebens anstrebte. Bei den Versuchen, neue Wege zu gehen, blieben trotz allem die ungebildeten Christen und die Frauen weitgehend unberücksichtigt. Immer noch standen die hohe Hürde eines fast ausschließlich priesterlichen Mönchtums sowie die Bindung der Stiftung an Sippe und Familie einer allgemeinen Verwirklichung der Nachfolge Christi entgegen. Sollte es sich jedoch, wie wir annehmen, um eine stärkere Entwicklung zum Personalen und Individuellen hin handeln, so müßten weit mehr Menschen an diesem Prozeß beteiligt gewesen und weitere Möglichkeiten als Kloster und Mönchtum gegeben sein, was dann auch tatsächlich der Fall war. Während des 11. Jahrhunderts wurden die Weichen zu dieser Entwicklung gestellt. Jetzt entdeckten Christen ganz neu die humilitas, die Demut Gottes und wollten eben auf diese Weise Christus nachahmen. Dem dienenden Christus konnte jeder – auch Frauen – nachfolgen, dazu bedurfte es keiner theologischen Bildung oder einer eigenen Klosterstiftung, ja nicht einmal eines besonderen Ordens mehr. Wenn auch das 11. Jahrhundert noch nicht so weit ging, sondern das neu erkannte Ideal überwiegend im Rahmen des üblichen Mönchtums verwirklichte, so begann doch damals der Wandel. Beispielgebend waren die Klöster Cluny, St. Blasien, Vallombrosa, Fruttuaria, Siegburg und Hirsau, das weitaus die größte Bedeutung erreichte. Zeitgenossen haben die Neuerung deutlich erfaßt und in ihr ein Wiedererblühen des Urchristentums gesehen. Hören wir dazu die Worte des Chronisten Bernold von St. Blasien (1054–1100) aus dem Jahr 1091:

„In dieser Zeit war gemeinsames Leben im Reiche der Deutschen an vielen Orten in Blüte, nicht allein bei den Geistlichen und den Mönchen, die mit größter Frömmigkeit ein gemeinsames Leben führten, sondern auch bei Laien, welche sich und ihre Güter zu ebensolchem Leben demütigst anboten, und obwohl sie der Kleidung nach nicht als Geistliche oder Mönche erschienen, diesen dennoch, wie man glaubt, keineswegs an Verdiensten nachstanden. Denn sie machten sich um Christi willen jenen zu Knechten, ihm nacheifernd, der nicht gekommen ist, sich bedienen zu lassen, sondern zu dienen; der auch die, welche ihm nachfolgen, gelehrt hat, durch Dienen zur Erhöhung zu gelangen. Da sie nämlich der Welt entsagten, begaben sie sich mit ihren Gütern zu den Genossenschaften der Geistlichen und Mönche, welche nach einer Regel lebten, um in Gehorsam gegen diese mit ihnen gemeinsam zu leben und ihnen zu dienen gewürdigt werden. Deshalb hat die Mißgunst des Teufels gegen den hochbewährten Wandel dieser Brüder einige Feinde erweckt, die an ihrem Leben mit böswilligem Zahne nagen, obwohl sie dieselbe nach dem Vorbild der ursprünglichen Kirche gemeinsam leben sah."

Bernold spricht von einer allgemeinen Bewegung erwachsener Christen, die nun durch Armut und Dienen das monastische Leben auf eine andere, aber nicht weniger gültige Weise erreichten. Weil sie dem demütigen (humilis), dienenden Christus nachstrebten, erfüllten sie fraglos sein eigentliches Vermächtnis und verwirklichten damit den kühnsten aller menschlichen Träume, daß der Herrschende freiwillig seine Macht abgibt. Wie schwierig dieses hohe menschliche Ideal zu verwirklichen ist, belegen die stürmischen Jahre des Hochmittelalters, wo ein Versuch den anderen jagte und die neuen Aufbrüche durch Dogma, Kirchenrecht, Ordenssatzung und Scholastik beendet wurden.

1. Hirsau: Laienbrüder, Frauen und Predigt

Obwohl die Ansätze zur Veränderung weit gestreut lagen, wollen wir die gesamte Entwicklung wesentlich am Beispiel von Hirsau erläutern, zumal dessen Impulse am stärksten wirkten.

a) Die Gründung und ihre Zielsetzung

Das Schwarzwaldkloster geht auf eine verfallene Gründung der Grafen von Calw aus dem 9. Jahrhundert zurück, die aber im 11. Jahrhundert von ihnen erneuert wurde. Der Graf, ein Neffe des Papstes, konnte sich nämlich dessen Drängen nicht länger verschließen, das eingezogene Vermögen wieder seinem ursprünglichen Zwecke, einem Kloster, zuzuführen. Im Jahre 1059 wurde das alte Aureliuskloster neu fundiert und mit Mönchen aus Einsiedeln belegt. Doch waren offensichtlich Mönche und Eigenkirchenherren auf die Dauer mit dem Abt nicht zufrieden, denn nach zehn Jahren schickten ihn Graf und Konvent wieder nach Einsiedeln zurück. Nun wählte man 1069 den Mönch und einstigen Oblaten, Wilhelm von St. Emmeram in Regensburg. Wilhelm (1030–1091) nahm das Amt an, verzichtete aber formal auf die Würde des Abtes, solange der rechtmäßige Inhaber noch lebte. In Hirsau beobachtete man die Benediktregel gorzischer Prägung.

Wilhelm und später auch der Graf waren mit dem Verlauf der Stiftung und ihrem Ziel unzufrieden. Beide wollten wirkliche Mönche, d. h. Menschen, die nach Selbstheiligung strebten und würdig das Opus Dei vollbrachten. Beide kamen 1075 überein, ihre Vorstellung endgültig zu verwirklichen und schriftlich niederzulegen. Der gräfliche Eigenkirchenherr verzichtete für sich und seine Nachkommen auf all seine bisherigen Rechte, damit im Kloster „ungestört und beständig das Opus Dei vollbracht werde“ (Gründungstext). Rückhaltlos schenkte er Gott sein gesamtes kirchliches Vermögen, um sich und seinen Nachkommen Vergebung der Sünden und himmlischen Lohn zu erwirken. Im einzelnen bestimmte die Urkunde: Dem Konvent allein steht das Recht zu, den Abt zu wählen und abzusetzen, falls er beispielsweise die Güter verschleudert, Lehen vergibt oder gemeinsame Sache mit den Bischöfen und Kaisern macht. Dann sind Graf, Vogt, Klerus und Konvent sogar aufgefordert, den Abt zu entfernen. Die Vogtei soll in Händen der Stifterfamilie bleiben, sofern sich ein taugliches Mitglied findet. Doch dürfen Abt und Konvent jederzeit einen anderen wählen, wenn jener seinen Pflichten nicht nachkommt oder Unrechtes verlangt. Der Vogt wiederum darf keine Untervögte ernennen, und jeder, der das Kloster beraubt oder schädigt, muß eine entsprechende Buße an den Kaiser bezahlen.

Wir sehen, die Tendenz der Stifter und Eigenkirchenherren, ihren geistlichen Besitz ganz Gott zu schenken und den Mönchen ein ungestörtes und reines, monastisches Leben zu ermöglichen, setzte sich fort. Durch das Verbot, Lehen auszugeben, sollte einer Verweltlichung des Klosters vorgebeugt werden, damit Hirsau sich nicht, wie die alten Reichsabteien, Ministerialen und Lehensträger hält und einen Hof bzw. Hofstaat zulegt. Deshalb stellte der Graf die Abtei nicht unter kaiserlichen Schutz bzw. tradierte sie nicht dem Kaiser, denn sonst hätte sie unweigerlich politische und kulturelle Aufgaben im Reich übernehmen müssen. In Zwiefalten und Petershausen warnten die Gründer geradezu die

Mönche, sich Lehensträger zuzulegen, denn dies sei der Anfang vom Ende monastischen Lebens. Hier wie in Cluny waren es abermals die Eigenkirchenherren und „Laien", die ein wahrhaftiges Mönchtum erstrebten und ermöglichten. Auch die weiteren Vorbehalte – ja keine gemeinsame Sache mit Bischof und Kaiser zu machen – zielten darauf, das Kloster vor irdischen Verstrickungen zu bewahren und den geistlichen Charakter der Stiftung zu sichern. Schließlich trat der Graf noch selbst in Hirsau ein und vollzog damit, was er durch seinen Verzicht bereits angedeutet hatte: Es geht weit mehr um eine persönliche Nachfolge als um ein Eigenkloster mit stellvertretend büßenden und betenden Mönchen. Im Vergleich zu Cluny, Fruttuaria und St. Victor wurde Hirsau nicht exemt und nicht mit entsprechenden päpstlichen Privilegien ausgezeichnet.

b) Die Laienbrüder

Die Chronisten berichten von einem großen Zustrom an Menschen nach Hirsau, denen Wilhelm die Möglichkeit einer Conversio gegeben habe. Sein Biograph Heimo schreibt dazu: „Die Mönche unterrichtete er in Demut, Liebe, Eifer und Frömmigkeit; die Bischöfe, Priester und andere Kleriker förderte er durch Unterweisung und seine Autorität; die Laien brachte er zu Bekehrung und demütiger Unterwerfung; den Jungfrauen, Witwen und Frauen predigte er Reinheit und Keuschheit; den Armen Christi und Pilgrimen riet er durch Wort und Beispiel, mit dem Geringen zufrieden zu sein, die Welt und all ihren Ruhm mit Füßen zu treten. So flohen alle Christgläubigen zu ihm wie an eine Mutterbrust und machten durch ihn in Gott große Fortschritte."

Wilhelm predigte offensichtlich außerhalb der Klausur und erreichte, daß viele Christen die Conversio vollzogen, und zwar in „demütiger Unterwerfung", d. h. durch Dienen im Kloster. Zu seiner Hörerschaft zählten Frauen ebenso wie die Armen, die er durch „Wort und Beispiel" die Welt zu verachten lehrte. Wenn Hirsau ganz unterschiedliche Leute zur Nachfolge ermunterte, so mußte es auch verschiedene Wege dafür anbieten. Einer dieser Wege war das Institut der Laienbrüder, Konversen oder Bärtlinge, wie sie nach ihrer langen Barttracht auch genannt wurden. Laienbrüder konnten alle männlichen Christen, auch die nichtadeligen, werden.

Über sie berichtet Heimo folgendes:

„Es hatte nämlich der liebwerte Vater voll glühendem Seeleneifer als erster die Einrichtung getroffen, daß Mönche in ihren äußeren Beschäftigungen sich der zuverlässigen Arbeit der Laienbrüder bedienten, wofür die Mönche als Gegenleistung für die seelischen Bedürfnisse der Laien sorgten. Die Laienbrüder sollten nach bestem Können außerhalb der Klausur die Klosterzucht der Mönche einhalten und sie in ihrer Arbeit an der Sittenbesserung nachahmen ...

Zu den nächtlichen Vigilien kommen alle in die Kirche, doch wird ihnen wegen ihrer schweren Arbeit am Tage nur eine kurze Matutin gesungen. Wer will, kann hernach zu seinem Bette zurückkehren, die anderen bleiben in der Kirche, bis die Mönche ihre Nokturnen vollenden. In aller Frühe hören sie die Messe, und dann begeben sie sich zum Kapitel, wo sie für ihre verschiedenen gelegentlichen Verfehlungen um Verzeihung bitten und von ihrem Meister die Buße erhalten. Hierauf – wenn nötig nach der Beichte ihrer Sünden – begibt sich jeder an die ihm aufgetragene Arbeit. Sie haben nämlich innerhalb und außerhalb der Zelle die verschiedensten Geschäfte zu besorgen, was sie so getreu, ehrsam und fleißig tun, als wäre es ihnen von Gott selbst aufgetragen. Sie besitzen kein Sondereigentum; wie es in der Apostelgeschichte heißt, legen sie alles zusammen, und was der einzelne braucht, das erhält er dann. Bei Erledigung ihrer Geschäfte vermeiden sie nicht nur Zank und Scheltworte, sie enthalten sich dabei auch aller müßigen Reden. Ihren Oberen gehorchen sie und machen, auch wenn sie außerhalb ihrer Zellen sind, ohne deren Erlaubnis keine weiten Reisen.

Sie kommunizieren immer am Sonntag, so daß die eine Hälfte an einem Sonntage, die zweite am folgenden den Leib und das Blut des Herrn ehrfurchtsvoll empfangen; an den höchsten Festtagen gehen sie alle zum Abendmahle. Wer eine Reise macht, der kommuniziert an diesem Tage, wenn er bis zum nächsten Sonntag nicht zurückzukehren hofft. Nach ihrer Rückkehr bitten sie für ihre Reise um Verzeihung. Mit dem Küchendienst – sie bereiten die Speisen für sich, die Mönche und die Gäste – wechseln sie jede Woche. Sie essen gemeinsam und bedienen sich gegenseitig. Zur Komplet kommen sie ebenso wie zu den Nokturnen alle oder doch beinahe alle, hernach begeben sie sich stillschweigend zu den Betten."

Der Bericht Heimos bedarf keiner langen Erklärung. Die Konversen bilden einen eigenen Stand innerhalb des Klosters, ohne im Vollsinn Mönche zu sein, weil sie das Opus Dei nicht vollziehen konnten und sollten. Still wohnten sie im eigenen Chorteil, der in Hirsau fast die Hälfte der Kirche einnahm (Abb. 96), bestimmten Gebetszeiten der Mönche bei, ohne allerdings aktiv daran teilzunehmen. Getrennt wie in der Kirche lebten sie in ihren eigenen Klosterräumen, dem Refektorium, dem Dormitorium und dem Kapitelsaal. Ansonsten glich ihr Leben dem der Mönche, wenngleich ihr Gebetspensum weit geringer war. Sie standen unter der Benediktregel, gingen zur persönlichen Beichte, bewahrten das beständige Schweigen, verzichteten auf jeden Eigenbesitz und wurden schließlich auf dem Klosterfriedhof beerdigt. In der Küche, Backstube, dem Garten und auf dem Felde wirkten sie, aber auch am Kirchen- und Klosterbau schätzte man ihr Können. Doch waren sie keineswegs die typischen Landarbeiter, die in harter und langer Arbeit Feld und Flur bestellten, denn die Arbeit mußte sich dem eigentlichen religiösen Leben unterordnen. Der Weg zum Mönchtum blieb ihnen grundsätzlich versagt; Konverse dagegen konnte jeder Freie werden, auch wenn er nichtadelig war. Mit dieser Neuerung sprengte Wilhelm die Standesschranken und verwirklichte damit die christliche Brüderlichkeit. Laut Trithemius soll es in Hirsau 150 Mönche, 60 Konversen und 50 Oblaten gegeben haben. Die Zahlen sprechen für sich. Oblaten nannte man in diesem Zusammenhang Christen, die ihr Vermögen und sich selbst dem Kloster bzw. dem Klosterheiligen übergeben haben, aber bis zu ihrem Tode in ihrer angestammten Bleibe verharrten.

c) Hirsau formt sich nach Cluny

Als Wilhelm in Hirsau sein Amt antrat, lebte man dort nach der Benediktregel gorzischer Prägung. Er selber kam aus St. Emmeram, einem Kloster gleicher Richtung. Diese monastische Lebensart genügte Wilhelm offensichtlich nicht, denn er entschloß sich, das „reinere" Mönchtum, wie Cluny es erstrebte, nachzuahmen. Von seinem Schulfreund, Abt Udalrich von Cluny, erbat er sich die dortigen „Gewohnheiten" (Consuetudines) und schickte zum Erlernen noch einige Mönche in die Musterabtei. Während der Jahre 1083–1088 verfaßte Wilhelm die sogenannten „Hirsauer Konstitutionen", die im wesentlichen der Vorlage entsprachen.

Ganz nach dem Vorbild Cluny gliederte sich somit auch der Organismus Hirsau. An oberster Stelle regierte der Abt, der zu seiner Hilfe einen Prior besaß. Innerhalb der Klausur sorgte ein Klosterprior für die Befolgung der Regel. Die Verwaltung der Höfe und Zellen oblag dem Decanus villarum, aber über das Gesamtvermögen waltete der Kämmerer. Der Cellerar besorgte die Verpflegung; ihm zur Seite standen die Fruchtverwalter (Granatarius), Kellermeister und Gärtner. Im Refektorium amtete der Refectoriarius, und die liturgischen Geräte sowie das Kirchengebäude betreute der Apokrisarius. Der Ostiarius empfing und verpflegte die berittenen Gäste, die unberittenen aber der Almosenier. Dieser verteilte die Almosen, besuchte die Dürftigen des Dorfes und betreute mit einigen Helfern die gesamte Wasserversorgung. Der Aufseher des Krankenhauses und die Circatores (Beobachter, die das Kloster durchschritten und dabei entdeckte Unregelmäßigkeiten beim Kapitel vorbrachten) beendeten die Ämterfolge.

Ganz nach dem Vorbild Clunys pflegte man das Schweigen; nie durfte in der Kirche, dem Dormitorium und Refektorium sowie der Küche gesprochen werden. Um das Notwendigste mitzuteilen, bediente man sich einer präzisen Zeichensprache. In der Liturgie blieb Hirsau ebenfalls Cluny treu. Es übernahm die Marienkapelle, die für hirsauische Re-

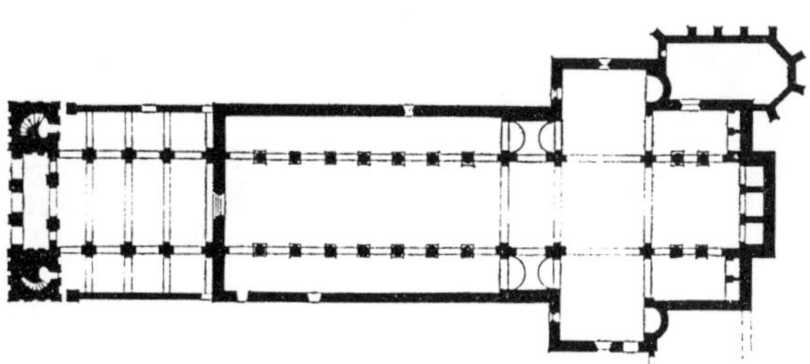

96, 97 *Hirsau, Grundriß der Klosterkirche St. Peter und Paul (1082–1091) und Rekonstruktion der Westfassade.*

formklöster obligatorisch werden sollte. Täglich zog der Konvent nach der Matutin und der Vesper in Prozession zu dieser Kapelle; den Kranken diente sie auch als Kirche.

Eigene Wege beschritt Wilhelm, was die Oblation von Kindern betraf. Ohne Hemmungen verwarf er den Brauch, der schwerlich eine persönliche Entscheidung erlaubte; und dies, obgleich er selbst Oblate gewesen war. Damit nahm er dem Adel die billige Möglichkeit, untaugliche Kinder dem Kloster zu übergeben, zugleich aber betonte er damit die Notwendigkeit einer freien, persönlichen Entscheidung für Religion und Christentum. Wie Cluny, so erlaubte auch Hirsau Laien die Professio in extremis und gestattete ihnen eine Beerdigung in der Vorhalle, besonderen Gönnern sogar im Kapitelsaal.

Wilhelm und sein Kloster wurden um Reform und Neugründungen gebeten. Sechs eigene Priorate schuf Hirsau, zehn neue Stiftungen konnte es belegen, und neunzehn Klöster wurden direkt von ihm aus reformiert. Zählt man noch die Abteien hinzu, die von den „Töchtern" Hirsaus, Schaffhausen, St. Georgen, Petershausen, Corvey, Berge, Prüfening, Admont und Michaelsberg, nach dem Muster von Hirsau, allerdings ohne dessen „Freiheit" erneuert wurden, so kommt man etwa auf einhundert Klöster; und dies zu einem Zeitpunkt, wo gerade die Gorzer Erneuerung erfolgt war. Daß bereits eine Generation nach der Gorzer Reform fast alle Reichsklöster das Mönchtum nach dem Beispiel Clunys, wenn auch in modifizierter Weise, durch Hirsau, St. Blasien und Siegburg vermittelt, annahmen, verweist auf die allgemeine Umbruchstimmung und das beständige Suchen dieser Epoche. Die Erneuerung lief übrigens ausschließlich über die Bischöfe und Eigenkirchenherren.

2. Inklusen, Mägde, Doppelklöster und Frauenkonvente

Obwohl Wilhelm von Hirsau ein neues, größeres Kloster baute, gewährte er, ähnlich wie Cluny, Frauen keinen Raum. Dies ist um so erstaunlicher, da er doch Frauen predigte, Inklusinnen persönlich betreute und Klöstern, die er unmittelbar erneuerte oder begründete, Frauenkonvente angeschlossen hatte. Es mag eine Frage der Zeit gewesen sein, daß Wilhelm erst später diese Möglichkeit erwog. Vielleicht waren er und seine Ratgeber auch von dem Andrang überrascht. Außerdem hatte Wilhelm darin einen neuen und schwierigen Weg zu beschreiten, denn die Integration der Frau und des Weiblichen in Gesellschaft, Religion und Geistigkeit war und ist eine der schwierigsten Aufgaben abendländischer Selbstwerdung. Wilhelm und seine Klöster gingen das Wagnis ein. Wie mutig und schwierig dieser neue Weg war, belegt das 12. Jahrhundert, das trotz seiner revolutionären Erneuerungen sich hier eher rückschrittlich zeigte. Bei den Bettelorden werden wir darauf genauer eingehen.

Das Ideal des demütigen Christus und das der Urgemeinde boten während des 11./12. Jahrhunderts Ansätze zu einer Lösung. Wir zitieren dazu nochmals aus der Chronik Bernolds von St. Blasien aus dem Jahre 1091: „Aber nicht allein eine unzählige Menge von Männern, ebenso viele Frauen hatten in diesen Zeiten eine solche Lebensform übernommen, um in Gehorsam gegen Geistliche oder Mönche in Gemeinschaft zu leben und ihnen täglich nach Art der Mägde demütig zu dienen. Selbst auf den Dörfern strebten zahl-

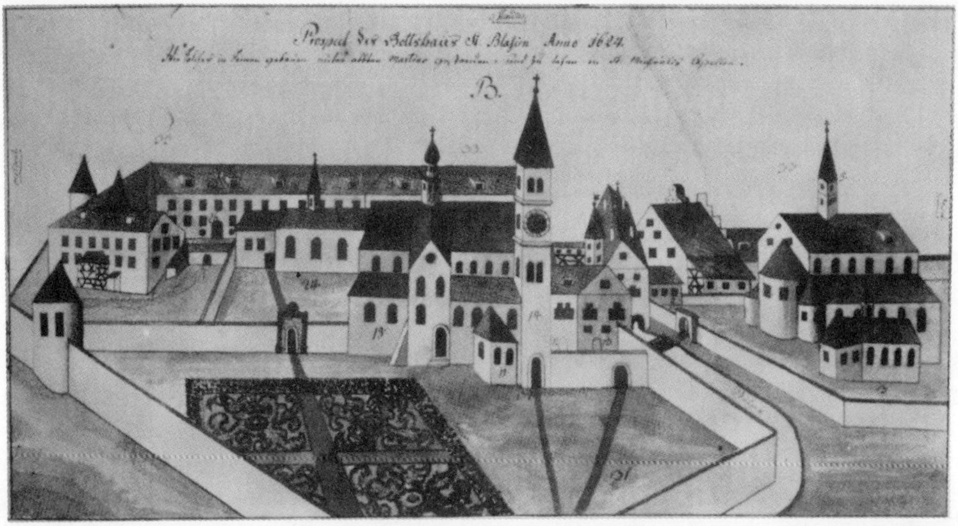

98 *Ansicht des Klosters St. Blasien. Federzeichnung (1624), Stift St. Paul im Lavantal. Das ehemalige Doppelkloster wurde von Hirsau 983 besiedelt und entwickelte sich während des 11. Jahrhundert selbst zu einem Reformzentrum, das die Gewohnheiten von Fruttuaria übernommen hatte.*

lose Bauerntöchter danach, der Ehe und der Welt zu entsagen und im Gehorsam gegen irgendeinen Priester zu leben, und nicht weniger führten Eheleute eine geistige Ehe und gehorchten den Geistlichen in äußerster Demut. Ein derartiger Eifer blühte aber in Alemannien, daß sich viele Dörfer vollständig dem geistlichen Leben ergaben und sich gegenseitig an Heiligkeit der Sitten zu übertreffen suchten.“

Nach Bernold war es geradezu eine „Massenbewegung“, die zum Dienst am und im Kloster drängte. Im Dienen bestand die neue Möglichkeit, dem demütigen Christus selbst nachzufolgen. Damit war für jeden ein Weg zur Nachfolge Christi eröffnet. Man brauchte dazu keinen Grundbesitz mehr, mußte weder lesen noch schreiben können, noch von vornehmen Eltern abstammen, allein der Wunsch und die innere Bereitschaft, seinem Eigenwillen zu entsagen, genügten. So konnten nun in Hirsau und seinen Reformklöstern auch Bauern und Freigelassene eintreten.

a) Inklusinnen – jetzt Schwestern in Christo

Wilhelm von Hirsau predigte öffentlich und bekehrte zahlreiche Menschen zu einem Leben der Buße und Demut. Was machten nun die Klöster mit Frauen, die zum Teil auf ihre Predigt hin die Conversio vollzogen? Das altbekannte Inclusorium wurde abermals propagiert und an vielen Klöstern auch erneut gelebt, jedoch mit deutlich anderen Akzenten. Die Eingeschlossenen waren kein unbekanntes „Anhängsel“ mehr, sondern Schwestern in Christo, die man ebenbürtig ehrte und deren vorbildliches Leben sich einer Biographie würdig erwies. Die geänderte Einstellung sehen wir beispielsweise an den bereits erwähnten Inclusinnen Herluka und Paulina, auf deren Leben wir kurz eingehen wollen.

Herluka († 1127). Die Selige war Magd einer Gräfin, die ihr um des religiösen Lebens willen die persönliche Freiheit schenkte. Wilhelm betreute Herluka, die sich schließlich mit seinem Einverständnis in Epfach am Lech als Einsiedlerin niederließ. Mehrere Frauen schlossen sich ihr an, und Herluka leitete 36 Jahre ohne priesterliche Aufsicht die frauliche Gemeinschaft, die übrigens in bitterer Armut lebte. Aus unbekannten Gründen verjagten aufgebrachte Bauern die Frauen, die daraufhin bei den Chorherren von Bernried bereitwillig Unterkunft fanden. Herluka wurde dort Inklusin. Wir wollen nicht von ihrer Askese, ihrem Einfluß auf Klerus und Volk, ihren zündenden Reden wider Simonie und verheiratete Priester, noch von ihren charismatischen Gaben sprechen, denn darin lag nur ein persönlicher, kein neuer Akzent. Daß sie aber als einfache Magd allein die persönliche Nachfolge Christi leben konnte und daß Paul von Bernried († um 1150) ihr eine umfangreiche Biographie widmete, in der er nicht nur ihr asketisches Leben beschrieb, sondern billigte, lobte und den „laikalen" Weg geradezu rechtfertigte, darin lag das Ungewöhnliche. Paul war übrigens hirsauisch beeinflußt und propagierte fleißig die Conversio außerhalb des Klosters.

Paulina († 1107). Ebenfalls eng mit Hirsau verbunden war die vornehme Eremitin und Klosterstifterin Paulina. Nach dem Tod ihres zweiten Mannes unternahm sie eine Wallfahrt nach Rom. Zurückgekehrt, entsagte sie allem Reichtum und jeder Herrschaft, verließ

99 *Ruine des ehemaligen Doppelklosters Paulinzella, 1106 von der adeligen Eremitin Paulina gegründet. In der Reformation aufgehoben.*

die heimatliche Stätte und zog als bescheidene Eremitin in den Thüringer Wald. Hier führte sie mit einigen Schülerinnen ein Leben in evangelischer Armut, harter Askese und beständiger Handarbeit, ganz nach dem Vorbild des demütigen Christus. Übrigens lebte die Gemeinschaft ohne einen Priester. Ihr beispielhaftes Leben veranlaßte mehrere Verwandte und Freunde, darunter ihren Vater, den ehemaligen kaiserlichen Mundschenk, sowie ihren Sohn, die Conversio zu vollziehen. Beide traten in Hirsau ein, das sich später um Paulina und ihre Siedlung sehr angenommen hatte. Mit Hilfe Hirsaus gründete Paulina 1106 schließlich das Doppelkloster Paulinzella.

Die beiden Biographien machen deutlich, daß Frauen um diese Zeit wirklich Schwestern in Christo waren. Selbständig gingen sie ihren Weg und vermochten ohne männliche Oberaufsicht die Nachfolge zu leben. Ja noch mehr, Paul von Bernried pries ihr Leben geradezu als exemplarisch. Eine solche Wertschätzung der Frauen werden wir in der weiteren monastischen Entwicklung kaum wieder finden.

b) Die Doppelklöster

Unter Doppelkloster versteht man einen Frauen- und Männerkonvent, die juristisch, meist unter dem Abt, eine Einheit bilden, räumlich häufig, jedoch nicht unbedingt, zusammengehören. Bei den Kanonissen haben wir bereits Ähnliches kennengelernt. Auch das östliche Mönchtum unter Basilius pflegte die Doppelklöster, die später allerdings unter Justinian solch einschneidenden Gesetzgebungen unterworfen wurden, daß sie fast gänzlich ausstarben. Im Abendland gab es ebenfalls Verbote, so auf der Synode von Agde (506), die jede räumliche Einheit von Männer- und Frauenklöstern untersagte, ja schon eine unmittelbare Nähe verbot. Dessen ungeachtet kam es dennoch seit dem 7. Jahrhundert im Abendland, vor allem in Spanien, England und im Karolingerreich, zu mehreren Gründungen, wobei nicht wenige aus der Conversio ganzer Familien hervorgegangen waren, denn nur so konnten Ehegatten gemeinsam die Nachfolge verwirklichen.

Aber erst während des 11. Jahrhunderts erreichte diese Einrichtung unter dem Einfluß von Hirsau ihre eigentliche Blütezeit. In Hirsau bestand zwar kein Doppelkloster, obgleich dort anfangs zahlreiche Frauen als Mägde und Inklusinnen lebten. Wilhelm schickte die Frauen später in das neu gegründete Nonnenkloster zu Kentheim. Doch in den eigenen Gründungen oder reformierten Klöstern förderte dagegen Hirsau großzügig diese Einrichtung.

Der Chronist des Doppelklosters Petershausen, um 1150, preist diese Einrichtung und rechtfertigt sie mit dem Hinweis auf das Beispiel der Apostel: „Hier ist auch darauf hinzuweisen, daß die frommen Frauen gemeinsam mit den heiligen Jüngern Gott dienten; es ist daher nach diesem Beipiel nicht zu tadeln, sondern eher zu loben, wenn Klosterfrauen in den Klöstern der Diener Gottes Aufnahme finden, damit beide Geschlechter am gleichen Ort, wenn auch voneinander getrennt, zum Heil geführt werden“ (Vorwort 9).

Von den Doppelklöstern, die unter der Ägide Hirsaus während des 11./12. Jahrhunderts entstanden sind, wollen wir einige nennen: Zwiefalten, Petershausen, St. Georgen, Schaffhausen, Neresheim, Kastl, Fischingen, Wagenhausen, Rheinau, Benediktbeuern, Engelberg, Ottobeuren sowie Admont, das wiederum zahlreiche andere Klöster reformierte und diese Einrichtung vermittelte. Auch die Klöster Seeon, Asbach, Comburg, Biburg, Mallersdorf, Michelfeld und Michaelsberg, die unter Bischof Otto von Bamberg (1062–1139) erneuert wurden, gaben sich während des 11./12. Jahrhunderts ebenso einen Frauenkonvent wie Plankstetten, Wessobrunn, Holzen, Prüll, Weihenstephan und Niederaltaich. Das Doppelkloster war bei den Reformklöstern eher die Regel als eine Ausnahme. Eigenständig hirsauisch beeinflußte und gegründete Nonnenklöster waren Urspring (Schwaben), St. Johann bei Zabern und Ramsen in der Oberpfalz.

Die Doppelklöster hirsauischer Prägung bildeten immer eine rechtliche und wirtschaftliche Einheit unter einem gemeinsamen Abt, gestützt auf die verbindliche Benediktregel. In den Frauenkonventen ließ der Abt sich durch eine Meisterin vertreten, denn es herrschte eine strenge Klausur. Häufig besaßen die Nonnen neben ihrer selbständigen Wohnung auch eine eigene Kirche; der Friedhof war beiden gemeinsam.

Einerseits lag dem Doppelkloster das apostolische Vorbild zugrunde, andererseits war es eine notwendige Folge dieser Idee. Die strenge Klausur verhinderte nämlich eine wirtschaftliche Tätigkeit, und das geringe Vermögen der Frauen – sie kamen selten aus dem begüterten Adel – gewährte keine ausreichende Grundlage. Erst etwa ein Jahrhundert später, als überwiegend reiche Frauen eintraten und das Ideal am Verblassen war, konnten eigene, unabhängige Frauenklöster entstehen. Zudem ermöglichte das Doppelkloster die gemeinsame Conversio von Eheleuten, die nun gleichzeitig in ein Kloster eintreten konnten. Wie groß der weibliche Anteil in den Doppelklöstern war, mögen einige Beispiele veranschaulichen: Neresheim besaß um 1121 acht Mönche, 25 Konversen und 13 Nonnen. In Zwiefalten (1138) lebten 70 Mönche, 130 Konversen und 62 Nonnen. Engelberg besaß zu Beginn des 13. Jahrhunderts 40 Mönche und 80 Nonnen. Um 1530 waren es mehr als 200 Frauen, aber nur 20 Mönche. Im Kloster Fischingen lebten Mitte des 13. Jahrhunderts 140 Mönche und 125 Frauen. Rheinau dagegen besaß um die gleiche Zeit einen bedeutend größeren Männerkonvent: 109 Mönche und nur 30 Sanctimoniales bildeten die Gemeinschaft. Allein im Reich der Deutschen erhöhte sich während der genannten Zeit die Anzahl der Frauenkonvente um mehr als das Dreifache, von 150 auf 500.

Diese vielversprechende Entwicklung sollte nicht lange anhalten, denn bereits Mitte des 12. Jahrhunderts gingen die Klöster dazu über, den Frauenkonvent räumlich auszugliedern oder ihn sogar ganz aufzulassen. Deshalb finden wir aus dieser Blütezeit des Mönchtums keine baulichen Zeugnisse mehr. Engelberg dürfte die Tradition am längsten bewahrt haben, denn erst 1615 verlegte es die Frauen nach Sarnen. In Italien war es vor allem die Kongregation von Vallombrosa, die um 1090 Doppelklöster und Nonnenkonvente erlaubte. Ihr folgten zu Beginn des 12. Jahrhunderts auch die Kamaldulenser und Humiliaten. Außerdem gründete der Benediktinerabt Jordanus Forzatus († 1248) in Padua noch drei Doppelklöster, die ebenfalls eine gemeinsame Regel, Kirche, Güterverwaltung und einen Prior besaßen. Doch auch den italienischen Doppelklöstern blieb eine spätere Trennung (13./14. Jh.) nicht erspart.

100 *Großcomburg, um 1079 von Hirsau aus besiedelt und mit dem Frauenkonvent in Kleincomburg als Doppelkloster gegründet. 1488 Umwandlung des Benediktinerklosters in ein adeliges Chorherrenstift mit nur acht Präbendaren (Kirche 1705–1715 barockisiert, 1803 säkularisiert).*

3. Die Kanoniker: Das apostolische Leben

Bisher sprachen wir immer wieder von einer Erneuerung des Mönchtums bzw. eines persönlich verstandenen Christentums, wobei von Klöstern, Konversen, Frauen und Eremiten die Rede war. Doch was war mit dem Klerus, den Priestern, Bischöfen, Domkanonikern und Diakonen? Ging an ihnen alles spurlos vorüber, ohne daß sich ein Bedürfnis nach einer anderen, personaleren Form der Religiosität regte?

Betrachten wir die allgemeine Kirchengeschichte, so zeigt sich, daß gerade in dieser Zeit Priester und Kleriker harter Kritik ausgesetzt waren, denn ihre bisherige Form, Angestellte bei einem Eigenkirchenherrn oder nahezu Hörige eines fast allmächtigen Bischofs zu sein, vertrug sich nicht mehr mit dem apostolischen Ideal. Ebenso kritisch betrachtete man die Auffassung, daß geistliches Amt und geistliches Gut (Sakramente, Weiheakte usw.) objektive „Dinge" wären, die ebenso käuflich wie verkäuflich sein können und unabhängig von der Würde des Spenders wirksam und gültig sein sollten. Seit Mitte des 11. Jahrhunderts befaßten sich zahlreiche Synoden mit dem Kauf kirchlicher Ämter, der Priesterehe und der Investitur von Äbten und Bischöfen durch die Laien. Auf den römischen Synoden der Jahre 1074, 1075 und 1078 verboten Päpste und Bischöfe die Ehe der Priester, suispendierten die verheirateten vom priesterlichen Dienst und erklärten alle Amts- und Weihehandlungen von simonistischen Klerikern (Priester, Äbte, Bischöfe, die gegen Geld ihr Amt bekamen) für ungültig. Die Amtseinsetzung der Geistlichen durch die Laien (Laieninvestitur) untersagten sie unter Androhung des Kirchenbannes.

Doch längst vor diesen amtlichen Entscheidungen gingen vereinzelt Klerikergemeinschaften den neuen Weg und versuchten ihr Christsein persönlicher, existentieller zu verwirklichen. Sie schlossen sich zusammen, lebten, wohnten und wirkten gemeinsam. Freiwillig unterwarfen sie sich der Regel des hl. Augustinus und verzichteten so auf persönlichen Besitz, auf Ehe und eigenen Willen.

Wiederum waren „Laien" bei der Reform beteiligt, denn die Eigenkirchenherren verzichteten abermals freiwillig auf ihre Kirchen, die sie nun anstatt Mönchen den Kanonikern, wie die Kleriker sich nannten, übertrugen. Die Kanoniker nahmen nicht nur die Kirchen in Besitz und erfreuten sich deren Einnahmen, sondern sie wirkten in den Gotteshäusern und widmeten sich der allgemeinen Seelsorge. Getragen vom apostolischen Vorbild, nahmen die Kanonikergemeinschaften bereitwillig ihre Brüder und Schwestern, Konversen und Konversinnen, in ihre Klöster auf.

a) Säkular- und Regularkanoniker, Chorherren und die Regel des hl. Augustinus

Bevor wir der Entstehung der regulierten Kanoniker nachgehen, sei kurz ihre Geschichte gestreift, denn Kanoniker gab es schon in der Frühzeit der Kirche. Ursprünglich waren es Kleriker, die zum liturgischen und karitativen Dienst an einer Bischofskirche bestimmt und deshalb in den dortigen Kanontafeln eingetragen waren, wovon sich ihr Name ableitet. Die Kanontafeln benutzte man in der Liturgie, um der diensttuenden, das Opfer darbringenden Kleriker namentlich zu gedenken. Häufig lebten sie mit ihrem Bischof gemeinsam an „ihrer" Kirche, von der sie auch den Unterhalt bezogen. Das bekannteste, aber keineswegs einzige Beispiel für ein kanonikales Leben ist der hl. Augustinus, der an seine Bischofskirche in Hippo ein Kloster für seine Kleriker angeschlossen hatte (vgl. A, V, 3c).

Da später der größte Teil ihres geistlichen Dienstes im feierlichen Stundengebet bestand, das im Chor der Kirche abgehalten wurde, nannte man sie auch Chorherren. Kanoniker sind – im Gegensatz zu den Mönchen, die anfangs stets Laien waren und hinter den hohen Mauern des Klosters ihre persönliche Conversio lebten – von ihrem Ursprung her immer Weltgeistliche, die zur Seelsorge und zum allgemeinen, öffentlichen Gottesdienst bestellt waren. Die Grenzen zwischen Mönch und Kanoniker wurden unter dem Einfluß der irischen Missionare fließend (vgl. B, I), doch bei den Karolingern wieder eindeutig. Ludwig der Fromme schrieb per Gesetz allen Domklerikern ein gemeinsames Leben in einem Claustrum vor, erlaubte ihnen allerdings Privatbesitz, eigene Räume sowie umfangreiche Vergünstigungen in Speise und Trank. Deutlich wollte er sie von den Mönchen geschieden wissen, denn sie sollten den offiziellen göttlichen Kult vollbringen, Schulen unterhalten und als Prediger dem Volk Gottes und dem Reich dienen. Deshalb privilegierte er sie weit mehr als die Mönche und gestattete ihnen ein freieres, „weltlicheres" Leben.

Ihre Freiheiten, vor allem der Privatbesitz, die reich gedeckte Tafel sowie die später übliche Trennung zwischen Benefizium (Entschädigung) und Offizium (geistlicher Dienst), ließen sich in einer Zeit, die das urchristliche Modell der Brüderlichkeit neu entdeckte, nicht mehr mit dem Ideal eines apostolisch lebenden Priesters vereinbaren. Denn häufig genug bezogen die Kanoniker nur den Gewinn der Pfründe, den geistlichen Dienst dagegen ließen sie durch einfache, billig unterhaltene Geistliche verrichten. Deshalb kam es während des 11. Jahrhunderts zur lautstarken Kritik an ihrem Wandel. Auf der Lateransynode in Rom (1059) verwarfen die Väter sämtliche karolingischen Vergünstigungen und forderten nachhaltig ein wirklich gemeinsames Leben in persönlicher Armut, Keuschheit und Demut. Der entsprechende Kanon (IV) lautet: „Wir ordnen hiermit an, daß diejenigen der genannten Weihegrade (Priester, Diakone und Subdiakone), die gehorsam unserem Vorgänger die Keuschheit bewahren, bei den Kirchen, für die sie bestimmt sind, wie es sich für fromme Kleriker geziemt, gemeinsam essen, gemeinsam schlafen und alle kirchlichen Einkünfte gemeinsam haben sollen. Und wir bitten und mahnen, daß sie mit aller Kraft bestrebt sein sollen, zu der apostolischen, d. h. der gemeinsamen Lebensweise zu gelangen."

Die Regel bzw. Regeln des hl. Augustinus galten als ideale Richtschnur kanonikalen Lebens. Die Kanoniker des 11. Jahrhunderts unterschieden sich gegenüber den karolingischen nicht dadurch, daß sie nach einer Regel lebten – daher die Bezeichnung Regularkanoniker –, sondern weil sie eine Regel befolgten, die sie weithin den Mönchen ähnlich machte. Die Kanoniker Aachener Obödienz dagegen nennt man Säkularkanoniker, weil sie letztlich eben nicht monastisch, sondern in der Welt (saeculum) lebten, da sie ihr irdisches Vermögen, das Privateigentum, behielten und auch weitgehend das gemeinsame Leben im Domkloster aufgegeben hatten. Beide beriefen sich auf das Vorbild der Apostel und die Autorität des hl. Augustinus. Unter seinem Namen waren damals mehrere Regeln im Umlauf, wobei wir heute wissen, daß nur eine einzige, das sogenannte Praeceptum, von ihm stammt (vgl. die ausführliche Besprechung in A,V). Diese theologischen Grundlagen brüderlichen Zusammenlebens ergänzte und bearbeitete im 7. Jahrhundert Fructuosus von Braga für seine bischöflichen Klöster, dennoch galt die überarbeitete Fassung weiterhin als augustinisch. Wohl ebenfalls aus dieser Zeit stammt die „augustinische" Mönchsregel (ordo monasterii), ein anonymes Werk, das in kleinlicher und präziser Weise das Leben im Kloster reguliert. Es verlangt unter anderem strengstes Fasten, die tägliche Handarbeit und beständiges Schweigen. Obwohl ihre Rigorosität mit der Güte und Freiheit augustinischen Denkens im offenen Widerspruch stand, galt sie als sein eigenhändiges Werk. Eine weitere Regel, die Aachener Konstitutionen, hatte Ludwig der Fromme für den Domklerus erlassen. Das Regelwerk fußt auf zahlreichen Stellen der Väter, einschließlich des hl. Augustinus. Diese drei Regeln, die mehr oder minder direkt für den Domklerus bestimmt und geeignet waren, beriefen sich auf das Vorbild der Apostel und die Autorität des hl. Augustinus. Selbstverständlich galt dies auch für Regeln der Kanonissenstifte.

Die Auseinandersetzung um die nunmehr unbestrittene Form des gemeinsamen Lebens mußte notgedrungen zu einer Klärung der Regeln führen. Im allgemeinen blieben der Dom- und Kathedralklerus trotz massiver Kritik bei der Aachener Regel, ebenso die Kanonissen. Die neuen Kanoniker aber hatten sich zwischen den beiden übrigen zu entscheiden. Der Großteil wählte das „Praeceptum", die eigentliche Augustinusregel. Sie fühlten sich dem ursprünglichen, alten Ideal verpflichtet, weshalb sie sich etwa ab 1130 auch Ordo antiquus (alte Lebensform) nannten, im Gegensatz zu jenen Kanonikern, die sich für die „augustinische" Mönchsregel, Ordo novus, entschieden hatten. Die monastische Regel übernahmen einige Kanonikerstifte, vor allem das bedeutende Springiersbach in der Eifel, sowie der Kanonikerorden der Prämonstratenser. Der Ordo novus war strenger; er verbot jegliche Fleischspeisen, gewährte keinen Tropfen Wein, forderte die tägliche Handarbeit, das beständige Fasten und Schweigen sowie das mönchische, dunkle wollene Gewand anstatt des besseren weißen aus Leinen.

b) Leben und Wesen der Kanoniker am Beispiel Rottenbuch (1074)

Aus der großen Anzahl von Kanonikerstiften – nach Heimbucher gab es im ganzen Abendland etwa 4500 – wählen wir das bayerische Rottenbuch, obgleich es nicht das älteste war, den deutschen Kulturraum jedoch prägte. Das Stift St. Rufus bei Avignon wurde schon 1039 gegründet und reformierte etwa 110 Stifte. Nicht weniger wirksam war die ebenfalls französische Kongregation von Arrouaise (1097).

Rottenbuch (Abb. 101) fußte typischerweise, wie auch viele andere Kanonikerstifte, auf eremitischem Leben. Denn vor seiner Gründung lebten bei der alten Kirche, dem sogenannten Altenmünster, nicht näher bezeugte, aber mit der bereits erwähnten Herluka befreundete Einsiedler. Sigibot dürfte einer von ihnen gewesen sein, der durch Krankendien-

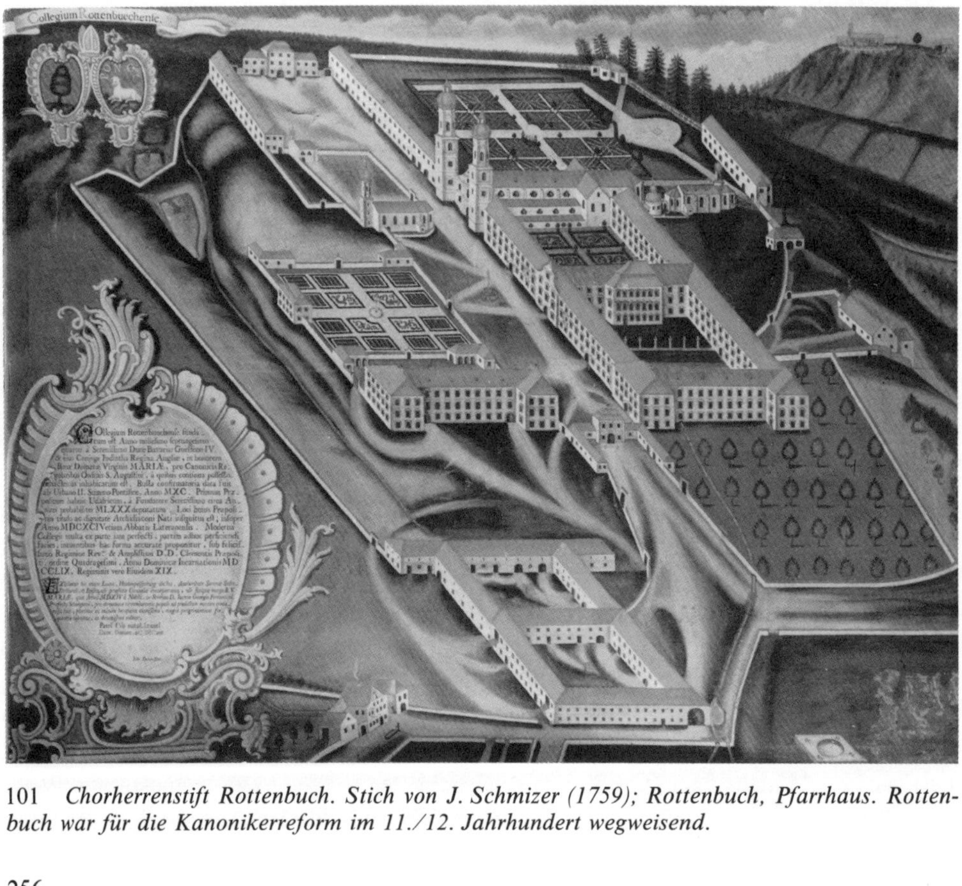

101 *Chorherrenstift Rottenbuch. Stich von J. Schmizer (1759); Rottenbuch, Pfarrhaus. Rottenbuch war für die Kanonikerreform im 11./12. Jahrhundert wegweisend.*

ste, Gebet und eigener Hände Arbeit die Nachfolge verwirklichte. Diese Zelle dotierten der bayerische Herzog Welf IV. und seine Gemahlin Judith im Jahre 1074 mit umfangreichen Gütern und wünschten sich entgegen dem üblichen Brauch für ihre abseits gelegene Stiftung keine Mönche, sondern Kanoniker. Bischof Altmann von Passau (um 1015–1091) konnte die Stiftung besiedeln, denn er hatte bereits in seiner Diözese (um 1070) als einer der ersten Bischöfe im Reichsgebiet das kanonikale Leben eingeführt. Das Stift St. Nikola in Passau sowie die österreichischen Stifte Göttweig, St. Pölten und St. Florian – alle einst in seiner Diözese gelegen – gehen auf ihn zurück.

Die herzoglichen Stifter machten nun dasselbe wie der Graf von Calw. Sie verzichteten freiwillig auf all ihre Eigenkirchenrechte, selbst das der Grablege, und übergaben im Jahre 1090 Rottenbuch dem Schutz des Papstes, der wiederum ein Privileg mit den gleichen Vergünstigungen wie das von Hirsau gewährte: Das Stift ist rechtlich völlig frei, es darf aus den eigenen Reihen den Propst – so nannte man im Reich der Deutschen den Vorsteher eines Stiftes – frei wählen. Dem Diözesanbischof ist es nur so lange untertan, wie jener orthodox und nicht gebannt ist. Zwar dürfen die Welfen den Vogt stellen, jedoch mit der gleichen Klausel wie in Hirsau: Bei Mißbrauch steht es Abt und Konvent frei, einen anderen zu wählen. Als päpstliches Schutzkloster muß es einen jährlichen Schutzzins in Form einer Albe und Stola entrichten.

Die bescheidene Gründung erhielt schon 1092 abermals einen päpstlichen Gunsterweis, der allerdings für die gesamte Entwicklung der Kanoniker von Bedeutung war. Denn Papst Urban II. nahm die Kanoniker von Rottenbuch gegenüber den Vorwürfen von Mönchen in Schutz, die von unbilligen und überflüssigen Neuerungen sprachen. Mit dem Hinweis auf das biblische Vorbild der Apostel rechtfertigte der Papst die kanonikale Lebensform. Die Kanoniker fügten sich damit gleichwertig in den Stand der Vita perfecta, des vollkommenen Lebens, ein, den bislang die Mönche für sich allein beansprucht hatten. Daß es anfangs zwischen Kanonikern und Mönchen wegen des Anspruches um die apostolische Lebensform zu heftigen Fehden gekommen war, braucht uns nicht näher zu beschäftigen. Die Mönche jedenfalls sahen sich als allein berechtigte Vertreter und forderten sogar für sich das Recht der Seelsorge. Die Kanoniker dagegen verwiesen jene hinter die Mauern des Klosters und beanspruchten das Seelsorgerecht wiederum für sich, was ihnen die Päpste dann auch zusprachen (1093). Die Lateransynode vom Jahre 1123 erneuerte außerdem das traditionelle Verbot, daß Mönche Seelsorge betreiben dürfen.

Welche Augustinusregel anfangs in Rottenbuch beachtet wurde, ist unklar. Anfang des 12. Jahrhunderts übernahmen sie jedenfalls, vermittelt durch Propst Manegold von Marbach, einen ehemaligen Rottenbucher Konventualen, die Regel des hl. Augustinus nach den Gewohnheiten des französischen Stiftes St. Rufus. Es war dies der freiere und gemäßigte Ordo antiquus. Die Kanoniker verpflichteten sich zu einem gemeinsamen Leben, kannten kein Privateigentum und versprachen die Beständigkeit. Die Regel mit ihren 152 Kapiteln zu besprechen erübrigt sich, da sie im Grunde weitgehend den bisherigen Mönchsgewohnheiten entspricht. Im einzelnen jedoch waren größere Freiheiten erlaubt. So gab es täglich zwei Sprechzeiten anstatt nur einer; ebenso gewährte man den Kanonikern mehr Zeit zu Lektüre und Studium. Wein und Fleisch zu genießen war ihnen erlaubt, und ihr Fasten entsprach der allgemein kirchlichen Praxis. Zur Handarbeit waren sie nicht verpflichtet. Anstatt des dunklen, wollenen Gewandes der Mönche trugen sie weißes Leinen. Ansonsten glich ihr Leben im Stift dem der klösterlichen Mönche. Ein schöner Zug war ihr Brauch, am Tisch stets einen Platz zu decken, aber frei zu lassen, damit die Speise einem „Stellvertreter Christi", einem Armen, zuteil wurde.

Bereits wenige Jahre nach seiner Gründung konnte Rottenbuch die bayerischen Stifte Berchtesgaden (um 1100), Baumburg (um 1110) und Dießen (1114) sowie Klosterrath bei Aachen (1112) besiedeln: alles Neugründungen, die vom Adel gestiftet und mit gleicher Freiheit wie Rottenbuch versehen wurden. Von ihrer „Mutter" übernahmen sie die Gewohnheiten, bewahrten aber ihre volle Selbständigkeit. Ein weiteres einte die fünf Stifte: Alle erlaubten gleich zu Beginn ihrer Gründung Frauen den Eintritt und lebten im Doppelstift das Ideal der Urgemeinde, wie wir es bereits bei den hirsauischen Reformklöstern fanden und besprochen haben. Ebenso kannten sie wie jene das Institut der Konversen und sorgten sich um Arme, Kranke und Pilger. Besonders an Pilgerstraßen und notvollen Engen, wie beispielsweise am St.-Bernhard-Paß, errichteten sie ihre Hospize.

Die weitere Geschichte von Rottenbuch ist für unsere Fragestelllung unwichtig. Als Doppelkloster bestand es bis Anfang des 13. Jahrhunderts. Dann geschah auch in Rottenbuch, was längst (seit Mitte des 12. Jahrhunderts) schon wieder Brauch und Recht geworden war, daß die Frauen aus den gemeinsamen Stiften und Klöstern in abhängige Frauenklöster, Priorate, verwiesen wurden. Die Kanoniker von Rottenbuch wirkten bis zur Säkularisation (1803). Ihre barocken Klostergebäude wurden auf Abriß verkauft, allein das Gotteshaus, heute Pfarrkirche, überlebte.

c) Weitere aufschlußreiche Beispiele

Die Kongregation von St. Rufus, 1039 (Avignon). St. Rufus gehört zu den ältesten Stiften, und seine „Regel" war von weitreichendem Einfluß. Nahezu 180 „Töchter" zählte die Augustiner-Chorherren-Kongregation von St. Rufus. Seine Gründung entsprach ganz dem Zeitideal der persönlichen Nachfolge Christi. Die vier Domherren, Camaldulus, Odilo, Pontius und Durandus, verließen mit bischöflicher Erlaubnis das Domstift in Avignon, um in der Einsamkeit der verfallenen Kirchenruine St. Rufus außerhalb der Stadt die Vita perfecta, d. h. als Einsiedler in brüderlicher Gemeinschaft, zu leben. Die „Regel" des hl. Augustinus diente ihnen als Norm und Hilfe. Ihr vorbildliches geistliches und geistiges Leben blieb nicht unbekannt; zahlreiche Schüler, Domherren, Kleriker, Bischöfe und Einsiedler trafen oder traten ein, so daß sich bereits um 1039 eine feste Gemeinschaft bildete. Und wiederum waren es die „Laien" und Eigenkirchenherren, die den Kanonikern und ihrem Ideal zu Hilfe kamen. Denn schon bald übergaben mehrere Eigenkirchenherren den eremitischen Kanonikern ihre Kirchen zum beständigen Eigentum, damit jene Würdigen darin den priesterlichen Dienst vollzögen. Die eremitischen Kanoniker zogen sich zwar in die Stille zurück und führten ein gemeinsames Leben, ohne jedoch ihren seelsorglichen Auftrag zu vernachlässigen. Im Gegenteil, das persönlich asketische Leben schien ihnen dafür erst die richtige Voraussetzung zu geben.

Aufschlußreich ist der eremitische Urprung von St. Rufus, der sich allerdings ganz in das zeittypische Streben nach einer individuellen Frömmigkeit eingliedert. Nach St. Rufus kamen selbst bewährte Eremiten, um für sich und ihre Siedlung das gemeinsame Leben nach dem Vorbild der Apostel zu erlernen; so beispielsweise der Eremit Gaucher von Aureil, Theton von Coimbra (Portugal) oder die Eremiten von Chaumouzey, die sich von dort Regel und Norm geben ließen. Zwar fiel das Stift 1156 dem Waldenseraufstand zum Opfer, doch unter gleichem Namen wurde es in Valence neu errichtet.

Klosterrath, 1104 (Diözese Limburg, Niederlande). Das Stift wurde von Rottenbuch aus besiedelt, aber seine Gründung ist nicht weniger typisch und aufschlußreich wie die von St. Rufus oder Rottenbuch. Der Domkanoniker Ailbert von Antoing entschloß sich zum vollkommenen Leben. Deshalb verschenkte er sein Vermögen, verließ Amt und Würden und zog mit Gleichgesinnten in die Einöde, nahe der Burg Herzogenrath. 1104 kommt es zur Gründung einer Einsiedelei nach urkirchlichem Vorbild: Frauen, Männer und sogar Kinder leben gemeinsam in brüderlicher Einheit, die im gemeinsamen Gebet in einer einzigen Kirche ihren schönen Ausdruck findet. Doch Ailbert, Priester und Leiter der Gemeinde, wollte dies auf Dauer nicht behagen, und so forderte er die räumliche Trennung. Überraschenderweise widersprachen einmütig alle Brüder, und Ailbert mußte seine eigene Stiftung verlassen. Die Brüder erwählten sich Richer aus Rottenbuch, der allerdings das gemeinsame Leben auch nur duldete, dafür aber den abgeschlossenen Charakter der Stiftung mehr betonte. Denn er gab dem Grafen seine Eigenkirche wieder zurück, da er und seine Gemeinschaft keine Seelsorge übernehmen wollten. Die Stiftung wird 1122 durch ein päpstliches Privileg anerkannt und mit ebensolchen Freiheiten wie das heimatliche Rottenbuch ausgestattet.

Bischof Konrad I. von Salzburg (1105–1147). Besonders den Bischöfen war an den Kanonikern gelegen, denn ihr Leben entsprach der idealen Vorstellung eines priesterlichen Lebens. Sie waren fromm, arm und lebten gemeinsam nach einer Regel. Die Bischöfe Altmann von Passau, Ivo von Chartres, Reinhard von Halberstadt oder Konrad von Salzburg förderten in ihren Diözesen die Kanoniker sehr.

Konrad war in dieser Hinsicht besonders rührig, denn es gelang ihm, sämtliche Stifte seiner Diözese zu reformieren und neue zu gründen. Er selbst wurde Kanoniker und erreichte schließlich, was keinem seiner Mitbrüder gelingen sollte, daß sich auch die Domkanoniker wieder zum streng kanonikalen Leben entschließen konnten. Denn üblicherweise verwahrten sich die adeligen Domkanoniker gegen jede Reform und behielten trotz päpstlicher Mahnung und bischöflichen Verweises die freie Form der Aachener Regel bei. Ebenso machten es auch die adeligen Kanonissenstifte, die sich stets jeder Reform entzogen haben.

In seiner Diözese gab es insgesamt sechzehn Stifte, darunter Reichersberg (heute noch existent), Maria Saal (Kärnten), Zell am See, Gurk, Au und Gars am Inn, St. Zeno in Reichenhall, Weyarn oder Höglwörth (Oberbayern). Konrad übernahm für seine Stifte die strengeren monastischen Gewohnheiten von Springiersbach, obgleich seine Kanoniker in der Seelsorge tätig waren. Auch Frauen öffnete man die Pforten, voran das Domstift in

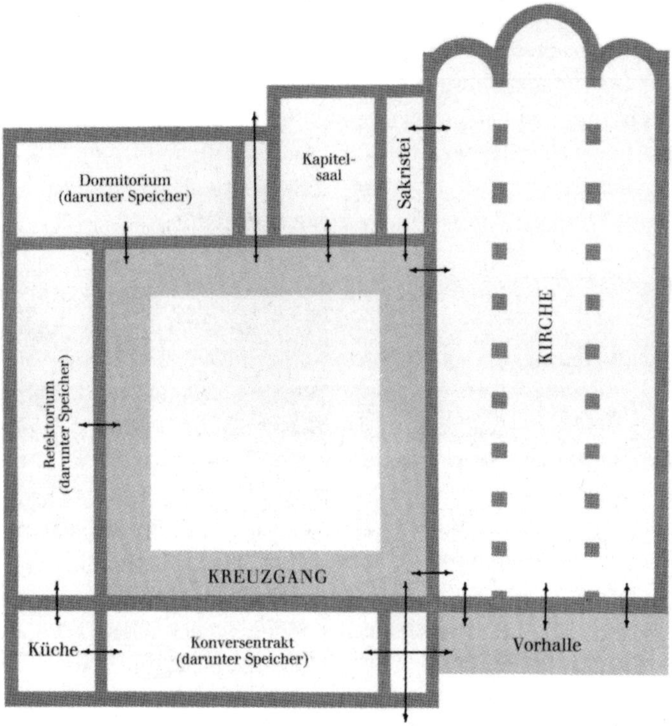

102 *Grundriß der ersten Anlage des Chorherrenstiftes Geras (um 1150–1188). Der Plan gleicht im wesentlichen dem eines Klosters; die Chorherren nahmen auch Laienbrüder auf (Konversentrakt).*

Salzburg, das sich zu einem Doppelstift formte. Nach Hartig besaßen die Doppelstifte Gars, Au und Baumburg im ersten Geschoß zwischen den beiden Türmen eine Kapelle. Ähnliches findet sich heute noch im Dom von Gurk, wo jene allerdings eindeutig als Frauenkapelle ausgewiesen ist. In Analogie dazu könnte man die Emporenkapellen von Au, Gars und Baumburg ebenfalls als Frauenkapellen ansprechen, von denen aus die Frauen dem gemeinsamen Gottesdienst beigewohnt haben könnten bzw. ihr eigenes Opus Dei vollbringen konnten. Alle späteren Frauenklöster des 13. Jahrhunderts besaßen im Westen ihrer Kirche eine solche „Frauenempore", von der aus die Nonnen ungesehen dem Gottesdienst beiwohnen bzw. ihren liturgischen Dienst vollziehen konnten. Solche Lösungen wie in Gars oder auch in St. Mang bei Füssen dürfen wir, solange nicht eine zweite Kirche für ein Doppelstift bezeugt ist, im allgemeinen voraussetzen.

Springiersbach, 1107 (Eifel). Auch dieses Kanonikerstift ging aus einer Eremitensiedlung hervor, die, selbstredend genug, von einer Frau gegründet worden war. Dies entsprach, wie wir wissen, keinem Versehen, sondern lag durchaus im religiösen Ziel der damaligen Zeit. Wir erinnern in diesem Zusammenhang an Herluka und Paulina, die ebenfalls größere Eremitensiedlungen gegründet hatten.

Die fromme adelige Witwe Benigna von Daun zog sich gegen Ende des 11. Jahrhunderts als Eremitin in den Wald zwischen Trier und Koblenz zurück und gründete eine kleinere

Siedlung, in die später auch einige Verwandte, selbst ihr Sohn, eingetreten waren. In der bescheidenen Eremitei lebten nach urkirchlichem Vorbild Männer und Frauen gemeinsam und teilten nicht nur den Besitz und das Gotteshaus, sondern auch Gebet und Arbeit, Fasten und Schweigen. Pfalzgraf Siegfried, in dessen Gebiet die Siedlung lag, unterstützte das Unternehmen tatkräftig, und bereits um 1107 formte sie sich zu einer Kanonikergemeinschaft, die allerdings nach der strengeren „augustinischen Klosterregel" (ordo monasterii) lebte. Richard, der Sohn der Gründerin, wurde der erste Propst. Die Kanoniker erwarben durch tägliche Arbeit ihren Unterhalt. Alle übten sich in strengem Schweigen und verschärften die Askese, fasteten mehr und länger, mieden beständig Fleisch und Wein und verlängerten ihren Gebetsdienst um ein beträchtliches Maß. All dies erinnert sehr stark an die Eremiten Oberitaliens. Die anfängliche rigorose Strenge konnte nicht lange durchgehalten werden, denn Unruhen und Unwillen machten sich breit. Schließlich mäßigte der Prior auf Anraten des angegangenen Papstes die Strenge. Er milderte das Fasten, verkürzte die Handarbeit und übernahm das übliche monastische Offizium; Stillschweigen und ein gewisser Umfang an Handarbeit blieben aber bestehen. Diese Form billigte der Papst im Jahre 1125 und anerkannte somit die „Regel" von Springiersbach. Neben den unmittelbar selbst reformierten und besiedelten Stiften Steinfeld (1121), Lonnich (1128), Martilthal (1141) und Mertzig (1153) übernahm Bischof Konrad von Salzburg für seine Stifte die Springiersbacher Gewohnheiten.

Sehr groß war auch in Springiersbach der Anteil an Frauen, denn nach der Trennung mußten zwei Frauenstifte, Stuba (1153) bei Oeren sowie Andernach (1136), gegründet werden. Im ausgehenden Barock (1791) wandelte sich Springiersbach endgültig in ein adeliges, freiweltliches Stift, was besagt, daß die Kanoniker Privateigentum besitzen durften und weitgehend von der Anwesenheitspflicht befreit waren. Nur Adelige mit einem „reinen" (adeligen) Stammbaum bis in die achte Generation wurden aufgenommen. Entsprechend ihrer vornehmen Lebensweise bewohnte jeder ein eigenes Haus mit Personal. Springiersbach wurde schließlich 1802 säkularisiert. Heute dient die Kirche der Pfarrei, und das Kloster benutzen die Karmeliter von Bamberg.

St. Victor, 1113 (Paris). Auch hier waren es wieder eremitische Anfänge oder der Wunsch nach einem vollkommenen Leben, die zu dem bedeutenden Kanonikerstift St. Victor führten. Der berühmte theologische Lehrer Wilhelm von Champeaux verließ gegen 1108 seine angesehene Stellung und zog sich mit einigen Schülern an das linke, unbewohnte Seineufer nahe bei Paris zurück. Dort errichteten sie ihre bescheidenen Hütten und erbauten eine Kapelle zu Ehren des hl. Viktor, der dem späteren Stift seinen Namen gab. Doch lange durfte sich Wilhelm nicht der Stille und Betrachtung erfreuen. Denn seine Lehrtätigkeit war zu gefragt, als daß sie ihm ein verborgenes Leben gestattet hätte. So mußte er schließlich wieder die Hütte mit dem Lehrstuhl tauschen und später sogar die Würde und Bürde eines Bischofs (Châlons-sur-Marne) übernehmen. Doch nie vergaß er seine eigentliche Heimat, die Einsiedelei bei St. Victor. Bereits 1113 war sie vom Papst anerkannt und vom französischen König bestätigt worden. Großzügig förderten die Könige die Stiftung und ehrten sie durch Kirchen und andere Einkünfte. Vor allem gelehrte Kanoniker zogen in die Einsamkeit nach St. Victor, um dort das Irdische zu überwinden und zur mystischen Schau, zur ekstatischen Vereinigung mit Gott aufzusteigen. Nach Hugo von St. Victor (1096–1141), einem Schüler Wilhelms, vollzieht sich der Aufstieg nur, wenn wir das Auge des Fleisches und des Geistes schließen können, um allein mit dem der Betrachtung zu schauen. Für Hugo, übrigens ein bedeutender Gelehrter und Mystiker, mußte selbst der Geist, der menschliche Verstand schweigen, damit das Göttliche erfahr- und erlebbar werde. In St. Victor lebte man nach der augustinischen Regel und den Gewohnheiten von St. Rufus.

d) Merkmale der Kanoniker

Wir haben einige aufschlußreiche Gründungen besprochen und konnten dadurch Unterschiede und Gemeinsamkeiten feststellen. Immer wieder begegneten wir eremitischen Ansätzen und Anfängen, die sich aus dem Streben des einzelnen nach dem vollkommenen Leben ergaben. Doch wird die Vita perfecta nicht mehr wie früher auf wirklich eremitische Weise, also allein in öder Wildnis, sondern in der Gemeinschaft verwirklicht. Diese Tendenz zum regulierten Eremitentum konnten wir bereits bei den Gründungen Romualds und ähnlichen Orden erkennen. Die Betonung der Gemeinschaft lag in ihrem Ideal der christlichen Urgemeinde begründet. Ihm war es auch zu verdanken, daß die Kanoniker ihre Siedlungen für Konversen öffneten und Frauen den Raum und die Möglichkeit einer Nachfolge gewährten.

Mit alldem standen die Kanoniker dem Reformmönchtum von Hirsau oder St. Blasien nahe. Indem sie jedoch grundsätzlich allgemeine Seelsorge ausübten, gingen sie über die bisherigen Reformen hinaus. In den Streitschriften zwischen Kanonikern und Mönchen kommt gerade dieses Problem leidenschaftlich zur Sprache. Denn sowohl dem Weltklerus als auch den Mönchen haben die Kanoniker die Befähigung und Berechtigung abgesprochen. Gerhoh von Reichersberg (1093–1169), einer der gelehrtesten Kanoniker seiner Zeit, bindet das Recht und die Würdigkeit sakralen Tuns an die persönliche Lauterkeit des Priesters, die seiner Meinung nach dem gesamten Weltklerus – hoch und nieder – abgeht. Deshalb schlug er dem Papst vor, den simonistischen und verheirateten Klerus samt und sonders zu bannen. Seine Theorien wurden zwar nicht verwirklicht, aber unterstützten die allgemeine Forderung nach der persönlichen Würde des Klerus. Päpste, Bischöfe und Eigenkirchenherren sahen in den reichen Domkanonikern sowie in den armen, verheirateten Landgeistlichen, die beide Amt wie Vermögen weitervererbten, keine wirklichen Christen und Nachfolger der Apostel. Die Kanoniker dagegen entsprachen der neuen Vorstellung.

Daß sich die Kanoniker so rasch ausgebreitet haben – allein im Reich der Deutschen über 150 Neugründungen etwa innerhalb eines Jahrhunderts; insgesamt etwa 4500 –, liegt nicht so sehr am Bevölkerungswachstum Europas, dem Entstehen von Städten und dem Anwachsen dörflicher Siedlungen, sondern weit mehr in dem Wunsch nach Priestern, die ein persönlich überzeugendes Christentum in Armut, Ehelosigkeit und Gemeinschaft lebten. Darin mag auch die Ursache liegen, daß sich das kanonikale Leben an der Regel des hl. Augustinus orientierte, denn sie betont das individuelle Moment weit mehr als jede andere Ordnung. Vielleicht ist hier auch der Grund zu suchen, daß sich die Stifte nicht zu einem Orden zusammengeschlossen, sondern ihre Autonomie und Individualität bewahrt haben. Noch ein Weiteres ist für die Kanoniker aufschlußreich. Es waren zum Teil sehr gebildete Kleriker, die sich in die Einsamkeit zurückzogen, um ganz der Betrachtung zu leben. Andererseits aber entwickelten sich aus ihren Stiften teilweise wieder theologische Schulen, die allerdings, wie Chartres oder St. Victor, stark mystisch geprägt waren und der neu erwachten Dialektik sehr kritisch und distanziert gegenüberstanden. Gerhoh von Reichersberg charakterisierte den Gegensatz mit den Begriffen: scholasticus - ecclesiasticus, was sich etwa mit vernunftgläubig und glaubendes Hören umschreiben läßt. Nicht im Triumph der Rede, sondern in der Begegnung der Seele mit dem göttlichen Wort sahen diese mystischen Schulen ihr Ziel. Daß gerade die Mystik eine sehr persönliche und individuelle Frömmigkeit darstellt, bedarf eigentlich keiner Erwähnung.

Bei der Säkularisation wurden in Deutschland sämtliche Stifte aufgehoben, aber es kam nicht wie bei den übrigen Orden zu einer teilweisen Wiederbesiedlung während des 19. Jahrhunderts. So gab es keine Institution, die sich der historischen Erforschung der einzelnen Stifte angenommen hätte. In Österreich finden sich noch vier Chorherrenstifte – Herzogenburg, Reichersberg, Klosterneuburg und Vorau –, alle übrigen wurden ebenfalls säkularisiert. Die Kunstgeschichte konnte die Stifte deshalb vernachlässigen, weil sie keine eigenen, typisch kanonikalen Bauformen oder Bauweisen hervorbrachten, sondern sich im großen ganzen an das benediktinische Kloster anlehnten. In der kaum erforschten und baulich nicht mehr faßbaren Frühzeit trugen die Stifte in ihren Doppelklöstern durchaus charakteristische Akzente; ebenso brachten sie während des Barock in ihren Kanonikerhäusern, den „Herrenhäusern" oder Kurien, Eigenes hervor.

IV. Weltflucht, Kontemplation und Gottesschau: Die Kartäuser und Zisterzienser

Wir sind einen weiten Weg durch das 10. und 11. Jahrhundert gegangen, um die Intention der zahlreichen Orden, Reformen und Gründungen zu erfassen. Gewissermaßen am Ende dieser Entwicklung stehen der Kartäuser- und der Zisterzienserorden, die etwa gleichzeitig, Ende des 11. Jahrhunderts, entstanden sind. Vergegenwärtigen wir uns noch einmal die Entwicklung, um die Hauptlinien besser zu erkennen.

Cluny erreichte die notwendige äußere Freiheit für die Verwirklichung seiner religiösen Ideale, indem es sich den Pflichten des Stammes, des Adels und des Reiches entziehen konnte. Ähnlich machten es die individuellen Büßer und Eremiten, denen eine persönliche, existentielle Nachfolge wichtiger war als ein Leben im Familienkloster oder unter der Sicherheit einer Regel. Auch Hirsau trug zur Freiheit und zur individuellen Frömmigkeit Wesentliches bei, denn es erreichte nicht nur die äußere Freiheit wie Cluny und konnte sich ebenfalls den Pflichten gegenüber Stamm und Reich versagen, sondern es öffnete weitherzig den Laien seine Pforten, die nun entweder als Brudermönche oder als Mitschwestern im Doppelkloster auf ihre jeweils eigene Weise die Nachfolge Jesu lebten. Romuald und seine Jünger zogen sich radikal von der Welt zurück und legten sich harte Bußübungen auf, um vor dem Gericht Gottes zu bestehen. Öffentlich predigten sie Buße und wirkten als Missionare bei den heidnischen Völkern. Auch die Kanoniker zogen sich aus der Welt zurück und wollten ohne Amt und Würden Christus nachfolgen. Doch ihr Ideal, das wahre apostolische Leben in Armut und religiöser Sorge für den Nächsten, ließ sie predigen, lehren und mit Laien und Frauen in brüderlicher Gemeinschaft leben.

Diese Bestrebungen haben wir als Versuch interpretiert, zu einer ganz persönlichen Gottesbeziehung zu gelangen. Ohne daß es die Mönche oder die Christen wollten, kam es dadurch zu Spannungen und Trennungen, denn eine persönliche Nachfolge wurde dem Dienst an Staat und Kirche vorgezogen. Die Kartäuser und Zisterzienser gingen den eingeschlagenen Weg folgerichtig zu Ende. Beide zogen sich nämlich von der Welt – in gewisser Hinsicht dürfen wir auch sagen, von der christlichen Gemeinde und Gemeinschaft – radikal zurück. Denn sie wollten weder einen Dienst, ein Amt oder eine Pflicht in „Kirche und Staat“ noch den göttlichen Kultus stellvertretend übernehmen. Schon rein äußerlich setzten sie sichtbar auf Trennung. Die Kartäuser siedelten in unzugänglichen Einöden, und die Zisterzienser suchten in abseits gelegenen, unkultivierten Niederungen ihre „Wüste“. Beide verschlossen ihr Kloster und ihre Kirche vor den weltlichen Menschen. Kein Außenstehender, sei er Herr oder Knecht, durfte ihre Kirche betreten, dem Gottesdienst beiwohnen oder gar im Refektorium speisen. Allein den Mönchen waren Kirche und Kloster vorbehalten. Niemand vermochte sich durch Schenkungen einen Begräbnisplatz im Kloster zu erkaufen und sich damit die Fürbitte der Mönche zu sichern. Solche stellvertretenden, aber einträglichen Pflichten wollten die radikalen, individuellen Gottessucher nicht mehr übernehmen.

Ebenso ablehnend standen sie der Kunst und Kultur gegenüber. Schmucklos und einfach mußten ihre Klöster, Kirchen und Bauten sein, damit keine Zier das sinnliche Auge betöre und von der geistigen Schau abhalte. Selbst das Bücherschreiben, Kopieren und Ausmalen – bei den Kartäusern noch ein verdienstvolles Werk – verfiel bei den Zisterziensern dem vernichtenden Verdikt.

Beide Orden nahmen von der aufkommenden Scholastik kaum Notiz. Sie schickten anfangs weder ihre Mönche auf die Universitäten, noch glänzten die Orden dort mit Professoren oder theologischen Lehrern, ja sie wehrten sich geradezu dagegen. Man denke nur an den unversöhnlichen Streit zwischen Abaelard und Bernhard. Die neue Art der glaubenden Vernunft blieb ihnen fremd und unzugänglich. Nicht aus Ignoranz, sondern wegen ihres eigenen und anderen monastischen Ansatzes. Der Einfalt des Herzens wurde bei ihnen mehr Recht eingeräumt als dem spekulativen Höhenflug menschlichen Verstandes. Dafür hielt die Christusmystik in ihren Klöstern Einzug, und eine emotionale Marienverehrung begann bei ihnen zu erblühen. Sie gingen konsequent den Weg nach innen, verneinten das Sinnliche und vermochten am neuen Ansatz scholastischer Frömmigkeit, beruhend auf dem Wagnis des spekulativen Verstandes, nicht mehr teilzunehmen.

Um ja nicht durch die verführerische Macht des Besitzes wieder in die Welt verwickelt zu werden, verboten beide Orden jeglichen Besitz außerhalb ihres Klostergeländes. Kein Lehen, kein Zins oder Kirchenzehnt, keine Verpachtung wurde gestattet; alles sollte selbst auf eigenem Grund und Boden erwirtschaftet werden.

In ihrem radikalen Streben kehrten sie letztlich wieder zum Ausgangspunkt des Mönchtums, zum Ideal der Wüste, zurück. Denn sowohl die Mönchsväter in der ägyptischen Wüste als auch – viele Jahrhunderte später – die abendländischen Orden der Kartäuser und Zisterzienser sahen in der individuellen Selbstheiligung, gekrönt in der beseligenden Schau Gottes, ihr höchstes Ziel. Nicht mehr der Wunsch nach dem reinigenden Bad des Martyriums, wie es Romuald und seine Jünger wünschten, sondern das „Bad der Tränen", nach dem Vorbild der Väter, begehrten die Söhne Brunos. Nicht die Angst vor dem strafenden Gott, sondern die Liebe zu Christus trieben den Mönch zur Erfüllung der Gebote; so formulierte Bernhard von Clairvaux die neue monastische Ethik. Nicht die Furcht, sondern die Liebe zum höchsten Gut soll zur Nachfolge bewegen. Diese Nachfolge aber suchten beide Orden, entsprechend dem Wort der Bibel: „Wer nicht alles verläßt, ist meiner nicht wert!", in einer absoluten Trennung von der Welt zu verwirklichen. Das Vorbild der Wüste, ihre Radikalität und ihre Milde, ihre Mystik und ihre Demut wurden abermals Grund und Ziel des abendländischen Mönchtums bzw. des abendländischen Menschen.

103 *Die hl. Maria Magdalena predigend. Magdalenenaltar, Schweizer Schule (Anfang 16. Jh.); Donaueschingen, Fürstenbergische Sammlungen. Laut Legende soll sich Maria Magdalena nach dem Tod Christi zur Mission entschlossen haben. Sie setzte nach Frankreich über und missionierte in der Provence. Das Bild zeigt sie als Predigerin in der Kathedrale von Aix-en-Provence. Sie starb als heilige Eremitin.*

1. Die Kartäuser (1084)

Der Eremitenorden besteht heute noch, wenngleich in bescheidener Weise, denn von seinen einstigen 271 Gründungen existieren nur noch 23 Häuser (Abb. 104). Seine eigentliche Blütezeit lag im Spätmittelalter (1300–1400). In diesem „Jahrhundert der Kartäuser" entstanden fast alle deutschen Kartausen, wobei nun entgegen der ursprünglichen Intention auch in oder bei Städten gebaut wurde. Den Anfang machte die Kartause von Mainz, die vom Erzbischof gegründet und dotiert worden war. Andere Bischöfe, Stadtväter und Patrizier zogen nach; es kam u. a. zu Gründungen in Köln, Straßburg, Freiburg, Würzburg und Nürnberg – alle im 14. Jahrhundert.

104 *Karte mit den heute bestehenden Kartausen (Zeichnung von O. Beck: Kartause Marienau hrsg. von O. Beck, Sigmaringen 1985)*

a) Der hl. Bruno als „Ordensstifter"

Bruno wird heute allgemein als Ordensstifter angesehen, obgleich ihm solche Ehre fern lag. Er verfaßte weder eine Regel, noch schuf er durch seine drei bescheidenen Gründungen einen neuen Orden. Er wollte, wie so viele seiner Amtsbrüder, die bereits erwähnten Kanoniker, einfach Christus persönlich nachfolgen, ohne Amt und Würden, ohne Besitz und andere äußere Verpflichtungen. Dies schien ihm allerdings nur in einer radikalen Trennung von der Welt, in einer unzugänglichen Einsiedelei, möglich zu sein.

Wir besitzen keine zeitgenössische Biographie über ihn, jedoch einen kurzen Hinweis in der sogenannten Magisterchronik, einem anonymen Werk eines Kartäusers aus dem frühen 12. Jahrhundert: „Meister Bruno, deutscher Nation, aus einer bekannten Familie der Stadt Köln, sehr gelehrt in profanen und göttlichen Wissenschaften, Kanoniker der Kirche von Reims, des ersten Bischofssitzes in Gallien, und Magister der Domschule, hat nach Verlassen der Welt die Einsiedelei der Kartause gegründet und sechs Jahre geleitet. Auf Befehl von Papst Urban, dessen Lehrer er gewesen war, machte sich Bruno auf den Weg zur Kurie, um dem Papst mit Rat und Hilfe beizustehen. Weil er jedoch die unruhigen Verhältnisse am päpstlichen Hof nicht ertragen konnte, verließ er sie im Verlangen nach der verlorenen Ruhe, verzichtete auf das Erzbistum Reggio, für das er nach dem Willen des Papstes gewählt werden sollte, und zog sich nach Kalabrien in die Einöde von La Torre zurück. Während sich zahlreiche Laien und Kleriker um ihn scharten, lebte er sein Ideal des Einsiedlerlebens bis zu seinem Tod. Etwa elf Jahre, nachdem er Frankreich verlassen hatte, starb er hier und wurde hier begraben."

In dieser bescheidenen Notiz wird alles Wesentliche über Bruno gesagt, nur eines nicht, daß er Gründer eines Ordens gewesen sei, wohl aber einer Einsiedelei. Schlüsseln wir die dürren Daten zu seinem Leben etwas auf!

Bruno wurde um 1030 in Köln geboren und ging bei den Kanonikern zu St. Kunibert in die Schule. Um seine Ausbildung zu verbessern, begab er sich an die bekannte Domschule zu Reims, wo der berühmte Gerbert von Aurillac, der spätere Papst Silvester II., lehrte. Gerbert besaß besondere Fähigkeiten und außergewöhnliche Kenntnisse auf dem Gebiet der Mathematik und Astronomie, die ihm wahrscheinlich arabische Gelehrte in seiner katalanischen Heimat vermittelt hatten. Bereits mit 26 Jahren (1056) wurde Bruno die Domschule übertragen, die er ohne großes Aufsehen oder epochemachende Schriften über zwanzig Jahre führte. Offensichtlich war Bischof Manasse von Reims mit ihm zufrieden, denn er übertrug ihm das Amt des bischöflichen Kanzlers, wodurch er Mitglied des Domkapitels wurde. Bruno blieb wahrscheinlich zeitlebens Kleriker, ohne jedoch die Priesterweihe empfangen zu haben. Bald nach der Ernennung kam es zwischen Bischof und Kanzler zu Spannungen, denn Bruno konnte mit seinem Gewissen nicht vereinbaren, unter einem simonistischen Bischof zu leben, d. h. unter einem Bischof, der sich durch hohe Summen Amt und Einkünfte verschafft hatte. Bruno und andere betrieben seine Verurteilung bzw. Enthebung, doch trotz verschiedener Anklagen konnte der Bischof sich halten, Bruno dagegen mußte weichen. Er machte es nun wie viele damals, die mit dem Leben und dem Gebaren kirchlicher Würdenträger nicht mehr einverstanden waren: Man verzichtete auf Amt und Würden, verließ die Stadt und zog mit gleichgesinnten Freunden in die Einsamkeit, um dort, befreit von allen kirchlichen Verpflichtungen, Streitereien und theologischen Disputen, sich ganz der persönlichen Gottessuche und Christusbegegnung zu widmen. Man denke nur an die Gründung des Stiftes St. Rufus in Avignon und St. Victor bei Paris, die aus ähnlichen Gründen in der Einsamkeit entstanden waren. Sosehr sich die eremitischen Kanoniker und Kartäuser in ihren Anfängen gleichen, Bruno ging letztlich einen anderen Weg, indem er von Anfang an Laien integrierte und den Rückzug in die Einsamkeit nie mehr aufgegeben hatte.

Mit sechs Gefährten, zwei Kanonikern von St. Rufus in Reims, dem Magister (Lehrer der Theologie) Landuin, dem Kaplan (Priester) Hugo sowie den beiden Konversen Andreas und Quirin, verließ Bruno 1082 Reims und begab sich zum Abt von Molesme, der den Suchenden einen ungestörten Ort zuwies. Aus unbekannten Gründen wechselten sie bereits nach einem Jahr in eine entlegene Einöde der Alpen (bei Grenoble) und errichteten etwas oberhalb der heutigen Grande Chartreuse, der Großen Kartause, wie man später das Stammkloster nannte, ihre bescheidenen Zellen. Dies geschah im Jahre 1084; es gilt als Gründungsdatum des Kartäuserordens. Der Grundbesitz gehörte Bischof Hugo von Grenoble, einem Schüler Brunos, der in großmütiger Weise den Einsiedlern etwa 1700 Hektar schenkte; durch den großen Grundbesitz sollten sie völlig ungestört und wirtschaftlich autonom leben können. Einige Einsiedler, die dort oben hausten, verlegte Hugo in eine andere Gegend, und den Bauern verbot er, das Eigentum der Eremiten zu betreten oder wie bisher Wälder und Wiesen zu benützen. Auch die Erzgruben mußten sie den Eremiten überlassen. Die Kartäuser betrieben alles nun in Eigenbetrieb, selbst den Abbau von Erz, aus dem nicht wenige Klingen der Kreuzritter geschmiedet wurden. Den schmalen Saumpfad zum Tal versah man mit einem Wachhaus, damit kein ungebetener Gast die Einsiedelei betrete. Erst im 18. Jahrhundert legte man eine Straße an und erlaubte den freien Zugang.

Bruno errichtete 1086 wahrscheinlich zwei Siedlungen, das obere und das untere „Haus“. Im oberen, d. h. im höher gelegenen Tal lebten die Mönche, im unteren dagegen die Brüder. Beide „Häuser“ waren ähnlich eingerichtet, und in beiden lebte man auf ähnliche Weise. Der Ausdruck „Haus“ ist zwar authentisch, aber unzutreffend, denn das Haus war gerade kein Kloster, in dem alle gemeinsam wohnten, sondern eine Siedlung von einzelnen Häuschen. Im Jahre 1132 zerstörte ein furchtbares Lawinenunglück das obere Haus; man zog tiefer ins Tal und baute an der Stelle der heutigen Grande Chartreuse, zum Teil aus Stein, eine neue Einsiedelei. Das untere Haus blieb erhalten, wurde aber ebenso wie die im 17. Jahrhundert völlig abgebrannte Kartause grundlegend im Stil der Zeit neu errichtet. Heute dient es zwar als Museum, doch die ursprüngliche Gesamtkonzeption blieb erhalten.

Ein Schüler Brunos bestieg als Urban II. den päpstlichen Stuhl und verlangte die Hilfe seines Lehrers. Bruno folgte und zog mit einigen Gefährten nach Rom. Doch offensichtlich konnte die Gemeinschaft den Weggang nicht verwinden, denn es kam rasch zum Verfall und zu einer kurzzeitigen Auflösung. Als Besitzer übertrug Bruno die gesamte Stiftung, den Grundbesitz und alles übrige, der Abtei La Chaise-Dieu, die ihn früher reichlich unterstützt hatte. Doch einige Gefährten kehrten unter Führung Landuins noch im gleichen Jahr (1090) zurück und erreichten über den Papst, nicht über Bruno, daß die Abtei das Geschenkte wieder den Einsiedlern überließ.

Bruno kam gegen 1090 nach Rom, doch nicht allzulange konnte und wollte er dort wirken, denn bereits 1092 ließ er sich mit einigen Getreuen bei La Torre, einer Ortschaft in Kalabrien, dem gelobten Land der Eremiten, nieder. Die neue Gründung, Maria dell'Eremo, errichtete er mit Hilfe eines normannischen Grafen, allerdings nach dem üblichen Muster einer Abtei. Maria dell'Eremo besaß nämlich Grundbesitz, Lehensgüter und -leute, Dörfer, Hörige und andere Einkünfte, ein Privileg, das sich die französische Siedlung und später auch der gesamte Orden, nicht gestatteten. Etwa zwanzig Gehminuten von S. Maria dell'Eremo gründete Bruno das Kloster S. Stefano dell'Bosco, damit sich dort kranke und schwache Eremiten erholen konnten. Im Jahre 1101 starb schließlich Bruno in Maria dell'Eremo und wurde in der Kirche S. Stefano begraben.

Seine beiden italienischen Stiftungen bewahrten ebensowenig wie die französische das Andenken des Meisters, wie Bruno nach seiner Tätigkeit als Lehrer immer noch genannt wurde. Denn die italienischen Klausen, zu denen sich später noch ein Kloster gesellte, wurden bereits 1192 vom Zisterzienserorden übernommen und in wirkliche Klöster verwandelt. Erst im Jahre 1514, als man die Gebeine Brunos zur Heiligsprechung barg und öffentlich verehrte, zog in Maria dell'Eremo wieder eremitisches Leben ein. Jetzt begann auch die „Mutterabtei“ Chartreuse das Fest ihres „Gründers“ zu feiern, und Bruno „verdrängte“ damit den heiligen Bischof Hugo, der bislang in Chartreuse als eigentlicher Stifter verehrt worden war.

b) Regel, Leben und Kloster

Der hl. Bruno hat, wie bereits erwähnt, keine Ordensregel geschaffen. Die Gepflogenheiten, nach denen die Kartäuser im Grunde heute noch leben, verfaßte Guigo, der fünfte Prior der Großen Kartause, im Jahre 1127, nachdem sich drei weitere Klöster der Kartause angeschlossen hatten. 1133 billigte und bestätigte Papst Innozenz II. die Statuten. 1141 fügt man einige liturgische Vorschriften hinzu, und im Jahre 1259 fand der lange Streit um Verschärfung oder Erleichterung schließlich einen humanen Kompromiß, den Prior Riffier in das Regelwerk einfügte und damit die sogenannte „Statuta antiqua“ schuf. Etwa ein Jahrhundert später (1363) fügte der Großprior Guillaume Raynal, wie der Klostervorsteher der Großen Kartause ehrfurchtsvoll genannt wird, abermals verschiedene Ergänzungen hinzu, weshalb seine Ausgabe der Regel „Statuta nova“ genannt wird. Schließlich paßte François du Puy im Jahre 1509 die Norm den Gegebenheiten an und gab damit die „Tertia compilatio“, die dritte Zufügung, heraus. 1582 und 1972 wurden die Konstitutionen abermals verändert. Trotz der zahlreichen Modifikationen blieb jedoch der Kern des ersten Entwurfes immer erhalten, und nie entfernte sich das Leben der Kartäuser durch päpstliche Privilegien und Erleichterungen so weit von der ursprünglichen Absicht, daß der Orden hätte erneuert werden müssen. Er kann mit Recht von sich sagen, nie reformiert worden zu sein, weil er nie deformiert gewesen war.

Die Entstehung der Regel. Bei der Interpretation stützen wir uns auf die ersten Statuten des Priors Guigo. Lapidar schreibt er im Vorwort, daß er sich auf die Regel des hl. Benedikt, die Briefe des hl. Hieronymus und „andere authentische Schriften" bezöge. Von der Benediktregel stammt weitgehend die äußere Form, die bereits monastisches Allgemeingut war und deshalb im Text kaum erwähnt wird. Mit anderen authentischen Schriften dürften Texte des kanonikalen Lebens zu verstehen sein, denn in der Liturgie finden sich davon deutliche Spuren, was nicht verwundert, denn Bruno und einige der ersten Mitbrüder waren Kanoniker. Auch die Bezeichnung Prior anstelle von Abt dürfte sich aus dieser Tradition erklären, ebenso die sogenannten Marianischen Tagzeiten. Aufschlußreich ist, daß Guigo im Vorwort zu den Statuten nicht Bruno, sondern Bischof Hugo von Grenoble als geistlichen Vater erwähnt.

Die Regel umfaßt insgesamt 80 Kapitel, die ohne großen Zusammenhang das Leben beschreiben. Es ist sicherlich nicht ohne Bedeutung, daß sich allein 35 Kapitel mit dem Leben der Konversen befassen, was auf eine Neuerung und ihre besondere Bedeutung schließen läßt. Die ursprüngliche Regel wollen wir anhand konkreter Pläne verschiedener Kartausen – Ittingen, Marienau und Buxheim – erläutern, da an diesen Beispielen das Typische deutlich sichtbar wird. Zudem sind Buxheim und Ittingen sehr gut erhalten und als Kartäusermuseum allgemein zugänglich. Zwar besitzt kein einziges Kartäuserkloster mehr die ursprüngliche Zweiteilung in ein oberes (Mönche) und unteres Haus (Brüder), dennoch haben alle Kartausen mehr oder weniger ein solches Grundschema in einem Gesamtkomplex übernommen, freilich variiert nach Lage, Ort und Vermögen.

Die Kartause, ein Spiegelbild der Regel. Eine Kartause umschließt drei große Bereiche (Abb. 106): Der große Kreuzgang (A) umfaßt die eigentliche Einsiedelei; er verbindet alle Häuschen miteinander. Der kleine Kreuzgang (B) umschließt alle gemeinsam benützten Räume: Kirche, Refektorium, Kapitelsaal, Küche und Bibliothek. Die Wohnungen der Brüder mit Werkstätten und kleiner Ökonomie bilden den dritten Bereich. Ein Gästetrakt war ursprünglich nicht vorhanden, da, von einzelnen Mönchen abgesehen, niemand Zutritt oder Aufnahme fand. Vergleichen wir den Plan mit der Anlage von Camaldoli, so wird die kartusianische Intention auf den ersten Blick deutlich. Bei den Kartäusern bilden alle drei Bereiche eine in sich geschlossene Anlage, dessen Mittelpunkt jeweils die Kirche bildet. Der große und der kleine Kreuzgang führen zu ihr. Die Wohnungen der Brüder liegen innerhalb der Klostermauer und gehören somit zum gesamten Komplex. In Camaldoli dagegen sind alle drei Bereiche – Kloster, Einsiedlerhäuschen, Kirche und Gemeinschaftsräume – räumlich getrennt. Die Kartause entwickelte sich trotz ihrer ursprünglichen zweiteiligen räumlichen Trennung zu einem architektonischen Ganzen, was allerdings nur möglich war, weil Brüder und Mönche von vorneherein eine feste Gemeinschaft bildeten. Ein weiteres kann uns der Plan lehren: Alle Häuschen sind durch den Kreuzgang miteinander verbunden, was sicherlich auch ein „sprechendes" Zeichen für die Gemeinschaft aller Mönche darstellt.

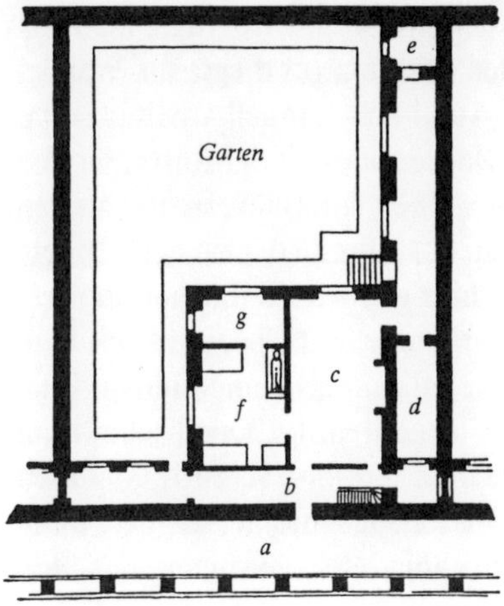

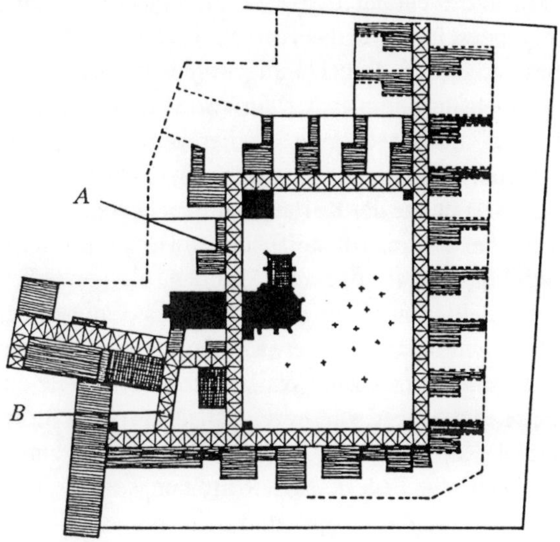

105, 106 *Rechts: Kartause Buxheim, Grundriß. Links: Grundriß des Zellenhauses einer Kartause (nach Viollet-le-Duc). a: Zugang; b: Zwischengang; c: Vorraum; d: Vorratsraum; e: Toilette; f: Eß-, Wasch-, Studier-, Arbeitsraum; zugleich auch Schlafzimmer; g: kleines Zimmer mit Chorstuhl.*

Der große Kreuzgang (A). Er geht in seiner Anlage sicherlich auf Bruno zurück und erklärt sich aus der typischen Vermischung von Eremiten- und Zönobitentum. Denn im Gegensatz zu Camaldoli pflegten die Kartäuser von Anfang an bestimmte Gebetszeiten gemeinsam in der Kirche zu halten, und zwar die mitternächtliche Mette, die anschließenden Laudes sowie die Vesper am Nachmittag. Alle übrigen Gebetszeiten verrichtete an gewöhnlichen Tagen jeder für sich in seiner Zelle. Eine tägliche Messe war anfangs nicht üblich. Um bei Tag und Nacht sicher und trocken die Kirche zu erreichen, verband man alle Häuschen durch einen gemeinsamen Gang, den großen Kreuzgang oder das große Galiläa, der entweder direkt oder über den kleinen Kreuzgang zur Kirche führte. Der Gang diente allerdings nur zur Verbindung, nicht zu liturgischen Prozessionen; diese kannten die Kartäuser nicht. Im umschriebenen Geviert lag häufig der Friedhof.

Die Zelle (1). Jeder Kartäuser besitzt ein eigenes Häuschen, auch Zelle genannt, in dem er die meiste Zeit seines Lebens verbringt. Das Häuschen, umfriedet und mit einem Garten versehen, ist mit allem Lebensnotwendigen – selbst mit fließendem Wasser (lobend wird diese Tat des Priors Guigo in den Annalen erwähnt) – eingerichtet. Es konnte ein- oder zweistöckig sein, wurde aber immer nach dem gleichen Grundriß (Abb. 105) gestaltet. Der einzige Zugang (a) erfolgt vom großen Kreuzgang (A) aus, wobei ein schmaler Zwischengang (b) Wohnung und Kreuzgang noch trennen. Da seit 1257 nicht mehr jeder

Mönch für sich kochte, sondern von der allgemeinen Küche versorgt wird, fügte man vom großen Kreuzgang aus eine kleine Durchreiche ein. Der Vorraum (c) diente als Wandelgang und eventuell als Werkstatt, da jeder Mönch zum Ausgleich manuell arbeiten sollte; zumindest mußte er das Holz zum Heizen zerkleinern. Die Hauptarbeit der Kartäuser aber bestand, wie die Regel (Kap. 28) selbst bemerkt, im Abschreiben von Büchern. Rechts vom Wandelgang befindet sich ein Vorratsraum (d) sowie in gleicher Breite der Flur zur Toilette (e). Eß- und Waschraum, Studier- und Arbeitszimmer – hier wurden die Bücher kopiert – bildeten einen Raum (f), an den sich ein kleiner Andachtsraum (g) mit Chorstuhl anschloß. Hier verrichtete der Kartäuser die nicht gemeinsam gebeteten kanonischen Stunden: Prim, Terz, Sext, Non, Totenoffizium sowie die Marianischen Tagzeiten. Im Durchschnitt umfaßte das Gebet etwa acht Stunden, die persönliche Meditation und Schriftlesung nicht mitgezählt. Innerhalb dieses privaten Raumes befand sich auch das Kastenbett. Jedes Häuschen besaß einen etwa 100 qm großen Garten, ganz zur freien Verfügung des Mönches, sowie eine eigene Wasserzufuhr. Die Zelle durfte jeweils nur der betreffende Mönch betreten, Besuche waren strengstens untersagt. Einrichtungen und Gegenstände sind in der Regel (Kap. 28) genau festgelegt. Wir nennen einige: Nähzeug, Rasiermesser, Schleifstein, Schreibtisch, Federn zum Schreiben sowie die dazu nötigen Stichel, Ahle, Bimsstein, Kreide usw. Zwei Töpfe und Schüsseln, zwei Löffel, Brotmesser, Wasserkanne, Salzfaß; für das Feuer Kleinholz, Zunder, Brennholz, Axt und zum Arbeiten einen Hobel.

107 *Tagesplan der Kartäuser (links für Priestermönche, rechts für Brudermönche).*

22.45 Uhr	Marienmetten in der Zelle		
23.30 Uhr	Tagesmetten und Laudes in der Kirche	23.30 Uhr	Metten in der Kirche
2.00 Uhr	Marienlaudes in der Zelle		
6.00 Uhr	Marien- und Tagesprim	5.15 Uhr	Betrachtung in der Zelle
6.30 Uhr	„Engel des Herrn"; Meditation	5.45 Uhr	Marien- und Tagesprim in der Zelle
7.00 Uhr	Anbetung	6.00 Uhr	Brüdermesse in der Kapelle
7.15 Uhr	Konventmesse; Stillmessen	7.30 Uhr	Marien- und Tagesterz in der Zelle
8.45 Uhr	Geistliche Lesung		
9.15 Uhr	Marien- und Tagesterz	8.00 – 11.00 Uhr	Arbeit
9.30 Uhr	Studium		
10.30 Uhr	Handarbeit		
11.00 Uhr	Marien- und Tagessext	11.00 Uhr	Marien- und Tagessext; Mittagessen
11.15 Uhr	Mittagessen; Erholung	12.45 Uhr	Anbetung in der Kirche
13.00 Uhr	Marien- und Tagesnon	13.00 Uhr	Marien- und Tagesnon in der Zelle
13.15 Uhr	Studium		
14.00 Uhr	Handarbeit	13.15 – 16.45 Uhr	Arbeit; Vesper in der Zelle
14.45 Uhr	Marienvesper		
15.00 Uhr	Tagesvesper in der Kirche		
15.30 Uhr	Studium		
16.20 Uhr	Abendessen		
17.30 Uhr	Gewissenserforschung	17.00 Uhr	Abendessen
18.00 Uhr	Tageskomplet – Marienkomplet	18.00 Uhr	Tageskomplet – Marienkomplet

Der kleine Kreuzgang (B). Er umfaßt die gemeinsamen Räume: Kirche, Kapitelsaal, Refektorium, Bibliothek und Küche. Ins Refektorium gingen die Eremiten nur sonn- und feiertags zum Essen; ebenso nach der Wahl eines Priors oder am Beerdigungstag eines Mitbruders. Wie in Klöstern üblich wurde schweigend gegessen und dabei einer Tischlesung gelauscht. Der relativ kleine Kapitelsaal besaß einen Altar – eine cartusianische Eigenart.

Die Kirche (C). Sie ist immer nur Mönchskirche; kein Laie, hoch oder niedrig, durfte sie betreten. Entsprechend ihrer Funktion, gemeinsames Gotteshaus für die Brüder und Mönche zu sein, ist sie immer in einen Mönchs- und einen Brüderchor unterteilt. Bei der zweiteiligen Anlage der Grande Chartreuse besaßen die Brüder im unteren Haus ihre eigene Kirche, doch samstags zog jeweils die Hälfte ins obere Haus, übernachtete dort in einem gemeinsamen Schlafsaal und nahm im Brüderteil an allen Gottesdiensten teil: ein schönes Zeichen der Gemeinschaft zwischen Brüdern und Mönchen. Da während der Spätgotik und des Barock die Anzahl der Brüder sehr gering war, sind die erhaltenen Brüderchöre im Vergleich zur gesamten Kirche sehr klein; so beispielsweise in Buxheim, Astbach oder Ittingen. Für den Kirchbau verlangt die Regel nur Einfachheit und Schmucklosigkeit. Üblicherweise baute man einschiffige, gewölbte Basiliken, allerdings ohne Querhaus, Atrium und Turm. Gerade in der Einschiffigkeit griffen die Kartäuser auf die einfachste Form des Kirchenbaues überhaupt zurück. Die Kirche besaß nur einen Altar, den eine einzige Kerze zierte. Jeder übrige Zierat und Schmuck war verboten, nur der Meßkelch durfte vergoldet sein (Kap. 40). Im Barock, als man vornehme Gäste dem Gottesdienst beiwohnen ließ, fügte man dazu eine Empore über den Brüderchor ein; so beispielsweise in Ittingen.

Die Wohnungen der Brüder. In der Großen Kartause gab es das untere Haus, in dem unter Leitung eines Mönches (Prokurator) die Brüder lebten. Ob sie kleine Häuschen oder nur geräumige Zellen besaßen, ist unklar, jedenfalls gab es keinen gemeinsamen Schlafsaal oder Aufenthaltsraum, denn die Regel schreibt vor, daß sich die Brüder nach der Arbeit in ihre Zelle zurückziehen sollen. Eine eigene Kirche und eine gemeinsame Küche besaßen sie von Anfang an, jedoch kein Refektorium; jeder aß in seiner Zelle. Ihr Leben war wie das der Mönche durch den Rhythmus der einzelnen Gebetszeiten bestimmt, wenngleich sie anstatt der Psalmen nur das auswendig gelernte Vaterunser gebetet haben. Ansonsten wohnten die Brüder still meditierend dem Gottesdienst der Mönche bei, machten allerdings alle Zeremonien und rituellen Verbeugungen mit. Die Werkstätten der Brüder beschränkten sich vorwiegend auf den notwendigen Bedarf. Die Feldarbeit wurde gemeinsam mit Taglöhnern verrichtet; die Brüder trugen dazu Handschuhe.

Essen, Kleidung, Tagesplan. Wie schon erwähnt, kochte ursprünglich jeder Eremit selber. 1250 jedoch wurde der Brauch auf einmal im Monat beschränkt und 1276 schließlich ganz aufgehoben. Drei Tage in der Woche, dienstags, donnerstags und freitags, fasteten alle Eremiten bei Wasser, Brot und etwas Salz. An den restlichen Wochentagen durfte zweimal gegessen werden, außer in der Zeit zwischen dem 15. September und Ostern. Stets aßen die

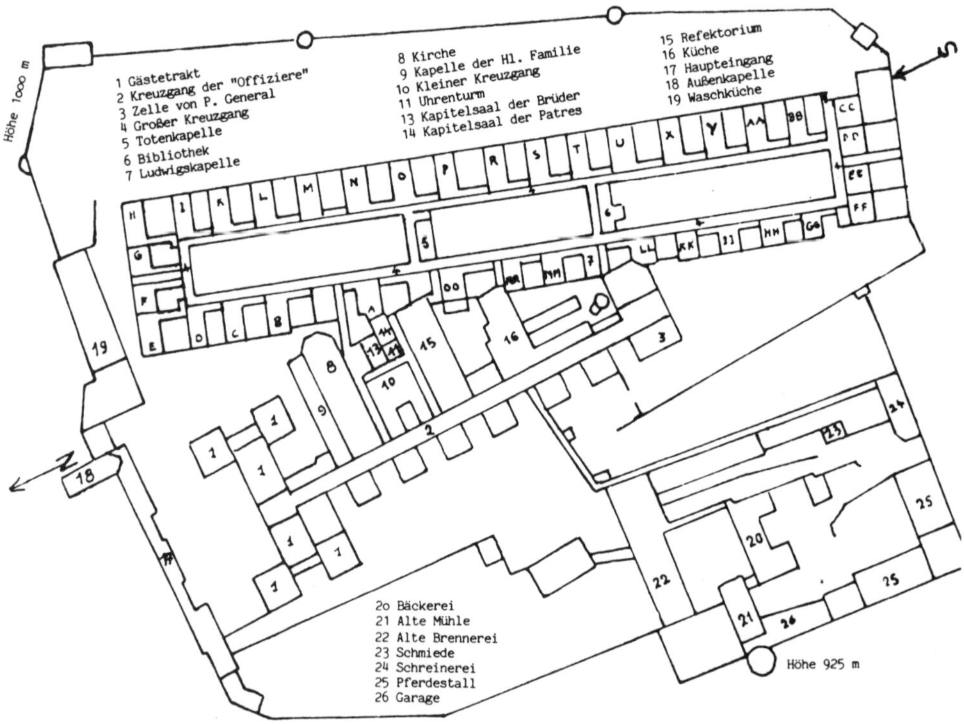

108 *Grundriß der Grande Chartreuse.*

Eremiten in ihrer Zelle, nur sonn- und feiertags traf man sich zum gemeinsamen Mahl. Hülsenfrüchte, Gemüse, Brot, Eier, Salat, Käse und etwas mit Wasser vermischter Wein bildeten ihre Grundnahrungsmittel, die der Bruder Koch und seine Helfer besorgten. Nach der sonntäglichen Non war „allgemeine Sprechzeit“, nun konnte jeder das Notwendige, Kleidung, Nahrung, Schreibmaterial, Bücher u.ä. erbitten. Zuvor jedoch, nach der Prim, war allgemeines Kapitel, wo jeder freiwillig seine Regelverstöße bekannte und die entsprechende Buße in Empfang nahm. Am Sonntag fand auch der gemeinsame Spaziergang in die umliegenden Wälder statt, auf dem sich die Eremiten durch geistliche Gespräche gegenseitig erbauten.

Sechsmal im Jahr durfte man sich rasieren, vom Baden ist allerdings keine Rede. Dem Brauch der Wüste folgend, wurde das Fasten unterbrochen, wenn Besuch kam; allerdings gewährte man dieses Privileg nur geistlichen Personen. Kranke bekamen immer die notwendige Diät, selbst Fische durften dann dazu gekauft werden. Zur Pflege konnte sie der Prior ins untere Haus verlegen. Als Kleidung nennt die Regel (28): zwei Zilizien, das sind rauhe Bußhemden aus Roßhaar, die direkt auf der Haut getragen werden; zwei Kukullen und Tuniken, zwei Pelze, drei Paar Strümpfe, vier Paar Socken, Felle, einen Mantel, je ein Paar Schuhe für die Nacht und den Tag sowie zwei Lendentücher und einen Gürtel aus Hanf. Die Kleidung hatte jeder selbst zu waschen. Sie wurde öfter gewechselt, wobei die gebrauchte, aber nicht verbrauchte Kleidung den Armen gegeben wurde.

Ihr Tagesrhythmus richtete sich nach dem kirchlichen Stundengebet, wobei aber zu den üblichen Gebetszeiten noch das sogenannte Marianische Offizium gebetet wurde. In Cluny zog man bereits täglich einmal in die Marien- und Krankenkapelle, um dort die Gottesmutter durch besondere Gebete und Gesänge zu ehren. Zahlreiche Kanonikerstifte und mit ihnen auch die Kartäuser beteten jedoch zu jeder kanonischen Stunde noch zusätzlich einige marianische Gebete, was die Gebetszeit wesentlich verlängerte. Weil großteils das Marianische Offizium nicht in der Kirche, sondern im Chorstuhl der Zelle verrichtet wurde, nannte man diesen privaten Andachtsraum auch „Ave Maria".

Größe, Besitz und Einkommen. Kapitel 78 der Regel nennt als Idealbelegung 13 Mönche und maximal 16 Konversen, wobei die Zahl der Mönche unterschritten, aber nicht überschritten werden soll. Erstaunlich ist der riesige, geschlossene Grundbesitz von 1700 Hektar unmittelbar um die Große Kartause. Kap. 40 begründet ihn damit, daß die Kartäuser keinerlei Besitzungen, Werkstätten, Häuser, Weinberge, Mühlen usw. außerhalb des klostereigenen Geländes haben dürfen. Ebensowenig sind Pachteinnahmen von fernliegenden Gütern, Lehen usw. erlaubt. Nur was auf eigenem Grund Platz findet, darf angebaut, eingerichtet und betrieben werden. Damit sollte jede Verflechtung mit der Welt über Besitz und Reichtum unterbunden bleiben, die Autarkie gesichert, zugleich aber auch die Stille der Mönche bewahrt bleiben. Denn innerhalb des ummauerten oder sonst unzugänglichen Geländes ergingen sich die Eremiten einmal wöchentlich in einem gemeinsamen Spaziergang. Auch die Brüder, die mit Hilfe von Taglöhnern die Landwirtschaft betrieben, sollten stets innerhalb des eigenen „Territoriums" bleiben. Daß diese großräumige Form bei den spätmittelalterlichen Stadtkartausen unmöglich war, ist unbedeutend, jedenfalls befolgte man auch hier das strikte Armutsgebot. Bei diesem radikalen Rückzug aus Welt und Kultur verwundert es nicht, daß im Gegensatz zu vielen Abteien anderer Orden nur eine einzige Kartause, nämlich Buxheim – und dies nur aus besonderen Umständen –, zu einer Reichsabtei aufgestiegen war.

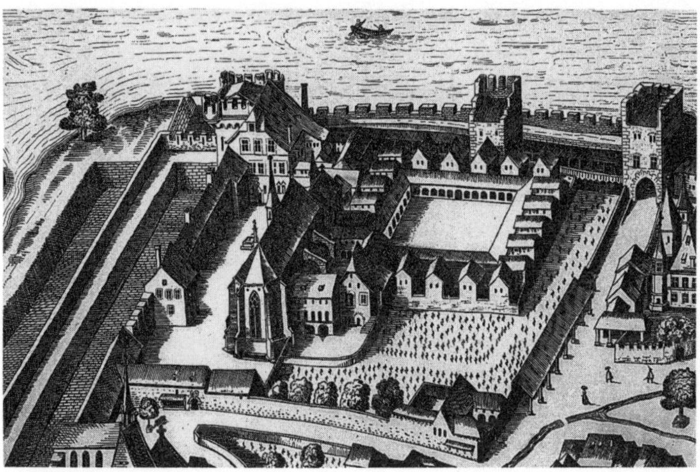

109 *Stadtkartause Basel (1401–1564) Stich (17. Jh.). Während des Spätmittelalters erlebten die Kartäuser eine Blüte, wobei nun allerdings die Kartausen meist in Städten angelegt wurden.*

c) Die Intention der Kartäuser

Vergleichen wir die Lebensordnung der Kartäuser mit den üblichen monastischen Vorschriften, so wird die neue Weise ihrer Nachfolge Christi deutlich. Um dieser Nachfolge willen lehnten sie rundweg alles ab, was bisher ein spätantikes Kloster oder eine frühmittelalterliche Abtei ausgemacht hatte. Das typische Merkmal germanisch-karolingischer Klosterkultur waren der Lehensbesitz, die Hörigen, Hintersassen und Sklaven. Das Kloster war letztlich – wie ein weltlicher Graf – Herr und Herrscher zugleich. Aus dieser Stellung ergaben sich die klösterlichen Pflichten und Aufgaben für das Volk Gottes, für Reich und Kirche. Am St. Galler Klosterplan haben wir diese Struktur anschaulich vor uns.

Cluny und seine Reformzweige konnten sich zwar aus den realen Verpflichtungen gegenüber dem Reich befreien, die Lehensstruktur, die grundherrliche Herrschaft, aber blieb beim Kloster. Die Hirsauer bestellten ebensowenig allein ihre Felder wie die spätantiken Klöster Benedikts. Alle Abteien übten großzügig das Gastrecht, bauten Herbergen und Pilgerheime und pflegten auf vielfältige Weise die Kultur. Von all diesen Rechten und Pflichten findet sich bei den Kartäusern fast nichts mehr. Sie feierten keine aufwendige, stellvertretende Liturgie, nicht einmal die tägliche Messe war bei ihnen üblich. Keine Prozession zog durch die langen Gänge des großen Galiläa, noch pflegte man den memorativen Ritus, gepaart mit der Kunst des Kirchengebäudes. Selbst ein Teil der kanonischen Stunden verrichtete jeder einzeln in seinem „Ave Maria“, und anstatt des objektiven Kultes pflegten sie eine emotionale Marienfrömmigkeit. Fast alle Kartausen waren Maria geweiht; ihr Name, und nicht der eines Ordensvaters, steht in der Profeßformel der Mönche. So weit zogen sich die Kartäuser aus der Welt zurück, daß sie sogar die christliche Pflicht der Nächstenliebe auf ein Mindestmaß beschränkten und täglich die Armen nur speisten, sie aber nicht aufnahmen oder beherbergten.

Die Laienbrüder spielten von Anfang an eine bedeutende Rolle, wie es in den 35 von insgesamt 80 Kapiteln deutlich zum Ausdruck kommt. Sie waren aber keine billigen Arbeitskräfte, sondern hochgeachtete Mitbrüder, die auf ihre Weise Christus nachfolgten. Die Wertschätzung der Brüder kommt nicht nur in der architektonischen Konzeption der Kartause zum Ausdruck, sondern auch in der bewußt niedrig gehaltenen Anzahl, um so jedem einzelnen ein individuelles religiöses Leben zu ermöglichen. Der hl. Bruno schrieb einen einzigen Brief an die Große Kartause, in dem fast zwei Drittel dem Lob der Brüder gewidmet sind:

> „Von Euch, meinen geliebten Laienbrüdern, sage ich: ‚Meine Seele preist die Größe des Herrn‘, denn ich staune über die Größe seines Erbarmens an Euch, gemäß der Auskunft Eures Priors und geliebtesten Vaters, der sich sehr Euer rühmt und freut. Auch ich freue mich, denn der allmächtige Gott grub, da Ihr der Buchstabenwissenschaft unkundig seid, mit seinem Finger nicht nur die Liebe in Eure Herzen ein, sondern auch die Kenntnis seines heiligen Gesetzes. Denn Eure Taten beweisen, was Ihr liebt und wißt. Da Ihr nämlich mit aller Sorgfalt und Mühe den wahren Gehorsam übt, der die Erfüllung der Gebote Gottes ist, Schlüssel und Siegel der ganzen geistlichen Disziplin, der niemals ohne viel Demut und vorzügliche Geduld geleistet wird und den stets keusche Liebe zum Herrn und wahre Liebe begleitet, ist es offenkundig, daß Ihr die ganze süße und lebendige Frucht der göttlichen Schrift erntet.“

Die Askese spielte bei den Kartäusern ebenfalls eine große Rolle, doch keineswegs war sie so rigoros wie bei den Eremiten Oberitaliens. Hören wir dazu nochmals die Worte des hl. Bruno aus dem oben zitierten Brief; er ermahnt die Brüder, sich um die Gesundheit ihres Priors zu sorgen: „Darum ermahne ich Euch ernstlich und bitte Euch demütig und inständig: Beweist Eure Liebe, die Ihr zu Eurem Prior und Vater im Herzen tragt, auch durch die Ausführung in der Tat, indem Ihr ihm gütig und umsichtig das zukommen laßt, dessen er wegen seinen vielfachen Erkrankungen bedarf ... Damit Ihr aber bei dieser Liebestat jener Gnade nicht verlustig geht, bevollmächtigen wir Euch, in dieser Angelegenheit uns zu vertreten, so daß es Euch hiermit erlaubt ist, ihn mit sanfter Gewalt zu zwingen, das anzunehmen, was Ihr ihm im Interesse seiner Gesundheit zubilligt." Der Text spricht für sich und bedarf keiner Erklärung, die Regel steht keineswegs über der Gesundheit, und jeder freien und willkürlichen Askese setzt sie Schranken; Kap. 35 bestimmt, daß vor jeder Änderung der Askese der Prior befragt werden muß; sie ist keineswegs ins Belieben des einzelnen gestellt. Diese Milde ist typisch für den Orden, der einen menschlichen Rhythmus zwischen Anspannung und Erholung vorschreibt.

Was das Kloster, die Einsiedelei bedeutet und welches Ziel sie erstrebt, entnehmen wir abermals einem Brief des hl. Bruno an seinen Freund Radolf. „Hier können mutige Männer sich so oft in sich sammeln, wie sie wollen, und bei sich verweilen, um mit Eifer die Tugendkeime zu pflegen und sich glücklich von den Früchten des Paradieses zu nähren. Hier erwirbt man jenes Auge, durch dessen klaren Blick der Bräutigam von Liebe verwundet wird und dessen Reinheit Gott schauen läßt. Hier übt man sich in mühevoller Muße und ruht in einer gelassenen Tätigkeit ... Was ist ebenso gerecht wie nützlich, ebenso angeboren wie mit der menschlichen Natur übereinstimmend, als das Gute zu lieben? Und welches andere Sein ist so gut wie Gott? Mehr noch, welches andere Gut gibt es außer Gott?"

Für Bruno ist die Religion eine ganz natürliche, angeborene Sache des Menschen, die er zwar verfehlen, aber nicht verleugnen kann. Um dieser tiefsten Bestimmung des Menschen zum Durchbruch zu verhelfen, sah Bruno – wie auf ihre Weise schon die antiken Philosophen – nur eine Möglichkeit: sich rigoros von der Welt im weitesten Sinne zu trennen, was zu einer „mühevollen Muße und gelassenen Tätigkeit" führt. Eindrucksvoller kann die errungene Freiheit nicht beschrieben werden. Die Askese ist dem Ziel der geistigen Selbstwerdung zugeordnet. Geht der Eremit diesen Weg, so „erwirbt er jenes Auge, durch dessen klaren Blick der Bräutigam von Liebe verwundet wird und dessen Reinheit Gott schauen läßt". Am Ende der Askese steht also die Liebe, die wiederum in der göttlichen Schau ihre Erfüllung findet. Wir brauchen nicht mehr auf Romuald, Petrus Damiani oder Camaldoli zu verweisen, um die völlig andere Akzentuierung der Askese zu verdeutlichen.

d) Kartäuserinnen

Frauen fanden bei den Kartäusern keine Aufnahme, weder als Gäste noch als Schwestern, ja sie durften nicht einmal den klösterlichen Grund betreten. Nur widerwillig gestatteten die Kartäuser, daß anfangs des 12. Jahrhunderts einige Frauenklöster ihre Gewohnheiten annahmen. Doch weittragend wurde diese Entwicklung nicht, denn nur acht Frauenklöstern gewährte man die Bitte. Die Kartäuserinnen waren keine vollständigen Eremitinnen, denn sie lebten zwar jede für sich in ihrer eigenen Zelle, doch in einem gemeinsamen Gebäude. Alle Mahlzeiten fanden im Refektorium statt, und täglich durfte man sich zweimal gemeinsam erholen. Anstelle der Priorin leitete seit 1228 ein Prior die weibliche Kartause. Das älteste Kartäuserinnenkloster Prébayon wehrte sich gegen die Bevormundung und wurde deshalb trotz päpstlichen Protestes aus dem Orden ausgestoßen, was es nicht hinderte, weiter kartusianisch zu leben. Heute gibt es sechs Schwesternkartausen, drei in Italien, zwei in Frankreich, eine in Spanien (vgl. Abb. 104).

Die „Ablehnung" der Frau kann aber nicht den Kartäusern allein angelastet werden, denn auch die Zisterzienser, Franziskaner und Dominikaner weigerten sich, ihre Pforten den Frauen zu öffnen. Nur einem päpstlichen Befehl gehorchend, bequemten sich die Orden widerwillig, auch Frauen aufzunehmen und weibliche Zweige zu gründen. Damit soll angedeutet werden, daß es sich hier um ein allgemeines und äußerst schwieriges Problem des Mittelalters, aber nicht nur des Mittelalters handelt. Die Grundproblematik scheint unter anderem darin zu liegen, daß im Mythologisch-Psychischen die Bereiche Geistigkeit, Ordnung, Analytik, Vereinzelung und Gott mit dem Bild des „Männlichen" umschrieben werden. Demgegenüber zeigt sich das Weibliche in Bildern der Lebensfülle, des furchtbaren und fruchtbaren Chaos, der Inspiration und des ganzheitlichen Denkens. Diese Polarität kann man als Gegensatz oder als spannungsvolle Einheit auffassen; man kann sie als Bild oder als Rechtsgrundsatz verstehen. An der biblischen Erzählung von der Erschaffung der Frau lassen sich beide Möglichkeiten leicht aufweisen. Versteht man den Bericht als historischen Text, so kann ohne weiteres die Herrschaft des Mannes abgeleitet werden; faßt man es aber als Bild für die gemeinsame Wurzel der ursprünglichen Einheit von Mann und Frau auf, so ergeben sich andere Folgen.

2. Die Zisterzienser (1098)

a) Die Gründung

Der Orden von Cîteaux – davon abgeleitet Zisterzienser – geht auf Robert von Molesme († 1111) zurück, der allerdings ebensowenig wie der hl. Bruno einen neuen Orden ins Leben rufen wollte. Cîteaux und mit ihm der Orden erwuchsen aus dem Streben einzelner Mönche nach dem vollkommenen Leben, und zwar unter Beachtung der ursprünglichen Benediktregel.

Robert versuchte es zuerst in verschiedenen Klöstern, lebte längere Zeit in einer Einsiedelei, bis er schließlich mit Hilfe des Diözesanbischofs und des Herzogs von Burgund in Molesme (1075) ein eigenes Kloster gründete, und zwar ganz nach dem Muster von Cluny. Erst allmählich wurden ihm, seinem Prior Alberich sowie dem englischen Mitbruder Stephan Harding und anderen Mönchen die Diskrepanz zwischen den einfachen Forderungen der Benediktregel und ihrem tatsächlichen Klosterleben – gestaltet nach der Regelinterpretation Benedikts von Aniane und eingebettet in ein theokratisches Weltverständnis – bewußt. Sie aber wollten wieder zu Benedikt zurück, der sein Kloster streng von der Welt getrennt und den Mönchen keinerlei andere Aufgaben als das Lob Gottes und die Selbstheiligung auferlegt und gestattet hatte. Ihr Wunsch fand unter den Mitbrüdern nur geteilten Beifall. Schließlich zogen die Reformwilligen, insgesamt 21 Mönche, aus und gründeten in der Einsamkeit, dem späteren Cîteaux, gegen 1097/98 das Neukloster, wie sie ihre bescheidene Siedlung nannten. Hier lebten sie nun, in bitterer Armut, denn sie verzichteten auf alle fremden Einkünfte und Schenkungen, rodeten mit eigenen Händen das noch unwirtliche Gelände, das sie kaum ernähren konnte. Robert mußte jedoch schon bald (1099) die Stiftung wieder verlassen, da sein erstes Kloster ihn zurückverlangte und mit päpstlicher Hilfe auch zurückbekam. Doch ganz gegen seinen Willen schien die Rückkehr nicht gewesen zu sein, denn in verschiedenen Quellen der Zisterzienser wird er beschuldigt, vom ursprünglichen Ideal abgefallen zu sein.

Der bisherige Prior Alberich († 1108) übernahm das Amt Roberts im Neukloster und legte den Grundstein zum neuen Orden, indem er kurz und bündig die wortgetreue Befolgung der Benediktregel vorschrieb. Damit gingen Alberich und seine Mitbrüder über Cluny und Benedikt von Aniane hinaus, da sie einen monastischen Zustand des 6./7. Jahrhunderts wiederherstellen wollten. Dieser „anachronistische" Zug wird dem Orden immer eigen bleiben. Ferner bestimmte Alberich, daß die Mönche keine fremden Einkünfte besitzen dürften, täglich wieder selbst arbeiten müßten und kein Kloster in einer kultivierten Gegend gegründet werden sollte. Damit die Mönche aber dennoch ihren geistigen Dienst erfüllen und ihr religiöses Ziel erreichen könnten, erlaubte er, zur Unterstützung Laienbrüder aufzunehmen. Einer Legende zufolge soll Maria ihn angeregt haben, das schwarze Gewand der Benediktiner abzulegen und statt dessen ein neues ungefärbtes, weißgraues Gewand einzuführen.

Das Werk vollendeten sein Nachfolger Abt Stephan Harding (um 1059–1134) sowie Bernhard von Clairvaux (1090–1153). Will man es vereinfacht sagen, so schuf Stephan die äußere Organisation, Bernhard dagegen mehr die innere Zielsetzung. Die kleine Gründung wurde, wie es in der Chronik heißt, zwar wegen ihrer Strenge von allen bewundert, aber von niemandem begehrt. Erst als Bernhard im Jahre 1113 mit insgesamt dreißig Verwandten und Freunden eingetreten war, konnte sich die Gründung behaupten; mit ihm begann die unglaublich rasche Verbreitung des Ordens, und sein Werk prägte das kommende „bernhardinische" Jahrhundert. Im gleichen Jahr, 1113, mußte aus Platzmangel ein zweites Kloster, La Ferté, gegründet werden. 1114 folgten Pontigny, 1115 Clairvaux und Morimond. Diese vier ersten Klöster, die sogenannten Primärabteien, nahmen später im Orden eine besondere Rolle ein, denn nur sie konnte der Abt von Cîteaux visitieren.

Der große Zulauf und die Neugründungen stellten Stephan vor die Frage, wie das einfache Leben der Benediktregel nach Buchstaben und Sinn beständig, ohne örtlich oder personal bedingte Änderungen beibehalten werden könne. Hatten dies nicht schon viele versucht, und was war in kurzer Zeit daraus geworden? Das nahe Cluny stand ihm als abschreckendes Beispiel vor Augen. Stephan kam zu einer genialen Lösung, die später alle anderen Orden ebenfalls übernahmen. Er setzte fest, daß jedes Jahr sich alle Äbte in Cîteaux zum Generalkapitel versammeln müssen, um über die Einhaltung der Regel in allen

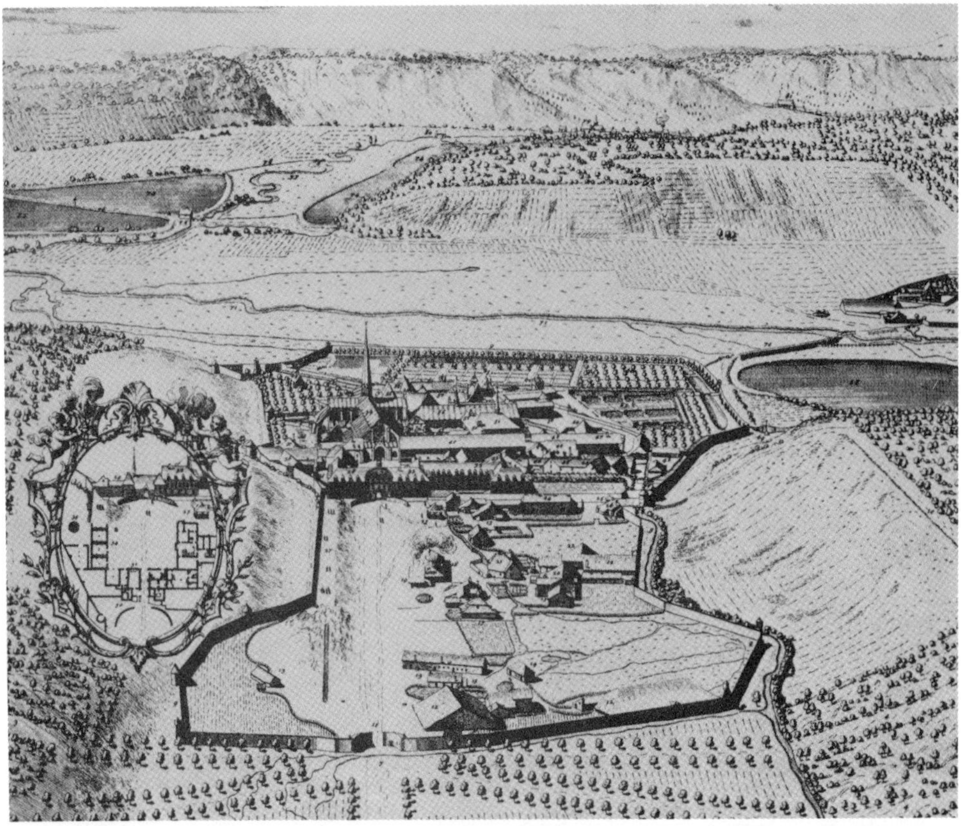

110 *Ansicht der Abtei Clairvaux, 1115 vom hl. Bernhard gegründet. Stich (1708).*

Klöstern Rechenschaft abzulegen, zugleich aber auch, um Mißbräuche oder Regelverstöße zu ahnden und abzustellen. Das Generalkapitel konnte zudem weitere, verbindliche Normen erlassen. Ferner hat die Vergrößerung des Ordens nach dem Filiationsprinzip (von lat. filia = Tochter) zu erfolgen; d. h., ein bestehendes Kloster besiedelt eine neue Stiftung, wobei diese zwar selbständig wird, aber der Vaterabt über die Einhaltung der Regel zu wachen hat. Er muß mindestens einmal im Jahr das Kloster visitieren, Mißbräuche abstellen, Bußen auferlegen oder im schlimmsten Falle den Abt entfernen und das Kloster bannen. Die Tochter wiederum kann neue Klöster gründen und ihrerseits nun das väterliche Visitationsrecht ausüben. Der Abt von Cîteaux aber wird von den Äbten der Primärabteien visitiert. Damit war ein System der gegenseitigen, ständigen Kontrolle gegeben, zugleich aber ein einheitlicher Orden geschaffen. Deshalb mußten überall die gleichen Bräuche und Vorschriften eingehalten und die gleichen liturgischen Bücher verwendet werden. Doch bei aller umfassenden Einheitlichkeit blieb die Selbständigkeit des einzelnen Klosters erhalten. Diese Satzungen legte er in der sogenannten Charta caritatis primitiva, der Urkunde der Liebe, nieder.

Wir haben die ganze Entwicklung zu einem einheitlichen Orden zusammengefaßt, obgleich der Prozeß zur endgültigen Form der Charta caritatis mehrere Jahrzehnte dauerte. Um 1119 entstand die „Summa Charta caritatis". Sie setzte beispielsweise das jährliche Generalkapitel aller Äbte in Cîteaux fest und regelte das Verhältnis zwischen Vater- und Tochterabtei. Neu gefaßt wurden die Rechte der Primärabteien sowie die gegenseitige finanzielle Hilfe bei unverschuldeter Armut vereinbart. 1151 und 1152 erfolgten abermals kleine Zusätze zur Charta caritatis. Die „Charta caritatis posterior" von 1152 bestimmte die näheren Formalitäten der jährlichen Visitation von Cîteaux; im Jahre 1256 erfolgte die Endredaktion. Die einzelnen Beschlüsse des Generalkapitels besaßen Regelkraft und mußten dreimal im Jahr jedem Konvent vorgelesen werden. Um 1130 faßte man die grundsätzlichen Bestimmungen des Generalkapitels in den „Instituta generalis capituli" zusammen. Sie und die Charta caritatis geben im wesentlichen die anfängliche Intention des Ordens wieder, weshalb wir sie fast ausschließlich zu Rate ziehen. Als Stephan, der dritte Abt von Cîteaux, im Jahre 1134 starb, war der neue Orden längst kirchlich anerkannt (früheste päpstliche Bestätigung der Regel 1119), exemt und zählte insgesamt 75 Männerklöster.

b) Die Gottesliebe als höchstes Ziel

Die bisherige Entwicklung zu einem individuellen und persönlichen Verhältnis zwischen Mensch und Gott findet in der Liebesmystik des Zisterzienserordens, im Leben und Werk seines großen Meisters, Bernhard von Clairvaux, einen abschließenden Höhepunkt. Hören wir dazu den Heiligen selbst. In seiner Abhandlung über die Gottesliebe unterscheidet Bernhard vier Stufen der Liebe zu Gott. Die erste beruht auf der Furcht vor Gott, die zweite auf der Eigenliebe (man liebt Gott, weil er einem hilft) und die dritte auf der Sohnesliebe; sie ist die natürliche, kindliche Liebe. Die vierte Stufe ist jedoch gegenüber den drei vorhergegangenen etwas völlig Neues, denn nun liebt der Mensch Gott allein um Gottes willen. Bernhard schreibt:

„Da aber die Schrift sagt, Gott habe alles um seiner selbst willen geschaffen, so wird sich gewiß das Geschöpf schließlich einmal an den Schöpfer angleichen und anpassen. Wir müssen also irgendwann einmal zu derselben Empfindung übergehen, daß, so wie Gott wollte, daß alles seinetwegen sei, auch wir wollen, daß wir selbst und alles andere in gleicher Weise nur seinetwegen gewesen seien oder seien; natürlich allein, weil er es wollte, und nicht, weil wir es wünschten. Gewiß wird uns dann nicht so sehr die Befriedigung unserer Bedürfnisse oder auch das erlangte Glück freuen, als zu sehen, daß mit uns und in uns sein Wille geschieht, was wir doch täglich im Gebet erbitten, wenn wir sagen: ‚Dein Wille geschehe wie im Himmel, so auf der Erde.' O heilige und reine Liebe! O süßes und zartes Verlangen! O reine und geläuterte Absicht des Willens, gewiß um so geläuterter und reiner, als in ihr nichts Eigenes beigemischt bleibt, um so süßer und zarter, als das, was empfunden wird, ganz göttlich ist. Dies erfahren heißt vergöttlicht werden. Wie ein kleiner Wassertropfen, in eine große Menge Wein hineingeschüttet, ganz zu verschwinden scheint, da er sowohl den Duft als auch die Farbe des Weines annimmt, und so wie im Feuer erhitztes, glühendes Eisen dem Feuer ganz ähnlich wird, nachdem es seine frühere, eigene Gestalt verloren hat, und wie die Luft, durchdrungen vom Licht der Sonne, zur selben Klarheit des Lichts umgestaltet wird, so daß sie nicht nur erleuchtet, sondern selbst Licht zu sein scheint: so muß in den Heiligen auf eine unaussprechliche Weise jede menschliche Neigung sich auflösen und ganz in den Willen Gottes eingeschmolzen werden. Wie könnte sonst Gott alles in allem sein, wenn im Menschen noch etwas vom Menschen übrig wäre? Es bleibt freilich die Substanz, aber in anderer Form, in anderer Herrlichkeit, in anderer Macht. Wann wird dies sein? Wer wird es sehen? Wer wird es besitzen? ‚Wann darf ich kommen und Gottes Antlitz schauen' (Ps 42,3)? Herr, mein Gott, ‚mein Herz hat zu dir gesagt: Es sucht dich mein Angesicht; dein Angesicht, o Herr, will ich suchen' (Ps 27,8). Werde ich wohl deinen heiligen Tempel sehen?

Ich glaube, daß das Gebot: ‚Du sollst den Herrn, deinen Gott, lieben mit ganzem Herzen und ganzer Seele, mit all deinen Gedanken und all deiner Kraft' (Mk 12,30) erst dann ganz erfüllt werden kann, wenn das Herz nicht mehr gezwungen ist, seine Gedanken dem Leib zuzuwenden, und die Seele aufhört, ihm in diesem Zustand Leben und Empfindung zu schenken, und ihre Kraft, befreit von der Last des Leibes, durch Gottes Kraft gestärkt wird. Denn es ist unmöglich, all diese Kräfte ganz auf Gott hin zu sammeln und auf sein göttliches Antlitz hinzurichten, solange sie noch aufmerksam und angespannt diesem hinfälligen und geplagten Leib dienen müssen. Erst in einem geistigen und unsterblichen, in einem unversehrten, friedvollen und befriedeten Leib, in einem Leib, der in allem dem Geist unterworfen ist, kann die Seele hoffen, die vierte Stufe der Liebe zu erreichen, oder besser, in sie versetzt zu werden, da ja nur Gottes Macht dies gewähren kann, wem sie will. Es kann nicht durch menschliches Bemühen erlangt werden. Dann, möchte ich sagen, wird die Seele die oberste Stufe leicht erreichen, wenn sie voll Eifer und Begierde hineilt zu den Freuden ihres Herrn, ohne daß noch irgendeine Verlockung sie zurückhält, irgendeine Plage sie beunruhigt. Glauben wir denn nicht, daß die heiligen Märtyrer diese Gnade wenigstens teilweise erlangt haben, obwohl sie doch noch in ihren siegreichen Leibern waren? Eine große Kraft der Liebe hatte diese Seelen ganz nach innen gezogen, so daß sie ihre leibliche Hülle preisgaben und die Qualen verachten konnten. Das Empfinden des heftigsten Schmerzes konnte ihre Heiterkeit nämlich höchstens trüben, aber nicht zerstören" (Über die Gottesliebe, Kap. 28, 29).

Mit ergreifenden Worten schildert Bernhard die höchste Vollendung des Menschen, die sich schließlich in seiner Vergöttlichung erfüllen wird. Angetrieben von der göttlichen Liebe, sucht sich der Mensch immer mehr dem Geliebten anzugleichen, indem er seine eigenen menschlichen Empfindungen, sein Wollen und Fühlen, sein Denken und Begehren völlig aufhebt und sich damit von allem Irdisch-Materiellen, selbst seinen Sinnen löst und befreit. Den Weg zu diesem Freiwerden kann und muß der Mensch aber selber gehen, wenngleich die Liebe Gottes ein nicht erwirktes Geschenk bleibt. Am schönsten sieht Bernhard dieses liebende Verhältnis zwischen Gott und der menschlichen Seele im Hohenlied des Alten Testaments umschrieben. Gewissermaßen sein ganzes Leben lang meditierte, predigte und schrieb Bernhard über diesen Text, über die unergründliche Hochzeit Gottes mit der menschlichen Seele.

Dazu aber sind nach Bernhard das Kloster und das Mönchsein die idealen Voraussetzungen, denn hier kann der Mensch sich von allem Irdischen lösen, seine Sinne gewissermaßen verlieren und im ständigen Betrachten der Liebe Gottes, wie sie sich am Geheimnis der Inkarnation zeigte, die Stufen der Liebe erklimmen. Dieses Geheimnis wurde Bernhard in einer visionären Schau teilhaftig. Er sah die Geburt Christi im Stall und durfte gewissermaßen an diesem Geschehen teilnehmen. Sein Schüler, Aelred von Rievaulx, schrieb eine Meditation über den Jesusknaben und führte darin den Ansatz seines Lehrers weiter.

Bernhard selbst ging diesen königlichen Weg. Bereits ein Jahr nach dem Eintritt in Cîteaux hat er die Empfindung der Sinne „verloren". Sein Biograph schreibt dazu:

„Er bemühte sich in jeder Weise, nicht nur die Begierlichkeit des Fleisches, die sich durch die leiblichen Sinne äußert, sondern die Sinne selbst als Quelle dieser Äußerung abzutöten. Denn als er in seinem inneren Sinn die von oben kommende Süße einer erleuchteten Liebe bereits seliger und häufiger zu verkosten begann, da gestattete er aus Angst für diesen inneren Sinn den körperlichen Sinnen kaum so viel, wie für den äußeren Verkehr mit den Menschen ausreichte. Durch beharrliche Übung erwarb er sich darin eine Gewohnheit, und die Gewohnheit wurde ihm zur zweiten Natur. Und völlig aufgesogen ins Geistige, in all seinem Hoffen auf Gott gerichtet, in Gedanken ganz mit Sammlung oder Besinnung auf geistige Dinge beschäftigt, war er, obwohl sehend, blind, obwohl hörend, taub; der Geschmackssinn verriet ihm nicht, was er aß; die körperlichen Sinne meldeten ihm kaum etwas" (Kap. 4).

Aus diesem Ziel einer vollständigen Gottesliebe ist der asketische Weg des Ordens zu verstehen. Hierin liegen seine Ablehnung der Kunst, der Rückzug aus der Welt und der Verzicht auf alles Sinnliche begründet, zu dem auch die geistige Spekulation der Scholastik gehört.

c) Kloster, Leben und Form

Lassen sich nun all die erwähnten geistigen und organisatorischen Aspekte auch am Klosterbau nachweisen? Ist er eine sprechende Form des Inneren? Wir müssen uns bei der Interpretation leider auf einen Idealplan (Abb. 111) beschränken, den wir allerdings durch eine rekonstruierte Zeichnung des ehemaligen Klosters Bronnbach (Abb. 113) ergänzen. Zudem vergleichen wir fortlaufend den bereits besprochenen Plan von Cluny, da die Zisterzienser gerade in Abgrenzung gegenüber ihren benediktinischen Mitbrüdern von Cluny ihr Eigenes ausgeprägt haben.

Cîteaux – so wollen wir den Idealplan stellvertretend nennen – beruht auf dem gleichen architektonischen Muster wie Cluny oder St. Gallen: Rechts neben der Kirche befindet sich im geschlossenen Geviert der eigentlich monastische Bereich. Auch die Art der Räume und ihre Anordnung entsprechen sich weitgehend. Beginnen wir unseren Gang durch das Kloster im östlichen Flügel. Sakristei (9) und „Bibliothek" (10) sind die ersten Gebäude und gehören gewissermaßen noch zur Kirche, denn im Armarium, wie die Bibliothek genannt wird, wurden die liturgischen Bücher, aber auch die geistlichen Schriften aufbewahrt für die tägliche persönliche Lesung des einzelnen Mönches; dazu saßen sie auf der Bank (11) längs der Kirche. Es folgt der Kapitelsaal (14), an den sich das Auditorium (16) und der Mönchsaal (17) anschließen. Das Obergeschoß des ganzen Ostflügels nimmt das Dormitorium ein, wobei jedem Bett ein Fenster zugeordnet ist. Auch in der Ordnung des Südflügels gleichen sich beide Klöster. Zuerst kommt der Wärmeraum (20), dem das Refektorium (22) mit gegenüberliegendem Brunnen (21) folgt. An das Refektorium schließt sich die Küche (24) für Brüder und Mönche an. Wie in allen Bräuchen folgten die Zisterzienser auch in den Essensvorschriften dem hl. Benedikt, wobei sie anfangs sogar keine Fische und Eier aßen, da diese nicht in der Benediktregel erwähnt werden. Das Fischverbot wurde noch zur Zeit des hl. Bernhard aufgehoben; Mitte des 13. Jahrhunderts aßen schon vereinzelt Konvente Fleisch.

Doch am Westflügel hören die Gemeinsamkeiten plötzlich auf, denn in Cluny befinden sich hier die Vorratsräume, Bäckerei und anderes. Seine weltlichen Diener, Familiares und einige wenige Konversen wohnten zwar auch im weltlichen Trakt (33), der aber als Ökonomiebetrieb weit abgesetzt vom Kloster angelegt war. Cluny besaß nur wenige Konversen.

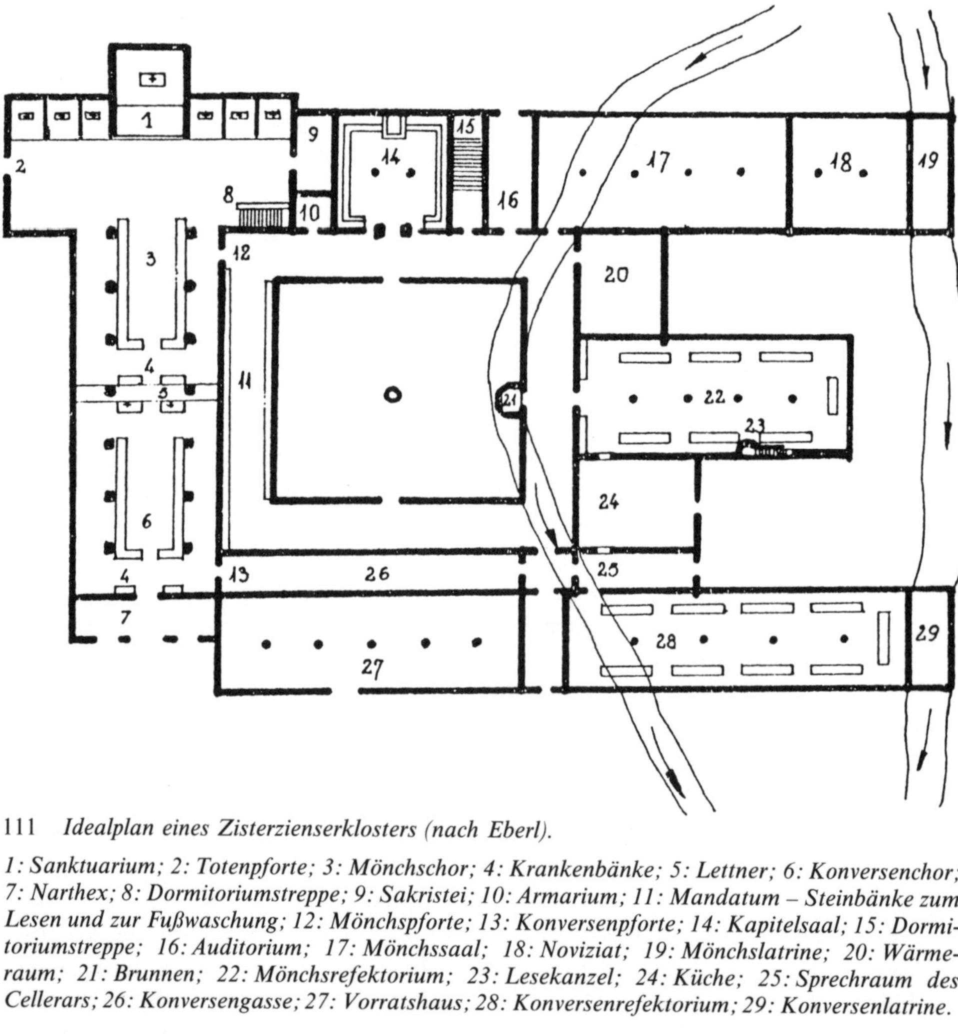

111 *Idealplan eines Zisterzienserklosters (nach Eberl).*

1: Sanktuarium; 2: Totenpforte; 3: Mönchschor; 4: Krankenbänke; 5: Lettner; 6: Konversenchor; 7: Narthex; 8: Dormitoriumstreppe; 9: Sakristei; 10: Armarium; 11: Mandatum – Steinbänke zum Lesen und zur Fußwaschung; 12: Mönchspforte; 13: Konversenpforte; 14: Kapitelsaal; 15: Dormitoriumstreppe; 16: Auditorium; 17: Mönchssaal; 18: Noviziat; 19: Mönchslatrine; 20: Wärmeraum; 21: Brunnen; 22: Mönchsrefektorium; 23: Lesekanzel; 24: Küche; 25: Sprechraum des Cellerars; 26: Konversengasse; 27: Vorratshaus; 28: Konversenrefektorium; 29: Konversenlatrine.

Bei den Zisterziensern dagegen bewohnten die Konversen den gesamten Westflügel, der architektonisch zwar zum Claustrum gehört, aber durch einen besonderen Gang, die Konversengasse (26), wiederum streng davon getrennt ist. Auch in der Kirche gibt es nichts Gemeinsames. Das Gotteshaus in Cluny stand den Gästen und anderen Christen offen. Sie konnten still dem Chorgesang der Mönche lauschen und am Laienaltar, inmitten der Kirche, Eucharistie feiern. In Cîteaux dagegen durfte kein Laie die Kirche betreten, sie gehörte ausschließlich den Mönchen und Brüdern. Ein großer Lettner (4) teilte den Raum in einen Mönchs- (3) und einen Konversenchor (6).

Betrachten wir dazu ergänzend die Stichzeichnung des ehemaligen Zisterzienserklosters Bronnbach, das die gotische Anlage wiedergibt. Im Vergleich zum Idealplan sehen wir noch im Osten, ähnlich wie in St. Gallen, den Friedhof (12) mit einer kleinen Kapelle. Südlich davon das obligatorische Krankenhaus (10), das häufig eine eigene Kapelle besaß, die Destillerie (11) und als eigenständiger Bau die Wohnung des Abtes (9), was ein späteres Privileg war. Innerhalb des Klosterbezirkes befinden sich verschiedene Ökonomiegebäude, wie es die Regel verlangte. Aufschlußreich ist der Pfortenbereich (12), der sehr weit vom Kloster entfernt liegt. Er besitzt eine eigene Kirche (17) sowie innerhalb und außerhalb der Mauer zwei Herbergen (18 und 20).

Vergleichen wir dazu nochmals Cluny. Dort gibt es ebenfalls große Herbergen, die aber in den Gesamtkomplex eingegliedert sind. Bei den Zisterziensern dagegen gab es anfangs überhaupt keine Herbergen für Laien. Erst später erlaubte man solche, aber möglichst außerhalb der Mauer. Auch die sogenannte Pforten- oder Frauenkirche (17), wie sie in Fürstenzell und Aldersbach noch zu sehen ist, war ein späteres Zugeständnis an den unvermeidlichen Besuch. Im Stich ist noch ein Fischteich eingezeichnet; die Fischzucht, die klösterlichen Fischweiher wurden nach der Speiseerlaubnis geradezu ein Kennzeichen des Ordens. Das Kloster Waldsassen war „weltweit" für seine Fischzucht bekannt; noch 1571 besaß es 159 künstlich angelegte Teiche. Sehr schön erhaltene Anlagen können wir in Salem und Kaisheim bewundern.

Betrachten wir noch die Bauweise der Kirchen. Beide – Cîteaux und Cluny – sind dreischiffig, besitzen ein Paradies (7) und ein Querhaus. Beide verzichten auf Türme im Westen und behelfen sich mit einem bescheidenen Glockenturm über der Vierung. Die Regel der Zisterzienser billigte nur einen hölzernen Dachreiter mit höchstens zwei Glocken. In

112 *Zisterzienserabtei Bronnbach (an der Tauber/Nordbaden).*

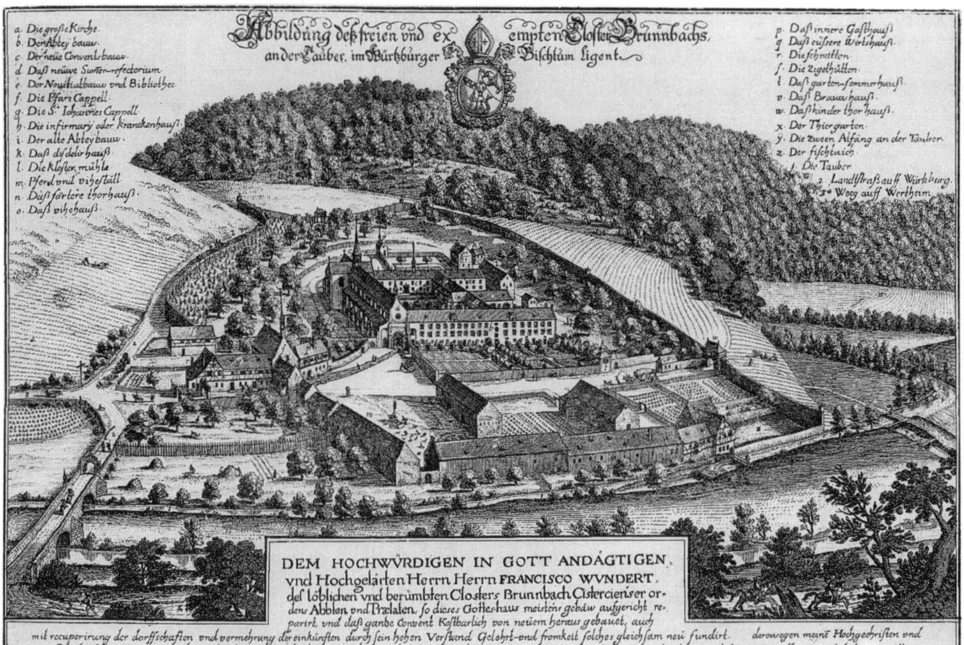

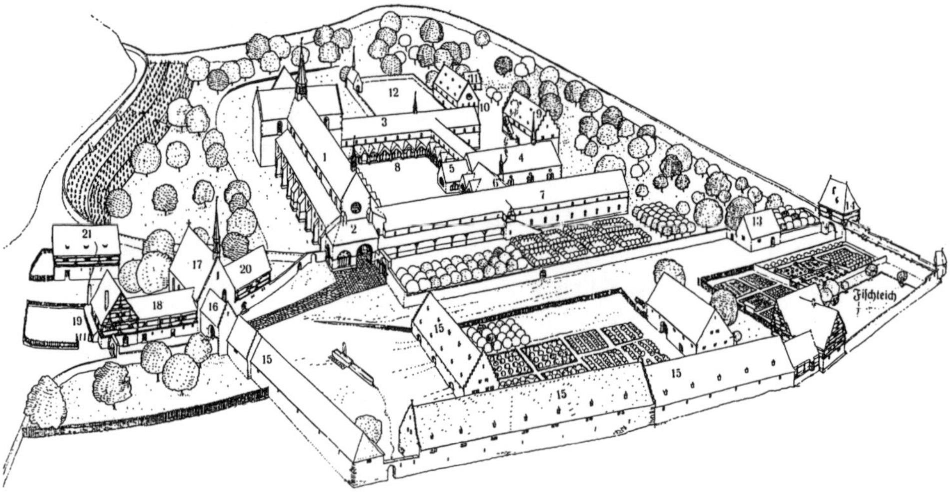

113 *Umzeichnung eines Stiches vom ehemaligen Zisterzienserkloster Bronnbach (S. 285). 1: Kirche; 2: Paradies; 3: Flügel der Mönche; 4: Refektorium; 5: Brunnen; 6: Küche; 7: Flügel der Laienbrüder; 8: Kreuzgang; 9: Wohnung des Abtes; 10: Krankenhaus; 11: Destillierhaus; 12: Friedhof mit Kapelle; 13: Bräuhaus; 14: hinteres Torhaus; 15: Wirtschaftsgebäude; 16: Tor mit Pforte; 17: Kirche für Gäste (Pfortenkirche); 18 und 20: Herbergen für vornehme und andere Gäste; 19: Schmiede; 21: Ziegelei.*

sturmreichen Gegenden gestattete das Generalkapitel (1274) jedoch einen steinernen Dachreiter. (Abb. 112) Sehr schön sehen wir den obligatorischen Dachreiter, das Zeichen von Zisterzienserkirchen, auf dem Stich von Bronnbach. Aus allem ergibt sich, daß die Zisterzienser im Grunde das benediktinische Gesamtkonzept beibehalten haben.

Die Lage und der Besitz. Benediktiner lieben den Berg, Zisterzienser suchen das Tal; so werden allgemein die offensichtlich unterschiedlichen Lagen der Klöster dieser Orden beschrieben. Weder die benediktinische Berglage noch die Liebe der Zisterzienser zum Tal waren direkt in der Regel begründet. Kapitel 9 fordert für Gründungen der Zisterzienser nur eine unbesiedelte Einöde. Allerdings verzichtete der Orden auf jede Grundherrschaft und benötigte deshalb nicht den „herrscherlichen“ Berg als Zeichen seiner Macht. Da er keine fremden Einkünfte aus Verpachtungen, Lehen oder Kirchenzehnten hatte, konnte der Orden nur außerhalb des Kulturraumes siedeln und war für Siedlungsaufgaben wie im Osten geradezu prädestiniert. Seine Niederlassungen liegen heute noch in abseitigen Gegenden. Daß seine Klöster keinem Laien zugänglich waren, wurde schon öfters erwähnt.

Das sakrale Refektorium. Ein weiteres auffälliges Detail ist die Größe und Anordnung des Refektoriums, das allem systematischen Denken zum Trotz quer und nicht längs zum Kreuzgang liegt. Dies scheint mir ebenso wie die außergewöhnliche Höhe des Raumes (Abb. 113) innere, geistige Gründe zu haben. Der Raum gleicht insgesamt mehr einem Sakral- als einem Profanraum, was sicherlich beabsichtigt war, um dem irdischen Essen gewissermaßen eine geistige Dimension zu unterlegen. Die Zisterzienser aßen schweigend und hörten dazu eine Tischlesung (die steinerne Kanzel, Nr. 21). In Bebenhausen ist der Giebel des Refektoriums reich mit Blendarkaden geziert und besitzt zudem einen kleinen Dachreiter mit Glocke, was den Eindruck eines Sakralraumes noch unterstreicht.

Kein Ornament, keine Kunstwerke. Betreten wir gut erhaltene, ursprüngliche Zisterzienserkirchen oder -klöster, wie beispielsweise Fontenay oder Sénanque, so fällt uns gleich eine weitere Eigenheit des Ordens auf. Denn alle Räume sind kahl, ohne Schmuck und Kunstwerke, wie es die Regel zwingend vorschrieb. Kapitel 26 bestimmte schlicht und einfach: „Bildwerke dulden wir nirgends, Malereien nur auf Kreuzen, die aber nur in Holz ausgeführt seien." Das bedeutet, daß in ihren Kirchen und in sämtlichen Klosterräumen nirgends ein Gemälde, eine Skulptur, ein Ornament angebracht werden durfte; aber auch Farbfenster, die Glasmalerei waren verboten. Später (1134 und 1152) wurde das Verbot auf die Buchmalerei übertragen.

Tagesablauf, Handarbeit, Speisegesetze. Cîteaux legte seiner Ordnung zwar die Regel des hl. Benedikt zugrunde, doch der Umfang des Stundengebetes war auch hier weit größer als beim normgebenden Ideal. Die Zisterzienser feierten, wie schon längst im monastischen Leben üblich, täglich zwei Messen, die Frühmesse und das Konventamt. Für die Privatmessen der Mönche standen bereits in den ersten Kirchen mehrere Altäre zur Verfügung (Abb. 111). Wie schnell sich aber die Änderung zum priesterlichen Konvent vollzog, belegt die Anzahl der Altäre in der zweiten Kirche von Clairvaux (1154–1174), die nun bereits über 35 Altäre zählte. Benedikt von Nursia kannte keine Marianischen Tagzeiten, die seit Mitte des 12. Jahrhunderts auch für die Zisterzienser verpflichtend waren.

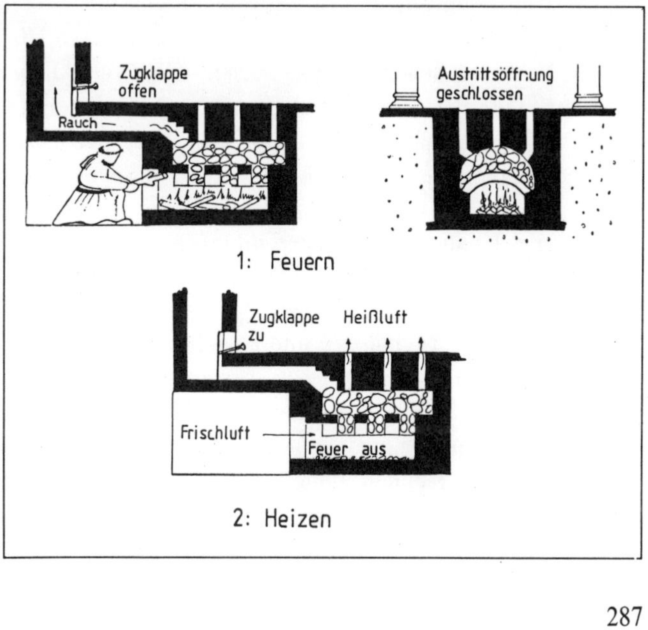

114 *Schema einer mittelalterlichen Klosterheizung, wie sie im Zisterzienserkloster Bebenhausen freigelegt wurde. Allgemein üblich wurde nur ein Raum geheizt. Hier konnten sich die Brüder aufwärmen, ihre Schuhe trocknen oder die Tinte bereiten.*

Schematisiert man den komplizierten Tagesablauf der Zisterzienser und bringt ihn auf einen durchschnittlichen Nenner (Abb. 107), so sah der Alltag der Zisterzienser in etwa so aus: Gegen 1.45 Uhr begann das Tagwerk der Mönche, das mit der Komplet um 20 Uhr endete. Dazwischen lagen die sieben Gebetszeiten, die beiden Messen, das Kapitel, das Mittag- und Abendessen sowie geistliche Lektüre und manuelle Arbeit. Die Zisterzienser kannten keine besonderen, zusätzlichen Fasttage; sie hielten sich an die allgemein verbindlichen Gebote. Selbstverständlich lebten sie streng vegetarisch. Anfangs verzichteten sie sogar auf Eier und Fische, denn davon war in der Regel des hl. Benedikt keine Rede. Den Wein trank man stets mit Wasser vermischt, und auch das Brot besaß einen Anteil an Kleie. Weißbrot war grundsätzlich verboten. In Abgrenzung gegenüber Cluny verzichteten die Zisterzienser auf jegliches Gewürz und erlaubten sich nicht einmal zum Kochen tierisches Fett. Grundsätzlich gab es nur ein Gericht zum Essen, obgleich Benedikt zwei zur Auswahl erlaubte. Durch ihr bescheidenes Mahl kritisierten die Zisterzienser die üppige, mit mehreren Gängen versehene Tafel der benediktinischen Brüder von Cluny.

Laut Schema des Tagesplanes blieben für die Handarbeit insgesamt sechs Stunden Zeit, was sicherlich zu großzügig berechnet ist. Allerdings mußten alle Mönche arbeiten. Selbst Bernhard von Clairvaux, der wegen seiner schwächlichen Gesundheit zahlreiche Vergünstigungen besaß, ließ es sich nicht nehmen, mit den Brüdern das Korn zu schneiden. Freilich kam seiner Unbeholfenheit Maria auf wunderbare Weise zu Hilfe, indem sie ihm augenblicklich die Fertigkeit des Mähens verlieh.

Konversen, Grangien und Stadthöfe. Auffällig ist die harte Trennung zwischen Konversen und Mönchen. Den Laienbrüdern war jeder Zutritt ins Claustrum der Mönche verboten. Die meisten französischen und englischen Klöster besaßen, wie im Idealplan eingezeichnet, eine Konversengasse, die direkt zur Kirche führte, damit die Brüder ja nicht mit den Mönchen in Berührung kamen. Morimond, von dem aus fast alle deutschsprachigen Zisterzen gegründet wurden, hatte aber im Gegensatz zu Clairvaux keine Konversengasse, was das Fehlen in den meisten deutschen Klöstern erklärt. Die Konversen durften weder lesen noch schreiben, geschweige denn zum Mönchsstand überwechseln. Auch äußerlich unterschieden sie sich von den Mönchen; Konversen besaßen lange Bärte und durften nur die Tunika, nicht aber die Kukulle tragen. Ebenso wie die Mönche schwiegen sie beständig, das Nötige bei ihrer Arbeit durfte freilich besprochen werden. Ihre Gebete bestanden aus Credo, Pater noster und Psalm Miserere, die sie selbstverständlich alle auswendig beherrschten. Nach einem einjährigen Noviziat legten sie wie die Mönche eine Profeß ab.

Gemeinsam mit Taglöhnern und fremden Handwerkern errichteten die Konversen die Gebäude, rodeten den Grundbesitz, bestellten die Felder und arbeiteten in den notwendigen Werkstätten. Meist führten sie mit weltlichen Kräften den Klosterbau auf, bevor das monastische Leben begann. Denn Kapitel 9 setzt fest: „Einen neuen Abt darf man zur Neugründung nicht aussenden, ohne wenigstens zwölf Mönche ... und ehe nicht Oratorium, Refektorium, Dormitorium, Gästehaus und Pförtnerzelle errichtet sind.“

Da grundsätzlich alles selber bewirtschaftet werden mußte, lebten und arbeiteten die meisten Konversen auf den zum Teil weit entfernt liegenden Höfen der Zisterzienser, den Grangien. Jede Grangie wurde von einem kundigen Konversen, dem Grangienmeister, geleitet. Die gesamte Ökonomie lag in den Händen des Cellerars, eines Mönchs, dem der Grangienmeister jährlich eine genaue Buchführung vorlegen mußte. Klöster mit 300 Konversen waren keine Seltenheit. Wir nennen einige Beispiele. In Clairvaux lebten um 1150 etwa 200 Mönche und 300 Konversen, größtenteils freilich auf den Grangien. Das englische Rievaulx (1165) war mit 150 Mönchen belegt und besaß 500 Laienbrüder.

Die Zisterzienser bestellten nicht nur ihren Grund selbst, sondern vertrieben zudem in Eigenregie das Erzeugte. Vor allem Wolle, später auch Wein waren überschüssige Produkte. Aus diesem Grunde ging der Orden dazu über, in nahen und fernen Städten, Märkten und Handelsplätzen Häuser zu errichten, in denen die Konversen die erzeugten Waren verkauften. Diese klösterlichen Stadthäuser, Pfleghöfe genannt, dienten später auch als klostereigene Absteige. In Esslingen zum Beispiel besaßen die Klöster Fürstenfeld, Kaisheim und Salem solche Niederlassungen. Altenberg besaß insgesamt siebzehn Stadthäuser; Salem war in Salzburg, Überlingen, Konstanz, Esslingen, Ulm, Pfullendorf, Biberach, Schaffhausen, Stockach und Ehingen mit je einem Stadthaus vertreten. Wahrscheinlich besaß es auch in Kempten, Memmingen, Lindau, Riedlingen und Saulgau Stadthäuser. Die oft umfangreichen Bauten besaßen häufig eine Kapelle und dienten dem Kloster als Her-

115 *Stadthof des Klosters Fürstenfeld in Esslingen. Kolorierter Stich (um 1780). Da die Zisterzienser anfangs ihre Güter selbst bewirtschafteten, errichteten sie in Märkten und Städten Scheunen und Magazine, um ihre Erzeugnisse zu verkaufen. Aus den Verkaufshäusern wurden später auch städtische Absteigen des Klosters, Zufluchtsorte in Notzeiten, teilweise auch Hospize für durchreisende Mönche des eigenen Ordens.*

berge und Zuflucht. Ebrach besaß in Köln einen großen Stadthof, um dort vor allem seinen Wein abzusetzen. Es konnte, durch geistliche und weltliche Privilegien geschützt, zollfrei nach Köln liefern. Einige hatten auch das Recht, Wein zu verkaufen und im Haus auszuschenken. Das älteste österreichische Stift Rein betrieb in seinem Stadthof, „Zur Grauen Kapuze", bereits Mitte des 12. Jahrhunderts einen Weinausschank. Das Generalkapitel erlaubte bereits 1182 den Weinausschank in den Stadthöfen, der allerdings ohne Anwesenheit der Religiosen von weltlichen Kräften wahrgenommen werden mußte. Nach der Säkularisation gingen die Stadthöfe in Privatbesitz über und wurden häufig wegen des Schankrechtes in Gasthöfe umgewandelt. Bezeichnungen wie „Fürstenfelder Hof" usw. verweisen heute noch auf die ehemals klösterliche Schankstube.

Fehlende Gebäude. Weder in der Regel noch in den Plänen wird ein Bad erwähnt. Auch die obligatorische Marienkapelle von Hirsau oder Cluny fehlt, obgleich im Orden eine intensive Marienfrömmigkeit gepflegt wurde. Alle Kirchen waren ihr zu Ehren geweiht, und seit 1281 war sie die oberste Ordenspatronin. 1194 führte man die Pflicht ein, ihr zu Ehren täglich eine Konventmesse zu feiern und das Marianische Offizium – ähnlich wie bei den Kartäusern – zu verrichten. Ihr Bild erscheint seit 1335 auf allen Konventsiegeln des Ordens. Selbstverständlich fehlen die äußere und die innere Schule, denn der Orden lehnte das Oblateninstitut ab und weigerte sich, für weltliche Personen eine Schule zu unterhalten. Auch einen Laienfriedhof, der für Cluny so aufschlußreich war, vermissen wir bei den Zisterziensern; königlichen Stiftern und einzelnen Bischöfen war eine Grablege in der Kirche gestattet. Natürlich fehlten, und darauf kann nicht oft genug verwiesen werden, in allen Klosterräumen jegliche Farbe und das kleinste Ornament; jedes Heiligenbild war verboten, und keine Glasmalerei verklärte den Lichtstrahl des Fensters.

Deutung der Klosteranlage. Fassen wir die einzelnen Aspekte des Klosterrundgangs noch einmal zusammen. Alles war darauf angelegt, die notwendige Trennung von der Welt zu erreichen und festzuschreiben. Welt bedeutet hier aber auch den Bereich der Sinne, der mittels radikaler Kunstverbote aufgehoben war. Zur Welt gehörten seltsamerweise auch die Konversen, die deshalb vom geistigen Bereich ganz ferngehalten wurden. Ihre Arbeit, ihre Sorge um das Irdisch-Materielle, machte sie für das Geistige in seiner angestrebten Höchstform untauglich. Bernhard und der Orden stehen mit dieser Auffassung ganz in der philosophischen Tradition der Antike und des Wüstenmönchtums. Denn bei beiden galt es als unbestritten, daß Arbeit und wirtschaftliche Tätigkeit dem geistig Strebenden schaden, ihn gewissermaßen mit dem Irdischen so sehr verstricken, daß seine Seele selbst davon berührt wird. Um dieser Gefahr zu entgehen, standen die Philosophen, aber auch die Mönche, nicht zuletzt Benedikt selbst, der Arbeit skeptisch gegenüber. Seiner Meinung nach sollte sie mehr die Melancholie und den Müßiggang vertreiben als zum Unterhalt beitragen. Auch Gregor von Tours glaubte das Priestertum nur Freien und Adeligen reserviert halten zu müssen, da alle anderen durch äußere oder innere Sklaverei ihre Seele in unwürdige Abhängigkeit versetzt hätten. Abaelard, ein Zeitgenosse Bernhards, sieht gerade im übermäßigen Einfluß der Konversen die geistige Zerrüttung der Klöster begründet (Brief an Heloise). Um diesen Gefahren zu entgehen, bestanden die Zisterzienser auf einer konsequenten Trennung zwischen Konversen und Mönchen, zwischen dem Weltlichen und dem Geistigen. Daß hieraus eine Verachtung der Konversen abzuleiten wäre, ist nicht zwingend. Ihre Frömmigkeit wird öfters gerühmt, und ihre Dienste wurden gebührend geschätzt. Auch die hohen Belegzahlen, die bis zum Beginn des 13. Jahrhunderts anhielten, sprechen dagegen. Aufstände der Konversen – seit Ende des 12. Jahrhunderts bezeugt – dürften eher auf örtliche Mißstände zurückzuführen sein. Das Konverseninstitut der Zisterzienser steht ganz in der Linie der aufgewiesenen Laienfrömmigkeit, wie sie in Hirsau oder bei den Eremiten gepflegt worden war. Daß im 13. Jahrhundert kaum noch Laien bei den Zisterziensern eintraten, liegt weniger an Mißständen, sondern an neuen religiösen Idealen, die mit den Bettelorden aufkamen.

Verbreitung des Ordens. Zisterzienserinnen. Die Verbreitung, die zur Zeit des hl. Bernhard einsetzte, hielt relativ lange an. Als Abt Stephan starb (1134), gab es 75 Männerklöster. Beim Tode Bernhards (1153) dagegen zählte der Orden schon 344 Klöster. Zu Beginn des 16. Jahrhunderts, kurz vor der Reformation, gab es insgesamt 1600 Klöster, davon allein 900 Frauenkonvente. Obgleich zur Zeit seiner größten Ausdehnung mehr Nonnen- als Männerklöster existierten, stand der Orden dieser Entwicklung anfangs mehr als distanziert gegenüber. Zwar gründete man bereits um 1113 ein benediktinisches Nonnenkloster und erbaute gegen 1130 nahe bei Cîteaux das Frauenkloster Tart, dem Abt Stephan sogar eine Regel gab, doch dem Orden wurde keines zugerechnet. Erst als der benediktinische Klosterverband von Obazine, zu dem auch Frauenklöster gehörten, sich 1147 dem strengeren Orden der Zisterzienser angeschlossen hatte, fanden nach mühevollen Verhandlungen auch diese Frauenklöster vollständige Aufnahme in den Orden. Daraufhin pochte auch Tart erneut an und wurde aufgenommen, durfte aber nicht am Generalkapitel teilnehmen. Da es jedoch selbst etwa dreißig Tochterklöster hatte, pflegte es zusammen mit diesen ein eigenes Generalkapitel. Ähnlich machte es die königliche Stiftung Las Huelgas (1187) in Spanien. Die Generalkapitel von 1220 und 1228 verboten die Aufnahme von Frauenklöstern. Bestehende weibliche Zisterzen durften jedoch bleiben. Anderen Frauenkonventen erlaubte man, die Regel und Gewohnheiten von Cîteaux zu übernehmen, verwehrte ihnen aber die Eingliederung in den Gesamtorden. Als sich zu Beginn des 13. Jahrhunderts – das Laterankonzil von 1215 verbot alle nicht päpstlich anerkannten Orden und Gemeinschaften bzw. forderte sie auf, sich bestehenden anzuschließen – zahlreiche Frauenklöster auf diesen Beschluß beriefen, nach Rom gingen und über den Papst die Eingliederung an die großen Orden (Dominikaner, Franziskaner, Zisterzienser) erwirkten, kam Cîteaux doch noch zu den an sich unerwünschten Frauenkonventen.

Ausklang. Cîteaux wurde bereits 1111 unter päpstlichen Schutz gestellt, 1184 weitete der Papst die vollständige Exemtion auf den gesamten Orden aus. Seit Ende des 12. Jahrhunderts modifizierte das Generalkapitel einzelne Forderungen und paßte sie den Gegebenheiten an. Selbst die typische Eigenbewirtschaftung weichte man 1208 durch die Erlaubnis, unrentable Grundstücke zu verpachten, auf, und seit 1237 durften Konvente mit weniger

116 *Das Herz Jesu mit Jesus als Kind in Verbindung mit dem Kreuz, den Fünf Wunden und Leidenswerkzeugen. Holzschnitt, um 1460. In diesem Bild stellt sich die göttliche Liebe in zwei Erscheinungsformen dar: in der Menschwerdung und im Erlösungswerk am Kreuz. Sinnbild dieser Liebe ist das Herz. Ein von solch herzlicher Liebe geprägtes Verhältnis zwischen Gott und Mensch ist ein Grundzug zisterziensischer, durch Bernhard von Clairvaux inspirierter Mystik.*

als acht Konversen weltliches Personal in der Küche anstellen. Daß der Orden 1256 nur knapp einer Spaltung entging, brauchen wir nicht weiter zu erwähnen, ebenso die übrigen Erleichterungen und Modifikationen. Aber aufs Ganze gesehen, blieben die Zisterzienser ihrer ursprünglichen Intention treu. Wir können dies besonders an Bauwerken sehen. Während der ganzen Gotik entstehen Kirchen und Klöster, die alle das Merkmal der Kargheit tragen. Selbst die Fassade von Chorin (14. Jh.), die „Kathedrale" von Altenberg oder der spätgotische Bau von Salem bewahrten trotz des gotischen Stils ihre Nüchternheit und Strenge. Die Kathedralgotik mit ihrer Baldachinstruktur und Tendenz zur Verwandlung der materiellen Bausubstanz blieb allen Ordensbauten fremd. Erst in der Epoche des Barock wird aus innerer Notwendigkeit ein Wandel vollzogen.

Ein ähnlich „konservativer" Zug, ein Festhalten an den eigenen Ursprüngen, wird auch am Verhältnis des Ordens zur Wissenschaft, zur Scholastik deutlich. Zwar wurden bereits 1237 in Paris, 1249 in Montpellier und 1281 in Toulouse Studienhäuser errichtet, doch die Universität wurde nie das Feld des Ordens. Seine eigene Spiritualität stand dem entgegen. Gerade darin aber haben die Zisterzienser ein Zeitalter vollendet, das eine individuelle Gottesbegegnung in und durch Trennung von der Welt erstrebte.

D

Die vollkommene Nachfolge in der Welt

Armut, Ketzer, Dogma und Bettelorden

117 *Bedeutende Klöster des hohen Mittelalters*

Im vergangenen Kapitel konnten wir das Ringen um die Freiheit des Religiösen sehen, das sich unter anderem im Versuch einer konsequenten Verwirklichung der Benediktregel zeigte. Die existentielle Nachfolge Christi lebte man als Vollzug der Conversio nach wie vor im Kloster, unter einer Regel, nach dem Vorbild eines heiligen Ordensstifters. Die personal geprägte Religiosität führte so viele erwachsene Christen dem Kloster zu, daß nach neuen Formen und Möglichkeiten gerungen wurde. Die Lösung bestand, angeregt und gerechtfertigt durch das Vorbild der Urgemeinde, im Konverseninstitut und im Doppelkloster. Einen Schritt weiter in der Verwirklichung des urchristlichen, apostolischen Ideals gingen die Kanoniker, die arm und ehelos in einer Gemeinschaft lebten, zugleich aber als Priester Seelsorge und Pfarrdienste übernahmen. Damit erfüllten sie die allgemeine Forderung nach würdigen Klerikern, die ohne Ehe, ohne Besitz und erbliche Stelle und ohne käufliches Amt ihren priesterlichen Pflichten nachkamen. Trotz der neuen Möglichkeiten blieb jedoch die wirkliche Nachfolge Christi an Kloster, Regel und Askese gebunden.

In gewisser Hinsicht erreichte diese Entwicklung bei den Zisterziensern ihren Höhepunkt und Abschluß. Denn sie gründeten nur in Einöden ihre Klöster, vermieden jede Verquickung mit der Welt und lebten strikt nach der ursprünglichen Benediktregel. Ihr eigentliches, inneres Ziel aber bestand in einer mystischen Gotteserfahrung, beruhend auf einer emotionalen Christusfrömmigkeit. Zudem öffneten sie unzähligen Christen die Pforten ihrer Klöster, die nun als Konversen die persönliche Nachfolge lebten. Kein Orden besaß jemals mehr Laienbrüder als der Zisterzienserorden.

Innerlich betrachtet, konnten wir eine Entwicklung zur individuellen Frömmigkeit feststellen, die zu einer emotionalen und mystischen Religiosität führte, wie sie beispielhaft Bernhard von Clairvaux lehrte und lebte. Diese beginnende Mystik, die nun über mehrere Jahrhunderte erblühte und zur schönsten Frucht abendländischer Religiosität gehört, beruhte auf der Vorstellung von der Seele als Braut Christi, wie sie bereits Origenes entwikkelt hatte. Mitbedingt durch die Christusmystik, entstand gleichzeitig eine intensive Marienfrömmigkeit, die sogar zu eigenen Orden wie dem der Serviten oder den Birgittinnen führte.

Das nachfolgende Hochmittelalter, die wirkliche Hoch-Zeit des Mönchtums, steht bruchlos in der bisherigen monastischen Linie, wenngleich es neue, spektakuläre Schritte wagte. Denn in dieser Zeit wurde das apostolische Ideal der Bibel real in die Wirklichkeit umgesetzt. Man verließ die bergenden Mauern des Klosters, um – zu Fuß und arm wie die Apostel – das Evangelium in der Welt zu verkünden. Die ersten Wanderprediger des Abendlandes zogen durch die Lande.

Ganz in dieser neuen apostolischen Lebensweise der Wanderprediger stehen auch die beiden Bettelorden, die Dominikaner und Franziskaner. Im Gegensatz zum bisherigen Mönchtum machten sie mit der personalen, apostolischen Nachfolge wirklich Ernst, indem sie wie die Apostel umherzogen und das Evangelium predigten; d. h., sie verzichteten auf Kloster, Klausur und lebten inmitten der Welt. Ihre „Mönche" suchten nicht Einöden oder andere unzugängliche Orte auf, sondern die Stadt, den Markt, die Universität – das waren ihre „Wüsten". In gemieteten oder überlassenen Häusern wohnten, in den öffentlichen Kirchen predigten sie, und in der Not arbeiteten sie sogar bei den städtischen Handwerkern. Jeder, auch nur der kleinste Besitz galt ihnen als unchristlich und wurde deshalb radikal gemieden.

Dem Schritt aus dem Kloster folgte das Verlassen der Regel, da alle Wanderprediger, selbst die späteren Bettelorden, nach keiner anderen Regel als der des Evangeliums leben wollten. In gewisser Hinsicht waren Wanderprediger, Häretiker und Ketzer Vorläufer der Bettelorden, denn all diese ursprünglich christlichen Gruppen machten mit den Forderungen des Evangeliums Ernst: Sie verzichteten radikal auf jeden Besitz, zogen arm durch die Lande, das Evangelium verkündend, und wollten nur anerkennen, was wörtlich in der Bibel stand. Gerade die Armut und die Predigt, das Evangelium als oberste Norm und die existentielle Nachfolge Christi in der Welt verbinden die Bettelorden mit den ketzerischen Bewegungen.

Weit schwieriger und folgenreicher als der Schritt von der Regel zum Evangelium, vom Kloster zur Welt war die sich durchsetzende Tendenz zu einer individuellen Religiosität sowie die sich daraus ergebende Forderung nach einem würdigen Klerus. Was auf den ersten Blick als Selbstverständlichkeit erscheint, wird sich im Laufe der Zeit als schwierigstes Problem erweisen. Denn man verlangte nichts weniger als eine Änderung des kirchlichen Amtes, das bislang als eine Art Sache gesehen wurde. Damit war dem theokratisch verstandenen Priestertum der Boden entzogen. Das Amt sollte nicht mehr an die Pfründe, an den Besitz, an die Eigenkirche, sondern an die Würde des Priesters gebunden sein. Eine rein spirituelle Auffassung des kirchlichen Amtes begann sich durchzusetzen. Die Wellen schlugen so hoch, daß man an der Gültigkeit der Sakramente zweifelte, die verheiratete Priester spendeten. Selbst die Päpste waren in dieser theologischen Frage nicht eindeutig.

Die spirituelle Auffassung des kirchlichen Amtes und eine betont individuelle Frömmigkeit aber bargen Tendenzen in sich, die zwar niemand voraussehen konnte, deren Auswirkungen aber das 13. und 14. Jahrhundert bestimmten. War es unlogisch und unchristlich, eine reine und freie Kirche zu fordern? Eine Kirche, die sich nicht mehr in die Politik einmischte, keine weltliche Macht besaß und auf jede Form der Herrschaft verzichtete? Was war denn das für eine Kirche, in der die Priester ihr Amt weitervererbten, Laien kirchliche Pfründen verkauften und reiche Prälaten das Gebot der Armut mit Füßen traten? Wie konnte gar der Papst oberster Diener der Kirche sein und zugleich die weltliche Herrschaft über Rom und den Kirchenstaat ausüben? Warum sollte das vollkommene Ideal hinter den Mauern des Klosters verwirklicht werden, anstatt wie am Anfang der Kirche inmitten der Welt? Denkt man diese offensichtlich berechtigten Ansprüche und Forderungen zu Ende, so ergibt sich zum Schluß die Vorstellung einer rein geistigen Kirche, einer Kirche der Reinen, griechisch gesprochen, einer Kirche der Katharer.

Hier berühren wir das Kernproblem des Hochmittelalters, die Auseinandersetzung um eine rein geistige Kirche. Denn diese scheinbar arglose Forderung führte, wie wir später sehen werden, zu nichts Geringerem als zu einem Streit um die Schöpfung, um den Wert des Irdischen und die Würde des menschlichen Leibes. Der Weg zum Dualismus war nicht

118 *Verbrennung des Jan Hus 1415. Illustration in der Richental-Chronik (um 1465); Konstanz, Rosgartenmuseum. Seit dem 13. Jahrhundert wurde Ketzerei als Staatsverbrechen verstanden und mit entsprechenden Strafen geahndet. Im Vorgehen gegen „Abweichler" zeigt sich auch das Problem zwischen Individuum und Gemeinschaft.*

mehr weit. Um 1000 begegnen wir zum erstenmal im Abendland Christen, die aus inneren Gründen, um der Geistigkeit ihres Glaubens willen, die äußeren Formen der Kirche, die Sakramente, die Kindertaufe, die Messe, die Bilder, den Ablaß, das Priestertum ablehnten. Arm wie die Apostel, erleuchtet vom Geist Gottes, zogen diese durchaus christlichen Wanderprediger durch die Lande und kritisierten mit harten Worten die veräußerlichte Kirche. Ihre Rede fand um so mehr Gehör, als ihre Kritik zum Teil sehr berechtigt war, sie selbst aber, ihr Leben und Tun, den Forderungen des Evangeliums viel eher entsprachen.

Erst allmählich entstanden aus diesen radikal christlichen Gruppen Sekten, denn sie entwickelten theologische Systeme, in denen für die Schöpfung, die Welt, eine „äußere" Kirche mit ihren Sakramenten kein Platz mehr war. Anfang des 13. Jahrhunderts erschien der theologisch begründete Dualismus in Reinkultur. Nun mußte es zur Auseinandersetzung kommen, denn beide Parteien beriefen sich auf das Wort Gottes und sprachen der jeweils anderen gerade dies ab. Bei diesem Streit um die wahre Kirche ging es, wie schon gesagt, letztlich um die Bedeutung der Schöpfung, die für die Ketzer und Häretiker nichts anderes war als ein satanisches Machwerk.

Doch noch ein Weiteres ist bei dieser Auseinandersetzung mit zu berücksichtigen. Wir sahen, wie das Mönchtum eine personale Frömmigkeit lebte, die letztlich in der mystischen Vereinigung mit Gott ihr höchstes Ziel fand. Aus dieser höchst individuellen, weder durch

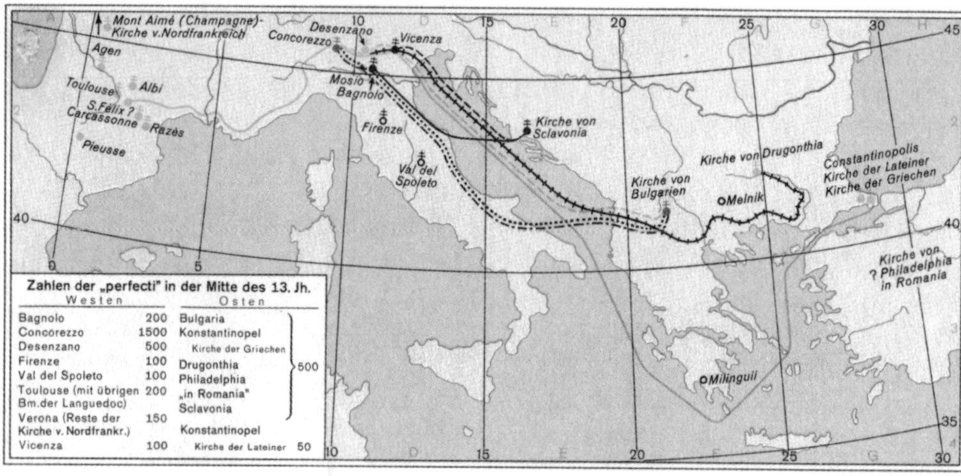

119 *Wichtige Zentren der Katharer und ihre Beziehung zu den Ursprüngen der Irrlehre im Osten. Wenngleich die Katharer östlich beeinflußt waren, handelt es sich doch um eine abendländische Ketzerbewegung.*

die Sakramente noch durch die Kirche vermittelten Gotteserfahrung ergab sich eine geistige, religiöse Freiheit, die gewissermaßen über allen Dingen stand. Der Mystiker, der Erleuchtete, der mit Gott unmittelbar Verbundene, hatte die Hürden des Gesetzes hinter sich gelassen. Ihm war, wie Paulus von den Reinen sagte, eben alles rein. Die üblichen Normen und Moralvorstellungen erschienen angesichts der Erfahrung des Absoluten als relativ. Diese Tendenz, die sich aus der personalen Frömmigkeit ergeben kann, verschärfte noch die Auseinandersetzung des Hochmittelalters, denn nicht wenige Ketzer, Mystiker und Gottesfreunde beriefen sich auf diese in Gott geschenkte Freiheit, was folgerichtig zur Amoralität, zur Ablehnung aller Normen führen konnte. Vor diesem Hintergrund sind die Ketzer, Sekten, Wanderprediger, aber auch die Bettelorden, das Dogma und die Scholastik zu sehen und zu verstehen. Alles ist hier Wirkendes und Bewirktes zugleich. Das folgende Großkapitel beschäftigt sich mit diesen Fragen.

I. Zu Fuß wie die Apostel: Die Wanderprediger

Die neue Form der Nachfolge Jesu, ein apostolisches Leben inmitten der Welt, verwirklichten als erste die Wanderprediger. In der Geschichte des Mönchtums waren wir ihnen schon öfters begegnet, z. B. bei den Wanderasketen des 3./4. Jahrhunderts oder bei den irischen Pilgern und angelsächsischen Missionaren der frühen Karolingerzeit. Ruhelos zogen sie durch ganz Europa, um heimatlos wie Christus, dessen eigentliche Heimat der Himmel war, ihrem Meister nachzufolgen. Ihr Wandertum war eine besondere Form der Nachfolge und in gewisser Weise noch eine zusätzliche Askese. Sie gründeten Klöster, predigten am Hof und missionierten die Heiden – von allen bestaunt wegen ihrer harten Askese. Doch im Unterschied zu den Wanderasketen des 11. und 12. Jahrhunderts verkündeten sie im kirchlichen Auftrag das Wort Gottes und verstanden ihr Tun als ein asketisches Werk der Selbstheiligung. Auch konnten sie mit kirchlichen Würdenträgern streiten und zogen sich nicht nur einmal Bann oder Vertreibung zu. Insgesamt jedoch stand ihre Mission im Einklang mit der allgemeinen Lehre, und um diese waren sie mehr als besorgt. Gewissermaßen pausenlos gingen sie nach Rom, der Mutter aller Kirchen, um sich ihrer Gebräuche, Gesetze, Riten usw. zu versichern.

Dagegen wollten die neuen Wanderapostel des Mittelalters dem wahren Christentum zum Durchbruch verhelfen, das in der bestehenden Kirche ihrer Meinung nach nicht mehr gegeben war. Ergriffen vom göttlichen Wort, lebten sie ganz nach den Räten des Evangeliums: Sie besaßen kein Eigentum, waren ehelos und versuchten in allem rigoros und buchstabengetreu die biblischen Gebote zu verwirklichen. Das wahren Christentum wollten sie verkünden, und eine rein auf die Bibel gegründete Kirche war ihr Ziel. Diesem ahistorischen Ideal aber stand ein Christentum gegenüber, das sich in die Geschichte der Germanen eingelassen hatte und hier Wirklichkeit geworden war. Existentieller Glaube und theokratische Wirklichkeit wurden abermals zu einem Problem.

1. Wanderprediger, Klostergründer, Revolutionäre

Während des 11. Jahrhunderts traten völlig unabhängig voneinander an verschiedenen Orten Wanderprediger auf, die, entgegen der üblichen Praxis, für sich das Recht der Predigt beanspruchten, das kirchenrechtlich nur den Klerikern an ihrer jeweiligen Kirche zustand. Predigen in fremden Kirchen oder an freien Plätzen war nur mit Erlaubnis des Diözesanbischofs möglich. Ohne sich um dieses Recht im einzelnen zu kümmern, zogen Kleriker und Laien mit oder ohne kirchliche Erlaubnis durch die Lande, um durch Wort und Tat das wahre Evangelium zu verkünden. Wir wollen nun einige typische Vertreter besprechen.

Bernhard von Tiron († um 1117). Bernhard lebte etwa zehn Jahre als Mönch in St. Cyprian zu Poitiers. Offensichtlich behagte ihm die lasche Ordnung nicht – die Mitbrüder wollten von einem strengen christlichen Leben nichts wissen –, denn er gründete bald selbst ein Kloster, die spätere Abtei St. Savin sur Gartempe und wurde dort sogar Prior. Zwanzig Jahre stand er dem Amt treu vor, doch um 1096 verließ er die gemeinsame Stätte und zog allein in den Wald von Craon. Dort schien er sich auf seine Wandertätigkeit vorbereitet zu haben, denn zwischen 1104 und 1114 durchzog er Frankreich, predigte die Buße und verlangte von den Mönchen, ein apostolisches Vorbild zu leben. Insgesamt aber war er mehr Bußprediger als Kritiker. Zudem besaß Bernhard durch seine Ausbildung die Berechtigung zur Predigt, die er sich übrigens noch vom Papst bestätigen ließ. Seinem Ruf folgten zahlreiche Christen, und so kam es im Wald von Tiron zu einem neuen Kloster, das schließlich über dreißig Gründungen zählte.

Robert von Arbrissel († 1117). In ähnlichen Bahnen wie Bernhard wandelte Robert von Arbrissel. Er war Kleriker und hoch gebildet, denn er hatte die theologische Schule in Paris besucht. Schließlich wurde er Archipresbyter – eine Art rechte Hand des Bischofs – im Bistum Rennes. Doch sein konsequent christlich-evangelisches Leben erregte den Widerspruch und die Wut seiner Mitbrüder. Daraufhin ging Robert nach Angers, wo er aber nicht lange blieb; bereits zwei Jahre später lebte er als Eremit im Walde. Seinem Beispiel folgten Schüler, und er gründete das regulierte Chorherrenstift St. Maria de Rota. Offensichtlich war er sehr redegewandt und wortgewaltig, denn der Papst forderte ihn auf, zu predigen, um die Herzen der Christen wachzurütteln. Robert nahm den Auftrag an, verließ alles und zog arm und barfuß, bekleidet mit einem härenen Bußgewand durch ganz Frankreich. Doch verkündete er nicht nur das Evangelium, sondern er geißelte mit harten Worten die Laster aller Stände, besonders aber den unchristlichen Reichtum. Scharen folgten seiner Aufforderung zur Umkehr, besonders viele Prostituierte. Seine Rede muß vor allem Frauen angesprochen und zu einem eigenen christlichen Leben ermuntert haben. Denn so zahlreich war ihr Zulauf, daß er zu ihrer Unterbringung um 1100 in Fontevrault ein Doppelkloster gründete, dessen Leitung er bemerkenswerterweise nicht, wie üblich, einem Abt, sondern einer Äbtissin übertrug. Den Frauen oblag die gemeinsame Leitung, wenngleich sie sich in vielen Dingen von Mönchen und Konversen vertreten und helfen lassen mußten. Bei Roberts Tod gab es bereits über dreißig Klöster nach dem Muster von Fontevrault; ihre Regel war die des hl. Benedikt. Trotz späterer Versuche der Mönche und des Klerus, die

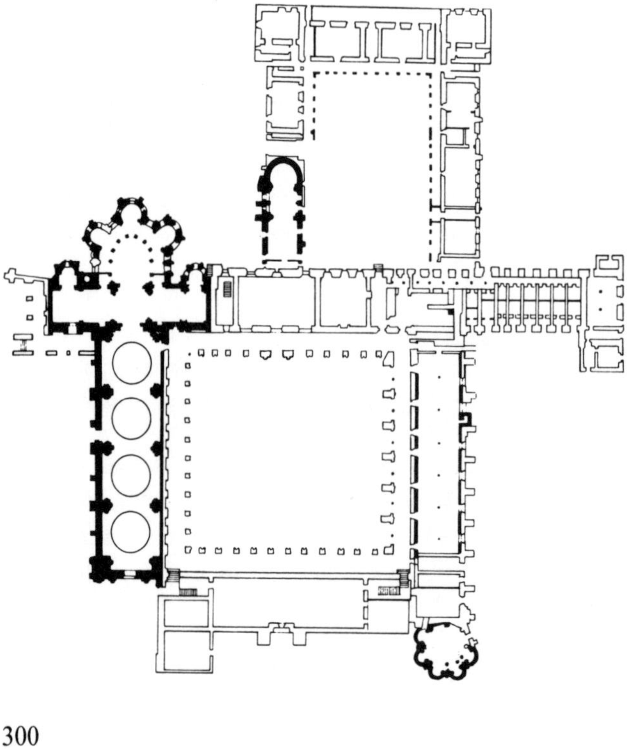

120 *Grundriß des Doppelklosters Fontevrault, um 1100 gegründet. Die Besonderheit dieses Doppelklosters – man vergleiche die beiden Kreuzganggevierte – bestand darin, daß nicht der Abt, sondern die Äbtissin „Herrin“ der beiden Konvente war.*

von Robert festgelegte Führung durch eine Äbtissin abzuschütteln, konnte Fontevrault seinen einmaligen Status erhalten. Gerade der Klerus beklagte sich hart über Robert, der ihnen vor allem den Reichtum und die Ehe ankreidete. Roberts Leben und Lehre bewegten sich jedoch völlig im Einklang mit der Kirche.

Vitalis von Savigny († 1122). Nicht weniger wirksam als Robert predigte Vitalis von Savigny ein radikales Christentum. Auch er war Kleriker und Weltpriester, bevor er sich aus eigenem Antrieb in die Einsamkeit zurückgezogen hatte. Dort reifte in ihm der Entschluß zur Predigt. Ähnlich arm und bescheiden wie Robert durchzog er ganz Frankreich und setzte sogar nach England über, um das aufrüttelnde Wort des Evangeliums zu künden. Abermals stand der Klerus mit seinem unchristlichen Reichtum und unwürdigen Leben im Zentrum der Kritik. Schließlich zog sich Vitalis wieder in die Einsamkeit zurück. Er ging nach Frankreich und gründete im Wald von Savigny ein Kloster nach der Regel des hl. Benedikt, jedoch mit eigenen Gebräuchen. Als Abt seiner Gründung starb er im Jahre 1122.

Heinrich von Lausanne (Mitte des 12. Jh). Ebenfalls ein Kleriker, der, vom Wort des Evangeliums ergriffen, sich zur öffentlichen Predigt entschloß. Sein Bischof erlaubte ihm, in Le Mans und dem Bistum zu wirken. Vor allem dem Klerus galt sein Wort. Massen hörten seine Kritik am Reichtum und den veräußerlichten Riten und Gebräuchen der Kirche und setzten das Wort in die Tat um. Durch seine Worte ermuntert, kam es zu Gewalttätigkeiten gegenüber dem reichen und säumigen Klerus, der daraufhin weitgehend aus Le Mans weichen mußte. Mit Waffengewalt machte später der Bischof dem Versuch einer radikal besitzlosen Kirche ein Ende. Er vertrieb Heinrich und setzte sich und seinen Klerus wieder in die angestammten Rechte ein. Offensichtlich predigte Heinrich nicht ganz im Sinne der Orthodoxie, denn er mußte sich vor der Synode in Pisa rechtfertigen, bestimmte Sätze widerrufen und auf die Wanderpredigt verzichten. Kein Geringerer als Bernhard von Clairvaux gehörte zu seinen theologischen Gegnern. Später predigte er zwar wieder, doch verlieren sich seine Spuren im ungewissen. Hier haben wir zum erstenmal einen Prediger vor uns, der als Kleriker und überzeugter Christ die Kritik so weit trieb, daß es zu theologischen Disputen und gewaltsamen Auseinandersetzungen kam.

Eudo von Stella († 1148). Noch einen Schritt weiter als Heinrich ging in seiner Kritik der Laienprediger Eudo von Stella. Auch er war getrieben von der Sorge um das rechte Christentum und kritisierte hart die Kirche und ihr Leben. Wortgewaltig prangerte er vor begeisterten Zuhörern den Reichtum und das sittenlose Leben des Klerus an und zog das kirchliche Leben vor den Richterstuhl des Evangeliums. Darin stünde nämlich nichts von einer Hierarchie, nichts von einer Verehrung von Bildern, noch könnte man direkt etwas über Sakramente oder Ablässe lesen. Überzeugt von seiner Rede, schritten die Hörer zur Tat, plünderten die Kirchen, zerstörten die Bilder und verlachten die Gebräuche der Kirche. Schließlich wurde Eudo gefangengenommen und der Synode von Reims zugeführt. Als er den anwesenden Bischöfen seine Vorstellung vom Christentum darlegte, schüttelten sie sich vor Lachen und sahen in ihm einen gestörten Menschen. Im Gefängnis des Bischofs starb er im Jahre 1148. Doch ganz spurlos ging seine Rede nicht vorüber, denn einige seiner Hörer beharrten auf ihrer neu gewonnenen Überzeugung, was ihnen Verfolgung, Gericht und schließlich den Scheiterhaufen eingetrug.

Petrus von Bruis († um 1132). Nicht weniger betroffen vom Wort der Bibel und nicht minder tragisch als das Leben Eudos von Stella verlief das Wirken des Petrus von Bruis. Er war allerdings Kleriker, bevor er sich zu einem apostolischen Leben als Wanderprediger in Südfrankreich entschloß. Auch bei ihm stand zuerst die Kritik am unchristlichen Leben des Klerus im Vordergrund. Doch bald neigte er wie Eudo zu einem wörtlichen Verständnis der Bibel, vor dem sich jedes kirchliche Leben rechtfertigen müsse. Kurzum, er fand, daß die Sakramente nicht in der Bibel begründet wären und von Ablässen, Zeremonien, Gebeten für Verstorbene oder gar der Kindertaufe nirgendwo die Rede wäre. Die Paulusbriefe galten ihm als oberste Norm, und in einem geistigen, rein innerlichen Christentum schien ihm das echte Evangelium zu bestehen. Entschieden lehnte er den äußeren Gottesdienst ab; der wahre Gottesdienst werde im Herzen des einzelnen gefeiert. Deshalb verwarf er die Bilder und forderte, sogar die Kruzifixe zu zerstören. Als er bei einer Predigt in St. Gilles das Kreuz zertrümmerte, wurde dies jedoch seinen Hörern zuviel. Sie faßten ihn und schleppten ihn auf den Scheiterhaufen, wo er ein unrühmliches Ende fand.

Arnold von Brescia († 1155). Arnold war Kanoniker und Propst im heimatlichen Stift zu Brescia. Er unterstützte in Wort und Tat die Forderungen der Gemeinde nach einem würdigen Klerus, vorab nach einem guten, nicht simonistischen Erzbischof. Diese Unterstützung der Laien wurde ihm von seinen Mitbrüdern sehr verübelt, weshalb sie ihn beim Papst verklagten. Er entzog sich dem Ganzen durch die Flucht nach Paris, wo er den berühmten Abaelard hörte. Nach dessen Verbannung führte er unter größten Entbehrungen die Schule weiter, da sämtliche Unterstützungen eingestellt waren. Bernhard von Clairvaux, der große Gegner Abaelards, konnte auch dies nicht mehr tolerieren und strengte gegen Arnold einen kirchlichen Prozeß an. Arnold entschloß sich abermals zur Flucht und erreichte Zürich, wo er sich aufgrund der Bemühungen Kardinal Guidos wieder mit der Kirche versöhnte. Arnold ging nach Rom. Dort aber lehnte sich gerade das Volk gegen die weltliche Herrschaft des Papstes auf und verlangte die Wiedereinsetzung eines Senates. Fast unvermeidlich mußte sich Arnold auf die Seite der Römer schlagen. Denn wie konnte ihm eine Kirche gefallen, die sich durch Macht befleckte? Mit zündenden Worten verurteilte er die weltliche Herrschaft des Papstes und verwarf das irdische Gebaren seines Hofes als unchristlich und unbiblisch. Nicht anders sprach er über den Reichtum der Prälaten. Der Aufstand wurde mit Hilfe des deutschen Kaisers niedergeschlagen, Arnold ausgeliefert und vom Kaiser zum Tode verurteilt.

Pataria (Mitte 11. Jahrhundert). Ähnlich wie in Rom gab es auch in Mailand eine christliche Bewegung der „Laien", die sich gegen den verweltlichten Klerus, gegen die herrscherliche Macht des Bischofs über Stadt und Gläubige zur Wehr setzte. Vor allem wurden simonistische und verheiratete Kleriker angegriffen, boykottiert und bedrängt. Anfangs, um 1065 von zwei Diakonen ins Leben gerufen, unterstützt vom Papst, übernahmen später Laien die Führung; abermals unter lobenden Worten des Papstes. Die Bewegung breitete sich in zahlreichen Städten der Lombardei aus, und nicht wenige simonistische Bischöfe, unwürdige Geistliche und verheiratete Priester mußten ihrem Druck weichen. Doch auch hier blieb die Kritik nicht stehen, sondern führte weiter und wurde schließlich radikal: Eine Kirche der Reinen wurde gefordert. Damit trat jedoch die Bewegung aus ihrem ursprünglich kirchlichen Rahmen heraus und wurde sektiererhaft und ketzerisch. Ihrer niederen Herkunft wegen nannte man sie Pataria, d. h. Lumpengesindel.

Betrachten wir die wenigen Beispiele des 12. Jahrhunderts, so wird trotz aller Verschiedenheit auch Gemeinsames deutlich. Alle Wanderprediger haben ihr Kloster, ihr Stift oder ihren kirchlichen Stand verlassen, um das Evangelium in der Welt zu verwirklichen, um dem „nackten Christus nackt nachzufolgen". Gerade die Kritik am Reichtum bzw. die Forderung nach einer armen Kirche war ein wesentlicher Punkt ihrer Predigt. Über ein Jahrhundert wird der Kampf um die Armut dauern, bis sich schließlich klärt, ob der evangelische Rat verbindliche Pflicht aller Christen sein soll. Das Evangelium, nicht eine Klosterregel, spielte plötzlich eine bedeutende Rolle, und seine Verwirklichung in der Welt ließ Mönche, Kleriker und Laien zu Wanderpredigern werden. Darüber hinaus diente das Evangelium nicht nur zur Norm des eigenen Lebens, sondern auch der Kirche, des Christentums insgesamt. Und es war letztlich nur eine Frage des einzelnen, ob er im Rahmen des Kirchlichen blieb oder im Bewußtsein des unveränderlichen Evangeliums alles buchstäblich daran messen wollte; der Weg zur Ablehnung der Kirche war damit vorgegeben.

2. Norbert von Xanten, Wanderprediger und Ordensstifter

Obwohl Norbert von Xanten (um 1080–1134) einen Orden, die Norbertiner oder Prämonstratenser, einen Kanonikerorden, gegründet hat, kann er dennoch berechtigterweise der neuen Epoche, wie sie uns in den Wanderpredigern und den späteren Bettelorden entgegentritt, zugezählt werden. Vor allem sein Leben verbindet ihn mit der neuen Form der Nachfolge Christi.

Norbert, von vornehmer Herkunft, wurde bereits von seinen Eltern zum geistlichen Stand bestimmt, den er im jugendlichen Alter als Kanonikus des Stiftes Xanten auch antrat. Doch von einer religiösen Haltung war damals noch wenig zu spüren. Erst als er, ähnlich wie Paulus, durch ein furchtbares Unwetter vom Pferd geworfen und dabei mit seinem Namen gerufen wurde, vollzog er auch die innere Kehre und trat in das strenge Kloster Siegburg ein, wo er unter Abt Kuno seine eigentliche geistliche Schulung erhielt und rasch zum Diakon und Priester geweiht wurde. Ergriffen vom Wort Gottes, kehrte er nach Xanten zurück und mahnte, allerdings vergeblich, seine Mitbrüder zur Conversio. Norbert verließ daraufhin das Stift und zog sich in die Einsamkeit zurück. Dort besuchte er öfter den Eremiten Liudolf, der durch seine Predigt weithin wirkte. Ab und zu weilte er als Gast im Kanonikerstift Klosterrath, das nach dem Ordo novus, der strengeren Augustinusregel, lebte. Schließlich wurde er Klausner bei seiner Eigenkirche Fürstenberg. Täglich feierte er das Meßopfer, predigte weitum und kritisierte lautstark das lasterhafte Leben des Klerus. Dieser „bedankte" sich und verklagte Norbert, weshalb er sich auf der Synode von Fritzlar (1118) rechtfertigen mußte. Norbert beharrte sowohl auf seinem Recht zu predigen als auch auf seiner unstandesgemäßen Kleidung. Doch zog er aus dem zweideutigen Stand endlich die Konsequenzen: Er verschenkte seine Eigenkirche an das Kloster Siegburg, verzichtete auf die Kanonikerpfründe in Xanten und veräußerte seine Stadthäuser zugunsten der Armen. Nun, Ende 1118, begann sein eigentliches Wanderleben: zu Fuß wie die Apostel, ja sogar barfuß durchzog er winters wie sommers das Land und predigte die persönliche Nachfolge. Zwei Laienbrüder begleiteten ihn. Zuerst zog er nach St. Gilles, wo gerade der Papst weilte, um sich sein Wanderpredigen schriftlich bestätigen zu lassen. Nun durchzog Norbert, ganz vom Eifer für das Wort Gottes erfüllt, ähnlich wie später Franziskus in allem nur auf Gott vertrauend, das nördliche Frankreich. Sein Biograph schreibt darüber: „Glücklich über seine Begleitung durchzog Norbert die Burgen, Dörfer und Städte, predigte, versöhnte die Zwieträchtigen und wandelte alteingewurzelte Feindschaft und Fehde in Frieden. Von niemandem verlangte er etwas; wenn ihm aber etwas gebracht wurde, schenkte er es den Armen und Aussätzigen. War er doch unbesorgt, daß er von der Gnade Gottes alles bekommen werde, was er zum Leben brauchte ... Staunen erregte seine neue Art zu leben, nämlich auf Erden zu leben und nichts von der Erde zu wollen. Denn nach Vorschrift des Evangeliums trug er weder Reisetasche noch Schuhe, noch zwei Röcke; vielmehr genügten ihm allein ein paar Bücher und die Meßgewänder" (Kap. 6).

Zwei wichtige Dinge vermerkt die Biographie: Seine Lebensart war neu, und das Evangelium war ihm Vorschrift. Gerade darin unterschied er sich gegenüber dem bisherigen Mönchtum, daß er nicht nach einer Ordensregel, sondern nach dem Evangelium lebte. Immer wieder taucht diese Formel in seiner Vita auf. Als er später vom Papst zum Propst des Stiftes St. Martin in Laon bestellt wurde, willigte er unter den Worten ein: „Dieser mein Vorsatz aber ist: fremdes Gut nicht zu begehren, Entrissenes niemals durch Schiedssprüche oder durch weltliche Rechtsmittel oder Prozesse zurückzufordern, wegen zugefügten Unrechts oder Schadens niemals einen Menschen mit den Fesseln des Bannes zu binden, vielmehr, um es kurz zu sagen: ich habe mir vorgenommen, nach bester Erkenntnis rein nach dem Evangelium und der apostolischen Lehre zu leben" (Kap. 9). Deutlicher konnte er seine Auffassung von der Nachfolge Christi nicht dartun als im Verzicht auf jede Gewalt. Später, als die Mitbrüder über seine Anweisungen uneins waren, gab er ihnen zur Antwort, daß sie nur dem Evangelium, den Worten der Apostel und den Grundsätzen des hl. Augustinus folgen sollten (Kap. 12). Die Anordnung, das Evangelium, die Worte der Apostel und die Grundsätze des hl. Augustinus sprechen für sich.

Eine weitere Episode seines Lebens ist aufschlußreich. Als er nach Laon kam, lehrten dort Anselm von Canterbury und andere berühmte Theologen. Norbert hörte sie eine Zeitlang, um sich wissenschaftlich weiterzubilden. Einem Mitbruder kam dies zu Ohren und schrieb ihm dazu folgendes: „Was muß ich da hören?! Ausgebildet und erzogen in der Schule des Heiligen Geistes, der niemals zögert zu lehren, willst du diese Schule verlassen und bist in eine weltliche Schule gegangen? Dir hatte sich die göttliche Weisheit verlobt, und jetzt hat dich die weltliche Philosophie gefesselt und an sich gezogen ... Der Heilige

121 *Kathedrale von Laon. Hier bestand eine berühmte Domschule, an der unter anderen Anselm von Canterbury lehrte. Der hl. Norbert studierte hier für kurze Zeit Theologie.*

Geist nämlich, der aus einem Schafhirten einen Sänger und ohne Lehrer der Grammatik von heut auf morgen einen Psalmisten gemacht hat, hat dich dem eitlen Wahn der Welt entrückt und von heut auf morgen zum Künder des Evangeliums gemacht. So wisse, lieber Freund, und höre mich als deinen Propheten: wenn du dich an beides halten willst, wirst du ohne Zweifel beides verlieren. Denn: sich gegen Menschen zu versündigen ist nicht so schlimm oder doch menschlich; nicht so aber ist es, zu sündigen wider den Heiligen Geist" (Kap. 9). Norbert folgte dem warnenden Rat und blieb der Schule des Heiligen Geistes treu.

Auch hierin, in der Legitimierung seines Tuns unter Berufung auf den Heiligen Geist, gesellte sich Norbert mehr zur Armuts- und Ketzerbewegung als zum üblichen Mönchtum. Franz von Assisi beispielsweise sah sich und sein Werk so vom Heiligen Geist geleitet, so daß er ihn als Generalminister seines Ordens angesehen wissen wollte. Denken wir hierzu auch an die Lehren des Joachim von Fiore († 1202), der das Zeitalter des Heiligen Geistes erwartete, oder an all die zahlreichen Ketzer und Häretiker, die im Glauben an ihre Erleuchtung selbst den bitteren Tod nicht scheuten. Ganz in diese Bewegung des Geistes ist Norbert einzureihen: Seine Mitbrüder nannte er später einmal Jünger Christi, vom Heiligen Geist erzogen (Kap. 13).

Doch verfolgen wir seinen Lebensweg weiter. Das Propstamt in Laon scheiterte; Norbert ging seines Weges, predigte im näheren Umland, beglaubigte sein Tun durch zahlreiche Wunder und setzte durch Prophezeiungen seine Hörer in Staunen; und immer wieder versöhnte er Zerstrittene. Schließlich kam es um 1120 zur Gründung eines Klosters für seine ansehnliche Jüngerschar, unter der sich nicht wenige Frauen befanden. Durch eine Vision gemahnt, wählte er einen anderen Ort für seine Stiftung und siedelte beim späteren Prémontré, das damals zwar noch eine wüste und sumpfige Einöde, aber bereits von einer kleinen Einsiedlerkolonie mit einer Kapelle, geweiht dem hl. Johannes dem Täufer, besiedelt war. Die Legende brachte später den Name Prémontré (abgeleitet vom lat. praemonstrare = weissagen, hinweisen) mit der Vision in Verbindung, obgleich der Ort bereits vorher schon so hieß. Nun gründete er mit Hilfe des Bischofs ein Doppelstift, in dem auch Laienbrüder Aufnahme fanden. Norbert selbst ließ sich nicht von seinem Werk abbringen, sondern zog weiterhin als Wanderprediger umher und heilte zahlreiche Kranke und Besessene. Angezogen von seinem evangelientreuen Leben, kamen (1122) die Grafen von Cappenberg zu ihm und trugen ihren Besitz zu einer Klostergründung an. Auf diese Weise entstanden die ersten deutschen Niederlassungen – Cappenberg, Ilbenstadt und Varlar – der Norbertiner, wie sie sich anfangs nannten. Ein Jahr zuvor hatte ihm bereits der Graf von Namur die Kirche von Floreffe samt Grund und Einkünfte zur Verfügung gestellt. Nach dieser Gründung folgten Stifte in Laon und Viviers. Auf seiner Wanderschaft kam er auch nach Antwerpen, wo der Sektierer Tanchelinus wirkte, dem er durch Beispiel und Lehre entgegentrat. Später, während des Barocks, glaubte man, Tanchelinus habe sich vor allem gegen die Eucharistie gewandt; deshalb wurde sein Widersacher Norbert seit dieser Zeit mit einer Monstranz als Attribut abgebildet.

Schließlich wurde Norbert auf Wunsch des Kaisers zum Erzbischof von Magdeburg ernannt (1126). Hier hatte er ziemlich viel Übles durchzustehen, denn weder Klerus noch Volk wünschten eine Veränderung; selbst sein Leben war öfters in Gefahr. Dennoch gründete Norbert hier zwei weitere Kanonikerstifte, die er im Gegensatz zu den übrigen Gründungen zur Seelsorge heranzog. In seiner Zeit als Erzbischof entließ er die anderen Stifte aus seiner Oberaufsicht und gestattete ihnen die freie Wahl eines Oberhauptes. Schließlich starb Norbert nach einer Romreise im Jahre 1134 in Magdeburg. Erst 1568 erfolgte die Heiligsprechung; sein Leichnam wurde von dem nunmehr evangelischen Magdeburg in das Prämonstratenserkloster Strahov in Prag überführt.

3. Der Prämonstratenserorden

Norbert wird wie Bruno als Ordensgründer verehrt, obgleich beide keinen gestiftet haben. Die Klöster und später der Orden waren eine Folge seiner apostolischen Predigt, auf die hin zahlreiche Frauen und Männer, Kleriker und Laien, ihr weltliches Leben aufgaben und die Conversio vollzogen. Eindringlich und überzeugend muß Norberts Rede gewesen sein, denn schon auf der ersten Wanderpredigt kam es zu Bekehrungen und zur Nachfolge. Der spätere Abt von Prémontré, Hugo von Fosse († 1161), zählte zu seinen ersten Schülern; er begleitete ihn sogar auf der Wanderpredigt. Um allerdings seinen Schülern und Schülerinnen die Nachfolge zu ermöglichen, entschloß sich Norbert – ganz entgegen seinem eigenen Wandel –, ein Kloster bzw. ein Kanonikerstift für Männer und Frauen zu gründen. Um 1120 bezog Norbert mit dreizehn Gefährten den kleinen Kirchenbau zu Prémontré, etwa 20 km von Laon gelegen. Zwar hatte man ihm zuerst in Laon ein Stift angetragen, doch scheiterte das Unternehmen an den dortigen Kanonikern. In Prémontré dagegen war Norbert selbst die Regel. Schließlich zog es ihn wieder zur Predigt. Er hinterließ seiner kleinen Gemeinde die „Regel" des hl. Augustinus (den ordo novus), die wir bereits in Springiersbach und Klosterrath kennengelernt haben. Durch eine persönliche Unterschrift verpflichteten sich alle, sie zu befolgen. Die Regel verlangte persönliche Armut, tägliche Handarbeit, beständiges Fasten, umfangreichen Gebetsdienst sowie weitgehendes Schweigen.

Prémontré wurde wie alle bisherigen Klöster in der Einsamkeit gegründet und mit entsprechendem Grundbesitz versehen, damit das Kloster finanziell autark und die Verwicklung mit der Welt unterbunden sei. Damit entsprach es dem monastischen Ideal der Zeit, das nur den Rückzug aus der Welt kannte, um die Nachfolge zu vollziehen. Dies ist um so erstaunlicher, als Norbert selbst einen anderen Weg ging.

Rasch kam es zu weiteren Neugründungen, wobei abermals Adelige ihre Eigenkirche, ihre Stammburg oder ihren Grund zur Verfügung stellten. Bereits ein Jahr später, 1121, schenkte Hugo von Weiße Norbert die Eigenkirche in Viviers für ein Kanonikerstift. Im gleichen Jahr noch überließ ihm der Graf von Namur die Eigenkirche in Floreffe samt Zehnt und anderen Einkünften zu einer weiteren Gründung. Graf Gottfried von Cappenberg ging selbst zu Norbert und trug ihm den Besitz seiner Stammburg Cappenberg an, aus dem 1122 das Stift Cappenberg unter der Protektion des Kaisers entstand. 1123/24 stiftete der Bruder des Grafen noch die Klöster Varlar und Ilbenstadt. 1124 übertrug der Bischof von Laon dem kleinen Klosterverband schließlich noch das Stift St. Martin in Laon.

All diese Gründungen, ihre Rechte und ihren Besitz ließ sich Norbert 1126 vom Papst bestätigen. Sie bildeten eine Rechts- und Besitzeinheit und waren von den Eingriffen der Eigenkirchenherren frei, unterstanden aber dem frei erwählten Vogt. Entsprechend der Art der Kanonikerstifte blieben diese Klöster im Diözesanverband eingegliedert, d. h., sie waren nicht exemt. Erst im Laufe der Zeit konnten einzelne Stifte dieses Privileg erringen, das schließlich 1409 auf den ganzen Orden angewendet worden ist.

Als Norbert zum Erzbischof von Magdeburg ernannt wurde, blieb er nach wie vor Abt aller Klöster. Doch zwei Jahre danach gab er die Leitung, außer der der beiden Magdeburger Stifte, an Hugo von Fosse ab, der während seiner Amtszeit (1128–1161) die eigentliche Ordensverfassung schuf und damit den Orden gründete. Die einzelnen Stifte lebten nach Kanonikerregel strenger augustinischer Observanz, doch das Verhältnis der einzelnen Stifte untereinander war bislang offen und ungeklärt. Es gab zwei Möglichkeiten: entweder

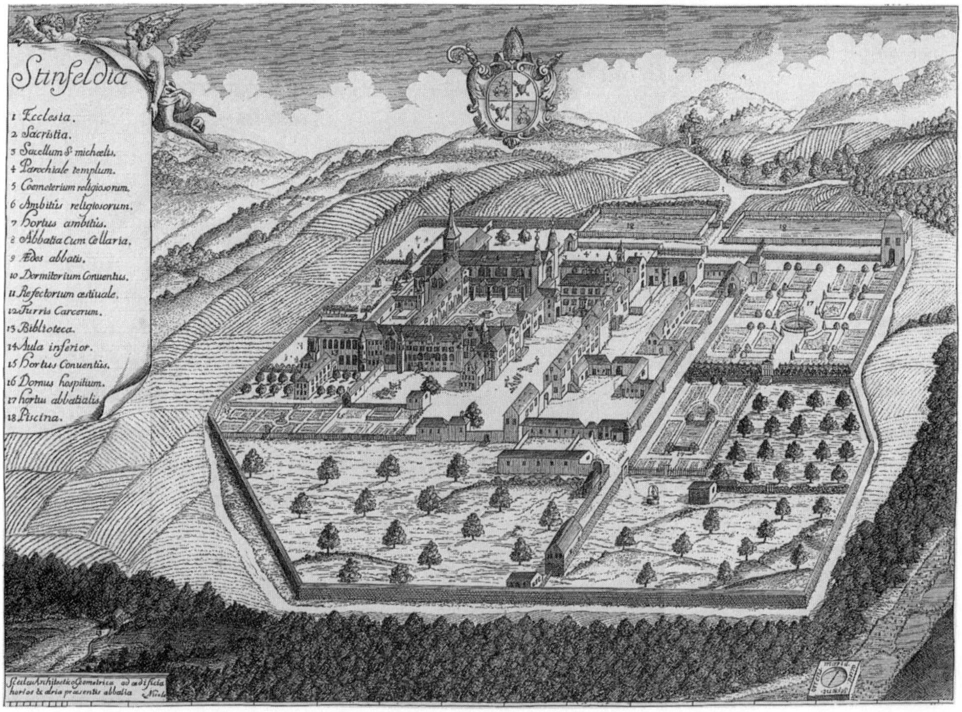

122 *Ansicht des ehemaligen Prämonstratenserklosters Steinfeld. Stich (18. Jh.). Als Benediktinerkloster bereits um 950 gegründet, danach Kanonikerstift und schließlich um 1130 Prämonstratenserkloster. Es war eine der größten Abteien des Ordens. Von Steinfeld aus wurden 11 weitere Klöster gegründet und 8 Frauenkonvente betreut. 1802 säkularisiert.*

blieben die Stifte – wie die übrigen Kanoniker – selbständig, oder aber sie fanden zu einer bleibenden Gemeinschaft und bildeten einen Orden. Hugo und seine Gefährten entschlossen sich zu letzterem. Nach dem Vorbild von Cîteaux wurde Prémonté zum Stammsitz des Verbandes, und einem Generalkapitel, bestehend aus allen Äbten und Pröpsten – beide Titel sind bei den Prämonstratensern üblich –, wurde die oberste Gesamtleitung übertragen. Auch das Filiationsprinzip mit den bereits genannten Rechten des Vaterabtes führte man ein; ebenso die Funktion der Primärabteien, die den Stiften St. Martin in Laon, Cuissy und Floreffe zukam. Die Einkünfte bezog man aus den großen klostereigenen Ländereien, die von Brüdern und Schwestern unter Leitung eines Hofmeisters bewirtschaftet wurden. Im Kloster selbst pflegten weitere Laienbrüder die notwendigen Handwerke. Die weiblichen Konversen wohnten im westlichen Kirchenteil stumm dem gemeinsamen Gottesdienst bei. Auf den fernabliegenden Meierhöfen erlaubte ein päpstliches Privileg des Jahres 1135, Kapellen zu errichten.

Als Norbert im Jahre 1134 starb, besaß der Orden bereits an die hundert Häuser, eine Entwicklung, die noch im gleichen Jahrhundert ihren Höhepunkt erreichte. Danach kam es nur noch vereinzelt zu Neugründungen. Um 1320 nennt der Ordenschronist insgesamt

352 Männer- und 122 Frauenstifte. Die Trennung der Doppelklöster war, wie die Auflistung zeigt, wieder vollzogen worden, und zwar schon ein Jahrzehnt nach dem Tode Norberts. Um 1140 faßte das Generalkapitel den verbindlichen Beschluß dazu. Freilich, im einzelnen zog sich das gemeinsame Leben, allerdings immer unter Aufsicht des männlichen Teiles, sehr lange hin. Das württembergische Adelberg beispielsweise bewahrte bis 1476 das gemeinsame Leben (Abb. 133).

Die Verbreitung des Ordens wird aus der Karte ersichtlich. Ergänzend seien einige Beispiele aus dem deutschen Sprachgebiet genannt, zumal ihre herrlichen Klosterbauten heute noch den Besucher erfreuen: Bad Schussenried (Abb. 134), Weißenau, Ursberg, Roggenburg, Rot an der Rot, Obermarchtal. Die Stifte Speinshart, Windberg und Roggenburg wurden im 20. Jahrhundert sogar neu besiedelt. Auch das tschechische Stift Strahov in Prag, wo der Leichnam Norberts ruht, ist zu nennen; ebenso die noch belegten österreichischen Stifte Wilten, Schlägl und Geras. Prémontré ging dem Orden durch die Säkularisation im Jahre 1790 für immer verloren. Heute beherbergen die Gebäude eine psychiatrische Klinik.

Eine etwas andere Entwicklung nahmen die beiden Stifte in Magdeburg, denen Norbert von Anfang an die Seelsorge in verschiedenen Pfarreien übertragen hatte. Sie entsprachen damit mehr den bereits erwähnten Kanonikaten, wie sie in den Diözesen Salzburg oder Passau errichtet worden waren (vgl. S. 259). Die beiden Stifte waren nicht Prémontré unterstellt, sondern bildeten mit den übrigen Stiften Sachsens eine eigene, gewissermaßen selbständige Provinz. Nur der Abt von Magdeburg mußte anfangs zum Generalkapitel erscheinen, später konnte diese Pflicht von einem beliebigen Abt alle drei Jahre erfüllt werden. Magdeburg mit seinen sächsischen Stiften gründete zahlreiche Stifte im Osten und leistete Wesentliches zu dessen Missionierung. In Sachsen beendete die Reformation das prämonstratensische Leben.

4. Norbert, ein Armer in Christo

Wir zählten Norbert schon zu der Armutsbewegung, die im allgemeinen jedoch erst mit den Bettelorden in Verbindung gebracht wird. Betrachtet man seine Vita, so kommt darin jedoch sehr anschaulich das Wesen der Armut zum Ausdruck. Allzugern wird die Armut auf eine materielle Besitzlosigkeit reduziert, im Grunde aber besagt sie eine geistige Grundhaltung, ein absolutes Vertrauen auf Gott in jeder Hinsicht und jeder Lage. Das lateinische Wort „pauper" (= arm) besagte im Mittelalter soviel wie schutzlos, schutzbedürftig, herrschaftslos, gewaltfrei. Es stand im Gegensatz zu Macht, Herrschaft und zum Reichtum und deckt sich weitgehend mit den biblischen Aussagen über die Armen, wie sie in den sogenannten Seligpreisungen geschildert sind. Wir zitieren den gesamten Text, da er für das Verständnis der Armutsbewegung und Bettelorden wesentlich ist: „Selig die Armen im Geiste, denn ihrer ist die Herrschaft der Himmel. Selig die Trauernden, denn sie werden getröstet werden. Selig die Sanftmütigen, denn sie werden das Land besitzen. Selig, die hungern und dürsten nach Gerechtigkeit, denn sie werden gesättigt werden. Selig die Barmherzigen, denn sie werden Barmherzigkeit erlangen. Selig die Friedensstifter, denn sie werden Söhne Gottes heißen. Selig, die verfolgt werden um der Gerechtigkeit willen, denn sie werden die Herrschaft über die Himmel besitzen. Selig seid ihr, wenn sie euch schmähen und verfolgen und euch alles Böse lügnerisch nachsagen um meinetwillen. Freut euch und frohlocket, denn euer Lohn ist groß in den Himmeln. Denn so haben sie auch die Propheten vor euch verfolgt" (Matth. 5,1–12).

Matthäus faßt den Begriff „arm" geistig und umschreibt damit ein in jeder Hinsicht absolutes Vertrauen auf Gott. Der Arme im Geiste ist nicht der „Beschränkte", sondern jener, der vollständig auf seine eigenen Überlegungen, Spekulationen und Weisheiten verzichtet und offen ist für den Willen Gottes und die Führung durch den Heiligen Geist. Ein solcher Mensch übt keine Rache, pocht nicht auf seine Rechte, kümmert sich nicht um das äußere Ansehen und erträgt um Christi willen alle Kränkungen und Schmähungen. Sein Glaube endet freilich nicht an den Nöten des alltäglichen Lebens, der Sorge um Nahrung, Kleidung, Unterkunft und Auskommen, sondern auch in diesen Dingen überläßt er sich ganz der väterlichen Fürsorge Gottes und lebt gemäß dem biblischen Beispiel sorglos wie die Vögel des Himmels. Die Armut ist somit ein Zeichen, eine Folge des Glaubens.

Genau dieser Armutsbegriff liegt der Vita des hl. Norbert zugrunde. Norbert verzichtete nämlich auf sein ganzes Vermögen, gab sogar die letzten Zehrgroschen hin und besaß schließlich nur, was er am Leibe trug. Geduldig ertrug er es, als man ihm ins Gesicht spuckte, großmütig verzieh er den Mordgesellen, die es auf sein Leben abgesehen hatten, und immer wieder stiftete er Frieden. Diese Aufgabe wird sogar außerordentlich häufig erwähnt. Zweimal mußte er seinen Bischofssitz verlassen und auf einer Burg Zuflucht suchen, aber dennoch war er zur Vergebung bereit. Seine Aussage, nie einen Rechtsprozeß zu führen, kein Privileg mit geistlichen Strafen durchzusetzen oder verlorengegangenes Gut wieder einzutreiben, belegt eindeutig die biblische Grundhaltung des absoluten Gottvertrauens. Das Arm-sein-im-Geiste, der Verzicht auf eigene Überlegungen, hielt ihn letztlich auch von der hohen theologischen Schule in Laon fern.

Im Unterschied zu den Zisterziensern und Kanonikern machte Norbert mit dem Arm-sein-im-Geiste wirklich Ernst, da er völlig mittel- und schutzlos durch die Welt zog, um das Wort Gottes zu verkünden. Dies hatte er mit allen Wanderpredigern, Ketzern und Häretikern gemeinsam. Franziskus ging sogar noch einen Schritt weiter und wollte das Evangelium in der ganzen Welt verkünden; es kam zu Missionsversuchen bei den Muslimen. Auch dieser Wunsch, den Armen die Frohe Botschaft zu verkünden, beruht auf biblischem Gebot. Denn als Johannes der Täufer nachfragen ließ, ob Jesus der erwartete Messias sei, antwortete dieser: „Geht hin und berichtet dem Johannes, was ihr hört und was ihr seht: Blinde sehen, Lahme gehen, Aussätzige werden rein, Taube hören, Tote werden auferweckt, und den Armen wird die Frohe Botschaft verkündet" (Matth. 11,4f). Norbert und Franziskus künden den Armen das Evangelium und bezeugen durch ihre zahlreichen Wunder das Anbrechen der Herrschaft Gottes. Gerade die Dreizahl, die Heilung von Blinden, Lahmen, Aussätzigen, taucht bei den Wundern von Norbert und Franziskus immer wieder auf. Das apostolische Leben Norberts, der Wanderprediger oder der Franziskaner ist somit keine persönliche Eigenart, sondern steht ganz auf biblischem Boden, indem sie den Auftrag Christi, den Armen das Evangelium zu künden, verwirklichen. Nicht zuletzt im Bewußtsein, wenn allen Völkern die Frohe Botschaft verkündet ist, werde das Reich Gottes endgültig anbrechen. Aus Jesu Gebot zur Verkündung des Evangeliums ist unter anderem der stürmische Drang zur Predigt zu erklären.

II. Katharer und Waldenser: Die Utopie einer Geistkirche

Die ersten Wanderprediger kannten noch kein eigenes theologisches System wie die nachfolgenden Sekten, sondern sie lebten und reformierten aus einer persönlichen Betroffenheit durch das Wort Gottes. Ihre eigene religiöse Erfahrung sowie das Ideal der reinen Urkirche stand ihnen vor Augen und lag als Traum in ihren Herzen. Gerade dies machte sie blind für die Fülle christlicher Religiosität und ließ die eigene Überzeugung zur absoluten Gewißheit werden. Die Erneuerung stand und fiel mit ihrer Person. Deshalb blieb es während des frühen 12. Jahrhunderts bei vereinzelten Ansätzen, die schließlich in Gewalt und Verfolgung endeten.

Eine ganz andere Art individueller Religiosität entstand Mitte des 12. Jahrhunderts unter anderem in den Sekten der Katharer und Waldenser. Auch sie beschritten den Weg eines ganz persönlichen Glaubens und zogen arm, ehelos und streng asketisch lebend durch die Lande, um Buße und Erlösung zu predigen. Jedoch trieben sie ihren subjektiven Standpunkt auf die Spitze, so daß er sich nicht mehr ins Ganze integrieren ließ. Überzeugt von der eigenen Wahrheit, wähnten sie alle anderen in einem verderblichen Irrtum verfangen, der sie eher zu Dienern des Satans als zu Gläubigen der wahren Kirche machte. Die wahre Kirche aber war ihrer Meinung nach etwas rein Geistiges, das mit dem Irdisch-Materiellen nichts mehr zu tun hatte. Diese Sicht verführte die Katharer, aus der Polarität Geist-Materie einen unüberbrückbaren Gegensatz zu machen und die Erlösung in einer Abkehr von allem Irdisch-Materiellen zu erblicken. Deshalb lehnten sie die Ehe, die Sakramente, den Staat, ja selbst das irdische Leben ab, dem nicht wenige von ihnen durch Hungertod selbst ein Ende setzten.

1. Die Katharer

Unter dieser Bezeichnung versteht man eine religiöse Bewegung des Mittelalters, die sich aus christlichen Ansätzen und gnostischen Elementen zu einer festgefügten Gemeinschaft mit einem mehr oder weniger geschlossenen dualistischen Glaubenssystem entwickelte. Sie war vom Glauben beseelt, die einzig wahre Kirche zu sein, weshalb sie jede andere religiöse Form, auch die des Christentums als Satanskirche, rigoros ablehnte. Allerdings war das Ganze keineswegs eine einheitliche Bewegung, denn es gab bemerkenswerte Unterschiede und sogar trennende Gegensätze. Ohne auf die vielfältigen Einzelheiten einzugehen, kommt es in unserem Zusammenhang mehr auf die Grundzüge ihrer gemeinsamen Lehre an, um so die Antwort des Christentums zu verstehen, die nicht zuletzt in der Gründung des

Franziskaner- und Dominikanerordens bestand. Zeitlich gesehen fällt die Entwicklung dieser größten mittelalterlichen Sekte zwischen Mitte des 12. und 13. Jahrhunderts; räumlich beschränkte sie sich vor allem auf Südfrankreich, das Rheinland und Oberitalien.

a) Die Lehre

Ähnlich wie die Gnostiker gingen die Katharer von der menschlichen Erfahrung der existentiellen Heimatlosigkeit aus. Irgendwie fühlt sich jeder Mensch auf dieser Welt nicht richtig heimisch und geborgen, woraus sie den Schluß zogen, daß die irdische Welt nicht die eigentliche Heimat des Menschen darstellt. Darin stimmten sie mit allen Religionen, auch mit dem Christentum, überein, doch in der Antwort gingen sie völlig eigene Wege.

Die Katharer glaubten, daß die gesamte Schöpfung, das Materielle und Irdische, der Mensch und sein Körper, das Werk des Satans oder eines bösen Gottes waren, der durch List und Betrug die Seelen von Engeln aus dem Himmel in die Hülle des materiellen Körpers gepreßt und gefangen hätte. Er ist der große Gegenspieler des geistigen Gottes und besitzt je nach Lehrmeinung ebenfalls göttliche Merkmale. Andere sahen in ihm einen Helfer Gottes oder auch nur den hochmütigen, gefallenen Engel, der aus reiner Bosheit ein materielles Gegenreich zu seiner ehemaligen geistigen Heimat errichtet hatte. Die Seelen der Engel, die nun in menschlichen Körpern leben, sind wieder zur Rückkehr in ihre rein geistige Heimat bestimmt, wenn sie die Zeit ihrer Buße durchschritten haben. Ein solcher Zustand wird nur dann erreicht, wenn der Gläubige rein geistig lebt, die Schrift rein geistig versteht und alles Materielle meidet. Es ist aber nur ein Teil der menschlichen Seelen zur Rückkehr bestimmt, denn nicht wenige Menschen sind wirkliche Geschöpfe des Satans, ohne den Besitz von Engelseelen. Wenn nun alle Reinen, die eigentlichen Mitglieder, auch „Perfecti" genannt, durch ihren sündenlosen Wandel in den geistigen Himmel zurückgekehrt sind, ziehen sie dort ihre ruhenden Geistkörper an und vollenden damit die Existenz der Welt. Denn dann ist die Zahl der fehlenden Engel vollständig und der ursprüngliche Zustand wiederhergestellt. Nun kann und wird sich die Welt wieder auflösen, denn ihre Aufgabe ist erfüllt. Für die anderen Menschen jedoch, die „Gläubigen des Satans", ändert sich die Welt zur Hölle.

Dies ist, grob gesprochen, die Glaubenslehre der Katharer, die in der Realität jedoch mannigfaltige, oft widersprüchliche Formen kannte. Allein in Oberitalien gab es drei verschiedene Richtungen. In Frankreich dagegen lebten die ersten Katharer anfangs noch eine gemäßigte Form und glaubten sich teilweise im Einklang mit dem wahren Christentum. Erst gegen Ende des 12. Jahrhunderts schlossen sie sich der radikalen Richtung der bulgarischen Bogomilen an. Die deutschen Katharer wiederum blieben bei der gemäßigten Weise, was nur eine andere Akzentuierung in der Schöpfungslehre, einen gemäßigten Dualismus – der Teufel ist nicht göttlich –, besagt.

Eine solche Auffassung der Schöpfung mußte alles Irdische im wörtlichen Sinne verteufeln, war doch alles Materielle ein böses Machwerk des Satans. Deshalb mieden die wahren Katharer alles, was mit der Welt, dem Äußeren, dem Sichtbaren zusammenhing. Die Reinen oder Perfecti waren durch das Sakrament des Geistes – vollzogen durch die Aufle-

123 *Albi, Kathedrale. Albi war das Zentrum einer mittelalterliche Sekte, der Albigenser, gegen die Anfang des 13. Jahrhunderts mehrere Kreuzzüge geführt wurden.*

gung der Hände und des Evangeliums – in den Zustand der Sündenlosigkeit gelangt und hielten sich von jeder irdischen Befleckung frei. Sie arbeiteten nicht mehr, sondern lebten von den Zuwendungen der Gläubigen oder Credentes, der zweiten Ordnung der katharischen Kirche. Ehe, Zeugung, Sexualität, ja sogar jede Speise, die aus geschlechtlicher Zeugung entstanden war, mieden sie ebenso wie den Eid, den Waffendienst oder eine staatliche Tätigkeit; waren doch auch Staat, Herrscher und König nichts anderes als verwerfliche, zum Untergang bestimmte Formen des satanischen Schauspiels. Nur dem Gebet, der Meditation und der Predigt ergeben, vollbrachten die Perfecti ihr Leben in strengster Askese. Geduldig nahmen sie jede Marter auf sich, denn auch dies war ein Zeichen ihrer Geistigkeit bzw. Ausdruck der satanischen Wut der falschen Kirche.

Die Erlösung der Katharer bedurfte keines Heilands mehr, denn sie selbst konnten sie vollbringen. Deshalb sahen sie in Christus höchstens einen geistigen Boten; einige verwarfen ihn sogar als Bruder des Satans, der kläglich am Kreuze gescheitert war. Das Christentum wurde dadurch in seinem Grund angegriffen und verneint: Die christliche Erlösungsreligion sollte einer Selbsterlösung weichen und das Band zwischen Gott und seiner Schöpfung zerschnitten werden. Aus dieser Glaubensvorstellung heraus lehnten die Katharer das Alte Testament ab, verstanden die Schriften des Neuen Testaments rein geistig, verwarfen die Sakramente, die Messe, jeden äußeren Kult, die Bilder, die Ablässe, die Kindertaufe, den freien Willen, das fürbittende Gebet usw.; kurz alles, außer das Geistige. Ihr einziges Sakrament bestand in der Geisttaufe, dem Consolamentum, das den Gläubigen erst nach langer Bewährung durch Handauflegung gespendet wurde. Diese hatten von nun an sündenlos zu leben, sich jeder materiellen Befleckung zu enthalten und in strengster Askese ihre himmlische Heimkehr zu erwarten.

b) Ausbreitung und Auseinandersetzung

Die Verbreitung dieser Lehre, deren Herkunft man zum Teil aus den bereits erwähnten Lehren des bulgarischen Priesters Bogomil (10. Jh.) ableitet – die aber ebensogut als eine Art gnostische Erscheinung des abendländischen Christentums begründbar ist – vollzog sich weitgehend still und unauffällig, jedoch mit dem missionarischen Eifer und entschiedenen Anspruch, die wahre Kirche zu sein. Sieht man von einzelnen geistigen Zirkeln zu Beginn des 11. Jahrhunderts einmal ab, so werden die Katharer seit Mitte des 12. Jahrhunderts faßbar. 1143 wurde in Köln einer Gruppe der Prozeß gemacht, 1145 befaßte sich der Bischof von Lüttich mit Katharern, die seiner Meinung nach von Frankreich gekommen waren. 1147 wiederum standen im Périgord die Reinen vor den Schranken des bischöflichen Gerichtes. Die große Ausbreitung erfolgte allerdings erst zwischen 1170 und 1220. In dieser Zeit formte sich die Sekte zu einer wohlorganisierten Kirche mit eigenen Diözesen, Bischöfen, Versammlungen und Konzilen, auf denen die Lehre disputiert und festgelegt wurde. Insgesamt rechnet man mit etwa 4000 Perfecti und Abertausenden von Gläubigen. Vor allem in Südfrankreich fand ihre Lehre großen Zulauf. Ihr Zentrum, die Stadt Albi, gab ihnen den Namen Albigenser. In Oberitalien kam es ebenfalls zu vielen beständigen Gemeinden.

Es versteht sich von selbst, daß es zwischen dem Christentum und der Lehre der Katharer keine Versöhnung geben konnte, stand doch das eine in verneinendem Gegensatz zum anderen. Anfangs kam es noch zu Disputen, Gesprächen und einzelnen Bekehrungsversuchen. Der größte Disput fand 1165 öffentlich bei einer unübersehbaren Menge von Zuhörern in der Stadt Albi zwischen sieben katholischen Bischöfen und einigen Perfecti statt. In diesem Duell mußten die Perfecti schließlich gestehen, daß sie von der christlichen Lehre abweichen, indem sie das Alte Testament und die Berechtigung des Eides verwerfen. Als die Bischöfe dann aber die Lehre von den zwei Göttern, einem guten und einem schlechten, ins Spiel brachten, wurde dies von den Perfecti bestritten. Unter Mißklang und gegenseitigen Anschuldigungen ging der wohlgemeinte Klärungsversuch zu Ende.

Im Grunde genommen konnte es auch zu keiner Versöhnung mehr kommen. Die Päpste sahen in den Katharern ein erneutes Erwachen des alten Manichäismus (4./5. Jh.) und reagierten mit entsprechenden Verurteilungen. Augustinus und andere Theologen hatten bereits damals ein strenges Vorgehen bis hin zur Todesstrafe für Manichäer, Gnostiker und andere unverbesserliche Ketzer gebilligt, da sie sich nicht nur gegen die göttliche, sondern auch gegen die natürliche Ordnung erhoben. Ähnlich be- und verurteilte man nun die Katharer. Der Papst rief die weltlichen Kräfte, den König von Frankreich, zum harten Durchgreifen gegen die französischen Ketzer auf. Zweimal (1181 und 1209) kam es zu einem Kreuzzug gegen Albi, wo sich die Katharer verschanzt hatten; doch ohne nachhaltige Wirkung. Eine wichtige Entscheidung fällte Papst Lucius III. im Jahre 1184, als er die Katharer, Waldenser und andere Gruppen öffentlich als Ketzer verurteilte. Damit waren die Würfel zum Kampf gefallen. Denn kurz danach (1194) schufen die kirchlichen Gelehrten eine Rechtsgrundlage für ein gewaltsames Vorgehen gegen Ketzer, indem sie das Ketzertum als Majestätsbeleidigung verstanden. Nach antikem Recht war dies ein Angriff auf Kaiser und Staat, was unweigerlich mit dem Tod geahndet wurde. 1220 erhob Kaiser Friedrich I. die kirchliche Ansicht zum Gesetz, und 1232 erreichte das Gesetz allgemein verbindliche Rechtskraft im ganzen Abendland. Damit war der 1223 geschaffenen Inquisition, einer geistlichen Untersuchungskommission, der strafende Arm des weltlichen Richters geliehen.

Doch weder die Inquisition noch die Kreuzzüge führten zum Untergang der Ketzer; in ihrer Lehre selbst lag der Kern zur Auflösung und Aufspaltung. Seit Ende des 12. Jahrhunderts begann die Spaltung der katharischen Kirche, und ihre Sicht der Welt konnte vor der neu gewonnenen scholastischen Geistigkeit nicht mehr bestehen. Mit Mythen und apokryphen Schriften versuchten sie ihren Entwurf zu rechtfertigen, doch den Gang zur begründenden Vernunft mieden sie. Ihr Denken war die Folge einer einseitigen Steigerung der Individualität und Geistigkeit, die keine Integration des Gegensatzes mehr kannte und ermöglichte.

Die Katharer stehen im unmittelbaren Zusammenhang mit dem Ringen um eine reine Kirche, wie es auch Cluny, Hirsau, Cîteaux sowie die Kanoniker oder die Reformgesetzgebung Gregors VII. versuchten. Doch im Unterschied zu diesen Gruppen gingen die Katharer einen Schritt weiter, indem sie das Evangelium und die Kirche absolut geistig verstanden und damit die Einheit von Schöpfer und Geschöpf, von Schöpfung und Erlösung aufgehoben haben. Interessanterweise kam es auch während der Entstehung des Wüstenmönchtums, das ja ebenfalls eine individuelle, personale und mystische Religiosität ausgeprägt hatte, zum Kampf mit der Gnosis. Inwieweit hier Parallelen liegen, bedarf noch genauerer Forschung.

2. Die Waldenser

Bei den Katharern führte die einseitige Sicht des Menschen als Geistwesen zum unüberbrückbaren Dualismus. Andere Sekten wie die Armen von Lyon, besser bekannt als Waldenser, oder die Humiliaten und Amalrikaner gingen zwar nicht soweit wie die Katharer, erstrebten aber nichtsdestoweniger eine reine, geistige, wenngleich christliche Kirche.

Die Armen von Lyon oder die Armen Christi gehen auf den reichen Tuchhändler Waldes von Lyon zurück, der 1173 eine radikale Conversio vollzog, nachdem er die Legende des hl. Alexius gehört hatte, der aus Liebe zu Christus sein reiches Elternhaus und die vielversprechende Ehepartie aufgegeben hatte, um letztlich unerkannt im eigenen Elternhaus als Bettler zu leben. Waldes überließ daraufhin seiner Frau hinreichendes Vermögen, versorgte seine Töchter in einem Kloster und schenkte den Rest seines Vermögens den Armen von Lyon. Die Bibel ließ er sich von zwei Geistlichen in die Landessprache übersetzen, und fortan lebte er als Wander- und Bußprediger. Bald schlossen sich ihm weitere Christen an, die, erfüllt vom apostolischen Vorbild, ganz von der Hände Arbeit lebten, eifrig die Bibel lasen und überall freimütig das Wort Gottes predigten. Getrieben von der Sehnsucht nach einer reinen, geistigen Kirche, kritisierten sie heftig den ungeistlichen Lebenswandel des Klerus und forderten ein kirchliches Leben nach den Maßstäben des Evangeliums. Der Bischof von Lyon verbot den Laien die Predigt; Waldes aber wandte sich an den Papst, der ihr armes, apostolisches Leben billigte, die Predigterlaubnis allerdings an den Bischof gebunden wissen wollte. Es ging nur kurze Zeit gut, denn die Waldenser schwiegen nicht und konnten nicht schweigen. Ihre Überzeugung von der absoluten Norm des Evangeliums ließ sich mit dem üblichen religiösen Leben nicht in Einklang bringen. So kam es 1184 schließlich zu ihrer Verurteilung als Ketzer. Die französische Gruppe hielt jedoch an ihrer christlichen Grundlage fest, während die italienischen Waldenser, Lombarden genannt, sich theologisch den Katharern angeschlossen hatten und damit das übliche Christentum, die Kirche, vollständig verwarfen. Zwar billigte der Papst später die waldensische Lebensform, doch sollten sie ihre Lehre ändern; aber nur ein geringer Teil der Waldenser, die sogenannten Katholischen Armen, machte von diesem Angebot Gebrauch. Ein spärlicher Rest – von niemandem richtig gemocht und häufig verfolgt – bewahrte seinen Glauben bis in die heutige Zeit.

3. Die Humiliaten

Ähnlich wie die Waldenser, so gehen auch die Humiliaten (von lat. humilis = demütig) auf die Initiative frommer Christen zurück, die entschieden ein biblisches Leben führen wollten. Ihre Verbreitung beschränkte sich weitgehend auf Oberitalien. Sie verschenkten all ihren Besitz und lebten gemeinsam in einem Haus von ihrer Hände Arbeit. In christlicher Brüderlichkeit geeint, gab es keine sozialen Ränge und Unterschiede mehr, alle waren Brüder in Christo. Kleriker, Handwerker und Frauen teilten sich ihren Besitz, beichteten sich gegenseitig und predigten öffentlich Buße und Bekehrung. Auch den Frauen stand man das Predigtamt zu. Ihre Häuser und Versammlungen leiteten sie selbst und sahen im Evangelium ihre Regel. Abermals wurde die Predigt zum Stein des Anstoßes, nicht zuletzt, weil die Humiliaten harte Kritik am Klerus übten und sich nicht unter die Herrschaft des Bischofs beugen wollten, fühlten sie sich doch durch ihren „richtigen“ Lebenswandel jenem weit überlegen. 1184 verurteilte sie der Papst öffentlich als Ketzer. Doch bereits etwa zehn Jahre später, um 1198, versöhnten sich die Humiliaten wieder weitgehend mit der Kirche. Der Papst erlaubte ihnen ihr apostolisches Leben, gestattete ihnen den Verzicht auf Eid und Wehrdienst und ließ sie in ihrer Gemeinschaft frei predigen, wobei sie allerdings keine theologischen Fragen behandeln durften. Auch ihre Armut, der Verzicht auf den Zehnt oder andere Abgaben, gestattete ihnen Papst Innozenz großzügig. Daraus entstand schließlich ein dreigliedriger Orden mit Klerikern, Nonnen und Familiares. Die Familiares erfüllten die Gebote der Gemeinschaft in der Welt, gingen aber zum Gebet und zur Predigt in die Häuser ihrer Mitbrüder. Dies war eine Art dritter Orden, wie er dann auch bei den Bettelorden üblich wurde.

III. Das Evangelium als Regel: Franziskus und sein Orden

Liest man die Vita des hl. Franziskus und schaut in die Chroniken des Ordens, so stellt man erstaunt fest, daß hier von Häretikern, Wanderpredigern, Ketzern und anderen Problemen der Zeit keine Rede ist. Und dies, obwohl Franziskus (1182–1226) fast zeitgleich lebte und in Umbrien wirkte, nicht sehr weit von der Lombardei, dem Tätigkeitsfeld der Humiliaten und der Pataria, entfernt. Wie jene, so zog auch Franziskus durch das Land und predigte Buße, kritisierte aber weder die Priester noch die Bischöfe. Im Gegenteil, er ehrte sogar auch die unwürdigen unter ihnen, denn er sah mehr ihr heiliges Amt als ihren unheiligen Wandel und verlangte bedingungslos diese Ehrfurcht vor dem Priestertum auch von seinen Brüdern.

Nicht nur in der Art seiner Predigt unterschied sich der Heilige von den Wanderpredigern seiner Zeit, auch begründete er seinen Auftrag anders. Denn Franziskus berief sich auf den Missionsbefehl Christi, allen Völkern das Evangelium zu verkünden. Er wollte aber nicht wie jene durch das Evangelium das bestehende Christentum kritisieren oder gar ersetzen. In seinem Verständnis der Nachfolge Christi, weltweit das Evangelium zu verkünden, ging Franziskus über alle bisherigen Orden, Reformen und monastischen Neuerungen hinaus, für die immer noch die Nachfolge mit dem Klosterleben identisch war. Nur noch der Jesuitenorden, wenn man einmal von den Missionskongregationen des 19. Jahrhunderts absieht, sollte wie Franziskus den Missionsbefehl in seine Regel aufnehmen.

Was jedoch seine Berufung und sein Selbstverständnis betrifft, so steht Franziskus wieder in der Tradition der Wanderprediger, die sich durch ein persönliches Gotteserlebnis berufen und legitimiert fühlten. Auch Franziskus sagte von sich, daß niemand anderer als Christus selbst ihm den Weg zum Evangelium gewiesen hatte, wie er in seinem geistlichen Testament ausdrücklich beteuerte. Christus und der Heilige Geist waren seine Lehrmeister, weshalb er auf gelehrte Studien verzichten konnte. Er vertraute mehr auf die göttliche Einfalt des Herzens, die von sich aus zum tiefen Verständnis des Evangeliums führt und das rechte Wort zur Predigt hervorbringt. Ohne geistige, aber nicht ohne geistliche Vorbereitung predigten er und seine Brüder, stets offen für das Wehen des Geistes, wie es in seiner Biographie heißt.

1. Leben und Wirken

Von seinem Leben gibt es mehrere Berichte, obgleich ein späteres Generalkapitel (1263) nur einen einzigen, die Legenda maior des hl. Bonaventura, gelten lassen wollte und alles übrige dem Feuer zu übergeben befahl. Daneben existieren noch Briefe und Gebete des Heiligen sowie sein geistliches Testament. Nicht zu vergessen seine beiden Regeln, die ebenfalls zum Verständnis seiner Person wesentlich sind. Wir benützten alle Quellen, übernahmen aber im großen und ganzen den chronologischen Aufbau der Legenda maior.

Franziskus wurde 1181 oder 1182 in Assisi geboren. Er verbrachte eine sorglose Jugend mit den üblichen hochfliegenden Plänen und selbstsicheren Anmaßungen eines jungen

Mannes. Seine Conversio erfolgte etwa im Alter von 25 Jahren (1207), allerdings ohne jedes spektakuläre Ereignis. Es gab keine wegweisende Krankheit, kein Stürzen vom Pferd, keine göttliche Stimme noch eine fromme, drängende Mutter. Selbst den Traum vom Rittertum, den er kurz vor seiner Conversio träumte, verstand Franziskus nicht. Ebenso fehlt in seiner Vita die häufig anzutreffende Wendung vom Traum der schwangeren Mutter, in dem sich die Taten des zukünftigen Helden ankünden, wie es beispielsweise beim hl. Dominikus der Fall war.

Unbemerkt begann Franziskus sein Leben zu ändern. Heimlich spendete er Almosen und war den Armen und Aussätzigen besonders zugetan. Als er einst von einer erfolgreichen Handelsreise wieder nach Assisi heimkehrte, besuchte er die am Wege liegende, halb verfallene Kirche San Damiano und betete dort inbrünstig. Plötzlich hörte er eine Stimme, die rief: „Franziskus, stelle mein Haus wieder her, das du ganz verfallen siehst", was Franziskus auf das ruinöse Kirchlein San Damiano bezog. Entschlossen und ermuntert durch die Vision, beendete er seinen heimlichen Wandel, schenkte das erworbene Geld sogleich dem armen Priester von San Damiano und offenbarte dem Erstaunten seine Bekehrung. Vielleicht aus Angst vor seinem wütenden Vater, wohl eher zur inneren Sammlung und Stärkung, zog er sich in eine Höhle zurück. Nach einiger Zeit trat Franziskus völlig gewandelt, ähnlich wie einst Antonius, aus dieser Höhle heraus und ging furchtlos zu seinem erzürnten Vater nach Assisi.

Auf dem Weg dorthin wurde er von der johlenden Menge als Tor verspottet, was Franziskus geduldig ertrug. Der Heilige als Narr oder Tor ist ein alter Topos des Wüstenmönchtums und begegnet uns auch sonst in zahlreichen Heiligenviten. Zum einen spiegelt sich darin die Unbegreiflichkeit der Nachfolge mit seinem Verzicht auf Gut und Geld, Ehre und Würde, Macht und Reichtum für den „gesunden Menschenverstand". Zum anderen war dies eine besondere Form der Demut. Denn manche Wüstenmönche benahmen sich in der Öffentlichkeit bewußt „närrisch", um ja jeden Glauben an ihre Heiligkeit zu zerstören.

Sein Vater legte Franziskus in Fesseln und sperrte ihn zu Hause ein. Kurze Zeit danach befreite ihn heimlich seine Mutter, und Franziskus ging abermals nach San Damiano. Wieder erschien der Vater, um seinen „närrischen" Sohn zu holen und ihn zu einem öffentlichen Verzicht auf den väterlichen Besitz vor dem Bischof zu nötigen. Hier ereignete sich die berühmte Szene der Entkleidung des Heiligen, der nichts, selbst seine Kleider nicht, dem Vater vorenthalten wollte, um so als wirklicher Armer in Christo ganz der göttlichen Fürsorge anheimzufallen.

Frei von allen irdischen Banden eilte er wiederum nach San Damiano, um den göttlichen Auftrag zu erfüllen. Er stellte aber nicht nur dieses verfallene Gotteshaus wieder her, sondern auch die nahe gelegene Marienkapelle, Portiunkula, wozu er ohne Scham in seiner Heimatstadt Assisi die nötigen Mittel erbettelte. Eifrig und liebevoll pflegte er die Armen und Aussätzigen, die zu küssen er sich nicht scheute. Hier in Portiunkula, der späteren Lieblingsstätte des Heiligen, erfuhr er im dritten Jahr der Conversio (1209) seine eigentliche Bestimmung. Denn als er das Evangelium von der Aussendung der Jünger hörte, ohne alles in die Welt zu ziehen und das Evangelium zu künden, fühlte er sich dadurch so betrof-

124 *Ansicht von Assisi, der Geburtsstadt des hl. Franziskus und der hl. Klara.*

fen, daß er rief: „Das ist es, was ich will, das ist es, was ich suche, das wünsche ich aus Herzensgrund zu tun“ (Thomas von Celano, Vita prima, Kap. 10).

Es ist aufschlußreich, daß sich die Berufung des Heiligen nicht an der klassischen Stelle vom reichen Jüngling – „Wenn du vollkommen sein willst, so gib dein Vermögen den Armen und folge mir nach“ (Matth. 19,21) – ereignete, sondern an der Aussendung der Apostel. Wir zitieren die Stelle ganz, denn sie ist für das Verständnis des Ordens grundlegend. Bevor Jesus die zwölf Apostel aussandte, sagte er zu ihnen: „Nehmt nichts mit auf den Weg, weder einen Stab noch eine Tasche, noch Brot, noch Geld; auch sollt ihr nicht zwei Röcke haben. Und in dem Haus, in das ihr einkehrt, da bleibt, und von dort aus wandert weiter“ (Luk. 9,3 f). Die typische Armut des Franziskus und seiner Brüder, auf alles zu verzichten und in allem sich der väterlichen Sorge Gottes anheimzugeben, hat hier seine Begründung. Die Armut ist somit keine Askese, sondern ein Zeugnis des vollkommenen Glaubens. Unter diesem Aspekt wird der Streit um die Armut im Franziskanerorden verständlich, denn es ging nicht nur um das Gebot in der Regel, sondern um eine besonders existentielle Form des Glaubens.

Doch vorerst verwirklichte Franziskus seine Berufung allein. Um 1209 begann er, unkundig und ungebildet, aber geführt vom Heiligen Geist, in der näheren Umgebung Buße zu predigen, und zwar so ergreifend, daß sich sogleich einige Hörer zum vollkommenen Leben bekehrten. Schließlich wuchs die kleine Gemeinschaft auf sieben an, und Franziskus lehrte sie nach dem Evangelium zu leben, Buße zu predigen und zu tun. Deshalb nannten sie sich anfangs auch „Büßer von Assisi“. Ihre „Regel“ bestand in einigen typischen Zitaten des Evangeliums, die besonders die Nachfolge betonten; Franziskus stellte sie persönlich zusammen. Diese Urregel der Franziskaner ging später verloren. Durch eine Vision ermuntert, ihre Lebensweise kirchlich anerkennen zu lassen, zogen alle Brüder gemeinsam nach Rom und erreichten beim Papst, der ebenfalls durch einen Traum von ihrem Kommen wußte, die mündliche Zusage. Alle bekamen die Tonsur, eine kirchliche Weihe, die mit der Scherung des Hauptes verbunden ist, und wurden somit zu Klerikern.

Anfangs lebten Franziskus und seine Freunde in einer abgelegenen Einöde, und ein alter, enger Schuppen diente ihnen zum Unterschlupf. Unschlüssig, ob sie nun ein Einsiedler- oder ein Predigerleben führen sollten, gab abermals eine Vision den Ausschlag. Nun zogen sie mutig aus, um für Gott „Seelen zu gewinnen", und predigten durch Wort und Beispiel die Buße. Buße hört sich in unseren Ohren nur als Strafe für etwas an. Doch vom biblischen Verständnis aus besagt Buße Umkehr. Man wendet sich, um abermals ein Bild für den Büßenden zu gebrauchen, als homo incurvatus, als in sich gekrümmter Mensch, von dieser Selbstbezogenheit weg und anerkennt eine andere Dimension des Seins. Aus dieser neuen, weitenden Erfahrung folgt von selbst eine Änderung des Bisherigen. Werte wie Selbstbezogenheit, Anerkennung, Reichtum usw. verlieren ihre absolute Macht und werden für nichtig erachtet. Die gelebte Form dieser Verachtung nennt man Askese. Sie ist somit wie die Armut eine Folge des Glaubens.

Ihren bescheidenen Unterhalt verdienten sie sich durch Arbeiten bei Bauern, und rührend dienten sie den Armen und Kranken. Später jedoch wechselten sie nach Portiunkula, wo sie einige dürftige Hütten erbauten, um vollständig unter der Herrschaft der Königin Armut zu leben. Nichts besaßen sie außer ihrem schäbigen Gewand, weder Geld noch Vorräte sicherten ihnen den Morgen. Sie lebten gewissermaßen von der Hand in den Mund bzw. im ungetrübten Vertrauen auf Gott. Franziskus lehrte, wie es in der Vita heißt, seine Brüder das Vaterunser beten. Er vermittelte ihnen also die Gewißheit, Kinder Gottes zu sein, die in allem auf ihren Vater hoffen und vertrauen können. Das Vaterunser wurde zu ihrem Gebet, das sie zu allen kirchlichen Horen beteten. Ferner pflegten sie noch eine Art Stoßgebet zur Verehrung des Gekreuzigten, das sie ständig auf ihren Lippen trugen.

Diese existentielle Interpretation des Vaterunsers spielte auch bei den Ketzern eine große Rolle. Bei den Katharern durften es nur die Reinen sprechen.

Die kleine Gemeinschaft wuchs. Um 1222, also gut zehn Jahre nach der ersten Regel, sollen es bereits über 3000 Brüder gewesen sein. Eine solch große Gemeinschaft war aber nicht mehr allein durch das Beispiel des Heiligen zu führen. Franziskus entschloß sich, wiederum durch eine Vision ermuntert, zu einer zweiten Regel, Regula non bullata genannt, weil ihr die päpstliche Bestätigung versagt blieb. Ebenso wie die erste, nicht mehr erhaltene Regel, bestand sie vorwiegend aus beispielhaften Bibelstellen, was sie sehr weitläufig machte. Dies wirft ein Licht darauf, wie Franziskus seine Regel verstanden wissen wollte, nicht als Ordnung, Tagesablauf, Ämterhierarchie, sondern als eine Verwirklichung des Evangeliums; sie ist somit ein geistlicher Lebensentwurf.

Angetrieben, das Wort Gottes den Heiden zu verkünden, verbunden mit der Hoffnung, das ersehnte Martyrium zu erleiden, um so seinem Meister ähnlich zu werden, kam Franziskus nach zwei vergeblichen Versuchen schließlich zu den afrikanischen Sarazenen.

25 *Der hl. Norbert. Deckenfresko mit Szenen aus dem Leben des Heiligen (von J. Zick, 1745) in der Kirche des ehemaligen Prämonstratenserklosters Schussenried. Der Gründer des Prämonstratenserordens wird als Erzbischof mit Monstranz dargestellt. Die Monstranz verweist auf seine Verteidigung der hl. Eucharistie gegenüber Irrlehrern.*

126 *Dominikus, Gründer des Dominikanerordens, disputiert mit Häretikern in Fanjeaux (Fingergestus). Tafe bild von F. Traini (1344); Pisa, Museo S. Matteo. Zum Beweis seiner Lehre fordert er die Feuerprobe für die Schr ten: Die Schrift der Ketzer verbrennt, das Buch des Heiligen schwebt unbeschädigt über den Flammen.*

27 *Die hl. Klara wird von Franziskus in den Orden aufgenommen. Tafelbild, Cimabue zugeschrieben (Ende 3. Jh.). Das Bild zeigt die Einkleidung der Heiligen 1212 in der Portiunkula-Kapelle. Die Aufnahme in den Or-'ensstand beginnt damit, daß Franziskus das Haupthaar Klaras abschneidet.*

128 *Stigmatisation des hl. Franziskus. Fresko von Pietro Lorenzetti (um 1320); Assisi, Unterkirche von S. Fra*
cesco. Zwei Jahre vor seinem Tod empfing Franziskus während einer Vision die Wundmale (Stigmata) des Gekre
zigten, Zeichen einer äußersten mystischen Christusverbundenheit.

29 *Die mystische Verlobung (der hl. Katharina von Siena mit Christus. Tafelbild eines anonymen Malers 1528); iena, Stadtarchiv. In einer Vision im Jahr 1370 erscheint Christus der Dreiundzwanzigjährigen, nimmt ihr das Ierz aus der Brust und gibt ihr sein eigenes. Dieser mystischer Herzenstausch verändert das Leben der Heiligen us der dominikanischen Ordensfamilie.*

33 *Auszug der Prämonstratenserinnen aus dem Doppelkloster Adelberg. Handschrift aus Adelberg (15. Jh.); Stuttgart, Württembergische Landesbibliothek. Adelberg gehörte zu den wenigen Doppelklöstern, die sich über Jahrhunderte halten konnten. Im Bild sehen wir Abt Berthold, unter dem die Verlegung der Frauen 1476 erfolgte.*

Linke Seite oben links: 130 *Altmann, Bischof von Passau († 1091), Rötelzeichnung in einer Origeneshandschrift (um 1160); Göttweig, Stiftsbibliothek. Bischof Altmann war einer der ersten Bischöfe, der ein gemeinsames Leben seines Klerus anstrebte. Dazu gründete er zahlreiche Kanonikerstifte, u. a. Göttweig.*

Linke Seite oben rechts: 131 *Mönche beim Bau von Prémontré. Kolorierte Zeichnung aus dem Weißenauer Kodex (um 1530); Leutkirch, Schloß Zeil.*

Linke Seite unten: 132 *Stift Göttweig, Ansicht aus dem Jahre 1630; Göttweig, Stiftsbibliothek. Das heutige Benediktinerkloster wurde 1072 von Bischof Altmann, Passau, als Kanonikerstift gegründet.*

134 *Ansicht der ehemaligen Prämonstratenserabtei Schussenried vor der Barockisierung. Kolorierter Stich nach Kleiner (18. Jh.). 1183 gegründet, 1386 Reichsabtei, 1803 säkularisiert. Die romanische Basilika stammt aus dem späten 12. Jahrhundert, der Chor Ende des 15. Jahrhunderts.*

135 *Brückenkapelle. Der Bau von Brücken war in der Antike ein heiliger Vorgang mit Beteiligung von Priestern und Darbringung von Opfern. Diese sakrale Dimension kommt auch in den zahlreichen christlichen Brückenkapellen und Brückenfiguren zum Ausdruck. Es gab sogar einen eigenen, 1177 gegründeten, Orden, die Brückenbrüder (fratres pontificales), zum Bau von Brücken. Seine größte Leistung war die Rhônebrücke in Avignon.*

Doch sein Verlangen, das Martyrium zu erleiden, scheiterte. Franziskus kehrte rasch um, zumal Boten aus der Heimat von Neuerungen in seinem Orden berichteten. Doch selbst sein Erscheinen, von allen jubelnd begrüßt, konnte den Gang der Geschichte nicht mehr aufhalten. Franziskus gab die Ordensleitung ab und stellte den Orden unter den Schutz und die Protektion seines Freundes, des Kardinals Hugolin.

Inständiger als zuvor oblag er in einer Einsiedelei dem Gebet; doch seinen apostolischen Auftrag, die Predigt, vergaß er nicht. Oft predigte er mehrmals am Tage, und göttlich gewirkte Wunder ließen die anbrechende Herrschaft Gottes ahnen. Zahlreich sind seine Wunder, doch bekannter und unbegreiflicher sind seine Predigten vor den Vögeln und Fischen oder sein brüderliches Gespräch mit dem Feuer. Die Vollendung der Nachfolge erreichte er zwei Jahre vor seinem Tode (1224), denn er wurde gewürdigt, die Wundmale des Gekreuzigten an seinem Leibe tragen zu dürfen (Abb. 128). Wenngleich er, wie so häufig, das innerste Zwiegespräch mit dem Gekreuzigten – diesen verehrte er am meisten – wie ein Schatz vor fremdem Zugriff hütete, die Wundmale ließen sich nicht mehr verbergen, zumal er durch die Fußwunden nur noch mühevoll gehen konnte. Schließlich neigte sich sein irdisches Leben zum Ende. Am 3. Oktober 1226 trug man ihn, seinem Wunsch entsprechend, zum Sterben in seine geliebte Kapelle Portiunkula und, auf dem blanken Boden liegend, gab er seine Seele dem Schöpfer zurück. Obwohl es bereits später Abend war, umkreiste bei seinem Verscheiden ein großer Schwarm jubilierender Lerchen die kleine Portiunkulakapelle. Bereits nach zwei Jahren sprach ihn sein Freund und Verehrer, Kardinal Hugolin, nunmehr Papst, heilig, und nach weiteren zwei Jahren wurden seine sterblichen Überreste unter größtem Jubel in die neu erbaute Kirche in Assisi überführt, wo sie heute noch verehrt werden.

2. Die Nachfolge in der Welt

Mit dem Leben und Orden des hl. Franziskus trat ein völlig neues monastisches Ideal ins Leben, das sich nur bedingt mit dem bisherigen vergleichen läßt. Wir sehen dies schon an seiner Biographie, denn, im Gegensatz zum üblichen Schema, waren seine Eltern weder adelig noch sonst von vornehmer Art. Auch die typische Kindheitsgeschichte mit ihren Hinweisen auf die Größe des kommenden Heiligen fehlt. Seine Berufung ereignet sich in aller Stille und entbehrt jeder äußerlichen Dramatik. Auffällig dagegen sind die zahlreichen Visionen, die Franziskus den Weg wiesen, sein Tun begleitet und gerechtfertigt haben. Fast vor jeder wichtigen Entscheidung wurde ihm dieser himmlische Wink zuteil, so daß Franziskus von sich, wie einst Paulus, sagen konnte, Christus habe ihm selbst den Weg gewiesen. Es scheint so, was die Biographie auch nahelegt, daß Franziskus beinahe beständig mit Gott, Christus oder dem Heiligen Geist in Beziehung stand. Er konnte plötzlich auf der Reise stehenbleiben und ein wenig beiseite gehen, um das Wehen des Heiligen Geistes zu spüren. Aus dieser unmittelbaren Erfahrung des Göttlichen lebte Franziskus und formte sein Werk. Und dennoch kam es bei ihm nicht wie bei vielen anderen Wanderpredigern mit ähnlichen Gotteserfahrungen zu einer Ablehnung des Christentums, zu einer Verwerfung der Schöpfung oder zu einer Kritik an der religiösen Ordnung. Franziskus fügte sich vorbehaltlos in das bestehende Christentum und seine kirchliche Form ein. Unbedingten Gehorsam verlangte er von seinen Brüdern gegenüber den geistlichen Leitern des Christentums, den Priestern, Bischöfen und Päpsten, und ein treues Bekenntnis zum katholischen Glauben war die Voraussetzung zu seiner Gemeinschaft. Dies alles erinnert an das Wüstenmönchtum, das sehr darum bemüht war, die unverfälschte Lehre zu bewahren und in der Kirche zu sein.

Weshalb konnte Franziskus jede kirchliche Unzulänglichkeit ertragen, alles Irdisch-Unvollkommene anerkennen und sich ohne Skrupel auch dem letzten unwürdigen Priester unterwerfen? Und dies, obwohl er selbst eine außergewöhnlich geistige Religiosität pflegte und sich jeder irdischen Verstrickung entzog? Franziskus ging den Weg vollkommener Demut, wie es Jesus selbst vorgelebt hatte. Er entäußerte restlos seinen Willen und gab damit die Fähigkeit und Berechtigung auf, anderes zu beurteilen und andere zu verurteilen. Seinen Brüdern empfahl er, nichts anderes zu tun, als sich selbst zu verurteilen. Allerdings widerfuhr ihm die Gnade, Gott zu erfahren und somit die Einheit des Ganzen zu erleben. Damit waren alle irdischen Dinge ihrer anstößigen Absolutheit beraubt und konnten relativiert werden. Durch seinen Glauben vermochte Franziskus alle Dinge auf ihre Einheit zu beziehen, die letztlich im gemeinsamen Schöpfer wurzelte. Aus dieser Erfahrung, daß alles Geschaffene einen gemeinsamen Ursprung besaß, floß die von ihm erlebte Nähe und erfühlte Verwandtschaft mit den Tieren, der Natur und den Elementen. Deshalb konnte er mit seinen Geschwistern, den Vögeln, reden und Bruder Feuer an seine heiligende und geistige Funktion erinnern. Die Welt, so sagte Bonaventura, war ihm durchsichtig geworden; er konnte durch das Geschöpf den Schöpfer erkennen. Somit war Franziskus dank seines tiefen, mystischen Glaubens der Gefahr aller ketzerischen Wanderprediger entgangen, dem Dualismus zu verfallen und wegen der geistigen Einseitigkeit das Irdische zu verdammen. Außerdem brauchte er nicht den Umweg über die glaubende Vernunft scholastischer Gelehrsamkeit zu gehen, um die Einheit zu erkennen; sie lag längst fest gegründet in seinem Herzen.

Man mag einwenden, daß der mystische Zug, das Streben nach vereinender göttlicher Schau, dem Mönchtum grundsätzlich eigen sei und die nicht allzu weit entfernten Zisterzienser und Kartäuser Meister auf diesem Gebiet waren. Doch alle Mönche, angefangen von der Wüste bis hin zu Bernhard von Clairvaux, mußten sich von der Welt real zurückziehen, um mystisch leben und glauben zu können. Franziskus dagegen beschritt diesen Weg inmitten der Welt. Er benötigte dazu keine schützende Mauer des Klosters noch eine Laienbruderschar, um sich von der sinnbetörenden Welt oder weltverstrickenden Arbeit zu bewahren. Selbst auf die Erhabenheit einer vollendeten Liturgie und den stabilisierenden Rhythmus eines geregelten Klosterlebens konnte er verzichten. Sein Leitbild war der demütige, einfache Christus, der mitten in der Welt den Willen seines göttlichen Vaters vollbrachte. Dank seiner direkten Herzensliebe zum Gekreuzigten schoben sich keine philosophische Spekulation, kein theokratisches Weltbild noch ein gnostisch bedingter Dualismus zwischen ihn und Gott. Und dennoch, man sollte es nicht vergessen, anerkannte er demütig den Dienst der Kirche, die Hilfe der Heiligen und die Wirkung der Sakramente.

Für Franziskus besaß deshalb die Askese eine andere Dimension und Begründung. War sie bislang ein bzw. der Weg zum Freisein für Gott, d. h. die unbedingte Voraussetzung zur mystischen Schau und göttlichen Einheit, so wurde sie bei Franziskus, wie schon bei der Armut gezeigt, zu einer Folge des Glaubens. Um diesen Unterschied festzustellen, brauchen wir uns nicht mehr die vielfältigen Formen in der monastischen Vergangenheit vor Augen zu führen, sein Leben zeigt es wie von selbst. Franziskus ging auch hart mit sich um. Er stieg nackt in einen Eisgraben, als ihn eine fleischliche Versuchung bedrängte, und seine Speise vermischte er mit Asche, um den Wohlgeschmack aufzuheben. Als er einmal aus gesundheitlichen Gründen etwas Hühnerfleisch zu sich genommen hatte, ging er nach Assisi, stellte sich auf eine Säule vor der Kirche und beschuldigte sich öffentlich als heimlicher Schlemmer. Streng mied er jeden Kontakt zu Frauen, und durch häufiges Nachtwachen schuf er sich Zeit für Gebet und Meditation. Seine Augen wurden krank von dem vielen Weinen, und unnützes Reden verbot er sich.

Obwohl Franziskus eindeutig asketisch lebte, war die Askese wie die Armut mehr ein Ausdruck und eine Folge des Glaubens als ein Weg dazu. Und immer stand die Liebe über der Askese. Als er einst merkte, wie ein Bruder innerlich wegen des Fastens litt, ließ er ein üppiges Mahl besorgen, lud alle ein und griff als erster zu, um so dem bedrängten Bruder zu Hilfe zu eilen. Deshalb stehen in seiner Regel keine asketischen Vorschriften, sondern die Freiheit, Fleisch zu essen, außer an den üblichen kirchlichen Fasttagen. Alles, was den Brüdern vorgesetzt wurde, durften sie in Demut essen, sofern das Gebot der Armut nicht verletzt wurde. Es gab keine verbotenen Speisen. Die Freiheit des Evangeliums kommt auch hier zum Tragen.

Besonders charakteristisch aber bleibt seine Frömmigkeit, die aus dem Herzen floß und wie sein Glaube alles umfaßte. Innig verehrte Franziskus den eucharistischen Gott, und jedes Kreuz war ihm geheiligtes Abbild des Gekreuzigten selbst. Den Namen Gottes oder die Namen Christi vermochte er nur mit inniger Bewegung auszusprechen, so eng waren bei ihm Zeichen und Bezeichnetes verbunden. Sehr schön zeigt sich seine gemüthafte Frömmigkeit an der Feier der Heiligen Nacht im Jahre 1223, die in einem Stall, mit Ochs und Esel sowie einer Krippe stattfand, damit durch das anschauliche Bild das Erlösungsgeheimnis erlebbar wurde. Franziskus las das Evangelium, und bewegt predigte er, wobei einige seiner Mitbrüder visionär das lebendige Kind in der Krippe sahen. Dieses Einfühlen in die Erlösungsgeheimnisse durch „äußeren Zierat" zeigt, wie weit sich Franziskus von der asketischen Reinheit eines Bernhard von Clairvaux entfernt hatte. In seiner anschaulichen Frömmigkeit gehört Franziskus mehr zur Geistigkeit des Barocks als zur Gotik.

In der Art der Mystik, die Demütigungen Christi, sein Wirken und Sterben emotional nachzuleben, und zwar inmitten der Welt, liegt offenbar das Neue und Eigentliche franziskanischer Frömmigkeit. Nun brauchte man sich nicht mehr radikal aus der Welt zurückzuziehen, alle Sinne abzutöten – gerade die Sinne waren wichtig –, um die vollkommene Nachfolge zu leben. Ganz geprägt vom biblischen Vorbild, wirkte und lebte Franziskus in der Welt, wobei er durch sein Gottvertrauen sich und die Welt überwunden hatte. Nicht mehr die Urgemeinde oder die Regel eines heiligen Mönchsvaters, sondern die Fülle des Evangeliums war ihm wegweisende Norm. Wie Christus durch sein vollständiges Aufgehen im Willen Gottes die Welt überwunden hatte, so gründete Franziskus alles auf seinen

Glauben und sein Vertrauen. Deshalb hielt er bedingungslos an der vollständigen Armut fest, denn nur im beständigen „Ausgeliefertsein" an Glaube und Gnade ließ sich seiner Meinung nach der vollkommene Glaube, das absolute Vertrauen erhalten. Deshalb wollte Franziskus von Studien, kirchlichen Würden und päpstlichen Privilegien, Besitz und irdischen Sicherheiten nichts wissen, binden sie den Menschen doch in eine Form, die der göttlichen Freiheit und Gnade scheinbar Grenzen setzt. Seine existentielle Nachfolge fand schließlich in der Stigmatisation die höchste Angleichung an den Gekreuzigten.

3. Sein Orden

Der Begriff Orden ist hier zum erstenmal richtig angebracht, denn im bisherigen, gesamten abendländischen Mönchtum gab es im eigentlichen Sinn keine Orden. Die Mönche lebten zwar alle nach einer gemeinsamen Regel, sei es die des hl. Benedikt oder des hl. Augustinus, doch die einzelnen Klöster waren völlig selbständig. Diese Autonomie konnte zwar durch gemeinsame Gewohnheiten wie die von Cluny, Chartreuse oder Cîteaux eingeschränkt, aber nicht aufgehoben werden. Die Mönche traten immer in ein bestimmtes Kloster ein und gelobten dem Abt, dort beständig zu bleiben, was sogar kirchenrechtlich verankert worden war. Denn wechselte ein Mönch ohne Erlaubnis des Abtes oder Papstes in ein anderes Kloster, so war der dortige Abt verpflichtet, ihn notfalls mit Gewalt in sein Profeßkloster zu überbringen. Franziskus und die frühen Franziskaner kannten keine Klöster oder festen Häuser, denn die heilige Armut ließ solches nicht zu. Dagegen band sie vollständig ein gemeinsames Ziel, das überall zu verwirklichen war. Damit entfiel auch die Ortsgebundenheit, das Merkmal des bisherigen Mönchtums. Der Generalminister oder die Provinziale der Franziskaner konnten die Brüder hinschicken, wo immer sie wollten. Sie hatten ihre Gelübde nie auf eine bestimmte Person, einen Abt, oder eine konkrete Nieder-

136 *Franziskanerkloster Schaffhausen. Die Klöster der Franziskaner waren sehr bescheiden. Sie verzichteten auf Kirchtürme und sonstige aufwendige Bauten. Der Kirchbau ist einheitlich und besitzt keinen erhöhten Chorteil, was auf die Tendenz des Ordens verweist, weniger Klosterkirchen als mehr Gemeindekirchen zu errichten.*

lassung, ein Kloster, abgelegt. Vor diesem neuen Ordensverständnis ist auch die Eigenart der Regel zu verstehen, denn in ihr fehlen weitgehend all die üblichen organisatorischen Elemente, wie Ämterhierarchie, Festlegung des Offiziums, Tagesablauf, Speise- und Kleidervorschriften bzw. sind nur in einem anderen Zusammenhang erwähnt. Die Regel ist mehr ein Lebensprogramm, begründet allein aus den Worten des Evangeliums. Deshalb läßt sich auch anhand der Vorschriften kein Klosterplan nachzeichnen, weil es ein Kloster im eigentlichen Sinne gar nicht gab.

a) Die Regeln

Franziskus verstand sein Leben und Wirken als Versöhnung mit bzw. Hinführung der Menschen zu Gott, wie es im Evangelium geschildert wird. Obgleich er selbst das lebende Beispiel war, legte er dennoch seinen Brüdern die gemeinsamen Grundsätze schriftlich dar. Die erste „Regel" – im Grunde kann man erst vom dritten Entwurf als Regel sprechen – bestand vorwiegend aus Evangelienzitaten, die Nachfolge Christi betreffend. Zwar bestätigte, um 1210, der Papst mündlich dieses biblische Lebensprogramm, doch mußte es im Lauf der Zeit aus verschiedenen Gründen zu einer formellen Anerkennung kommen. Zum einen war die kleine, überschaubare, persönlich geführte Gemeinschaft längst zu einem großen, weit verstreut tätigen Orden angewachsen. Zum anderen wurden die Minderen Brüder von nicht wenigen Bischöfen bedrängt, denen die freie Predigt der Mönche in ihren Gemeinden ein Dorn im Auge war, denn sie entsprach nicht den kirchlichen Grundsätzen. Das Konzil von Chalcedon (451) hatte alle Klöster der Aufsicht der Bischöfe unterstellt. Vehement beklagten sich die Bischöfe auf dem Dritten Laterankonzil im Jahre 1179 über die Freiheiten der Mönche (Kap. 9). Auf dem nächsten Konzil im Lateran (1215) beschlossen sie sogar, daß keine neuen Orden mehr gegründet werden dürften (Kap. 13). „Damit nicht eine allzu große Verschiedenheit der Orden Verwirrung in der Kirche hervorbringe, verordnen wir, daß künftig niemand mehr neue Orden ersinnen darf. Wer Mönch werden will oder ein neues Kloster gründen will, muß in einen bereits bestehenden Orden eintreten oder eine schon genehmigte Regel annehmen."

Gemeinsam mit einigen Vertrauten entwarf Franziskus 1221 eine zweite Regel, die, ebenso wie die erste, ein Lebensprogramm nach dem Evangelium darstellte. Diese Regel fand jedoch keine Billigung durch den Papst, weshalb sie in die Geschichte als Regula non bullata eingegangen ist. Bei der dritten und endgültigen Regel halfen der Kardinalprotektor Hugolin und auch der Papst kräftig mit. 1223 wurde sie kirchlich anerkannt und zur gültigen Franziskanerregel erhoben. Sie reduzierte die 24 langen, mit zahlreichen Bibelzitaten versehenen Kapitel der zweiten Regel auf 12 kurze und verzichtete weitgehend auf die biblischen Belege. Zugleich fielen aber auch einige wesentliche Punkte unter den Tisch. Der Gehorsam, in der dritten kurz und bündig befohlen, besaß in der zweiten Fassung noch einen einschränkenden Zusatz. Sollten die Oberen etwas befehlen, was „gegen unsere Lebensweise oder gegen seine Seele (des gehorchenden Bruders) sein sollte, dann sei der Bruder nicht gehalten, ihm zu gehorchen" (Kap. 4). Auch die gegenseitige brüderliche Beichte gestattete im Notfall die zweite Regel, die dritte hingegen band sie fest an das priesterliche

Amt. Zwar betonen beide Fassungen die Armut und verbieten jedweden Geldbesitz, doch Kapitel 4 der Regula bullata erlaubte, daß geistliche Freunde im Auftrag des Ordens notwendige irdische Geschäfte besorgen könnten. Die dritte Regel ist zudem knapper gefaßt und bietet somit weniger Interpretationsmöglichkeiten, die sich Franziskus in seinem Testament ausdrücklich verbeten hatte. Obgleich sie sicherlich einige Akzente anders setzt, spiegelt sie im wesentlichen doch die Intention des Heiligen wider. Wir beziehen uns aber weitgehend auf die zweite Regel.

b) Die Regula non bullata

Die Regel ist, wie schon erwähnt, im eigentlichen Sinne keine Regel, sondern mehr ein Lebensprogramm, das ganz nach dem Evangelium entworfen ist. Nur beiläufig, entsprechend seiner untergeordneten Wichtigkeit, wird das Organisatorische erwähnt. Den größten Raum nimmt die Beschreibung der inneren Haltung, das Ziel seines Ordens, gestützt auf das Evangelium, ein. Die Regel beginnt: „Im Namen des Vaters und des Sohnes und des Heiligen Geistes. Amen. Das ist das Leben nach der Weisung des Evangeliums Jesu Christi" (Einleitung). Die ganze Regel ist also nichts anderes als eine Verwirklichung des Evangeliums. Deshalb zitiert Franziskus unablässig die Heilige Schrift, um dadurch das Wesen der Nachfolge deutlich zu machen, woraus sich von selbst, ohne nähere Bestimmung im einzelnen, die konkreten Maximen für das alltägliche Leben der Brüder ergeben. Die Regel folgt nicht dem üblichen Schema, Abt, Ämterhierarchie usw., sondern thematisiert das Ziel des Ganzen. Der Übersicht halber ordnen wir nach einzelnen Sachpunkten.

Gehorsam und Amt. Der Gehorsam soll freiwillig und in Liebe erfolgen, wie es Christus selbst vorgelebt hat (Kap. 5). Er findet jedoch seine Grenzen, wenn etwas wider das Seelenheil des einzelnen oder die franziskanische Lebensordnung verlangt wird. Dann ist der Bruder vom Gehorsam entbunden und verpflichtet, das Regelwidrige auf der nächsten allgemeinen Versammlung, dem Pfingst- bzw. Generalkapitel, zur Sprache zu bringen (Kap. 4). Erinnern wir uns an die Bedeutung des Gehorsams bei Pachomius, dem Magister oder der Benediktregel, die alle unter Berufung auf den Abt als Stellvertreter Christi einen absoluten Gehorsam verlangten. Davon ist nun keine Rede mehr; der Gehorsam ist nur eine andere Form brüderlicher Liebe.

Alle „Amtsträger" bezeichnet die Regel als Diener (lat.: ministri). Die oberste Leitung kommt dem Generalminister zu. Ihm stehen die Provinzialoberen zur Seite, die für die Brüder in einer Provinz veranwortlich sind und oft die einzelnen Gemeinschaften besuchen, sie stärken und im rechten Glauben erhalten sollen. Beide Ämter – des Generalministers und des Provinzials – sind vorwiegend geistliche Dienste und erst in zweiter Instanz äußere Verwaltung. Ein drittes „Amt", wenn man so will, sind die jährlichen Zusammenkünfte aller Brüder zu Pfingsten und zu Michaeli. Doch auch hier stand das geistliche Interesse im Vordergrund. Andere Dienste nennt Franziskus nicht, noch beschreibt er näher, wie die Ämter jeweils zu besetzen seien. Den ersten Generalminister ernannte er nach seinem Rückzug aus der Ordensleitung im Jahre 1221 selbst. Die vielfältigen Ämter, wie wir sie bei

137 *Franziskanerkloster Königsfelden. Als eines der wenigen franziskanischen Doppelklöster 1311 von der deutschen Königin Elisabeth an der Stelle der Ermordung ihres Mannes gegründet. Noch heute berühmt wegen seiner prächtigen Kirchenfenster. 1528 löste es sich selbst auf.*

den Benediktinern fanden, brauchten die armen Franziskaner anfangs nicht, denn es gab nichts zu verwalten, zu erhalten oder zu beaufsichtigen.

Armut, Kloster, Besitz und Arbeit. Die Regel fordert ohne Wenn und Aber die vollständige Armut des einzelnen wie der gesamten Gemeinschaft. Geld zu besitzen zählte – man ist an die Zeit der Wüste erinnert – zu den schwersten Sünden (Kap. 8). Ebenso darf der Orden keine Häuser, Kirchen, Kapellen oder andere Liegenschaften besitzen (Kap. 7). Die Brüder wohnten entweder in den bescheidenen Hütten einer Einsiedelei oder aber in einem angemieteten Haus. Nicht verboten war es, daß geistliche Freunde den Franziskanern Wohnungen zur Verfügung stellten, die jedoch im Besitz des Wohltäters blieben. Ein Großteil der Brüder war anfangs ohnehin als Wanderprediger ständig unterwegs und wohnte, wo immer man ihnen Unterschlupf gewährte. Ein Kloster nach unserem Verständnis kannte Franziskus nicht.

Nur die lebensnotwendigen Naturalien durften in die Hände der Brüder gelangen. Alle Franziskaner waren je nach ihrer Begabung und ihrem erlernten Beruf zur Arbeit verpflichtet, wozu sie sich bei Handwerkern, Bauern und Kirchen verdingten. Auch hier hatte die Entschädigung nur in Naturalien zu erfolgen (Kap. 7). Erst wenn es eine Notlage, zum Beispiel die Unterstützung von Kranken, Aussätzigen und Armen, erforderte, sollte man sich nicht schämen zu betteln, um auch in dieser Weise Jesus nachzufolgen (Kap. 9). Zogen die Brüder aus, um das Evangelium zu verkünden und Buße zu predigen, so durften sie, entsprechend dem biblischen Vorbild, nicht das Geringste mitführen, sondern mußten sich überall der Barmherzigkeit der Menschen überantworten (Kap. 14). Natürlich reisten sie zu Fuß wie die Apostel; nur kranken Brüdern war ein angemietetes Lasttier erlaubt (Kap. 15).

Das Predigen. Die freie Predigt spielte bei Franziskus und seinen Brüdern von Anfang an eine bedeutende Rolle. Kapitel 17 schreibt nun vor, daß die Minister geeignete Brüder dazu bestimmen, und zwar nach Form und Vorschrift der Kirche. Ein Anrecht auf das Predigtamt besitzt niemand. Obwohl nicht jeder durch das Wort predigen soll, so sollen dies jedoch alle durch ihr Beispiel tun. Aufschlußreich ist auch, daß nichts über die Ausbildung der Prediger gesagt wird. Allein bei den Missionaren gilt noch die alte Regel, daß predigen kann, wer sich von Gott dazu berufen fühlt. Dem Minister obliegt es nur, die Tauglichkeit des Bruders zu prüfen, ansonsten muß er ihn ziehen lassen (Kap. 16). Auch bei der Mission sollen die Prediger zuerst durch das Beispiel überzeugen, bevor sie mit dem Worte lehren.

Das Gebet. Nichts, sagt Franziskus, darf dem Heil der Seelen vorgezogen werden, denn Christus starb für sie am Kreuz (Legenda maior, Kap. 9). Benedikt dagegen forderte dies vom Gebet, dem Opus Dei. Allein schon diese beiden Sätze kennzeichnen und unterscheiden die beiden Orden. Kapitel 3 bestimmt, daß alle Brüder das göttliche Offizium verrichten müssen, d. h. Gott loben und danken. Die Priester beten das Brevier, wie es für die Weltgeistlichen üblich ist, die übrigen Brüder verrichten zu den Horen eine bestimmte Anzahl an Vaterunsern sowie das Glaubensbekenntnis. Eine gemeinsame Messe wird nicht erwähnt. Für die Verstorbenen sollen die Kleriker täglich ein Vaterunser und den Psalm De profundis beten. Ein gemeinsames Chorgebet, eine feierliche Liturgie oder ein stellvertretendes Gebet für Verstorbene waren bei dem Orden anfangs nicht üblich. Beten sollte man, wie schon Paulus sagte und die Wüstenväter es auch praktizierten, „ohne Unterlaß". Vor allem das Vaterunser sowie eine Art Stoßgebet zur Verehrung des Gekreuzigten legte Franziskus seinen Brüdern besonders ans Herz.

Kleidung, Essen, Fasten. In der Regel findet sich typischerweise keine Vorschrift, wie oft, wann, wo und was gegessen werden soll. Allein aus der inneren Verpflichtung zu äußerster Armut ergab sich das richtige Verhalten. Fasten sollen alle Brüder zwischen Allerheiligen und Weihnachten, ferner in der allgemeinen Fastenzeit vor Ostern sowie jeden Freitag, an dem zu fasten alle Christen verpflichtet sind. Auch dürfen sie, gestützt auf das Evangelium (Luk. 10,8), von allen Speisen essen, die ihnen vorgesetzt werden (Kap. 3).

Als Kleidung diene ihnen ein Habit mit Kapuze, Hose und Gürtel. Alles soll aus grobem Tuch und tüchtig geflickt sein, denn dafür erlangen sie den Segen Gottes (Kap. 2). Zur Not gestattet die Regel zwei Habite, doch von Schuhen ist keine Rede. Im allgemeinen gingen die Franziskaner, dem biblischen Vorbild entsprechend, barfuß.

Die Aufnahme. Anfangs nahm Franziskus jeden, der sich zu einem Büßerleben entschlossen hatte, ohne lange Prüfung auf. Grundsätzlich konnten alle Christen, keineswegs nur die adeligen und vornehmen, Aufnahme finden. Dies blieb nach wie vor so, doch wurde eine einjährige Probezeit anberaumt (Kap. 2). Der Eintretende soll ohne Einmischung der Brüder sein Eigentum den Armen verschenken oder nur seinen Besitz verlassen. Den Brüdern darf er nichts schenken, außer sie sind in großer Not (Kap. 2). Ist er einmal im Orden aufgenommen, so kann er ihn nie mehr verlassen; selbst ein Wechseln in einen anderen Orden ist untersagt.

Bestrafung der Brüder. Franziskus überläßt es ganz der Discretio, dem klugen Unterscheidungsvermögen des Ministers, wie er mit fleischlich gesinnten Brüdern verfahren will (Kap. 5). Nur die Sünde der Unzucht muß mit der Ausstoßung aus dem Orden geahndet werden (Kap. 13).

Das Festhalten an der richtigen Lehre. Immer wieder taucht in der Regel der Hinweis bzw. die Formel „nach Vorschrift und Form der Kirche" auf. Franziskus war sehr darauf bedacht, in der Gemeinschaft aller Gläubigen zu stehen, und vermied jeden Ansatz zur Trennung. Ein eigenes Kapitel (19) befaßt sich mit der wichtigen Frage. Alle Brüder müssen katholisch sein, katholisch leben und reden. Irrt einer jedoch ohne Besserung vom katholischen Glauben ab, so soll er aus dem Orden verstoßen werden. Auch im Kapitel 23 beschwört er nochmals seine Brüder, unbedingt an der kirchlichen Lehre festzuhalten.

Die Frauen. Von Frauen ist in der Regel nur insofern die Rede, als die Brüder jeden unerlaubten Umgang mit ihnen meiden sollen (Kap. 12). Selbst den Priestern ist größte Zurückhaltung auferlegt, denn sie dürfen Frauen nicht ständig geistlich betreuen, sondern ihnen höchstens während der Conversio beistehen. Von einer franziskanischen Frauengemeinschaft, den Klarissen, ist in keiner Regel die Rede. Die Regel endet schließlich mit einem umfassenden Gebet und Dank sowie dem Verbot, etwas zu ändern, schriftlich hinzuzufügen oder zu mäßigen.

b) Von der Brüdergemeinde zum Orden

Die Anweisungen der Regel sind so allgemein gehalten, daß sie eigentlich jeder Christ erfüllen könnte, was sicherlich auch von Franziskus beabsichtigt war, denn es ging ja darum, das Evangelium zu verwirklichen, wozu alle Christen berufen sind. Deshalb legte Franziskus seinen Brüdern keine neuen und anderen Gebote auf, die nicht auch für alle Christen gültig wären. Keines seiner Gebote stellte die Brüder außerhalb der allgemeinen Christenheit. Im Gegenteil, zahlreiche Gebote sollten dies gerade verhindern. Man denke an die Unterordnung unter die kirchliche Leitung und Lehre. Wie alle Christen, so sollen die Franziskaner nur an den kirchlich gebotenen Tagen fasten, und keine Speisevorschrift sollte sie von der Gemeinschaft trennen. Ihre Toten betteten sie auf dem allgemeinen Friedhof zur Ruhe, und in den öffentlichen Pfarrkirchen predigten sie. Kurz, die Regel wollte in dem Sinne keine Ordensregel sein, daß hier andere Dinge beachtet und gelebt werden würden, zu denen nicht alle Christen verpflichtet sind. Franziskus löste damit den Anspruch des Mönchtums auf, allein die vollkommene Nachfolge zu leben, und betonte dafür die allgemeine Pflicht dazu. Unter diesem Aspekt gesehen, stehen Franziskus und sein Orden ganz in der zeittypischen Entwicklung zu einer individuellen, personalen Nachfolge Christi aller Gläubigen, was allgemein mit dem Begriff „Laienfrömmigkeit" umschrieben wird.

Wie läßt sich aber eine solche Forderung verwirklichen und auf die Dauer sichern? Stand nicht auch die franziskanische Bewegung vor dem gleichen Problem wie das frühe

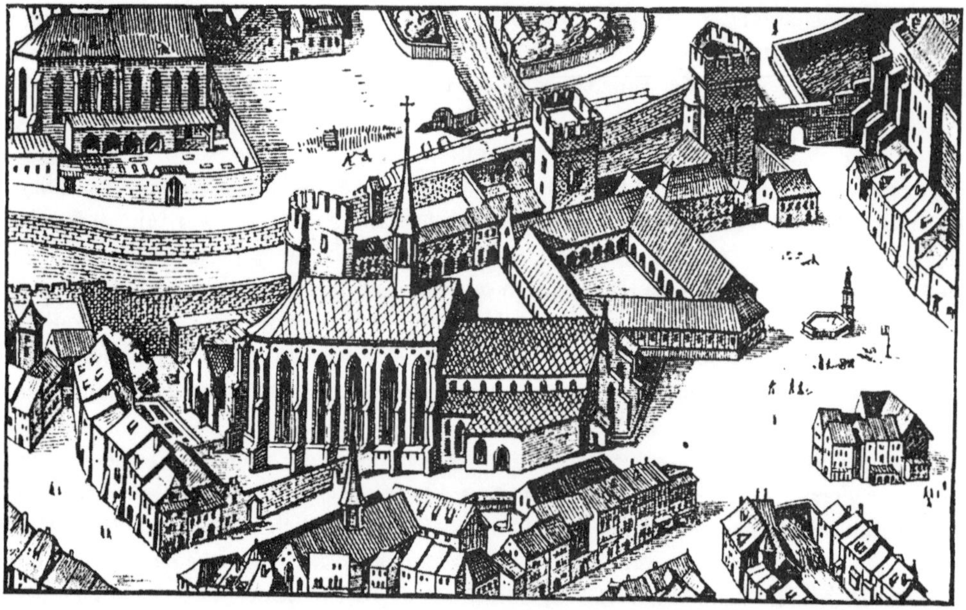

138 *Barfüßerkloster in Basel. Stich (17. Jh.) Barfüßer nannte man in Süddeutschland und in der Schweiz die Franziskaner, die urprünglich wie die Mönche der Wüste barfuß gingen. Typisch für die Bettelorden war die Randlage an der Stadtmauer. Häufig bestand auch ein Unterschied zwischen Mönchschor und Gemeindekirche. Der Chor durfte gewölbt und höher als der übrige Raum sein. Solche Bauten belegen, daß die Franziskaner allmählich mehr das monastische Gebet als die brüderliche Seelsorge pflegten. Nicht wenige Kirchen setzten sogar noch einen trennenden Lettner zwischen Mönche und Gläubige. Der Kreuzgang steht mit der Kirche nicht in unmittelbarer Verbindung.*

Christentum, die hohen geistigen Forderungen in allgemeine Formen und Formeln zu gießen, um sie gewissermaßen von der historischen Individualität zu befreien und zu einer überhistorischen, kulturell ungebundenen Allgemeingültigkeit zu erheben?

Auch Franziskus und seine Brüder mußten diesen schmerzvollen Prozeß erleben, der allzuleicht als Verrat des Anfangs gesehen wird. Bitter empfanden es einige Brüder, als sie sahen, wie entgegen dem testamentarischen Willen ihres Gründers bald päpstliche Privilegien und Gunsterweise den Orden aus seiner ursprünglichen Freiheit lösten und fest in den Dienst des Evangeliums stellten. Doch dieser Schritt lag im Orden begründet, denn forderte nicht Franziskus selbst, daß nichts dem Heil der Seelen vorgezogen werden solle, und hatte er sich nicht für die Predigt in der Welt entschieden? Von einer abstrakten Idee aus betrachtet, muß die Entwicklung von der frommen, armen franziskanischen Büßerschar zum Orden gebildeter und wirkmächtiger Prediger als Abfall vom Ideal der Urzeit gewertet werden. Doch die rasche und mächtige Entwicklung ist mit ein Beleg dafür, daß im Orden selbst ein mächtiger Keim dazu vorhanden gewesen sein muß. Ansonsten müßte man die zahlreichen frühen franziskanischen Heiligen, voran den hl. Bonaventura, selbst Ordensgeneral, alle des Abfalls und des Verrates bezichtigen.

Einige Meilensteine auf dem Weg zum Orden wollen wir genauer betrachten. Während Franziskus 1219 zu den Sarazenen reiste, erließen seine beiden Vikare neue Vorschriften: Alle Brüder sollen fortan vegetarisch leben, auf Milchprodukte verzichten und dreimal die Woche fasten. Bruder Philipp Longo hatte sich zum Schutz des Ordens sogar ein päpstliches Schreiben besorgt, und der Provinzial von Bologna ließ ein Studienhaus in der aufstrebenden Universitätsstadt errichten. Selbst in Assisi hatten die Stadtväter für ihre „Büßer von Assisi" ein festes Haus erbaut. Der heimgekehrte Heilige wollte von all diesen Neuerungen nichts wissen und konnte sie weitgehend beheben. Doch die Vorgänge zeigen, wie groß der Drang zur Weiterentwicklung bereits zu Lebzeiten des Heiligen war. 1220 legte man das einjährige Noviziat fest, und die anerkannte Regel, regula bullata (1223), lockerte das Armutsgebot. Kapitel 4 dieser Regel erlaubte den Ministern und Kustoden, durch geistliche Freunde für das materielle Wohl der Brüder und Kranken zu sorgen, d. h., feste Zuwendungen waren möglich. 1230 hob eine päpstliche Bulle den bindenden Charakter des Testamentes auf, das jede Interpretation der Regel, jede Mäßigung und jedes Privileg, verboten hatte, auf. Noch im gleichen Jahr gestattete wiederum ein päpstliches Privileg, Geldalmosen und Besitz anzunehmen, der allerdings rechtlich in Händen des Stifters blieb; dem Orden stand nur das Nutzungsrecht zu. Ein wichtiges Ereignis in der Geschichte des Ordens war das Generalkapitel im Jahre 1239. Hier wurde im wesentlichen der endgültige Aufbau des Ordens bestimmt, nachdem man bittere Erfahrungen mit der bisherigen, zwar regelgemäßen, aber leicht mißbrauchbaren Verwaltung gemacht hatte. Denn der Generalminister, Bruder Elias, führte ein autonomes, eigenwilliges und hartes Regiment.

Unter Federführung des späteren Ordensgenerals Haymo von Favensham wurden neue Statuten erlassen. Das Generalkapitel wurde nun zur normgebenden Instanz, dem sich auch der Generalminister zu beugen und zu verantworten hatte. Unabhängig von seinem Wollen soll es alle drei Jahre tagen und die Ernennung der Provinziale, der Vorsteher einer Ordensprovinz, vornehmen. Die Provinziale wiederum ernennen die Kustoden, die geistlichen Betreuer eines kleineren Gebietes. Ebenso soll ihnen das Recht zukommen, die einzelnen Hausoberen, die Guardiane, zu ernennen. Später bekam der Konvent das Wahlrecht für den Guardian. Haymo, selbst Magister der Pariser Universität, setzte die Berechtigung des Studiums im Orden durch. Ein Jahr später wurden grundsätzlich alle Laienbrüder von der Ordensleitung ausgeschlossen, was besagte, daß nur noch im Einzelfall der eine oder andere Bruder ein wichtiges Amt bekleiden konnte. Der ursprüngliche Bruderorden hatte sich somit zu einem Klerikerorden entwickelt, was nicht zuletzt in der wachsenden Bedeutung der Seelsorge begründet war. Die Bulle aus dem Jahre 1245 regelte das Besitzrecht neu, denn sie hob die Einschränkung auf, nur in äußerster Not sich der materiellen Hilfe von Freunden zu bedienen. Alle Güter des Ordens wurden zum Eigentum des hl. Petrus erklärt, die der Papst durch einen von ihm ernannten Prokurator verwalten ließ. 1247 übertrug der Papst den einzelnen Provinzialoberen das Recht, die Prokuratoren zu ernennen. Damit waren de facto Besitz im Orden und die eigene Verwaltung möglich. 1250 bestätigte der Papst das Recht, Klosterkirchen zu erbauen und zu besitzen. Eine weitere Folge ihrer Seelsorgetätigkeit in der Stadt war der Wunsch von zahlreichen Gläubigen, bei den Franziskanern beerdigt zu werden. 1250 errang der Orden diese päpstliche Gunst, und fortan durfte er Bestattungen vornehmen und entsprechende Jahrtagsstiftungen annehmen, wobei allerdings ein Viertel des Begräbnisgeldes an die jeweilige Pfarrei des Verstorbenen ging. Um dem Orden Mißlichkeiten von seiten der Bischöfe zu ersparen, erreichte er schließlich um 1250 die volle Exemtion, und im Jahre 1300 bekamen die Franziskaner das Recht, überall frei predigen zu dürfen, nur nicht gerade während der üblichen Pfarrgottesdienste.

Diese trockene Aufzählung soll nicht darüber hinwegtäuschen, daß alle Generalminister ein Leben nach den Maximen des Ordensvaters erstrebten, aber zugleich auch die Entwicklung zur Seelsorge, Mission und Universität nicht unterbinden wollten. Unter der Leitung (1257–1274) des großen Ordensgenerals, dem hl. Bonaventura, kam die lange, durch zahlreiche päpstliche Privilegien geförderte Entwicklung zu einem gewissen Abschluß. Aber schon längst vor ihm waren neue Akzente gesetzt worden. Wir nennen einige Punkte. Der Orden darf Kirchen besitzen, sie allgemein öffnen und ungehindert Seelsorge treiben. Die Tätigkeit des Ordens liegt weitgehend in den Städten, neue Einsiedeleien oder Wanderprediger werden nicht mehr zugelassen. In den Universitätsstädten oder an großen Konventen sind Studienhäuser zu errichten. Ist ein Konvent groß genug, so erfolgt nach dem monastischen Vorbild die Klausur, das Chorgebet und Stillschweigen; Betteln wird zur Haupteinnahme, und für niedere Arbeiten sollen Dienstleute herangezogen werden. Bonaventura setzte vor allem das Recht und die Berechtigung des Ordens auf Seelsorge und Wissenschaft durch, denn ohne Studium war nun keine Predigt mehr möglich. Diese wiederum gehörte seiner Meinung nach zum Wesen des Mönchtums. Deshalb scheute er sich nicht, dafür päpstliche Privilegien anzunehmen. Mutig und erfolgreich bekämpfte er die Ansicht des Weltklerus und der Universität, Mönche dürften keine Seelsorge ausüben. Die materielle Armut schärfte er erneut ein und verbot abermals den Geldbesitz; nur bescheidene Vorräte an Naturalien erlaubte er. Doch zur Finanzierung der Studienhäuser durften Stiftungen, Jahrtage angenommen werden. All dies wurde unter seiner Federführung in den sogenannten Narbonner Konstitutionen des Jahres 1260 zur verbindlichen Norm. Nicht zu vergessen sind die einschränkenden Bauvorschriften nach dem Vorbild der Zisterzienser.

Noch zu Lebzeiten des Heiligen fand seine Predigt der Buße williges Gehör, und zahlreiche Männer und Frauen bekehrten sich. Wenngleich die Zahlen von 3000 Brüdern auf dem Pfingstkapitel von 1221 etwas hoch gegriffen sind, so zeigen sie doch, wie rasch die Armutsbewegung sich verbreitete. Bereits 1217 teilte man Italien in sechs Provinzen ein, um die Predigttätigkeit besser abzustimmen. In diesem Jahr sandte Franziskus auch Brüder in andere Länder, was jedoch an den Sprachschwierigkeiten und anderen, lokalen Hindernissen kläglich scheiterte. Nicht nur aus Deutschland und Ungarn kehrten die Brüder mißhandelt zurück. Der zweite Versuch gelang besser. 1219 ließen sich die ersten Franziskaner in Paris nieder und wirkten so hervorragend, daß sie bereits Mitte des Jahrhunderts an der Universität lehrten. Zwischen 1220 und 1534 entstanden in Frankreich 358 Konvente, den weiblichen Zweig, die Klarissen, nicht mitgerechnet. In Deutschland war ebenfalls der zweite Versuch im Jahre 1221 erfolgreich, den der deutsche Franziskaner Cäsarius von Speyer begonnen hat. Mit fast dreißig Gefährten kam er ins Reich der Deutschen und wirkte in kurzer Zeit so tatkräftig, daß 1230 einzelne Provinzen errichtet werden konnten. Doch im Gegensatz zu England, Frankreich oder Italien finden wir die Franziskaner kaum an Universitäten, die allerdings auch erst im 14./15. Jahrhundert ihre Blüte erlebten.

In England dagegen gehörten sie zu den besten Gelehrten und begründeten den weltweiten Ruf von Oxford. 1224 erreichten die ersten Brüder die Insel, und 1235 gab es bereits 24 Konvente. Fast alle europäischen Länder, einschließlich Skandinavien, wurden von den wandernden Brüdern besucht, und in allen größeren Städten kam es zu Niederlassungen. Um 1300 war der äußere Höhepunkt erreicht, man schätzt, daß der Orden damals etwa 30000 männliche Mitglieder zählte. Es war aber nicht nur das beginnende Spätmittelalter, sondern auch der bittere Armutsstreit, der den Orden später lähmte, spaltete und reduzierte.

c) Der Streit um das Ideal

Die kleine Gemeinschaft der Büßer von Assisi war zu einem großen Orden erwachsen, der Seelsorge, Mission und Studien betrieb. Diese Aufgaben konnte jedoch nicht mehr durch zufällige Spenden der Gläubigen bestritten werden, denn all diese Pflichten brauchten eine beständige Absicherung. Der Papst und das Generalkapitel versuchten, das Problem mit Dispensen und Privilegen zu beheben, doch der Widerspruch zur Regel blieb offensichtlich. War dies allein schon Anstoß genug, so blieb die Wendung von der Brudergemeinschaft zum Klerikerorden beständiger Streitpunkt. Mit einem gewissen Recht konnten sich die Anhänger des Ideals auf die Anfänge berufen, die solches nicht kannten. Schließich kam es zum Streit unter den Brüdern (1274–1318). Nicht von ungefähr nannte sich die strenge Richtung unter den Franziskanern Spiritualen, die Geistigen, die einem geistigen Christentum nicht ferne standen und lieber die persönliche Heiligung erstrebten, als Ämter, Würden, Pflichten und die damit gegebenen Einnahmen in der Kirche übernehmen wollten. Voller Erwartung blickten sie nach Kalabrien, wo der Zisterzienserabt, Joachim von Fiore (um 1135–1202) lebte und die nahe Ankunft der Kirche des Heiligen Geistes prophezeite. Nach Joachim teilt sich die Heilsgeschichte in drei Abschnitte, das Zeitalter des Vaters, des Sohnes und des Heiligen Geistes. Die dritte Epoche, die des Heiligen Geistes, würde alle äußeren und äußerlichen Strukturen des Christentums aufheben und eine freie, liebende Kirche hervorbringen. In dieser neuen Kirche könnte man endlich ungetrübt Freude und Freiheit genießen, denn der liebende, freiwillige Verzicht des einzelnen enthöbe von jeder Institution und Rechtssatzung. Ein neuer, geistiger Orden, in dem die Armen und Geringen, wie sie das Evangelium beschreibt, sich fänden, würde entstehen und, geleitet von einem engelgleichen Papst, das Zeitalter des Heiligen Geistes herbeiführen. Beflügelt von dieser Verheißung, daß das harte Joch des Gesetzes, auch das der Kirche, endlich aufgehoben wäre, sahen viele Franziskaner in den Verheißungen des Abtes ihre Hoffnungen bestärkt und ihren Orden genannt. Diese Sehnsucht und der Glaube, endlich sich nicht in die Welt einlassen zu müssen, führte zum erbitterten Streit um die Armut. Das auslösende Moment war das Gerücht, das Konzil von Lyon möchte den Orden zum Gemeinschaftsbesitz verpflichten. Ein Teil der Franziskaner der Provinz Ancona war darüber so entsetzt, daß sie zum offenen Ungehorsam gegen den Papst aufriefen. Sie wurden jedoch von den Provinzialen zum Widerruf gezwungen, des Ordenskleides beraubt und in entlegene Einsiedeleien gesperrt. Unter ihnen befand sich auch der gebildete Bruder Angelus Clarenus, der beredt das alte Ideal vertrat und es nicht verstehen konnte, weshalb für ihn und seine Brüder im Orden und in der Kirche kein Raum sein sollte. Ubertin von Casale († 1329), ein großer Mystiker des Ordens, wandte sich ebenfalls gegen die welthafte Wandlung des Ordens und die päpstliche Protektion. Eine weitere Opposition bildete sich in Frankreich unter den ebenfalls gelehrten Franziskanern Hugo von Digne († 1255) und Petrus Johannes Olivi († 1298). Auch sie kamen wegen ihrer Überzeugung ins Gefängnis, aus dem sie der nächste Ordensgeneral, Raimund Godefroy (1289–1295), befreite. Obwohl einige Versuche zur gütlichen Einigung unternommen worden waren, zwang schließlich rohe Gewalt die Spaltung herbei. Denn immer wieder wurden die Spiritualen von den Söhnen des friedfertigen Franziskus rücksichtslos verfolgt. Einige Gruppen trennten sich vom Orden, die 1317 samt und sonders exkommuniziert wurden. Über 60 Brüder wurden gefangen und dem kirchlichen Gericht übergeben, fünf beschritten mutig den Scheiterhaufen. Die übrigen wurden zum Widerruf gezwungen. Am längsten konnte sich die Gruppe um Angelus Clarenus halten, die vom Papst sogar die Selbständigkeit erhalten hatte. Heftig wehrte sich Clarenus gegen den Vorwurf der Spaltung, den er eher in der Unduldsamkeit der anderen gegeben sah. Oft verfolgt, aber dem Ideal treu, starb er im hohen Alter von 92 Jahren. Nach seinem Tod hatten seine Anhänger noch mehr zu leiden. Verfolgt von der Inquistion, mußten nicht wenige das Leben auf dem Scheiterhaufen lassen. Mitte des 15. Jahrhunderts kam es schließlich zur Duldung, und 1517 wurden sie wieder dem Orden eingegliedert.

Neben den Spiritualen gab es eine weitere Opposition, die sich aber weitgehend um die Bewahrung der franziskanischen Regel bemühte und von ewigen Dispensen und päpstlichen Privilegien nichts wissen wollte. Auch mit dem verpflichtenden Studium lagen sie im Streit, denn zur Seelsorge und Predigt glaubten sie jenes entbehren zu können. Nach mehreren mißlungenen Versuchen gelang es dem Laienbruder Paoluccio († 1398) im Eremitorium von Brugliano bei Foligno, dieser Richtung zum Durchbruch zu verhelfen. Zu ihnen gesellte sich ein Teil der Spiritualen, aber auch namhafte Franziskaner wie Johannes von Capestrano, Bernhardin von Siena und Albertus de Sarteano schlossen sich der Bewegung an und hofften auf eine allgemeine Reform des ganzen Ordens. Doch nur ein Teil des Ordens ging mit. Schließlich kam es zur Trennung. Bernhardin von Siena wurde der erste Generalvikar der Observanten (1438), die schließlich 1446 durch den Papst als eigenständiger Orden anerkannt wurden.

d) Die hl. Klara und die Klarissen

Obwohl sich auf die Predigt des Heiligen und seiner Brüder zahllose Frauen zu einem Leben der Buße bekehrten, gründete Franziskus keinen Frauenorden. Das Frauenkloster San Damiano blieb eine persönlich bedingte Ausnahme. Der Orden wehrte sich ebenso entschieden wie die Kartäuser und Zisterzienser gegen die Annahme und Betreuung von

Frauen oder Nonnenkonventen. Beide Regeln, die Bullata (Kap. 11) und die Non Bullata (Kap. 12), sprechen sich gegen eine Aufnahme von Frauen aus und verbieten eine Betreuung der Konvente. Diesen Passus ließ sich der Orden im Jahre 1258 sogar nochmals durch den Papst bestätigen; er gewährte ihnen die Freiheit, nicht zur Übernahme von Seelsorge oder Betreuung von Frauenklöstern gezwungen werden zu können, ausgenommen die Stiftung San Damiano. Das Kloster der hl. Klara nimmt im Orden eine Sonderstellung ein, die auf das persönliche Verhältnis des Heiligen zu seiner Schülerin zurückgeht und noch aus der Frühzeit des Ordens stammt.

Leben der hl. Klara (um 1193–1253). Sie stammte aus einer vornehmen Familie in Assisi. Laut Biographie des Thomas von Celano, um 1260 entstanden, hatte ihre fromme Mutter bereits vor der Geburt eine Vision, die auf die Heiligkeit des Kindes hindeutete. In ihrer Kindheit führte sie schon ein bescheidenes Büßerleben und trug unter der Kleidung ein Bußgewand. Öfter hörte sie Franziskus predigen und war von seinen Worten und seinem Wesen entflammt. Nachdem sie sich mehrmals begegnet waren und sich besprochen hatten, entschloß sich Klara im Jahre 1211/12, die Conversio zu vollziehen. In der Nacht nach dem Palmsonntag verließ sie heimlich das Elternhaus und eilte nach Portiunkula, wo sie die Brüder mit brennenden Kerzen in den Händen bereits erwarteten. Franziskus selbst nahm das „Gelöbnis" entgegen, schnitt ihr die Haare ab und weihte sie Gott (Abb. 127). Sie gehörte zwar nun zur Gemeinschaft der Büßenden, doch verweilen durfte sie nicht in ihr. Franziskus brachte Klara in dem befreundeten Benediktinerinnenkloster S. Paolo, nahe Assisi, unter. Doch schien man dort über den Neuzugang nicht glücklich gewesen zu sein, zumal auch die Verwandten erschienen und lauthals die Rückkehr forderten. Klara wechselte nach wenigen Tagen zu den benachbarten Benediktinerinnen S. Angelo, ohne jedoch dort eine endgültige Bleibe zu finden. Schließlich ging sie nach S. Damiano und wurde dort Klausnerin. Ihr leuchtendes Beispiel wirkte, und schon bald entstand ein beachtlicher Konvent büßender Frauen. Auf Wunsch der Heiligen verfaßte Franziskus für die Frauen eine Lebensregel nach dem Evangelium, wie sie die Brüder bereits besaßen. Den neuen Mitstreiterinnen standen die Brüder tatkräftig bei, denn die Frauen hatten sich, wie Franziskus, zur absoluten Armut entschlossen. Für sie gingen die Brüder zur Arbeit oder zogen zum Betteln umher. Andere wiederum predigten ihren Schwestern und halfen ihnen, ein franziskanisches Leben zu führen. Zwischen San Damiano und Portiunkula, die etwa 3 km auseinanderliegen, bestand eine innige Freundschaft.

Ein Kloster ohne feste Einkünfte war etwas Unerhörtes und letztlich auch Unmögliches, zumal die Frauen in strengster Klausur leben sollten. Klara wußte um diese Schwierigkeit und befürchtete, daß dieser franziskanische Zustand nicht lange zu halten sei. Deshalb ließ sie sich eigens vom Papst die Besonderheit ihrer Stiftung, in beständiger Armut, ganz nach dem Vorbild des Evangeliums zu leben, bestätigen. Der Papst gewährte ihr 1216 das Privileg der Armut. Damit verzichtete das Kloster für alle Zeiten auf feste Einkünfte, Liegenschaften, Zinsen usw. und gab sich, wie es im Privileg heißt, entsprechend dem Gleichnis von den unbesorgten Vögeln des Himmels, ganz in die fürsorgende Hand Gottes.

Dieses päpstliche Privileg war dringend nötig, denn verständlicherweise wollte niemand

Frauen einem solchen ungewissen, ganz auf das Wohlwollen Fremder angewiesenen Zustand überlassen. Zudem kam es in Italien, z. T. unabhängig von der franziskanischen Predigt, zu zahllosen weiteren Frauengemeinschaften, die aus dem Wunsche nach einem vollkommenen evangelientreuen Leben einen ähnlichen Schritt ins Ungewisse wagten und als „Arme Frauen" nur von fremder Zuwendung leben wollten. Kardinal Hugolin verfaßte für die Gemeinschaften der „Armen Frauen" schließlich eine gemeinsame Regel nach dem Vorbild der Benediktregel. Sie mußten nun in strenger Klausur leben, das kirchliche Stundengebet halten und durften zur Sicherung ihrer Bedürfnisse die nötigen Mittel besitzen. Klara nahm zwar diese Regel auch an, denn sie führte fortan den Titel Äbtissin, doch konnte sie ihre Besonderheit der strengen Armut wie Franziskus beibehalten. Obwohl nun eine allgemein verbindliche Regel für alle „Armen Frauen" eingeführt war, kam es immer wieder zu Änderungen und neuen Vorschlägen. Aus Sorge für ihre Stiftung entschloß sich Klara in den letzten Jahren ihres Lebens, selbst eine Regel zu verfassen, die wenige Tage vor ihrem Tode die heiß ersehnte päpstliche Anerkennung bekam.

Doch zurück zu ihrem Leben und ihrer kleinen Gemeinschaft, in die auch ihre Mutter und ihre Schwester Agnes eingetreten waren; später folgte noch die verwitwete Schwester Beatrix. Klara führte ein strenges Büßerleben. Sie schlief auf der bloßen Erde, nächtelang betete und meditierte sie, bis sie schließlich sehr krank wurde und Franziskus ihr Mäßigung und Schonung befahl. Wie ihr Meister, so pflegte sie eine tiefe Verehrung für den gekreuzigten Christus und den eucharistischen Herrn. Ihrem Gebet wird viel anvertraut, und zahlreiche Wunder gingen auf ihr Bitten zurück. San Damiano wurde dadurch von den Sarazenen verschont und Assisi später von der Belagerung kaiserlichen Truppen befreit. Es ist ergreifend, mit welcher Hingabe Klara die Demut Christi nachlebte. Schließlich erkrankte sie ernsthaft und starb 1253 im Beisein von drei noch lebenden Gefährten des Franziskus. Bereits 1255 wurde sie heiliggesprochen, nachdem sich zahllose Wunder an ihrem Grab ereignet hatten. 1260 überführte man sie nach S. Chiara, einer ihr geweihten Kirche in Assisi.

Ihre Regel. Auch sie beruht, wie das erste Kapitel besagt, ganz auf den Lehren des Evangeliums, doch ist ihr äußerer Rahmen eher benediktinisch als franziskanisch. Schon der formale Aufbau entspricht weitgehend dem üblichen Schema einer Klosterregel. Wir zitieren die Kapitelüberschriften, um so einen Einblick zu vermitteln: Vom Eintritt ins Kloster, das Offizium, die Ämter, vom Stillschweigen und Sprechgitter, die Gründung und Armut, Arbeit und Almosen, evangelische Bettelweise, Buße und die Laienschwestern, Aufgaben der Äbtissin, die Pförtnerin, die Beziehung zum Orden der Franziskaner.

Die Frauen pflegten das kirchliche Stundengebet, das allerdings gebetet, nicht gesungen wurde. Einmal im Monat hatten die Schwestern bei ihrem Kaplan, einem Franziskaner, zu beichten; siebenmal im Jahr gingen sie zur Kommunion. Die Äbtissin wurde von den Konventualinnen im Beisein eines Vertreters des Ordens gewählt; doch konnte sie bei Unfähigkeit abgewählt werden. Auch die übrigen Dienste wurden vom Konvent und nicht wie üblich von der Äbtissin vergeben; bei wichtigen Angelegenheiten stand ihm ein Mitspracherecht zu. Die Äbtissin betreute die Schwestern geistlich und sollte sie durch Wort und

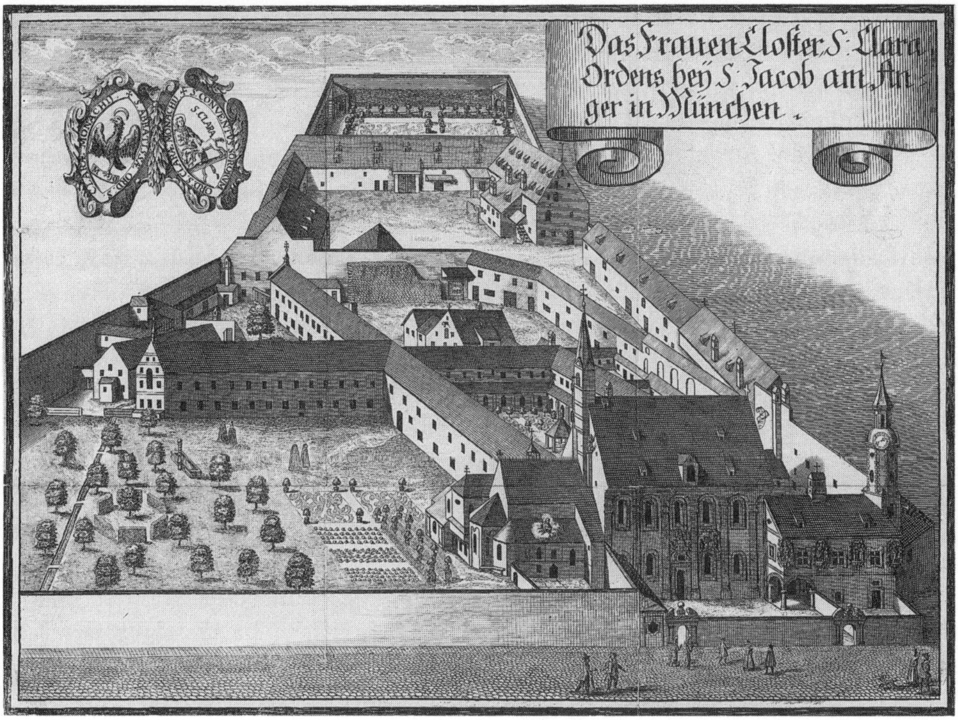

139 *Ansicht des ehemaligen Klarissenklosters St. Jakob in München. Kupferstich (18. Jh.). In diesem Kloster war Birgitta von Schweden für längere Zeit inhaftiert. Das säkularisierte Kloster wurde von den Armen Schulschwestern erworben und 1841 zum Mutterhaus erhoben.*

Beispiel zu einem tugendhaften Leben anleiten. Die Predigt besorgten jedoch kundige Brüder des Ordens. Im ganzen Kloster herrschte Stillschweigen, und zwar von abends bis zur morgendlichen Terz (etwa 9 Uhr) ein absolutes, später nur ein bedingtes. Im Refektorium mußten die Schwestern nur während des Essens schweigen. Das Sprechen mit Verwandten und geistlichen Freunden war erlaubt, doch nur durch ein Sprechgitter in Anwesenheit von zwei bewährten Schwestern. Immer wieder wird die Armut eingeschärft. Das Kloster darf nur Gemüsegärten für den eigenen Gebrauch besitzen, jeder weitere Besitz ist streng untersagt. Sollte jedoch um der Ruhe willen umliegender Besitz notwendig sein, so darf er nicht bewirtschaftet werden. Die Pforte stand nur geistlichen Personen offen, doch durften kranke Schwestern auch anderen Besuch empfangen. Sehr milde fällt die Strafregel aus, die weitgehend ins Ermessen der Äbtissin gestellt wird. Das Kloster selbst wird vom Orden visitiert. Dies ist im großen und ganzen der Inhalt der Regel. Von der Armut abgesehen, finden sich nur noch im Kapitel über die Äbtissin auffällige Besonderheiten, denn sie kann im Gegensatz zum benediktinischen Vorbild abgewählt werden. Auch in der Ämterernennung entscheidet der ganze Konvent. Damit ist das strenge hierarchische Schema Benedikts zugunsten größerer Gleichheit aufgehoben.

Die Klarissen. Wie schon erwähnt, kam es während des 13. Jahrhunderts nicht nur in Assisi zu Frauengemeinschaften, die auf ganz persönliche Weise die Forderungen des Evangeliums in der Welt verwirklichen wollten. In den oberitalienischen Städten Florenz, Siena, Lucca oder Perugia, aber auch in Prag, Longchamp nahe Paris oder in Stockholm und anderen Städten gab es zahllose Frauen, die arm, zurückgezogen, im eigenen Hause oder in Gemeinschaft lebten und karitativ tätig waren. Man denke nur an Elisabeth von Thüringen oder Agnes von Prag. Einige wandten sich um Schutz und Anerkennung - jeder Bischof konnte eine solche Gemeinschaft verbieten, oder was noch schlimmer war, sie als Ketzer verdächtigen, wie es den armen Beginen geschah - an Kardinal Hugolin, der 1217 im Einvernehmen mit dem Papst die Gemeinschaften unter den Schutz des Heiligen Stuhles stellte, ihnen angemessene Unterkünfte und Einkünfte zukommen ließ. Schließlich gab er ihnen auf der Grundlage der Benediktregel eine eigene Ordnung. Als Hugolin Papst geworden war, faßte er alle bislang selbständigen „armen Benediktinerinnen" zu einem Verband oder Orden zusammen, dessen Haupt San Damiano wurde. Doch nur wenige Konvente, zumal häufig adelige Töchter eingetreten waren, wollten die harte Armut von San Damiano übernehmen. Papst Urban IV. erließ 1263 neue Statuten, die umfangreichen Güterbesitz und notwendige Dienerinnen gestatteten. Klöster, die sich den Erleichterungen Urbans anschlossen, nannte man Urbanisten. Ende des 14. Jahrhunderts zählte der Klarissenorden etwa 15000 Mitglieder, verteilt auf etwa 450 Konvente. Im 15. Jahrhundert kam es auch bei den Klarissen zu einem Reformversuch nach den Idealen der hl. Klara. Bernhardin von Siena, der im eigenen Franziskanerorden eine Reform betrieb, war in dieser Sache der geistliche Ratgeber. Zahlreiche Konvente übernahmen die strengere und zugleich mystischere Richtung der Observanten. Klarissenklöster in Mailand, Mantua, aber auch in Nürnberg (Charitas Pirkheimer) u. a. führten diese Richtung zur Blüte.

IV. Die Dominikaner

Dominikus und sein Orden sind direkt aus der drohenden Verfälschung des Christentums durch die Ketzer und ihrer weltverachtenden Askese erwachsen. Die Häretiker pochten auf das Recht der apostolischen Armut und glaubten, durch ihre verständlichen Forderungen nach einer reinen, geistigen Kirche das Christentum in seiner bestehenden Form verwerfen zu können und zu müssen. Dabei beriefen sie sich auf das Evangelium, das sie in einem rein geistigen Sinne beredt verkündeten und durch ihren beispielhaften Wandel bezeugten. Doch ihre Einseitigkeit verführte sie zu einem radikalen Dualismus, der alles Irdische, die gesamte Schöpfung und selbst den Schöpfergott ablehnte. Als Antwort auf das unmenschliche Verständnis des Evangeliums der Ketzer versuchten Dominikus und seine Brüder die wahre Lehre zu predigen, um so den verirrten Glaubensbrüdern zu helfen. Daraus erwuchsen dem Orden seine Eigenart und besondere Zielsetzung, die mehr in der geistigen Hilfe des zweifelnden und irrenden Mitchristen bestand, wodurch aber die persönliche Heiligung des einzelnen Ordensbruders keineswegs vernachlässigt wurde.

Franziskus und seine Brüder dagegen betonten mehr das individuelle Ideal der Nachfolge, so daß sich die Büßer von Assisi erst allmählich zu einem Predigerorden entwickelten. Doch der Weg dazu war weit und mühevoll, denn ihre kontemplative, personale Frömmigkeit ließ sich nicht ohne weiteres mit einem öffentlich wirksamen Orden, einem Studium an der Universität oder mit kirchlichen Würden und Ämter vereinbaren. Es kam zu Spannungen und Spaltungen, zu Problemen mit dem Studium, dem Besitz und dem kirchlichen Amt, das die Franziskaner anfangs nicht übernehmen wollten. Der Orden des hl. Dominikus besaß von Anfang an ein klares Ziel in Predigt und Bekehrung, dem alles übrige, auch die Besitzlosigkeit, untergeordnet war. Deshalb kannte er keine Spaltungen, und trennende Richtungskämpfe blieben ihm weitgehend erspart.

1. Dominikus (um 1170–1221)

Wir können uns bei der Biographie des Heiligen kurz fassen, denn sein Orden war nie so sehr mit der Gestalt und dem Leben des Gründers verbunden wie die Franziskaner oder Prämonstratenser mit Franziskus oder Norbert. Zum anderen beruht der Orden des hl. Dominikus auf der Kanonikerregel und stellt in dieser Hinsicht keine Neuerung dar.

Dominikus entstammte der alten, adeligen Familie der Guzmán in Caleruega (Altkastilien). Sehr früh schon wurde er zum geistlichen Stand bestimmt, zumal seine Mutter vor der Geburt einen entsprechenden Traum hatte. Sie sah ein Hündchen mit einer Fackel im Maul, das die Weltkugel entzündet. Der zu Rate gezogene Priester deutete das Bild auf die Redegewalt des Dominikus, der durch sein Wort die Welt erleuchten bzw. entflammen würde. Dieses Hündchen mit der Fackel wurde später Attribut des Heiligen.

Ein verwandter Priester unterrichtete den Knaben im Schreiben und Lesen, seine theologische Ausbildung erhielt er an der Schule von Palencia. Schließlich trat er als Kanoniker in den Dienst der Kathedrale und des Bischofs von Osma, der mit seinen Kanonikern ein vorbildliches, gemeinsames Leben nach der Regel des hl. Augustinus führte. 1201 wurde Dominikus Subprior der Gemeinschaft. Seinen Bischof begleitete er auf verschiedenen Reisen, doch ihm selbst lag mehr die Mission der Heiden am Herzen. Er wandte sich in dieser Sache an den Papst. Der lehnte jedoch sein Begehren strikt ab und beauftragte ihn, gemeinsam mit einigen Zisterzienseräbten gegen die Häretiker in der Languedoc zu predigen. Bischof Diego sah bald ein, daß ein Auftreten mit Pomp und Pracht hier völlig fehl am Platz war, ein apostolisches Leben in Armut aber dem Evangelium und den Erwartungen der Menschen entsprach. Deshalb zogen beide als arme Wanderprediger umher, predigten und disputierten mit den Ketzern, aber ohne nachhaltigen Erfolg. Nur den Waldenser Durandus von Huesca sowie einige Frauen konnten sie bekehren. Für die Frauen besorgten sie in Prouille ein Haus, aus dem sich später ein armer Nonnenkonvent, lebend nach der Regel des hl. Augustinus, entwickelte. 1206 ließ sich Dominikus im nahen Fanjeaux nieder und sorgte sich weiterhin um das Wohlergehen der Frauen (Abb. 139).

Dennoch versäumte er seine eigentliche Berufung, das Evangelium beispielhaft zu verkünden, nicht. Selbst während des Albigenserkreuzzuges wagte es Dominikus, weiterhin zu predigen. Sein Bischof, Diego von Osma, kehrte krank und erschöpft nach Hause zurück

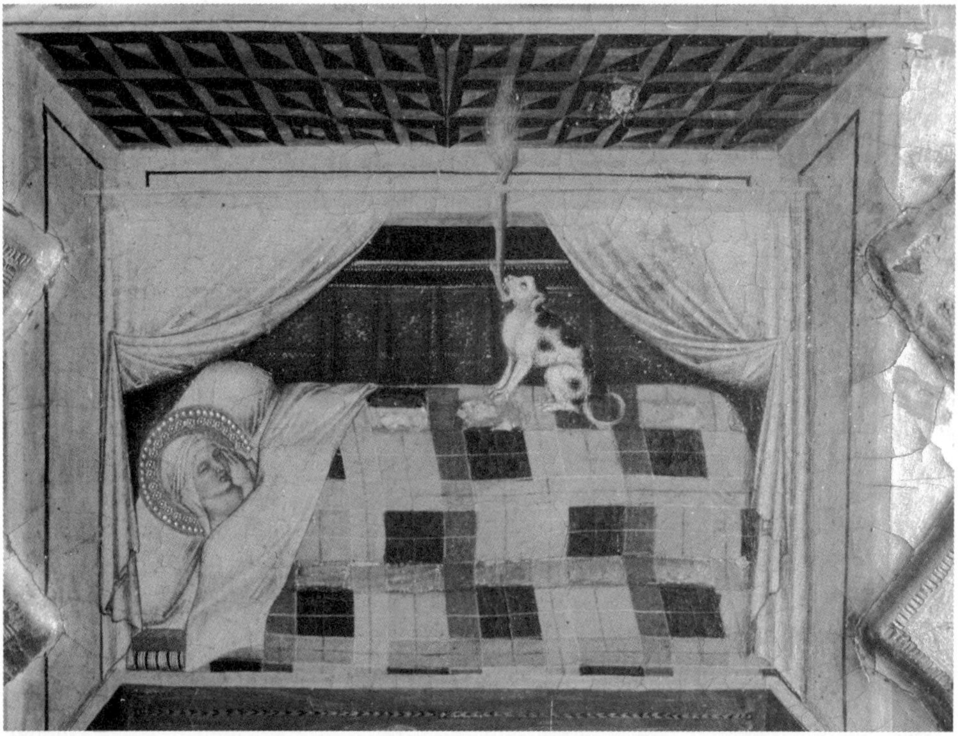

140 *Geburt des hl. Dominikus und Traum der Mutter. Szene aus dreiteiligem Tafelbild von F. Traini (1344); Pisa, Museo S. Matteo. Die Mutter des Heiligen träumte, einen Hund mit Fackel zu gebären. Ein Priester deutete das erschreckende Bild auf die Fähigkeit des Kindes, durch sein zündendes Wort die Welt in Brand zu stecken.*

und starb bald darauf. Schließlich kam Dominikus 1215 nach Toulouse, einem Hort der Ketzer. Der Bischof nahm ihn bereitwillig auf und unterstützte großzügig sein missionarisches Werk. Bald schon konnte er zwei Mitstreiter, Petrus Seila und Thomas von Toulouse gewinnen, die nicht nur sich, sondern auch ihr gesamtes Vermögen dem Heiligen übergaben. Damit war die materielle und personale Grundlage zu einer Ordensgemeinschaft gegeben. Noch im gleichen Jahr beauftragte der Bischof von Toulouse die kleine, aber ständig wachsende Gemeinschaft mit der öffentlichen Predigt in seiner Diözese und entschädigte sie mit etwa einem Sechstel seiner Einnahmen. Sein Auftrag lautete: „Wir bringen allen, den jetzt Lebenden und den Zukünftigen, zur Kenntnis, daß wir, Fulko, durch Gottes Gnade demütiger Diener des bischöflichen Stuhles von Toulouse, um die Verderbnis der Häresie auszurotten, die Laster zu vertreiben, das Glaubensbekenntnis zu lehren und den Menschen eine gesunde Sittlichkeit einzuprägen, in unserer Diözese Bruder Dominikus und seine Gefährten als Prediger einsetzen. Sie werden ihrer Regel gemäß als Ordensleute leben, indem sie zu Fuß gehen und das Wort der Wahrheit des Evangeliums in evangelischer Armut verkünden ..."

Damit hatte Bischof Fulko unbewußt die zukünftige Aufgabe und Zielsetzung des Ordens umschrieben: Predigt, regeltreues Leben und evangelische Armut. Noch im gleichen Jahr reisten Dominikus und Bischof Fulko nach Rom, um sich die Gemeinschaft und die allgemeine Predigt bestätigen zu lassen. Da jedoch kurz zuvor das Laterankonzil (1215) neue Orden zu gründen untersagt hatte bzw. festsetzte, daß neue Gründungen eine bereits anerkannte Regel übernehmen müssen, entschloß sich Dominikus gemäß seinem eigenen Herkommen (er war Kanoniker), die Kanonikerregel des hl. Augustinus zu wählen. 1216 erfolgte die päpstliche Anerkennung.

Doch Dominikus sah sein Wirken nicht auf Toulouse beschränkt. 1217 weitete er die Gemeinschaft zu einem richtigen Orden aus und schickte einige Brüder zum Studium nach Paris und Bologna, den ersten Universitäten des Abendlandes; nach Spanien und Ungarn wurden aber Prediger entsandt. Er selbst und einige Brüder zogen nach Italien, wohin ihn der Papst zur Predigt gerufen hatte. In Bologna erwartete ihn bereits ein blühender Konvent, denn nachdem 1218 der gelehrte Professor des Kirchenrechts Reginald von Orléans, in die bescheidene Gemeinschaft eingetreten war, ging es mit dem kleinen, kaum ein Jahr alten Konvent rasch aufwärts. Zahlreiche Eintritte und Vermächtnisse ließen die Stiftung, das Kloster und den Kirchenbau zügig wachsen. In Rom beauftragte der Papst Dominikus, noch das Kloster S. Sisto für Frauen aus verschiedenen Konventen einzurichten und ihm eine Regel zu geben, wie er es bereits in Prouille und Toulouse getan hatte. 1221 war Dominikus das schwierige Werk gelungen, denn nicht ohne weiteres wollten sich die Nonnen fügen.

Die Gründungen in Bologna, Paris oder Toulouse bekamen aus der studierenden Jugend und den Gelehrten so großen Zulauf, daß allgemein verbindliche Statuten und eine Gesamtleitung notwendig wurden, zumal Dominikus die Last der alleinigen Ordensleitung zuviel geworden war. 1220 berief er alle Prioren nach Bologna, damit auf dem ersten Generalkapitel darüber beraten werde. Die Versammlung bestimmte die Statuten und formulierte das grundsätzliche Ziel des Ordens, durch Predigt zu bekehren und setzte zur obersten Instanz des gesamten Ordens das jährlich abzuhaltende Generalkapitel ein; Dominikus ordnete sich damit selbst dem Orden unter. Nach dem Vorbild der Prämonstratenser erlangte erst dann ein Beschluß verbindliche Gültigkeit, nachdem er von zwei weiteren Generalkapiteln bestätigt worden war. Die Richtlinien des Studiums und der Predigt wurden genau festgelegt und das bislang nur persönlich verpflichtende Armutsgebot auf den Orden als Ganzen ausgeweitet, zugleich aber auch das Betteln als ordentliche Einnahme gebilligt. Erlaubt waren jedoch Besitz von Kirchen und Häusern (Klöstern) sowie freie Zuwendungen, die zur Erfüllung des seelsorglichen Auftrags notwendig waren. Grundbesitz, Mietshäuser, verpachtbares Land, Zinsen, kurz realer Besitz, der feste Einnahmen garantiert, wurde für alle Zeiten verboten. Ob Dominikus, wie es die franziskanische Legende will, die „Königin Armut" erst bei seinem Besuch des Kapitels der Franziskaner und seiner Begegnung mit dem hl. Franziskus (1218) kennengelernt hatte, ist letztlich unbedeutend; Dominikus und seine Brüder setzten jedenfalls die Armut für den Orden an sich fest.

Dominikus, seit langem durch Krankheiten geschwächt, wollte die Oberleitung (Generalmeister) abgeben, doch seine Mitbrüder bestürmten ihn derart, daß er schließlich die

Bürde weiter auf sich nahm. Vielleicht sind die 1221 geschaffenen Ordensprovinzen mit einem Provinzial an der Spitze zur Entlastung des Heiligen entstanden. Denn jene Provinziale waren in ihrem Bereich gewissermaßen die Stellvertreter des Generalmeisters. Trotz der Leitung des rasch wachsenden Ordens predigte Dominikus unablässig, besuchte seine Brüder und half dem Papst in Rat und Tat. Seine Schwäche sowie andauernde Krankheit führten schließlich am 6. August 1221 zu seinem Tod. Im Jahre 1234 wurde er heiliggesprochen.

2. Sein Orden

In relativ kurzer Zeit entwickelte sich die kleine Gemeinschaft der Prediger von Toulouse zu einem weltweiten Orden, der keine Abteien oder selbständige Niederlassungen mehr kannte, sondern einen Personalverband darstellte, der von jedem Ort, Haus oder Kloster völlig unabhängig war. Die Brüder des Heiligen bekannten sich alle zum gleichen Ideal, verzichteten auf Besitz und legten die Profeß in die Hände des Generalmeisters bzw. seines Vertreters ab. Dem Orden und nicht einem Abt, Prior oder Kloster gelobten sie Beständigkeit. Klöster im Sinne einer Abtei kannte und kennt der Orden nicht, nur Niederlassungen oder Häuser (domus), die jeweils von einem Prior geleitet werden. Diese Besonderheit teilen sich Dominikaner und Franziskaner, denn beide bzw. alle Bettelorden beruhen auf einem Personalverband; sie sind eine Gemeinde von Brüdern, die, von gleichen Idealen beseelt, gemeinsam die Nachfolge Christi in Armut und Predigt verwirklichen. Im Vertrauen

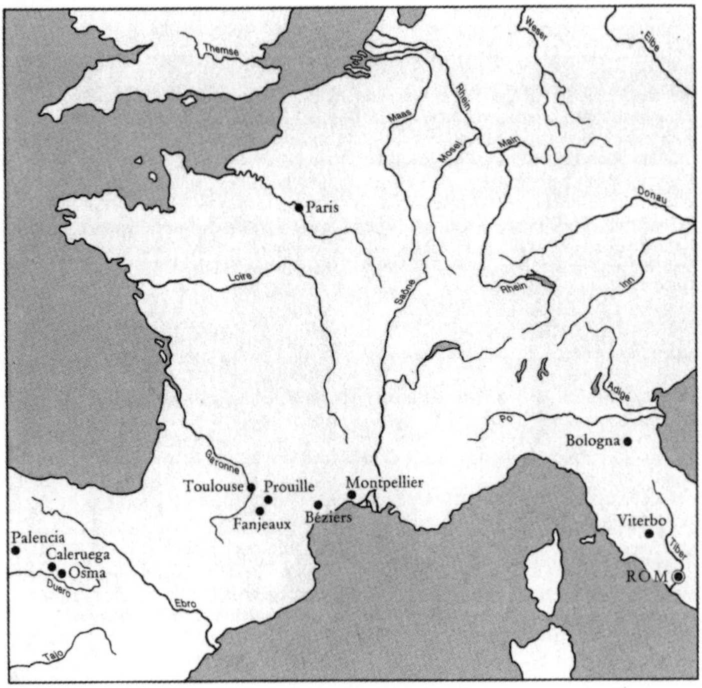

141 *Die wichtigsten Stationen im Leben des hl. Dominikus.*

auf Gottes Hilfe blieben sie wandernde Fremdlinge auf Erden, die, zu Fuß wie die Apostel, das Evangelium verkündeten und arm ihrem Herrn nachfolgten. Aus diesem inneren Ansatz ergab sich der typische äußere Aufbau ihres Ordens. Weil sie ein apostolisches Predigerleben führten, auf feste Einnahmen verzichteten und die Bindung an Stamm und Sippe zugunsten des allgemeinen Bandes der christlichen Religion aufgegeben hatten, konnten sie sich rasch überall ausbreiten und dort niederlassen, wo sie gerade gebraucht wurden. Die vielbewunderte Mobilität der Bettelorden war weder eine Taktik des Ordens gegen die Ketzer noch ein „Trick" des Papstes zur Durchsetzung seiner Ziele, sondern die sichtbare und notwendige Folge einer personal aufgebauten Gemeinschaft. So gesehen, stehen die Bettelorden ganz in der wiederholt beschriebenen Entwicklung zu einer personalen, individuellen Frömmigkeit, die wir als grundlegenden Zug dieser Zeit erkannt haben.

Der Aufbau des Ordens entspricht dem apostolischen Leben, wie wir es bei den Kanonikern kennengelernt haben. Erfüllt von ihrem Auftrag, in allem den Aposteln nachzufolgen, verzichteten die Kanoniker auf persönlichen Besitz, lebten gemeinschaftlich und wirkten als Seelsorger. Dominikus war selbst Kanoniker und blieb dem Ideal grundsätzlich treu. Zwar änderte er die Verfassung des Ordens zugunsten eines Personalverbandes, doch 1215 erwählte er, um die Anerkennung durch den Papst zu bekommen, die Kanonikerregel. Auf dieser Grundlage wurden im Laufe der ersten zwanzig Jahre notwendige Ergänzungen hinzugefügt, die um 1230 als „Constitutiones antiquae ordinis fratrum praedicatorum" in die Geschichte eingingen. Die ersten Generalkapitel, vor allem aber Jordan von Sachsen, der zweite Generalmeister (1222–1237), arbeiteten an diesen verbindlichen Normen des Ordens. Im eigentlichen Sinn gibt es keine Dominikanerregel, sondern nur die Konstitutionen, die Kanonikerregel sowie weitere Beschlüsse des Generalkapitels.

Der Orden ist folgendermaßen aufgebaut: Oberste Instanz war das im jährlichen Wechsel zwischen Paris und Bologna tagende Generalkapitel; ab 1460 konnte es sich auch an anderen Orten versammeln. Seit dem Jahre 1370 ging man zum zweijährigen Rhythmus über, und ab 1455 pflegte man sich nur noch alle drei Jahre zu versammeln. Die Beschlüsse sollten wie bei den Prämonstratensern erst dann gültig werden, wenn sie von zwei nachfolgenden Generalkapiteln abermals bestätigt wurden. Das Generalkapitel setzte sich zusammen aus den Provinzialmeistern sowie je zwei Delegierten aus jeder Provinz. Es wählte jeweils den Generalmeister. Wie alle Ordensämter, so war auch das des Generalmeisters grundsätzlich zeitlich befristet. Er wiederum bestätigte die von den Prioren, den Vorstehern der einzelnen Häuser, gewählten Provinziale. Die Mitglieder eines Konvents wählten ihren Prior, der vom Provinzial bestätigt und abgesetzt werden kann. Einige bewährte Brüder konnte der Generalmeister zu seinen Beratern berufen.

Die „Constitutiones antiquae" gliedern sich in zwei Teile. Die 25 Kapitel des ersten Teiles regeln die üblichen Dinge des monastischen Lebens, wie Gebete, Fasten, Essen, Kleidung usw., wobei die Vorschriften über Regelverstöße, Ahndung und Sühne einen großen Raum einnehmen. Der zweite Teil umfaßt nochmals 38 Kapitel, die sich allerdings mehr mit der Organisation beschäftigen, wie Aufgabe der Kapitel, Ämterwahl, die Bestellung zum Prediger, das Studium und die Studienleiter, die Doktoren, aber auch die Armut des Ordens, Vorschriften über die Bauten, eine kurze Regel über die männlichen Konversen sowie ein Verbot der Seelsorge in Frauenkonventen. Im großen und ganzen folgen die Konstitutionen den bekannten monastischen Geboten, weshalb wir auf die einzelnen Vorschriften nicht einzugehen brauchen. Nur der Umfang über die Vergehen und deren Sühne sowie die Kapitel über das Studium und die damit gegebenen Änderungen fallen aus dem Rahmen. Gerade in der Pflicht zum Studium setzte Dominikus eigene Akzente. Im nächsten Kapitel werden wir auf diese Besonderheit der Dominikaner näher eingehen.

3. Verbreitung und kurze Geschichte

Dominikus selbst konnte zahlreiche Kleriker und Gelehrte für seine Ziele begeistern und gewinnen, vor allem an den Universitäten fand sein Lebensentwurf Zuspruch. Wie rasch der Orden gewachsen ist, wie ansprechend seine Ziele und Ideen waren, wollen wir am Beispiel Paris aufweisen. 1217 sandte Dominikus sieben Brüder nach Paris, wo sie in einem Hospiz unterkamen. Der Besitzer, ein englischer Kanoniker, überließ ihnen schließlich das ganze Hospiz, das entsprechend seiner Aufgabe dem hl. Jakobus, dem Patron der Pilger, geweiht war. Innerhalb von zwei Jahren traten weitere 23 Personen dem Orden bei, unter denen sich so namhafte Gelehrte wie Vinzenz von Beauvais, Heinrich von Marsberg oder Pierre von Reims befanden. Fünf Jahre nach ihrer Ankunft (1223) lebten bereits 120 Brüder in den beengenden Räumen. Man mußte anbauen und erweitern, denn 1289 waren es an die 300 Brüder, die dort studierten, lebten und versorgt werden mußten.

Noch im gleichen Jahr 1217 schickte Dominikus die ersten Brüder nach Bologna, der zweitbedeutendsten Universität des Abendlandes, damit sie dort ein Haus gründen und an der Universität studieren sollten. Die vier Brüder fanden ihre erste, bescheidene Bleibe ebenfalls, wie in Paris, an einem Hospiz, S. Maria della Mascorella. Im Dezember 1218 traf von Rom der Gelehrte des Kirchenrechts Reginald von Orléans ein, den Dominikus in Rom gewonnen hatte. Bereits im nächsten Jahr konnte die Kirche S. Niccolò erstanden und der bescheidene Grundbesitz für einen umfassenden Konventbau vergrößert werden. Obwohl man noch nicht den nötigen Grund käuflich erworben hatte, begann man großzügig zu planen und zu bauen. Nur der Ostflügel – Kapitelsaal und Dormitorium – mit seinen bedeutenden Maßen 95 x 12 m stand auf eigenem Grund, für alle weiteren Bauten mußte er erst besorgt werden. Der zuerst erbaute Flügel zeigt, wie groß die Anlage von Anfang an berechnet war. Vier Jahre später legten die Brüder den Grundstein zu einer Kirche von mächtigen Ausmaßen; 1233 war sie im wesentlichen vollendet. Wie in Paris, so fühlte sich auch in Bologna die geistige Elite von den Idealen des hl. Dominikus angezogen. Neben dem bereits erwähnten Reginald traten 1219 die beiden Magister Roland und Moneta von Cremona dem Orden bei; 1221 folgte der Jurist Paul von Ungarn. Eine ähnliche Entwicklung läßt sich auch in Toulouse, Montpellier und Köln nachweisen. Überall kam es nach wenigen Jahren zu Übertritten von Gelehrten und Studenten, was zu Neubauten von Kirche und Kloster führte.

Zielstrebig schickte Dominikus seine Brüder in die Städte Europas. Aber selbst im Heiligen Land ließen sich Dominikaner nieder, und ihre missionierenden Brüder wanderten bis nach Skandinavien, Pommern, Finnland und erreichten noch im 13. Jahrhundert die Insel

Grönland. Gemeinsam mit den nicht weniger eifrigen franziskanischen Missionaren drangen die Prediger während des Gründungsjahrhunderts bis zu den tatarischen Mongolen vor. Bereits 1221 gab es in Europa 25 Konvente, was zur Bildung von sechs Provinzen – Spanien, Provence, Frankreich, Lombardei, Teutonica und Rom – führte. 1228 folgten noch die Provinzen Polen, Jerusalem, Griechenland und Dacien, die alle mehrere Konvente besaßen. Um 1256 zählte der Orden etwa 9000 Dominikaner; 1337 waren es etwa 12 000, wobei die Frauenkonvente unberücksichtigt sind. Seine höchste Zahl aber erreichte der Orden mit seinen 30 000 Mitgliedern während der Barockepoche. Dem Orden blieben zwar Spaltungen erspart, doch kam es Ende des 14. Jahrhunderts zu Reformversuchen nach der ursprünglichen Regel. Die Konvente schieden sich in Observanten (strenge Richtung) und Konventualen (mildere Richtung), doch eine Spaltung konnte verhindert werden.

Ein wichtiger Meilenstein in der Geschichte des Ordens war der Beschluß des Generalkapitels von 1267, alle bislang nur betreuten und geduldeten Frauenkonvente endgültig dem Orden einzugliedern. Erst von jetzt ab gab es „richtige“ Dominikanerinnen. Ende des 13. Jahrhunderts (1285) übernahm der Orden noch die Betreuung von Bruderschaften, de-

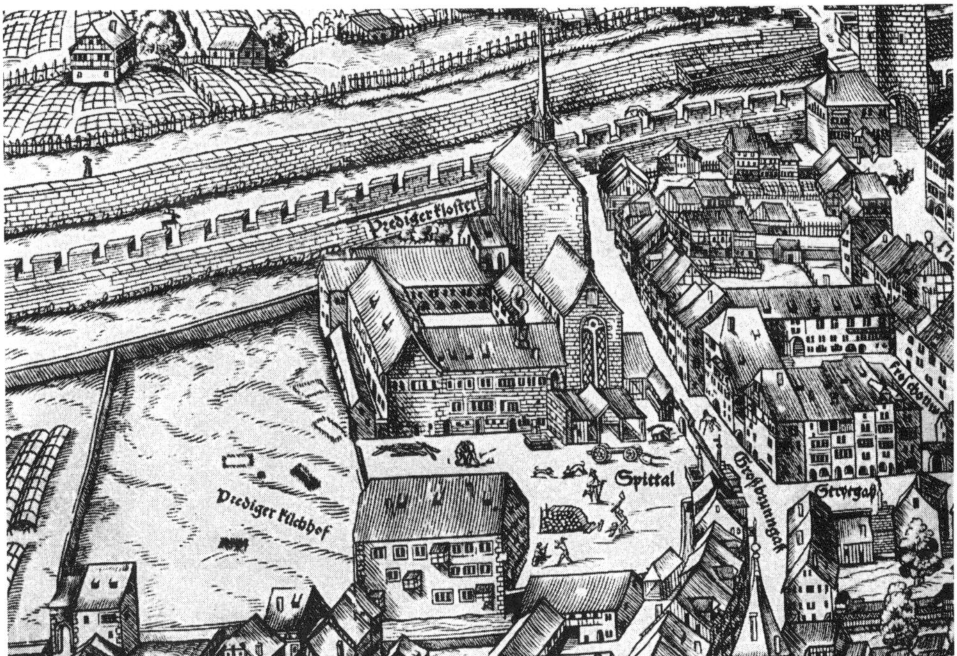

142 *Ansicht des ehemaligen Dominikanerklosters in Zürich. Stich (17. Jh.). Das Kloster liegt, typisch für die Gewohnheiten der Bettelorden, an äußeren Bezirk der Stadt. Der erhöhte und gewölbte Chor war erlaubt; sonst wurde auf kostspielige Architektur verzichtet. Die Klostergebäude unterscheiden sich in Größe und Anlage kaum von Bürgerhäusern. Die Dominikaner besaßen offensichtlich einen Friedhof, der ihnen zahlreiche Seelgerätstiftungen bescherte. Auch ein Spital ist erwähnt, das allerdings nicht typisch für den Orden war.*

ren Mitglieder als eine Art Dritter Orden in der Welt lebten. Auf die Konversen, die allerdings im Orden der Priester, Prediger, Gelehrten und Kleriker eine geringere Rolle spielten als bei den Franziskanern, haben wir bereits verwiesen.

4. Das Studium der Bettelorden

a) Die Dominikaner

Dominikus schien die Bildung seiner Brüder so wichtig zu sein, daß er und das erste Generalkapitel in Bologna (1220) grundlegende Vorschriften über das Studium der Theologie erließen, die später noch erweitert wurden. Jeder Bruder mußte vor seiner Zulassung als Prediger ein Studium, sei es an einer Universität oder an einem ordensinternen Haus, absolvieren. In jeder größeren Niederlassung war das Studium Pflicht, wozu ein Magister anzustellen war. Für die Studierenden einer Provinz gab es wiederum eine eigene Studienanstalt, und für den gesamten Orden errichtete man in Köln, Toulouse, Oxford und Montpellier die sogenannten Generalstudien, d. h., hier konnten Studenten verschiedener Provinzen, Herkunft und Nationalität gemeinsam studieren. An den allgemeinen Universitäten waren die Studenten dagegen in Nationen eingeteilt bzw. darauf beschränkt. Das Studium an den Universitäten Bologna und Paris war erlaubt und beliebt, da der Orden dort Lehrstühle mit besten Gelehrten innehatte. Die allgemeinen Studienanstalten wurden vom Orden finanziert, wozu das verbindliche Armutsgebot weitgehend gelockert wurde. Denn ohne Schwierigkeit konnte man den Studienhäusern Vermächtnisse, Schenkungen, sogar Geld zukommen lassen, was für alle übrigen Häuser strenger geregelt war.

Einzelne Studienvorschriften fanden sogar Eingang in die Konstitutionen des Ordens, die sich in zwei Teile gliedern. Wir verweisen auf die wichtigsten. Im Prolog (Kap. 2) wird

143 *Vinzenz von Beauvais am Schreibpult. Miniatur von J. de Vignays (spätes 15. Jh.); London, British Museum. Der gelehrte Dominikaner († 1264) verfaßte eine Zusammenfassung (Summa) des gesamten damaligen Wissens ferner eine pädagogische Schrift zur Erziehung und Bildung der Söhne des französischen Königs auf dessen Bitten.*

dem Prior das Recht eingeräumt, von all den Dingen zu dispensieren, die dem Studium, der Predigt und dem Nutzen der Seele hinderlich sind. Jeder öffentliche Prediger muß mindestens drei Jahre Theologie gehört haben (II, Kap. 31); um aber selbst lehren zu können, mußten noch weitere vier Jahre (II, Kap. 30) absolviert werden. Den Studierenden soll im Haus eine eigene Zelle gewährt werden, in der sie „lesen, schreiben, beten, schlafen und nachtwachen können" (II, Kap. 29). Auch andere Vergünstigungen, bis hin zur Befreiung vom gemeinsamen Chorgebet, sind möglich. Jedes Haus soll zudem einen Magister (Lektor) unterhalten, der die Studien überwacht und im Haus unterrichtet (Kap. 28). Für die Dominikaner ergänzte und änderte das Generalkapitel von Valenciennes im Jahre 1259 die Studienordnung. Die gesamte Studienzeit dauerte nun acht Jahre, wovon die ersten zwei der Philosophie gewidmet waren. Danach folgten zwei Jahre Studium der Kirchengeschichte, der Fundamentaltheologie und des Kirchenrechts, erst danach begann das eigentliche theologische Studium.

b) Die Franziskaner

Ohne die Verdienste des Franziskanerordens zu schmälern, muß doch gesagt werden, daß er, zumindest was die Studien betraf, anfangs im Schatten des dominikanischen Bruders stand. Zwar ließen die Vertreter des hl. Franziskus während seiner Missionsreise zu den Sarazenen in Bologna ein Studienhaus errichten, doch Franziskus wollte es am liebsten abgerissen wissen. Nur weil es Kardinal Hugolin als sein eigen nachweisen konnte, blieb es bestehen. Für sich und seine Brüder drängte Franziskus mehr auf die „heilige Einfalt", wie er die demütige Herzensfrömmigkeit nannte, als auf die gern zum Hochmut verführende Wissenschaft. Dennoch wies er die Gebildeten nicht ab, sondern gewährte ihnen Aufnahme in den Orden, sofern sie sich in seine Ideale fügten. Ohne Schwierigkeit konnte Franziskus das Wissen der Gebildeten anerkennen, doch eine Privilegierung vertrug sich nicht mit seiner Haltung. 1220 trat der gelehrte Kanoniker Antonius von Padua (1195–1231) in den Orden ein. Zuerst wirkte er als Prediger bei den Ketzern in Frankreich, doch kehrte er schließlich nach Bologna zurück, wo ihm Franziskus problemlos die Freiheit gewährte, in Demut seine Mitbrüder zu unterrichten.

Doch erst nach dem Tod des hl. Franziskus, unter dem Generalat des Bruders Elias (1232–1239), wurde das Studium eingeführt und vom Generalminister Bonaventura (1257–1274) schließlich verbindlich festgelegt. Daß dies alles nicht reibungslos vonstatten ging, versteht sich bei der ursprünglichen Zielsetzung von selbst. Die ersten Franziskaner trafen zwar 1219 in Paris ein, doch erst als sich 1224 vier englische Magister dem Orden angeschlossen hatten, wurde der Grund zum Studium generale in Paris gelegt. Auch hier sehen wir dasselbe wie bei den Dominikanern: Gelehrte und Studierende sind von der religiösen Lebensform des Ordens ergriffen, verlassen ihren Reichtum, geben ihre äußere Freiheit auf und schließen sich den armen Franziskanern an. So die berühmten Gelehrten von Paris Alexander von Hales und sein Schüler Bonaventura, wodurch dem Orden sogar noch ein Lehrstuhl zuteil wurde.

Wenn wir die Maße und den Grundriß der Ordenskirche Maria Magdalena in Paris betrachten, sehen wir: Die erwartete Bescheidenheit einer armen Franziskanerkirche liegt fern, dagegen erhebt sich ein Kirchenbau, der eindrucksvoll die Bedeutung der Studiengemeinschaft betont. Der Grundstein zur Kirche wurde 1236 gelegt, gebaut wurde mit kräftiger Unterstützung des französischen Königs. Ähnlich ging es in Bologna. 1236 begann man Kirche und Kloster S. Francesco in einem Maßstab zu erbauen, der die Bedeutung des Klosters und seine Beziehung zur Universität deutlich erkennen läßt. Ein Chor schmückt die Bettelordenskirche, dessen Kapellenkranz mehr einer gotischen Kathedrale als einer Franziskanerkirche angemessen ist. Ein Lettner trennte die dreischiffige Basilika (Abb. 145) in Mönchschor und Gemeindekirche. Denn die Franziskaner beteten spätestens seit 1236 das gemeinsame Chorgebet und schlossen sich, wie damals üblich, von der Gemeinde ab.

Die bedeutendste franziskanische Hochschule aber wurde Oxford. 1224 kamen die ersten Franziskaner in die Universitätsstadt, und kein geringerer Gelehrter als Grosseteste hielt ihnen die ersten Vorlesungen. Angespornt von diesem großen Vorbild, traten Brüder des Franziskanerordens bald selbst in die Bahnen eines akademischen Lehrers. Roger Bacon, Duns Scotus, Adam von Marsh oder Thomas von York waren die bedeutendsten franziskanischen Professoren. Doch im Unterschied zu den Dominikanern waren zu den Generalstudien in Paris und Oxford nur die begabtesten Brüder zugelassen. Üblicherweise absolvierten die Minderbrüder ein Haus- oder Provinzstudium.

c) Studium, Universität und Kleriker

Es ist auffällig, daß gerade zur Zeit der Bettelorden die ersten Universitäten in Paris, Bologna, Oxford, Salamanca usw. entstehen, und zwar unabhängig von den Orden, die später allerdings deren Ruhm begründeten. Diese Schulen sind aus kirchlichen Anstalten erwachsen und wollten auf eine neue Art die christliche Lehre durchdenken und vermitteln. An den Hochschulen pflegte man vor allem die sogenannten geisteswissenschaftlichen Fächer, die auf einem „naturwissenschaftlichen" Studium, den artes liberales, aufbauten. Das mittelalterliche Studium gliederte sich in drei Abschnitte. Zuerst mußte man den Elementarunterricht hinter sich gebracht haben, dann konnte man bei einem Magister artium die artes liberales durchlaufen. Damit war ein meist dreijähriger Kursus in den Fächern Grammatik, Rhetorik, Dialektik (Logik), Arithmetik, Geometrie, Musik und Astronomie gemeint. War dies erfolgreich beendet, so konnte man die Fächer Theologie, Jura und Philosophie studieren. Doch nur die Universitäten besaßen das Recht, allgemein gültige akademische Grade zu verleihen.

Bereits vor den studierfreudigen Bettelorden war das Bewußtsein für die Notwendigkeit eines Studiums erwacht. Denken wir nur an die Schulen der Kanoniker und ihre geistigen Zentren wie St. Viktor zu Paris oder die Schule in Chartres. Allgemein wurden neue Richtlinien zur Seelsorge erlassen, die nun scheinbar ohne Studium nicht mehr zu leisten war. Das Laterankonzil des Jahres 1179 bestimmte, daß jeder Bischof an seiner Kathedralschule einen Magister anzustellen und zu unterhalten hat, der kostenlos den Klerus unterrichten soll. 1180 gewährte ein päpstliches Privileg studierenden Klerikern die Freiheit, ein Benefizium zu erhalten und von dessen Einnahmen am Studienort zu leben, ohne das damit verbundene Officium an Ort und Stelle ableisten zu müssen. Was man früher bei den Kanonikern so heftig beklagte und verdammte, das wurde nun unter Rücksicht auf die Finanzierung eines Studiums vom Papst sogar gutgeheißen. Das vierte Laterankonzil (1215) erweiterte den Kreis bildungspflichtiger Kirchen auf alle finanziell gut gestellten Kirchen, die nun wie die bischöflichen Dome einen Magister unterhalten mußten, der mittellose Kleriker und Scholaren in Grammatik und anderem (ac aliis) unterrichten sollte. Die Metropolitankirchen wurden zudem verpflichtet, einen theologischen Lehrer anzustellen.

In diesem Zusammenhang ist an den Beschluß des Papstes (vgl. S. 236) aus dem Jahre 1256 zu erinnern. Mit diesem Dekret verlangte Alexander IV., daß sich alle kleinen und bislang selbständigen Eremitenvereinigungen zu einem Orden, den Augustiner-Eremiten, ver-

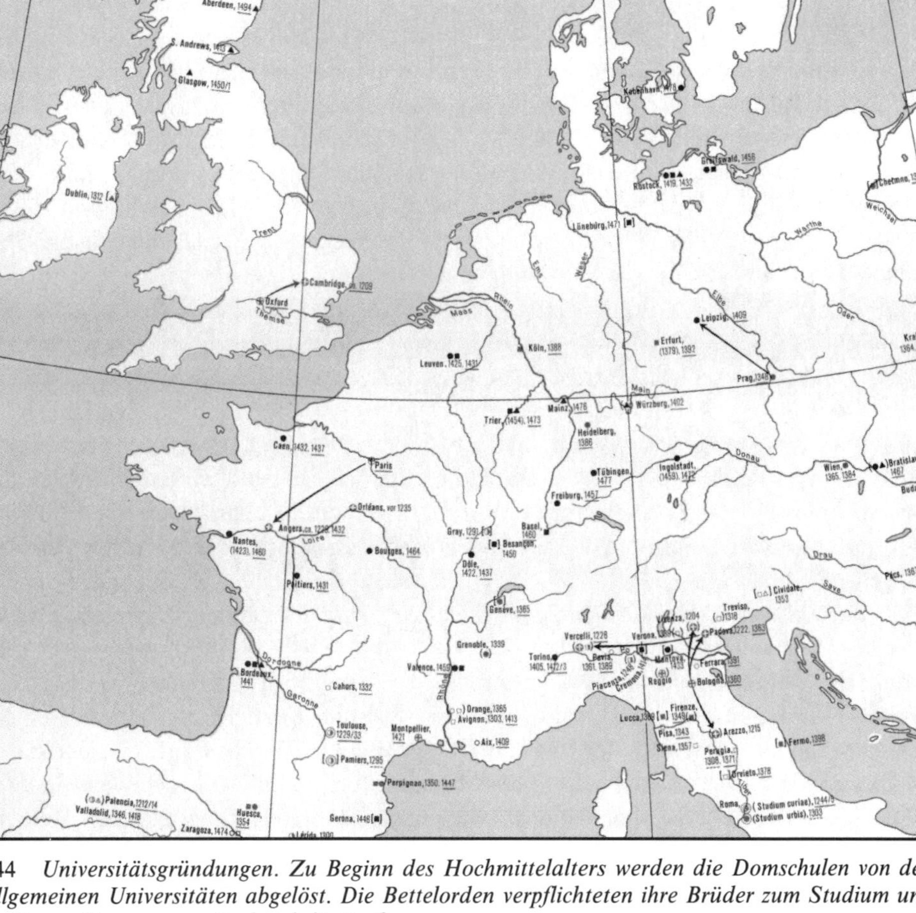

144 *Universitätsgründungen. Zu Beginn des Hochmittelalters werden die Domschulen von den allgemeinen Universitäten abgelöst. Die Bettelorden verpflichteten ihre Brüder zum Studium und stellten später sogar weitgehend die Professoren.*

einen und – was für unsere Fragestellung wichtig ist – entgegen ihrer bisherigen eremitischen Lebensweise Wissenschaft und Studien betreiben sollten, damit sie in der Seelsorge tätig sein könnten. Ähnlich ging es dem eremitischen Orden vom Karmel, den ebenfalls ein päpstliches Edikt zwang, seinen eremitischen Charakter weitgehend abzulegen, um Seelsorge, Wissenschaft und Studium zu übernehmen. Beide Orden verlegten daraufhin ihre einsamen Niederlassungen in die Städte und begannen, ihre Brüder auf Schulen, Universitäten oder hauseigene Bildungsanstalten zu schicken. Die Augustiner-Eremiten stellten namhafte Gelehrte – Aegidius Romanus, Gregor von Rimini, Thomas von Todi u. a. –, und nicht wenige Universitäten bezogen ihre Professoren aus dem Orden (Martin Luther war übrigens Augustiner-Eremit). Gegen Ende des Jahrhunderts (1290) übernahmen die beiden kleinen Orden sogar das vollständige Armutsgebot, wie es bei den Dominikanern und Franziskanern Pflicht war. Damit wurden auch sie zu wirklichen Bettelorden, was häufig übersehen wird.

d) Die Bedeutung der Studien

Es ist erstaunlich, daß Dominikus die Brüder sofort auf die Universitäten schickte, obwohl das Ziel, die Bekehrung der Ketzer, dies nicht absolut erforderte. Warum begnügte er sich nicht damit, daß seine Brüder durch ihren lauteren Lebenswandel das Evangelium verkündeten, wie es zahlreiche Kanoniker oder Franziskus und seine Brüder vorlebten, um den alleinigen Anspruch der Ketzer, das Evangelium rein zu verwirklichen, aufzuheben? Nein, er schickte bereits 1217 eine kleine Gruppe von Brüdern an die neu entstandenen Universitäten von Paris und Bologna, wobei Bologna nur eine juristische, aber keine theologische Fakultät besaß. Die Pflicht der Dominikaner zum Studium erstaunt um so mehr, wenn man die Bildung der Ketzer in Betracht zieht, deren Apostel noch um 1200 kein Latein beherrschten und somit von der Wissenschaft weit entfernt waren. Die Ketzer wirkten zwar in den Städten, aber gerade in den unteren, wenngleich aufstrebenden Schichten fanden sie den größten Zuspruch. Südfrankreich und der Oberrhein – typische Gegenden der Ketzer – waren keine wirtschaftlichen oder universitären Zentren, und in Oberitalien folgten der neuen Lehre vorwiegend Handwerker und Arbeiter. Der erste katharische Bischof Oberitaliens war Totengräber. Man denke nur an die Humiliaten, Pataria oder Waldenser, die sich weitgehend aus der ungebildeten Handwerkerschicht rekrutierten. Nicht wenige der bedeutenden Ketzer waren also ungebildete Laien, die nur in der Landessprache die Bibel lesen konnten, wie zum Beispiel Waldes von Lyon. Erst Mitte des 13. Jahrhunderts schickten einzelne Ketzergemeinden ihre Prediger auf Universitäten, doch insgesamt blieb dieser Bereich von der ketzerischen Lehre und Bewegung fast unberührt. Dagegen erreichten die Bettelorden auf den Universitäten und in den Städten ihre größten Erfolge, während die zu bekämpfenden Ketzer weitgehend auf dem Lande lebten und meist ungebildete Christen waren. Noch ein Weiteres sollte bei dem Problem des Studiums und der Universität nicht übersehen werden. Auch die Franziskaner schickten ihre Brüder auf die Universitäten, obwohl sie die Bekehrung der Ketzer nicht auf ihre Fahnen geschrieben hatten. Ferner übernahmen beide Orden gleich von Anfang an die Mission und schickten ihre Brüder zu den

Grönländern, Finnen, Slawen und Mongolen, zu deren Bekehrung es weder eines Vernunftbeweises noch akademisch gebildeter Missionare bedurfte.

Und doch waren es indirekt die Wanderprediger und ihre Lehren, die zur Universität, zum Studium und zur Scholastik führten. Erinnern wir uns noch einmal an die Lehren der Ketzer. Im Glauben an eine persönliche Erleuchtung verwarfen und leugneten sie alle bisherigen Formen des Christentums. Zwischen ihnen und ihrem Gott gab es keine „vermittelnde Instanz" mehr; allein ihre eigene Gotteserfahrung rechtfertigte ihren Weg. Dieser Glaube enthält trotz aller unbestrittener Religiosität einen radikal subjektiven Ansatz. Übernahmen die Ketzer später noch das dualistische Weltbild, so war der Bruch zwischen Religiosität und Welt, zwischen Schöpfer und Schöpfung vollzogen. Ihren Gläubigen gelang es nicht mehr, eine innere Einheit zwischen Mensch und Kosmos, zwischen Irdischem und Göttlichem, zwischen Teil und Ganzem herzustellen und zu bewahren. Das eine stand unvermittelt, ja sogar feindlich dem anderen gegenüber. Es erstaunt deshalb nicht, daß gerade die „Vorfahren" der Scholastik, die arabische Philosophie, sich vorwiegend mit diesen Problemen auseinandergesetzt hatten; übrigens fast zeitgleich mit der Entstehung dualistischer Häresien. Die großen Gelehrten – Avicenna (980-1037), Averroes (1126–1198), Avicebron (1020–1058) oder Moses Maimonides (1135–1204) – verfaßten alle mehr oder minder eine ausführliche Schöpfungstheologie, um auf philosophischem Wege die Einheit von Geschöpf und Schöpfer zu erklären und zu begründen. Maimonides schrieb für gebildete Gläubige einen „Führer der Unwissenden", damit sie auf vernünftigem Wege die Einheit von Offenbarung und Wissenschaft zu erkennen imstande sind. Diese Fragestellungen werden alle wieder in der Scholastik auftauchen und ihre christliche Antwort finden.

Eine Kehrseite individueller Frömmigkeit ist sicherlich auch die neu erwachte Möglichkeit, den eigenen Verstand und das eigene Bewußtsein zum Maßstab zu erheben, an dem sich das Bisherige zu messen hat. Die Entwicklung der Dialektik und ihre Reduktion auf die Logik, wie es Abaelard und seine Schule versuchten, ist in diesem Zusammenhang zu sehen. Das subjektiv-personale Element der Häresien, der frühen Logik oder der individuellen Frömmigkeit konnte in das bisherige Weltbild nicht mehr integriert werden. Die Leistung der Scholastik aber bestand gerade darin, über die Vernunft einen Weg zur geistigen Einheit zu ermöglichen, indem sie erkannte, daß beides, die Offenbarung und die Schöpfung, aus der gleichen Quelle, dem göttlichen Schöpfer, hervorgegangen war. Bibel und Schöpfung waren somit nur zwei verschiedene Weisen, in denen sich der eine Gott geoffenbart hatte. Deshalb konnte die menschliche Vernunft allein durch Betrachtung der Schöpfung, durch Reflexion und Abstraktion zur Erkenntnis Gottes gelangen, ohne allerdings die Fülle des Glaubens zu erfahren. Die Welt, die Schöpfung und alles Seiende waren somit transzendent; sie konnten auf ein anderes, höheres Sein, auf ihren Ursprung verweisen. Nun war es möglich, rationale Gottesbeweise zu führen und die Heilige Schrift, wie es schon Origines lehrte, auf vierfache Weise zu interpretieren. Denn jeder Satz besaß neben seinem buchstäblichen auch einen allegorischen Sinn, der sich wiederum in drei weitere Bedeutungen aufschlüsseln ließ. Damit konnten biblische Begriffe und fernliegende historische Sachverhalte dank einer formalen oder sachlichen Analogie zu einer sprechenden Einheit der neutestamentlichen Heilsgeschichte aufgefaßt werden.

Vor diesem Hintergrund wird die Pflicht der Dominikaner zum Studium verständlich und die Kehre der „einfältigen" Franziskaner zur Universität einsichtig. Denn gerade durch Studium, Vernunft, Wissenschaft und Philosophie konnte die Einheit wiederhergestellt werden, deren Bruch bei den Ketzern und ihren dualistischen Lehren so offensichtlich und schmerzvoll zutage trat. Aber auch in anderen Bereichen – denken wir an die arabische Philosophie, die frühmittelalterliche Logik oder die extremen Eremiten und Büßer – zeigte sich die Brüchigkeit des Bisherigen. Weil sich in und durch die Wissenschaft ein neues, einheitliches, religiös fundiertes Weltbild gewinnen ließ, erreichte das Studium im Christentum einen solchen Stellenwert. Unter diesem Aspekt wird es verständlich, daß die Päpste massiv in die „Hochschulpolitk" eingriffen und den Klerus zum Studieren verpflichteten. Dieser Hintergrund erklärt auch, weshalb so viele Gebildete in die Bettelorden eingetreten sind, obgleich ihnen dort ein weniger bequemes Leben möglich war als in der akademischen Laufbahn.

Weil die natürliche Vernunft als ein Teil der Schöpfung betrachtet wurde, in der die allgemeingültigen Gesetze des Schöpfers liegen, konnte man alle Werke der Vernunft, auch die der Heiden, anerkennen und benützen, denn sie sind nach göttlichen Ideen geschaffen. Somit konnte das Abendland den fruchtbaren Dialog fortsetzen, der durch die Begegnung mit den arabischen Ländern hervorgerufen wurde und die Werke des heidnischen Philosophen Aristoteles integrieren. Daß dies erst ab Mitte des 13. Jahrhunderts möglich war, schmälert nicht die großartigen Leistungen des Thomas von Aquin, dem es unter anderem gelang, mit dem aristotelischen Ansatz die Einheit von Vernunft, Offenbarung und Schöpfung herzustellen. Jordan von Sachsen, Generalmeister der Dominikaner, erkannte sehr klar die Bedeutung der Wissenschaft, wenn er meinte, daß der bisherige Zweiklang von Sacerdotium und Imperium zum Dreiklang von Sacerdotium, Imperium, Studium erweitert werden müsse. Viel später, in der Romantik des 19. Jahrhunderts, kehrte er abgewandelt als Religion, Wissenschaft und Kunst wieder.

5. Die Klöster der Bettelorden

Im bisher besprochenen Mönchtum spielte das Kloster, seine Bauweise und Lage, die Anordnung und Einrichtung seiner Räume eine bedeutende Rolle, denn der Mönch vollbrachte dort sein ganzes Leben. Meist lag es weit entfernt vom Trubel der Welt, besaß aber in unmittelbarer Nähe umfangreiche Ländereien, Besitzungen und Herrschaften, wodurch es mit mehr als dem Nötigsten versorgt wurde. Große Ökonomiegebäude, Stadthöfe und verschiedene Werkstätten, Gästehäuser, Hospize und Pilgerherbergen sowie der eigentliche, streng abgeschirmte Bereich der Klausur mit einer großen Kirche ließen das Kloster zu einer autonomen, in sich geschlossenen Welt werden. Von alldem ist bei den Häusern der Bettelorden nichts mehr zu finden. Sie liegen in den volkreichen Städten, wenngleich die Ordensbrüder aus Demut häufig die Vorstadt oder die Randlage an der Stadtmauer wählten (Abb. 138). Verglichen mit den landsässigen Orden, nehmen sich ihre Anlagen sehr bescheiden aus, denn sämtliche ökonomischen Einrichtungen fallen weg, da die Brüder von Bettel und frommen Zuwendungen lebten. Auch Herbergen, Schulen oder mehrere

Kirchen und Kapellen fehlen; nur die zum Leben unbedingt notwendigen Räume fügen sich zu einem nach außen geschlossenen, aber in bescheidenen Ausmaßen angelegten Komplex mit einem geräumigen Innenhof zusammen (Abb. 142). Vereinfacht könnte man sagen, die Bettelorden haben nur den eigentlichen Klausurbereich der alten Klöster, nämlich Kirche, Kapitelsaal, Dormitorium, Refektorium und Küche, übernommen, sofern man den Begriff der Klausur wegläßt. Denn gerade dies kannten ihre Klöster nicht. Im Refektorium durften Gäste speisen, und der Kapitelsaal der Bettelorden diente häufig verschiedenen öffentlichen, religiösen und weltlichen Versammlungen. Hier trafen sich die Mitglieder des Dritten Ordens, eine Bruderschaft, die in der Welt nach den Zielen des Ordens lebte. Hier konnten sich die Studenten versammeln oder sogar, wie es in Basel öfter der Fall war, der Stadtrat seine Sitzungen abhalten. Ebenso war der Kreuzgang kein heiliger, geschlossener Bezirk, in dem feierliche Prozessionen abgehalten wurden, sondern ein nützlicher Verbindungsweg zu den einzelnen Räumen. Daß die Dominikaner hier abends eine öffentliche Prozession hielten, spricht nicht gegen den rein funktionalen Charakter des Kreuzganges. Seine Form wurde immer den Gegebenheiten angeglichen und brauchte keineswegs einem regelmäßigen Geviert zu entsprechen. Abgesehen von den geringen Ausmaßen der Anlagen, brachten die Bettelorden, voran die Dominikaner, nur ein neues Element ins „Kloster“: Sie kannten neben dem kleinen Schlafsaal von Anfang an zahlreiche Einzelzellen, die bereits nach wenigen Jahren verbindlich wurden und den Schlafsaal ganz überflüssig machten. Die Zellen lagen über Kapitelsaal und Refektorium und bildeten, wenn man so will, den einzigen nichtöffentlichen Teil. Die übrigen Orden bauten erst seit dem frühen 16. Jahrhundert in ihre Schlafsäle Einzelzellen ein. Im ehemaligen Zisterzienserkloster Bebenhausen blieben solche nachträglich eingebauten Zellen erhalten.

Ursprünglich besaßen die Bettelorden keine eigenen Kirchen, doch für die Dominikanern als reinen Klerikerorden wurden sie frühzeitig verbindlich. Bereits zu ihren ersten Bauten – Bologna (1228), Paris (hier übernahmen sie um 1220 die bereits bestehende Hospizkirche) und Toulouse (1230) – gehörten große Kirchen. Für die Franziskaner war es weitaus schwieriger, sich zum Besitz von Kirchen durchzuringen, denn das vollkommene Armutsgebot und die Intention des Ordens standen jedem Besitz entgegen. Durch die Einführung von weltlichen Verwaltern und den juristischen Ausweg des Nutzungsrechtes konnten auch die Brüder des hl. Franziskus die zur Seelsorge notwendigen Kirchen errichten. Einer ihrer frühesten Bauten war die Studienkirche Maria Magdalena in Paris (1236 Baubeginn; 1804 abgebrochen). Beide Orden erließen zum Kloster- und Kirchenbau knappe Vorschriften, die weitgehend den Verboten der Zisterzienser entsprechen. Teil II, Kapitel 35 der dominikanischen Konstitutionen bestimmt nur allgemein, daß die Häuser bescheiden und schmucklos seien; die Kirche darf zehn Fuß höher sein als das übrige, wobei nur Chor und Sakristei gewölbt seien. Bei den Franziskanern bestimmten die Narbonner Konstitutionen des Jahres 1260 die Bauausführung: Alle Gebäude, auch die der Kirche, sollen jeglichen künstlerischen Schmuck, einschließlich Malerei und Säulen, meiden. Nur das Fenster hinter dem Hauptaltar darf Darstellungen des Kreuzes, Mariens sowie der Heiligen Johannes, Antonius und Franziskus enthalten. Die teure und aufwendige Wölbung beschränkt sich hier auf den Chorraum der Mönche.

Betrachtet man die Häuser und Kirchen der Bettelorden, so sind diese Bestimmungen grundsätzlich eingehalten worden, doch auch hier gibt es so viele Modifikationen, daß man nur schwer von einem einheitlichen Stil der Bettelorden sprechen kann. Vergleichen wir die Zusammenstellung verschiedener Kirchengrundrisse (Abb. 145), so fällt auf, daß überwiegend das Querhaus fehlt. Auch der meist lange Chorraum der Mönche mit seiner Wölbung entspricht der Vorschrift, ebenso sind die Kircheninnenräume häufig schmucklos, und ihre großen, unbemalten und ungegliederten Wände unterstreichen den Eindruck des Kargen. Als letzte typische Gemeinsamkeit könnte man noch die fehlenden Türme bzw. angebrachten Dachreiter anführen, doch dann hören die verbindlichen Gemeinsamkeiten auf. Es gibt

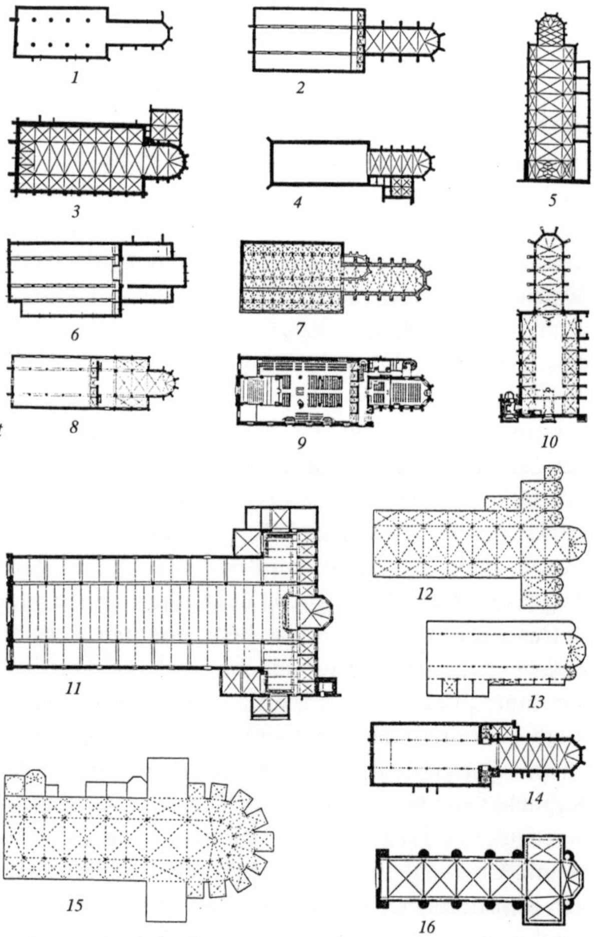

1: Dominikanerkirche in Halberstadt
2: Franziskanerkirche in Esslingen
3: Franziskanerkirche in Köln
4: Dominikanerkirche in Wimpfen
5: Dominikanerkirche in Frankfurt a. M.
6: Dominikanerkirche in Konstanz
7: Dominikanerkirche in Straßburg
8: Predigerkirche in Basel
9: Predigerkirche in Bern
10: Predigerkirche in Zürich
11: S. Croce in Florenz
12: S. Maria dei Frari in Venedig
13: S. Francesco in Parma
14: Franziskanerkirche in Regensburg
15: S. Francesco in Bologna
16: S. Francesco in Assisi, Oberkirche

145 *Kirchengrundrisse verschiedener Bettelordenskirchen. Der Vergleich zeigt, daß von einer einheitlichen Bettelordensarchitektur nur schwerlich gesprochen werden kann. Die Franziskaner pflegten sogar Querhäuser in ihren Kirchen; die Dominikaner dagegen einen ausgeprägten Chor und eine Einwölbung der ganzen Kirche.*

zweischiffige Saalkirchen (Studienkirche in Paris und Toulouse), mehrschiffige Basiliken (San Francesco in Bologna) und weitere Typen mehr. Selbst das fast allgemein übliche große durchlaufende Dach (Predigerkirche in Erfurt) kann durch die Erhöhung des gewölbten Chores unterbrochen werden. Dennoch blieben die langgestreckten kargen Bauten der Predigerkirchen gegenüber den gotischen Domen, Kathedralen oder Stiftskirchen deutlich erkennbar. Der Umstand, daß später die Bettelorden in Italien die Verbote der Malerei nicht mehr so streng einhielten, ist für uns heute ein Glücksfall. Ihm verdanken wir nicht nur das Abendmahl eines Leonardo da Vinci (S. Maria delle Grazie, Mailand, um 1495), sondern auch die herrlichen Werke des malenden Dominikaners Fra Angelico.

V. Frauen und die Nachfolge Christi

Schon während des Bisherigen wurde klar, daß alle großen Orden Männerorden waren und die Frauen mehr oder weniger ein geduldetes Anhängsel. Doch betrachtet man die Anfänge des asketischen Lebens, so waren es Frauen, die sich um Christi willen zurückgezogen hatten (vgl. A, II, 5). Einzelne Jungfrauen verzichteten auf die Ehe und widmeten sich ganz dem betrachtenden Gebet, um noch inniger mit Christus verbunden zu sein (Anfang 3. Jh.). Das Beispiel bewirkte Nachahmung. Zahlreiche Jungfrauen, junge Mädchen, Witwen und ältere Frauen begannen auf diese Weise ihrer Christusliebe Ausdruck zu verleihen. Denn die Botschaft, daß Gott sich um des Menschen willen geoffenbart hat und Erlösung möglich sei, ließ die Menschen des frühen Christentums nicht unberührt. Wie gesagt, es waren zuerst Frauen, die der Verheißung folgten und ihr bisheriges weltzugewandtes Leben änderten. Ihre Conversio wurde beispielhaft, und bewundernd priesen die Bischöfe ihr Leben. Erst gut hundert Jahre später gingen auch Männer diesen Weg. Sie verließen alles und gründeten in der Wüste Einsiedeleien und Klöster. Ihr Wirken strahlte anders in die Geschichte als die individuelle Frömmigkeit der Frauen, denn Kloster und Regel verliehen der Idee geschichtlichen Bestand.

Das Standesbewußtsein der Frauen im römischen Imperium, ihre Bildung und Freiheit ließ sie auch nach ihrer Bekehrung zum Christentum selbstbewußt Klöster und geistige Zirkel errichten, die ihrer Lebensart angemessen waren. Ähnliches läßt sich von der merowingisch-karolingischen Epoche sagen. Denn auch hier waren es adelige Frauen, königliche Witwen, herrscherliche Töchter, die in den geistlichen Dienst Christi traten, wobei das Selbstverständnis der Epoche ihre Lebensform bestimmte. Nach dem germanischen Eigenkirchenwesen bestimmten die hochadeligen Stifterinnen selbst die Regel. Sie schenkten ihrem Kloster genügend Besitz, damit die Frauen ein angemessenes Leben führen konnten, das ganz dem religiösen Wohl der Familie, der Sippe, letztlich des gesamten Volkes Gottes gewidmet war. Diese Benediktinerinnen schufen sich Stifte, Doppelklöster oder wählten die freiere Form der Kanonissen.

Eine Änderung dieser von Standespflichten getragenen Lebensweise mußte eintreten, nachdem sich das theokratisch bedingte Weltbild aufzulösen begann und eine individuelle, personale Nachfolge in den Vordergrund getreten war. Bei Hirsau und seinen Reformklöstern konnten wir den Wandel deutlich nachzeichnen. Die Erfahrung, daß Christus nicht in die Welt gekommen war, um zu herrschen, sondern zu dienen, traf die Menschen jener Zeit ins Herz, und rückhaltlos lebten sie ihren befreienden Glauben. Denn was ist befreiender für den Menschen als die Gewißheit, daß nicht Macht oder Ansehen, Erfolg und Aussehen, sondern die freiwillige Entäußerung, wie sie Christus vorgelebt hat, unsere individuelle Verlassenheit aufheben und eine Berühung mit dem Ganzen, mit der Einheit, mit dem Göttlichen ermöglichen kann? Das Inklusentum, die Doppelklöster zeugen ebenso von dieser neuen religiösen Erfahrung wie der Orden von Fontevrault, die Klöster der Héloise oder die weiblichen Konversen in den Orden von Vallombrosa, Camaldoli und den Grammontensern. Nicht zu vergessen sind die Doppelklöster der Kanoniker und Prämonstratenser.

Die personal ausgeprägte Religiosität, wie sie sich um 1000 zaghaft zu entwickeln begann, gab auch Frauen den Raum, eigenen Formen zu leben. Das christliche Glaubensbewußtsein entdeckte vor allem den demütigen Christus. Diese neue Sicht erlaubte Frauen eine Nachfolge, die um so authentischer war, je mehr sie sich verinnerlichte. Genauso spontan und frei wie die Büßer von Assisi bildeten sich parallel zur Entwicklung der Bettelorden Frauengemeinschaften, die ein Büßerleben führen wollten. Andere, wie die Beginen, lebten vom Betteln oder ihrer Hände Arbeit und folgten Christus, indem sie Werke leiblicher Barmherzigkeit übten. Ihre Lebensform entsprach weitgehend den Idealen der männlichen Bettelorden, doch war sie trotz Gleichzeitigkeit, um 1200, unabhängig von jenen entstanden. Andere Frauen waren mehr vom Bußgedanken und stiller Selbstentäußerung ergriffen, wie es der Heilige von Assisi und die „Fackel Gottes", Dominikus, lehrten und lebten. Unzählige Frauengemeinschaft entstanden, und fast in jeder Stadt schufen sich Frauen ohne Hilfe und kirchliche Anleitung Formen und Weisen religiösen Lebens. Gerade diese Freiheit machte ihnen zeitlebens zu schaffen, denn die „kirchliche Behörde" konnte mit solchen privaten Zirkeln, die nicht unähnlich den Ketzern sich auf eine personale Gottesbeziehung gründeten, wenig anfangen. Die immer wieder aufgewiesene Entwicklung zur personalen Frömmigkeit erreichte unter den Frauen schon allein zahlenmäßig ihre höchste Entfaltung, denn zwischen 1230 und 1260 entstanden weit mehr Frauenklöster, als es je Männerkonvente gab; die Entwicklung kam erst gegen Ende des 13. Jahrhunderts zum Stillstand. Personale Religiosität erfährt ihre höchste Vollendung in der Mystik, dem zweifellos tiefsten Bereich der Gotteserfahrung; sie kam in dieser Epoche gerade auch durch die Frauen zu hoher Blüte. Doch bevor davon die Rede ist, soll der geschichtlichen Entwicklung der Frauengemeinschaften und ihrer Beziehung zu den männlichen Orden nachgegangen werden. Wir besprechen die Beginen, Dominikanerinnen und Zisterzienserinnen; die Töchter des hl. Franziskus, die Klarissen, wurden bereits behandelt. Auch die Benediktinerinnen werden übergangen. Zum einen waren ihre Klöster alte Stiftungen, die weitgehend dem Hochadel reserviert waren. Zum anderen verlief ihre Geschichte in ähnlichen Bahnen wie die der männlichen Benediktiner. Die Blüte der Benediktinerinnen lag mehr in der karolingischen und ottonischen Epoche.

a) Die Beginen

Ganz im Schatten der Wanderprediger und ihren Orden stehen die weithin vergessenen Beginen. Diese Frauen nahmen sich die persönliche Nachfolge nicht minder zu Herzen wie Franziskus oder Norbert von Xanten, aber ihr Leben und ihre zahllosen Gründungen führten nicht zu einem Orden, der machtvoll in die Geschichte eingegriffen hätte. Die einzelnen freien Gemeinschaften blieben unabhängig und prägten jede für sich ihre besondere Eigenart aus. Um 1200 finden sich die ersten Beginen – die Bedeutung ihres Namens ist bislang ungeklärt – im Herzogtum Brabant und in der Diözese Lüttich. Doch auch in anderen Ländern und Städten kam es, man weiß nicht durch wessen Predigt, unabhängig davon zu ähnlichen Formen christlichen Lebens. In allen bedeutenden Städten – dies ist eine Besonderheit der Beginen, die sie mit den Bettelorden teilen – entstanden Anfang des 13. Jahrhunderts freie Gemeinschaften; so in den Niederlanden, in Mitteldeutschland, Polen, Schlesien, Böhmen, in den Städten entlang des Rheins, aber auch in Süddeutschland. Überall gaben zahllose Frauen ihre bürgerliche Sicherheit auf, um in allem dem armen Christus nachzufolgen.

Wieviele Frauen diesen Weg wählten, ist nicht zu schätzen; doch nimmt man einzelne Städte zum Vergleich, dann müßten es unzählige gewesen sein. Für Köln berichten die Chronisten zu Beginn des 13. Jahrhunderts von 2000 Beginen und 106 Beginenhäusern. In Basel gab es zur gleichen Zeit etwa 28 Beginenhöfe, in Mainz zählte man 22, und Straßburg brachte es auf 24, wobei ein Haus im Durchschnitt etwa 20 Personen zählte. Diese Frauen beschritten mutig einen neuen, anderen Weg, denn im Gegensatz zum bisher üblichen zogen sich die Beginen weder in eine Klause zurück, noch ließen sie sich einmauern. Nicht einmal ins Kloster wollten sie eintreten, um, geschützt durch die strenge Klausur, ein verborgenes Leben zu führen. Nein, inmitten der Welt wie die Mönche der Bettelorden oder die Prediger der Ketzer wollten die Beginen leben und wirken, unabhängig von einem Orden oder anderen gewohnten Bahnen. Allein ihr fester Wunsch, in Demut Christus nachzufolgen, schien ihnen zu genügen. Als Zeichen ihrer Conversio veräußerten sie alles überflüssige Vermögen und lebten von ihren bescheidenen Mitteln. Andere wieder verzichteten auf alles und arbeiteten in der Stadt; selten nahmen sie zum Betteln ihre Zuflucht. Eine frei gewählte Meisterin betreute die kleine Gemeinschaft, denn Hausgeistliche, Ordensbrüder oder Kapläne kannten die Beginen nicht. Täglich zogen sie aus, um Werke der leiblichen Barmherzigkeit zu vollbringen. Sie versorgten Arme und Kranke, unterrichteten mittellose Mädchen, gewährten „gefallenen Frauen“ eine sichere Zuflucht und halfen armen Leuten, die Beerdigung zu bestreiten, d. h., den Toten zu waschen, zu kleiden und zu beerdigen. In anderen Häusern betrieb man eifrig das Kopieren von Büchern und verdiente sich damit den Lebensunterhalt. Jedes Haus war selbständig und konnte auf verschiedene Arten tätig werden. Aber auch innerhalb der Gemeinschaft hatte die einzelne wesentliche Freiheiten. Einige Beginenhöfe waren gewissermaßen kleine Siedlungen mit Einzelhäuschen für die individuell lebende Begine. Die Frauen beteten die kirchlichen Stunden, oblagen der Meditation und scheuten sich nicht, in ihrem Kreise zu „predigen“, d. h. geistliche Gespräche zu führen und Erläuterungen zu geben. Diese Freiheit machte sie auch verdächtig, zumal nicht wenige Beginen ein mystisches Leben führten und das Wunschbild einer reinen, geistigen Kirche in ihrem Herzen trugen.

Es waren vor allem Töchter, Frauen und Witwen aus der städtischen Mittel- und Oberschicht, die diese freie Form religiösen Lebens wählten. Erst im 15. Jahrhundert lassen sich auch Frauen aus einfacheren Schichten nachweisen. Doch in dieser Zeit war der Höhepunkt bereits überschritten, denn fast von Anfang an hatten die Beginen um ihren Status zu kämpfen. Ihr großer Helfer war Kardinal Jakob von Vitry (1180–1254), dessen Conversio die Begine und Mystikerin Maria von Oignies bewirkt hatte. Zeitlebens war er ihr in geistlicher Freundschaft verbunden und von ihren Idealen einer gelebten Nachfolge Christi begeistert. Tatkräftig setzte er sich beim Papst für die bereits verleumdeten Frauen ein und erwirkte 1216 sogar eine päpstliche Billigung ihres bezweifelten christlichen Lebens. Auch den Kölner Beginen gelang es, sich gegen die bischöflichen Vorwürfe zu wehren und einen päpstlichen Schutzbrief (1250/51) zu erwirken. Ähnliche Wege gingen die Beginen in Osnabrück, Münster oder Paderborn.

Vor allem der heimische Klerus, die Pfarrer und Bischöfe waren diesem „Mönchtum", das nach keiner kirchlich anerkannten Regel lebte, nicht gewogen. In Südfrankreich wurden die Beginen zum Teil hart bedrängt, denn nicht wenige standen den verfolgten Spiritualen der Franziskaner nahe und erwarteten sehnsüchtig eine reine Kirche, auf daß die unselige Zeit des Papstums in Avignon beendet würde. Unter dem Druck des Klerus übernahmen schließlich die meisten Häuser die Regel der Dritten Orden. Unter Dritten Orden versteht man Christen, die in der Welt bleiben, aber nach den Zielen des Franziskaner- oder Dominikanerordens, später auch anderer Orden leben. Sie können ledig oder verheiratet sein und bilden eine Art Bruderschaft, die bestimmte geistliche Werke, vor allem die persönliche Buße, vollbringen. Regelmäßig treffen sie sich zu geistlichen Gesprächen, Gebeten und frommen Werken. Bereits Ende des 13. Jahrhunderts verfaßten die Bettelorden besondere Regeln für ihre Terziaren, wie man die Mitglieder der Dritten Orden auch bezeichnet. Sie wurden von Ordensbrüdern betreut, da sie, im Gegensatz zu den Beginen, zum Orden gehörten. Vereinzelt übernahmen die Beginen auch die Augustinusregel. Ohne kirchlichen Schutz waren die Beginen der städtischen Obrigkeit ausgeliefert, die seit Ende des Mittelalters auch massiv in ihr Leben eingegriffen hat.

Häufig umschloß eine Mauer den Beginenhof, der zum Teil mehrere Häuschen und Gärten für die einzelnen Beginen sowie eine kleine Kapelle besaß. Meist benützten sie gemeinsam nur den Arbeitsraum und das „Refektorium". Doch es gab auch bescheidenere Anlagen, gewissermaßen ein großes Wohnhaus, das der Kommunität gemeinsam zur Verfügung stand. Obwohl die Beginen im 17. Jahrhundert nochmals eine Blüte erlebten, existieren heute nur noch in Gent und Brügge bescheidene Niederlassungen.

b) Die Zisterzienserinnen

Der große benediktinische Reformorden, die Zisterzienser, nahm seltsamerweise von den Frauen keine Notiz. Die Konstitutionen aus dem Jahre 1134 verbieten sogar jede Betreuung von Frauen oder ihre Aufnahme in den Orden. Das Frauenkloster Tart war in den Augen der Zisterzienser eine persönliche Sache des ersten Abtes Stephan Harding und hatte mit dem Orden nichts zu schaffen. Auch die übrigen frühen Zisterzienserinnenklöster waren nur ein geduldetes Mitbringsel, denn diese ehemaligen Benediktinerinnen gelangten über ihre Zugehörigkeit zu einem Klosterverband, der geschlossen zum Reformzweig übergetreten war, zu den Zisterziensern.

Seltsamerweise besaß der Orden aber dennoch zu Beginn des 16. Jahrhunderts 900 Frauenklöster, denen nur etwa 700 männliche Zisterzen gegenüberstanden. Der große Zuwachs an Frauen ereignete sich auch bei den Zisterziensern zwischen 1230 und 1260, der Blütezeit des weiblichen Mönchtums in bezug auf seine Gründungen, und dies, obwohl der Orden nach wie vor auf seiner bisherigen Ablehnung bestand. 1220 und 1228 betonten abermals die Generalkapitel das strikte Aufnahmeverbot und drohten zuwiderhandelnden Äbten mit der Enthebung. Doch die Päpste, Bischöfe und Fürsten dachten anders und wollten die fraulichen Gemeinschaften nicht allein lassen. Ihren offenen Wünschen und Befehlen konnte sich auch der Orden nicht widersetzen. So kam es über den unbeugsamen Willen Mächtiger zur Übernahme der an sich ungeliebten Frauenkonvente. Die Zahlen sprechen für sich: Während des Jahres 1231 nötigte der Papst dreimal dem Orden Frauenkonvente auf. Beim erstenmal waren es 30, dann folgten 31 und schließlich nochmals 32 Klöster. Insgesamt waren es ungefähr 250 Konvente, die zwischen 1230 und 1236 durch den Papst dem Orden inkorporiert wurden. Auch die Bischöfe waren nicht müßig. Sie brachten bis zu diesem Zeitpunkt (1236) dem Orden etwa 100 Klöster zu, und dem herrscherlichen Willen weltlicher Fürsten verdanken 300 Konvente ihre Zugehörigkeit zum Orden, d. h., die meisten Klöster der Zisterzienserinnen (ungefähr 650) kamen auf diese an sich unerwünschte Weise in den Orden. Kein Wunder, daß sich die Zisterzienser sehr um ein päpstliches Privileg mühten, künftig zu keiner Aufnahme mehr, auch nicht seitens des Papstes, gezwungen werden zu können; 1251 erreichten sie schließlich das begehrte Privileg.

Obwohl die Frauenkonvente dem Orden zugezählt wurden, gab es unterschiedliche Formen der Zugehörigkeit. Sie reichte von der vollständigen Integration, wobei alle Rechte, Pflichten und Privilegien des Gesamtordens den weiblichen Zisterzen zuteil wurden, bis hin zur bloßen Erlaubnis, nach der Zisterzienserregel zu leben, den Habit zu tragen und die Gewohnheiten zu beachten; sonst bestanden keine Beziehungen zum Orden. Wir beschränken die folgende Beschreibung auf den Modellfall einer vollständigen Inkorporation.

Die Ordensfrauen lebten völlig nach der Regel des Ordens und vollbrachten denselben liturgischen Dienst. Vor Mitternacht eilten sie zur Kirche, um auf lateinisch das Lob Gottes zu singen, das in den weiteren sechs Gebetszeiten seine Fortsetzung fand. Dazu kam noch die heilige Messe, das Totengedächtnis und die kleinen Marianischen Tagzeiten. Insgesamt sieben Stunden umfaßte das allgemeine Gebet, dem stille Betrachtung, Lesungen, Meditation und bescheidene Handarbeit – Bücherabschreiben, Spinnen, Sticken und ähnliches mehr – folgten (Abb. 146).

Auch das Schweigen, das Fasten, ja selbst die Lage ihrer Klöster und deren Bauweise übernahmen sie vom Orden. Jedem Frauenkonvent war ein Vaterabt zugeordnet, der es visitieren mußte und dem allein das Recht der zustand, die Profeß entgegenzunehmen. Die

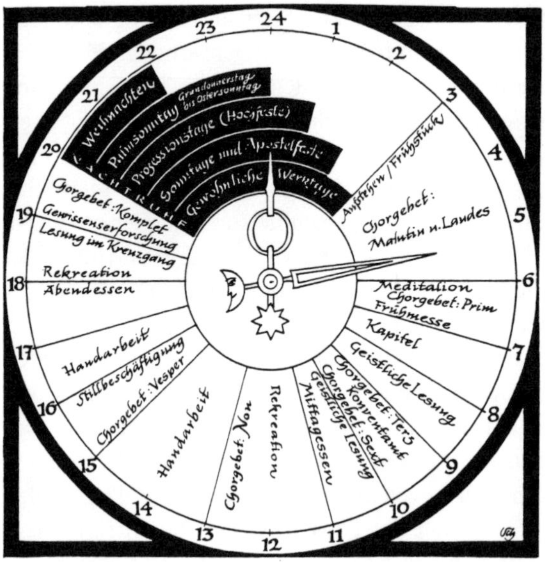

146 *Tagesablauf der Zisterzienserinnen während des 18. Jahrhunderts. Der Tag war weitgehend vom Offizium, dem Lob Gottes bestimmt.*

Äbtissin durfte zwar frei gewählt werden, jedoch unter seinem Vorsitz. Obwohl die Äbtissinnen vollberechtigte Mitglieder des Ordens waren, zum Generalkapitel wurden sie nicht gebeten, noch besaßen sie dort eine Stimme; ihr Vaterabt hatte ihre Belange zu regeln. Im Unterschied zu den Männerkonventen mußten die Frauen sich einen Defensor, Verteidiger, suchen, der ihre Rechte beschützte und bewahrte, denn die Frauen hatten strengste Klausur. Dieser Defensor wurde meist aus der Stifterfamilie genommen und entwickelte sich letztlich zu einer Art Vogt des Klosters, den die männlichen Klöster nicht kannten. Für die Verwaltung und Wirtschaft ernannte die Äbtissin einen Laien zum Prokurator.

Betrachten wir zur Erläuterung beispielhaft den Plan der Zisterze Heiligkreuztal, die um 1250 hierhin verlegt wurde. Ähnlich wie Maulbronn hat sie die Gesamtanlage weitgehend bewahrt. Das auffälligste Merkmal besteht in der Lage des Refektoriums (3), das hier parallel und nicht wie bei den männlichen Zisterzen stirnseitig zum Kreuzganggeviert angeordnet ist; an dieser Stelle liegt hier der Kapitelsaal (4). Ebenso zeigt die Lage und Form der Kirche eine Eigenart, denn sie reicht nicht bis zur Front des westlichen Kreuzganges, sondern setzt etwa um ein Drittel weiter östlich an. Typisch für Frauenklöster ist die Zweiteilung der Kirche in einen Gemeinderaum (1) und eine weit ins Kirchenschiff hineinragende Nonnenempore (2). Ungestört konnten so die Chorfrauen in Klausur ihren liturgischen Dienst vollbringen, gleichzeitig aber auch die Messe hören, denn ein Altar innerhalb der Klausur war anfangs verboten. Die Kommunion wurde ihnen durch eine kleine Tür gereicht, zu der eine enge Treppe vom Gemeinderaum aus führte. Wie bei den Kanonissen, so lasen auch bei den Zisterzienserinnen und Dominikanerinnen keine Mönche die Messe, sondern Weltgeistliche feierten den Gottesdienst, weshalb die Kirchen dieser Nonnenkonvente seltsamerweise – bedenkt man die strenge Klausur – öffentliche Gotteshäuser waren.

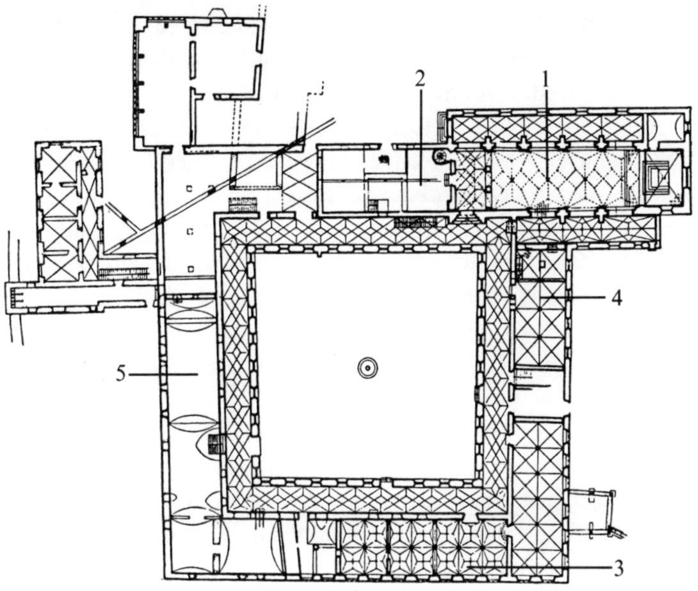

147 *Heiligkreuztal (Oberschwaben), Grundriß des ehemaligen Zisterzienserinnenklosters; sehr gut erhaltene Gesamtanlage. Anfang des 13. Jh. gegründet, lebten die Frauen nach der Zisterzienserregel, wurden aber erst durch ein päpstliches Machtwort (1239) in den Orden aufgenommen. 1804 säkularisiert.*

Die Äbtissin stellte den Kaplan oder die Kapläne an, die sich später allerdings verpflichten mußten, nach Art des Ordens zu leben. Unter der Nonnenempore fand sich nochmals ein kleiner Sakralraum für die Brüder und Schwestern, die als Konversen den Chorfrauen dienten. Doch war ihre Anzahl nicht sehr groß, denn Frauenklöstern war es entgegen der Regel von Anfang an erlaubt, ihre Güter als Lehen oder auf Pacht zu vergeben; ferner durften sie Zinsen nehmen, Zehnte besitzen und Renten einnehmen. Familiares, Lehensleute und Knechte besorgten die nötigen Arbeiten. Die Schwestern arbeiteten in der Küche, Bäkkerei usw., jedoch nicht auf dem Felde. Sie wohnten in einem Schlafsaal oberhalb der Wirtschaftsräume (5). Der Großteil der Chorfrauen jedoch lebte entgegen der verbindlichen Vorschrift wohl immer schon in Einzelzellen. Nur die Novizinnen und jüngeren Schwestern mußten im gemeinsamen Dormitorium schlafen. Obwohl die Generalkapitel von 1287, 1314 und 1337 dies rügten und verwarfen, hielt sich dieser Brauch. Die Männerklöster bekamen erst im 15./16. Jahrhundert diese Vergünstigung. Die Ämterfolge entsprach im wesentlichen dem Männerorden, doch blieben die Zisterzienserinnen, im Gegensatz zu den gleichzeitig entstandenen Frauenkonventen der Bettelorden, weitgehend reine Standesklöster, in die Nichtadelige nur schwer Aufnahme fanden.

c) Die Dominikanerinnen

Obwohl die Dominikaner zu den Bettelorden zählten und somit eine freiere Lebensweise als das bisherige Mönchtum pflegten, fiel es den Söhnen des hl. Dominikus nicht minder schwer als den standesbezogenen Zisterziensern, sich zur Aufnahme von Frauengemeinschaften zu verstehen. Die erste Gründung in Prouille (um 1206) diente dazu, bekehrte

Frauen im sicheren Hort eines Klosters zu bergen. Zwar unterstützten die Nonnen durch Gebet und Opfer das Werk des Heiligen, doch als weiblichen Zweig seiner Tätigkeit verstanden es weder Dominikus noch die Frauen von Prouille. Auch bei seiner zweiten Gründung, dem Kloster S. Sisto in Rom, kam der Auftrag von außen, denn der Papst wünschte, daß vereinzelt lebende Nonnen zu einem mustergültigen Konvent zusammengeschlossen würden, wozu er Dominikus beauftragte. Erst nach mehreren Anläufen konnten sich diese Nonnen zu einem strengeren monastischen Leben bequemen. Auch die dritte Gründung in Bologna stand nicht unmittelbar im Dienste des Ordens, wenngleich sie aus der Predigt des hl. Dominikus erwachsen war. Erst nach dem Tode des Stifters brachte Generalmeister Jordan von Sachsen den Plan um 1223 zur Ausführung und gründete in Bologna einen Frauenkonvent. Vereinzelt betreuten immer schon Dominikaner die eine und andere Frauengemeinschaft, doch spätestens 1224 wurde dies strikt untersagt. Selbst die alten Gründungen in Prouille, Rom, Madrid und Bologna wollte man abstoßen, wenn nicht der Papst ein Machtwort gesprochen hätte. Selbst diese vier Klöster aber waren dem Orden noch zuviel, denn sein Generalmeister Raymond von Peñaforte erwirkte (1239) ein päpstliches Privileg, das dem Orden erlaubte, alle Frauenklöster abzugeben. Erneut (1244) wandten sich die Nonnen von S. Sisto an den Papst, der nun abermals den Orden zwang, dieses Kloster zu behalten und zu betreuen. Auf diesem Wege kamen bis 1246 noch weitere neun Frauenkonvente in den Orden. Vor allem Kardinal Hugo von St. Cher verhalf deutschen Klöstern zur begehrten Inkorporation. Doch der Orden ließ nicht locker, denn er glaubte seine Aufgabe - Predigt, Mission und Studium - nicht mit der Betreuung von Frauenkonventen vereinbaren zu können. 1252 erreichte der Orden schließlich einen päpstlichen Frei-

148 *Ansicht des Dominikanerinnenklosters Töß. Stich (1741); Winterthur, Stadtbibliothek. Im Spätmittelalter versuchte man vor allem über die Mystik, eine intensive Christusfrömmigkeit zu leben. In Töß lebten mehrere mystisch begabte Dominikanerinnen. Die berühmteste war Elsbeth Stagel. Die Frauen waren hoch gebildet, sie schrieben Latein und wechselten theologische Briefe mit Heinrich Seuse und Eckhart. 1525 wurde das Kloster aufgehoben, die Kirche 1916 abgetragen.*

brief, sich aller Frauenklöster, außer S. Sisto und Prouille, zu entledigen. Den bisherigen Konventen erlaubte man zwar, nach der Dominikanerregel zu leben, doch ansonsten hatte der Orden mit ihnen nichts zu schaffen; sie unterstanden dem jeweiligen Diözesanbischof. Erst unter dem Generalmeister Humbertus (1264–1283) kam es zu einer Lösung. Die Konvente wurden im Jahre 1267 dem Orden rechtlich einverleibt (inkorporiert), jedoch mußten die Frauen zur Betreuung Weltgeistliche anstellen. Ebenso weigerte sich der Orden, die wirtschaftliche Verwaltung zu übernehmen; dies sollten die Konvente mittels Oblaten, Familiares und Knechten selbst besorgen.

Gerade letzteres gibt unter anderem einen Hinweis zum Verständnis der Haltung des Ordens Frauenkonventen gegenüber. Die Dominikaner hatten sich zur absoluten Armut verpflichtet; feste Einkünfte aus Liegenschaften, Ländereien oder Zehntrechten waren streng verboten. Aber gerade dies benötigten die Dominikanerinnen zu ihrer Existenz, denn die Klausur verhinderte das Betteln und ihr fehlendes Priestertum die reichliche Gabe des Meßstipendiums. Als Verwalter oder Berater eines Frauenkonventes wären die Dominikaner gerade mit Besitz, Lehen usw. konfrontiert worden, was ihre Regel nicht erlaubte. Doch scheint mir dieser Grund eher ein äußerlicher zu sein. Die Problematik ist weitaus umfangreicher und dürfte vielleicht im tiefenpsychologischen Bereich liegen, wie er bei den Kartäuserinnen kurz gestreift worden ist (vgl. C, IV, 1d). Bewundernswert bleibt, wie es die Frauen trotz beständiger Ablehnung geschafft haben, ihre Klöster zu bauen und zu besiedeln. Ihre Unterordnung konnte sich jedenfalls stets auf das Vorbild Christi selbst berufen, was für die „herrschenden" Mitbrüder nur schwerlich möglich war.

Die dominikanische Regel für die Frauenklöster (1259) fußt weitgehend auf den Gepflogenheiten des Konventes von S. Sisto in Rom, die wiederum monastisches Allgemeingut darstellen. Die Frauen verpflichten sich zur stabilitas loci und bewahren strengste Klausur. Sie beten (singen) das ganze dominikanische Offizium, wobei sich aber nach Mette und Komplet je eine Stunde private Meditation anfügt. Daneben obliegen sie dem Studium und pflegen in bescheidenem Rahmen zu arbeiten. Überall und ständig soll Schweigen herrschen, allein bei der Arbeit darf es gebrochen werden. Die Speise- und Fastenvorschriften waren gleich, und auch die Tischlesung wurde gehalten. Nur die Wahl der Priorin stellt eine Besonderheit dar, denn sie wurde von erfahrenen Schwestern gewählt, die vom ganzen Konvent dazu bestimmt wurden. Wie die Dominikaner, so besaßen auch die Chorfrauen Konversen, die sogenannten Ausgehschwestern, die für die gröberen Arbeiten in Küche und Keller zuständig waren. Im übrigen, so heißt es, soll die Regel des hl. Augustinus beachtet werden.

Die Konventgebäude glichen im großen ganzen dem Schema der Dominikaner. Ein bescheidenes Klostergeviert umfaßte alle üblichen monastischen Räume, wobei aber die typische Nonnenempore die Kirche prägte. Ihre Klöster lagen zwar häufig in der Stadt, doch auch auf dem flachen Lande, abseits vom Getriebe der Welt gründeten die Frauen ihre bescheidenen Niederlassungen (Abb. 148). Hier jedoch erweiterten Ökonomiegebäude die sonst eher kleinlich gebaute Anlage, denn umfangreicher Grundbesitz sollten den Frauen ein materiell gesichertes Leben ermöglichen.

Die Dominikanerinnen erlebten eine ähnlich rasche Verbreitung wie die übrigen Frauengemeinschaften des 13. Jahrhunderts, wobei unerklärlicherweise die meisten Gründungen im Süden Deutschlands, in der Provinz Teutonia, geschaffen wurden. Von den insgesamt 141 Frauenkonventen (um 1300) lag fast die Hälfte (65) in Süddeutschland; allein in Straßburg gab es sieben Konvente. Doch nicht nur durch ihre Anzahl traten die süddeutschen Dominikanerinnen hervor; ihnen gelang es während des 14. Jahrhunderts, als der männliche Zweig mit großen Verfallserscheinigungen zu kämpfen hatte, in der Mystik die personale Frömmigkeit zur höchsten Blüte zu erheben. In den Klöstern Töß, Weiler, Katharinental, Engeltal oder Kirchberg lebten zahlreiche Mystikerinnen, die in umfangreichen Schriften ihre Visionen, Ekstasen, aber auch ihre Durststrecken der Gottesferne schildern. Die Braut- und Liebesmystik, wie wir sie bei Bernhard von Clairvaux aufweisen konnten, wurde seit dem 13. Jahrhundert durch die Passionsmystik erweitert. Zahlreiche Mystikerinnen erlitten die Stigmatisation oder wurden in der Karwoche so krank, daß sie gewissermaßen ohnmächtig die Tage verbrachten. Ihre Mystik war ein Mitleiden, eine Compassio, wodurch sie „ihrem Christus" nachfolgten und an den Früchten der Passion Anteil bekamen. Andere wiederum lebten mehr die Liebesmystik, wie es dann in dem beliebten Andachtsbild der Johannesminne anschaulich zum Ausdruck kommt. Auch dem kleinen Christuskind galt die mystische Versenkung, die in kunstvoll geschaffenen Christuswiegen ihr plastisches Bild gefunden hat. Ob man nun eine rein geistige Mystik lebt wie Bernhard von Clairvaux oder eine anschauliche wie die Frauen mit ihren Bildwerken, immer erfährt der Mystiker auf eine unvermittelte, höchst persönliche Art Gott selbst. In dieser Hinsicht ist die Mystik die Vollendung der personalen Frömmigkeit.

VI. Das Mönchtum im ausgehenden Mittelalter

1. Überblick

Während des frühen und hohen Mittelalters gingen zahllose Christen in ihrem Glauben neue Wege und versuchten, Gott personaler zu begegnen, was sich eindrucksvoll in den monastischen Reformen und Neugründungen zeigte. Rufen wir uns noch einmal die bloßen Zahlen ins Gedächtnis; sie allein schon können uns die Intensität des religiösen Lebens dieser Zeit widerspiegeln.

Zu Beginn des 10. Jahrhunderts trat Cluny in die Geschichte und reformierte über 600 Klöster. Unabhängig davon entstand im flandrischen Brogne der Versuch, Christus getreuer nachzufolgen, dem sich nicht weniger als 30 Klöster öffneten. Fast gleichzeitig gingen von Gorze Impulse aus, die mehr als 160 Abteien erfaßten. Nicht zu vergessen sind die Reformzentren Dijon, Fruttuaria und Marseille, die zu Beginn des 11. Jahrhunderts über hundert Klöster mit neuem Geist und Leben füllten.

Mit dem 11. Jahrhundert begannen die Inklusen, Eremiten und ihre Orden in die Geschichte einzutreten. Auf eine völlig andere Weise als das bisherige Mönchtum lebten sie ihren Glauben und führten bevorzugt ein individuelles Büßerleben. Auf den hl. Romuald

(† 1027) geht der Einsiedlerorden von Camaldoli und die Eremitenkongregation von Fonte Avellana zurück. Den Klosterverband von Vallombrosa schuf Johannes Gualbertus († 1073), und Stephan Muret († 1124) gründete in Limoges einen Eremitenverband mit über 60 Einsiedeleien. Um 1080 legte der hl. Bruno den Grundstein zu einer Einsiedelei, aus der die Kartäuser hervorgingen. Nicht zu vergessen sind die Eremitenverbände von Artige mit etwa 30 Einsiedeleien sowie die vielen kleinen Eremitenorden wie Brittiner, Johannboniten, Wilhelmiten, Augustiner-Eremiten usw. Daneben lebten noch zahllose Inklusen und individuelle Einsiedler, denen die Geschichte kein oder nur ein geringes Gedächtnis eingeräumt hat.

Gegen Ende des gleichen Jahrhunderts traten außerdem die Klöster Siegburg, St. Blasien und Hirsau auf den Plan, die alle noch geistiger, noch religöser und noch monastischer leben wollten. Mit ihren Ideen berührten sie nahezu jedes Kloster des Reiches. In ihren Doppelklöstern und dem Konverseninstitut zeigte sich, wie groß und allgemein die Sehnsucht der Menschen war, Christus nachzufolgen.

Doch längst bevor die Benediktiner sich nach dem Vorbild von Hirsau reformierten, änderten die Kanoniker ihre Lebensweise und verließen um Christi willen ihre wohldotierten Pfründen. 1039 gründete sich die Kanonikergemeinschaft von St. Rufus, der später über 110 Stifte zugehörten. Die Kanoniker von Arrouaise, St. Viktor, oder Rottenbuch sind beispielhaft zu nennen. Alle wollten ihren Glauben konsequent verwirklichen und wie die Apostel in Armut das Evangelium verkünden.

Am Ende dieses Jahrhunderts (1098) legten die Benediktiner von Molesme den Grundstein zum Zisterzienserorden, der nicht nur durch seine Anzahl an Klosterbewohnern – in Clairvaux lebten 200 Mönche und 300 Konversen –, sondern durch die Art seiner Verbreitung alles bisherige übertraf. Innerhalb von fünfzig Jahren (bis zum Tode Bernhards) entstanden etwa 350 Klöster, die sich über ganz Europa verteilten.

Während die Zisterzienser ihre Klöster abseits erbauten, wirkten in den Städten die Wanderprediger, die ein völlig neues Christusideal verkündeten. Einer von ihnen war Norbert von Xanten († 1134); er schuf den Orden von Prémontré. Mit dieser Gründung endete vorläufig der tosende Strom von Ordensstiftungen und Reformen.

Das 13. Jahrhundert wurde abermals zur Epoche der Mönche. Um 1210 gründete Franziskus seine kleine Gemeinschaft von Büßern, die sich zwanzig Jahre später anschickte, zu einem ganz Europa erfüllenden, missionarischen Orden mit zahlreichen Gelehrten und eigenen Hochschulen zu werden. In Italien erreichten die Franziskaner noch vor Ende des Jahrhunderts 500 Konvente, und in Frankreich besaßen sie zum Schluß über 600 Häuser. Einen ähnlichen Verlauf nahmen die Dominikaner. 1215 gegründet, eilten sie früh an die Universitäten und schickten ihre gelehrten Brüder bis zu den Mongolen. Schließlich besaßen sie mehr als 630 Konvente. Bisher sprachen wir immer nur von den neuen oder den reformierten Orden. Daneben bestanden noch die Benediktinerklöster, ganz zu schweigen von den zahlreichen Frauenkonventen. Die Franziskanerinnen bzw. Klarissen, Dominikanerinnen, Zisterzienserinnen und Beginen, alle während des 13. Jahrhundert entstanden, übertrafen an Mitgliederzahl bei weitem ihre männlichen Ordenszweige. Gegen Ende des Mittelalters gab es allein 900 Zisterzienserinnenklöster. Jede Stadt besaß mindestens ein

Dominikanerinnen- und Klarissenkloster, manche sogar mehrere, wie beispielsweise Straßburg mit seinen sieben Dominikanerinnenkonventen. Man sollte sich die Zahlen vor Augen halten, um die Bedeutung der Klöster im Leben dieser Zeit zu ermessen. Aber nur deshalb bekamen die Orden soviel Zulauf, weil nach wie vor das monastische Leben als die höchste Verwirklichung des Christentums angesehen und angestrebt wurde.

2. Verfall, Änderung, Reformversuche

Mit dem Spätmittelalter scheint sich dieser absolute Anspruch des Mönchtums offensichtlich verloren zu haben, was aber keineswegs einen Niedergang der Religion, sondern nur den einer bestimmten Form bedeutet. Denn betrachtet man die Kunst des Spätmittelalters, die zahlreichen großen gotischen Stadtpfarrkirchen, die vielen neu entstandenen Wallfahrtsorte mit ihren ebenfalls herrlichen Gotteshäusern, den aufblühenden Heiligenkult, der zahllose Heiligenfiguren, Tafelbilder, Schreinaltäre hervorbrachte, so kann man zwar über den Sinn und die Bedeutung dieser religiösen Form geteilter Meinung sein, die Tatsache aber kann nicht geleugnet werden. Doch das Mönchtum hatte an dieser Entwicklung nur geringen Anteil. Sein Höhepunkt war gegen Ende des 13. Jahrhunderts überschritten, und trotz gutgemeinter Reformen lief es seiner Erstarrung entgegen. Vor allem die Auflösung des gemeinsamen Lebens, die Aufteilung des Vermögens in einzelne Präbenden, die Zelle anstelle des Schlafsaales und die Trennung des Abtes von seinem Konvent waren die schlimmsten Vorwürfe der Zeit. Doch die Lockerung der Gemeinschaft kann auch als ein notwendiger Weg zu neuem, individuellen Leben sein; es fällt auf, daß zum Ende des Mittelalters gerade wieder jene religiösen Gemeinschaften Zulauf bekamen, die dem einzelnen den größten Freiraum gewährten, die Eremiten nämlich.

Anhand einiger Sachfragen wie Eigentum, Fleischverbot, Essen, Schweigen und Belegzahlen soll das Mönchtum des Spätmittelalters charakterisiert werden.

Wir haben schon darauf verwiesen, daß bereits 1208 das Generalkapitel der Zisterzienser die Selbstbewirtschaftung gelockert und unrentable Liegenschaften zu verpachten erlaubt hatte. Konvente mit weniger als acht Konversen durften seit 1237 weltliches Personal in der Küche anstellen; 1274 wurde dies generell gestattet. Gerade in der Küche läßt sich bald eine Änderung nachweisen, denn die Zisterzienserklöster nahmen nun auch die sogenannten Pitanzen an, d. h. Naturalstiftungen zugunsten des Speisesaales. Fromme Laien spendeten der kargen Tafel der Mönche bestimmte Ergänzungen wie guten Wein, frisches Obst, bessere Fische, feinen Kuchen usw., die den Mönchen an bestimmten Tagen zu reichen waren. Meist war mit dieser Spende eine Gebetsgedächtnis verbunden. 1212 sind solche Pitanzen für Eberbach bezeugt, die den Mönchen Weißbrot, guten Fisch und Wein bescherten. Gegen Ende des 15. Jahrhunderts besaßen die meisten Klöster so viele Pitanzen, daß eigene Kalender dazu notwendig waren und ein Pitanzenmeister das dazu bereitliegende Vermögen verwalten mußte. Es gab Klöster wie beispielsweise die niederösterreichische Zisterze Heiligenkreuz mit 200 Pitanzentagen im Jahr. All diese Erleichterungen führten schließlich zur Aufgabe bzw. zu einem symbolischen Rest der grundsätzlich fleischlosen Kost. Was 1468 Eberbach erlaubt war, nämlich sonntags, dienstags und donnerstags

Fleischspeisen zu genießen, konnte anderen Zisterzen schlecht verwehrt werden. Die fleischlosen Tage suchte man schließlich mit qualitätsvollen Fischgerichten zu umgehen. In den Rechnungen der Kartause Gamig finden sich Anfang des 15. Jahrhunderts fünf verschiedene Fischsorten; die Zisterze Rein kaufte neun Fischsorten, und das Benediktinerkloster Göttweig brachte es sogar auf 35.

Aber nicht nur die Küche, sondern auch die Ausstattung der Refektorien glichen sich dem adeligen Standard an. Verbote gegen Besitz und Verwendung von Silberbesteck, wertvollen Tüchern usw. bei Abt und Konvent gibt es seit 1250. Immer häufiger mußte im ausgehendem 13. Jahrhundert das Generalkapitel in Cîteaux gegen den Luxus vorgehen. 1233 erließ es ein Verbot, sich teure Pferde zu halten oder gar vierspännig zu reisen und die Pferde mit kostbarem Sattelzeug zu schmücken. Selbst zur Sänfte griffen bequeme Äbte, was 1308 scharfe Strafen nach sich zog. Auch die Kleidung schien den Konventualen zu dürftig zu sein. Die Form wurde zwar beibehalten, doch wertvolles Tuch und Seide machten die Beschränkung wett, was das Generalkapitel im Jahre 1280 vergeblich beklagte. Waren bereits zahlreiche Formen des gemeinsamen Lebens gelockert oder sogar aufgehoben, weshalb sollte man sich noch in ein großes Dormitorium fügen? Längst besaß der Abt ein eigenes Schlafgemach, und seit Ende des 13. Jahrhunderts versuchten die Mönche durch Trennwände den Schlafsaal in Zellen einzuteilen. Zwar rügte das Generalkapitel diesen Wunsch, aber selbst die Forderung des Papstes Benedikt XII. (1335) nach dem allgemeinen Schlafsaal blieb nutzlos. Denn man definierte die Zelle als einen abgeschlossenen Raum, wodurch Trennwände mit Vorhängen oder halbhohen Türschranken beibehalten werden konnten. Gegen Ende des 15. Jahrhunderts wurden abschließbare Zellen gang und gäbe, wenngleich die offizielle Erlaubnis erst im 16. Jahrhundert erfolgte. Doch gab es Klöster, die erst im 17. Jahrhundert von diesem Privileg Gebrauch machten. Zwettl gestattete sich 1615 Zellen, und im niederösterreichischen Heiligenkreuz mußten die Mönche bis 1634 warten. Wie die Mönche sich gegenseitig absonderten, so auch die Äbte von ihren Konventen. Denn schon zu Beginn des 15. Jahrhundert erlaubten sie sich eine eigene Abtei, d. h. einen von der Klausur gesonderten, eigenständigen Bau, in dem der Abt nicht mehr lebte, sondern residierte (Abb. 112). Dies setzte eine getrennte Kasse und Verwaltung zwischen Abtsgut und Konventgut voraus, was vielfach auch vorgenommen wurde.

Nicht anders waren die Verhältnisse bei den Benediktinern, deren Klöster sich gegen Ende des Mittelalters zu Reservaten des Adels entwickelt hatten. Das gemeinsame Vermögen war in Präbenden eingeteilt, und streng wachten die Inhaber darüber, daß die Schar der Präbendare klein blieb, damit die Präbende umso größer ausfalle. In Brauweiler schritt man bereits 1255 zu einer Vermögenstrennung und Aufteilung. In St. Paul im Lavanttal lebten 1320 die Konventualen nach eigenen Einkünften. Ähnliches zeigte sich bei den Chorherren; so das berühmte Stift Klosterneuburg. Hier bezogen die Stiftsherren seit 1398 ihre Präbende sogar in Bargeld und waren somit jeder Sorge um Einzug und Verwaltung der Güter enthoben. Andere zogen daraus die Konsequenz und änderten sich zu adeligen Kanonikerstiften wie beispielsweise die Klöster Ellwangen (endgültig 1416) oder Großkomburg (1488); Einsiedeln dagegen ließ sich vom Papst das Adelsprivileg geben, wodurch nur Adelige Aufnahme finden konnten. Fast alle wohlhabenden Benediktinerklöster gewährten nur noch Adeligen Aufnahme. Gleichzeitig aber pflegten diese „Benediktiner" ein in jeder Hinsicht freizügiges Leben.

In welchem trostlosen Zustand sich die Benediktinerabteien Ungarns befanden, belegen die Visitationsprotokolle aus dem Jahr 1508. In den insgesamt 17 visitierten Abteien lebten einschließlich der Äbte 63 Mönche, wobei zwei Klöster je zehn Konventualen besaßen, auf die übrigen verteilte sich der Rest, was ein Durchschnitt von nicht ganz drei ergibt. Nur eines der Klöster besaß noch eine Bibel; von anderen Büchern oder gar Bibliotheken ganz zu schweigen.

Ähnliche Verhältnisse treffen wir auch bei den Bettelorden. Einst wegen ihrer Gelehrsamkeit hoch gerühmt, wurden sie seit dem 14. Jahrhundert zum Spott der Gebildeten. Hart geht der englische Gelehrte Richard de Bury (1287–1345) in seinem Buch „Philobiblion" mit den ungebildeten Bettelmönchen ins Gericht, die ihren eigensten Auftrag vergessen haben. Wir zitieren daraus:

„Daher erklären die Satzungen der Predigermönche, daß der Orden vor allem dazu gestiftet wurde, die Heilige Schrift zu studieren und dem Heil des Nächsten zu dienen... Aber, o Kummer! Die dreifache Mühe, die sie sich um ihre Mägen, um ihre Kleider und um ihre Wohnungen machen, lassen alle diese Männer und die, welche ihren Spuren folgen, die Liebe und väterliche Sorge vergessen, die sie den Büchern schulden. Weit davon entfernt, die Fürsorge des Heilandes zu befolgen, kümmern sie sich um nichts weiter als um ihren vergänglichen Leib, um ihren Tisch, um ihre gegen alle Vorschrift feine Kleidung und darum, Gebäude von einer Höhe zu errichten, daß diese schon Schloßtürmen gleichen, was gar nicht der erwählten Niedrigkeit geziemt. Wir Bücher, die wir sie aufgestellt haben, damit sie am Erfolg der Bücher mithelfen, die wir ihnen einen Ehrenplatz inmitten der Mächtigen und Vornehmen eingeräumt haben, werden von ihnen für unnütz gehalten, und sie entziehen uns ihre Herzensliebe. Einige sind unter ihnen, die ihre Muße auf gewisse geringwertige Schreibarbeiten verwenden, in denen sie freche Lieder und törichte Gedanken niederlegen, nicht um dem Geist Nahrung zu geben, als vielmehr um die Ohren der Zuhörer zu kitzeln. Die Heilige Schrift wird nicht mehr erklärt, sondern in Bann getan, gleichsam auf die Straße geworfen und beiseite gelegt als aller Welt allzu bekannt..."

Die Kritik an den ungelehrten Mönchen wird nicht mehr verstummen, besonders die Humanisten konnten sich hierin nicht genug tun.

Auf den Armutsstreit bei den Franziskanern wurde schon verwiesen. Er war Höhepunkt des Kampfes um die Ideale des Ordens, die durch seine neue Aufgabenstellung unweigerlich Wandlungen unterworfen waren. Seit 1250 durfte der Orden offiziell Kirchen bauen und besitzen. Im gleiche Jahr erlaubte der Papst das Bestattungsrecht, das über die gestifteten Jahrtage den Mönchen sicheres Vermögen bescherte. Zwar versuchte 1303 das Generalkapitel diese festen Einkünfte wieder zu lösen bzw. zu reduzieren, doch es blieb beim Versuch. Um 1300 besaßen die Konvente mit Billigung des Generalkapitels schon Reitpferde, und die einzelnen Brüder erfreuten sich nicht nur eines bescheidenen Taschengeldes, sondern ließen sich ihr elterliches Erbe häufig als beständige Rente auszahlen. So wohlhabend waren beispielsweise einzelne Klarissen von Söflingen (Ulm), daß der Konvent größere Anleihen bei ihnen machen konnte. Wir sehen hier eine ähnliche Tendenz

49 *Ignatius überreicht dem Papst seine Regel. Gemälde (17. Jh.); Rom, Il Gesù. Der Maler betonte hier vor al-*
'em das vierte Gelübde aller Jesuiten, dem Papst in Sachen Seelsorge besonders verpflichtet zu sein. Von Ignatius
zibt es kein zeitgenössisches Bild, nur einen Abdruck der Totenmaske.

150 *Der hl. Ignatius unterrichtet Kinder. Miniatur aus dem Gebetsbuch der Kaiserin Maria Amalie (18. Jh.); München, Bayerische Staatsbibliothek. Durch Bildung und Lehre „zur größeren Ehre Gottes“ zu wirken, ist eine Hauptaufgabe der Gesellschaft Jesu.*

151 *Jesuiten im Dienste der Pestkranken. Kolorierter Kupferstich (um 1700); Landsberg am Lech, Stadtmuseum. Während der Ausbildung mußte anfangs jeder Anwärter einen Monat in einem Siechenhaus arbeiten. Unzählige Jesuiten starben an diesem aufopferungsvollen Dienst.*

152 *Jesuit als Chinamissionar. Ölgemälde (vor 1843); Landsberg am Lech, Stadtmuseum. Seelen zu retten, sich mit Christus am Heilswerk abmühen, so formulierte Ignatius den Missionsauftrag der Gesellschaft Jesu. Die Mission der Jesuiten in China während des 17. Jahrhunderts war erfolgversprechend, sie scheiterte letztlich an europäischer Verständnislosigkeit und Engstirnigkeit.*

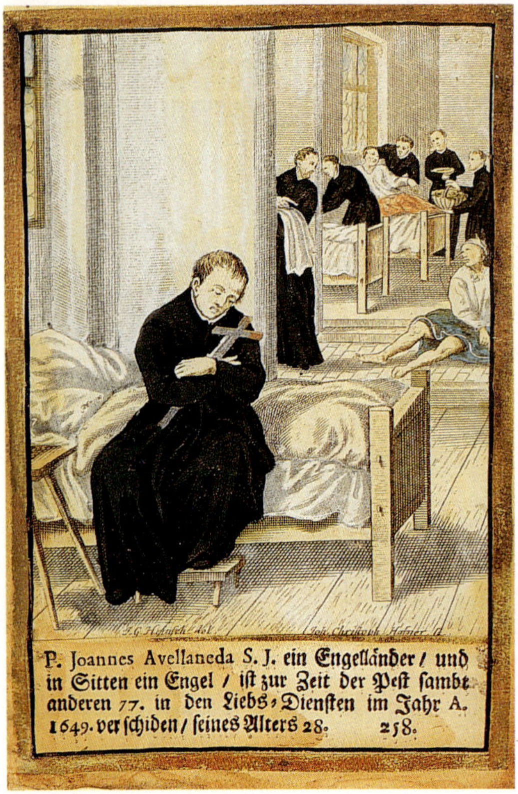

153 *Teresa von Avila überreicht einem Karmelit das Ordensgewand. Gemälde (17. Jh.). Teresa (1515–1582) reformierte den Karmel und führte ihn nicht nur zur ursprünglichen Strenge zurück, sondern entfaltete ihn auch zur größten Blüte. Diese hervorragende Bedeutung bringt das Bild durch die Überreichung des Ordensgewandes an einen Karmeliten deutlich zum Ausdruck, Teresa ist gewissermaßen Ordensstifterin.*

154 *Ottobeuren, Blick in die Klosterkirche; 1766 von J. M. Fischer vollendet. Architektur, Stuck, Fresken, Farbe Altäre, Bilder und Statuen formen sich zu einer optischen und ideellen Einheit. Der Einheit der Kunstgattungen entspricht die religiöse Einheit von Welt- und Heilsgeschichte.*

155 *Ottobeuren, Ausschnitt aus dem Altarblatt des Hochaltares. Gemälde von J. J. Zeiller. Die Heimholung der Welt ist zentrales Thema. Engel tragen die Weltkugel empor, in der sich die Stammeltern Adam und Eva befinden. Die Erlösung hat sich damit vollendet.*

156 *Bibliothekssaal des ehemaligen Prämonstratenserklosters Schussenried, von J. Emele erbaut (1754–1761). Das Thema, stets in der Mitte des Fresko, ist die Verherrlichung der göttlichen Weisheit, die sich sowohl in der antiken Geschichte, ihren Weisheitslehrern als auch den christlichen Gelehrten und den profanen Künsten zeigt, ist sie doch letzter gemeinsamer Grund jeglicher Erkenntnis. Auch hier die typische barocke Geistigkeit, die Erfahrung der Einheit.*

Rechte Seite oben: 157 *Benediktinerkloster Seitenstetten; Deckenfresko im Marmorsaal von Paul Troger (1735). Zwei Frauen, Glaube und Wissenschaft, feiern versöhnliche Einheit. Über diese Harmonie freut sich der Himmel die Laster aber, links unten, werden dadurch besiegt. Ein typischer Zug barocker Religiosität, daß Natur und Gnade, Mensch und Gott bei der Erlösung der Welt zusammenwirken.*

Rechte Seite unten: 158 *Kaisersaal des ehemaligen Zisterzienserklosters Salem, errichtet von Franz Beer (Anfang 18. Jh.). Die Kaisersäle waren eine Besonderheit der Reichsabteien, die damit ihre besondere Stellung, als nur dem Kaiser unterstehend, betonten. In den Kaisersälen war selten ein Kaiser zu Besuch, aber das künstlerische Programm nahm auf die kaiserlichen Privilegien Bezug.*

159 *Vinzenz von Paul (links) und Franz von Sales zusammen mit Johanna Franziska von Chantal bei der französischen Königin. Das Gemälde eines unbekannten Meisters vereint drei Heilige, die zukunftsweisend Ordensgenossenschaften gründeten.*

zum Privateigentum, wie es in viel krasserem Maße bei den landsässigen Benediktinern, Chorherren und Zisterziensern der Fall war. Die Frage des Eigentums führte schließlich zur Spaltung des Ordens in Observanten und Konventualen. Seit dem 14. Jahrhundert ging der Streit um die Armut bzw. den Besitz. Die Observanten hielten an der Besitzlosigkeit fest und verzichteten auf feste Einkünfte, Liegenschaften, Pacht- und Zinseinkommen. Die Konventualen sahen nicht nur dies als erlaubt an, sondern glaubten, auch persönliches Eigentum, einen gewissen Kleiderluxus sowie andere Freiheiten mit der Regel des hl. Franziskus vereinbaren zu können. Seit dem Konzil von Konstanz (1413–1418) war es den Observanten erlaubt, sich zu eigenen Kongregationen zusammenzuschließen. 1446 wurden sie als eigenständiger Zweig anerkannt.

Was über die Franziskaner gesagt wurde, gilt weitgehend auch für die Dominikaner, wenngleich ihnen die Spaltung erspart blieb, da bei ihnen die Armut nie das Wesen des Ordens so stark prägte wie bei den Franziskanern. 1337 wollte Papst Benedikt XII. die gängige Praxis der Dominikaner, Grundbesitz und feste Einkünfte zu besitzen, sanktionieren und dem Orden beständige Einnahmen erlauben, doch das Generalkapitel wehrte sich dagegen und regelte dies lieber mit umfangreichen Dispensen. Auch die Domininikaner besaßen seit Beginn des 14. Jahrhunderts Privatvermögen und erlaubten sich Ähnliches wie die übrigen Mönche auch. 1478 nahm der Orden schließlich den päpstlichen Gunsterweis, feste Einkünfte zu beziehen, gerne an.

Wir wollen die Lebensart des spätmittelalterlichen Mönchtums nicht weiter verfolgen. Denn die Kluft zwischen Anspruch und Wirklichkeit, zwischen Ziel und Realität wurde allgemein beklagt. Angesichts der weit verbreiteten Mißstände kam es gegen Ende des Mittelalters fast bei allen Orden zu Reformen bzw. Reformversuchen, die allerdings, aufs Ganze gesehen, keine nachhaltige Besserung brachten.

Während des Konzils von Konstanz (1414–1418) versammelten sich im nahen Kloster Petershausen mehrere Benediktineräbte, um über eine Reform ihres Ordens zu verhandeln. Man einigte sich, den elementarsten monastischen Forderungen endlich wieder Gehör zu verschaffen. Jeder einzelne der zwanzig Äbte versprach eidlich, die Beschlüsse in seinem Kloster durchzuführen. Im wesentlichen war es folgendes: das gemeinsame Leben wieder einzuführen, Privatbesitz zu verbieten, das Fleischverbot zu achten und jeden Kleiderluxus zu meiden. Nur aus Leinen soll das monastische Gewand bestehen. Der Gottesdienst soll feierlich gehalten und das Offizium gemeinsam gebetet werden. Jedes Kloster ist verpflichtet, mindestens einen Mönch auf die Universität zu schicken und eigene Schulen zur Bildung der Novizen zu unterhalten. Vor allem aber gehöre die regelwidrige Trennung in Abts- und Konventgut bzw. persönliche Pfründen aufgehoben und eine gemeinsame Verwaltung eingeführt. Den Brauch, nur Adelige ins Kloster aufzunehmen, versuchte man wenigstens so zu durchbrechen, daß man den Klöstern vorschrieb, falls sich kein Adeliger melde, auch Bürgerliche aufzunehmen. Über die Durchführung der Beschlüsse sollte eine wiederkehrende Visitation wachen. Die Äbte wiederum verpflichteten sich, Provinzkapitel abzuhalten, um jede Mißwirtschaft möglichst früh zu beheben.

Ein ähnliches Reformprogramm wie in Petershausen lag der sogenannter Melker Reform zugrunde, das die Petershauser Beschlüsse vorbildlich verwirklicht hatte und nun andere Klöster reformierte. Vor allem unter Abt Nikolaus Seyringer († 1425) erreichte Melk die Höhe eines Musterklosters. Ähnliches erstrebte auch die sogenannte Bursfelder Reform, benannt nach dem Benediktinerkloster Bursfeld (Niedersachsen), dessen Abt Johannes von Hagen (1439–1468) die buchstäbliche Befolgung der Benediktregel durchgesetzt hatte, wobei allerdings der offizielle, sehr lange Gottesdienst verkürzt, dagegen aber die persönliche Meditation, wie sie die neue Frömmigkeitsströmung, Devotio moderna, ausgeprägt hatte, verlängert wurde. Die Reform verbreitete sich rasch, nachdem sich so bedeutende Klöster wie Erfurt oder Hirsau angeschlossen hatten. Im Gegensatz zu Melk bildeten die Bursfelder eine richtige Kongregation, d. h., die Äbte trafen sich jährlich zu einer Generalversammlung, deren Beschlüsse für alle Klöster bindend waren. 1517 waren der Reform etwa 95 Männerklöster beigetreten.

Etwas früher, allerdings ohne die breite Wirkung, begann im Benediktinerkloster Kastl (Diöz. Eichstätt) ein streng benedikinisches Leben nach dem Vorbild von Hirsau und Cluny. Etwa dreißig Klöster, vorwiegend im süddeutschen Raum, schlossen sich freiwillig dieser Reform an. Auffälligerweise gingen die Reformbestrebungen weitgehend vom deutschsprachigen Kulturraum aus bzw. beschränkten sich auf ihn. In Italien und Frankreich verhinderte das Kommendewesen, das sowohl die Päpste als auch die französischen Könige ausgiebig anwandten, jede anhaltende Reform. Durch diesen verderblichen Eingriff kamen zahllose Klöster an den Rand des Ruins und wurden dann schließlich aufgehoben.

3. Neue Orden

Obgleich die vergangenen Jahrhunderte zahlreiche neue Orden hervorbrachten und Reformen das alte Ideal zu bewahren gedachten, kam es dennoch zu neuen Gründungen, wie den Serviten oder Birgittinnen.

Die Birgittinen gehen auf die hl. Birgitta von Schweden (um 1303–1373) zurück, die als Mutter von acht Kindern nach dem Tod ihres Gemahls, der kurz vor seinem Tode als Konverse in das Zisterzienserkloster Alvastra eingetreten war, sich ganz dem Religiösen widmete. Einige Zeit lebte sie als Gast im Kloster ihres Mannes. Hier widerfuhren ihr die ersten Visionen und die beglückende Gewißheit, „Braut und Sprachrohr" Gottes zu sein. Wie Katharina von Siena, so griff Birgitta mutig in die mißlichen Verhältnisse der Kirche ein und forderte nachhaltig eine rasche Änderung. Schließlich befahl ihr Christus, einen Orden zu gründen, der besonders die Verehrung Mariens pflegen sollte. „Diesen Orden will ich zu Ehren meiner liebreichen Mutter stiften", hörte sie Christus während einer Vision sagen. Weitere Offenbarungen gaben ihr die Gewißheit, als Frau ein solches Wagnis auf sich nehmen zu können. Birgitta begann nun einen Orden zu entwerfen, der sich nicht an einem männlichen Vorgänger orientierte, sondern etwas Eigenes entwickelte. Ihr biblisches Vorbild war das Pfingstereignis, wo Maria inmitten der Apostel, gleichsam als deren Haupt, den Heiligen Geist empfangen hatte. Pfingsten gilt als Geburtsstunde der Kirche. Birgitta wünschte sich ein Doppelkloster mit 60 Frauen, dreizehn Priestern, vier Diakonen

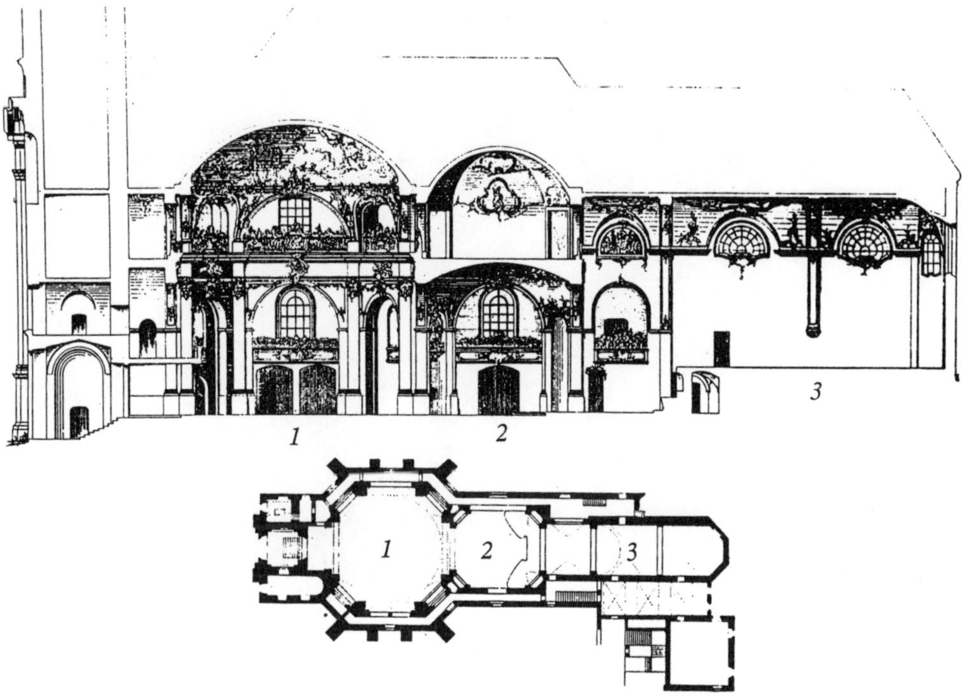

160 *Plan von Altomünster. Die barocke Kirche des Birgittinenklosters (M. Fischer, 1763–1773) bewahrte die typische Eigenheit des Ordens. Die Kirche gliedert sich in drei Teile, Gemeinderaum (1), Nonnenempore (2), Priesterchor (3); die Nonnenempore ruht auf Arkaden, so daß sich ein einheitlicher Raum ergibt. Diese Einheit mit der gesamten Kirche Gottes war die theologische Grundlage des Ordens. Die Frauen standen gewissermaßen inmitten der Kirche.*

und acht Konversen, wobei dieser Idealbelegung biblische Zahlenallegorien zugrunde lagen. Die Äbtissin beispielsweise symbolisierte Maria, die Priester wiederum die Apostel, wobei Paulus mitgezählt wurde. Indem Birgitta ihrem Orden das Bild der Pfingstgemeinde zugrunde legte, gab sie dem Orden nicht nur eine biblische Begründung, sondern stellte ihre Frauen in den apostolischen Dienst, den die Priester unter der Führung der Äbtissin ausführen sollten. Die Birgittinnen verstanden sich als wesentlicher Teil der pfingstlichen Gemeinde, als wesentlicher Teil der Kirche, die durch den Heiligen Geist gegründet worden war. Sie führte das Bild vollständig aus und verfügte, daß ihre Klosterkirchen immer auch zugleich öffentliche Gemeindekirchen seien, wo die „birgittinischen Apostel" predigen und wirken sollten. Damit war die Gemeinde, die Kirche vollständig. Im Chor beteten die Priester, im Mittelschiff stand die Gemeinde, über ihr wiederum lag die Empore der Frauen, die im Gegensatz zu allen übrigen Frauenklöstern von Anfang an einen eigenen Altar besaß (Abb. xxx). Auch in der Äbtissinenwahl kam ihre Vorstellung zum Tragen, denn zur Urne schritten die Frauen, die Priester und der Diözesanbischof. Die gewählte Frau leitete den gesamten Konvent, auch den der Priester. Die Ordensfrauen sollten in

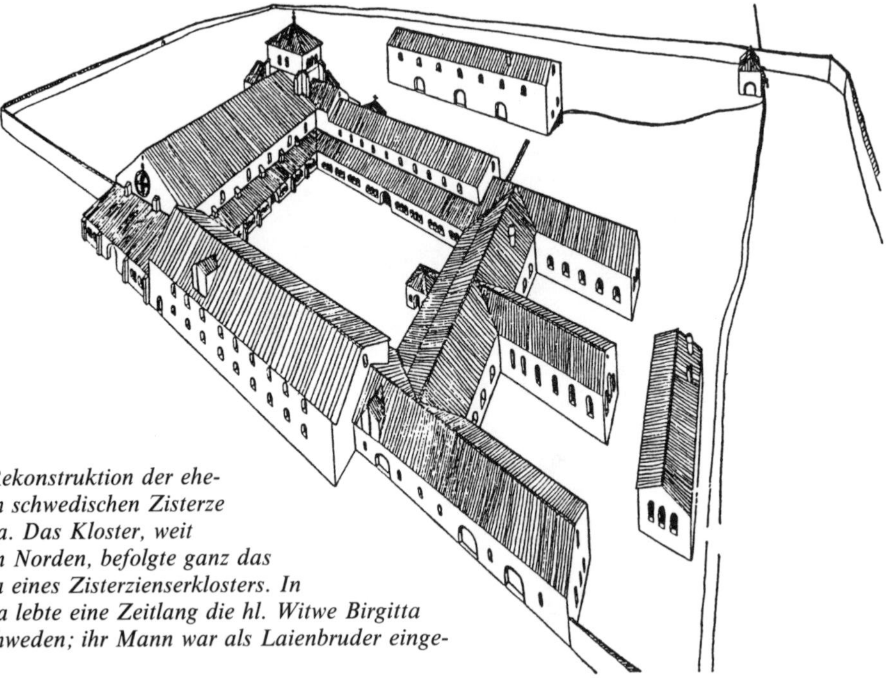

161 *Rekonstruktion der ehemaligen schwedischen Zisterze Alvastra. Das Kloster, weit oben im Norden, befolgte ganz das Schema eines Zisterzienserklosters. In Alvastra lebte eine Zeitlang die hl. Witwe Birgitta von Schweden; ihr Mann war als Laienbruder eingetreten.*

strengster Abgeschiedenheit ganz der Meditation und der Betrachtung leben, um so das Ziel menschlichen Lebens, die Gottesschau, zu erreichen, gleichzeitig aber wie die Apostel durch ihrer Hände Arbeit ihr Brot verdienen. Ihre Regel fußt weitgehend auf Augustinus.

1349 schritt sie mit Hilfe des Königs von Schweden zur Gründung. In Vadstena wurde der Grundstein zum Mutterhaus des Ordens gelegt, der bis zur Säkularisation etwa 70 Klöster besaß. Heute existieren nur noch die Frauenkonvente Syon Abbey (England), gegr. 1415; Maria Refugie (Holland), gegr. 1434; Altomünster (Bayern), gegr. 1497, und Maria Herz (Holland), gegr. 1843.

Wie schwer es war, einen Frauenorden mit einer eigenen, weiblichen Spiritualität zu gründen, mußte Birgitta bitterlich erfahren. Ende 1349 brach sie mit einer kleinen Schar nach Rom auf. Unbillige Verzögerungen, üble Verdächtigungen und Demütigungen mußten die Frauen sich gefallen lassen, doch schließlich kam die Anerkennung (1370). Nach einem entbehrungsreichen Leben, unterbrochen von Wallfahrten bis ins Heilige Land, starb sie schließlich im Jahre 1373. Obwohl sie mit ihren Visionen nicht selten die Kirche kritisiert hatte, wurde sie schon 1391 heiliggesprochen. Ein besonderes Merkmal ihrer Frömmigkeit war die intensive Marienverehrung, die sie auch ihrem Orden vermittelte.

Die Serviten, eigentlich Orden der Diener der seligen Jungfrau Maria, gehören nicht der Reformbewegung an, sondern sind aus der Verehrung der Gottesmutter erwachsen. Die Gründer, sieben fromme Florentiner Ratsherren, waren eifrige Mitglieder einer Bruderschaft, die besonders eine marianische Frömmigkeit pflegte. Als sie eines Tages länger als die übrigen in der Bruderschaftskirche verweilten, erschien ihnen die Gottesmutter und ermahnte sie, die Welt zu verlassen und ein gemeinsames Leben zu führen (1233). Betroffen von dieser himmlischen Mahnung, wechselten die reichen Mitglieder des Rates nicht nur ihre Gewänder, sondern auch ihre Gesinnung. Sie hüllten sich in das typische braune Bußkleid und ließen sich mit Zustimmung des Bischofs als Eremiten auf dem Montesenario, nahe bei Florenz, nieder. Weitere Florentiner schlossen sich den Dienern Mariens an, so daß schließlich mit Rat und Hilfe des Bischofs, aber auch weiterer Visionen eine gemeinsame Regel auf der Grundlage der dominikanischen Konstitutionen geschaffen wurde (1240). Vier Jahre später (1244) wurde die Gemeinschaft als Orden anerkannt, der sich Seelsorge, Wissenschaft und die Verehrung Mariens zum Ziel gesetzt hatte. Besonders unter seinem fünften General, Philippus Benitius († 1285), erreichte der Orden seine größte Blüte und besaß in ganz Europa Niederlassungen. Während der Reformation wurden sämtliche deutsche Servitenklöster, etwa 35, aufgehoben. In den übrigen Ländern, selbst in Amerika, bestehen noch zahlreiche Konvente.

Die Liste der reformierten Orden und kleinen Neugründungen ließe sich ebenso wie das Register des Verfalls ohne weiteres fortsetzen. Man denke nur an die Alexianer, auch Zelliten genannt (1472), und die Jesuaten (1360), die aus einer kleinen Laienbruderschaft zur Pflege und Bestattung der Pestkranken hervorgegangen sind.

Zur Familie der Franziskaner gehören die Paulaner, die Franz von Paula, ein ehemaliger Franziskaner, der sich für das Asketentum entschieden hatte, gründete. Aus seinem Kloster erwuchs bald nach der päpstlichen Anerkennung (1474) ein Bettelorden, der noch strenger als die Franziskaner die Ideale des hl. Franziskus zu leben gedachte. Ihre heilige Einfalt und Bescheidenheit gab ihnen in Frankreich den Namen Boni homines bzw. Bons hommes.

Unabhängig von der Blüte deutscher Kartausen entstanden abermals in Oberitalien neue Eremitensiedlungen und Vereinigungen. 1380 gründete Pietro Gambacorti von Pisa auf dem Berg Montebello bei Urbino die erste Eremitengemeinschaft, die 1421 als Orden der Hieronymiten kirchlich anerkannt wurde. Ähnliche Gemeinschaften bildeten sich in Portugal und Spanien. Auch die Ambrosiusbrüder sind dem eremitischen Ideal verpflichtet. Drei adelige Männer zogen sich nahe bei Mailand an die Kirche des hl. Ambrosius zurück, wo jener einst selbst die Einsamkeit gepflegte hatte. 1375 bekam ihre kleine Kolonie die päpstliche Bestätigung und durfte Seelsorge betreiben, aber keine festen Einnahmen besitzen. Die Gemeinschaft der Apostelbrüder, auch Freiwillige Arme genannt, waren Eremiten, die seit ihrer Anerkennung (1484) tatkräftig in ketzerischen Gegenden das Predigtamt ausübten.

Devotio moderna und die Windesheimer Kongregation. Häufig wird der mittelalterlichen Frömmigkeit Äußerlichkeit und Werkgerechtigkeit vorgeworfen, was bei genauerer Sicht zumindest eingeschränkt werden muß. Denn neben der blühenden Mystik entstand Ende des 14. Jahrhunderts in den Niederlanden die sogenannte Devotio moderna. Diese Selbstbezeichnung findet sich zuerst bei Thomas von Kempen (1380–1471), mit dessen Namen das verbreiteste Meditationsbuch der Christenheit, „Die Nachfolge Christi", verbunden ist. Das Werk wurde in 95 Sprachen übersetzt und erlebte bis heute nicht weniger als 3000 Auflagen. Im Gegensatz zu den zeitgenössischen mystischen Schriften verzichtet die Schrift auf eine Hinführung zur göttlichen Schau, sondern betont mehr die tätige Reue, die sich aus beständiger Selbsterkenntnis und der Betrachtung der Liebe und des Lebens Christi ergeben. Sie ermöglicht eine individuelle Nachfolge Christi ohne Kloster, Klausur, Bruderschaft oder geistlichen Führer. Ganz allein vermag der Leser sich nach dem Bilde Christi zu formen, was aber in der Welt geschehen soll.

Gerhard Groote (1340–1384) gilt als „Vater" dieser neuen Frömmigkeit, denn er gründete eine Frauen- und Klerikergemeinschaft, die nach diesen Richtlinien lebte. Groote, selbst wohlbestallter Domkanoniker, vollzog nach längerem Aufenthalt bei den Kartäusern eine Umkehr zu Stille. Er verzichtete auf seine Pfründe und zog sich mit gleichgesinnten Frauen in sein Haus in Deventer zurück (1379). Täglich lasen sie in geistlichen Schriften, hielten Gewissenserforschung und versuchten ihr Tun und Empfinden an der Gestalt des leidenden Christus zu messen. Durch ihrer Hände Arbeit erwarben sie sich anfangs den Lebensunterhalt. Später, als richtige Frauenklöster gebaut wurden, lebten sie von Zuwendungen. Gerhard betreute die Frauen und setzte damit die Norm für die Zukunft, denn alle Frauenkonvente der späteren Kongregation nahmen zu ihrer geistlichen Betreuung einige Brüder (Priester) auf. Gerhard ließ sich zum Diakon weihen, um öffentlich predigen zu können. Ähnlich wie für die Frauen gründete er auch ein Haus für Kleriker, die sich „Brüder vom gemeinsamen Leben", später auch „Fraterherren" nannten. Das gemeinsame Leben und die gemeinsame Arbeit standen bei ihnen Vordergrund: Schriftlesung, Unterricht, Abschreiben von Büchern, Betrachtung, Gebet und Gewissenserforschung erfüllten den Tag der Kleriker. Nach dem Tod des Stifters kam es (1387) zu einer Neugründung im Chorherrenstift Windesheim bei Zwolle, das schließlich über 87 Stifte nach ihren Idealen der persönlichen Frömmigkeit reformieren konnte.

Wir wollen der Aufzählung genug sein lassen. Daß am Ende des Mittelalters das Mönchtum weit von seinen ursprünglichen Idealen entfernt war, bedarf keiner weiteren Erwähnung. Dieser offensichtlichen Auflösung des monastischen Lebens stand wiederum eine verinnerlichte, personale Religiosität, die Devotio moderna, entgegen. Der Buchdruck machte es möglich, daß zahlreiche Christen im stillen die „Nachfolge Christi" lesen konnten und unabhängig von einer klösterlichen Gemeinschaft sich nach dem Bilde Christi formen konnten. Es ist nicht uninteressant, daß gerade um 1400 neue Reproduktionstechniken wie Kupferstich, Radierung, Holzschnitt und nach der Jahrhundertmitte der Buchdruck entstanden, die eine preisgünstige Vervielfältigung erlaubten und damit dem Wunsch nach einer persönlichen Lektüre, nach Besitz eines kleinen Heiligenbildes entgegenkamen. Die gleiche Tendenz nach einer stillen Nachfolge Christi scheint auch die späte Blüte der Eremiten ermöglicht zu haben. Offensichtlich war der Entwurf der Scholastik überholt und die Kraft zur Vollendung der Kathedralen geschwunden.

E

Die vollendete Einheit

Gott sucht die Welt –
Der Mensch läßt sich finden

162 *Blick in die künstlerisch frei gestaltete Lateranbasilika während der Heiligsprechung von Johannes Nepomuk. Obwohl Johannes als Generalvikar von Prag bereits 1393 das Martyrium erlitt, wurde er erst 1729 heiliggesprochen. Dennoch erblühte sein Kult während des Barocks in allen katholischen Ländern, vorwiegend in Böhmen, Österreich und Süddeutschland. Er gehörte zu den populärsten Heiligen der Zeit. Die Aufstellung seiner Statue an Brücken geht auf den tödlichen Sturz in die Moldau zurück. Seine unverweste Zunge – im Bild ganz oben bringt Johannes sie der Gottesmutter dar – beruht auf einer Legende, wonach er als Beichtvater der Königin das Beichtgeheimnis nicht gebrochen hat.*

I. Das Barock, Höhepunkt und Vollendung

Das Mittelalter gilt allgemein als die Epoche der Mönche. In dieser Zeit entstanden die großen Orden des Abendlandes und prägten mit ihren Idealen nicht nur das religiöse, sondern auch das gesellschaftliche und geistige Leben. Die verschiedenen Eremitenorden, die Prämonstratenser und Kanoniker, aber auch die Zisterzienser und die Bettelorden des hl. Franziskus und des hl. Dominikus traten in das Licht der Geschichte. Der Vielfalt entsprach eine Fülle. Rasch und weitläufig breiteten sich die Orden im ganzen Abendland aus; jede Stadt besaß mehrere Klöster, und es gab kaum eine Gegend ohne Kloster. Auf dem Lande lebten die kontemplativen Orden, und in den Städten, an den Hochschulen und Universitäten wirkten die Bettelorden. Trotz mancher unverkennbarer Schattenseiten betrachtet man das Mittelalter als die monastische Zeit.

Dies erstaunt umso mehr, als der Höhepunkt bereits um 1300 überschritten und das Spätmittelalter weitgehend vom Verfall auch des Ordenslebens und von Reformversuchen gekennzeichnet war. Erst in der Religiosität des Barocks wurde dieser Zustand behoben. Ja nicht nur behoben, sondern Mönchtum, Religion und Christentum erreichten während des 18. Jahrhunderts ihren eigentlichen Höhepunkt, was sich nicht nur im neuen Zulauf und zahlenmäßigen Höchststand an Klöstern und Mönchen bemerkbar machte, sondern auch in einer alle Lebensbereiche umfassenden, zugleich aber übersteigenden Kultur zeigte. Um 1300 zählte der Franziskanerorden etwa 35000 Mitglieder; gegen 1500 umfaßten Observanten und Konventualen gemeinsam ungefähr 50000; doch die meisten Mitglieder, 70000 an der Zahl, hatte der Orden im Jahre 1768, wobei die Kapuziner noch nicht mitgerechnet sind. Ähnliches läßt sich vom Dominikanerorden sagen; um 1260 gab es etwa 7000 Dominikaner, 1690 dagegen waren es über 30000. Auch der Zisterzienserorden verzeichnete Ende des 18. Jahrhunderts mit 785 die Höchstzahl seiner männlichen Zisterzen, der etwa 600 Klöster um 1300 gegenüberstehen. Die Anzahl der Benediktinerabteien blieb relativ stabil, doch erreichten die einzelnen Klöster während des 18. Jahrhunderts ihr höchste Belegung. Im Stift Kremsmünster lebten 1419 nur noch 13 Benediktiner; 1777 jedoch waren es 113 Mitglieder, eine Zahl, die nie mehr überboten wurde. Das Augustinerchorherrenstift Vorau zählte um 1500 gerade noch 3 Chorherren, 1717 aber wirkten hier 37 – auch dies der höchste Stand in Vorau bis in unsere Tage. Das Zisterzienserkloster Salem stand Mitte des 18. Jahrhunderts im Zenit seiner Entwicklung; der Abt war Wirklicher Geheimer Rat Seiner kaiserlichen Majestät und „regierte“ über 70 wohlausgebildete Mönche. Diese Beispiele lassen sich verallgemeinern; allein schon die großen barocken Klosteranlagen sprechen für eine zahlenmäßig gute Belegung.

Aber nicht nur der Höchststand an Mönchen und die religiöse Kultur des Barocks rechtfertigen die Rede von der Vollendung mittelalterlicher Religiosität, es wurden außerdem noch weitere Orden ins Leben gerufen, deren Ideale eine neue Religiosität, Selbstheiligung und aktive Hilfe für den Nächsten, verkünden. Wir nennen einige: 1524 Theatiner,

1528 Kapuziner, 1530 Barnabiten, 1532 Somasker, 1535 Angeliken, 1535 Ursulinen, 1540 Jesuiten, 1540 die Barmherzigen Brüder. 1564 gründete Philipp Neri die Oratorianer; nicht zu vergessen sind die Englischen Fräulein, die 1609 ihre erste Niederlassung erhielten. 1610 legte Franz von Sales den Grundstein zur geistlichen Familie der Salesianerinnen, die ähnlich karitativ wirkten wie die Vinzentinerinnen (1639). Die alten Orden wiederum erneuerten sich; fast überall kam es zur Entstehung von Observanzen, das heißt, es schlossen sich innerhalb eines Ordens Klöster zu einem Verband zusammen, die nach der ursprünglichen Regelstrenge leben wollten. Die Karmeliter reformierte der tüchtige Ordensgeneral Johannes Soreth (1394–1471) und gründete den weiblichen Zweig, die Karmelitinnen (1452), die sich aus Zusammenschlüssen der dem Orden angegliederten nichtregulierten Frauengemeinschaften formten. In der hl. Teresa von Ávila (1515–1582) und dem hl. Johannes vom Kreuz (1542–1591) entstanden dem Orden vom Karmel tatkräftige, geistvolle, in ihrer mystischen Erfahrung und Lehre überragende Erneuerer, die ihn auf seine ursprüngliche Strenge und Zielsetzung zurückführten. Auch die Kapuziner trennten sich 1525 von den Franziskanern, um das ursprüngliche Ideal wieder zu verwirklichen. Das gleiche geschah bei den Zisterziensern durch die Reform des Klosters La Trappe, aus dem der Orden der Trappisten (1678) hervorging.

Alle Orden, auch die neugegründeten, erlebten während des 18. Jahrhunderts ihre größte Blüte, was sich stellvertretend sehr gut an der Entwicklung des Jesuitenordens aufzeigen läßt. 1540 gegründet, zählte er um 1625 etwa 15000 Mitglieder; Mitte des 18. Jahrhunderts, kurz vor seiner Auflösung, wirkten weltweit 23500 Jesuiten. (Zwar erreichte er 1964 mit 36000 Patres seinen absoluten Höchststand, doch gehört dies bereits zu den neuen Entwicklungen der Orden und Kongregationen im 19. und 20. Jahrhundert.) Berücksichtigt man bei diesen Zahlen die Auswirkungen der Reformation und den Rückgang der „Klosterlandschaft" um fast die Hälfte, so erhält die Zahl der Neugründungen und der Ordensangehörigen noch stärkeres Gewicht. England, Schweden, Finnland, Dänemark und Nord- und Mitteldeutschland waren evangelisch geworden. Hier wurden alle Klöster aufgehoben; dadurch verminderten sich allein der Benediktinerorden und seine Reformzweige um 1260 Klöster.

Die neuen Orden setzten andere Akzente und verwirklichten die Nachfolge nun weitgehend in der Welt. Die Jesuiten gaben nicht nur die Klausur auf, sondern verzichteten sogar auf das gemeinsame Chorgebet. Andere Orden wie die Kamillianer beispielsweise verpflichteten sich durch ein viertes Gelübde, selbst in Pestzeiten die Kranken zu pflegen und geistlich zu betreuen. Gerade dieser Aspekt, die Sorge um die Armen, wurde zum Merkmal fast aller neuen Orden, wobei zahlreiche Priesterorden, nicht zuletzt die Jesuiten, beides, die leibliche Fürsorge und den geistlichen Beistand, verbunden haben. Selbst Frauenorden wie die Englischen Fräulein wollten in der Welt wirken und verzichteten trotz ärgster Bedrängnis auf die übliche Klausur der Frauen, denn das Apostolat schien ihnen eine notwendige Folge der persönlichen Selbstheiligung zu sein. Apostolat und Selbstheiligung wurden für alle Orden, das neue erstrebenswerte Ziel. Ein Weg zum Apostolat waren Unterricht, Bildung und Christenlehre, damit der Glaube verständlicher und überzeugter gelebt werden konnte. Fast alle Orden und Kongregationen gründeten Schulen, hielten

163 a u. b *Il Gesù, Rom von außen und Inneres. Die Hauptkirche der Jesuiten in Rom (1568–1577) gilt als Gründungsbau barocker Sakralarchitektur mit den wesentlichen Elementen: Zentralbau mit Kuppel, Langhaus mit Seitenkapellen, Fassade. In der Namenswahl kommt die christozentrische Frömmigkeit des Ordens zum Ausdruck.*

Christenlehre und widmeten sich den verschiedenen Bereichen der Bildung, damit der verstehende Glaube zur tätigen Gottes- und Nächstenliebe führte. Es ist für die neue Religiosität aufschlußreich, daß manche Ordensgründer zuerst eine Krankenbruderschaft ins Leben gerufen haben, aber anschließend doch Priester wurden, um den Kranken auch geistlich beizustehen, so die Theatiner und Somasker. Die Sorge für Leib und Seele führte zu einer geistigen Einheit, in der strenge körperliche Askese wenig Raum fand. Auch dies, der Verzicht auf asketische Sonderleistungen, zeichnete die barocken Orden aus, denn der Mensch wurde im Hinblick auf die Erlösung gesehen, auf die hin Gott alles geschaffen hat oder, wie es Ignatius sagte, um deretwillen sich Jesus abgemüht hat. An diesem Mühen sich zu beteiligen war Ziel und Aufgabe des Mönchtums und der Orden, ja der barocken Frömmigkeit schlechthin.

Auch noch aus einem anderen Grund darf man vom Barock als Vollendung mittelalterlicher Klosterkultur sprechen. Während des 18. Jahrhunderts schickten sich fast alle Klöster an, ihre alten, beengenden und unbequemen Gebäude abzutragen und durch großzügige Gesamtanlagen zu ersetzen. Selbst die bescheidenen Franziskaner und Kapuziner scheuten sich nicht, wenn schon nicht das ganze Kloster, so doch zumindest ihre Kirche zu barockisieren. Dieses Bauen war nicht nur altersbedingt, sondern von neuem Geist beseelt. Die ehedem abgeschlossene Abtei sollte ein ausstrahlender geistiger Mittelpunkt werden, beruhend auf der Einheit von Glaube und Wissen. Die großen Abteien auf dem Lande öffneten ihre Kirchen für die Gläubigen (Abb. 174) und wußten dies so geschickt zu fügen, daß Mönche und Gemeinde in einer Kirche das Lob Gottes feiern konnten. In einem nie dagewesenen Maße hielten selbst bei den kontemplativen Orden die Wissenschaften Einzug. Allein schon dies machte zusätzliche Räume notwendig und mußte zu Erweiterungen und Neubauten führen. Die Bibliothek, bei den Zisterziensern noch ein bescheidener Raum, wird nun zum schönsten Saal des ganzen Klosters. Naturwissenschaftliche Kabinette, astronomische und physikalische Geräte bis hin zu großen Sternwarten (Abb. 164) legen von dem breiten geistigen Streben der Mönche beredtes Zeugnis ab. Jeder einzelne Konventuale besaß eine geräumige Zelle mit Empfangsraum, Studierzimmer und Schlafnische, und ein herrlicher Festsaal gab der Feier, der Musik und dem Theater einen angemessenen und würdigen Raum. Aber nicht nur Musik- und Bücherliebe, Sprachkenntnis und Naturwissenschaft zogen in die Landabteien ein, fast jedes Benediktinerkloster unterhielt eine öffentliche Schule. An der Universität in Salzburg wirkten nicht nur Benediktiner, sondern ihr Orden bestritt auch weitgehend die finanziellen Lasten. Das Barock wurde nochmals zur großen Stunde der landsässigen Klöster, die gegenüber den Stadtorden, einschließlich der Jesuiten, zeitweilig an Einfluß verloren hatten. Nun kam ihre Zeit, in der sie alles noch einmal zu einer Einheit zusammenfügten.

Neue Orden, herrliche Klosterbauten und solide Wissenschaft der Mönche sind in der Geschichte des Abendlandes nichts Außergewöhnliches. Daß sich jedoch im Barock ein Kunststil entwickelte, der nicht nur die Bauten der Orden und Klöster prägte, sondern die Schlösser und Kirchen protestantischer Landesherren ebenso schmückte wie die Küchen und Kammern bayerischer Bauern, ja ganz Europa umfaßte und selbst nach Südamerika ausgriff, war einmalig. Allein schon diese Tatsache sichert dem Barock besondere Beach-

164 *Sternwarte der Benediktinerabtei Kremsmünster, 1748–1758 erbaut.*

tung, doch weit bedeutender ist der Umstand, daß dieser Stil grundsätzlich religiös war. Es gibt innerhalb der abendländischen Geschichte keine Epoche wie die Barockzeit, in der das Kunstschaffen nicht nur alle Bereiche umfaßte, sondern zugleich alles aufgeboten wurde, um die Einheit des Ganzen im schauenden Fest zu begehen. Getragen von der Überzeugung, daß die Vernunft, das Irdische und Menschliche letztlich nach den gleichen Gesetzen ausgerichtet ist wie die Offenbarung, ja daß Geschichte und Heilsgeschichte zusammengehören, daß Gnade und menschliches Tun sich gottgewollt ergänzen, verwirklichte das Barock eine harmonisch umfassende, religiöse Einheit, deren Erfahrung nur Jubel und Freude sein konnte. Die Trennung zwischen Gott und Welt, zwischen Wüste und Kultur war überwunden, alles schien transzendent geworden zu sein.

Im Unterschied zur Gotik und Scholastik vollendet sich hier das Geistige im Sinnlichen. Die gotische Kathedrale wandelt durch ihre herrlichen Glasfenster das irdische Licht zu einer edelsteinhaften, außerirdischen Qualität und läßt das himmlische Jerusalem schwebend, das Irdische nur hauchhaft berührend anwesend werden. Vom Inneren der Kathedrale gibt es keine Verbindung nach außen, das Sakrale und Profane stehen unvermittelt nebeneinander. Barocke Kirchen dagegen lassen das Tageslicht ungebrochen einströmen und öffnen zusätzlich durch perspektivische Freskenmalereien die feste Decke des Kirchenraumes, damit Himmel und Erde sich an diesem heiligen Ort berühren können. Diese Tendenz zur Vereinigung der Gegensätze, zur Hochzeit von Himmel und Erde, zum Miteinander von Gnade und menschlichem Tun, durchwirkte die gesamte Epoche und formte durchgängig einen religiösen Stil. Doch war es ein langer, dunkler Weg, bis dieses Bemühen sichtbare Ergebnisse zeigte: Zwischen 1570 und 1770 liegt der Dreißigjährige Krieg. Die zahlreichen Ordensneugründungen in diesen beiden Jahrhunderten sind den neuen Idealen der Epoche verpflichtet. Den Jesuiten kam dabei eine führende Rolle zu, was aber nicht darüber hinwegtäuschen sollte, daß sich überall ähnliche Reformansätze zeigten.

II. Gottesliebe – Nächstenliebe

In Deutschland bringt man die Erneuerung des Ordenslebens vor allem mit den Jesuiten in Verbindung, die wiederum direkt durch die Reformation bedingt gewesen sei. Doch weder das eine noch das andere stimmt in dieser Form. Längst vor dem epochemachenden Ereignis der Reformation kam es – unberührt von den Sorgen und Problemen Luthers, aber ebensowenig irritiert vom weltlichen Treiben der Renaissancepäpste – im Süden, vor allem in Italien, zu neuen, ernsthaften Versuchen, das Christentum in der Welt zu verwirklichen, wozu in erster Linie der selbstlose Dienst am kranken Nächsten gehörte. Es entstanden Bruderschaften und Klerikervereinigungen, die neben der Selbstheiligung durch Gebet, häufigen Sakramentenempfang, geistliche Lektüre und Betreuung sich ganz dem Dienst an den Armen und Kranken hingaben. Diese freien Bruderschaften übernahmen meist die Regel des Dritten Ordens vom hl. Franziskus und formten sich zum Teil zu klösterlichen Gemeinschaften. Auch Kleriker sahen hierin eine neue Möglichkeit zu wirklicher Nachfolge Christi. Zu Beginn des 16. Jahrhunderts entstanden ähnliche Priestervereinigungen, wie wir sie schon von den Kanonikern des 12. Jahrhunderts kennen.

1. Bruderschaften und Oratorien

Die Ordensreformen des Spätmittelalters waren alle von einer personalen Religiosität beseelt, die sich trotz anderer Ansätze der Bettelorden weitgehend hinter den Mauern der Klausur abspielte. Laien konnten hieran teilhaben, indem sie als Mitglieder des Dritten Ordens die Ideale des hl. Franziskus oder des hl. Dominikus in der Welt zu verwirklichen suchten. Doch waren diese Dritten Orden eher ein Zugeständnis als eine den aufkommenden Zeitverhältnissen wirklich angemessene Form christlichen Lebens in der Welt. Diese sollte sich in der neuen Epoche entwickeln. Ende des 15. Jahrhunderts kam es in Italien und Spanien zu Gründungen von Laienvereinigungen, den sogenannten Bruderschaften, die sich zur Vertiefung des eigenen religiösen Lebens und zum Apostolat aktiver Nächstenliebe zusammengeschlossen hatten. Der Ernst ihres Strebens und die Freude an ihrer Berufung wirkten ansteckend auch auf Priester und Kleriker; selbst Bischöfe traten ihren Bruderschaften bei und scheuten sich nicht, im Hospital Dienst zu tun. Es waren anfangs meist nur einige fromme Männer und Frauen, die sich wöchentlich oder monatlich trafen, sich über ihr geistliches Leben austauschten und die tätige Hilfe absprachen. Die Versammlungen fanden in einem Privathaus statt und schlossen meist mit gemeinsamem Singen und Beten; danach erhielt der Versammlungsraum den Namen Oratorium (von lat. orare = beten). Der Dienst an Armen, Kranken und Notleidenden war für sie eine notwendige Folge ihres Glaubens und eine sichtbare Weise der Nachfolge Christi. Sich selbst heiligen, indem man auch dem Nächsten zum Heil an Leib und Seele verhilft, war die epochemachende Losung, die zu neuen Ordensformen und -gemeinschaften führte. Einige dieser Bruderschaften wollen wir kurz besprechen, um die Ansätze dieser neuen Frömmigkeit in ihren Wurzeln zu sehen.

1443 entstand in Bologna eine Dominikusbruderschaft mit dem Ziel, in der Welt ein vollkommenes christliches Leben zu anstreben; ihre Mitglieder verpflichteten sich, häufig die Sakramente zu empfangen und ihren Glauben durch geistliche Lektüre zu vertiefen. Ganz der Hilfe der Armen hatte sich die Bruderschaft zum hl. Hieronymus in Florenz verschrieben, die der hl. Antoninus 1442 gründete, um „verschämte Arme" finanziell und geistlich zu unterstützen. Ähnliche Ziele verfolgte die St. Nikolaus Bruderschaft in Bologna (um 1495 gegründet). Großen Einfluß gewann das Oratorium des hl. Hieronymus in Vicenza, das Bernhardin von Feltre (1439) ins Leben rief. Je zwölf Mitglieder der Vereinigung mußten eine Woche lang die Kranken besuchen und die Armen versorgen, währenddessen die anderen ihrer gewöhnlichen Tätigkeit nachgingen. Doch die Not war so groß und der Eifer der Bruderschaft ungebrochen, daß sie 1506 sogar ein ganzes Hospital übernahm.

In Genua vereinigten sich fromme Laien zur Bruderschaft von der Göttlichen Liebe unter dem Schutz des hl. Hieronymus. Auch hier stand die Selbstheiligung der einzelnen Mitglieder, verbunden mit tätiger Nächstenliebe, im Vordergrund. Rasch wuchs die

Gemeinschaft auf die symbolische Zahl von vierzig, sechsunddreißig Laien und vier Priester, an. Sie dienten im Hospital der unheilbar Kranken. In Vernazza, Savonna, Bologna, Rom und Neapel sorgten sie dafür, daß solche Spitäler erbaut wurden, in denen sie rastlos und unentgeltlich tätig waren. Ihr Beispiel führte in Neapel zu einer Bruderschaft von der Göttlichen Liebe (1518), die sich ebenfalls ausschließlich den Hospizen widmete. Weitere Bruderschaften, die sich auch Oratorium nannten, entstanden völlig unabhängig voneinander. In Mailand gab es das Oratorium von der Göttlichen Weisheit, in Rom entstand das Oratorium von der Göttlichen Liebe (1515), das zu den größten und bedeutendsten Italiens gehörte. Bald zählte es an die sechzig Mitglieder, unter denen sich auch Bischöfe und hohe Kleriker befanden. Der spätere Gründer des Theatinerordens, Cajetan von Thiene, gehörte ihr ebenfalls eine Zeitlang an. Die Mitglieder verpflichteten sich zum täglichen Meßbesuch, zur monatlichen Beichte und Kommunion sowie zum tätigen Dienst an Kranken und Armen, mit besonderem Vorzug der Unheilbaren. Nach dem Muster von Rom wurde (1521) in Brescia eine solche Bruderschaft ins Leben gerufen, zu der auch der Arzt und spätere Gründer der Barnabiten, Antonius Maria Zaccaria, zählte.

Den Bruderschaften war nicht immer ein langes Leben beschieden, da sie oft an die Persönlichkeit und das Ideal einzelner gebunden waren und meist keine kirchenrechtliche Verankerung besaßen. Andere waren von Anfang an nur auf eine bestimmte Zeit angelegt. So gab es geistliche Studentenzirkel, die sich nach dem Examen wieder auflösten. Gleichgesinnte trafen sich zum Bibelstudium, zu Gebet und gegenseitiger Bestärkung im Glauben. So bildete sich beispielsweise um den vornehmen venezianischen Studenten Tommaso Giustiniani (1476–1528) ein Kreis von überzeugten Christen, die sich zum Bibelstudium in seinem Hause trafen und sich freiwillig verschiedene Pflichten zur Vervollkommung auferlegt hatten. Nach dem Studium löste sich der Kreis wieder auf, Tommaso pilgerte ins Heilige Land und trat anschließend in den Orden von Camaldoli ein, dessen Reformer er schließlich wurde. Von seiner stillen Klause aus verfaßte er Schriften zur allgemeinen Reform der Kirche und versuchte mit theologischen Abhandlungen die Annäherung an die Ostkirche. Beherzt setzte er sich, zum Kardinal erhoben, für die Mission in aller Welt ein. Auch der Jesuitenorden ging übrigens aus einem solchen studentischen Zirkel hervor.

2. Der Dienst an Seele und Leib: die Weltpriesterorden

Die Bruderschaften halfen zwar den Armen tatkräftig, doch nicht selten stand neben der leiblichen auch eine tiefe geistliche Not, bedingt durch eine oberflächliche Religiosität oder den völligen Verlust des Glaubens. Nicht zuletzt verlangten die Sterbenden nach seelischem Beistand. Aus dieser Erfahrung und dem Ziel einer ganzheitlichen Seelsorge entstanden Priestergruppen, Kongregationen und schließlich eigene Klerikerorden, die in der Selbstheiligung, dem Dienst am Nächsten und dem apostolischen Wirken die Forderungen Jesu, sein „Sichabmühen für die Erlösung" verwirklichen wollten. Sie werden im folgenden gemeinsam besprochen, auch wenn ihre Gründung zum Teil deutlich später erfolgte als die des Jesuitenordens, dem ein eigenes Kapitel gewidmet ist.

a) Die Theatiner (1524)

Sie sind aus einer kleinen Bruderschaft erwachsen, zu der sich Laien und Priester in Rom zusammengefunden hatten. Ihr Name umfaßt ihr Programm, sie nannten sich „Bruderschaft zur Göttlichen Liebe unter dem Schutz des hl. Hieronymus". Die göttliche Liebe, wie sie in der Menschwerdung, im Leben, Wirken und Sterben Christi offenbar wurde, wollten diese Christen weitergeben. Die Seele der Vereinigung war der hl. Cajetan von Thiene (1480–1547). Zu den Gründern gehörte Gianpietro Caraffa, der Bischof von Chieti, dem antiken Theate, was zum Namen des späteren Ordens führte. Die kleine Gemeinschaft traf sich an der Kirche S. Silvestro und S. Dorotea in Rom, pflegte das Gotteshaus und sorgte für eine feierliche und würdige Liturgie. So versuchte sie durch Wort und Beispiel auf Klerus und Gemeinde einzuwirken. Cajetan, ursprünglich Jurist und päpstlicher Geheimsekretär, entschloß sich erst mit sechsunddreißig Jahren zum Priestertum. Familiäre Angelegenheiten führten ihn nach Vicenza und Venedig, wo er jeweils eine Bruderschaft und ein Hospiz für unheilbar Kranke ins Leben rief. Um seinem Wirken Beständigkeit zu verleihen, wollte er die Bruderschaft in eine Genossenschaft mit fester Regel umwandeln, deren Ziel darin bestehen sollte, das wahrhaft apostolische Priestertum zu erneuern, wozu neben der persönlichen Frömmigkeit auch eine umfassende Bildung gehörte. Die Laien dagegen wollte man durch geistliche Übungen, gemeinsamen Gottesdienst und Unterweisung zu einer vertieften Religiosität führen.

Caraffa, Bischof von Chieti und späterer Papst, der sich schon längst, wenn auch vergeblich, um einen besseren Klerus in seiner Diözese bemühte, sah in einer solchen Genossenschaft den Weg zur Verwirklichung seines Zieles. Gemeinsam entwarfen Cajetan und Caraffa die Regel für die Klerikergemeinschaft: Die Priester bilden eine klösterliche Gemeinschaft und sollen sich ganz dem apostolischen Auftrag widmen; sie dürfen keine festen Einkünfte besitzen, noch dem Betteln wie die Franziskaner nachgehen, sondern allein auf die Hilfe Gottes bauen. 1524 erlaubte der Papst dieses Vorhaben und gab ihnen als Leitfaden die Augustinusregel. Caraffa legte sein bischöfliches Amt nieder und trat in den „Orden" ein. Durch Schenkungen und fromme Zuwendungen gelangte die bescheidene Bruderschaft von 14 Klerikern in den Besitz eines Hauses. Die Priester feierten eine würdige Liturgie, predigten häufig, hielten Christenlehre und sorgten sich um die Sauberkeit des Gotteshauses. Persönlich mühten sie sich um eine tiefe Frömmigkeit, zu der Kontemplation und Bildung gehörten. Gemeinsam mit den Laien besuchten sie die Kranken und standen ihnen geistlich bei. Sie hielten die Laien zum häufigen Empfang der Sakramente an, unterrichteten sie in Glaubensdingen und ermunterten sie zu Werken der leiblichen Barmherzigkeit. Als die kaiserlichen Truppen Rom plünderten (Sacco di Roma, 1527), gingen sie nach Venedig und Neapel. Doch erst als Caraffa als Paul IV. den päpstlichen Thron bestieg (1555), nahm die Gemeinschaft ihren eigentlichen Aufschwung. Es kam in Italien zu mehreren Gründungen, aus denen zahlreiche fromme Bischöfe hervorgingen. Die Theatiner sind ein Kleriker(Priester)orden nach der Regel des hl. Augustinus, denen besonders eine würdige Feier der Liturgie am Herzen lag. Daneben widmeten sie sich dem öffentlichen Unterricht und machten sich um eine Verbesserung des Breviers verdient. Der Orden blieb weitgehend auf Italien beschränkt.

b) Die Barnabiten (1533)

Der Orden, auch Regularkleriker vom hl. Paulus oder Paulaner genannt, ging ebenfalls aus einer frommen Laienvereinigung hervor, deren wichtigste Gründungsmitglieder der Arzt Antonius Maria Zaccaria (1502–1539), der Rechtsgelehrte Bartholomäus Ferrari und Jakobus Antonius Morigia, Professor für Mathematik, waren. Nachdem sie sich zu einem Priesterleben entschlossen hatten, war es ihr Ziel, als büßende Priester den Weg der Nachfolge zu gehen. 1530 begannen die drei unter Leitung von Zaccaria in einem kleinem Haus in Rom ihr priesterliches Büßerleben, das sie anfangs zurückgezogen verwirklichen wollten. Es gesellten sich Schüler dazu, und nun traten sie, ärmlich gekleidet, als eindringlich mahnende Bußprediger in Rom auf. Oft schleppten sie schwere Kreuze von Kirche zu Kirche, trugen einen Strick um den Hals und gaben durch andere auffällige Formen der Buße und Umkehr der Inquisition Anlaß zum Eingreifen. Doch der Papst hielt die Hand über sie und gestattete ihnen 1533 die Chorherrenregel, wodurch sie zu einem anerkannten Klerikerorden aufstiegen. Wie die Theatiner pflegten sie das gemeinsame Chorgebet, sorgten sich um die würdige Feier des Gottesdienstes und verehrten besonders das Sakrament des Altares. Hier wie dort war die Selbstheiligung mit einem apostolischen Wirken verbunden. Selbstverständliche Pflicht war die sonntägliche Predigt, Christenlehre und Anleitung zur Verehrung des Allerheiligsten. Der apostolische Dienst und das Streben nach Vollkommenheit sollten nicht durch kirchliche Würden verwässert werden. Deshalb legten sie ein viertes Gelübde ab und versprachen, innerhalb der Kirche keinerlei Ämter und Würden zu erstreben oder gar zu übernehmen – eine Klausel, die sich auch im Jesuitenorden finden wird. Überhaupt gleichen sich beide Orden in vielem. Vor allem in Italien, Frankreich, Spanien und Österreich wirkten sie auf vielfältige Weise, zum Beispiel durch Volksmissionen und Jugenderziehung. Wie die Theatiner bestehen auch die Barnabiten heute noch. Ihr Name rührt von dem ihnen überlassenen Kloster St. Barnabas in Mailand.

c) Die Somasker (1540)

In weit größerem Maße als die vorherigen Orden hatten sich die Somasker der leiblichen Hilfe des Nächsten verschrieben. Das Leben ihres Gründers, des hl. Hieronymus Aemiliani (1486–1537), erinnert in manchem an den hl. Ignatius von Loyola. Aus vornehmem venezianischen Hause stammend, pflegte er das Kriegshandwerk, bis eine Gefangenschaft ihn zur inneren Umkehr veranlaßte. Wieder frei, ging er nach Venedig, seiner Heimatstadt, nahm sich der Waisen an und pflegte selbstlos Arme und Kranke. Doch allein auf diese Weise, so schien ihm, würde er dem Auftrag Jesu nicht vollständig entsprechen. Deshalb entschloß er sich mit annähernd dreißig Jahren noch zum Studium und wurde schließlich 1518 zum Priester geweiht. In Venedig unterhielt er ein kleines Spital für Waisen, die er mit einigen Helfern unterrichtete und versorgte. Ähnliche Hospize gründete er in Verona, Brescia, Bergamo und Como, wobei er jedoch als einziger der Bruderschaft Priester war. Schließlich traten zwei wohlhabende Priester der Vereinigung bei, und das Verlangen wuchs, eine feste und beständige Gemeinschaft zu gründen. Als Hauptsitz wurde das Spital in Somasca gewählt, einem kleinen, abseits gelegenen Städtchen zwischen Bergamo und Mailand. Hieronymus verfaßte die Regel und setzte das Ziel: Vorrangig sollten sich Priester und Brüder gemeinsam um die Waisen, Kranken und Armen kümmern; den Waisen sollte auch durch Unterricht und Bildung geholfen werden. Die Priester lebten gemeinschaftlich, pflegten im ihrem Hause Stillschweigen und suchten sich durch intensives Gebet zu vervollkommnen. Hieronymus gründete mit Hilfe der Sforza in Mailand mehrere Waisen- und Findelhäuser. Als er hörte, daß in Bergamo die Pest ausgebrochen war, eilte er unverzüglich hin, um den Kranken beizustehen. Er selbst wurde angesteckt und starb 1537 im Rufe der Heiligkeit. Sein Nachfolger konnte die lockere Gemeinschaft zusammenhalten und 1540 vom Papst eine Bestätigung erhalten. Erst 1568 wurde sie zu einem Orden nach der Augustinusregel gewandelt. Ein großer Förderer war der hl. Karl Borromäus. Doch erst als sich der kleine Orden zum Unterricht entschlossen hatte, begann seine Blütezeit. In zahlreichen Städten unterhielt er öffentliche Schulen, leitete Gymnasien und schuf Kollegien für adelige Kinder. Seine Wirkung beschränkte sich weitgehend auf Italien, wenngleich es auch in der Schweiz und Österreich vereinzelt Niederlassungen gab. Nach starkem Rückgang Anfang des 19. Jahrhunderts erlebte er einen Wiederaufstieg und hatte im 20. Jahrhundert auch Häuser in Nord-, Mittel- und Südamerika.

d) Die Kleriker der Gottesmutter (1583)

Einen weiteren Klerikerorden, der sich ganz dem Wohl des Nächsten und der persönlichen Selbstheiligung verschrieben hatte, gründete Johannes Leonardi (1541–1609) in Lucca. Er selbst stammte aus wohlhabendem Hause und war als Apotheker in Lucca tätig. Doch bald schon verließ er sein einträgliches Leben, um in den Armen und Kranken Christus zu ehren. Er trat einer Bruderschaft bei und diente als Hausbursche selbstlos im Spital des Oberen der Bruderschaft. Über zehn Jahre verbrachte der ehemals wohlhabende Apotheker im Hause seines Meisters. Doch dann entschloß er sich, Christus ganz nachzufolgen, um den Menschen an Seele und Leib zu helfen. Er studierte, wurde Kleriker und empfing 1573 die Priesterweihe. Nach wie vor waren die Armen seine Sorge; daneben versuchte er durch Predigt, Unterricht und Christenlehre den Glauben in seiner Gemeinde zu festigen und zu vertiefen. Einige fromme Laien unterstützten ihn tatkräftig, woraus schließlich eine feste Gemeinschaft erwuchs. Erst 1583 gründete Johannes formal eine Gesellschaft, deren Ziel Selbstheiligung, Unterricht, Erziehung und Hilfe armer Kinder war. 1593 bestätigte der Papst die Regel und übergab dem neuen Orden in Rom eine Kirche. Johannes stellte die Kleriker und Brüdergemeinschaft unter den Schutz der Gottesmutter, an deren Kirche er in Lucca tätig war. Davon leitet sich auch der Name ab. Nach dem Tod des Gründers weitete sich der Orden vorwiegend in Italien aus.

e) Die Kamillianer (1584)

Ein besonders eifriger Priesterorden mit einer noch größeren Schar von Laienbrüdern im Dienste der leiblichen Barmherzigkeit waren die Kamillianer. Wohl kein Orden dürfte in den häufigen Pest- und Seuchenjahren so verdienstvoll gewirkt haben wie die Kamillianer, auch Klerikerorden der Diener der Kranken genannt. Ebenso ehrte man sie mit dem Titel „Väter vom guten Sterben". Ihr Gründer, der hl. Kamillus von Lellis (1550–1614), zunächst ein Abenteurer und Soldat, erfuhr als Kranker seine Bekehrung. Jahrelang an einer bösartigen Fußwunde leidend, lernte er die oft menschenunwürdige Welt der damaligen Häuser für Kranke, Alte, Obdachlose selbst kennen. Er wurde Hausmeister am Spital des hl. Jakobus in Rom, doch sein Wille, den Kranken, vor allem den Sterbenden zu helfen, ließ ihn nochmals die Schulbank drücken, um Theologie zu studieren, Priester zu werden und eine Gemeinschaft von Krankenpflegern leiten zu können. Mit 32 Jahren besuchte er die Lateinschule der Jesuiten und wurde schließlich 1584 zum Priester geweiht. An der Kirche La Madonna dei Miracoli in Trastevere begann sein priesterlicher Dienst. Hier gründete er gleich eine Laienbruderschaft zur Hilfe der Kranken. Unter bittersten Entbehrungen wirkten die Brüder in den Spitälern Roms. 1586 erfolgte die päpstliche Erlaubnis der Genossenschaft, der die Kirche La Maddalena zugewiesen wurde. Bei der großen Pest in Rom 1590 leisteten die Brüder unersetzliche Dienste; dabei und auch bei späteren Seuchen bezahlten nicht wenige mit dem eigenen Leben. Ihr selbstloses Tun veranlaßte die geheilten Kranken zu Spenden und Zuwendungen, so daß auch in anderen Städten Hospize gegründet werden konnten.

1591 wurde die Genossenschaft zu einem Orden erhoben, der nach der Regel des hl. Augustinus mit folgender Besonderheit lebte: Neben den drei üblichen Gelübden verpflichteten sich alle Mitglieder zum Dienst an den Kranken, auch in Zeiten der Pest. Ferner versprachen sie, keine Würden und Ämter innerhalb oder außerhalb des Ordens anzustreben und kein Entgelt für ihren Dienst zu beanspruchen. Nur für die Hospize und Spitäler gestattete die Regel feste Einkünfte und testamentarische Vermächtnisse, die Häuser der Mitglieder dagegen waren davon ausgeschlossen und mußten sich mit dem begnügen, was ihnen täglich gespendet wurde. Ein kleines Landgut zur Erholung der Brüder erlaubte der Heilige allerdings. Als Kamillus im Kreise der Kranken starb, gab es bereits 200 Mitglieder, die in 16 Städten Italiens Hospize betreuten. Der Orden breitete sich dank seines überall bewunderten Einsatzes in Pestzeiten rasch aus, meist gerufen von den Regierungen. In Italien, Spanien, Portugal, Südamerika, Frankreich, Holland und Belgien kam es noch im 17. Jahrhundert zu zahlreichen Niederlassungen. In Deutschland wurde der Orden erst im 19. Jahrhundert tätig; hier errichtete er übrigens die erste Trinkerheilanstalt. Auch in Kriegszeiten eilten die Brüder auf die Schlachtfelder, um den Verwundeten und Sterbenden beizustehen. Bei den Sterbenden versuchten die Kamillianer darauf zu drängen, daß der Kranke alles in Ordnung bringe, sein Äußeres und sein Inneres; streng verboten war es jedoch, Kranke zu Vermächtnissen gegenüber dem Orden zu bewegen.

f) Die Piaristen (1597)

Im Gegensatz zu den bisherigen Orden und Bruderschaften haben sich die Piaristen ganz dem Unterricht armer Kinder verschrieben, daher lautet auch ihre offizielle Bezeichnung: „Arme Regularkleriker der Muttergottes von den frommen Schulen" (die Kurzbezeichnung „Piaristen" kommt von lat. pius = fromm). Auch hier stand wieder eine Bruderschaft

Pate, die 1597 in Rom gegründet worden war, um armen Kindern unentgeltlich Elementarunterricht zu erteilen. Doch erst als Joseph von Calasanza (1556–1648) in die Bruderschaft eintrat, entwickelte sie sich weiter und formte sich schließlich zu einem Klerikerorden. Joseph, aus spanischem Adel stammend, hatte Philosophie und Jura studiert, denen er später noch Theologie zufügte. Entgegen dem Willen seines Vaters verzichtete er auf die Ehe und die heimatlichen Güter. Joseph wurde schwerkrank, was beide, Vater und Sohn, zu einer anderen Lebenseinstellung führte. Er ließ sich zum Priester weihen und erhoffte sich ein zurückgezogenes Leben der Selbstvervollkommnung. Der Bischof aber ernannte ihn zu seinem Sekretär, der Nachfolger sogar zum Generalvikar. Schließlich mußte er nach Rom, denn ein Kardinal erkor ihn zum theologischen Berater. Hier kam er mit der Bruderschaft in Berührung und trat sofort ein. 1597 errichtete er mit Unterstützung der Brüder eine eigene Schule, die so vorbildlich wurde, daß aller anfänglichen Not zum Trotz reichlich Spenden flossen. Über 700 Kinder strömten zum kostenlosen Unterricht, was Joseph nach Neubauten und anderen Häusern Ausschau halten ließ. 1604 bezog er mit zwei priesterlichen Mitbrüdern ein neues Schulhaus, wobei sich alle drei zu einem gemeinsamen Leben im Dienste der Schule entschlossen und die Bruderschaft in eine beständige Genossenschaft zu erweitern gedachten. 1612 betreuten die Piaristen bereits über 1200 arme Kinder in Rom. Ihr Erfolg blieb auch dem Papst nicht verborgen, der ihnen bereits früher durch Geldzuwendungen trotz mancher Verdächtigungen beigestanden war. 1617 änderte er die Genossenschaft zu einem Klerikerorden auf der Grundlage der Augustinusregel und gewährte ihnen die üblichen Privilegien der Mönche. Neben den Gelübden der Armut, Keuschheit und des Gehorsams legten die Piaristen noch ein viertes ab, nämlich die Jugend unentgeltlich zu unterrichten. Der Orden breitete sich in Italien rasch aus. Bereits im ersten Jahrzehnt nach seiner Gründung wurden die Piaristen nach Böhmen, Mähren, Polen und Ungarn gerufen; auch in Deutschland wirkten die Schulbrüder. Doch führten Intrigen von innen und Verleumdungen von außen dazu, daß der Heilige als Ordensoberer abgesetzt (1642), ja daß der Orden zu einer einfachen Genossenschaft degradiert wurde (1646). Zwei Jahre vor seinem Tod erfuhr der Gründer seine Rehabilitierung als Oberer, 1669 erreichte die Gemeinschaft wieder den Status eines offiziellen Ordens, wie er heute noch existiert.

g) Die Oblaten des hl. Ambrosius (1578)

Wir haben gesehen, daß sich vor allem Priester um ein neues apostolisches Leben mühten und sie zu diesem Ziel oft eine Gemeinschaft bildeten. Ähnlich ging es einer Gruppe von Priestern in Mailand. Der Wunsch nach Selbstheiligung und aktiver Mitarbeit am Heilswirken Jesu durch Vertiefung des christlichen Glaubens im einzelnen Christen führte sie schließlich zu einer Kongregation zusammen. In ganz besonderer Weise wollten sie ihren Bischof, Karl Borromäus, unterstützen und dem Dienst am Evangelium nichts vorziehen. Karl Borromäus wurde ihr geistlicher Vater, dem sie offen über ihr geistliches Leben Rechenschaft ablegten, ihr Inneres gewissermaßen darbrachten. Diese „Darbringung" (lat. oblatio) führte zu ihrer Bezeichnung Oblaten. Mit Zustimmung des Papstes schuf Karl Borromäus eine bischöfliche Priestervereinigung. Die Oblaten verpflichteten sich auf den Bischof und versprachen in allem, was die Seelsorge betraf, unbedingten Gehorsam, ein Versprechen, wie es die Jesuiten dem Papst gegenüber ablegten. Obgleich sie als Priester in Besitz ihrer Pfründen blieben, sollten sie persönlich möglichst arm bleiben. Wer sich dazu vollständig entschloß, lebte nach klösterlicher Weise gemeinsam mit anderen in einem Kolleg, die übrigen wohnten zu mehreren in ihren eigenen Häusern. Die Oblaten auf dem Lande trafen sich jeden Monat mit ihrem Bischof, um über ihr geistliches Leben Rechenschaft abzulegen bzw. um sich gegenseitig zu beraten und zu stärken. Wöchentliche Beichte, häufiger Kommunionempfang, geistliche Lektüre und Vorträge des Bischofs sollten das religiöse Leben stärken. Fünfzig Jahre nach der Gründung zählte die Genossenschaft über zweihundert Mitglieder. Die Vereinigung wurde 1844 wegen mangelnder Mitglieder aufgehoben, 1854 aber erneut gegründet. Einige Bischöfe, vor allem englische, ahmten in ihren Diözesen das Vorbild nach.

h) Die Oratorianer (1564/1612)

Ähnlich wie die Oblaten des hl. Ambrosius war auch das Oratorium des hl. Philipp Neri (1515–1595) eine diözesane Priestervereinigung, die dem jeweiligen Bischof unterstand. Erwachsen ist sie ebenfalls aus dem Wunsche nach einem tätigen apostolischen Leben. Philipp Neri, von Beruf Kaufmann, aber von Jugend an zu einem Leben innigen, ja mystischen Gebets hingezogen, kam nach Rom und lebte als Erzieher im Haus eines Florentiners. Mit seinem Beichtvater gründete er eine Bruderschaft von der Heiligsten Dreifaltigkeit zur Betreuung mittelloser und kranker Rompilger. 1551 zum Priester geweiht, trat er einer Priestergemeinschaft zum hl. Hieronymus bei, der Keimzelle des späteren Oratoriums. Von der Gottesliebe ganz ergriffen, suchte er sie nicht nur durch geistliche Gespräche, Lieder, Wallfahrten, Predigten weiterzugeben, sondern durch seine gütige und humorvolle Lebenshaltung. So zog er Kinder und einfache Leute, Gebildete und Adlige an. Seine Andachten mit Bibeltexten in der Volkssprache ließ er durch entsprechende Musik umrahmen; daraus entwickelte sich schließlich die nach seinem Betsaal, dem Oratorium, benannte Gattung geistlicher Musik.

Seine Gefährten leitete er zu einem gemeinsamen Leben und intensiver Seelsorge an. Die Mitbrüder nahmen sich besonders die religiöse Unterweisung der Gläubigen zu Herzen. Sie besuchten die Spitäler, standen den Kranken bei und verbreiteten durch Wort und Schrift die Lehren des Evangeliums. Neri betonte das geschichtliche Wissen. Einem Mitglied, dem späteren Kardinal Baronius († 1607), trug er auf, bei den Versammlungen über kirchengeschichtliche Themen zu sprechen, ja er hielt ihn an, als Gegenstück zu den protestantischen Centurien, einem Geschichtswerk unter dem Aspekt der Reformation, eine ausführliche katholische Kirchengeschichte zu verfassen. Auf zwölf Bände erwuchs das Werk des Baronius. Aber auch zahlreiche andere Gelehrte gingen aus dem Oratorium hervor oder wurden von Neri angeregt. Oderich Raynald († 1671) führte die Kirchengeschichte des Baronius weiter und schuf noch neun zusätzliche Bände. Th. Bozio († 1610) verfaßte ein Werk über Symbole und Zeichen der Kirche sowie ein Geschichtswerk der alten Kirche. O. Giustiniani († 1649) gab eine Geschichte des Konzils von Florenz heraus.

165 *Kirche und Hospiz SS. Trinità dei Pellegrini in Rom. Stich von G. Vasi (1740). Das Hospiz wurde von Philipp Neri gegründet und diente armen Pilgern für einige Tage zur Bleibe. Seit dem Ende des 15. Jahrhunderts entstanden zahllose Bruderschaften und Laienvereinigungen, die sich vor allem um Arme, Kranke, Gefangene und auch zum Tode Verurteilten kümmerten.*

P. Aringhi († 1676) befaßte sich ausgiebig mit der christlichen Archäologie, und J. Bianchini († 1764) untersuchte alte liturgische Texte; ausgiebig widmete er sich auch der Bibelwissenschaft. Die Aufzählung könnte leicht weitergeführt werden, doch es genügt, um das Neue, die Tendenz der Oratorianer zu geschichtlichen Studien, deutlich zu sehen. Einen wollen wir jedoch noch nennen: T. Ammeida († 1805), dessen Lebenswerk darin bestand, den Beweis zu erbringen, daß Glaube und Wissen sich nicht widersprächen, womit er letztlich die Tendenz der gesamten Epoche formulierte.

Die Vereinigung wurde 1564 als Weltpriesterinstitut ins Leben gerufen, 1575 päpstlich anerkannt und gefördert bzw. vor dem Zugriff der Inquisition geschützt. In Rom konnte Neri bald drei weitere Oratorien eröffnen, wobei das dritte an der Kirche S. Maria in Vallicella Neri selbst entwarf. Der Bibliothek räumte er einen besonderen Platz ein und stattete sie mit besten Büchern und Schriften aus. Fast gegen seinen Willen kam es zu Oratorien in Neapel, San Severino, Lucca, Fermo und Palermo. Hochbetagt legte Neri 1593 das Amt des Ordensgenerals in die Hände seines Schülers Baronius; zwei Jahre später, 1595, starb er.

Von dem Beispiel Neris angeregt, gründete der französische Priester Pierre de Bérulle

(1575–1629) in Frankreich eine Priestergemeinschaft, aus der ebenfalls zahlreiche bedeutende Gelehrte und Wissenschaftler hervorgingen. Insgesamt entstanden bis zur Französischen Revolution siebzig Oratorien mit annähernd 750 Mitgliedern. Vor allem auf dem Gebiet der Bibelwissenschaft leisteten die französischen Oratorianer Bleibendes. Als der englische Kardinal John Henry Newman (1801–1890) in Rom das Oratorium kennenlernte, trat er selbst ein und gründete anschließend (1848) an seinem Bischofssitz Birmingham in England eine solche Priestervereinigung. In London kam bald eine zweite hinzu, in dem nicht weniger Gelehrte als in Birmingham wirkten. Newman selbst gehört mit der vierzigbändigen Gesamtausgabe seiner Werke zu den fruchtbarsten Schriftstellern des Oratoriums.

3. Den Frauen fehlt es nicht an Mut – Nonnen ohne Klausur

Erst mit den Birgittinnen (vgl. S. 386) trat ein ausgesprochener Frauenorden in die weitgehend von Männern geprägte Geschichte des Mönchtums. Wenngleich sich die Birgittinnen der Klausur fügten und nur innerhalb des Claustrums die Nachfolge Christi lebten, so setzte ihre Gründerin im Selbstverständnis des Ordens eindeutig apostolische Akzente. Unter Berufung auf das biblische Vorbild der Pfingstgemeinde wollte Birgitta ihre Mission verstanden wissen. Damit waren die Frauen kein passives, geduldetes Anhängsel innerhalb einer scheinbar nur den Männern übertragenen Aufgabe des Apostolats, sondern gleichwürdig, wenn auch andersartig zum Dienst am Evangelium berufen. Völlig eigene Wege gingen die Beginen und ähnliche Frauengruppen, die sich nicht mehr um die aussichtslose Anerkennung ihres Tuns bemühten und lieber am Rande des kirchlich Üblichen und Gewohnten Christus nachfolgten, als ihr Leben in den wohlgeordneten Bahnen einer strengen Klausur zu vollbringen. Der Preis für diese Freiheit war hoch, denn fast unentwegt wurden sie verdächtigt, beargwöhnt und teilweise sogar verfolgt. Schließlich übernahmen die meisten Gemeinschaften die Regel des Dritten Ordens und begaben sich damit unter den Schutz der Bettelorden. Ihrem tätigen Apostolat waren damit enge Grenzen gesetzt. Doch auch sie waren Kinder des Spätmittelalters, und was über die Zustände des Mönchtums jener Zeit gesagt wurde, gilt auch für sie.

Neue Ansätze zu einem eigenen weiblichen Apostolat in Wort und Tat finden wir wieder zu Beginn des 15. Jahrhunderts. Im Orden der Ursulinen sind diese Elemente wichtig, bei den englischen Fräulein geradezu wesenseigen. Doch auch sie mußten sich später dem vorherrschenden Bild vom weiblichen Ordensleben fügen und einige typisch monastische Vorschriften berücksichtigen. In den Kongregationen des 19. Jahrhunderts traten abermals die Frauen als Schwestern, wie man diese „Nonnen“ nennt, machtvoll in die Geschichte des Christentums und verwirklichten im Dienste der Armen, der Kranken und Behinderten, der Kinder und Jugendlichen bewundernswürdig die Nachfolge Christi. Aber selbst hier, wo das Wirken in der Welt unabdingbar zum apostolischen Auftrag gehört, kam es zu beengenden Regeln und dem kirchlichen Wunsch nach einem möglichst abgeschlossenen Kloster.

a) Annunziatinnen oder Nonnen vom hl. Ambrosius (1408)

Der Gedanke zur Nachfolge Christi im Dienst der Armen führte, wie wir sahen, zu zahlreichen Bruderschaften in Italien. Diese Möglichkeit blieb jedoch nicht auf Männer beschränkt, waren es doch freie Laienvereinigungen. 1408 fanden sich in Pavia drei Jungfrauen zusammen, die entschlossen waren, sich ganz der öffentlichen Krankenpflege zu widmen, wobei auch hier das Ideal der Selbstheiligung die Voraussetzung bildete. Ihre Gruppe stellte sich unter den Schutz Mariens, und sie nannten sich zu Ehren der Verkündigung Mariä Annunziatinnen. Zum Beichtvater und „Leiter" der Schwesternschaft erwählten sie den Benediktiner Becaria. 1431 übernahmen sie die Augustinusregel und wirkten als karitativer „Orden" vor allem in der Lombardei und Venetien. Anfang des 17. Jahrhunderts löste sich die nie besonders große Kongregation wieder auf; zu ihr gehörte die hl. Katharina von Genua.

b) Die Ursulinen (1535)

Ihre Gründerin, Angela Merici (1474–1540) erwählte die hl. Ursula zur Patronin ihrer Frauengemeinschaft, die sie „zur Übung der christlichen Liebe durch Unterricht und Erziehung der weiblichen Jugend" geschaffen hatte. Angela Merici ging mit ihrer Frauengemeinschaft völlig neue Wege, denn die einzelnen Mitglieder lebten nach wie vor im Hause ihrer Eltern oder Verwandten, widmeten sich aber gemeinsam dem Unterricht und der religiösen Erziehung armer Mädchen: ein eigenständiges weibliches Apostolat außerhalb von Klostermauern. Den Weg zu dieser besonderen und häufig mißbilligten Weise ging sie wie Franziskus oder Birgitta von Schweden „unter Anleitung des Himmels". Denn zahlreiche Visionen bestärkten und ermunterten sie zu ihrer Aufgabe, die sie allerdings erst spät in ihrem Leben verwirklichen konnte.

Der Weg ihrer Berufung war ein Weg in die äußere Einsamkeit, getragen aber von der göttlichen Zwiesprache. Im frühen Kindesalter (1487/1489) verlor sie beide Eltern und wenige Zeit danach verstarb noch ihre Lieblingsschwester. Doch ihren Schmerz konnte sie tapfer ertragen, denn verschiedene Visionen trösteten sie. Eine gab ihr sogar die Gewißheit, daß ihre Schwester im Himmel sei. Nach dem Tod der Eltern lebte sie bei Verwandten und wurde Mitglied des Dritten Ordens. Um 1500 kehrte sie wieder in ihr Heimatdorf Desenzano am Gardasee zurück, verzichtete auf ihr Erbe und lebte als dienende Magd bei ihren Brüdern. In aller Stille unterzog sie sich strengem Fasten. Während der Feldarbeit wurde ihr eine zukunftsweisende Vision zuteil. Wie einst Jakob sah sie eine Leiter von der Erde bis zum Himmel: auf ihr stiegen Jungfrauen auf und nieder. Eine Frau aus dem himmlischen Reigen – sie erkannte darin ihre verstorbene Schwester – sprach zu ihr, sie werde gemäß dem Willen Gottes eine Gesellschaft von Jungfrauen in Brescia gründen. Ihr Orden sollte eine himmlische Leiter für die Frauen werden.

Auf Bitten von Freunden zog sie nach Brescia, um einer frommen Witwe beizustehen. 1524 unternahm sie mit einigen Verwandten eine Wallfahrt ins Heilige Land, wobei sie auf Kreta plötzlich erblindete. Erst auf der stürmischen Rückreise erlangte sie auf wunderbare Weise das Augenlicht wieder. Ihr stiller hingebungsvoller Dienst, ihr außergewöhnlich

166 *Die Vision der hl. Angela Merici. Stich (18. Jh.). Eine Vision regte Angela zur Ordensgründung an, damit Frauen dadurch die Himmelsleiter ersteigen. Angela steht hier in alter Tradition, wonach der Ordensgründer Vermittler zwischen Gott und den Menschen ist. Pachomius wurde zur Gründung von Klöstern mit den Worten, die Menschen mit Gott zu versöhnen, berufen.*

frommes Leben führte zu zahlreichen Anfragen und Bitten um Hilfe. Die Hospize in Venedig wollten sie ebenso bei sich behalten wie der Papst in Rom. Angela blieb ihrem Auftrag treu und zog wieder nach Brescia.

Hier rief sie um 1525 eine Schwesterngemeinschaft zur Ehre des Gekreuzigten ins Leben nach folgenden Grundsätzen: Jede Frau bleibt weiterhin in ihrem bisherigen Leben und Stand. Sie kann sich zur Jungfräulichkeit entscheiden, doch notwendig ist dies keineswegs. Als tägliches Gebet verrichtet jede für sich nur die kurzen Marianischen Tagzeiten, sieben Bußspalmen sowie ein von Angela verfaßtes Gebet. Täglich wollen sie die hl. Messe besuchen und an hohen Feiertagen gemeinsam zur Kommunion gehen. Jeden Monat war eine gemeinsame Versammlung anberaumt, um sich gegenseitig geistlich zur stärken und den Dienst an den Armen abzusprechen. Außer einem verstärkten Fasten gab es keine außergewöhnlichen asketischen Pflichten.

Der Sorge um die persönliche Religiosität fügte sie den Dienst an armen Mädchen hinzu. Die Frauen versprachen in einem weiteren Gelübde, arme Mädchen aufzusuchen, ihnen beizustehen und sie schließlich kostenlos zu unterrichten. Daneben übernahmen die freien Schwestern häusliche Krankenpflege und begleiteten die Sterbenden. Mehrere reiche Frauen halfen der kleinen Schar, stellten ihre Häuser zu Verfügung und schmückten das

167 *Mme de Sainte-Beuve. Stich (18. Jh.). Die reiche und fromme Witwe stiftete in Paris (1614) ein Ursulinenkloster. Sie erstrebte und erreichte die vollständige Klausur, die später fast alle Klöster der Ursulinen übernahmen.*

private Oratorium. Am 25. November 1535 trafen sich alle 28 Mädchen und Frauen und legten nach der Messe in ihrem Oratorium ein feierliches Versprechen der Ehelosigkeit ab. Dies gilt als Gründungsdatum der Ursulinen. 1537 wurde Angela zur ersten Oberin gewählt. Als sie nach nur dreijähriger Leitung starb, umfaßte die Gemeinschaft bereits 130 Frauen und Mädchen. Die Gemeinschaft besaß zwar eine Stammkirche und einen Beichtvater, doch war sie anfangs völlig frei von kirchlichen Vorschriften. Große Verbreitung erreichten die Ursulinen unter ihrem Gönner und Förderer, Karl Borromäus, dem heiligen Reformbischof von Mailand, der die ersten Ursulinen 1566 nach Mailand rief. Ihm war diese freie Gemeinschaft zum Unterricht und christlicher Unterweisung der weiblichen Jugend herzlich willkommen. Als Karl 1584 starb, gab es bereits 18 Häuser mit ungefähr 600 Ursulinen. Lebten die Frauen in Mailand anfangs noch in ihren Privathäusern, so drängten sie Karl Borromäus, ihnen ein gemeinsames, klausuriertes Leben zu erlauben. Nur widerwillig billigte es Karl, befahl ihnen aber eine gemilderte Klausur, um die Tätigkeit des Unterrichts nicht zu behindern.

Nach dem Vorbild von Angela Merici gründete Françoise de Bremond aus Avignon eine Schwesternschaft (1596), die ebenso frei, ohne Kloster, Ordenstracht und ewige Gelübde, in der Welt lebten und wirkten. Rasch fand diese neue Art fraulichen Apostolats in der Provence Anklang, ja bis nach Paris (1608) reichte die Wirkung. Hier kam es allerdings zu einer gravierenden Änderung, denn die eingetretenen Töchter des Adels erstrebten einen richtigen Orden, ein herkömmliches Kloster, was ihnen der Papst 1612 nicht ungern gewährte. Die Augustinusregel wurde die Grundlage ihres klösterlichen Lebens, aber zu den drei üblichen Gelübden fügten sie ein weiteres, die Verpflichtung, junge Mädchen zu unterrichten. Die Pariser Kongregation führte eine einheitliche Tracht ein, verpflichtete zur beständigen Klausur, verschärfte das Fasten und setzte zusätzlich noch die persönliche Geißelung an jedem Freitag sowie den drei letzten Kartagen ein. Obwohl sich verschiedene Häuser, die ja alle selbständig waren, gegen diese klösterliche Form wehrten, auf die Dauer setzte sie sich mehr oder weniger willig durch. Ursprünglich waren die Häuser der Ursulinen diözesan gegliedert. So gab es Kongregationen in Toulouse, Bordeaux, Dijon, Burgund und Lüttich, die alle ihre Besonderheiten besaßen, wenngleich sie im Grundsatz übereinstimmten. Vor der Französischen Revolution zählte man allein in Frankreich, dem Hochland der Ursulinen, über 350 Klöster mit annähernd 9000 Frauen. Nicht wenige gingen während der Revolution den Weg zum Schafott. Eine erneute Blüte erlebten die Ursulinen im 19. und 20. Jahrhundert, wo ihre Volksschulen, Pensionate, Gymnasien und Lehrerinnenseminare, Näh- und Hauswirtschaftsschulen sehr geschätzt waren. Ein Teil der Ursulinen, besonders in Italien, behielt die ursprünglich freie, nichtklausurierte Lebensform bei und nennt sich „Töchter der hl. Angela“ oder „Angelinen“.

c) Die Salesianerinnen (1610)

Ihr eigentlicher Name lautet „Orden von der Heimsuchung Mariens“. Ihr Gründer, der hl. Franz von Sales (1567–1622), wählte diese Bezeichnung in Anschluß an das Vorbild Mariens, die ihre Zurückgezogenheit aufgab, um ihrer Base Elisabeth beizustehen. So sollten auch „seine Ordensfrauen“ die Klausur aufgeben, um den Armen in der Welt zu helfen. Franz, auf Schloß Sales geboren, war für die weltliche Laufbahn bestimmt, doch nach seinem Studium der Rechte wandte er sich der Theologie zu und wurde Priester in Annecy, das größtenteils kalvinistisch geworden war. Unermüdlich wirkte er in der scheinbar aussichtslosen Mission, aber nach Jahren zeigten sich ansehnliche Erfolge. Franz wurde schließlich Bischof von Genf. Vor allem lag ihm ein überzeugtes geistliches Leben seiner Gläubigen am Herzen, wozu er unermüdlich in Ansprachen, Briefen, Schriften, vor allem aber als Beichtvater und Seelenführer wirkte. Zahlreiche Frauen und Witwen gehörten zu seinem geistlichen Kreis, die gerne ein tätiges christliches Leben in Gemeinschaft geführt hätten, doch ihr vorgerücktes Alter oder notwendige Bindungen an die Familie verschlossen ihnen die Pforten der Klöster. Franz aber schwebte eine völlig andere Möglichkeit der Nachfolge vor, denn er plante ein Kloster mit eingeschränkter Klausur, das heißt, die Schwestern sollten ausgehen dürfen und in der Welt wirken, das Kloster aber sollte den Fremden verschlossen bleiben.

1610 machte er ernst, und die ersten Frauen zogen in sein Bischofshaus ein, um gemeinschaftlich zu leben und zu wirken. Nur für die jungen, unverheirateten Novizinnen galt die strenge Klausur, die anderen gingen täglich den Werken leiblicher Barmherzigkeit nach.

Eine bedeutende Hilfe für ihn und Mitbegründerin des Ordens war die hl. Franziska von Chantal (1572–1641), die als Witwe und Mutter von mehreren Kindern keinen Platz im herkömmlichen Kloster fand. Gemeinsam schufen sie das neue Modell für Frauen, die sich erst im späteren Alter für die tätige Nachfolge Christi entscheiden konnten.

1618 entstand in Lyon ein zweites Kloster. Doch dem dortigen Bischof schien diese seltsame Form der freien Klausur sowie ein gemeinschaftliches Leben ohne ausgedehntes Chorgebet und einheitliche Tracht höchst bedenklich. Er wandte sich an Rom, Franz fügte sich, und 1618 wurde die Gemeinschaft als ein Orden mit strenger Klausur auf der Grundlage der Augustinusregel päpstlich bestätigt. Franz von Sales konnte jedoch teilweise seine Intention bewahren, denn die Schwestern wurden nicht zum üblichen, überaus langen Stundengebet verpflichtet, sondern mußten nur die kurzen Marianischen Tagzeiten beten. Eine Möglichkeit, ihr Apostolat weiterhin auszuüben, schufen sich die Frauen, indem sie ihren Klöstern Mädchenpensionate anschlossen; ab 1640 gehörten diese zum festen Bestandteil der Häuser der Salesianerinnen.

Nach dem Tod des hl. Franz von Sales (1622) leitete Franziska die Gemeinschaft und erließ noch bestimmte Regeln, Anweisungen und erklärende Hilfen zum Werk des Heiligen. Die Klöster lebten zwar alle nach der gleichen Regel und besaßen ähnliche Gebräuche, doch jedes Haus war selbständig. Durch die Tätigkeit im Bereich der Erziehung wuchs der Orden rasch an und verbreitete sich in ganz Europa. Als Franz starb, zählte seine Gemeinschaft nur 13 Klöster; beim Tod der Mitgründerin, der hl. Franziska von Chantal, gab es aber bereits 86. Ende des 18. Jahrhunderts erreichten auch die Salesianerinnen mit 168 Häusern ihren Höchststand.

d) Die Barmherzigen Schwestern des hl. Vinzenz von Paul (1633)

Obwohl wir mit den Vinzentinerinnen bereits weit in das 17. Jahrhundert kommen, sollen sie doch jetzt schon besprochen werden, um den besonderen und typischen Ansatz des Ordenslebens in der Barockzeit, die Nachfolge im Dienst am Nächsten, deutlich werden zu lassen. Die „Töchter der Liebe“ (Puellae caritatis) wie ihre offizielle Bezeichnung lautet, bilden die größte aller karitativen Frauengemeinschaften. Sie gingen aus einer Predigt des hl. Vinzenz von Paul (1581–1660) hervor, die er als Pfarrer von Châtillon-les-Dombes im Jahre 1617 hielt. Auf dem Weg zur Messe schilderte ihm eine Frau so eindringlich das Elend einer Familie, daß Vinzenz sein Konzept beiseite legte und mit bewegten Worten über die Nächstenliebe predigte. Gleich nach der Messe eilten mehrere Frauen der armen Familie zur Hilfe. Angeregt von diesem Beispiel gründete er eine Verbrüderung der Liebe, in der verheiratete Frauen sich freiwillig dem Dienst an Armen und Kranken widmeten. 1620 schuf er die gleiche Einrichtung für männliche Mitglieder.

Der Frauenvereinigung war ein langer fruchtbarer Weg in der Geschichte beschieden, nicht zuletzt dadurch, daß Louise de Marillac (1591–1660), Witwe des Sekretärs der französischen Königin Maria von Medici, dem Liebesbund beitrat. Er ernannte sie zur Visitatorin der bereits dreißig Niederlassungen in Frankreich. Vorbildlich für die ganze Gemeinschaft, zu der nur verheiratete Frauen zählten, wirkte Louise de Marillac während des Pestjahres

1631 in Paris. Ohne Ansehen der Person und unter Mißachtung ihrer eigenen Gesundheit pflegte sie die verlassenen Pestkranken.

Die Frauen erhielten neben ihrer geistlichen Betreuung – die Selbstheiligung besaß Vorrang, denn nur aus ihr konnte eine recht verstandene Nächstenliebe erwachsen – auch eine kurze Ausbildung im Krankendienst, kostenlos Medikamente und andere Hilfsmittel, um ihren Dienst ausüben zu können. 1633 entschloß sich Vinzenz, auch unverheiratete Frauen aufzunehmen, die allerdings ein Noviziat ablegen mußten, das in einem Privathaus eröffnet wurde. Neben den drei üblichen Gelübden verpflichtete sie ein viertes zum kostenlosen Dienst an den Armen. Das Mutterhaus der Kongregation wurde schließlich direkt nach Paris verlegt, wo die Schwestern schon längst im Hotel Dieu tätig waren. Seit 1636 unterhielten sie zusätzlich noch ein Findelhaus.

Vinzenz verfaßte eine allgemein gehaltene Regel, mehr Richtlinie als Ordnung. Er ermahnte seine Töchter, um Christi willen jeden Kranken und Armen zu pflegen, selbst bei Lebensgefahr den Dienst nicht zu scheuen. Aus dem Streben nach persönlicher Vollkommenheit soll die Bereitschaft dazu erwachsen. Morgens um vier sollen die Vinzentinerinnen aufstehen, aber kein übliches Chorgebet halten, sondern zweimal am Tage eine Betrachtung halten. Alles soll einfach und angemessen sein. Der Gemeinschaft steht eine Oberin vor, der alle Gehorsam schulden. Nach einem fünfjährigen Noviziat mit Ausbildung zur Krankenschwester sollen drei tätige Jahre folgen, nach denen schließlich die ewigen Gelübde abgelegt werden. Zum Mutterhaus wurde die Niederlassung in Paris erhoben.

Auch hier finden wir den aufschlußreichen Zug, daß Frauengemeinschaften fast nie eine streng zentralistische Struktur anstreben, sondern viel lieber dem einzelnen Haus oder der Provinz große Selbständigkeit lassen. Schon zu Lebzeiten des hl. Vinzenz, der übrigens auch den Orden der Lazaristen zur Volksmission gegründet hat, breiteten sich die Vinzentinerinnen in ganz Frankreich aus. Zum Teil übernahmen einzelne Häuser auch den Unterricht armer Kinder in den Elementarfächern. Seine vollständige kirchliche Anerkennung erhielt der Orden erst 1668. Im 18. Jahrhundert zählte er über 290 Häuser mit etwa 1500 Schwestern. Obwohl die Französische Revolution alle Orden aufhob, konnten die Töchter des hl. Vinzenz säkularisiert weiterleben. Aus diesem bescheidenen Reis wuchs im 19. und 20. Jahrhundert die größte, in der ganzen Welt verbreitete Frauengenossenschaft mit heute etwa 30000 Mitgliedern.

e) Die Englischen Fräulein (1640)

Im Zusammenhang mit den neuen Frauenorden sei hier noch vor dem Kapitel über die Jesuiten ihr „weiblicher Zweig", die Englischen Fräulein, besprochen, verkörpert ihre Gründung doch in weit größerem Maße als alle anderen behandelten weiblichen Kongregationen die Intention eines gleichberechtigten Apostolats der Frau. Die Gründerin, Maria Ward (1585–1645), entstammte einem alten englischen Geschlecht, das nicht zur anglikanischen Kirche übergewechselt war, sondern im Untergrund dem überlieferten katholischen Glauben anhing. Deshalb mußte Maria Ward schließlich England verlassen und fand als Ausgehschwester im nordfranzösischen Konvent der Klarissen zu St. Omer ein erstes Unterkommen. Obgleich sie aus eigenen Mitteln ein Kloster für Engländerinnen in Gravellines stiftete, schien ihr dies nicht ganz zu entsprechen. 1609 begann das gemeinsame Leben in der Hoffung, daß die Ausbildung der Schwestern zur Mission im heimatlichen England nützlich sein werde. Die Jesuiten unterstützten das Kloster tatkräftig, und der Bischof von St. Omer war ihrem Tun sehr gewogen. Dennoch war sich Maria Ward nicht im klaren, ob dies wirklich dem Willen Gottes entspreche oder ob sie nicht vielleicht lieber zu den strengen Karmelitinnen gehen sollte. Sicherheit brachte in diesen Jahren der Ungewißheit eine Vision; eine himmlische Stimme bestärkte sie, einen Frauenorden ins Leben zu rufen, dessen Wesen und Ziel dem der Jesuiten entsprechen sollte: Selbstheiligung, Apostolat, Unterricht und Mission. Ihr Beichtvater, der Jesuitenpater Lee, unterstützte sie anfangs sehr, solange die Intention der Gemeinschaft, ein weiblicher Zweig der Jesuiten zu werden, noch nicht ganz deutlich war. Bereits 1617 konnte Maria Ward in Lüttich, Köln und Trier Häuser eröffnen. 1621 reiste sie nach Rom, um die päpstliche Anerkennung zu erreichen.

Obwohl sie in Rom, Perugia und Neapel Häuser gegründet hatte, versagte man ihr in Rom unter Hinweis auf die strenge Klausurvorschriften des Trienter Konsils die Bestätigung ihres Instituts und ihrer apostolischen Lebensweise. Trotzdem gründete sie in München ein neues Haus, von dem Niederlassungen in Wien und Preßburg errichtet wurden. Vor allem die Jesuiten betrieben eine kirchliche Ächtung „ihres weiblichen Zweiges", zumal Ignatius sich, wie alle übrigen Männerorden auch, vom Papst das Privileg erwirkt hatte, keine Frauen aufnehmen zu müssen, noch zur Seelsorge in Frauenklöstern verpflichtet zu werden. Schließlich hob 1631 der Papst die bindende Ordenspflicht der Gemeinschaft auf und stellte es dem Mitgliedern anheim, in andere Orden zu wechseln. Maria Ward wurde im Angerkloster zu München in Gewahrsam gesetzt. Nur die Fürsprache hoher Standespersonen brachte ihr die Freiheit wieder. Sogleich reiste sie abermals nach Rom, um sich von den Anschuldigungen zu befreien. 1634 sprach sie der Papst von den Vorwürfen frei und gestattete ihr sogar, in Rom ein Haus zu eröffnen. Unverstanden von ihren männlichen Kollegen, reiste die vielgeprüfte, ihrer Zeit weit vorauseilende Frau in ihre Heimat zurück, wo sie 1645 verstarb.

Im großen und ganzen richtete Maria Ward ihre Gemeinschaft nach den Grundsätzen und Zielen der Gesellschaft Jesu aus. Neben der Selbstheiligung steht das Apostolat. Wie die Jesuiten halten die Englischen Fräulein kein gemeinsames Chorgebet, noch kennen sie besondere asketische Vorschriften. Das Ziel umfaßt die religiöse Unterweisung der weiblichen Jugend, beruhend auf der persönlichen Frömmigkeit jeder einzelnen Frau. Lange Jahre lebten die Englischen Fräulein, beliebt bei den Christen, mißtrauisch beäugt von der Kirchenleitung in einen rechtlich bedenklichen Zustand. Erst 1693 wurden ihre Konstitutionen gebilligt und 1703 ihr Institut kirchlicherseits vollständig anerkannt. Der Orden erlebte im 19. und 20. Jahrhundert eine ausgesprochene Blütezeit, zumal er als Schulorden mit Pensionat, Gymnasium oder praktischer Hauswirtschaftsschule sehr begehrt war. Auch heute noch unterrichten die Englischen Fräulein in zahlreichen Ländern.

Wir haben einige typische Orden des 16. und 17. Jahrhunderts kennengelernt und vermögen nun bereits einige neue Elemente deutlicher zu sehen. Gegenüber den vorhergehenden Mönchen wird immer der Dienst an den Armen als Vollzug der Nachfolge Jesu betont, die sich weniger hinter den Mauern des Klosters als vielmehr innerhalb der Welt zu vollziehen hat. Deshalb kennen manche Orden nur noch bedingt eine Klausur. Die Selbstheiligung stand auch bei den alten Orden und den Mönchen der Wüste im Vordergrund, doch wurde sie vorwiegend über die harte Askese beschritten. Bei den neuen Orden übernimmt gewissermaßen die persönliche Vertiefung im Glauben durch Christenlehre, Bildung und Wissen die Aufgabe der Askese. Vor allem aber das Apostolat, und zwar als umfassende Sorge um Leib und Seele der notleidenden Mitmenschen, wurde zur neuen Aufgabe, die zu verschiedenen Orden und weiblichen Kongregationen führte. Unabhängig von der Reformation ging die Erneuerung des religiösen Lebens vor allem von den südlichen Ländern, Italien, Spanien, Frankreich, aus.

III. Die Gesellschaft Jesu

In ganz besonderer Weise verkörpert der Jesuitenorden, wie die Gesellschaft Jesu (Societas Jesu) landläufig genannt wird, die geistige Haltung der Barockepoche, wenngleich der Orden früher entstanden war und mit ihr nicht gleichgesetzt werden kann. Auch seine andere Charaktersierung, Motor der „Gegenreformation" gewesen zu sein, trifft nur einen Teilaspekt seiner Geschichte; Gründung und Ziel der Jesuiten waren von dem „deutschen Ereignis" unabhängig. Dennoch besteht die Meinung von der epochemachenden Wirkung des Ordens zu Recht, da er Elemente zum Tragen brachte, die für das Barock wesentlich wurden. Ignatius erlebte visionär die Grundüberzeugung barocker Frömmigkeit, daß die ganze Schöpfung zum Heil des Menschen entworfen worden sei. Gott hat die Welt ins Leben gerufen, damit der Mensch ihn lobe, ihm diene und an seiner Herrlichkeit Anteil habe. Diese theologische Grundhaltung gestaltete Ignatius in seinem Leben und „seinem" Orden wirkungsvoll aus, denn er wollte der höchsten Berufung des Menschen dienen, sie sichtbar machen und verwirklichen. Um das seinsgemäße menschliche Ziel zu erkennen und zu erreichen, darf und muß man sich der Vernunft und des Willens bedienen, denn sie sind, wie alles auf der Welt, zum Dienst am Heil des Menschen geschaffen.

1. Das Leben des Gründers

Ignatius wurde 1491 auf dem Stammsitz der altadligen baskischen Familie Loyola geboren und zur standesgemäßen Erziehung 1504 dem Hof des königlichen Finanzministers Juan Velázquez de Cuéllar übergeben. Zur Sicherheit hatten ihm seine Eltern die Tonsur geben lassen, das heißt eine niedere kirchliche Weihe, die zum Besitz von kirchlichen Pfründen berechtigt. Diese schützte ihn 1515 auch vor dem Arm der weltlichen Gerechtigkeit, der ihn und seinen Bruder wegen eines heute nicht mehr bekannten Vergehens treffen sollte.

Glücklicherweise hatte er seine Ausbildung, als sein Dienstherr starb, beendet und konnte sich als Offizier des Herzogs von Navarra verdingen (1517). In dieser Eigenschaft holte er sich bei der Verteidigung von Pamplona gegen die belagernden Franzosen seine lebensverändernde Verwundung.

Mit diesem Ereignis beginnt die später auf Drängen seiner Mitbrüder diktierte Selbstbiographie, der „Bericht des Pilgers“. Die Franzosen gestatteten großmütig, die Verwundeten nach Hause zu bringen. Ignatius wurde auf einer Trage nach Loyola gebracht und von seiner Schwägerin gepflegt. Die Verwundung an seinem Bein heilte nur langsam, zumal sich Ignatius einer zweiten Operation unterzogen hatte, um ein Stück abstehenden Knochens entfernen zu lassen. Langeweile befiel den Kranken, der sich gerne durch die Lektüre von Ritterromanen und den damit gegebenen Wunschvorstellungen die Trostlosigkeit vertrieben hätte. Doch außer dem „Leben Christi“ des Kartäusers Ludolf von Sachsen und der „Legenda aurea“, einer Sammlung von Heiligenlegenden des Jakob von Voragine, war im ganzen Haus nichts Lesbares aufzutreiben. Mehr mißmutig als zufrieden begann Ignatius zu lesen, doch bald schon ergriff ihn das hehre Beispiel der Heiligen, und sehnlichst regte sich der Wunsch, es ihnen gleichzutun, ja sie womöglich noch zu übertreffen.

Noch ein weiteres reifte unbemerkt auf dem Krankenlager, die Fähigkeit zur „Unterscheidung der Geister“, wie Ignatius später diese wichtige Eigenschaft jesuitischer Geistigkeit nannte. Immer wieder spürte er, wie gewisse Vorstellungen ihn forttrugen und in Hochstimmmung versetzten, aber anschließend ein schales Gefühl der Leere und des Mißmutes zurückblieb. Andere Bilder, vor allem Gedanken an Gott, beunruhigten ihn zwar zunächst, gewährten ihm aber später Ruhe und Ausgeglichenheit. Auf diesem inneren Weg der Selbsterkenntnis lernte er zu unterscheiden, was vom guten und was vom bösen Geist kommt, und gewöhnte sich daran, all sein Tun unter dem Aspekt Gottes zu betrachten, was schließlich zu seiner inneren Wandlung führte.

Er faßte den festen Entschluß, als Büßer zu leben und es den Heiligen gleichzutun. Als erstes plante er eine Wallfahrt ins Heilige Land, danach den Eintritt in ein Kartäuserkloster. Mit einem Diener und einem Esel begann 1522 seine Pilgerreise. Doch bald schon entließ er seinen Begleiter, den er ohnehin nur auf Drängen seines Bruders mitgenommen hatte; außerdem verfügte er noch zu Gunsten der Armen über sein Geld. Auf dem Weg lag das Kloster und Marienheiligtum Montserrat. Nächtelang betete er vor dem Bild der Muttergottes und legte schließlich eine schriftlich verfaßte Lebensbeichte ab. Frei von äußeren Verpflichtungen, denn seinen Esel hatte er verkauft und seine guten Kleider mit einem dürftigen Büßergewand getauscht, konnte er ungehemmt seinem inneren Wollen entsprechen, zumal ihn hier niemand kannte. Die Wallfahrt wurde bis auf weiteres unterbrochen, denn die innere Wandlung mußte reifen. Im nahen Manresa verweilte er nahezu ein ganzes Jahr. Durch Betteln gab er er sich ganz der Fürsorge Gottes hin. Er legte sich strenge Beschränkungen auf, geißelte sich jede Nacht, fastete überaus hart und oblag der ständigen Betrachtung. Obwohl er häufig die Sakramente empfing und zeitweise bis zu sieben Stunden kniend betete, überfiel ihn eine innere Dürre, die ihn an Rand des Selbstmordes führte.

Ein weiterer wichtiger Meilenstein in seiner inneren Entwicklung war die Vision am Fluß Cardoner. Während er, wie gewohnt, zur Heiligsten Dreifaltigkeit betete, begannen

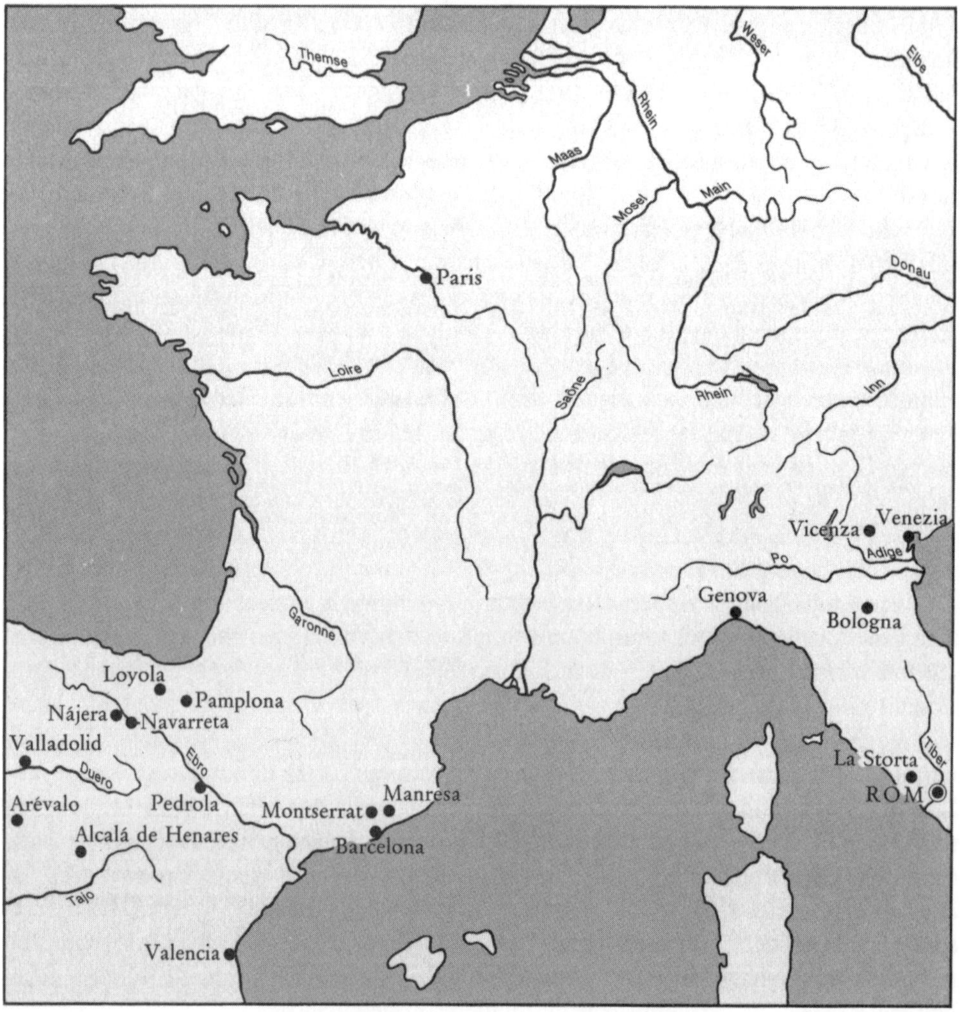

168 *Stationen des hl. Ignatius von Loyola*

sich die Augen seines Geistes zu öffnen. In dieser Erleuchtung, die er als die größte Gnade seines Lebens ansehen wird, erschien ihm alles in neuem Licht. Es war ihm, wie er selbst bezeugt, als sei er ein anderer Mensch geworden, mit neuen Augen und neuer Erkenntniskraft. In dieser geistigen Schau wird ihm alles klar: Er durfte die Einheit erfahren. Visionen Christi, häufig in der Gestalt einer Sonne, sollten Ignatius durch sein ganzes Leben begleiten. Nach diesem Widerfahrnis konnte er noch deutlicher die Geister unterscheiden. Seine Erfahrungen auf dem geistlichen Weg faßte Ignatius in Anweisungen und Übungen schriftlich zusammen und vermittelte sie später als Exerzitien seinen Mitbrüdern und anderen, die nach einem geistlichem Leben suchten.

1523 setzte er seinen Weg nach Jerusalem fort und überließ sich in allem der helfenden Fürsorge Gottes, das heißt, er verzichtete auf Proviant, Geld, Empfehlungen oder den Schutz einer Pilgergruppe. Durch wunderbare Hilfe gelang ihm dennoch die Überfahrt nach Jerusalem. Hier, an den Stätten seines Herrn, wollte er als Büßer sein Leben verbringen, zugleich aber anderen geistlich beistehen. Doch der Franziskanerprovinzial bestimmte die Abreise des gottseligen Pilgers. Es ist aufschlußreich, wie Ignatius die heiligen Stätten besuchte; fast sinnlich greifbar erlebte er die Spuren Christi.

Schon in Manresa führte er mit zahlreichen Menschen geistliche Gespräche, um ihren Glauben zu festigen und ihre göttliche Bestimmung sichtbar werden zu lassen. Diese Tätigkeit entsprang seinem Glauben und sollte zu seiner Lebensaufgabe werden. Um das Ziel zu erreichen, entschloß sich Ignatius zum Priestertum und begann mit 33 Jahren die Lateinschule in Barcelona zu besuchen (1524–1526). Auch diese Zeit des mühsamen Lernens trug ihm geistlichen Gewinn ein, denn eines Tages gelang es ihm, die ewig zerstreuenden Gedanken zu besiegen und konzentriert seinen Studien zu obliegen. Selbstreflexion und ein bestimmter Willensentschluß führten zur inneren Ruhe.

Seiner Berufung entsprechend sorgte er sich auch auf der Schule um das Heil seiner Mitchristen. Er konnte einen kleinen Kreis von Schülern um sich sammeln, die er durch seine geistlichen Übungen zur eigenen Selbstbestimmung führte. Übrigens war er auch in Barcelona Gast Gottes, der von Almosen und frommen Zuwendungen lebte. Seine philosophischen Studien begann er 1526 in Alcalá. Mehrere Mitstudenten gaben nach den geistlichen Übungen ihr weltliches Gebaren auf und vertauschten ihre vornehme Kleidung mit einem braunen Bußgewand. Die auffallende Änderung brachte Ignatius mit der Inquisition in Berührung und bescherte ihm wegen unerlaubter Seelsorge 22 Tage Haft. Unter dem Vorbehalt, so etwas künftig zu unterlassen, bekam er seine Freiheit wieder. Der Bischof riet ihm und seinen Freunden, auf die Universität Salamanca zu wechseln, wo ihn abermals wegen des gleichen Vorwurfs die Inquisition belästigte. Scheinheilige Dominikaner luden den Ahnungslosen ins Kloster, das ihm vorübergehend zum Gefängnis werden sollte. Schließlich wurde er in das öffentliche Zuchthaus gesteckt. Vor allem seine geistlichen Übungen (Exerzitien), die er bereits schriftlich niedergelegt hatte, wurden zum Stein des Anstoßes. Auch hier endete die Haft mit dem Verbot jeglicher Seelsorge.

Zum Weiterstudium ging Ignatius nach Paris (1528). Auch hier erbettelte er sich seinen Unterhalt und kam dabei bis nach Flandern. Neben den theologischen Studien widmete er sich abermals dem geistlichen Wohl seiner Mitmenschen. Zunächst schlossen sich ihm drei Studenten an, später weitere drei, alles Spanier oder Portugiesen. Sie verschenkten ihre Habe und lebten wie Ignatius vom Betteln, besuchten Pestkranke und festigten sich innerlich durch geistliche Übungen. Diese „Freunde im Herrn“ legten am 15. August 1534 gemeinsam in einer Kapelle auf dem Montmartre das Gelübde ab, ein Leben in Armut zu führen, nach dem Vorbild Christi dem Nächsten zu dienen und ins Heilige Land zu pilgern. Sollte der letzte Wunsch nicht innerhalb eines Jahres ausführbar sein, so wollten sie sich dem Papst anvertrauen, damit er sie dorthin aussende, wo man „mehr für Gottes Ehre und das Heil der Seele erreichen könne“.

Die Freunde trennten sich in Paris, um sich zur Überfahrt nach Jerusalem in Venedig wieder zu treffen. Ignatius reiste über Spanien nach Venedig, wobei er zum letztenmal seine Heimat sehen sollte. Er erteilte zu Hause Christenlehre und predigte öffentlich. 1537 kamen die Gefährten in Venedig zusammen, doch die Überfahrt nach Jerusalem ließ wegen kriegerischer Ereignisse auf sich warten. Sie empfingen in Venedig die Priesterweihe, und zwar auf den Titel der Armut. Über ein Jahr wirkten die Jungpriester in Hospizen und Schulen der umliegenden Städte, nachdem sie sich vierzig Tage lang – durch Schweigen, Meditation, Betrachtung und geistliche Übungen – darauf vorbereitet hatten. Während dieser Zeit widerfuhren Ignatius zahlreiche Visionen und Ekstasen. Das Jahr ging vorüber, ohne die Möglichkeit der Überfahrt. So entschloß sich die bereits auf zehn Mitglieder angewachsene Gruppe zur Verwirklichung der zweiten Lösung, sich dem Papst zur Verfügung zu stellen.

1537 gingen Ignatius, Laínez und Faber nach Rom. In der Kapelle zu La Storta, etwa 16 km vor Rom gelegen, wurde Ignatius eine weitere, wegweisende Vision zuteil. Öfters hatte er schon zur Maria gebetet, daß sie ihm ihren Sohn zugeselle. Als er in der Kapelle betete, sah er plötzlich Gottvater, der ihm eigenhändig Christus zugesellte. Dieses Christus-Zugeselltsein wird später zum Namen des Ordens, der Gesellschaft Jesu, führen, wobei Ignatius aber nichts von der Vision erzählt hatte.

In Rom wurden die Freunde wie üblich tätig; sie besuchten die Hospitäler, gaben Christenlehre und versuchten auf alle Arten die Seelen zu einem wirklich christlichen Leben zu führen. Ignatius selbst gab auf Monte Cassino einem spanischem Theologen die geistlichen Übungen. Auch in Rom kam er mit der Inquisition in Berührung; diesmal bestand er darauf, daß die Haltlosigkeit der Vorwürfe und Verdächtigungen gerichtlich festgestellt wurde. 1538 empfahl sich die Gemeinschaft dem Papst, der ihren Dienst willig annahm. Aus Sorge, ihre Gemeinschaft könnte zerfallen, weil dieser hierhin, jener dorthin gesandt werden würde, beschloß man einmütig, einen Orden zu gründen (1539). Ignatius verfaßte dazu eine Regel, die Formula Instituti, die sie dem Papst zur Anerkennung vorlegten. 1540 billigte Papst Paul III. ihre Gemeinschaft, die er allerdings auf sechzig beschränkt wissen wollte; auch bestätigte er die Rechtmäßigkeit der Exerzitien und forderte eine Ausarbeitung umfassender Konstitutionen. Ignatius wurde von allen zum Leiter erwählt. Doch erst ein Jahr später nahm er auf Drängen seines Beichtvaters das Amt an. Bis zu seinen Tode im Jahre 1556 arbeitete an den Konstitutionen des Ordens. Fast unbemerkt von seinen Mitbrüdern, entschlief Ignatius am 31. Juli 1556. 1622 wurde er gemeinsam mit seinem Ordensbruder, Franz Xaver, sowie Philipp Neri und Teresa von Ávila heiliggesprochen; seine sterblichen Überreste ruhen in Il Gesù.

2. Aufbau und Regel der Gesellschaft Jesu

In der Lebensbeschreibung des hl. Ignatius zeigten sich schon wesentlich neue Ansätze im Verständnis der Nachfolge Christi, die er zur Grundlage seines Ordens machte. Kurz und prägnant faßte Ignatius das Selbstverständnis der Jesuiten in der Formula Instituti, dem vom Papst bestätigten Grundsatzprogramm, zusammen. Die Formula ist im Gegensatz zu den später verfaßten Erläuterungen, den Konstitutionen, nicht veränderbar. Wir zitieren sie vollständig, da sich die Interpretation des Ordens wesentlich darauf stützt. Bestimmte Begriffe wurden von uns kursiv gesetzt.

a) Das Grundgesetz, die Formula Instituti

„*Wer immer* in unserer Gesellschaft, die wir mit dem Namen Jesu auszuzeichnen wünschen, unter dem Banner des Kreuzes für Gott streiten und dem einzigen Herrn sowie dem Römischen Papste, seinem Statthalter auf Erden, *dienen will, vergegenwärtige* sich im Geist, daß er nach Ablegung des feierlichen Gelübdes ewiger Keuschheit (erstes Gelübde) Glied dieser Gesellschaft ist, die vor allem dazu gegründet wurde, daß sie sich vorzüglich für die Förderung der Seelen im christlichen Leben und in der christlichen Lehre und für die Ausbreitung des Glaubens einsetze: durch freies Predigen und Verkünden des Wortes Gottes, durch Geistliche Übungen (Exerzitien) und Werke der Liebe und namentlich durch das Unterweisen der Jugend und des einfachen Volkes im christlichen Glauben und durch das Trösten der Gläubigen Christi im Beichthören. Er *bemühe* sich, zunächst Gott, dann die Wesensart dieser Stiftung, die ein gewisser Weg zu ihm ist, *stets vor Augen zu haben* und dieses ihm von Gott gesteckte Ziel mit *aller Kraft zu verfolgen*, ein jeder aber gemäß der ihm vom Heiligen Geist gewährten Gnade und dem besonderen Grad seiner Berufung (damit nicht einer zwar Eifer zeige, doch ohne Einsicht).

Die Bestimmung dieses besonderen Grades eines jeden, wie auch das Auswählen und Verteilen der Arbeiten sei ganz in der Hand eines von uns zu wählenden Generals, damit die sinngemäße Ordnung gewahrt werde, wie sie in jeder wohlgegründeten Gemeinschaft notwendig ist. Dieser General habe von den versammelten Mitbrüdern die Vollmacht, in der Versammlung Satzungen zu verfassen, die unser *vorgefaßtes Ziel* verwirklichen helfen, wobei immer die Stimmenmehrheit das Recht zum Entscheiden habe. Diese Versammlung soll so verstanden sein, daß sie für schwierigere und dauernde Entscheidungen aus dem größeren Teil der gesamten Gesellschaft bestehe, der vom General ohne Mühe einberufen werden kann, für leichtere und mehr vorübergehende Entscheidungen aus all denen, die am Aufenthaltsort des Generals jeweils zugegen sind. Die Befehlsgewalt aber wird ganz in der Hand des Generals sein.

Alle Genossen sollen *wissen* und nicht nur in den ersten Tagen ihrer Profeß, sondern so lange sie leben, Tag für Tag, im Geist *von allen Seiten erwägen*, daß die gesamte Gesellschaft und jeder einzelne unter dem treuen Gehorsam unseres Heiligen Vaters, des Papstes, und seiner Nachfolger für Gott streiten. Und obschon wir durch das Evangelium *belehrt werden* und *durch* den rechtmäßigen *Glauben erkennen* und *fest dafür einstehen*, daß alle Gläubigen Christi dem Römischen Papst als ihrem Haupt und als dem Statthalter Jesu Christi untertan sind, so waren wir dennoch der Überzeugung, daß es am meisten zur größeren Demütigung unserer Gesellschaft und zur vollkommenen Abtötung eines jeden und zur Verleugnung unseres Willens führt, wenn jeder einzelne von uns über jene allgemeine Bindung hinaus sich durch ein besonderes Gelübde bindet (viertes Gelübde): so daß wir verpflichtet sind, was immer der jetzige und alle kommenden Römischen Päpste für die Förderung der Seelen und die Verbreitung des Glaubens befehlen werden, wohin immer sie uns auch senden wollen, auf der Stelle auszuführen, soweit es in *unserer Kraft liegt*, ohne den Rücken zu kehren oder uns irgendwie zu entschuldigen; mögen sie uns zu den Türken schicken oder zu anderen Heiden, selbst in jene Länder, die man Indien nennt, oder zu beliebigen Ketzern und Abtrünnigen, oder zu allen beliebigen Gläubigen.

Aus diesem Grunde sollen jene, die sich uns anschließen wollen, bevor *sie ihre Schultern dieser Last darbieten, lange und gut überlegen*, ob sie auch über soviel *geistige Mittel verfügen*, um nach dem Rat des Herrn diesen Turm vollenden zu können, das heißt, *ob der Heilige Geist, der sie antreibt, ihnen soviel Gnade verspricht*, daß sie hoffen können, diese Last mit seiner Hilfe zu tragen; und nachdem sie sich auf göttlichen Ruf hin dieser Kampfgruppe Jesu Christi geweiht haben, müssen sie Tag und Nacht mit gegürteten Lenden *bereitstehen*, ihre so große Schuld einzulösen. Damit aber bei solchen *Sendungen und Aufgaben* weder Ehrgeiz noch ein Auskneifen möglich seien, *gelobe* jeder einzelne, niemals, weder direkt noch indirekt, irgend etwas wegen solcher Sendungen beim Heiligen Vater zu unternehmen, sondern diese ganze Sorge Gott und dem Papst als seinem Statthalter sowie dem General der Gesellschaft überlassen zu wollen. Und der General der Gesellschaft gelobe wie die anderen, daß er sich wegen der Sendung seiner selbst nach irgendeiner Richtung um nichts beim Heiligen Vater kümmern werde, es sei denn (auf den Willen) der versammelten Gesellschaft hin.

Jeder einzelne gelobe, in allem, was die Beobachtung dieser unserer Regel umfaßt, dem General der Gesellschaft Gehorsam zu leisten (drittes Gelübde). Der General aber befehle das, was er zur Verwirklichung des ihm von Gott und der Gesellschaft vorgesteckten Zieles für wirksam erachtet. Bei seiner Führung sei er stets der Güte, Milde und Liebe Christi und der Ermahnungen Petri und Pauli eingedenk, und sowohl er wie auch die Versammlung (der Mitbrüder) müssen unablässig diese Norm im *Auge behalten.* Namentlich sei ihnen anempfohlen, die Jugend und das einfache Volk in der christlichen Lehre von den *Zehn Geboten und anderen ähnlichen Grundwahrheiten,* die ihnen je nach Leuten, Ort und Zeit angemessen scheinen, zu unterrichten. Es ist nämlich äußerst notwendig, daß der General und die Versammlung sorgfältig über die Besorgung dieser Aufgabe wachen, weil *das Gebäude des Glaubens in den Nächsten nicht ohne Fundament erstehen* kann und damit den Unsrigen nicht die Gefahr drohe, sie möchten, je gelehrter sie sind, dieser auf den ersten Blick weniger verlockenden Pflicht auszuweichen suchen, wo doch in Tat und Wahrheit keine fruchtbarer ist, sowohl für die Mitmenschen zu ihrer Auferbauung, als auch für die Unsrigen, um die Aufgaben der Liebe und Demütigung zu erfüllen. Die Untergebenen aber seinen *verpflichtet,* sowohl wegen des unermeßlichen Nutzens der Ordnung wie auch wegen der nie genug zu lobenden Übung der Demütigung, dem General im allem, was die Gesellschaft angeht, stets zu gehorchen, in ihm Christus gegenwärtig zu sehen und ihn, wie es sich gehört, ehrfürchtig zu lieben.

Da wir an uns selbst erfahren haben, daß ein Leben umso schöner und reiner und zur Auferbauung des Nächsten geeigneter ist, je mehr es von aller Ansteckung der Habsucht weit entfernt und der evangelischen Armut möglichst angeglichen ist, und da wir wissen, daß unser Herr Jesus Christus seinen Dienern, die nur das Reich Gottes suchen, das für Nahrung und Kleidung Notwendige spenden wird, so sollen alle ohne Ausnahme ewige Armut geloben (zweites Gelübde), wobei sie feierlich erklären, weder für sich noch gemeinsam für den Unterhalt oder Gebrauch der Gesellschaft irgendein Recht auf feste Güter, auf Erträge oder irgendwelche Einkünfte erlangen zu können. Vielmehr seien sie zufrieden, nur das zu gebrauchen, was ihnen (als Almosen) gegeben wird, um sich damit das Notwendige zu beschaffen. Dennoch können sie bei den Universitäten ein Kolleg oder mehrere Kollegien errichten, welche feste Einnahmen, Vermögen oder Güter für den Gebrauch und Bedarf der Studierenden besitzen, wobei der General und die Gesellschaft die Leitung oder Aufsicht über diese Kollegien und Studierenden in jeder Hinsicht in den eigenen Händen haben: sowohl die Ernennung des Leiters (Rektors), die Auswahl der Studierenden, deren Aufnahme und Entlassung wie auch die Bestimmung der Schulordnung, die Erziehung, Ausbildung, Auferbauung und Bestrafung der Studierenden, ihre Nahrung und Kleidung sowie jedwede Leitung, Führung und Betreuung; jedoch so, daß weder die Studierenden jene Güter mißbrauchen können, noch die Gesellschaft diese für den eigenen Gebrauch bestimmen kann, vielmehr daß sie für die Bedürfnisse der Studierenden zu sorgen vermag. Die Studierenden können, wenn ihre *Fortschritte* in Geist und Wissenschaft offenbar und sie ausreichend erprobt sind, in unsere Gesellschaft aufgenommen werden.

Alle Genossen, die zu Priestern geweiht sind, sind gehalten, auch wenn sie keine kirchliche Pfründe besitzen, noch deren Einkünfte beziehen, das Offizium, wie es die Kirche vorschreibt, zu beten, jedoch einzeln und jeder für sich, nicht gemeinsam.

Das ist es, was wir von unserem Beruf mit Gutheißung unseres Herrn Paul (III.) und des Apostolischen Stuhles gleichsam im Grundriß darstellen konnten. Wir haben es getan, um mit dieser Darlegung in großen Zügen einmal jene, die uns nach unserer Lebensform fragen, dann aber auch unsere Nachfolger aufzuklären, so Gott will, daß wir jemals Nachahmer dieses Weges haben sollten. Und da wir an uns selbst erfahren haben, daß dieser Weg mit vielen und großen Beschwerden verbunden ist, hielten wir es für zweckmäßig, auch dies festzulegen, daß keiner in diese Gesellschaft aufgenommen werde, *der nicht lange und mit aller Sorgfalt erprobt wurde.* Und wenn er in Christus weise erscheint und sowohl in der Lehre wie in der Reinheit eines christlichen Lebens hervorragt, dann erst soll er zur Kampfschar Jesu Christi zugelassen werden, der sich würdige, unserem schwachen Beginnen huldvoll zu sein, zur Ehre Gottes des Vaters, dem allein sei Lob und Ehre in alle Ewigkeit. Amen."

Vergleichen wir dazu den Beginn der Franziskusregel oder der Benediktregel. „Im Namen des Vaters und des Sohnes und des Heiligen Geistes. Amen. Das ist das Leben nach der Weisung des Evangeliums Jesu Christi, das sich Bruder Franciscus vom Herrn Papst Innozenz genehmigen und bestätigen ließ." Die Regel des hl. Benedikt beginnt: „Vernimm, mein Sohn, die Lehren des Meisters und neige das Ohr deines Herzens, und nimm bereitwillig die Mahnung eines so gütigen Vaters auf und erfülle sie durch die Tat, auf daß du durch die Übung des Gehorsams zu dem zurückkehrst, von dem du dich durch deine Nachlässigkeit entfernt hast." Mit den Worten „Wer immer in unserer Gesellschaft ... dienen will" beginnt Ignatius und setzt damit den Menschen als Subjekt an die erste Stelle, im wörtlichen und übertragenem Sinne. Nicht die Worte des Evangeliums (Franziskus), noch die Haltung des Schülers, der mit dem Herzen hören soll (Benedikt), sondern ein Appell an den Menschen, der sich entscheiden kann und soll, steht am Beginn der Regel. Damit ist ein anderer Ton angeschlagen, der übrigens im ganzen Text beibehalten wird. Immer geht es um ein Tun des Menschen, um seine Möglichkeit zur Entscheidung, die sich eher auf Verstand und Wille als auf Gefühl und Herzenseinsicht zu gründen scheint. Benedikt sagt „Neige das Ohr deines Herzens", Ignatius dagegen: „Sowohl er (der General) wie auch die Versammlung (der Mitbrüder) müssen unablässig diese Norm (Regel) im *Auge behalten.*" Ähnliche Begriffe haben wir im Text kursiv gesetzt: bemühen, vergegenwärtigen, vor Augen haben, mit aller Kraft verfolgen, wissen, von allen Seiten erwägen, erkennen, einstehen, in unserer Kraft liegen, lange und gut überlegen, Sendung, Aufgabe, Ziel, erproben usw. – alles Worte und Aussagen, die sich auf den Menschen beziehen. Vom Evangelium, von Christus, Gott und Gnade ist wenig die Rede, der Glaube wird vorausgesetzt. Nur das Wirken des Heiligen Geistes findet Erwähnung.

Dieser Ansatz, den Ignatius und sein Orden noch ausgebaut haben, fußt auf der schon genannten Grundüberzeugung, daß die ganze Schöpfung auf ihre Erlösung hin entworfen worden ist. Wird dieses gottgewollte Ziel erkannt, so muß man es mit allen Mitteln verfolgen, denn alles andere wäre Verfehlung. Indem der Mensch seine Zusage zur Erlösung gibt, „arbeitet" er an seinem Heil mit. Nicht, daß er es bedingen oder ermöglichen könnte, nur die Bereitschaft, Gott anzuerkennen, den göttlichen Heilswillen zu sehen, ist notwendig. Aus der Einsicht ergibt sich von selbst ein „Mitwirken", denn das Heil umfaßt alle und alles. Ganz in diesem Sinne formulierte Ignatius das Ziel des Ordens: „sich vorzüglich für die Förderung der Seelen im christlichen Leben und in der christlichen Lehre und für die Ausbreitung des Glaubens einzusetzen: durch freies Predigen und Verkünden des Wortes Gottes, durch Geistliche Übungen und Werke der Liebe und namentlich durch das Unterweisen der Jugend und des einfachen Volkes im christlichen Glauben ... in der christlichen Lehre von den Zehn Geboten und anderen ähnlichen Grundwahrheiten ..., weil das Gebäude des Glaubens in den Nächsten nicht ohne Fundament erstehen kann."

b) Der Aufbau des Ordens, die Konstitutionen

Das Grundgesetz des Ordens, die Formula Instituti, wurde in den Konstitutionen näher entfaltet. Bis zu seinem Tod arbeitete Ignatius an den Ausführungsbestimmungen, die im wesentlichen bis heute den Orden prägen.

Die Gesellschaft gliedert sich in vier Gruppen: Professen, Helfer (Coadiutores), Studierende und unbestimmte Anwärter. Die Professen bilden den Kern des Ordens. Sie sind Priester, in den Wissenschaften sorgfältig ausgebildet, und legen zu den drei üblichen Gelübden noch das vierte, die besondere Gehorsamspflicht gegenüber dem Papst, ab. Die Helfer bestehen aus zwei Arten, den Priestern und den Laienbrüdern; beide verpflichten sich durch die üblichen Gelübde der Armut, Keuschheit und des Gehorsams. Als dritte Gruppe kommen die Studierenden. Darunter faßt Ignatius begabte Studenten, die in den ordenseigenen Kollegien oder Universitäten studieren und ein christliches Leben jesuitischer Prägung durch eine einfaches Gelübde versprechen; mit ihrem Eintritt verpflichten sie sich, später dem Orden beizutreten. Unter Anwärter fallen alle, die ohne Vorentscheidung aufgenommen werden, wobei erst nach Prüfung und Klärung die Festlegung in die eine oder andere Gruppe erfolgt.

Die Eintretende müssen sich aller Güter entledigen, denn sowohl der Orden als auch das einzelne Mitglied sind arm. Die Professen bestreiten ihren Lebensunterhalt durch Betteln und fromme Zuwendungen, nur die Studienhäuser und Universitäten dürfen über feste Einnahmen verfügen. Alle Jesuiten sowie der Orden insgesamt sind erbunfähig. Die Probezeit dauert zwei Jahre; sie verlängert sich bei Studierenden nach Abschluß des Examens um ein weiteres Jahr. Jeder muß grundsätzlich die vierwöchigen Exerzitien machen und eine Generalbeichte ablegen. Ein Monat ist dem Dienst am Armen in Siechenhäusern gewidmet; einen weiteren Monat soll jeder Anwärter bettelnd von Tür zu Tür ziehen, damit er „alle Hoffnung auf das Geld fahren läßt“. Wird er ins Ordenshaus aufgenommen, so übernimmt er zuerst niedere Arbeiten. Später darf er Kinder und Christen in den Fundamenten des Glaubens unterrichten oder an den Kollegien lehren. Hat er diese Bewährung gut überstanden, wird der mittlerweile zum Priester geweihte Jesuit in der öffentlichen Seelsorge, etwa als Prediger und Beichtvater, tätig.

Die ganze Ausbildung kann bis zu zwölf Jahre umfassen und wird von einem geistlichen Betreuer, dem Novizenmeister oder Beichtvater, begleitet. Tägliche Gewissenserforschung, häufige Beichte, persönliches Gebet und Feier der heiligen Messe gehören zum selbstverständlichen Lebensstil der Jesuiten. Doch interessanterweise ist nirgends von besonderen asketischen Pflichten und Übungen die Rede.

Der gesamte Orden wird vom Ordensgeneral geleitet, der auf Lebenszeit von der Versammlung anfangs aller Professen, später der Provinzoberen und -vertreter (Generalkongregation) gewählt wird. Diese Versammlung bestimmt auch über außerordentliche Angelegenheiten wie Satzungsänderungen, Aufhebung von Provinzen usw. Dem General steht ein kleines Kollegium von Beratern zur Seite; die Entscheidungen trägt er aber immer allein. Er ernennt die Provinziale sowie die Oberen der größeren Niederlassungen; ihr Dienst ist, wie alle Ämter im Orden, das des Generals ausgenommen, stets zeitlich befristet.

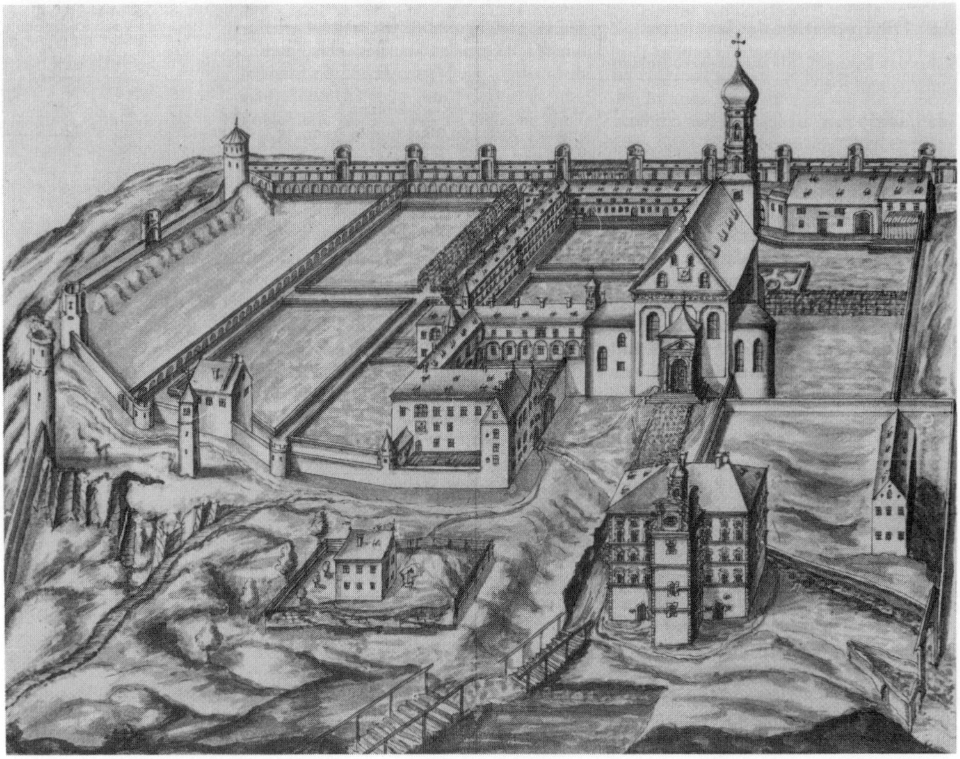

169 *Jesuitennoviziat Landsberg. Stich (1692). Jede Provinz unterhielt ein Noviziat. Die Anlage gleicht einem Kloster, doch im eigentlichen Sinne war es keins. Typisch ist hier die Lage der Kirche, die allgemein zugänglich und somit keine Mönchskirche war.*

Die Provinziale wiederum berufen die einzelnen Leiter eines Hauses; der Orden kennt keine Klöster. Die Jesuiten wohnen in Häusern oder Residenzen; ferner gibt es noch Kollegien und Universitäten, mit den entsprechenden Wohn- und Arbeitsgelegenheiten für die „Patres“; laut Satzung ist dieser Titel untersagt. Die Jesuiten nehmen auch keinen Ordensnamen an, denn sie zählen sich zu den Kleriker-, nicht zu den Mönchsorden. Deshalb pflegen sie auch kein gemeinsames Chorgebet und keine feierliche Liturgie; anfangs war sogar die Kirchenmusik verboten. Jeder Jesuit betet für sich allein das kirchliche Stundengebet nach der Ordnung des Weltklerus. Aus diesem Grund sind ihre Kirchen auch keine geschlossenen oder durch Lettner unterteilte Klosterkirchen, sondern immer offene Gemeindekirchen.

Jede Provinz unterhielt ein eigenes Noviziat, das in seiner äußeren Form einem Kloster glich (Abb. 168). Eine Besonderheit des Ordens sind die Villen. Um Schülern, Studierenden und Lehrern Erholung zu ermöglichen, erbauten die Jesuiten in der näheren ländlichen Umgebung ihrer städtischen Niederlassung eine „Villa“, eine Art Landhaus, in dem

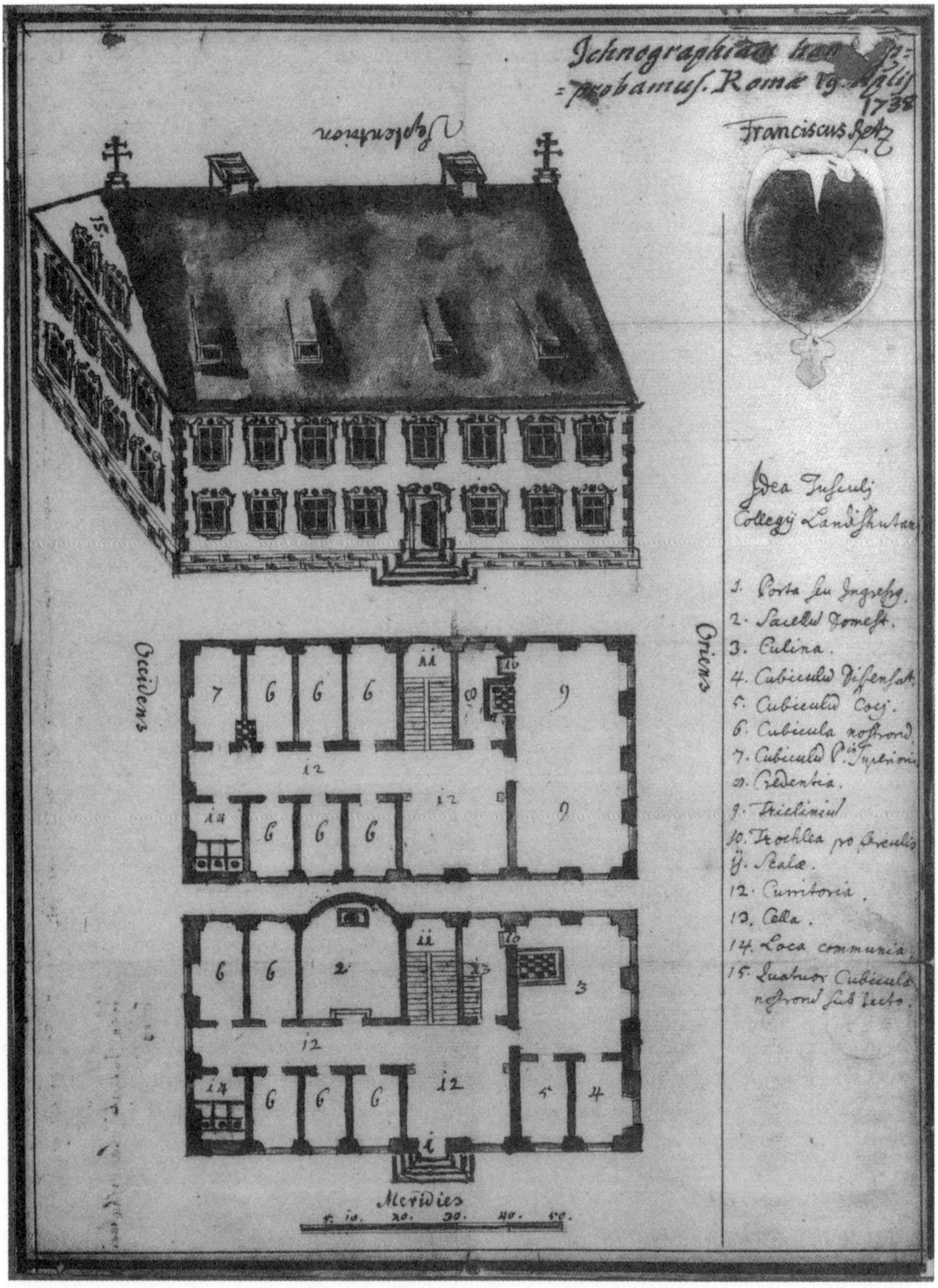

170 *Plan einer Villa (bei Landshut). Zeichnung 1738. In der näheren ländlichen Umgebung ihres städtischen Kollegs erbauten die Jesuiten ein Landhaus zur Erholung der Studenten und Lehrer.*

sie sich jeweils donnerstags aufhalten konnten (Abb. 170). Auf die grundsätzliche Pflicht zur Armut und das Fehlen einer besonderen Askese wurde schon verwiesen. Ebenso verbot Ignatius alle Meßstipendien (Seelgeräte) oder andere Formen von Einnahmen, an die ein beständiger geistlicher Dienst geknüpft war. Auch die Übernahme von dauernder Seelsorge, z. B. in Pfarreien, entsprach nicht dem Ziel des Ordens, viel weniger die Betreuung von Frauenklöstern oder gar die Errichtung eines weiblichen Zweiges.

c) Eigenart und Geschichte

Obwohl der Orden nur unter der Einschränkung, nicht mehr als 60 Mitglieder aufzunehmen, kirchlich anerkannt worden war, überschritt man schon zu Lebzeiten des Gründers diese Höchstgrenze. Als Ignatius starb, war seine Gemeinschaft bereits auf 1000 Mitglieder angewachsen, obgleich nur sechzehn Jahre zwischen der Ordensanerkennung (1540) und dem Tod des Heiligen (1556) liegen. Bereits in den ersten Jahren kam es zu Gründungen in Portugal, Spanien und Belgien. Mit ihrer Niederlassung in Köln, 1544, betraten die Jesuiten deutschen Boden, schon 1551 wurden sie nach Wien gerufen. Wir nennen noch einige Kollegiengründungen, um die rasche Verbreitung anschaulich zu machen: 1556 Prag und Ingolstadt; 1559 München und Augsburg; 1560 Trier; 1561 Mainz und Innsbruck; 1563 Dillingen, 1564 Braunsberg, 1566 Speyer, 1567 Würzburg usw. Um die Wende des 16. Jahrhunderts waren in allen katholischen Ländern die Jesuiten vertreten, ja sie konnten nicht einmal allen Wünschen für Gründungen nachkommen, zumal die Mission die Kräfte des Ordens sehr beanspruchte. 1542 kamen die ersten Jesuiten nach Indien, 1549 nach Japan, 1563 nach China. In den afrikanischen Kolonien Portugals wirkten seit 1547 jesuitische Missionare. Die Neue Welt wurde nicht vergessen: Brasilien 1549, Peru 1568, Mexiko 1572, Paraguay 1586, Chile 1591 und Kanada seit 1611. Im Jahre 1616 zählte der Orden 37 Provinzen, 559 Häuser und 13 100 Mitglieder; rund hundertfünfzig Jahre später waren es 23 000.

Die Mission. Gerade die Mission ist aufschlußreich für das Wesen und die Art des Ordens. Auf die theologischen Voraussetzungen, daß die ganze Welt zum Heil berufen sei, wurde schon öfters verwiesen. Aber diese Grundlage besagte auch, daß alles dem Heil zu Diensten gemacht werden könne. So versuchten die Jesuiten das Christentum an die jeweiligen Kultur anzupassen. Die schönsten Beispiele dafür sind die Chinamission und der „Jesuitenstaat“ in Paraguay. Als erster Asienmissionar reiste Franz Xaver 1541 von Lissabon nach Indien und Japan, doch China zu betreten, verhinderte sein früher Tod. Dies gelang 1555 Melchior Nuñez Barreto, allerdings nur für kurze Zeit. Nach einigen weiteren Versuchen bekam 1601 Matteo Ricci (1552–1610) vom Kaiser die Erlaubnis, sich in Peking dauernd niederzulassen. Kein geringer Grund für ihr Bleiben und Wirken waren die astronomischen und mathematischen Kenntnisse der Jesuiten. Sie verbesserten den chinesischen Kalender und erregten mit ihren mechanischen Uhren oder Ferngläsern offene Bewunderung. Ferner paßten sie sich der traditionellen chinesischen Lebensweise und Kultur an; sie benahmen sich ortsüblich, kleideten sich wie die einheimischen Gelehrten und erkannten die chinesischen Weisheitslehren und Lehrer durchaus an. Sie übersetzten die Bibel in die Landessprache, und selbst in der Liturgie bedienten sie sich herkömmlicher einheimischer Riten und Gebräuche. Vor allem der in Südindien wirkende italienische Jesuit Roberto de Nobili (1577–1656) vertrat für die Mission ein Vorgehen der sogenannten Akkomodation, das heißt, der Anpassung des Christentums an die Denk- und Lebensformen der fremden Kulturen.

Als Matteo Ricci nach einem entbehrungsreichen Leben in China starb, ordnete der Kaiser ein Staatsbegräbnis an, denn wegen seiner Verdienste war er in den Rang eines Mandarins erhoben worden. Weitere bedeutende Chinamissionare waren der Kölner Adam Schall, der von 1619 bis zu seinem Tod 1666 hier wirkte, und der Flame Ferdinand Verbiest (in China von 1659 bis 1688). 1670 gab es etwa 270000 chinesische Christen.

Ein Grund für das Scheitern dieses Experiments war der Anspruch des Abendlandes, verkörpert in dogmatischen, aber auch politischen Vorstellungen bestimmter europäischer Theologen und Kirchenführer, Norm und höchste Stufe der Kultur zu sein. Hinzu kam Rivalität der Orden untereinander. Dominikaner und Franziskaner verklagten die Jesuiten solange der Verwässerung und Verfälschung christlicher Lehre, bis der Papst jede äußere Angleichung verbot und das abendländische Muster für verbindlich erklärte.

In Paraguay waren es jedoch politische Motive, die dem blühenden Jesuitenstaat, der „verwirklichten Utopie“, ein Ende bereitet haben. Die spanische Krone, zu der Paraguay gehörte, hatte bereits 1503 alle Kolonieverwaltungen aufgefordert, die Indios zur Bekehrung in Reduktionen zusammen zu führen. Doch erst den Jesuiten ist dieser Auftrag geglückt, nicht zuletzt, da sie sich ausbedungen hatten, daß in ihren Siedlungen weder portugiesische Sklavenhändler noch spanische Kolonialbeamte auftauchen dürften. 1588 kamen die ersten Jesuiten nach Paraguay und fanden unter den Indios herzliche Aufnahme, gleichviel ob aufgrund ihrer Lieder, ihrer menschlichen Güte oder ihrer wirtschaftlichen Fähigkeit, aus den armen nomadenhaften Indios wohlversorgte Ackerbauern zu machen. Jedenfalls gelang es den Missionaren in den folgenden Jahrzehnten, die Indios ohne Zwang zu Siedlungsformen und Lebensweisen zu bewegen, die zwar der europäischen Heimat entsprachen, aber dennoch genügend Eigenes aufnehmen konnten.

Der Jesuit Peramas beschreibt eine Siedlung folgendermaßen: „Den Mittelpunkt der ganz regelmäßigen Niederlassung bildet stets die Kirche; sie ist geräumig, aus festen Material erbaut und meist schön geschmückt. Auf der einen Seite der Kirche befindet sich der Friedhof, auf der anderen Seite das Kolleg, das zugleich auch die Schule enthält. Neben diesem erhebt sich das Volkshaus mit den Speichern für das öffentliche Gut und den Werkstätten der Handwerker. Neben dem Friedhof liegt das Witwenhaus, von dem ein Teil auch als Krankenhaus verwendet wird. Vor der Kirche ist ein großer Platz mit einer Statue. Um diesen breiten sich in meist rechteckiger Anordnung die einstöckigen Wohnhäuser der Indios mit vorspringenden Regendächern oder Galerien aus, (so daß die Bewohner trockenen Fußes zur Kirche gelangen konnten).“

Alle Güter wurden gemeinschaftlich bewirtschaftet, nur ein kleiner Teil war privat. Das gemeinsam Erzeugte, auch die Produkte der Handwerker wurden für notwendige, aber nicht vorhandene Güter im Tauschverfahren mit anderen Reduktionen erworben. In allen

Reduktionen gab es deshalb kein Geld. Die Überschüsse verkauften die Jesuiten und verwandten die Einkünfte zum Einkauf oder zum Unterhalt der Siedlung. Zahlreiche Reduktionen besaßen sogar eine eigene Druckerei, denn die Indios lernten Lesen und Schreiben. Es erstaunt nicht, daß unter der klugen Anleitungen der Brüder und Patres die Siedlungen erblühten und die Produkte meist besser waren als die der Kolonialherren. Um ihr Werk nicht zerstörerischen Einflüssen auszusetzten, erreichten die Jesuiten beim spanischen König ein Zutrittsverbot für alle Weißen, und den Indios selbst untersagten sie den verderblichen Verkehr mit Europäern. Die innere Verwaltung lag ganz in den Händen der Indios. Daß meist nur zwei Patres in einer Reduktion mit einigen tausend Indios lebten, zeigt, wie problemlos die „Herrschaft" war. Die Häuptlinge waren gewissermaßen Diener der spanischen Krone, denn die Jesuiten waren darauf bedacht, jeden Anschein von Eigenstaatlichkeit zu meiden. Die Indios besaßen eine eigene Polizei, übten die Rechtssprechung aus, doch die Todesstrafe war abgeschafft. Um ihre Freiheit zu bewahren, denn immer wieder kam es zu Überfällen durch Weiße, stellten sie eine eigene Truppe auf. Die kirchlichen Zeremonien wurden teilweise dem heimischen Verständnis und Brauch angeglichen bzw. die alten religiösen Vorstellungen mit christlichem Gehalt erfüllt, so daß sich erneut eine Theokratie unter anderen Vorzeichen ergab.

Während in Lateinamerika überall die Anzahl der Indios zurückging, nahm sie im Jesuitenstaat sogar noch zu. 1647 lebten in den 20 Reduktionen 28700 Indios; 1677 waren es 58000 und 1732 beinahe 150000. Doch Mißgunst und politische Ideologie machten dem blühenden, geldlosen Staat ein Ende. Auf Druck der spanischen und portugiesischen Regierung mußten die Jesuiten das Land verlassen. Freiwillig, ohne jeden Gegenwehr, obwohl auf ein Wort der Patres die wohlausgerüsteten Indios alle Spanier hätten in die Flucht schlagen können, bestiegen 1770 die 140 Jesuiten, verfrachtet wie Verbrecher, das Schiff nach Europa. Damit ging ein kühnes Experiment der Mission der Menschlichkeit zu Ende.

Unterricht. Obwohl der Orden sich zu Werken der leiblichen Barmherzigkeit verpflichtete und die Jesuiten zu Pestzeiten Unsagbares geleistet haben, betonten die Konstitutionen doch mehr den geistlichen und geistigen Beistand. Um der christlichen Offenbarung zum Durchbruch zu verhelfen, wie sie der Kirche anvertraut ist, galt es, alle Kräfte des Geistes, der Bildung und Kultur in ihren Dienst zu stellen. Daraus erwuchsen dem Orden die Aufgabe der Schule und Universität, wobei Ignatius immer wieder den Hilfscharakter aller Wissenschaften für die Offenbarung betont. Gerade darin zeigt sich die neue Art der Religiosität, daß der Glaube nicht nur kultisch gefeiert, sondern auch persönlich verstanden und „begriffen" werden sollte, weil, wie Ignatius schreibt, „das Gebäude des Glaubens in den Nächsten nicht ohne Fundament entstehen kann" (Formula Instituti). Deshalb erbauten die Jesuiten Schulen, bestiegen die Kanzel und schufen in den Marianischen Kongregationen eine weitgespannte religiöse Laienorganisation. Mitte des 18. Jahrhunderts waren in diesen ständisch gegliederten Kongregationen über 150000 Studierende, Akademiker und Handwerker vereinigt.

Obwohl bereits vor Ignatius Bruderschaften und Kongregationen Ähnliches erstrebten und die Ansicht, daß gelebter Glaube Erkenntnis und Verständnis des Glaubens voraus-

171 *Wallfahrtsprozession zum hl. Wendelin in Grän 1797.*

172 *Votivbild zum Gnadenbild „Unserer lieben Frau im Walde" in Landeck mit Rosariprozession (am Rosenkranzsonntag) 1766. Wallfahrten und Heiligenverehrung spielen in der Barockzeit eine große Rolle. Prozessionen sind „Gebet mit den Füßen". Im Gnadenbild und im Heiligen wird die Erlösungsgnade Christi sichtbar.*

setzt, Allgemeingut war, so blieb es doch den Jesuiten vorbehalten, auf diesem Gebiet Beispielloses zu leisten. Ihre ersten Schulen dienten anfangs dem eigenen Ordensnachwuchs, doch bald schon öffneten sie ihre Gymnasien, was ihnen den Weg in zahlreiche Länder ebnete. In Köln wurde das Gymnasium 1559 von den Jesuiten übernommen, und sprunghaft stieg die Schülerzahl auf über 800. In München errichtete 1574 der Herzog für die Jesuiten ein Gymnasium, und Augsburg folgte wenige Jahre später. Eines der größten Kollegien,

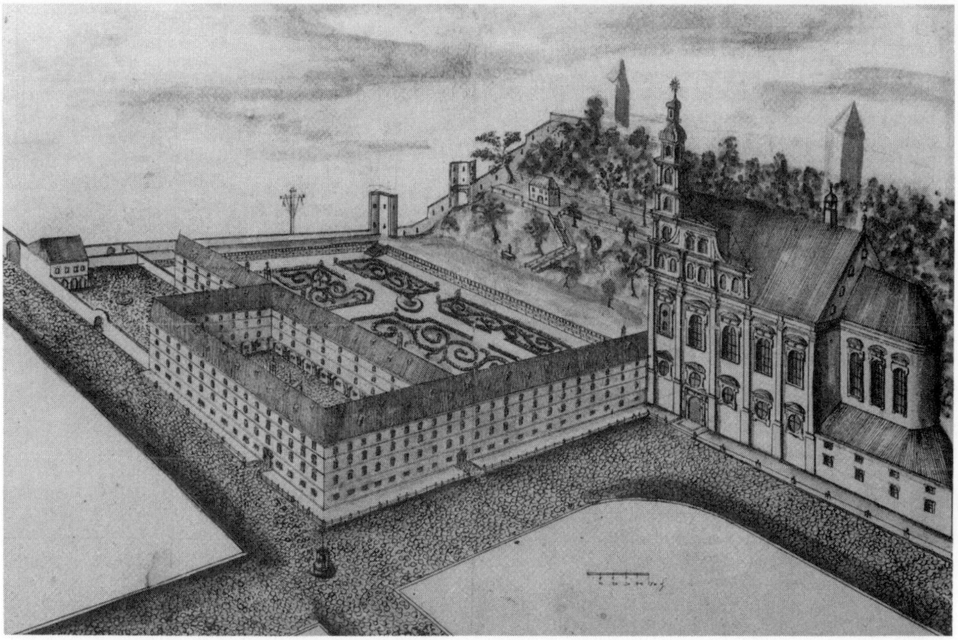

173 *Jesuitenkolleg in Landshut. Die Kollegien mußten immer gestiftet werden, weil der Orden Vermögen nicht zuließ. Im allgemeinen lebten die Schüler der Kollegien zu Hause; doch für arme Schüler bestand meist eine gesonderte Stiftung, die ihnen ein Leben im Internat erlaubte. Auch hier ist die Kirche deutlich vom Kolleg abgesetzt.*

das Collegium Romanum in Rom, die heutige Gregroriana, schuf Ignatius noch selbst; es diente vorrangig zum Nachwuchs von Klerikern. 1551 gegründet, zählte es 1585 bereits über 2000 Studenten. Aus ähnlicher Sorge um gute, apostolisch gesinnte Priester gründete er in Hinblick auf die traurigen Zustände des deutschsprachigen Klerus 1552 das Collegium Germanicum et Hungaricum – freilich unter Mithilfe des Papstes und anderer Gönner, denn jedes Haus mußte gestiftet werden, da der Orden selbst über keine Mittel verfügte.

Die Schüler wurden kostenlos unterrichtet, wohnten aber im allgemeinen zu Hause. Nur ein kleiner Teil, meist mittellose Studenten, lebte im Kolleg und wurde von einer Armenstiftung unterhalten. Die Kollegien durften im Gegensatz zu den übrigen Einrichtungen und Häuser der Jesuiten feste Einkünfte besitzen, damit ein kostenloser und ständiger Unterricht gewährleistet war. Der Studienplan wurde nach längeren Umarbeitungen 1599 verbindlich festgelegt. Üblicherweise dauerte das Gymnasium fünf bis sechs Jahre. Zum Unterichtsstoff gehörte Grammatik, das heißt, man lernte gründlich Latein und Griechisch, ferner Rhetorik, Logik und Poesie, ja sogar mimische Übungen im Schultheater. Nach dem Examen fügte sich ein dreijähriges Studium der Philosophie an, aufbauend auf Logik und Physik einschließlich Mathematik, das schließlich zur Metaphysik und Ethik berechtigte. Erst danach durfte Theologie auf der Grundlage des Thomas von Aquin studiert werden, was abermals etwa vier Jahre in Anspruch nahm.

3. *Sinn und Verstand*

Immer wieder begegneten wir bei Ignatius der Forderung nach Bildung, Unterricht und Schule. Auf diese Bereiche erstreckte sich die besondere Tätigkeit seines Ordens, was leicht zu dem Eindruck führen könnte, die Jesuiten hätten einer rationalistischen Religiosität das Wort geredet. Dagegen wären zahlreiche andere Elemente ignatianischer Geistigkeit und Frömmigkeit zu nennen; als Beispiel und zur ergänzenden Korrektur seien nur die Exerzitien und das Jesuitentheater angeführt.

Die Exerzitien. Betrachtet man die Exerzitien auf ihre Form und Methode, so überrascht uns Ignatius mit seinen Hinweisen auf die sinnliche Vorstellung und Empfindung des Menschen. Denn er empfiehlt dem Betrachter, sich die einzelnen Stationen aus dem Leben Jesu so real wie nur möglich vorzustellen. Wörtlich schreibt der Heilige dazu: „Die erste Vorübung ist der Aufbau des Schauplatzes. Dazu ist zu bemerken, daß bei der Betrachtung oder der Besinnung über etwas Sichtbares, wie etwa beim Betrachten Christi, unseres Herrn, der anschaubar ist, dieser Aufbau darin bestehen wird, mit der Schau der Einbildungskraft den körperlichen Ort zu sehen, an dem sich der zu betrachtende Gegenstand befindet. Körperlichen Ort nenne ich zum Beispiel einen Tempel oder Berg, wo sich Jesus Christus oder Unsere Herrin befindet, je nachdem, was ich betrachten will. Bei Unsichtbarem, wie hier bei den Sünden, besteht der Aufbau (des Schauplatzes) darin, mit der Schau der Einbildungskraft zu sehen und zu betrachten, wie meine Seele in diesem verweslichen Leib eingekerkert ist und wie beide zusammen als ein Ganzes in diesem Erdental wie verbannt sind, unter vernunftlosen Tieren; ich sage ausdrücklich: beide zusammen als Ganzes aus Leib und Seele" (Nr. 47).

An anderer Stelle empfiehlt er, sich auf die Erde zu legen, das Zimmer zu verdunkeln und zu schweigen, um die Kraft der Einbildung, das heißt, die Fähigkeit innere Bilder hervorzubringen, zu fördern. Das soll soweit gehen, daß man den vorgestellten Gegenstand geradezu berühren und seinen Geruch wahrnehmen kann.

Die Betrachtungen der vierwöchigen Übungen sind nach einem bewußten Prinzip angeordnet. In der ersten Woche soll der Mensch seine Geschöpflichkeit betrachten, in der zweiten Woche Gottes Heilswillen und Wirklichkeit. Die dritte Woche ist der Passion gewidmet, die vierte der Auferstehung Jesu und der Aussendung der Jünger. Durch die Betrachtung soll letztlich ein Reinigungs- und Erkenntnisprozeß im Menschen hervorgerufen werden, denn ihr Ziel besteht darin, „alle ungeordneten Neigungen von sich zu entfernen und, nachdem sie abgelegt sind, den göttlichen Willen zu suchen und zu finden in der Ordnung des eigenen Lebens zum Heil der Seele" (Nr. 1). Indem der Mensch sich mit ganzen Herzen, seinem ganzen Gefühl in die Bildwelt des Lebens Jesu versetzt, werden seine „ungeordneten Neigungen" behoben, das heißt, die irdischen Werte verlieren ihren absoluten Anspruch und werden relativiert, indem sie auf das wahre Absolute, auf Gott, bezogen werden. Ignatius räumt in dieser Hinsicht den inneren Sinnen eine größere Fähigkeit als dem Willen und dem Verstand ein. Nur sie können den Menschen wirklich zu einer Änderung seiner Lebenseinstellung bewegen.

Ist dieser Reinigungsprozeß durchlaufen, dann vermag der Mensch sich dem Willen Gottes zu öffnen und ihn zu bejahen. Der Wille Gottes aber ist das Heil des Menschen, die Erlösung der Welt. Somit folgt aus diesem Erleben, Erkennen und Sichentscheiden ein verantwortliches Mitarbeiten am Heilswerk Christi. Um sein Leben beständig nach dem Willen Gottes auszurichten, empfiehlt Ignatius, die Exerzitien regelmäßig zu wiederholen.

Das Theater. Eine weitere Möglichkeit, sich der Sinne zu bedienen, schufen die Jesuiten im Schultheater, das zu allen größeren Anlässen aufgeführt wurde. Hier lernten die Schüler im praktischen Spiel Mimik, Rhetorik und Gestik. Die Zuschauer wiederum konnten ihre Einbildungskraft formen und durch das Geschaute einen ähnlichen Prozeß durchlaufen wie bei den Exerzitien. Aus dem Schultheater entwickelten sich die großen öffentlichen Aufführungen zu Kirchweih, Heiligenfesten, Jubiläen oder auch zur Volksmission. Die Jesuiten schrieben die lateinischen Dramen selber, und nicht wenige, wie Jakob Balde (1604–1668), erreichten eine bewundernswerte dichterische Höhe. Als die Michaelskirche in München eingeweiht wurde (1597), führten die Jesuiten über mehrere Tage hinweg Stücke biblischen Inhalts auf, zu denen nicht weniger als 600 Schauspieler, Musikanten, Mitspieler, Statisten usw. auftraten. Der anwesende Herzog, und nicht nur er, weinte vor Ergriffenheit. Als die Jesuiten im reformierten Basel ihre Bühne aufschlugen, wurden durch ihr Spiel drei Stadtväter wieder zum alten Glauben zurückgeführt, was die übrigen veranlaßte, die Jesuiten sofort aus der Stadt auszuweisen.

An allen Kollegien wurde in lateinischer Sprache Theater gespielt, doch in der Landessprache beschrieb ein Sprecher kurz den Inhalt der jeweiligen Szene. Um den Zuschauer in den „Aufbau des Schauplatzes“, wie ihn die Exerzitien beschreiben, zu versetzen, entwikkelten die Jesuiten eine gekonnte Kulissentechnik. Es gab drehbare, perspektivisch gemalte Kulissen, Aufzüge, Versenkungen, ja sogar eine Art Diaapparat, um den Heiligen Geist erscheinen zu lassen. Das ganze Szenarium diente dazu, die Distanz zwischen Betrachter und Geschehen aufzuheben.

IV. Das Barock, die geschaute Einheit

Obwohl der Jesuitenorden lange vor dem Beginn der barocken Stilepoche gegründet wurde, spiegelt seine Geistigkeit die Grundlagen und Voraussetzungen dieser schauenden Kunst wider, die im 18. Jahrhundert ihre Vollendung erfuhr. Der Glaube, daß die Welt, jedes Ding, jede Form, die Gesetze der Natur, alles Lebendige, einschließlich der Vernunft des Menschen, aus einer einheitlichen Quelle, dem Willen des Schöpfers entstammen, führte zu einer Schau des Ganzen, das in der Erlösung zur Vollendung der Einheit gelangt. Dieser Glaube ermöglichte es den Mönchen und Ordensleuten, ja verpflichtete sie geradezu, sich mit allen Disziplinen der Wissenschaft, der Kunst und Muse zu befassen, um den Willen Gottes wortwörtlich zur Anschauung zu bringen. Diese religiöse Intention barocker Frömmigkeit führte nicht nur zu Seelsorge und Mission, sondern auch zu einer Blüte von Bildung und Wissenschaft in allen Klöstern. Auch die alten Abteien auf dem Lande errichteten nun öffentliche Schulen, in denen kostenlos unterrichtet wurde. Ihre Patres besuchten die Universitäten oder ordenseigene Hochschulen, um das Wissen der Zeit zu erwerben. Gleichzeitig entstanden die ersten Akademien der Wissenschaften, in denen viele Ordensleute Mitglieder waren und Hervorragendes geleistet haben. Die Äbte erlaubten die Anschaffung von wissenschaftlichen Geräten, ließen teure Sternwarten erbauen und „vergeudeten" ihr Geld mit physikalischen Versuchen. In Ottobeuren starteten die Mönche den ersten Heißluftballon Deutschlands, und in Schussenried versuchte ein Prämonstratenser eine Flugmaschine zu bauen, ganz zu schweigen von den Wasserpumpen und Wasserwerken, die für fließendes Wasser sorgten.

Die einheitliche Schau erreichte schließlich in der Baukunst, der Ordnungsmacht aller Künste, ihre höchste Vollendung, denn die Architektur vermag alle einzelnen Kunstgattungen, Malerei, Bildnerei, Ornament, selbst den Betrachter in das Kunstwerk „Raum" zu integrieren. Wir übergehen die Zeit des Manierismus und wollen uns gleich dem Spätbarock zuwenden. Nachdem die Reformation und der Dreißigjährige Krieg vorüber waren, kam es Ende des 17. Jahrhunderts zu einer nie dagewesenen Baufreude, die alle noch bestehenden Klöster erfaßte, wobei die Landabteien die tragenden Kräfte wurden. Sie ließen ihre bescheidenen alten Bauten abtragen und durch neue, weitläufige Anlagen von harmonischer Symmetrie ersetzen.

Wie sinnreich dabei Funktion und Aufgabe, Bedeutung und Ausdruck miteinander in Einklang gebracht werden konnten, zeigt die gut erhaltene Anlage von Ottobeuren, 1711–1766 erbaut (Abb. 174). Die Kirche liegt auf der Mittelachse und ist dem Ganzen als wichtigster Bauteil vorgesetzt. Der kleine, freistehende Bau rechts war Sitz der weltlichen Regierung des Klosters, das als Reichsabtei eine kleine „selbständige" Grafschaft bildete. Ein gerader Weg führte direkt zum Prälatenbau, dem mittleren Flügel, in dem der regierende Abt wohnte. Der erste Trakt war den Gästen und dem öffentlichen Leben vorbehalten. Die Räume des Prälaten lagen in der Flucht der Kirche und somit ebenfalls auf der Mittelachse. Der ruhigste, dritte Flügel gehörte den Mönchen, die zur ungestörten Beschaulichkeit einen eigenen Konventgarten besaßen. Die gemeinsam benutzten Räume wie Bibliothek, Festsaal, Theaterraum usw. lagen im Verbindungsflügel zwischen Prälaten- und Konventbau. Im Westen bildete ein offenes Geviert den Schulbereich, an den sich die Ökonomie anschloß.

Bevor wir aber einen barocken Raum betreten, ist noch ein Weiteres zu beachten: Die Bauten des Barocks, so mächtig sie bisweilen sind, fügen sich immer sehr gut in die Landschaft ein. Die riesigen Anlagen von Melk, Göttweig oder Weingarten beziehen sich ebenso harmonisch auf die Landschaft wie die kleinen, alleinstehenden Wallfahrtskirchen Vierzehnheiligen oder Birnau; dies bleibt dort noch spürbar, wo die hinführenden Treppen, Alleen und Gärten entweder nicht verwirklicht oder wieder zunichte gemacht worden sind. Daß der Sakralort mit der Natur in Beziehung steht, ist ein weiterer Zug barocker Frömmigkeit und Religiosität. Ja, der Glaube ging noch einen Schritt weiter, denn zahlreiche Gnadenorte entstehen inmitten der Natur. Während des 18. Jahrhunderts kam es abermals

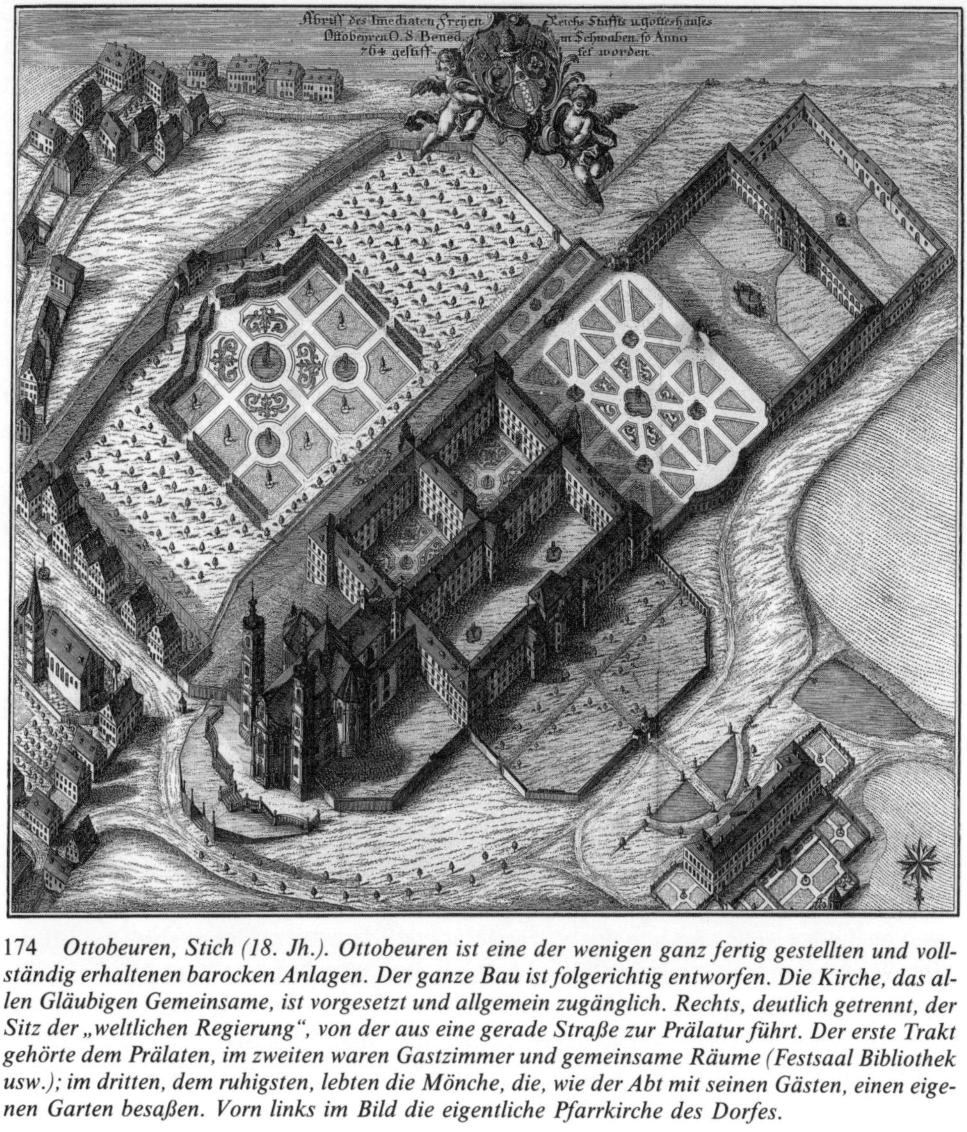

174 *Ottobeuren, Stich (18. Jh.). Ottobeuren ist eine der wenigen ganz fertig gestellten und vollständig erhaltenen barocken Anlagen. Der ganze Bau ist folgerichtig entworfen. Die Kirche, das allen Gläubigen Gemeinsame, ist vorgesetzt und allgemein zugänglich. Rechts, deutlich getrennt, der Sitz der „weltlichen Regierung", von der aus eine gerade Straße zur Prälatur führt. Der erste Trakt gehörte dem Prälaten, im zweiten waren Gastzimmer und gemeinsame Räume (Festsaal Bibliothek usw.); im dritten, dem ruhigsten, lebten die Mönche, die, wie der Abt mit seinen Gästen, einen eigenen Garten besaßen. Vorn links im Bild die eigentliche Pfarrkirche des Dorfes.*

zu einer Blüte der Wallfahrt. Zum Teil wurden die alten Wallfahrtsorte wie Einsiedeln oder Vierzehnheiligen mit barocken Bauten geschmückt; andererseits entstanden völlig neue Gnadenorte, die mitten in der Natur liegen; man denke nur an die Wieskirche. Andere heilige Stätten wie Maria Birnbaum bei Augsburg oder Weggental bei Rottenburg knüpfen an einem Baum an, in dem sich das bislang unbeachtete Bild oder Kreuz durch göttliche Wunder bemerkbar macht. Es ist das Bild, nicht die Reliquie oder das Grab eines Heiligen, das den Ort zur Gnadenstätte werden läßt, die wiederum in freier Natur liegt. Dieser offenbarende Verweischarakter der Natur findet sich übrigens auch in den Gedichten von Brockes, Gryphius oder Paul Gerhardt.

Ein weiterer Spiegel barocker Geistigkeit sind die Bibliotheken, Marmor- oder Kaisersäle der Klöster. In ihren Deckenfresken findet sich die Weltanschauung der Epoche im Bild. Den Kaisersaal des Augustiner-Chorherrenstifts St. Florian schmücken Fresken von Altomonte aus dem Jahr 1746/47. Das mittlere gibt, wie üblich, das Thema der gesamten künstlerischen Ausstattung an und stellt auf allegorische Weise die Vermählung von Tugend und Wissen unter dem Patronat der Religion dar. Im Stift Seitenstetten schuf Paul Troger 1735 das Fresko des Marmorsaales (Abb. 157), das die Harmonie zwischen Glaube und Wissenschaft veranschaulicht. Ihre Vereinigung vermag das dunkle Laster zu vertreiben, das links unten am Bildrand besiegt darniederliegt. Die umfassendste Entfaltung barocker Bilderwelt verwirklichten die Prämonstratenser von Schussenried in ihrem Bibliothekssaal (Abb. 156). Alle drei Ebenen, Deckenfresko, Galeriefiguren und Standbildern zu ebener Erde, bilden eine Einheit, wobei der Betrachter und die Bücherschränke mit integriert werden. Die Verherrlichung der Weisheit bildet Mitte und Motto des Deckenfreskos, das um 1757 Josef Hermann gemeinsam mit seinem Sohn geschaffen hat. Das apokalyptische Lamm mit dem Buch der Weisheit steht im Zentrum der Komposition. Alle übrigen Bilder sind gewissermaßen Ausdruck, Wirkung und Erscheinungsweise der allumfassenden göttlichen Weisheit. Links vom Lamm baut die Weisheit sich ein Haus mit sieben Säulen, rechts davon wird sie durch Salomo auf dem Thron verkörpert. In dieser Weise wurde die ganze Geschichte der Menschheit vom Brand Trojas über die antiken Dichter und heidnischen Philosophen bis hin zum Wirken der Prämonstratenser als Ausdruck und Verkörperung der göttlichen Weisheit malend interpretiert. In den Zwickeln findet man die einzelnen Kunstgattungen, auf der Empore die Büsten der größten Künstler, Wissenschaftler und Regenten: Karl der Große, Kepler, Sokrates, Bernini, Dürer usw. Auf der Ebene des Betrachters stehen beziehungsreich als Zwerge – die verschiedenen theologischen Irrtümer, denen jeweils ein ausgewachsener Kirchenlehrer oder Theologe korrespondiert. Die ganze Weltgeschichte wird hier als Wirkung der göttlichen Weisheit entfaltet, die sich im Erlösungsgeheimnis, das im östlichen Teil des Freskos, dem Ort des Altares und der Wiederkunft Christi, gemalt wurde, offenbart.

Die schönste Form barocker Religiosität aber bildet das Gotteshaus, die Kirche. Nach außen zeigt sie sich oft nüchtern, doch im Innern überraschen lichte Helligkeit, muschelhafte Farbigkeit und schwingende Durchlässigkeit. Auch hier, in der unterschiedlichen Gestaltung von Innen und Außen, trennen sich barocke und gotische Sakralkunst. Die Kathedrale setzt ihr technisches Strebsystem, ihre Figuren, Fialen und Wimperge am Außenbau so gekonnt ein, daß es selbst zum Kunstwerk wird. Die Kathedrale konzentriert ihren Formenreichtum insbesondere auf Fassade und Eingangsportal, doch im Innern ist von dieser Fülle an Figuren, Heiligen, Dämonen, Engel nichts mehr zu finden. Wer einmal von dem tristen Straßenzug Roms in die Kirche S. Carlo alle quattro Fontane eingetreten ist, dem wird der Unterschied zwischen Außen und Innen unvergeßlich bleiben. Ähnliches kann man auch in Birnau, in der Wieskirche oder der Münchner Asamkirche erleben.

Der Vergleich mit der Kathedrale läßt sich noch weiterführen, denn diese grenzt den Kircheninnenraum, den sakralen Ort, völlig von der Außenwelt ab. Die Farbfenster verändern das natürliche Tageslicht so, daß es eine andere, edelsteinhafte Qualität bekommt. Das Dunkel des Raumes läßt weder eine visuelle noch reale Beziehung zum äußeren, profanen Bereich zu. In die Kirchen des Spätbarock dagegen tritt das Tageslicht unverändert ein, wobei die weiß stuckierten Wände das Licht aufnehmen und die Empfindung der Durchlässigkeit hervorrufen. Demselben Prinzip dient die perspektivische Deckenmalerei. Sie führt die Architektur gewissermaßen bis zum Himmel weiter; auf höchst erstaunliche Weise wandelt sich die unendliche Weite in Nähe, so daß ein einheitlicher Raum zwischen Erde und Himmel entsteht. Durch den offenen Himmel erweist sich die Kirche als heiliger Ort, als Stätte, an der sich alle Ebenen des Kosmos vereinen; eine Achse der ganzen Welt (axis mundi) ist gefunden. Diese Sakralität aber bleibt nicht auf den Raum beschränkt, sondern weitet sich durch den Eindruck von Durchlässigkeit der Wände, durch die Lichtführung und die perspektivische Malerei nach außen und überträgt damit ihre eigene Würde und Wertigkeit: Die Welt wird sakral, bzw. die Trennung zwischen Profan und Sakral ist aufgehoben. Der Kirchenbau ist somit eine anschauliche Umsetzung barocken Glaubens von der Einheit der Schöpfung.

Betrachten wir dazu die Kirche von Ottobeuren (Abb. 154). Sie wurde zwischen 1737–1766 erbaut und ausgeziert. Im wesentlichen stammt der Bau von J. M. Fischer, die Fresken malte J. J. Zeiller. Wir möchten den atemberaubenden Eindruck von einer hellen, bergenden, aber keineswegs beengenden Muschel oder Höhle nicht näher beschreiben, sondern nur auf das theologische Programm eingehen, das sich in den Deckenfresken am klarsten zeigt. Von Westen nach Osten gelesen, ergibt sich folgendes Bild: Gründungslegende des Klosters, Benediktinerhimmel und Leben des hl. Benedikt, die Ausgießung des Heiligen Geistes (Kuppelfresko der Vierung), der Erlösungsplan mit den neun Chören des Engels und der Anbetung des Lammes. Zum letzten gehört noch das Altarbild des Hochaltares, die Heimholung der Welt. Die Richtung von West nach Ost besagt eine Geschichtsentwicklung von Vergangenheit, Gegenwart, Zukunft. In der Vergangenheit liegt die Gründung Ottobeurens. Die Kirche, das gegenwärtige Volk Gottes wird durch das zentrale Fresko, Ausgießung des Hl. Geistes symbolisiert, die Zukunft aber in der Anbetung des Lammes, in der Vollendung der Erlösung dargestellt. Dieses Geschehen ist Thema des Hauptaltares (Abb. 155). Engel tragen die Weltkugel empor, in der sich die Stammeltern, Adam und Eva, befinden. Christus, der durch sein Blut die Welt erlöste, berührt mit dem Fuß sein „Eigentum", das er ebenso erwartungsvoll begrüßt wie Gottvater. Obwohl sein Leiden der Preis der Erlösung war, werden die Marterwerkzeuge seiner Passion jubelnd als Siegestrophäen gezeigt; auch Christus erscheint in dieser siegreichen Haltung. Über dem ganzen Geschehen, im Mittelpunkt des oberen Gemäldeteiles, schwebt der Heilige Geist in Gestalt einer Taube. Nun ist das Erlösungswerk vollendet, die Erde wieder heimgeholt. Der dreifaltige Gott vereinigt sich mit seiner Schöpfung. In der Symbolsprache des Barocks wird Maria zum Inbegriff der erlösten und begnadeten Menschheit, ihre Aufnahme in den Himmel zum Urbild der ersehnten Vollendung.

F

Untergang und Neubeginn

Ordensleben nach der Säkularisation

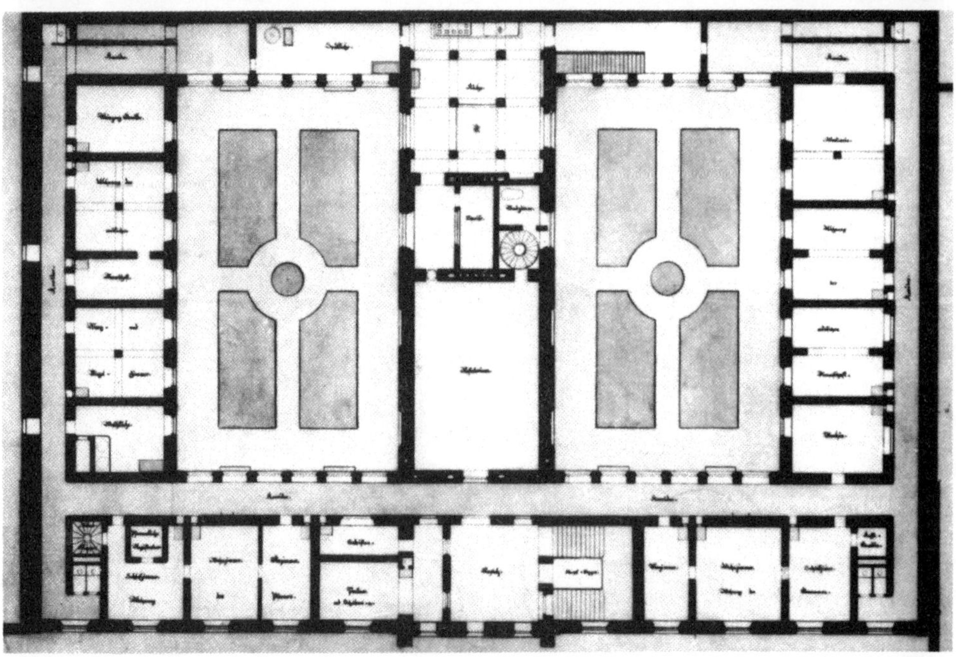

175, 176 *St. Bonifaz, Benediktinerabtei in München, Grundriß der Gesamtanlage und Blick ins Kircheninnere. Die Basilika wurde in romantischer Verklärung als altchristliche Kirche mit offenem Dachstuhl erbaut (1835–1850).*

Betrachtet man Barockkirchen, deren Bau und Innenausstattung um oder nach 1760 vorgenommen wurden, wie beispielsweise die Klosterkirchen von Neresheim, Wiblingen oder St. Verena in Bad Wurzach, so fällt sofort die vornehme Kühle dieser Bauten auf. Die Fresken sind wie eigenständige Tafelgemälde an die Decke gemalt und haben zum Übrigen keine Beziehung mehr; dasselbe läßt sich von den Figuren sagen. Das Ornament des Hoch- und Spätbarock, die leichte und gelungene Verbindung von Fläche und Raum, ist fast ganz verschwunden. Die Mensa des Hochaltares steht für sich und ist räumlich vom Altarbild abgelöst. Die Einheit der Künste löst sich wieder auf, die Architektur wird zum Träger der einen oder anderen Kunstgattung. Konnten wir in den spätbarocken Deckenfresken den offenen Himmel bewundern, dessen Mitte der Heilige Geist oder die Dreifaligkeit einnahmen, so suchen wir dies bei den klassizistischen Deckenfresken vergeblich. Der Mittelpunkt ist, wie in St. Verena (Bad Wurzach), ein dunkler, nichtssagender Wolkenfleck. Die Einheit von Himmel und Erde hat sich wieder gelöst, die Kunstgattungen sind wieder eigenständig geworden. Die Sakralität des Ortes ändert sich zur kühlen Würde eines stattlichen Raumes. In Frankreich wurde gegen Ende des Jahrhunderts die erste Akademie für Architektur gegründet, die allerdings der Technischen Universität zugehört, womit sich die Architektur von der Kunst lossagt und zur Technik schlägt. Dieser geistige Trennungsprozeß läßt sich seit 1760 sehr anschaulich an den Werken der bildenden Kunst nachweisen und ist offensichtlicher Ausdruck einer neuen Epoche, die mit dem Begriff Aufklärung umschrieben wird. Innerhalb dieses geistigen Prozesses ist auch die Säkularisation zu sehen, auch wenn sie als machtpolitisches Vorgehen gegen die Kirche, ihre Klöster und vor allem deren Besitz erscheint.

1. Die Säkularisation

Etwa um die Zeit des Klassizismus, seit 1760, begann eine kaum überhörbare Kritik an den Klöstern und den Mönchen, die nicht nur von „gottlosen“ Aufklärern, sondern auch von frommen Bischöfen und Theologen getragen wurde. Das Leben der Ordensleute galt als wertlos, sofern sie nicht in der Seelsorge, in Wissenschaft und Unterricht oder karitativ tätig waren. Selbst die Schulen der Jesuiten wurden als veraltet, zu kirchlich, zu päpstlich und zu fremdländisch kritisiert.

Die Folgen ließen nicht auf sich warten. Die Jesuiten wurden zwischen 1756 und 1768 in allen bourbonischen Staaten verboten, ausgewiesen und ihr Vermögen eingezogen. Rom scheute sich nicht, diesen Akt zu legimitieren. 1773 hob Papst Klemens XIV. den Orden auf und steckte den letzten, völlig unschuldigen Ordensgeneral ins Verlies der Engelsburg. Andere Länder begrenzten die Privilegien der Klöster, verboten die Aufnahme von Novizen und verlangten eine Aufteilung der weltweiten Orden auf das jeweilige Staatsgebiet. Die wirtschaftliche Freizügigkeit der Klöster wurde durch staatliche Verbote eingeengt und selbst Abtswahlen versuchte man gegen Ende des Jahrhunderts zu verhindern. In Österreich verfügte 1781 Kaiser Joseph II., daß alle nichttätigen, kontemplativen Orden und Klöster aufgehoben wurden; 700 Klöster waren davon betroffen. In Frankreich machte die Revolution allen Klöstern und Orden ein Ende; ihr ganzes Hab und Gut wurde zum Nationaleigentum erklärt. Andere Länder schlossen sich dieser Politik an. So kam es in Deutschland 1803 zum sogenannten Hauptdeputationsausschuß auf dem Reichstag zu Regensburg; danach erhielten alle Fürsten das Recht, als Ersatz für die verlorenen linksrheinischen Gebiete sämtliche Klöster und geistliche Herrschaften aufzulösen, um sie ihrem Staat einzuverleiben. Im großen und ganzen war dieser Prozeß um 1810 beendet.

Die Ordenspriester wurden teilweise in den Weltklerus übernommen oder mit dürftigen Renten abgespeist. Wie feindlich die Haltung der Behörden gegenüber Mönchen selbst in katholischen Staaten war, läßt sich am Vorgehen der staatlichen Beamten ablesen, die weitgehend herzlos und brutal vorgingen. Gerne erschienen sie an einem Festtag des Klosters, um den Abt in Anwesenheit der Gemeinde seines wertvollen Ringes oder Brustkreuzes zu berauben. Den Mönchen war es untersagt, aus Privatvermögen etwas von ihrem einstigen Besitz zu ersteigern. Herrliche Klosterbauten wurden auf Abbruch verkauft. Die Wieskirche blieb nur deshalb erhalten, weil sich kein Käufer für die Backsteine fand. Die Klosterkirche Fürstenfeld, ein Juwel bayerischen Rokokos, sollte als Zielscheibe der bayerischen Artillerie dienen, was schließlich wackere Bürger verhindern konnten.

2. Neue Religiosität in der Romantik

Nach der Säkularisation waren Neugründungen von Orden oder auch nur eine freie religiöse Gemeinschaft an die Erlaubnis des Staates gebunden, die er aus politischer Machtbesessenheit grundsätzlich verweigerte. In einem heute kaum mehr vorstellbaren Maße maßte sich der Staat Eingriffe in den religiösen Bereich und Weisungsbefugnisse über das kirchliche Leben an. Selbst die Bischöfe mußten ihre Gemeindebriefe zur Begutachtung dem Kultusministerium vorlegen, das die Veröffentlichung erlaubte oder verbot. Eine ganz andere Einstellung zur Religion war in der Romantik lebendig, die etwa gleichzeitig zur Aufklärung, wenngleich ohne deren Maß an politischen Auswirkungen, in Deutschland aufblühte. Gerade die frühe Romantik wandte sich wieder dem Mittelalter zu und verehrte sehnsuchtsvoll diese Epoche ungebrochener Frömmigkeit, wobei allerdings für den Romantiker die Kunst das leisten sollte, was einst die Religion vollbracht hatte. Aufschlußreich ist ein Titel des Romantikers W. H. Wackenroder, „Herzensergießungen eines kunstliebhabenden Klosterbruders" (1797); er umfaßt die Empfindung, die Kunst und die Religion. Eine große Wirkung auf die Kunst übte die Schrift von Ludwig Tieck, „Franz Sternbalds Wanderungen" (1798), aus, die das Stilproblem Renaissance und Mittelalter, Landschaftsmalerei sowie die künstlerische Existenz behandelt. Die Bedeutung der Religion für das Zusammenleben der Menschen und der Staaten entwickelte Novalis in seinem Aufsatz, „Die Christenheit oder Europa" (1799). In all den genannten Schriften wird das christliche, vorreformatorische Mittelalter mehr oder weniger ideal gesehen. Auch andere Romantiker teilten diese Vorliebe, die zur Erforschung des Mittelalters und Würdigung seiner Dichtkunst führte. Die Spätromantik, etwa um 1830, entwickelte ein neues nationales

Gefühl; jetzt wandte man sich verstärkt dem heimischen Brauchtum, der Mundart und der germanischen Mythologie zu. Die Gebrüder Grimm bemühten sich um die deutsche Sprache, gaben ein umfassendes Werk über die deutschen Rechtsaltertümer heraus und sammelten die heute noch bekannten Hausmärchen. Gleichzeitig sah man auch die mittelalterliche Kunst anders und konnte sie von dem italienischen Verdikt der Renaissance, wonach „gotisch" soviel wie „barbarisch" bedeutete, befreien. Die Brüder Boisserée sammelten die Werke von Dürer, und der erste deutsche Kunsthistoriker, Franz Kugler († 1858), schrieb eine Würdigung der mittelalterlichen Kunst. Ein Gemisch von Nationalität, Frömmigkeit und Mittelalterfreude führte zur Vollendung zahlreicher deutscher gotischen Dome. Der deutsche Kaiser spendete namhafte Summen zur Fertigstellung des Kölner Domes und ließ es sich als Protestant nicht nehmen, an der Einweihung dieser erzkatholischen Kirche teilzunehmen. Wie in Köln, so wurden auch in Regensburg oder Ulm die gotischen „Ruinen" vollendet.

3. Neues Leben in alten Mauern: die Benediktiner

Diese Haltung brachte selbstverständlich auch eine neue Sicht des Mönchtums mit sich. Im neuen monastischen Lebensideal ging es um eine gegenseitige Durchdringung von Kunst, Bildung und Religion. Unter Ludwig I. (1825–1848, Regierungszeit) kam es in Bayern zu einer fast stürmischen benediktinischen Bewegung, wobei die neu dotierten Klöster Schulen, Internate und Gymnasien unterhalten mußten. Als Ludwig 1848 abdankte, gab es in Bayern wieder über hundert Klöster, darunter nicht wenige Frauenklöster. Doch auch sie, selbst die strengen Zisterzienserinnen in Landshut oder Oberschönenfeld, mußten Schulen einrichten oder andere karitative Aufgaben übernehmen. Nach München berief er die Franziskaner, und in Altomünster durften die Birgittinnen wieder wirken. Sein romantisches Verständnis der Religion zeigt sich sehr schön an der Gründung St. Bonifaz in München, zu dessen materiellen Sicherung er das ehemalige Kloster Andechs mit umfangreichen Gütern ausstattete. In München jedoch ließ er den Neubau des Klosters St. Bonifaz (1835–1850) in der Nähe des Königsplatzes errichten. Die Anlage ist nach dem Dreiklang Religion, Wissenschaft und Kunst entworfen. Zuerst kommt die Kirche, dann das Kloster, wobei die Bibliothek, auf der Achse der Kirche liegend, Wand an Wand zur Antikensammlung am Königsplatz angrenzt.

Eine andere Sicht des Mittelalters, die fromme Vorstellung von betenden, gotterfüllten Mönchen des Mittelalters, führte zu den Gründungen von Solesmes (1833) und Beuron (1863), in denen vor allem ein feierlicher Gottesdienst gepflegt und der gregorianische Choral neu belebt wurde. Zahlreiche Mönche befaßten sich mit liturgischen Forschungen. Beuron wurde für den deutschen Sprachraum, was Solesmes für den französischen bedeutete. Beide Male waren es Weltpriester, die sich für das vergangene Mönchtum begeisterten und schließlich selbst das Mönchsgewand nahmen, um Klöster zu gründen. In Solesmes war es der Ehrendomherr Dom Guéranger (1805–1875); im ehemaligen Augustiner-Chorherrenstift Beuron erweckten die beiden Priester und Brüder Maurus (1825–1890) und Placidus (1828–1908) Wolter neues monastisches Leben. Von Beuron aus wurden u. a.

177 *Ansicht des Klosters Maria Laach. Benediktinerabtei, 1093 gegründet, 1802 säkularisiert, 1863 Jesuitenkolleg, 1892 von Beuron aus neu besiedelt. Auch die alten Orden erlebten während des 19. Jahrhunderts abermals eine Blüte. Manche Klöster konnten wieder zurückgekauft und neu besiedelt werden. Zum Teil überließ auch der Adel, an den die Klöster samt Besitzungen gefallen waren, den Mönchen die alten Gebäude zur Neubesiedlung.*

folgende Klöster gegründet bzw. neu besiedelt: Erdington bei Birmingham (1876); Prag (1880); Seckau (1883); Maria Laach (1893); Gerleve (1904); Mariä Heimgang (Dormition) in Jerusalem (1906), Grüssau in Schlesien (1924); St. Matthias, Trier (1922); Weingarten (1922); Lublin (1924). Aber auch Frauenklöster entstanden unter der Leitung von Beuron neu, so beispielsweise St. Gabriel in Prag (1889); Maredret in Belgien (1893); St. Hildegard in Eibingen (1904); Kellenried (1926).

4. Die karitativen Kongregationen des 19. Jahrhunderts

Unter Kongregation versteht man eine ordensähnliche Gemeinschaft mit zentralisierter Organisation und Verfassung. Die Mitglieder legen einfache Gelübde ab. Kirchenrechtlich unterstehen Kongregationen gewöhnlich dem jeweiligen Diözesanbischof. Vorwiegend sind es Vereinigungen von Frauen.

Die oben genannten Klöster waren aus einer mehr romantisch gefärbten Frömmigkeit erwachsen und trugen deutlich konservative Züge. Die meisten der wiederbesiedelten Klöster lagen auf dem Lande und waren ehemalige Abteien wie Ottobeuren, Metten oder

Niederaltaich. Eine ganz andere Herkunft, Religiosität und Zielsetzung besaßen die Kongregationen des 19. Jahrhunderts. Sie waren aus der Not des Industriezeitalters geboren und wirkten in den Städten. Die Industrialisierung führte anfangs zu unmenschlichen Härten, zumal es keine Kranken-, Renten- oder Arbeitslosenversicherung gab (erst seit 1884), ganz zu schweigen von der oft ungerechten und unzureichenden Bezahlung. In dieser entsetzlichen Not der Städte kam es im 19. Jahrhundert, meist auf Anregung eines Priesters, zu Vereinigungen von Frauen, die sich aus religiösen Motiven um Kranke, Arme, Kinder, Behinderte, Prostituierte kümmerten. Wir müssen uns auf wenige typische Beispiele beschränken, zumal eine zusammenhängende geschichtliche Darstellung dieser Großtaten der Nächstenliebe – bezeichnend genug – fehlt. Schon die Zahl der Kongregationen ist imponierend. Allein zwischen 1800 und 1850 wurden in den deutschen Ländern 63 gegründet, zwischen 1850 und 1900 abermals 39, wobei die evangelischen Diakonissen und Schwestern noch unberücksichtigt sind.

a) Die Armen Franziskanerinnen von der Heiligen Familie zu Mallersdorf

Sie gehen auf die Anregung des Priesters P. J. Nardini (Abb. 178) zurück, der, selbst aus bescheidenen Verhältnissen stammend, aber glänzend begabt, sich für den Priesterberuf entschieden hatte. Die eingeschlagene Laufbahn zu höheren kirchlichen Ämtern gab er auf und wurde 1851 Pfarrer in der aufstrebenden Industriestadt Pirmasens. Erschüttert von der

178 *Pfarrer Paul Nardini (1821–1862). Photographie im Mutterhaus der Mallersdorfer Franziskanerinnen. Viele Kongregationen des 19. Jahrhunderts wurden von einfachen Priestern gegründet, die das Elend der Menschen in den aufstrebenden Industriestädten nicht mit ansehen konnten. Pfarrer Ringeisen rief die Kongregation vom hl. Joseph (Ursberg, 1884) ins Leben; Pfarrer E. Michelis schuf 1842 die Gemeinschaft von der Göttlichen Vorsehung (Münster).*

179 *Erste Niederlassung der späteren Franziskanerinnen von Mallersdorf in Pirmasens. Photographie im Kloster Mallersdorf. Die Anfänge der Kongregationen waren sehr bescheiden; meist begann die kleine Gemeinschaft wie die Mallersdorfer Schwestern in einem Mietshaus, von dem aus sie den Notleidenden halfen.*

180 *Schule und Heim der Mallersdorfer Franziskanerinnen in Hermannstadt. Photographie im Kloster Mallersdorf. Die Bauten der Kongregationen des 19. Jahrhunderts haben weitgehend ihre Sakralität verloren und gleichen nüchternen Zweckbauten.*

sozialen Not gründete er 1855 eine kleine religiöse Gemeinschaft von Frauen, die sich ganz in den Dienst der Armen, Kranken und Notleidenden stellen wollten: „Den Armen die Frohbotschaft verkünden aus der Kraft eines in Liebe tätigen und in Liebe sich hinopfernden Glaubens“. Die Anfänge waren äußerst bescheiden; ein kleines Mietshaus (Abb. 179) diente den beiden ersten Frauen als Unterkunft und Stätte für ihr selbstloses Wirken. Trotz des frühen Todes von Nardini (1862) konnte sich die Gemeinschaft behaupten, ja so viele Frauen folgten dem Ruf der franziskanischen Regel und Armut, daß es bald zu Gründungen neuer Häuser kam. 1856 wurden Stationen außerhalb von Pirmasens gegründet, zumal die Frauen sich als Krankenschwestern ausbilden ließen; bald kamen Niederlassungen in Ungarn und Rumänien hinzu (1864 Hermannstadt in Siebenbürgen, Abb. 180). 1869 kaufte die Gemeinschaft das ehemalige Kloster Mallersdorf auf, um das längst zu kleine Mutterhaus dorthin zu verlegen. Noch vor der Jahrhundertwende erreichten die Franziskanerinnen von Mallersdorf ihren Höchststand von über 4000 Schwestern. Kostenlos, meist sogar unter Einbringung ihres Vermögens, arbeiteten die Schwestern in Kranken- und Kinderhäusern, Alten- und Mädchenheimen. In Deutschland wirken die Mallersdorfer Schwestern heute in etwa 170 Niederlassungen mit rund 1800 Schwestern.

b) Die St.-Josefs-Kongregation vom Dritten Orden des hl. Franziskus in Ursberg

Auch sie geht auf die Anregung eines Priesters zurück, der alle seine Kräfte für Kranke und Behinderte einsetzte. Dominikus Ringeisen (1835–1904) sorgte schon als Kaplan in Obergünzburg (Diözese Augsburg) für den Bau eines Krankenhauses, für das er sein gesamtes Vermögen zur Verfügung stellte. Er wurde nach Kaufbeuren versetzt, wo er die Not von taubstummen, blinden und gelähmten Kinder hautnah erlebte. Obwohl er noch 40 000 Mark Schulden vom Krankenhausbau in Obergünzburg hatte, entschloß er sich 1884 zum Kauf des ehemaligen Klosters Ursberg als Zufluchtsstätte für die behinderten Kinder. In Kaufbeuren war er Beichtvater der dortigen Franzikanerinnen und lernte deren Leben und Regel kennen. Davon inspiriert, konnte er einige Frauen gewinnen, die sich ähnlichen Idealen verschreiben wollten. 1897 wurden fünfzehn Frauen als Schwestern eingekleidet und die Kongregation in Ursberg gegründet. Heute betreuen in mehreren Anstalten etwa 550 Schwestern und 1200 Mitarbeiter und Mitarbeiterinnen insgesamt 2440 taubstumme, blinde, verkrüppelte oder sonst behinderte Kinder.

c) Die Salesianer

Ihr Gründer, der hl. Don Bosco (1815–1889), war ebenfalls ein Priester, der durch die Not der verwahrlosten Kinder und Jugendlichen zu seinem besonderen Apostolat gebracht wurde. Giovanni Bosco lebte stammte aus ärmlichsten Verhältnissen. Ein Priester gab ihm persönlichen Unterricht, damit er den Weg ins Seminar gehen konnte. Mit großen Erfolg durcheilte er die Studien und wurde 1841 in Turin zum Priester geweiht. Als Gefängnisseelsorger kam er mit der Not der Jugendlichen in Berührung und erkannte bald, daß an manchem Schicksal die trostlose Kindheit schuldig war. Auf fast wunderbare Weise kam er mit dem Vollwaisen und Mauerlehrling Bartolomeo Garelli zusammen, der weder lesen noch schreiben, ja nicht einmal das Kreuz machen konnte. Bartolome faßte zu Don Bosco Vertrauen, und schon bald brachte er seine Freunde mit, die in der Sakristei kostenlosen Unterricht bekamen. Immer mehr kamen zu diesen Jugendtreffs, angezogen von der charimatischen Persönlichkeit des jungen Priesters und genialen Erziehers. 1846 baute er einen alten Schuppen zum Jugendheim um; bald kamen weitere Gebäude für die obdachlosen Jungen hinzu. Er kümmerte sich um ihre schulische und berufliche Ausbildung, um ihr leibliches und seelisches Wohl. Neben den Elementarfächern wurden die Kinder auch in praktischen Berufen wie Drechsler, Schreiner, Schneider, Zimmermann usw. ausgebildet, wobei nicht wenige frühere Schüler selbstlos ihr Wissen zur Verfügung stellten. 1865 begann er die Kirche Maria Hilf in Turin zu erbauen, zu deren Seiten Schul- und Wohngebäude errichtet wurden, dazu auch eine eigene Druckerei. Diese Einrichtung wurde zum Modell für die weiteren Niederlassungen. Bereits 1859 konnte Don Bosco mehrere Priester für sein Werk gewinnen, die sich zu einem gemeinsamen Leben nach einer von Don Bosco selbst entworfenen Regel (1857) entschlossen hatten; auch Brüder traten der Vereinigung bei. Zur Hilfe der armen Mädchen gründete Don Bosco 1871 noch einen weiblichen Zweig, der aus einer freien Vereinigung von Frauen zur Unterstützung bedürftiger Mädchen erwachsen war. Seine Idee trug trotz vieler Widerstände reiche Früchte, denn sowohl die Salesianer, wie sich die Mitglieder nach dem ersten Oratorium nannten, als auch die Salesianerinnen bekamen großen Zulauf und konnten in der Erziehung und Bildung der Kinder und Jugendlichen Unglaubliches leisten. Beim Tod des Gründers gab es über 800 Mitglieder in 56 Niederlassungen. Sein Werk breitete sich im 20. Jahrhundert weltweit aus, heute wirken rund 17000 Salesianer Don Boscos in 95 Ländern der Erde.

d) Missionskongregationen, Säkularinstitute und evangelische Gemeinschaften

Wir haben nur einige Beispiele des monastischen Neubeginns während des 19. Jahrhunderts besprochen. Neben der konservativ-liturgischen Richtung von Solesmes und Beuron entstanden die caritativen Kongregationen, die aus der seelischen und geistigen Not des 19. Jahrhunderts erwachsen waren und auf dem Gebiet der Nächstenliebe Unvergleichliches geleistet haben. Unerwähnt blieben die zahlreichen Missionskongregationen des 19. Jahrhunderts, die im Troß der Kolonisation ins Land kamen, missionierten und die Leiden der armen Völker durch Schulen, Ausbildung, medizinische Versorgung zu lindern versuchten. Wir nennen einige Gründungen, ohne deren Geschichte und Entwicklung näher zu besprechen. 1848 Missionsgesellschaft vom Heiligen Geist; 1849 Missionare vom Unbefleckten Herzen Mariens (Claretiner); 1854 Herz-Jesu Missionare; 1862 Missionare von Scheut; 1866 Comboni Missionare; 1868 Weiße Väter; 1875 Missionsgesellschaft vom Göttlichen Wort (Steyler Missionare); 1885 Missionsbenediktinerinnen; 1909 Missionsgesellschaft von Mariannhill usw. Zahllose Frauen und Männer, auch evangelischer Konfession, verließen ihre Heimat und stellten ihr Wissen, ihre Arbeit und ihr Leben in den Auftrag christlicher Mission und Verkündigung. Unter unsäglichen Mühen erbauten sie Schulen, Werkstätten ärztliche Stationen und verkündeten durch ihre tätige Nächstenliebe das Evangelium. Der gesellschaftliche Wandel ließ all diese Bereiche christlichen Tuns allmählich in die Selbstverantwortung der Welt, des Staates, der Menschen übergehen. Obwohl heute noch unzählige Schwestern in Krankenhäusern, Anstalten und Missionsstationen tätig sind, der sozial-caritative Bereich wird heute vorwiegend von „weltlichen" Kräften getragen.

Alle Orden und Kongregationen hatten nach dem allgemeinen Höchststand des Jahres 1965 tiefe Einbrüche zu verzeichnen. Zahlreiche freiwillige Austritte und Nachwuchsmangel ließen in kurzer Zeit die Mitgliederzahlen zum Teil bis an die Grenze der Auflösung sinken. Durch Zusammenlegungen, Aufgabe von Häusern, Übernahme von Laienkräften usw. versuchte man den Rückgang zu steuern, der heute noch nicht abgeschlossen ist.

Doch trotz des zahlenmäßigen Rückganges von Ordensangehörigen entwickelte sich in den sogenannten Säkularinstituten neues „monastisches" Leben. Unter Säkularinstituten versteht man eine freie religiöse Vereinigung, die innerhalb ihres weltlichen Standes ein ausgesprochen christliches Leben führen will. In gewisser Hinsicht gleichen sie dem Dritten Orden der Franziskaner, allein das aktive Apostolat unterscheidet sie von jenem. Zum Teil verpflichten sich die Mitglieder zur Ehelosigkeit, doch Bedingung ist es nicht. Eine der bedeutendsten dieser Laienvereinigungen ist das Opus Dei, dessen Ziel ein aktives Eintreten für christliche Grundsätze innerhalb der Welt darstellt und stilles Durchwirken der Gesellschaft nach diesen Maximen anstrebt. Die Mitglieder der Säkularinstitute tragen weder eine einheitliche Ordenskleidung, noch sind sie zu einem gemeinsamen Leben verpflichtet, allein die christliche Verantwortung für und in der Welt bindet die Mitglieder zu einer Gemeinschaft, die allerdings feste Versprechen und ein aktives Apostolat fordert.

Ein ähnlich verborgenes christliches Leben führen die „Kleinen Brüder" und „Kleinen Schwestern Jesu", die sich auf das Vorbild von Charles de Foucauld (1858–1916) berufen. Ursprünglich französischer Offizier und Afrikaforscher, ging er nach seiner Bekehrung zuerst zu den Trappisten, führte dann mehrere Jahre ein eremitisches Leben in Nazaret, bis er schließlich in der Sahara sein neues Ordensideal verwirklichte: Vergegenwärtigung des Evangeliums durch ein Leben der Anbetung und der existentiellen Solidarität mit den Ärmsten ohne ausdrückliche Verkündigung und Missionsarbeit.

Ein Säkularinstitut mit Priestern bildet die Schönstatt-Gemeinschaft, gegründet von Pater Kentenich im Jahre 1912, die nach dem Zweiten Weltkrieg ihre Blüte erlebte. Die Priester sind Weltkleriker, die sich zu einer marianisch ausgerichteten Frömmigkeit verpflichtet haben. Die Schwestern, derzeit über 2000, legen die üblichen Gelübde ab und leben in klosterähnlichen Gemeinschaften.

In der evangelischen Kirche kam es in unserem Jahrhundert zu neuen monastischen Impulsen. Um 1940 gründete Roger Schutz in Taizé eine evangelische Brüdergemeinschaft, die sich der alten monastischen Liturgie verpflichtet fühlte und aus dem gemeinsamen Gotteslob ihre tätige Nächstenliebe begründete. In Darmstadt kam es ebenfalls in den vierziger Jahren zu einer Gründung von evangelischen Marienschwestern, die in ökumenischer Weite das urchristliche Ideal der Gleichheit in ihrer Gemeinschaft leben. Hier wären noch eine Reihe weiterer evangelischer Bruder- und Schwesternschaften zu nennen.

Schlußwort

Wir haben versucht, die Wirkmächtigkeit der Worte Christi von der Nachfolge innerhalb der Geschichte darzustellen und konnten einen vielfältigen Wandel feststellen, der schließlich zur abendländischen Kultur führte. In der Spätantike formte sich das Mönchtum nach allgemein religiös-philosophischen Normen, ohne allerdings das spezifisch Christliche aufzugeben oder zu verformen. In der Auseinandersetzung mit gnostischen und dualistischen Lehren fand das Mönchtum seine eigene biblische Begründung. Die Askese als Bedingung geistiger und geistlicher Erkenntnis war ein antikes Reis, das innerhalb des Christentums vielfältige Frucht bringen sollte. Das Mönchtum der Spätantike war eine Laienbewegung und eine vollständig individuelle Angelegenheit, geschaffen, um die Conversio beständig zu leben. Die Einsiedler und Mönche zogen sich aus der Welt zurück, um ihr geistiges Sein zu leben.

Doch für das Abendland sollten gerade die Mönche zum Träger der Kultur werden. Denn ohne auf die Wurzeln des Mönchtums zu achten ging das Christentum im germanischen Norden mit der heimischen Tradition ein enges Bündnis ein und übertrug den Mönchen die Aufgabe des geistlichen Dienstes an Stamm, Volk und Reich. Durch das Christentum kam es unter den Karolingern zu einer christlichen Theokratie, die zu einer einheitlichen Kultur des Abendlandes führte, ja dieses erst begründete. Die nachfolgenden Jahrhunderte waren bestimmt durch das Ringen nach einer personalen Religiosität, wobei das christliche Ideal der Brüderlichkeit sprengend und befreiend wirkte. Die Eremitenorden, die Zisterzienser, die Bettelorden und Beginen versuchten auf persönliche Weise dem Ruf Gottes zu folgen und einer persönlichen Religiosität innerhalb einer festen Standesgesellschaft Raum zu verschaffen. Besonders an den Ketzerbewegungen konnte der Wille nach Personalität, nach Freiheit und unmittelbarer Religiosität deutlich gemacht werden. In der Reformation fand dieses Streben einen Höhepunkt. War das religiöse Leben des Mittelalters von dem Gegensatz Welt und Gott, Profan und Sakral bestimmt, so kam es in der Epoche des Barocks zu einem Ausgleich. Der Glaube an die Erlösung der Welt, ihre seinsmäßige Ausrichtung auf das Heil, ließ Wissen und Religion zu Schwestern werden. Getragen von diesem Bewußtsein einer letzten Einheit, fanden alle menschlichen Wissenschaften in Kloster und Kirche breiten Raum. Die Jesuiten schufen Schulen, gründeten Universitäten, und die Mönche der landsässigen Klöster betrieben Forschungen aller Art. Der Mensch, sein Wissen und Tun, konnte zur Erlösung beitragen, sofern er sich nach göttlichen Erkenntnissen formte. Beflügelt von der Erkenntnis, daß Heilsgeschichte und Weltgeschichte letztlich zusammengehören, kam es während des Barocks zu einem einheitlichen, alles umfassenden Kunstwollen, daß die Grenzen zwischen Profan und Sakral im schauenden Fest der Liturgie aufhob.

Damit war der Höhepunkt religiöser, christlicher Kultur erreicht. Die gefundene Einheit mußte gelöst werden, um einer neuen Entwicklung Raum zu gewähren. Aufklärung, Säkularisation, mechanistisches Weltbild und andere Schlagworte kennzeichnen den Änderungsprozeß zu einer säkularen Welt. Die vielfältigen Ordensgründungen des 19. Jahrhunderts legen selbst von der Tendenz zum Individuellen beredtes Zeugnis ab. Es kam zwar zu einer neuen Blüte des monastischen Lebens, aber zu keinem alles prägenden Orden mehr. In tausendfachen Formen, getragen von Ethos der Nächstenliebe, wirkte der Ruf zur Nachfolge Christi, eine religiöse Kultur, ein sakraler Stil aber war nicht mehr möglich. Das Christentum wurde im besten Sinne eine persönliche Angelegenheit.

Anhang

Literatur allgemein

Alemania franciscana antiqua, hrsg. von der bayer. Franziskanerprovinz, Ulm 1956ff.
Braunfels, W., Abendländische Klosterbaukunst, Köln 1969.
Brunner, S., Ein Chorherrenbuch, Leipzig - Wien 1883.
Cassiciacum, eine Sammlung wissenschaftlicher Forschungen über den hl. Augustinus und den Augustinerorden, hrsg. von A. Kunzelmann und A. Zumkeller, Würzburg 1936f.
Corpus consuetudinum monasticarum, hrsg. von K. Hallinger, Siegburg 1963f.
Dizionario degli Istituti di Perfezione, hrsg. von G. Pelliccia und G. Rocca, Rom 1974f.
Fidler, A., Geschichte der ganzen österreichischen, klösterlichen und weltlichen Klerisey beyderlei Geschlechtes, hrsg. von J. Wendt von Wendtenhals, 9 Bde., Wien 1780.
Frank, K. S., Geschichte des christlichen Mönchtums, Darmstadt 1988.
Germania benedictina, hrsg. von der Academia Benedictina, Augsburg 1976f.
Germania sacra, N. F., hrsg. vom Max-Planck-Institut für Geschichte, München 1962f.
Gritzner, M., Handbuch der im Deutschen Reich, in Österreich-Ungarn, Dänemark, Schweden und den russischen Ostseeprovinzen bestehenden Damenstiften und im Range gleichstehenden Wohltätigkeitsanstalten, nebst den Ordenszeichen der Ersteren, Frankfurt a. M. 1893.
Grote, O. Freiherr von, Lexikon deutscher Stifter, Klöster und Ordenshäuser, Osterwieck 1881.
Heimbucher, M., Die Orden und Kongregationen der katholischen Kirche, 2 Bde., Paderborn ³1933/34, Neudruck 1980.
Hellyot, P. H., Ausführliche Geschichte aller geistlichen und weltlichen Kloster- und Ritterorden, Leipzig 1754.
Helvetia sacra, hrsg. von A. Bruckner u. a., Bern 1972f.
Hirsching, D. F., Historisch-Geographisch-Topographisches Stifts- und Klosterlexikon, Leipzig 1792.
Holtz, L., Geschichte des christlichen Ordenslebens, Zürich 1986.
Jaeck, W. J., Gallerie der vorzüglichsten Klöster Deutschlands, Nürnberg 1831.
Maisons de l'Ordre des Chartreux, Vues et notices, 4 Bde., Parkminster 1913–1919 (mit Stichen der einzelnen Kartausen).
Paulsen, F., Geschichte des gelehrten Unterrichts, Leipzig 1919.
Peigné-Delacourt, M., Monasticon Gallicon, 2 Bde., Paris 1877 (Kurzgeschichte der französischen Benediktinerklöster mit Stichen des 17. Jahrhunderts).
Schmitz, Ph., Geschichte des Benediktinerordens, übersetzt von L. Räber, 4 Bde., Einsiedeln 1947f.
Theiner, A., Geschichte der geistlichen Bildungsanstalten, Mainz 1835.

Literatur zu Kapitel A

Quellen:

Ambrosius, Über die Jungfrauen, BKV² 17, Kempten 1917.
Apokryphen. Die verborgenen Bücher der Bibel, hrsg. von E. Weidinger, Augsburg 1990 (hier stehen auch Texte zu Qumran und alttestamentliche Apokryphen).
Apokryphen, Neutestamentliche, 2 Bde., hrsg. von W. Schneemelcher, Tübingen, I: ⁶1990; II: ⁵1989.
Apophthegmata patrum, Weisung der Väter, übersetzt von B. Miller, Trier ³1986.
Athanasius, Vita Antonii, hrsg. von A. Gottfried, übersetzt von H. Przybyla, Graz 1987.
– Vita Pachomii, griech. Version, hrsg. und übersetzt von H. Merkel, BKV² 2, Kempten 1917.
Augustinus von Hippo, Regel für die Gemeinschaft, hrsg. und kommentiert von T. J. van Bavel OSA, Würzburg 1990.
Augustinus, Die Handarbeit der Mönche, hrsg. und übersetzt von R. Arbesmann, Würzburg 1972.
Augustinus, Heilige Jungfräulichkeit, hrsg. und übersetzt von I. M. Dietz, Würzburg 1952.
Cäsarius von Arles, Rede, Selige und Glückliche Insel Lerin, übersetzt von B. Steidle, in: Benediktinische Monatsschrift 1952.
Cassiodor Senator, Einführung in die geistliche Wissenschaft, übersetzt und hrsg. von K. S. Frank, in: Frühes Mönchtum im Abendland I, Zürich 1975 (sehr aufschlußreich für das Kloster Cassiodors).
Cicero, Hortensius, lat.-dt., hrsg. von L. Straume-Zimmermann u. a., München 1990.
Codex Justinianus, ausgewählt und hrsg. von G. Härtel, Leipzig 1991 (im ersten Buch finden sich die Vorschriften für das Mönchtum).

CYPRIANUS, Über die Haltung der Jungfrauen, BKV² 34, Kempten 1934.
Das Leben und die Regel der heiligen Äbte Romanus, Lupizius und Eugenius, hrsg. und übersetzt von K. S. Frank, in: Frühes Mönchtum im Abendland II, Zürich 1975.
Die Benediktregel, übersetzt und erklärt von G. Holzherr, Einsiedeln 1982.
Die Magisterregel, übersetzt und kommentiert von K. S. Frank, St. Ottilien 1989.
Die Pachomiusregel, hrsg. und übersetzt von H. Bacht, in: Studien zum frühen Mönchtum II, Würzburg 1983 (sehr gute Kommentare zur Regel sowie Literaturhinweise).
Die Regel der Väter, vorbenediktinische lateinische Regeltradition, übersetzt und kommentiert von S. Michaela Puzicha OSB, Münsterschwarzach 1990.
Die Regel St. Benedikts, übersetzt und erklärt von B. Steidle OSB, Beuron 1952 (mit guten Kommentaren und Literaturhinweisen).
EUGIPPIUS, Das Leben des hl. Severin, hrsg. und übersetzt von M. Schuster, Wien 1946.
EUSEBIUS VON CÄSAREA, Kirchengeschichte, hrsg. und übersetzt von H. Kraft, München ²1981.
FLAVIUS JOSEPHUS, De bello judaico, griech./deutsch; hrsg. und übersetzt von O. Michel und O. Bauernfeind, München 1962.
GREGOR DER GROSSE, Dialoge, vier Bücher, übersetzt von J. Funk, BKV² 2, Kempten 1933.
GREGOR VON NYSSA, Über die Jungfräulichkeit, deutsch von W. Blum, Bibliothek der griech. Literatur, Bd. 7, Stuttgart 1977.
HIERONYMUS, Leben des hl. Paulus, BKV² 15, Kempten 1914.
JOHANNES CASSIANUS, Gespräche mit den Vätern, BKV¹ 9, Kempten 1879.
–, Zwölf Bücher von der Einrichtung der Klöster, BKV¹ 24, Kempten 1879.
Liber Orsiesii, hrsg. und übersetzt von H. Bacht, in: H. Bacht, Das Vermächtnis des Ursprungs, Studien zum frühen Mönchtum I, Würzburg 1972.
METHODIUS VON OLYMPUS, Gastmahl oder die Jungfräulichkeit, BKV² 2, Kempten 1911.
PALLADIUS, HISTORIA LAUSIACA, Die frühen Heiligen in der Wüste, hrsg. und übersetzt von J. Laager, Zürich 1987.
PHILO VON ALEXANDRIEN, De vita contemplativa, Die Werke in deutscher Übersetzung, hrsg. von L. Cohn u. a., Bd. 7, Berlin 1964.
–, Über die Freiheit der Tüchtigen, in: Die Werke in deutscher Übersetzung, hrsg. von L. Cohn, Bd. 6 u. a., Berlin 1964.
POSSIDIUS, Augustins Leben, eingeleitet und übersetzt von A. von Harnack, Berlin 1930.
Qumranregel, in: C. Dimier, Was nicht im Alten Testament steht, Aschaffenburg 1965.
RUFINUS, Historia monachorum in Aegyptia, hrsg. und übersetzt K. S. Frank, Düsseldorf 1967.
SULPICIUS SEVERUS, Das Leben des hl. Martin, übersetzt von K. S. Frank, in: Frühes Mönchtum im Abendland I, Zürich 1975.
TERTULLIAN, Über das Fasten; Über die Aufforderung zur Keuschheit; Über das Verschleiern der Jungfrauen; in: Tertullian, Sämtliche Schriften, übersetzt von H. Kellner, Köln 1882.
THEODORET, Historia religiosa oder Geschichte der Gottesliebe, übersetzt von K. Gutberlet, BKV² 50, München 1926.

Sekundärliteratur:

ALONSO-NÚÑEZ, J. M. – GRUBER, J., Art. Cassiodor, in: Lexikon des Mittelalters II, München 1983.
ANDRÉ, FRÈRE, Art. Lérins, in: Lexikon des Mittelalters V, München 1991.
ARBESMANN, R., Art. Fasten, in: Reallexikon für Antike und Christentum VII, Stuttgart 1969.
Askese und Mönchtum in der alten Kirche, hrsg. von K. S. Frank, Darmstadt, 1975 (Aufsatzsammlung zum Thema Askese).
BACHT, H., Der Abt als Stellvertreter Christi, in: Scholastik 29, 1964.
–, Vom Umgang mit der Bibel im ältesten Mönchtum, in: Theologie u. Philosophie 41 (1966) 557–566.
–, Meditatio in den ältesten Mönchquellen, in: H. Bacht, Das Vermächtnis des Ursprungs, Studien zum frühen Mönchtum I, Würzburg 1972 (gute Zusammenfassung von Literatur zum Mönchtum).
BAMMERTZ, E., Das ägyptische Mönchtum, Masch. Diss. München 1954.
BAUMEISTER, TH., Die Mentalität des frühen ägyptischen Mönchtums, in: Zeitschrift für Kirchengeschichte 88, 1977.
BERNARDUS, M., Nudus nudum Christum sequi, in: Wissenschaft und Weisheit 14, 1951.
BICKEL, E., Das asketische Ideal bei Ambrosius, Hieronymus und Augustinus, in: Neue Jahrbücher für das klassische Altertum, Geschichte u. dt. Literatur 19, 1916.
BÖCHER, O., Art. Dämonen, in: Theologische Realenzyklopädie VIII, 1981.

Boll, F., Vita contemplativa, in: Sitzungsberichte der Heidelberger Akademie der Wissenschaften, Festrede zum zehnjährigen Bestehen, Heidelberg 1920.

Bousset, W., Das Mönchtum der sketischen Wüste, in: Zeitschrift für Kirchengeschichte NF 42, Stuttgart 1923.

Butler, C., Benediktinisches Mönchtum, St. Ottilien 1925 (gute Zusammenfassung).

Campenhausen, H. v., Die Askese im Urchristentum, Tübingen 1949.

Chadwick, H., Art. Enkrateia, in: Reallexikon für Antike und Christentum V, Stuttgart 1962.

Claus, M., Mithras, Kult und Mysterium, München 1990.

Cramer, M., Thebanische Mönche, ihr asketisches und kultisches Leben, in: Archiv für Liturgiewissenschaft 2, 1952.

Das Armutsverständnis des Pachomius und seiner Jünger, in: H. Bacht, Das Vermächtnis des Ursprungs, Studien zum frühen Mönchtum I, Würzburg 1972.

Das Leben der Juraväter und die Magisterregel, in: Festschrift für A. de Vogüé, Regulae Benedicti Studia 13, Hildesheim 1984.

Das Wiedersehen des Mönches mit der Mutter und Schwester in den alten Mönchserzählungen, Benediktinische Monatszeitschrift 35, 1959.

Dedler, H., Vom Sinn der Arbeit nach der Regel des hl. Benedikt, in: Benedictus, der Vater des Abendlandes 547–1947, hrsg. von S. Brechter, München 1947.

Der Genuß von Fleisch und Geflügel in der Magister- und Benediktregel, in: Erbe und Auftrag 40, 1964.

Der heilige Abt Theodor von Tabennesi, in: Benediktinische Monatszeitschrift 44, 1968.

Der Zweite im Pachomiuskloster, in: Benediktinische Monatszeitschrift 24, 1948.

Die Bibel im ältesten Mönchtum, in: Theologische Literaturzeitung 72, 1947.

Die Satisfaktionsordnung von Caesarius und Benedikt bis Donatus, in: Revue bénédictine 74, Maredsous 1959.

Donner, D., Pilgerfahrten ins Heilige Land (Bericht der Etheria), Stuttgart 1979.

Dörries, H., Die Vita Antonii als Geschichtsquelle, in: Ders., Wort und Stunde I, Göttingen 1968.

–, Mönchtum und Arbeit, in: Ders., Wort und Stunde I, Göttingen 1968.

–, Wort und Stunde I, Göttingen 1968.

Fehrle, H., Die kultische Keuschheit im Altertum, in: Religionsgeschichtliche Versuche und Vorarbeiten VI, 1910.

Frank, K. S., Zum Arbeitsethos der Regulae Magistri, in: Theologie und Philosophie 54 (1979) 360–378.

–, Die Klosteranlage nach der Regula magistri, in: RBSt 6/7, Hildesheim 1981.

–, Vita apostolica. Ansätze zur apostolischen Lebensform in der alten Kirche, in: Zeitschrift für Kirchengeschichte 81, 1970.

–, Aggelikos bios, Begriffsanalytische und begriffsgeschichtliche Untersuchung zum „engelgleichen Leben" im frühen Mönchtum, Münster 1964.

Frank, M., Der Strafkodex in der Regel St. Benedikt, in: Benediktinische Monatszeitschrift 17, 1935.

Gindele, C., Die gallikanischen laus perennis Klöster und ihre ordo officii, Revue bénédictine 69, 1959.

–, Die Ordnung der Mahlzeiten für Greise und Kinder nach der Regel des hl. Benedikt, in: Studia Anselmiana 44, 1959.

Gribomont, J., Art. Askese, IV: Neues Testament und Alte Kirche, in: Theologische Realenzyklopädie IV, Berlin 1979.

Grillmeier, A. - Bacht, H., Das Konzil von Chalcedon, Geschichte und Gegenwart II, Würzburg 1954.

Grützmacher, G., Pachomius und das älteste Klosterleben, Freiburg 1896.

Haardt, R., Art. Mandäismus, in: Sacramentum mundi III, Freiburg 1968.

Heiler, F., Erscheinungsformen der Religionen, Stuttgart 1961 (Hl. Hochzeit).

Hengstenberg, W., Bemerkungen zur Entwicklungsgeschichte des ägyptischen Mönchtums, in: Bulletin de L'Institut Archéologique Bulgare IX, Sofia 1935.

Hertling, A., Kanoniker, Augustinerregel und Augustinerorden, in: Zeitschrift für katholische Theologie 54, 1930.

Heussi, K., Der Ursprung des Mönchtums in der alten Kirche, Tübingen 1936 (hier Würdigung der älteren Lit.).

Hoehne, G., Das christliche Mönchtum in Ägypten, in: Der Orient 18, Potsdam 1936.

Jaspers, B., Bibliographie der Benediktregel, 1930–1980, (RBSt Supplementa 5) Hildesheim 1983.

Kaspar, C. M., Theologie und Askese, Die Spiritualität des Inselmönchtums von Lérins im 5. Jahrhundert, Münster 1991.

Kittel, G., Art. Eremos (Wüste), in: Theologisches Wörterbuch zum Neuen Testament II, Stuttgart 1935.

Kober, F. Q., Die körperliche Züchtigung als Strafmittel gegen Kleriker und Mönche, in: Theologische Quartalschrift 57, 1875.

Kötting, B., Das Wirken der ersten Styliten in der Öffentlichkeit, in: Zeitschrift für Missions- und Religionswissenschaft 37, 1953.

Les Kellia, Ermitages coptes en Basse Égypte, Ausstellungskatalog Genf 1990.

LORENZ, R., Die Anfänge des abendländischen Mönchtums im 4. Jahrhundert, in: Zeitschrift für Kirchengeschichte 77, 1960.
MICHELS, TH., Montag, Mittwoch und Freitag als Fasttagsystem in kirchlicher und monastischer Überlieferung, in: Jahrbuch für Liturgiewissenschaft 3, 1923.
NAGEL, P., Die Motivierung der Askese in der alten Kirche und der Ursprung des Mönchtums, Berlin 1966.
NOLTE, V., Das Freundschaftsideal des hl. Augustinus, Würzburg 1939.
PRINZ, F., Frühes Mönchtum im Frankenreich, Darmstadt [2]1988.
RANKE-HEINEMANN, U., Das frühe Mönchtum nach Selbstzeugnissen, Essen 1964 (gute Literaturzusammenstellung).
Regula Magistri - Regula Benedicti, Bibliographie ihrer historisch-kritischen Erforschung, 1938–1970.
RICHTER, CH., Das Leben des hl. Augustinus nach den Bekenntnissen und der ersten Biographie des Possidius, Graz 1984.
ROTHENHÄUSLER, M., Ältestes Mönchtum und klösterliche Beständigkeit, in: Benediktinische Monatszeitschrift 3, Beuron 1921.
RUPPERT, F., Das pachomianische Mönchtum und die Anfänge des klösterlichen Gehorsams, Münsterschwarzach 1971.
SCHMITZ, A. L., Die Welt der ägyptischen Einsiedler und Mönche, in: Römische Quartalschrift 36, 1929.
SCHMITZ, PH., Geschichte des Benediktinerordens, 4 Bde., Einsiedeln 1947 ff.
SCHNEEMELCHER, W., Das Kreuz Christi und die Dämonen. Bemerkungen zur vita Antonii des Athanasius, in: Pietas, Festschrift für B. Kötting, Münster 1980 (guter Aufsatz über Dämonenkampf bei Antonius).
SCHUBART, W., Religion und Eros, München 1960.
SCHULZ, W., Dokumente der Gnosis, München 1986.
SCHWEIZER, E., Art. Geister, NT, in: Reallexikon für Antike und Christentum IX, 1976.
SEIDL, J. N., Die Gottesverlobung von Kindern in den Mönchs- und Nonnenklöstern oder De pueris oblatis, München 1872.
SIEBEN, CHR., Die klösterlichen Einrichtungen bei Cassian und Benedikt, Diss. Wien 1967.
SPREITZENHOFER, G., Die Entwicklung der alten Mönchtums in Italien, Wien 1894.
STEGMANN, A., Die Verbindlichkeit der Oblation nach der Regula Benedicti, in: Benedictus, Vater des Abendlandes, München 1947 (dort weitere Aufsätze zu Benedikt).
STEIDLE, B., Abbas - Tyrannus, in: Ders., Beiträge zum alten Mönchtum und zur Benediktinerregel, Sigmaringen 1986.
–, Das Lachen im alten Mönchtum, in: Benediktinische Monatszeitschrift 20, 1938.
–, Die Tränen, ein mystisches Problem im alten Mönchtum, in: Ders., Beiträge zum alten Mönchtum und zur Benediktregel, Sigmaringen 1986.
Vexillum crucis sequi, Mönchtum als Kreuzesnachfolge, in: Martyria, Liturgia, Diakonia; Festschrift für H. Volk, Mainz 1968.
VILLER, M. - RAHNER, K., Aszese und Mystik in der Väterzeit, Freiburg [2]1990.
VOGÜÉ, A. DE, Die Regula Benedicti. Theologisch-spiritueller Kommentar, in: Regulae Benedictini Studia 16, Hildesheim 1983.
ZUMKELLER, A., Das Mönchtum des hl. Augustinus, Würzburg [2]1972 (gutes Literaturverzeichnis).
–, Biblische und altchristliche Leitbilder des klösterlichen Lebens im Schrifttum des hl. Augustinus, in: Augustiniana 18, 1968.
Zur Anthropologie der Magisterregel, in: Studia patristica, Bd. 17,2, Oxford 1982.

Literatur zu Kapitel B

Quellen:

ARDO, Vita S. Benedicti Abbatis Anianensis, MGH.SS XV, 198–220.
AUGUSTINUS, A., Die Sorge für die Toten, Würzburg 1975.
Das Leben des Abtes Otmar von Sankt Gallen, hrsg. und übersetzt von W. Wattenbach, Leipzig 1939.
Das Leben Eigils, Abt von Fulda, übersetzt von G. Grandauer, 1941.
Der hl. Pirmin und sein Pastoralbüchlein, hrsg. und übersetzt von U. Engelmann, Sigmaringen [2]1976.
EIGIL, Leben des Abtes Sturmi von Fulda, hrsg. von M. Tangl, München 1920.
EINHARD, Die Übertragung und Wunder der Heiligen Marzellinus und Petrus, übersetzt und hrsg. von Karl Esselborn, Darmstadt 1925.

Hefele, C. J. von, Conciliengeschichte, 9 Bde., Freiburg 1855–1890.
Ich Patricius, Die Autobiographie des Apostels der Iren, übersetzt und erklärt von W. Bendin, Stuttgart 1985.
Jonas von Bobbio, Das Leben des heiligen und seligen Abtes und Bekenners Kolumban, übersetzt und erklärt von K. S. Frank, in: Frühes Mönchtum im Abendland II, Zürich 1975.
Karl der Grosse, Brief an Abt Baugolf, in: MG I, 1, Nr. 26, Caroli epistola litteris colendis.
Kolumban, regula monachorum et regula coenobialis; in: Sancti Kolumbani opera, hrsg. von G. S. M. Walker, Dublin 1957.
Leben des hl. Bonifatius von Willibald bis Otloh, übersetzt von Michael Tangl, Leipzig [3]1920.
Notker der Stammler, Die Taten Karls des Großen, hrsg. und übersetzt von W. Wattenbach, Leipzig 1940.
Regula Sancti Benedicti Abbatis Anianensis, in: Corpus consuetudinum monasticarum, hrsg. von K. Hallinger, Siegburg 1963.
Reischmann, H. J., Willibrord, Apostel der Friesen, Darmstadt 1989.
Sämtliche Schriften des heiligen Bonifatius, übersetzt und erläutert von Ph. H. Külb, Regensburg 1859.
Sanct Brandans Meerfahrt, übersetzt und eingeleitet von Karl von Baltz, Köln 1983.
Strabo, W., Visio Wettini, hrsg. und übersetzt von H. Knittel, Sigmaringen 1986.
Wetti, Das Leben des Bekenners Gallus, übersetzt und erklärt von K. S. Frank, in: Frühes Mönchtum im Abendland II, Zürich 1975.

Sekundärliteratur:

Albers, B., Untersuchungen zu den ältesten Mönchsgewohnheiten, München 1905.
Angenendt, A., Bonifatius und das Sacramentum initiationis, in: Römische Quartalschrift 72, 1977.
–, Missa specialis, zugleich ein Beitrag zur Entstehung der Privatmessen, Frühmittelalterliche Studien 17, 1983.
–, Monachi peregrini, Studien zu Pirmin und den monastischen Vorstellungen des frühen Mittelalters, München 1972.
–, Memoria, in: Memoria, Münsterische Mittelalterliche Schriften 48, München 1984.
Becker, H. J., Der Heilige als Landesherr, in: Symbolon, NF 6, 1982.
Berschin, W., Karolingische Gartenkonzepte, in: Freiburger Diözesanarchiv 104, Freiburg 1984, 5–18.
Bieler, L., Irland, Wegbereiter des Mittelalters, Olten 1961.
Bischof, B., Die Bibliothek im Dienste der Schule, in: Settimane 19, 1, 1972.
–, Die süddeutschen Schreibschulen und Bibliotheken in der Karolingerzeit, 2 Bde., Wiesbaden 1960 und 1980.
Blanke, F., Kolumban und Gallus, Zürich 1940.
Bollnow, O. F., Mensch und Raum, Stuttgart 1990.
Borgolte, M., Freigelassene im Dienst der Memoria, Frühmittelalterliche Studien 17, 1983.
Brechter, S., Das Apostolat des hl. Bonifatius und Gregors d. Gr. Missionsinstruktionen für England, in: Sankt Bonifatius.
Büttner, H., Aus den Anfängen des abendländischen Staatsgedankens, in: Vorträge und Forschungen 3, Sigmaringen - Konstanz 1956.
–, Mission und Kirchenorganisation des Frankenreiches bis zum Tod Karls des Großen, in: Karl der Große I, 1965.
Byrne, F. J., Irland in der europäischen Geisteswelt des 8. Jahrhunderts, in: Virgil von Salzburg.
Die irländischen Missionäre in Deutschland (anonymer, aber sehr guter Artikel) in: Zeitschrift für Philosophie und kath. Theologie, NF 4, Bonn 1843.
Doerr, O., Das Institut der Inclusen in Süddeutschland, Münster 1934.
Dolch, J., Der Lehrplan des Abendlandes, Darmstadt 1982.
Duft, J., Irische Einflüsse auf St. Gallen und Alemannien, in: Vorträge und Forschungen 20, Sigmaringen 1974.
Ebner, A., Die klösterliche Gebetsverbrüderung bis zum Ausgang des karolingischen Zeitalters, München 1890.
Eliade, M., Das Heilige und das Profane, Frankfurt 1964.
Ewig, E., Beobachtungen zu den Klosterprivilegien des 7. und frühen 8. Jahrhunderts, in: Adel und Kirche, Festschrift G. Tellenbach, hrsg. von J. Fleckenstein und K. Schmid, Freiburg 1968.
Feine, H. E., Das germanisch geprägte Kirchenrecht, in: Ders., Kirchliche Rechtsgeschichte, Köln [4]1964.
Felten, F., Äbte und Laienäbte im Frankenreich, Stuttgart 1980.
–, Laienäbte in der Karolingerzeit, in: Vorträge und Forschungen 20, Sigmaringen - Konstanz 1974.
Flaskamp, F., Wilbroad-Clemens und Wynfried-Bonifatius, in: Sankt Bonifatius.
Fleckenstein, J., Die Bildungsreform Karls des Großen, Freiburg 1953.
Frank, H., Die Klosterbischöfe des Frankenreiches, in: Beiträge zur Geschichte des alten Mönchtums und des Benediktinerordens 17, 1932.

Franz, A., Die Messe im deutschen Mittelalter, Freiburg 1902.

Gollob, H., Die Entwicklung der spätantiken und frühmittelalterlichen Klosteranlage des Abendlandes, in: Studien und Mitteilungen des Benediktinerordens 84, 1973.

Greith, C. J., Geschichte der altirischen Kirche, Freiburg 1867 (trotz seines Alters immer noch lesenswert).

Haendler, G., Die britischen Inseln als neues Kraftzentrum der Kirche, in: Die Kirche in ihrer Geschichte II, Göttingen 1976 (mit guter Literaturangabe).

Hallinger, K. P., Römische Voraussetzungen der bonifatianischen Wirksamkeit im Frankenreich, in: Sankt Bonifatius.

–, Das Phänomen der liturgischen Steigerung Klunys, in: Festschrift L. Spätling, Studia historico-ecclesiastica, Rom 1977.

–, Woher kommen die Laienbrüder, in: Analecta Sacri Ordinis Cisterciensis 12 Roma 1956.

–, Zur Rechtsgeschichte der Abtei Gorze, in: Zeitschrift für Kirchengeschichte 83, 1972.

Hamlin, A., Die irische Kirche des 8. Jahrhunderts in der Archäologie, in: Virgil von Salzburg.

Hammermayer, L., Die irischen Benediktiner-Schottenklöster in Deutschland und ihr institutioneller Zusammenschluß vom 12.–16. Jahrhundert, in: Studien und Mitteilungen zur Geschichte des Benediktinerordens 87, Ottobeuren 1976 (sehr gute Arbeit über die Iren mit ebenso gutem Literaturverzeichnis).

Hannemann, O., Die Kanonikerregel Chrodegangs von Metz und die Aachener Synode von 816 und das Verhältnis Gregors VII. dazu, Diss. Greifswald 1914.

Hartmann, W., Die fränkische Kirche in der Mitte des 8. Jahrhunderts, in: Virgil von Salzburg.

Häussling, A. A., Mönchskonvent und Eucharistiefeier, Münster 1973.

Hawel, P., Purpur, Thron und Baldachin. Zur Symbolik der Erde, des Himmels und des Kosmos (demnächst im Druck).

Heilmann, A., Die Klostervogtei im rechtsrheinischen Teil der Diözese Konstanz bis zur Mitte des 13. Jahrhunderts, Köln 1908.

Heimig, O., Zum monastischen Offizium von Kassianus bis Kolumbanus, in: Archiv für Liturgiewissenschaft 7, 1, 1961.

Hertling, L., Kanoniker, Augustinerregel und Augustinerorden, in: Zeitschrift für Kathol. Theologie 45, 1930.

Heutger, N., Evangelische Konvente in den welfischen Ländern. Studien über evangelisches Nachleben klösterlicher und stiftischer Formen seit Einführung der Reformation, Hildesheim 1961.

–, Evangelische und simultane Stifter in Westfalen, Hildesheim 1968.

Hilpisch, St., Bonifatius als Mönch und Missionar, in: Sankt Bonifatius.

Hofmeister, Ph., Mönchtum und Seelsorge bis zum 13. Jahrhundert, in: Studien und Mitteilungen des Benediktinerordens 65, 1953/54.

Horot, H., Die mittelalterliche Architektur der Abtei St. Gallen, in: W. Vogler, Die Kultur der Abtei St. Gallen, Zürich 1990.

Illmer, D., Formen der Erziehung und Wissensvermittlung im frühen Mittelalter, München 1971.

Jarnut, J., Bonifatius und die fränkischen Reformkonzilien, in: Zeitschrift der Savigny-Stiftung für Rechtsgeschichte, Kan. Abt. 66, 1979.

Jäschke, K. U., Kolumban von Luxeuil und sein Wirken im alamannischen Raum, in: Mönchtum, Episkopat und Adel zur Gründungszeit des Klosters Reichenau, Vorträge und Forschungen 20, Sigmaringen 1974.

Jungmann, J. A., Der römische Stationsgottesdienst um das 7. Jahrhundert, in: Missarum Sollemnia. Eine genetische Erklärung der römischen Messe I, Freiburg 1962.

–, Oblation und sacrificium in der Geschichte des Eucharistieverständnisses, in: Zeitschrift für Katholische Theologie 92, 1970.

Karl der Große, Lebenswerk und Nachleben, hrsg. von W. Braunfels, 5 Bde., Düsseldorf 1965–68.

Kasten, B., Adalhard von Corbie. Die Biographie eines karolingischen Politikers und Klostervorstehers, Düsseldorf 1985 (umfangreiche Literatur).

Kilger, L. P., Bonifatius und seine Gefährten, in: Sankt Bonifatius.

Klauser, Th., Eine Stationsliste der Metzer Kirche aus dem 8. Jahrhundert, wahrscheinlich ein Werk Chrodegangs, Jahrbuch für Antike und Christentum Ergänzungsband 3, Münster 1974.

Kohl, W., Bemerkungen zur Typologie der Frauenklöster des 9. Jahrhunderts im westlichen Sachsen, in: Untersuchungen zu Kloster und Stift (Max-Planck-Institut für Geschichte 68) 1980.

Koschek, J., Die Klosterreform Ludwigs des Frommen im Verhältnis zur Regel Benedikts von Nursia, Diss. Greifswald 1908.

Kötting, B., Die Tradition der Grabkirche, in: Memoria, Münsterische Mittelalterliche Schriften 48, München 1984.

KOTTJE, R., Einheit und Vielfalt des kirchlichen Lebens in der Karolingerzeit, in: Zeitschrift für Kirchengeschichte 76, 1965.
LANDAU, P., Art. Eigenkirchenwesen, in: Theologische Realenzyklopädie IX, 1982, 399–404.
LECLERCQ, J., Wissenschaft und Gottverlangen, Zur Mönchstheologie des Mittelalters, Düsseldorf 1963.
LEHMANN, E., Die Anordnungen der Altäre in der karolingischen Klosterkirche zu Centula, in: Karl der Große III, 1965.
–, Die entwicklungsgeschichtliche Stellung der karolingischen Klosterkirche zwischen Kirchenfamilie und Kathedrale, in: Wiss. Zeitschrift der Friedrich-Schiller-Universität Jena, 1952/53.
–, Vom neuen Bild frühmittelalterlichen Kirchenbaus, in: Wiss. Zeitschrift der Martin-Luther-Universität Halle, Ges. Sprachw. Reihe VI, 2, 1956.
LEWISON, W., Die Iren und die fränkische Kirche, in: Historische Zeitschrift 109, 1922.
LORTZ, J., Erneuerung und Einheit. Aufsätze zu Theologie und Kirchengeschichte, hrsg. von P. Manns, Stuttgart 1987.
–, Untersuchungen zur Missionsmethode und zur Frömmigkeit des hl. Bonifatius nach seinen Briefen, in: Willibrordus, Echternacher Festschrift zur XII Jahrhundertfeier des Todes des hl. Willibrordus, hrsg. von N. Goetzinger, Luxemburg 1958.
MANN, A., Großbauten vorkarolingischer Zeit und aus der Epoche von Karl dem Großen bis zu Lothar I., in: Karl der Große III, 1965 (mit einer Karte aller Bauten).
MANSER, P. – BEYERLE, K., Aus dem liturgischen Leben der Reichenau, in: Die Kultur der Reichenau I, München 1925.
MAYER, TH., Bonifatius und Pirmin, in: Sankt Bonifatius.
–, Staatsauffassung in der Karolingerzeit, in: Vorträge und Forschungen, 1956.
MEYER-MARTHALER, E., Zur Frühgeschichte der Frauenklöster im Bistum Chur, in: Festschrift H. Nabholz, Aarau 1944.
MOISL, H., Das Kloster Iona und seine Verbindung mit dem Kontinent im siebten und achten Jahrhundert, in: Virgil von Salzburg.
MÜLLER, I., Disentiser Klostergeschichte I, Einsiedeln 1942.
NELSEN, H., Art. Buße, in: Lexikon des Mittelalters II, München 1983.
NICOLAI, P. J., Der hl. Benedikt, Gründer von Aniane und Cornelimünster, Köln 1865.
NUSSBAUM, O., Kloster, Priestermönch und Privatmesse, Bonn 1961.
O'NEILL, P. P., Bonifaz und Virgil – Konflikt zweier Kulturen, in: Virgil von Salzburg.
OCHSENBEIN, P., Lehren und Lernen im Galluskloster, in: W. Vogler, Die Kultur der Abtei St. Gallen, Zürich 1990.
OEXLE, O. G., Forschungen zu monastischen und geistlichen Gemeinschaften im westfränkischen Bereich, München 1978.
–, Mahl und Spende im mittelalterlichen Totenkult, Frühmittelalterliche Studien 18, 1984.
PASCHER, J., Das Stundengebet der römischen Kirche, München 1954.
PÖSCHL, Kirchengutsveräußerungen und das kirchliche Veräußerungsverbot im frühen Mittelalter, Archiv für katholisches Kirchenrecht 125, Freiburg 1925.
POSCHMANN, B., Die abendländische Kirchenbuße im frühen Mittelalter (Breslauer Studien zur historischen Theologie 16), Breslau 1930.
PRINZ, F., Askese und Kultur, München 1980.
–, Die Rolle der Iren beim Aufbau der merowingischen Klosterkultur, in: Die Iren und Europa im frühen Mittelalter, 2 Bde., hrsg. von H. Löwe, Stuttgart 1982 (ist zum Thema unerläßlich).
–, Frühes Mönchtum in Süddeutschland und die Anfänge der Reichenau, in: Vorträge und Forschungen 20, Sigmaringen 1974.
–, Klerus und Krieg im frühen Mittelalter, Stuttgart 1971.
RAPF, C. R. – FERENCZY, H., Herzog Heinrich II. Jasomirgott, Gründer des Schottenstiftes, Gedächtnisschrift anläßlich des 800. Todestages, Wien 1977 (mit Schrifttum zu den Schottenklöstern).
RICHARDSON, H., Die Kunst in Irland im 8. Jahrhundert, in: Virgil von Salzburg.
SANDMANN, M., Die Äbte von Fulda im Gedenken ihrer Mönchsgemeinschaft, in: Frühmittelalterliche Studien 17, Berlin 1983.
SANTE, G. W., Bonifatius, der Staat und die Kirche, in: Sankt Bonifatius.
SCHÄFER, H. K., Die Kanonissenstifte im deutschen Mittelalter, in: Kirchenrechtliche Abhandlungen, Heft 43 u. 44, Stuttgart 1907.
SCHÄFERDICK, K., Kolumbans Wirken im Frankenreich, in: Die Iren und Europa im frühen Mittelalter I (die Aufsatzsammlung entspricht nicht den Erwartungen).

Schieffer, Th., Angelsachsen und Franken. Zwei Studien zur Kirchengeschichte des 8. Jahrhunderts, in: Akademie der Wissenschaften und Literatur, geistes- u. sozialwiss. Klasse 9, Wiesbaden 1958.

Schmale, F. J., Kanonie, Seelsorge, Eigenkirche, in: Historisches Jahrbuch 78 (1959).

Schmid, K. - Oexle, O. G., Voraussetzungen und Wirkung des Gebetsbundes von Attigny, in: Francia 2, München 1975.

Schmid, K. - Wollasch, J., Die Gemeinschaft der Lebenden und Verstorbenen in Zeugnissen des Mittelalters, Frühmittelalterliche Studien 1, München 1967.

Schmid, K., Über das Verhältnis von Person und Gemeinschaft im frühen Mittelalter, in: Frühmittelalterliche Studien 1, München 1967.

Schmitz, Ph., Geschichte des Benediktinerordens, übers. von L. Räber, 1/2, Einsiedeln 1947.

Schott, C., Art. Freiheit/Freie, in: Lexikon des Mittelalters IV, München 1989.

Schreiber, G., Irland im deutschen und abendländischen Sakralraum, Köln 1956.

Schulte, A., Der Adel und die deutsche Kirche im Mittelalter, Stuttgart 1910.

Schwind, F., Zu karolingerzeitlichen Klöstern als Wirtschaftsorganismen und Stätten der handwerklichen Tätigkeit, in: Festschrift J. Fleckenstein, Sigmaringen 1984.

Semmler, J., Art. Benedikt von Aniane, in: Lexikon des Mittelalters I, München 1980.

–, Art. Bonifatius, Lexikon des Mittelalters II, München 1983.

–, Chrodegang, Bischof von Metz, in: Die Reichsabtei Lorsch I, Darmstadt 1973.

–, Corvey und Herford in der benediktinischen Reformbewegung des 9. Jahrhunderts, Frühmittelalterliche Studien 4, 1970.

–, Die Beschlüsse des Aachener Konzils im Jahre 816, in: Zeitschrift für Kirchengeschichte 76, 1963.

–, Karl der Große und das fränkischen Mönchtum, in: Karl der Große, Lebenswerk und Nachleben II, Düsseldorf 1965.

–, Mönche und Kanoniker im Frankenreiche Pippins III. und Karls des Großen, in: Untersuchungen zu Klerus und Stift, Max-Planck-Institut für Geschichte 68, Göttingen 1980.

–, Reichsidee und kirchliche Gesetzgebung bei Ludwig dem Frommen, in: Zeitschrift für Kirchengeschichte 71, 1960.

–, Studien zum Supplex libellus und zur anianischen Reform, in: Zeitschrift für Kirchengeschichte 69, 1958.

–, Traditio und Königsschutz. Studien zur Geschichte der königlichen Monasterien, in: Zeitschrift der Savigny-Stiftung für Rechtsgeschichte, Kan. Abt. 76, 1959.

Severus, E. von, Art. Benedikt von Aniane, in: Theologische Realenzyklopädie V (1980), 535–538.

Siegwart, J., Die Chorherren- und Chorfrauengemeinschaften in der deutschsprachigen Schweiz vom 6. Jahrhundert bis 1160, Studia Friburgensia, NF. 30, 1962.

St. Bonifatius, Gedenkgabe zum 1200. Todestag, hrsg. von der Stadt Fulda, Fulda 1954.

Staubach, N., Cultus divinus und karolingische Reform, in: Frühmittelalterliche Studien 18, 1984.

Steinen, W. von den, Der Neubeginn, in: Karl der Große II, 1965.

–, Karl der Große, Breslau 1928.

Stosiek, K., Das Verhältnis Karls des Großen zur Klosterordnung mit besonderer Rücksicht auf die regula Benedicti, Diss. Greifswald 1909.

Streber, H., Art. Inclusen oder Reclusen, in: Wetzer/Welte, Kirchenlexikon VI, Freiburg ²1889, 631–643.

Tellenbach, G., Der Gebetsdienst der Kirche in den Urkunden der späten Karolinger, in: Festschrift B. Schwineköper, Sigmaringen 1982.

Uhde-Stahl, B., Ein unveröffentlichter Plan des mittelalterlichen Klosters Aniane, in: Zeitschrift für Kunstwissenschaft 11, 1980.

Virgil von Salzburg, Missionar und Gelehrter. Beiträge des internationalen Symposiums, hrsg. von H. Dopsch und R. Juffinger, Salzburg 1985.

Vogler, W. (Hrsg.), Die Kultur der Abtei St. Gallen, Zürich 1990.

Voigt, K., Die karolingische Klosterpolitik und der Niedergang des westfränkischen Königtums, in: Kirchenrechtlische Abhandlungen, Heft 90/91, Stuttgart 1917.

Wattenbach, E., Die Kongregation der Schottenklöster in Deutschland, in: Zeitschrift für christlische Archäologie und Kunst 1, Leipzig 1856.

Weinrich, L., Wala - Graf, Mönch und Rebell. Die Biographie eines Karolingers, Historische Studien 386, 1963.

Weniger, E., Das deutsche Bildungswesen im Frühmittelalter, in: Historische Vierteljahresschrift 30 (1935).

Wickede, F. von, Die Vogtei in den geistlichen Stiften des fränkischen Reiches, Diss. Greifswald 1886.

Willibrordus, Echternacher Festschrift zur XII. Jahrhundertfeier des Todes des hl. Willibrordus, hrsg. von N. Goetzinger, Luxemburg 1958.

Wollasch, J., Gemeinschaftsbewußtsein und soziale Leistung im Mittelalter, Frühmittelalterliche Studien 9, 1975.

ZACHERL, M., Die vita communis als Lebensform des Klerus in der Zeit zwischen Augustinus und Karl dem Großen, in: Zeitschrift für Katholische Theologie 92, Wien 1970.
ZAHN, W., Schottenklöster, Die Bauten der irischen Benediktiner in Deutschland, Diss. Freiburg 1967.
ZIMMER, H., Über die Bedeutung des irischen Elements für die mittelalterliche Kultur, in: Preußische Jahrbücher 59, Berlin 1887.
ZÖLLNER, E., Das Frankenreich, Bayern und Salzburg zur Zeit des heiligen Virgil, in: Virgil von Salzburg.

Literatur zu Kapitel C

Quellen:

ABELARD, Briefwechsel mit Heloisa, übertragen und hrsg. von E. Brost, Heidelberg 4/1979.
Barlam und Josaphat, übersetzt von F. Liebrecht, Münster 1847.
BERNHARD VON CLAIRVAUX, Apologia ad Gulielmum: Sämtliche Werke lateinisch-deutsch, hrsg. von G. B. Winkler, Innsbruck 1990.
–, Über die Gottesliebe: Sämtliche Werke lateinisch-deutsch, hrsg. v. G. B. Winkler, Innsbruck 1990.
BERNOLD VON ST. BLASIEN, Chronik (1054–1100), Priester in St. Blasien, hrsg. von W. Wallenbach, Leipzig 1951.
Briefe des hl. Bruno, hrsg. und übersetzt von G. Posada, in: Der hl. Bruno, Köln 1987.
BRUNO-GUIGO-ANTELM, Epistulae Cartusianae/Frühe Kartäuserbriefe, übers. und eingel. von G. Greshake (Fontes Christiani 10), Freiburg 1993.
Consuetudines canonicorum regularium Rodenses/Die Lebensordnung des Regularkanonikerstiftes Klosterrath, hrsg., übers. und eingel. von S. Weinfurter und M. Deutz (Fontes Christiani 11/1 u. 2). Freiburg 1993.
Ortlieb und Berthold, Zwiefaltener Chroniken, hrsg. und übersetzt von L. Wollasch u. a., Sigmaringen 1978.
St. Galler Klostergeschichten, Ekkehard, Darmstadt 1980.
Statuten des Kartäuserordens, hrsg. und übersetzt von H. M. Blüm, in: G. Posada, Der hl. Bruno, Köln 1987.
Vita Bernardi, hrsg. und übersetzt von P. Sinz, Düsseldorf 1962.

Sekundärliteratur:

ALBERS, BR., Untersuchungen zu den ältesten Mönchsgewohnheiten, München 1905.
APPELT, H., Die Anfänge des päpstlichen Schutzes, in: Mitteilungen des Instituts für österr. Geschichtsforschung 77, Graz 1954.
BALTRUSCH-SCHNEIDER, D. B., Die angelsächsischen Doppelklöster, in: Doppelklöster und andere Formen der Symbiose männlicher und weiblicher Religiosen im Mittelalter, Berliner historische Studien 18, Berlin 1992.
BECKER, H., Art. Kartäuser, in: Lexikon des Mittelalters V, München 1991.
BERNHARD, W., Die Pfleghöfe in Esslingen, Ausstellungskatalog, Esslingen 1982.
BINDING, C., Art. Bruno, in: Lexikon des Mittelalters II, München 1983.
BORST, A., Mönche am Bodensee, Sigmaringen 1985.
BOSL, K., Regularkanoniker und Seelsorge in Kirche und Gesellschaft des europäischen 12. Jahrhunderts, München 1979.
BÜHLER, I., Forschungen über Benediktinerdoppelklöster im heutigen Bayern, in: Zeitschrift für bayerische Kirchengeschichte 3–5, 1928–30.
BULST, N., Untersuchungen zu den Klosterreformen Wilhelms von Dijon (962–1031), Pariser historische Studien 11, 1973.
–, Art. Cluny, in: Lexikon des Mittelalters II, München 1983.
BÜTTNER, H., Verfassungsgeschichte und lothringische Klosterreform, in: Festschrift G. Kallen, Bonn 1957.
CLASSEN, P., Eschatologische Ideen und Armutsbewegungen im 11. und 12. Jahrhundert, in: Povertà e richezza nella spiritualità dei secoli XI e XII, Convegni del Centro di Studi sulla spiritualità medievale, Todi 1969.
–, Gerhoch von Reichersberg und die Regularkanoniker in Bayern und in Österreich, in: La vita commune del clero nei secoli XI e XII, Atti della Settimana di studio: Mendola, settembre 1959, Milano 1959.
DEGLER-SPENGLER, B., Die religiöse Frauenbewegung des Mittelalters, in: Rottenburger Jahrbuch für Kirchengeschichte 3, 1984.
DENZLER, G., Die Kanonikerbewegung und die gregorianische Reform im 11. Jahrhundert, in: Studi Gregoriani 9, Rom 1972.
DOERR, O., Das Institut der Inclusen in Süddeutschland, in: Beiträge zur Geschichte des alten Mönchtums und des Benediktinerordens, 18, 1934.

Dressler, F., Petrus Damiani, Leben und Werk, in: Studia Anselmiana 34, 1954.
Duby, G., Der hl. Bernhard und die Kunst, München 1981.
Elm, K., Beiträge zur Geschichte des Wilhelmitenordens, Münstersche Forschungen 14, 1962.
–, Die Stellung der Frau im Ordenswesen, Semireligiosentum, Häresie zur Zeit der hl. Elisabeth, in: St. Elisabeth, Ausstellungskatalog, Marburg 1981.
–, Die Zisterzienser. Ordensleben zwischen Ideal und Wirklichkeit, Bonn 1980.
–, Ergänzungsband zur Ausstellung: Die Zisterzienser. Ordensleben zwischen Ideal und Wirklichkeit, Bonn 1980.
–, Italienische Eremitengemeinschaften des 12. und 13. Jahrhunderts, in: L'eremitico in occidente nei secoli XI e XII, Milano 1962.
Elm, K. – Parisse, M. (Hrsg.), Doppelklöster und andere Formen der Symbiose männlicher und weiblicher Religiosen im Mittelalter, in: Berliner historische Studien 18, Berlin 1992.
Fechter, J., Cluny, Adel und Volk. Studien über das Verhältnis des Westens zu den Ständen (910–1156), Diss. Tübingen 1966.
Franke, W., Romuald von Camaldoli und seine Reformtätigkeit zur Zeit Ottos III., in: Historische Studien 107, 1913.
Grundmann, H., Adelsbekehrung im Hochmittelalter; Conversi und nutriti im Kloster, in: Ders., Ausgewählte Aufsätze I, Stuttgart 1976.
–, Deutsche Eremiten, Einsiedler und Klausner im Hochmittelalter, in: Ders., Ausgewählte Aufsätze I, Stuttgart 1976.
–, Neue Beiträge zur Geschichte der religiösen Bewegungen im Mittelalter, in: Ders., Ausgewählte Aufsätze I, Stuttgart 1976.
–, Zur Geschichte der Beginen im 13. Jahrhundert, in: Ders., Ausgewählte Aufsätze I, Stuttgart 1976.
Hallinger, K., Consuetudo. Begriff, Formen, Forschungsgeschichte, Inhalt, in: Untersuchungen zu Kloster und Stift, hrsg. vom Max-Planck-Institut für Geschichte, Göttingen 1980.
–, Das Phänomen der liturgischen Steigerung Klunys, in: Festschrift L. Spätling, Studia historico-ecclesiastica, Rom 1977.
–, Gorze – Kluny, Studien zu den monastischen Lebensformen und Gegensätze im Hochmittelalter, 2 Bde., Rom 1951.
–, Woher kommen die Laienbrüder?, in: Analecta Sacri Ordinis Cisterciensis 12, Rom 1956.
–, Zur geistigen Welt der Anfänge Clunys, 1954, in: H. Richter, (Hrsg.), Cluny, Studien zu den monastischen Lebensformen und Gegensätze im Hochmittelalter, 2 Bde., Rom 1950.
Hartig, M., Die oberbayerischen Stifte, Bd. 1 und 2, München 1935.
Häuser, R., Die Polemik der Cistercienser und Cluniacenser im 12. Jahrhundert, Diss., Frankfurt a. M. 1951.
Hertling, L., Kanoniker, Augustinerregel und Augustinerorden, in: Zeitschrift für katholische Theologie 45, Innsbruck 1930.
Hilpisch, St., Die Doppelklöster, in: Beiträge zur Geschichte des alten Mönchtums und des Benediktinerordens 15, 1928.
–, Geschichte der Benediktinerinnen, St. Ottilien 1956.
Hirsau, St. Peter und Paul, 1091–1991, 2 Bde. Forschungen und Berichte der Archäologie des Mittelalters in Baden-Württemberg, Stuttgart 1991.
Hogg, J., Die Ausbreitung der Kartäuser, in: Analecta Cartusiana 89, 1987.
Hourlier, J., Das Kloster des hl. Odilo, 1962, in: H. Richter (Hrsg.), Cluny.
Jacobs, H., Der Adel in der Klosterreform von St. Blasien, Köln 1968.
–, Die Hirsauer, ihre Ausbreitung und Rechtsstellung im Zeitalter des Investiturstreites, Köln 1961.
Jaeger, J., Klosterleben im Mittelalter. Ein Kulturbild aus der Glanzperiode des Cistercienserordens, Würzburg 1903.
Jäschke, K.-U., Zur Eigenständigkeit einer Junggorzer Reformbewegung, in: Zeitschrift für Kirchengeschichte 81, 1970.
Kerker, M., Wilhelm der Selige, Tübingen 1863.
Kummer, S., Die Gestalt der Peter- und Paulskirche, in: Hirsau, Bd. 2.
Kurze, W., Campus malduli. Die Frühgeschichte Camaldolis, in: Quellen und Forschungen aus ital. Archiven und Bibliotheken 44, 1964.
Küsters, U., Formen und Modelle religiöser Frauengemeinschaften im Umkreis der Hirsauer Reform des 11. und 12. Jahrhunderts, in: Hirsau, Bd. 2.
Leclercq, J., Zur Geschichte des Lebens in Cluny, 1961, in: H. Richter (Hrsg.), Cluny.

Leipold, W., Zur Klosterbaukunst der Kamaldulenserkongregation von Montecorona, in: Studien und Mitteilungen zur Geschichte des Benediktinerordens 84, 1973.

Lekai, L. J., Geschichte und Wirken der weißen Mönche, übersetzt von A. Schneider, Köln 1958.

Lotter, F., Das Idealbild adeliger Laienfrömmigkeit in den Anfängen Clunys, Odos Vita des Grafen Gerald von Aurillac, in: Bénédictine culture, Löwen 1983.

Lueg, F., Fröndensbergs Geschichte ist geprägt von Kloster und Stift, aus: 750 Jahre Stiftskirche Fröndenberg, Fröndenberg 1980.

Mettler, A., Die zweite Kirche in Cluny und die Kirchen in Hirsau nach den Gewohnheiten des XI. Jh., in: Zeitschrift für Geschichte der Architektur, 1910/11.

Mischlewski, A., Männer und Frauen in hochmittelalterlichen Hospitälern, in: Doppelklöster und andere Formen der Symbiose männlicher und weiblicher Religiosen im Mittelalter, in: Berliner historische Studien 18, Berlin 1992.

Mois, J., Das Stift Rottenbuch in der Kirchenreform des XI.-XII. Jahrhunderts, München 1953.

Niolarsk, C., Das cluniazensische Mönchtum in der politischen und kirchlichen Welt des 10. und 11. Jahrhunderts, 1960, in: H. Richter (Hrsg.), Cluny.

Nothelfer, Art. Hirsau, in: Lexikon des Mittelalters V, München 1991.

Oexle, O. G., Forschungen zu monastischen und geistlichen Gemeinschaften im westfränkischen Bereich, München 1978.

Plöchl, W. M., Kollegiatskirchen, in: Handwörterbuch der Rechtsgeschichte II.

Poeck, D., Laienbegräbnis in Cluny, in: Frühmittelalterliche Studien 15, 1981.

Posada, G., Der heilige Bruno, Vater der Kartäuser, Köln 1987 (mehrere Aufsätze verschiedener Autoren).

Richter, H. (Hrsg.), Cluny. Beiträge zu Gestalt und Wirken der cluniazensischen Reform, Darmstadt 1975.

Sackur, E., Die Cluniazenser in ihrer kirchlichen und allgemeingeschichtlichen Wirksamkeit, 2 Bde., Halle 1892/94.

Schauber, G., Die Augustiner-Chorherren, in: Kunst und Kultur der Fürstpropstei Berchtesgaden, Berchtesgaden 1988.

Schieffer, Th., Cluniazensische oder gorzische Reformbewegung?, 1952, in: H. Richter (Hrsg.), Cluny.

Schmale, F. J., Kanonie, Seelsorge, Eigenkirchen, in: Historisches Jahrbuch 78, 1959.

Schmid, P., Die Entstehung des Marseiller Kirchenstaates, in: Archiv für Urkundenforschung 10, 1928.

Schneider, A. (Hrsg.), Und sie folgten der Regel des Benedikt (Aufsatzsammlung), Köln 1981.

Schneider, A. u. a. (Hrsg.), Die Cistercienser. Geschichte, Geist, Kunst, Köln [3]1986.

Schneider, R., Stadthöfe der Zisterzienser, in: Zisterzienserstudien IV, Berlin 1979.

Schreiner, K., Hirsau und die Hirsauer Reform. Spiritualität, Lebensform und Sozialprofil einer benediktinischen Erneuerungsbewegung im 11. und 12. Jahrhunderts, in: Hirsau, Bd. 2.

–, St. Blasien, Hirsau und die Klosterreform des 11. Jahrhunderts, in: Germania benedictina 5, Ottilien 1975.

Seidl, J. N., Die Gottesverlobung von Kindern in Mönchs- und Nonnenklöstern oder De pueris oblatis, München 1872.

Semmler, J., Die Klosterreform von Siegburg, in: Rheinisches Archiv 53, 1959.

–, Mönche und Kanoniker im Frankenreich Pippins III. und Karls des Großen, in: Untersuchungen zu Kloster und Stift, hrsg. vom Max-Planck-Institut für Geschichte, Göttingen 1980.

Siegwart, J., Die Chorherren- und Chorfrauengemeinschaften in der deutschsprachigen Schweiz vom 6. Jahrhundert bis 1160, in: Studia Friburgensia, NF 30, 1962.

Smith, L. M., Cluny und Gregor VII., 1911, in: H. Richter (Hrsg.), Cluny, Studien zu den monastischen Lebensformen und Gegensätze im Hochmittelalter, 2 Bde., Rom 1950.

Talbot, H. - List, O., Die cluniazensische Spiritualität, 1945, in: H. Richter (Hrsg.), Cluny, Studien zu den monastischen Lebensformen und Gegensätze im Hochmittelalter, 2 Bde., Rom 1950.

Tellenbach, G., Das Reformmönchtum und die Laien im 11. und 12. Jh., 1968, in: H. Richter (Hrsg.), Cluny, Studien zu den monastischen Lebensformen und Gegensätze im Hochmittelalter, 2 Bde., Rom 1950.

–, Zum Wesen der Cluniazenser, in: Saeculum 9, 1958.

Teske, W., Laien, Laienmönche und Laienbrüder in der Abtei Cluny. Ein Beitrag zum Konversenproblem, in: Frühmittelalterliche Studien 10/11, 1976/77.

Toepfer, M., Die Konversen der Zisterzienser, Berliner historische Studien 10, Berlin 1983.

Urban, W., Wilhelm von Hirsau, Stuttgart 1991.

Völckers, O., Die Klosteranlage der Kartäuser in Deutschland, in: Zeitschrift für Bauwesen 71, 1921.

Weinfurter, S., Neuere Forschungen zu den Regularkanonikern im Deutschen Reich des XI. und XII. Jahrhunderts, in: Historische Zeitschrift 224, 1977.

–, Reformkanoniker und Reichsepiskopat im Hochmittelalter, in: Historisches Jahrbuch 97/98, München 1978.

Wollasch, J., Frauen in cluniacensis ecclesia, in: K. Elm – M. Parisse (Hrsg.), Doppelklöster und andere Formen der Symbiose männlicher und weiblicher Religiosen im Mittelalter, Berliner historische Studien 18, 1992.
–, Gerard von Brogne und seine Klostergründung, in: Revue bénédictine 70, 1960.
–, Mönchtum des Mittelalters zwischen Kirche und Welt, München 1973.
Zadnikar, M., Die Kartäuser, Orden der schweigenden Mönche, Köln 1983 (verschiedene Aufsätze, Betonung der Baukunst und Geschichte).
Zimmermann, G., Ordensleben und Lebensstandard, in: Beiträge zur Geschichte des alten Mönchtums und Benediktinerordens 32, 1973.
Zoepf, L., Das Heiligenleben im 10. Jahrhundert, Leipzig 1908.

Literatur zu Kapitel D

Quellen:

Bonaventura, Franziskus von Assisi, übersetzt von G. Menge, Paderborn 1918.
Constitutiones antiquae, in: C. H. Scheeben, Die Konstitutionen des Predigerordens unter Jordan von Sachsen (Quellen und Forschungen zur Geschichte des Dominikanerordens in Deutschland 38), Köln 1939.
Das Leben des hl. Norbert, Fassung A, übersetzt von H. Kallfels, in: Ders., Lebensbeschreibung einiger Bischöfe des 10.–12. Jahrhunderts, Darmstadt 1973.
Das Testament des hl. Franziskus, in: Sabatier, P. – Renner, F., Leben des heiligen Franz von Assisi, St. Ottilien 1979.
Die Regel des hl. Franziskus (bullata), übersetzt von L. Casutt, in: Menschen und Kirche, hrsg. von H. U. v. Balthasar, Einsiedeln 1948.
Die Regel des hl. Franziskus (non bullata), übersetzt von L. Casutt, in: Menschen und Kirche, hrsg. von H. U. von Balthasar, Einsiedeln 1948.
Die Visionen der hl. Birgitta von Schweden, hrsg. von E. zur Bonsen u. Cornelia Glees, Augsburg 1989.
Franziskanische Quellenschriften, hrsg. von den deutschen Franziskanern, Werl 1951 ff (alle wichtigen Quellen in neuen Übersetzungen mit Einführungen und Erläuterungen).
Franziskus, Spiegel der Vollkommenheit, hrsg. und übersetzt von H. Schönhöffer, Freiburg 1922.
Jordan von Sachsen, Das Buch von den Anfängen des Predigerordens, übersetzt und hrsg. von M. D. Kunst, Kevelaer 1949.
Leben und „Goldene Worte“ des Bruders Ägidius, übersetzt von P. A. Schlüter, Werl 1953.
Leben und Schriften der heiligen Klara von Assisi, übersetzt von E. Grau, Werl ^{4}1975 (hier findet sich auch die Regel).
Philobiblon, das ist der Traktat des Richard de Bury über die Liebe zu den Büchern, hrsg. und übersetzt von F. Blei, Leipzig 1989.
Regeln der Beginen zu Straßburg, in: G. Schmidt, Die Straßburger Beginenhäuser im Mittelalter, in: Alsatia, hrsg. von A. Stöber, Mühlhausen 1851–1861.
Thomas de Celano, Das Leben des heiligen Franz von Assisi, übersetzt von Ph. Schmidt, Basel 1919.

Sekundärliteratur:

Appuhn, H., Kloster Wienhausen, Wienhausen 1986.
Backmund, N., Geschichte des Prämonstratenserordens, Grafenau 1986.
Berg, D., Armut und Wissenschaft. Beiträge zur Geschichte des Studienwesens der Bettelorden im 13. Jahrhundert, Düsseldorf 1977.
Borst, A., Barbaren, Ketzer und Artisten, München 1988.
–, Die Katharer, Stuttgart 1953.
Bosl, K., Armut Christi. Ideal der Mönche und Ketzer. Ideologie der aufsteigenden Gesellschaft vom 11. bis zum 13. Jahrhundert, München 1981.
Degler-Sprengler, B., Die religiöse Frauenbewegung des Mittelalters, in: Rottenburger Jahrbuch für Kirchengeschichte 3, Sigmaringen 1984.
Dellwing, H., Studien zur Baukunst der Bettelorden im Veneto, München – Berlin 1970.
Dinzelbacher, P., Art. Mystik, in: Lexikon des Mittelalters VI, München 1993.
Elm, K. u. a., Art. Beg(h)inen, in: Lexikon des Mittelalters I, München 1980.

ÉRSZEGI, G., Zu Alltagsleben und Sachkultur ungarischer Benediktinerklöster des Spätmittelalters, in: Jaritz, G. (Hrsg.), Klösterliche Sachkultur des Spätmittelalters, Wien 1980.
ESSER, K., Anfänge und ursprüngliche Zielsetzungen des Ordens der Minderbrüder, Leiden 1966.
–, Der Laie im ursprünglichen Mittelalter, München 1965.
FRANK, K. S., Die Franziskaner bei St. Martin in Freiburg, in: St. Martin in Freiburg. Geschichte des Klosters, der Kirche und der Pfarrei, hrsg. vom kath. Pfarramt St. Martin, München 1985.
GILSON, E., – BÖHNER, PH., Die Geschichte der christlichen Philosophie, Paderborn [3]1954.
GRUNDMANN, H., Religiöse Bewegungen im Mittelalter, Darmstadt 1961.
–, Ausgewählte Aufsätze, 3 Bde., Stuttgart 1976f (darin: Zur Geschichte der Beginen im 13. Jahrhundert).
HEFELE, H., Die Bettelorden und das religiöse Volksleben Ober- und Mittelitaliens im XIII. Jahrhundert, Leipzig – Berlin 1910.
HILPISCH, ST., Geschichte der Benediktinerinnen, St. Ottilien 1956.
HLAVÁCEK, I., Zum Alltagsleben in böhmischen Klöstern des Spätmittelalters, in: Jaritz, G. (Hrsg.), Klösterliche Sachkultur des Spätmittelalters, Wien 1980.
HOFMEISTER, PH., Von den Nonnenklöstern (Archiv für katholisches Kirchenrecht 114, H. 1 u. 3), Mainz 1934.
HOLZAPFEL, H., Handbuch der Geschichte des Franziskanerordens, Freiburg 1909.
IRIARTE, L., Der Franziskusorden, Altötting 1984.
JARITZ, G., Zur Sachkultur österreichischer Klöster im Spätmittelalter, in: Ders. (Hrsg.), Klösterliche Sachkultur des Spätmittelalters, Internationaler Kongreß, Krems an der Donau, Wien 1980.
KRENIG, E. G., Mittelalterliche Frauenklöster nach den Konstitutionen von Cîteaux unter besonderer Berücksichtigung fränkischer Nonnenkonvente, in: Analecta Sacri Ordinis Cisterciensis X, 1954.
KÜHNEL, H., Beiträge der Orden zur materiellen Kultur des Mittelalters und die weltlichen Einflüsse auf die klösterliche Sachkultur, in: G. Jaritz (Hrsg.), Klösterliche Sachkultur des Spätmittelalters, Wien 1980.
MATHIS, B., Die Privilegien des Franziskanerordens bis zum Konzil von Vienne (1311), Paderborn 1928.
MINGES, P., Geschichte der Franziskaner in Bayern, München 1896.
MONTAG, U., Art. Birgitta von Schweden, in: Lexikon des Mittelalters II, München 1983.
NEIDIGER, B., Mendikanten zwischen Ordensideal und städtischer Realität, in: Berliner Historische Studien, Bd. 5, 1981.
NYBERG, T., Art. Birgittinnen, in: Lexikon des Mittelalters II, München 1983.
OBERST, J., Die mittelalterliche Architektur der Dominikaner und Franziskaner in der Schweiz, Diss. Zürich 1927.
PATSCHOVSKY, A., Freiheit der Ketzer, in: Geschichte in Wissenschaft und Unterricht 39, 1988.
PERSOONS, S., Lebensverhältnisse in den Frauenklöstern der Windesheimer Kongregation in Belgien und in den Niederlanden, in: G. Jaritz (Hrsg.), Klösterliche Sachkultur des Spätmittelalters, Wien 1980.
PIERRON, J. B., Die Katholischen Armen, Diss. Freiburg 1911.
RÖHRIG, F., Die materielle Kultur des Chorherrenstiftes Klosterneuburg unter besonderer Berücksichtigung der Aussage von Rechnungsbüchern, in: G. Jaritz (Hrsg.), Klösterliche Sachkultur des Spätmittelalters, Wien 1980.
SABATIER, P., Leben des heiligen Franz von Assisi, Zürich 1953.
SABATIER, P. – RENNER, F., Leben des heiligen Franz von Assisi, St. Ottilien 1979.
SCHLENKLUHN, W., Ordines studentes. Aspekte zur Kirchenarchitektur der Dominikaner und Franziskaner im 13. Jahrhundert, Berlin 1985.
SCHMIDT, G., Die Straßburger Beginenhäuser im Mittelalter, in: Alsatia, Beiträge zur elsässischen Geschichte, hrsg. von A. Stöber, Mülhausen 1851–1861.
SCHNEIDER, R., Lebensverhältnisse bei den Zisterziensern im Spätmittelalter, in: G. Jaritz (Hrsg.), Klösterliche Sachkultur des Spätmittelalters, Wien 1980.
SCHRÖER, A., Die Kirche in Westfalen vor der Reformation, Münster 1967.
SCHWARZ, D., Die Küchenordnung des Abtes Ulrich VIII. Rösch von St. Gallen für den Hof in Wil von etwa 1480, in: G. Jaritz (Hrsg.), Klösterliche Sachkultur des Spätmittelalters, Wien 1980.
SEVERUS, E. v., Klösterliche Sachkultur im Rituale Hyparchiae des Abtes Johannes Augustin Machhausen von Laach (1553–68), in: G. Jaritz (Hrsg.), Klösterliche Sachkultur des Spätmittelalters, Wien 1980.
STIEVERMANN, D., Klosterreform und Territorialstaat in Süddeutschland im 15. Jahrhundert, in: Rottenburger Jahrbuch für Kirchengeschichte 11, Sigmaringen 1992.
VICAIRE, M.-H., Geschichte des heiligen Dominikus, 2 Bde., Freiburg 1962f.
–, Art. Dominikus, in: Lexikon des Mittelalters III, München 1986.
–, Art. Dominikaner, in: Lexikon des Mittelaltes III, München 1986.
WALZ, A., Dominikaner und Dominikanerinnen in Süddeutschland (1225–1966), Freising 1967.

WEINFURTER, S., Norbert von Xanten - Ordensstifter und Eigenkirchenherr, in: Archiv für Kulturgeschichte 59, 1977.
WILMS, H., Aus mittelalterlichen Frauenklöstern, Freiburg 1916.
–, Geschichte der deutschen Dominikanerinnen 1206–1916, Dülmen 1920.
ZELLER, J., Das Provinzialkapitel im Stift Petershausen im Jahre 1417, in: Studien und Mitteilungen 41, 1922.

Literatur zu Kapitel E

Quellen:

IGNATIUS VON LOYOLA, Der Bericht des Pilgers, übersetzt und erläutert von B. Schneider, Freiburg [7]1991.
–, Die Satzungen der Gesellschaft Jesu, aus dem Spanischen übersetzt und eingeleitet von M. Schoenenberger und R. Stalder, in: Ignatius von Loyola.
–, Geistliche Übungen, übertragung und Erklärung von A. Haas, Freiburg [10]1991.
Die Großen Ordensregeln, hrsg. von H. U. von Balthasar, Einsiedeln 1948.

Sekundärliteratur:

450 Jahre Ursulinen, Katalog zur Ausstellung in der Diözesan- und Dombibliothek, hrsg. vom Konvent der Kölner Ursulinen, Köln 1985.
BATTLORI M., Der Beitrag der „Ratio studiorum“ für die Bildung des modernen katholischen Bewußtseins, in: Ignatianisch.
Beiträge zur Darstellung und zur Geschichte des Ursulinenordens, IV. Jahrbuch des Verbandes selbständiger deutscher Ursulinenklöster, Berlin 1929.
BERISTAIN, A., Jesuiten und Dienst an Gefangenen, in: Ignatianisch.
Beutler, J., Die Rolle der Heiligen Schrift im geistlichen Werden des Ignatius, in: Ignatianisch.
BIRELEY, R., Hofbeichtväter und Politik im 17. Jahrhundert, in: Ignatianisch.
BRANDMÜLLER, W., Die Marianische Kongregation – eine Kraft der kirchlichen Erneuerung, in: Regnum, 9, Vallendar 1974.
BRAUN, J., Die Kirchenbauten der deutschen Jesuiten, Freiburg 1908/1910.
BRAUNSBERGER, O., Rückblick auf das katholische Ordenswesen im 19. Jahrhundert, in: Stimmen aus Maria Laach 20, Ergänzungsband, Freiburg 1901.
DIE JESUITEN IN BAYERN, 1549–1773, Ausstellung des Bayerischen Hauptstaatsarchivs und der Oberdeutschen Provinz der Gesellschaft Jesu, Weißenhorn 1991.
DINZELBACHER, P., Das politische Wirken der Mystikerinnen in Kirche und Staat: Hildegard, Birgitta, Katharina, in: Religiöse Frauenbewegung und mystische Frömmigkeit.
–, Rollenverweigerung, religiöser Aufbruch und mystisches Erleben mittelalterlicher Frauen, in: Frauenbewegung und mystische Frömmigkeit.
EBNETER, A., Der Jesuitenorden, Zürich 1982.
ENNEN, E., Politische, kulturelle und karitative Wirksamkeit mittelalterlicher Frauen in Mission – Kloster – Stift – Konvent, in: Frauenbewegung und mystische Frömmigkeit.
FISCHER, H. J., Der heilige Kampf, München 1987.
Frauenorden in Deutschland, hrsg. von C. Schreiner, Fulda 1993.
Frei für Gott und die Menschen, Evangelische Bruder- und Schwesterschaften der Gegenwart in Selbstdarstellungen, hrsg. von L. Präger, Stuttgart 1959.
GARCÍA-MATEO, R., Ignatius von Loyola in seiner sozio-kulturellen Umwelt: Spanien 1491–1527 in: Ignatianisch.
Glanz und Elend der alten Klöster. Sakularisation im bayerischen Oberland 1803. Hrsg. von J. Kirmeier und M. Treme. Ausstellungskatalog, München 1991.
HAWEL, P., Der spätbarocke Kirchenbau und seine theologische Bedeutung, Würzburg 1987.
Ignatianisch, Eigenart und Methode der Gesellschaft Jesu, hrsg. von M. Sievernich und G. Switek, Freiburg [2]1991.
Ignatius von Loyola und die Gesellschaft Jesu 1491–1556, hrsg. von A. Falkner und P. Imhof, Würzburg 1990.
KNAUER, P., „Unsere Weise voranzugehen“ nach den Satzungen der Gesellschaft Jesu, in: Ignatianisch.
KUNZ, E., „Bewegt von Gottes Liebe“. Theologische Aspekte der ignatianischen Exerzitien und Merkmale jesuitischer Vorgehensweise, in: Ignatianisch.
LUTZ, F., St. Emmeram bei München. Ein ehemaliges Wallfahrts- und Schuleremitorium, München 1992.

Mai, M., Die Entwicklung zum Orden, in: 450 Jahre Ursulinen.
Miller, J., Die Marianischen Kongregationen im 16. und 17. Jahrhundert, Zeitschrift für kath. Theologie, 85, Innsbruck 1934.
Nising, H., Die Jesuitenkollegien der Oberdeutschen Provinz des Ordens und ihre städtebauliche Lage im 16.–18. Jahrhundert, 4 Bde., Diss. Masch. Univ., Frankfurt am Main 1990.
Peters, H., Mary Ward. Ihre Persönlichkeit und ihr Institut, Innsbruck 1991.
Religiöse Frauenbewegung und mystische Frömmigkeit im Mittelalter, hrsg. von P. Dinzelbacher und Dieter Bauer, Köln 1988.
Röhrig, J., Das Leben der hl. Angela, in: 450 Jahre Ursulinen.
Schilson, A., Erneuerung aus dem Geist der Restauration. Ein blick auf den Ursprung der Liturgischen Bewegung bei Proper Guéranger, in: Rottenburger Jahrbuch für Kirchengeschichte 12, Sigmaringen 1993.
Sedlmayr, H., Architektur als abbildende Kunst, in: Ders., Epochen und Werke II, Mittenwald 1977.
–, Das Gesamtkunstwerk des Régence und des Rokoko, in: Ders., Epochen und Werke II, Mittenwald 1977.
–, Die politische Bedeutung des deutschen Barocks, in: Ders., Epochen und Werke II, Mittenwald 1977.
–, Zum Sehen barocker Architekturen, in: Ders., Epochen und Werke II, Mittenwald 1977.
Senger, B. (Hrsg.), Die Beuroner Benediktiner-Kongregation, Beuron 1989.
Stierli, J., Apostolische Wegleitungen. Die Instruktionen des Ignatius von Loyola, in: Ignatianisch.
Sudbrack, J., Die „Anwendung der Sinne“ als Angelpunkt der Exerzitien, in: Ignatianisch.
Switek, G., Die Eigenart der Gesellschaft Jesu im Vergleich zu den anderen Orden in der Sicht des Ignatius und seiner ersten Gefährten, in: Ignatianisch.
Tellechea, I., Ignatius von Loyola, „Allein zu Fuß“, eine Biographie, aus dem Spanischen von G. Eickhoff, Zürich 1991.
Vercruysse, J. E., Art. Jesuiten, in: Theologische Realenzyklopädie 16, Berlin 1987.
–, Art. Ignatius von Loyola, in: Theologische Realenzyklopädie 16, Berlin 1987.
Von der Aufklärung zur Romantik, Ausstellungskatalog, München 1984.
Wulf, F., Dialektik von Mystik und Dienst bei Ignatius von Loyola, in: Ignatianisch.

Register

Das Register dient dem raschen Auffinden von Sachbegriffen und verzeichnet Personen- und Ortsnamen, ohne Vollständigkeit anzustreben, vorwiegend in thematischen Zusammenhängen.

D

E

N

O